DIE VIELKÖPFIGE HYDRA

PETER LINEBAUGH UND MARCUS REDIKER

DIE VIELKÖPFIGE HYDRA

☆

DIE VERBORGENE GESCHICHTE DES REVOLUTIONÄREN ATLANTIKS

☆

AUS DEM ENGLISCHEN VON
SABINE BARTEL

ASSOZIATION A

Die Originalausgabe erschien 2000 unter dem Titel: The Many-Headed Hydra – Sailors, Slaves, Commoners, and the Hidden History of the Revolutionary Atlantic bei Beacon Press, Boston.

3. Auflage

ISBN 978-3-86241-489-5

Assoziation A | Gneisenaustraße 2a | 10961 Berlin
www.assoziation-a.de
berlin@assoziation-a.de, hamburg@assoziation-a.de

Umschlaggestaltung: Andreas Homann
Satz: elemer
Druck: CPI

INHALT

Für Christopher & Bridget Hill

VORWORT ZUR ZWEITEN ENGLISCHSPRACHIGEN AUFLAGE 2013

In seinem Gedicht »Fragen eines lesenden Arbeiters« schrieb Bertolt Brecht 1935: »Wer baute das siebentorige Theben?« Seine berühmte Antwort: »In den Büchern stehen die Namen von Königen«. Subversiv fährt er fort: »Haben die Könige die Felsbrocken herbeigeschleppt?« Brecht durchstreift die ganze Welt, von Europa nach Lateinamerika, vom Nahen Osten nach Indien, China und Afrika, und stellt sich vor, wie eine zusammengewürfelte Gruppe von Arbeiter*innen von einer Geschichtsschreibung repräsentiert werden könnte, die lange Zeit von »großen Männern« und deren großkotzigen Denkmälern dominiert wurde. Wir sind in Brechts Fußstapfen getreten und haben diese Geschichte der atlantischen Arbeiter*innen geschrieben – mit dem Schwerpunkt auf Seeleute und Sklav*innen. Wir eröffnen diese zweite Auflage mit einem Gruß an Brecht, den Verfechter der »Geschichte von unten«, dem Autor ihrer Hymne.

Dieses Buch verbindet die afroamerikanischen, englischen und US-ameri- kanischen Traditionen einer Geschichtsschreibung von unten. W. E. B. DuBois lehrte uns, die »Color Line« und die heimtückische Ideologie der weißen Vorherrschaft zu untersuchen. Er veröffentlichte *Black Reconstruction in America* im selben Jahr, in dem Brechts Gedicht entstand: »Die Emanzipation des Menschen ist die Emanzipation der Arbeit, und die Emanzipation der Arbeit ist die Befreiung der großen Mehrheit der Arbeiter, die gelb, braun und schwarz sind.« C. L. R. James' *Die schwarzen Jakobiner: Toussaint L'Ouverture and the San Domingo Revolution*, das 1938 veröffentlicht wurde, erklärt die erste siegreiche Arbeiter*innenrevolution der modernen Geschichte und ergänzt, dass die europäischen städtischen Massen vollendeten, was die Plantagensklav*innen begonnen hatten. George Rawick hat uns den Begriff der Selbsttätigkeit nahe gebracht. Nach seinen zwanzig Bänden der *Slave Narratives* war es unmöglich, Sklav*innen nicht als historische Akteur*innen zu betrachten. Walter Rodney war stets das beste Beispiel für einen Gelehrten, Theoretiker und Aktivisten. Er plädierte für einen »radikalen Bruch mit dem internationalen kapitalistischen System«. Die afroamerikanische Tradition der Geschichte von unten, die sich unvermeidlich mit der Sklaverei und ihrer Abschaffung befasste, erhielt eine atlantische Perspektive…

Die Stärke der englischen Geschichte von unten war ein theoretisch gut ausgearbeiteter und historisch spezifischer Begriff der Arbeiterklasse, wie ihn E.P. Thompson 1963 in *The Making of the English Working Class* veröffentlichte. Diese spezielle Herangehensweise brachte eine methodische Konsequenz mit sich – die Erforschung von Archiven. Da die herrschende Klasse die Archive hütet, müssen die Dokumente gegen ein »satanisches Licht« gehalten und gegen den Strich gelesen werden.

Eine zweite Stärke der englischen Tradition einer Geschichte von unten war ihre Betonung alternativer Ideen zu denen der herrschenden Klasse. Von den radikalen Ideen der englischen Revolution, die Christopher Hill 1972 in *The World Turned Upside Down* beschrieben hat, waren uns die der »Gesetzesfeindlichkeit« und die der Allmende am wichtigsten. Ursprünglich wollten wir mit diesem Buch sogar eine Verbindung zwischen diesen berühmten Studien von Hill und Thompson herstellen und die Zeit zwischen den 1640er und 1790er Jahren erforschen.

In Amerika hatte Brechts Gedicht die Wirkung eines Manifests. 1968 kürzte Jesse Lemisch das Gedicht und leitete mit ihm seinen Aufsatz »The American Revolution as seen from the Bottom Up« ein. Herbert G. Gutman und seine Kolleg*innen vom American Social History Project machten 1989 das Gedicht zum Titel ihrer zweibändigen Geschichte der Arbeiter in Amerika, *Who Built America*? Diese Geschichte von unten forderte die Geschichtsschreibung der »großen Männer« des Kalten Krieges heraus. Sie propagierte die Einbeziehung unterschiedlicher historischer Themen und durchbrach den vorherrschenden Konservatismus der US-amerikanischen Geschichtsschreibung. Staughton Lynd stützte sich auf die »mündliche Geschichte von unten«, um zu erklären, dass die »Geschichte der armen und arbeitenden Menschen eine Geschichte der Träume, des Erntens, unerwartbarer Göttlichkeit und einprägsamen Todes« sei.

Solche Traditionen neigen laut Paul Gilroy zu volkstümlichen Ansätzen, seien sie nun afrozentristisch, anglozentristisch oder »amerikanisch« geprägt. Ihnen wird Provinzialität oder Inseldenken vorgeworfen, auch die Vernachlässigung der Erwerbslosen und eine Privilegierung des Protestantismus, wie auch eine Vernachlässigung der Kämpfe katholischer Arbeiter. Sie neigen mitunter dazu, eine »Geschichte der unteren Mittelklasse« zu schreiben, sich also auf Handwerker und Menschen mit geringem Vermögen zu fokussieren.

Ihre Sphäre war die der Produktion und nicht die der Reproduktion, weshalb die Frauenbewegung – und die von ihr eingeforderte neue Geschichtsschreibung – kritische Fragen stellten. Wir beziehen uns auch auf die Befreiungstheologie, diesen lebendigen, meist lateinamerikanischen Ansatz einer Geschichte und Politik von unten.

Manche Fragen haben wir bereits 1987 und 1991 in unseren früheren Werken *Between the Devil and the Deep Blue Sea* und *The London Hanged* aufgeworfen, deren Verknüpfung das Sprichwort »Das Meer und der Galgen verweigern sich niemandem« sein könnte. Das erste Buch analysierte die Kämpfe der Seeleute und Hafenarbeiter und bot eine Alternative zur Geschichtsschreibung der handwerklichen Arbeit des 19. Jahrhunderts, weil es die Geschichte des Proletariats in die Frühzeit des Kapitalismus zurückverlegte. Das zweite Buch thematisierte, dass Kriminalisierung eine notwendige Ergänzung zur Lohnarbeit war. Beide Bücher handeln von Entwurzelten. Wir überquerten den Atlantik in entgegengesetzten Richtungen. Marcus war in Philadelphia gewesen, wo Sozialgeschichte nicht Geschichte von unten, sondern Sozialwissenschaft war, und er reiste nach Osten, um aus der Quelle der englischen radikalen Historiker zu schöpfen. Peter, erfüllt von einem großen Schluck aus dem Becher der Anglotude, fuhr nach Westen, um sich in der Schwarzen Revolution zu erden. Wir trafen uns und teilten die Entschlossenheit, C. L. R. James zu studieren und von ihm zu lernen. Wir entdeckten, dass unsere Reise einem langjährigen historischen Muster entsprach, das von Amerika über die Karibik nach England und zurück führte.

Wir begannen 1979–1981 mit dem Buch, als Margaret Thatcher bereits die britischen Stahlarbeiter und Bergleute angriff, und Ronald Reagan die US-Fluglotsen. Die Zerschlagung der Gewerkschaften war ihr Gebot der Stunde, um entfesselte Märkte und neoliberale Politik auf den Planeten loszulassen. Verschiedene Kämpfe von unten – in Brixton, Philadelphia, im Gefängnis von Long Kesh und in Mittelamerika – beschäftigten uns, als wir am Philadelphia Center for Early American Studies an der University of Pennsylvania eine Konferenz mit dem Titel »The World Turned Upside Down: Working People in England and America, 1660–1790« organisierten, die unter anderem zum Ziel hatte, Kontinuitäten und Verbindungen zwischen Bewegungen zu entdecken, die durch nationalistische Geschichtsschreibungen künstlich getrennt worden waren.

In den folgenden 20 Jahren fanden wir in historischen Quellen verblüffend viele und verschiedene Verweise auf Herkules und die vielköpfige

Hydra – Varianten eines nahezu universellen Mythos eines Kampfes eines Halbgotts gegen einen furchtbaren, monströsen Feind, bis er das Chaos besiegt und Nomos, eine soziale Ordnung, erschafft. Die klassisch gebildeten atlantischen Herrscher benutzten die Metapher von Herkules und der Hydra, um sich ihr blutiges historisches Projekt einer neuen kapitalistischen Wirtschaft zu erklären. Wir fragten uns, wie diese Metapher im frühmodernen Atlantik wirkte und für was die Köpfe der Hydra standen. Wie sollten wir sie interpretieren? Waren sie Ausdruck der sich entwickelnden Arbeitsteilung? Der Produzenten verschiedener Waren? Der verschiedenen Fertigkeiten? Der Arbeiter aus verschiedenen Regionen? Oder symbolisierten sie verschiedene Geschöpfe, Geschlechter, races, Ethnien, Geografien oder Arten? Die erste Interpretation legt eine ökonomische Hydra nahe, die in etwa der sozialen Arbeitsteilung zwischen verschiedenen Arbeiter*innen entspricht. Die zweite Interpretation führte zu einer biologischen Hydra, einer Klassifizierung verschiedener Organismen. Die erste Deutung hatte einen Unterton von »Klasse«, die zweite einen von »Rasse«. Diese Doppeldeutigkeit sollte sich als nützlich erweisen.

Wir stellten fest, dass die Köpfe der Hydra selten ein »Klassenbewusstsein« hatten, schon gar nicht das der »Klasse für sich«. Und wenn sie nicht klassenbewusst waren, dann waren sie auch nicht besonders weit entwickelt im Sinne von race-, geschlechts- oder nationalbewusst. Die Köpfe waren nicht immer kohärent: Sie knurrten einander mit roten Augen an und manchmal bissen sie sich. Sie redeten auch so wie es Menschen tun. Es waren die »wilden Männer« und »Rimers« aus Irland, die wortgewandt und umwerfend die verbotene Harfe zupften; der eigensinnige Handwerker aus London, der trinkend mit seinem Werkzeug unter dem Galgen eine Ballade sang; der versierte Jäger, der Jugendliche, der mit unbekannten Gefährten auf den Segelschiffen der atlantischen Middle Passage des Sklavenhandels zitterte und die dumpfen, perkussiven Rhythmen der Heimat bewahrte und schuf; das gezeichnete Antlitz der weisen Frau und Heilerin, die unter Schreien und bei Wiegenliedern in Trance fällt; die angeketteten Männer und Jungen, die von dem ehemaligen gemeinen Mann, der mit funkelnden Augen eine Hymne anstimmt, verzaubert werden; der jamaikanische Maroon im Urwald und die Späher, die die Engländer beobachten und mit ihren Muschelhörnern Signale geben. Was als Metapher begann, wurde allmählich zu einem Konzept: Die Hydra ermöglichte es uns, die bewegten Geschichten dieser Menschen zu betrachten, jede mit Bezug auf die anderen, und überraschende

Verbindungen zu entdecken. Die zweite Arbeit des Herkules diente uns als Mittel, die großen Klassenkämpfe zu erforschen.

Bei der Analyse der Putney-Debatten, einem Höhepunkt der englischen Revolution, folgten wir Colonel Thomas Rainsborough. Wir unterstrichen hier den historischen Zusammenhang zwischen der Subsistenz und der relativen Autonomie der Commons einerseits, und der Gewalt und dem Terror von Enteignung und Sklaverei andererseits. Diese Themen stießen bei unseren Leser*innen auf Zustimmung und Ablehnung. Peter schrieb 2008 *Magna Carta Manifesto* über den langen historischen Kampf um die Allmende, Marcus 2007 *The Slave Ship* über den langen historischen Kampf gegen die Gewalt und den Terror des Sklavenschiffs. Beide Texte stellten wir in den Kontext der Entstehung des modernen Kapitalismus. Im Gegensatz zu unseren Kritikern sind wir überzeugt, dass diese Themen noch wichtiger sind, als wir bei der Veröffentlichung von *The Many-Headed Hydra* im Jahr 2000 zeigen konnten.

Das Buch hat bis heute ein glückliches Leben gehabt. Neben aktuellen oder bevorstehenden Übersetzungen ins Französische, Deutsche, Italienische, Japanische, Koreanische, Portugiesische und Spanische fand das Buch Anklang bei südafrikanischen Forscher*innen und Aktivist*innen, und in Indien, wo eine »Raubkopie« über die Jawarhal Nehru-Universität in Delhi in Umlauf gebracht wurde. Es hat Freund*innen in Australien, Brasilien, Kolumbien und Costa Rica gefunden. Es hat die Kunst (Mike Nelsons »The Delivery and the Patience« und »Hydra Decapita« der Otolith Group), die Musik (von Folk über Elektronik bis hin zu Punk), die Belletristik (unter anderem Amitav Ghoshs *Mohnblumenmeer*) und das Theater (Paul Zimets *Belize* und John F. Levins *1741*) inspiriert und beeinflusst. Es hat einen wichtigen neuen Trend in der Geschichtswissenschaft der 2010er Jahre vorweggenommen und vorangetrieben: die Hinwendung von der nationalen zur transnationalen, ozeanischen und globalen Geschichte. Es hat zudem eine Rolle bei verschiedenen Bewegungen von unten gespielt, von der Antiglobalisierungsbewegung über die Kampagne gegen die Todesstrafe und den Kampf um die Rückgewinnung der Allmende bis hin zu Occupy. Das Künstlerische und das Politische kamen in einer Ausstellung mit dem Titel »Hydrarchy« zusammen, die 2010 in London und 2012 in Kairo eröffnet wurde.

Brechts Arbeiter beendet sein Gedicht mit den Worten, dass die Geschichte von unten »so viele Berichte« enthält und »so viele Fragen« stellt.

Nichts macht uns glücklicher, als zu wissen, dass Wissenschaftler*innen und Aktivist*innen, Künstler*innen und Musiker*innen, Romanciers und Dichter*innen und Dramatiker*innen diese Berichte liefern und diese Fragen stellen. Dabei stoßen sie unweigerlich auf den Widerstand von denen da oben.

Es stimmt, unser Buch wurde nicht verbrannt, obwohl es an einer internationalen Grenze beschlagnahmt wurde, und wir sind stolz darauf, dass es, wenn auch nur für kurze Zeit, in der Volksbibliothek des Zuccotti-Parks nahe der Wall Street einen Platz hatte, bevor der Bürgermeister von New York und seine Schergen es mit Müllwagen abtransportierten, um es in den Fluss zu kippen.

Die Hydra war schon immer ein Wasserwesen, und wir sind ganz zuversichtlich, dass ihre vielen Köpfe wieder auftauchen werden.

EINLEITUNG

Betrachten wir die Szenerie zunächst einmal mit Rachel Carlson von oben: »Die beständigen Meeresströmungen sind in gewisser Weise das majestätischste Phänomen, das der Ozean zu bieten hat. Wenn wir über sie nachdenken, wendet sich der Geist sofort von der Erde ab, und wir können wie von einem anderen Planeten aus den sich drehenden Erdball, die Winde, die seine Oberfläche aufwühlen oder sanft umwehen, und den Einfluss von Sonne und Mond beobachten. Denn all diese kosmischen Kräfte sind eng mit den großen ozeanischen Strömungen verbunden und tragen ihnen zu Recht die Bezeichnung ein, die mir von all ihren Namen am besten gefällt: globale Meeresströmungen.« Die globalen Strömungen des Nordatlantiks sind Zirkulationsströme. Ein Europäer auf dem Weg nach Nordamerika passiert erst Afrika und erreicht dann die Karibik. Von dort aus fließt der Golfstrom mit einer Geschwindigkeit von drei Knoten pro Stunde nach Norden, mischt sich mit dem Labradorstrom und bildet arktische Strömungen, die sich ihrerseits als nordatlantische Drift nach Osten bewegen und für milderes Klima in Nordwesteuropa sorgen.

Vor Land's End, dem südwestlichsten Punkt Englands, brechen sich Wellen, die vor der stürmischen Küste Neufundlands entstanden sind. Einige dieser Brecher lassen sich sogar bis Florida und bis zu den Westindischen Inseln zurückverfolgen. Die Fischer an den einsamen Ufern Irlands wissen diese lange Atlantikdünung seit Jahrhunderten zu deuten. Die Kraft einer Meereswelle steht in direktem Verhältnis sowohl zur Geschwindigkeit und Dauer des Windes, der sie in Bewegung setzt, als auch zur Windlauflänge, d. h. der Entfernung von ihrem Entstehungsort. Je größer die Windlauflänge, desto größer die Welle. Nichts kann diese langen Wellen stoppen. Sichtbar werden sie erst am Ende ihrer Reise, wenn sie sich erheben und brechen. Für den größten Teil ihrer Lauflänge bleibt die Meeresoberfläche ruhig. Im Jahre 1769 stellte der Postminister Benjamin Franklin fest, dass Pakete von Falmouth in Cornwall nach New York etwa zwei Wochen länger unterwegs waren als die Handelsschiffe, die von Rhode Island nach London segelten. Walfänger aus Nantucket erzählten ihm vom Golfstrom: Fischer wie Wale hielten sich von ihm fern, während sich die englischen Kapitäne ihm entgegenstemmten, »zu klug, um sich von einfachen amerikanischen Fischern belehren zu lassen«. Im Jahre 1786 zeichnete Benjamin Franklin seine *Maritimen Beobachtungen* auf, wodurch die nordamerikanische Öffentlichkeit vom Verlauf des Golfstroms erfuhr.

Die Weitergabe menschlicher Erfahrungen von Europa nach Afrika, von Afrika nach Amerika und zurück entsprach den kosmischen Kräften, die die Atlantikströmungen in Bewegung setzen. Die nordwesteuropäischen Kaufleute, Manufakteure, Pflanzer und königlichen Beamten des 17. und 18. Jahrhunderts folgten diesen Strömungen und riefen Handelsrouten, Kolonien und eine neue transatlantische Ökonomie ins Leben. Sie setzten Arbeiter aus Europa, Afrika und den beiden Amerikas zur Herstellung und zum Transport von Edelmetallen, Pelzen, Fisch, Tabak, Zucker und Handelsgütern ein. Wie sie selbst wiederholt erklärten, handelte es sich um eine wahre Herkulesarbeit.

Die klassisch gebildeten Köpfe hinter dem Aufbau der atlantischen Ökonomie fanden in Herkules, dem mythischen Helden der Antike, der mit seinen zwölf Arbeiten Unsterblichkeit erlangt hatte, ein Symbol von Macht und Ordnung. Sie ließen sich von den Griechen, die in Herkules einen Einiger des zentralisierten Territorialstaates sahen, und von den Römern inspirieren, für die er enorme Großmachtsambitionen verkörperte. Die Arbeiten des Herkules standen für wirtschaftliche Entwicklung in Form von Kahlschlag, der Trockenlegung von Sümpfen, der Entwicklung der Landwirtschaft sowie der Domestizierung von Vieh, der Etablierung des Handels und der Einführung der Technologie. Das Abbild des Herkules erschien auf Geheiß von Herrschern auf Geld und Siegeln, in Bildern und Skulpturen, Palästen und Triumphbögen. Diverse Mitglieder der englischen Königsfamilie – William III., George I. und der Bruder George II., der »Schlächter von Culloden« – sahen sich als Herkules.[1] John Adams für seinen Teil schlug im Jahre 1776 vor, das »Urteil des Herkules« zum Siegel der neu gegründeten Vereinigten Staaten von Amerika zu machen.[2] Hier war ein Held, der den Fortschritt verkörperte: Der neapolitanische Philosoph Giambattista Vico arbeitete Herkules in seine Vierstufentheorie der Geschichte ein, und der Philosoph und Politiker Francis Bacon führte ihn an, um die moderne Wissenschaft voranzutreiben und seiner Überzeugung Ausdruck zu verleihen, dass der Kapitalismus so gut wie göttlich sei.

Dieselben Herrscher fanden in der vielköpfigen Hydra ein antithetisches Symbol für Unordnung und Widerstand, eine gewaltige Bedrohung für

Herkules und Iolaus erschlagen die Hydra von Lerna.
Amphore aus Eretria, ca. 525 v. Chr., Collection of the J. Paul Getty Museum, Malibu

den Aufbau von Staat, Imperium und Kapitalismus. Die zweite Arbeit des Herkules war die Tötung der giftigen Hydra von Lerna. Diese Kreatur, ein Spross des Typhon (eine Art Sturm oder Hurrikan) und der Echidna (halb Frau, halb Schlange), war eines der Brut von Ungeheuern, zu denen auch der dreiköpfige Hund Cerberus, die löwenköpfige Ziege mit dem Schlangenschwanz Chimaera, der dreileibige Riese Geryon und die Sphinx, die Frau mit dem Löwinnenkörper, gehörten. Als Herkules einen der Köpfe der Hydra abschlug, wuchsen zwei neue an seiner Stelle. Mit Hilfe seines Neffen Iolaus brachte er das Ungeheuer schließlich um, indem er die Köpfe abhackte und die Stümpfe mit einem flammenden Ast ausbrannte. Dann tauchte er seine Pfeile in die Galle der erschlagenen Bestie und verlieh so seinen Geschossen eine tödliche Macht, die es ihm ermöglichte, seine zwölf Arbeiten zu vollenden.

Vom Anbeginn der englischen Kolonialexpansion im frühen 17. Jahrhundert bis zur städtischen Industrialisierung im frühen 19. Jahrhundert zogen Herrscher die Sage von Herkules und der Hydra heran, um zu beschreiben, wie schwierig es war, die zunehmend weltumspannend angelegten Arbeitskraftsysteme in eine Ordnung zu zwingen. Je nach Anlass waren es von der Allmende vertriebene Landbewohner, deportierte Verbrecher, Schuldknechte, religiöse Radikale, Piraten, städtische Arbeiter, Soldaten, Seeleute und afrikanische Sklaven, die die zahlreichen und sich ständig wandelnden Köpfe des Ungeheuers repräsentierten. Aber diese Köpfe, die ursprünglich von ihren herkulischen Gebietern in möglichst ertragreicher Weise organisiert worden waren, entwickelten schon bald neue Formen kooperativen Widerstands gegen ihre Gebieter – von Meutereien und Streiks bis hin zu Aufständen, Revolten und Revolutionen. Wie die von ihnen produzierten Waren zirkulierten ihre Erfahrungen – oft in östlicher Richtung – mit den globalen Meeresströmungen um den Atlantik: von amerikanischen Plantagen, irischem Allmendeland und Hochseeschiffen zurück in die europäischen Metropolen.

Im Jahre 1751 kehrte ein ehemaliger Gouverneur von Surinam namens J. J. Mauricius nach Holland zurück, wo er seine Memoiren in Gedichtform schrieb, die sich mit seiner Niederlage gegen die Saramaka befassten, einer Gruppe entflohener ehemaliger Plantagensklaven, die tief im Dschungel des Landesinneren Gemeinschaften von Abtrünnigen gegründet hatten und nun ihre Freiheit gegen eine endlose Reihe von Militärexpeditionen verteidigten, die sie in die Sklaverei zurückbefördern sollten:

Dort musst du blind einen unsichtbaren Feind bekämpfen,
Der dich niederschießt wie Enten im Sumpf.
Selbst eine zehntausend Mann starke Armee
Mit dem Mut und der Kriegskunst von Cäsar und Eugen
Hätte es nicht leicht, ein Hydragewächs zu zerstören,
Das selbst Alcides [Herkules] würde meiden wollen.

In der sicheren Annahme, dass das Eroberungsprojekt bei dem europäischen Publikum, für das er schrieb, Zustimmung finden würde, gab Mauricius sich selbst und den anderen Kolonisatoren die Rolle des Herkules und den entflohenen Leibeigenen, die sich der Sklaverei widersetzten, die der Hydra.[3]

Andrew Ure, der Oxforder Philosoph des Fabriksystems, zog den Herkulesmythos in seiner Untersuchung der Arbeitskämpfe im industriellen England des Jahres 1835 heran. Nach einem Spinnerstreik in Stanleybridge in Lancashire benutzte er die Sage des von Herkules geretteten Prometheus,

Holländische Soldaten und ein Führer im Sumpf in Surinam, William Blake, ca. 1775.

John Gabriel Stedman: Narrative of a Five Years Expedition against the Revolted Negroes of Surinam (1796)

des Feuerbringers und Lehrmeisters der Menschheit, um die Einführung des selbsttätigen »Maultieres« zu propagieren, einer neuen Maschine »mit den Gedanken, Gefühlen und dem Geschick des erfahrenen Arbeiters«. Dieses neue »herkulische Wunder« hatte »die Hydra der Missregierung erwürgt«; seine »Erschaffung war dazu ausersehen, die Ordnung in den arbeitenden Klassen wiederherzustellen und Großbritanniens Status als Reich der Kunstfertigkeit zu untermauern«. Auch Ure sah sich selbst und andere Unternehmer als Herkules und die Industriearbeiter, die ihre Autorität anzweifelten, als Hydra.[4]

Als der puritanische Prälat Cotton Mather im Jahre 1702 seine Geschichte des Christentums in Amerika veröffentlichte, betitelte er das zweite Kapitel, das sich mit dem Antinomier-Streit von 1638 befasste, »Hydra Decapita«, die enthauptete Hydra. Er schrieb: »Nicht lange hatte die Kirche Gottes in dieser Wüste bestanden, als der Drache auch schon Fluten ausspie, um sie zu vertilgen.« Der theologische Kampf zwischen »Werk« und »Gnade« untergrub »jedwede friedliche Ordnung«. Die Auseinandersetzung machte religiöse und politische Amtsinhaber verdächtig, verhinderte eine Expedition gegen die Pequot, erschwerte die Aufteilung von Stadtgrundstücken und fand vor allem bei Frauen Anklang. Mather sah die puritanischen Ältesten als Herkules, während die Hydra sich aus den Antinomiern zusammensetzte, die die Autorität von Pfarrer und Friedensrichter, die Expansion des Empire, die Definition des Privatbesitzes und die Unterordnung der Frauen anzweifelten.[5]

Es wäre verfehlt, die Sage von Herkules und der Hydra als ein bloßes Staatsemblem, einen klassischen Tropus der Redekunst, eine Art Ornament oder einen Ausdruck klassischer Bildung abzutun. Francis Bacon zum Beispiel benutzte den Mythos als intellektuelle Grundlage für seine biologische Doktrin der Monstrosität und zur Rechtfertigung von Mord, eine Form der Rhetorik, die eine eigene Semantik hervorbrachte: Unterwerfung, Ausrottung, Beseitigung, Vernichtung, Liquidierung, Ausmerzung, Auslöschung. Die Erwähnung dieser Sage bedeutete mehr als die bloße Anwendung einer Redewendung oder eines analytisches Konzepts: Sie bedeutete, wie wir sehen werden, Fluch und Todesurteil.

Die herrschenden Klassen benutzten den Hydra-Mythos zur Rechtfertigung von Gewalt, und gleichzeitig war er Ausdruck ihrer Furcht. Er trug zur Schaffung einer neuen Weltordnung bei, die sich durch Eroberung und Enteignung, Galgen und Scharfrichter, Plantagen, Schiffe und Faktoreien auszeichnete. Für uns als Historiker bekam der Mythos jedoch eine recht andere Bedeutung, und zwar die einer Hypothese. Die Hydra wurde für uns zum Ansatz, mit dessen Hilfe wir die Vielfalt, die Dynamik und die Zusammenhänge untersuchten, die die langen Wellen und globalen Strömungen der Menschheit ausmachen. Diese Vielfalt zeigte sich sozusagen in Umrissen in den Menschenmengen, die sich auf Märkten und Feldern, auf Pieren und Schiffen, auf Plantagen und Schlachtfeldern versammelten. Und diese Macht der Menge verbreitete sich durch die Dynamik der Hydra, die reiste und herumzog, verbannt oder verstreut und von Wind und Wellen über die Grenzen des Nationalstaates hinausgetragen wurde. Seeleute, Lotsen, Verbrecher, Liebende, Übersetzer, Musikerinnen und Wanderarbeiter aller Art stellten neue, überraschende Verknüpfungen her, die je nach Umständen zufällig, unbeständig, kurzlebig und bisweilen übernatürlich erschienen.

Dieses Buch ist eine Betrachtung von unten. Wir haben versucht, einen Teil der verlorenen Geschichte der multiethnischen Klasse ans Tageslicht zu befördern, die für den Aufstieg des Kapitalismus und der modernen Weltwirtschaft von grundlegender Bedeutung war. Die historische Unsichtbarkeit vieler Akteure dieses Buches ist zum Teil das Ergebnis der Repression, der sie zu ihrer Zeit ausgesetzt waren – der Gewalt des Scheiterhaufens, des Hauklotzes, des Galgens und der Ketten in dunklen Schiffsladeräumen. Sie ist ebenfalls das Ergebnis der Gewalttätigkeit abstrakter Geschichtsschreibung, der Härte einer Geschichte, die lange Zeit vom Nationalstaat bestimmt wurde, der noch heute den weitgehend unangefochtenen analytischen Rahmen der meisten Studien bildet. Dies ist ein Buch über Verbindungen und Zusammenhänge, die über Jahrhunderte hinweg gewöhnlich geleugnet, ignoriert oder schlichtweg nicht wahrgenommen wurden und die dennoch die Geschichte der Welt, in der wir alle leben und sterben, zutiefst geprägt haben.

I. KAPITEL

DER SCHIFFBRUCH DER *SEA-VENTURE*

☆

Am 25. Juli 1609 suchte die Besatzung der *Sea-Venture* den Horizont ab und entdeckte die drohende Gefahr. Auf dem Weg von Plymouth westwärts nach Virginia, Englands erster Kolonie in der Neuen Welt, waren die Seeleute von ihrem Konvoi mit acht weiteren Schiffen getrennt worden und sahen nun einen schweren Sturm – oder, in der Sprache der karibischen Natives: einen Hurrikan – auf sich zukommen. Während, in den Worten des Passagiers William Strachey, »die Wolken sich über uns verdichteten und die Winde höchst ungewöhnlich sangen und pfiffen«,

> begann ein furchtbarer und abscheulicher Sturm aus Nordosten zu blasen, der mal mit mehr, mal mit weniger Gewalt anfallartig zunahm und brüllte und schließlich alles Licht aus dem Himmel vertrieb; und dieser wurde schwarz vor unseren Augen wie eine Hölle der Finsternis und damit so viel mehr mit Furcht und Schrecken angefüllt, dass unser aller verstörte und überwältigte Sinne übermannt wurden, und in unserem großen Staunen waren unsere Ohren so empfindsam für das schreckliche Geheule und Geraune des Windes und die heftige Erregung unserer Gesellschaft, dass selbst die am besten Bewaffneten und Gewappneten unter uns nicht wenig erschüttert waren.

Das herannahende Unwetter »ließ das Blut selbst der zähesten Seemänner gefrieren und nahm ihnen den Mut«. Die weniger robusten Passagiere an Bord des achtundneunzig Fuß langen Dreihunderttonners schrieen auf vor Angst, aber ihre Worte »gingen unter im Wind, und der Wind im Donner«. Als die Seeleute sich nach überstandenem Schrecken an die Arbeit machten, begann das Spantenwerk zu ächzen. Sechs bis acht Männer versuchten gemeinsam unter Mühen, das Schiff zu steuern. Andere machten sich daran, Segel und Takelage zu kappen, um den Windwiderstand zu vermindern; Gepäck und Geschütze wurden über Bord gekippt, um das Schiff leichter zu machen und die Gefahr des Kenterns zu verringern.

Mit Kerzen in der Hand krochen sie an den Spanten entlang, um – teilweise nach Gehör – nach wässernden Lecks zu suchen, und flickten, so viele sie konnten. Als ihnen das Werg ausging, griffen sie zu Rindfleisch. Und dennoch schoss das Wasser in das Schiff und stieg im Frachtraum etliche Fuß auf mehr als zwei Fasslagen an. Mannschaft und Passagiere pumpten unablässig während einer »drei Tage währenden biblischen Finsternis nicht enden wollenden Schreckens«, die Gemeinen dabei »nackt wie die Männer auf den Galeeren«. Sogar Herren von Stand, die in ihrem Leben noch nicht gearbeitet hatten, wechselten sich an den Pumpen ab, während diejenigen, die nicht pumpen konnten, mit Kesseln und Eimern Wasser schöpften. Ohne Pausen und ohne Essen pumpten sie etwa zweitausend Tonnen Wasser aus dem lecken Schiff.[1]

Es half alles nichts. Die Wasserlinie sank nicht, und die Menschen an den Pumpen waren an den Grenzen ihrer Kraft, Ausdauer und Hoffnung angelangt. Die erschöpften Seeleute hatten alles Menschenmögliche getan, um sich der apokalyptischen Gewalt des Hurrikans zu widersetzen. Nun schöpften sie Trost aus einem Meeresritual und stellten angesichts ihres sicheren Todes die Welt der Ozeane auf den Kopf: In offener Missachtung der Regeln des Privateigentums und der Autorität des Kapitäns Christopher Newport sowie der Herren von der Virginia Company, darunter Sir George Somers und Sir Thomas Gates, machten sie sich über die Alkoholvorräte des Schiffes her und tranken in einer letzten Geste der Solidarität »einander zu und sagten einander das letzte Lebewohl bis zu einem freudigeren und glücklicheren Wiedersehen in einer gesegneteren Welt«.[2]

Am 28. Juli lief die *Sea-Venture* zwischen zwei großen Felsen vor den Bermuda-Inseln auf Grund. Wie durch ein Wunder gab es keine Toten. Die 150 durchnässten und entsetzten Seeleute und Passagiere – Männer und Frauen, die die Virginia Company of London ursprünglich als Verstärkung für ihre neue Plantage vorgesehen hatte – kämpften sich an ein fremdes Ufer.

Dies war ein Ort, der unter Seeleuten seit langem als eine von Dämonen und Ungeheuern verzauberte »Teufelsinsel«, ein Grauen erregender Friedhof für europäische Schiffe, galt. Bermuda war 1511 zum ersten Mal auf einer Karte verzeichnet, aber noch ein weiteres Jahrhundert von Seeleuten gemieden worden. Bekannt waren die Inseln hauptsächlich aus Berichten vereinzelter Seeleute, Renegaten und Schiffbrüchiger, darunter Job Hortop, ein auf den spanischen Westindischen Inseln entflohener Galeerensklave, der die Inseln passiert, es bis nach London geschafft und dort seine Geschichte erzählt hatte. Die Bermudas hätten nichts zu bieten als »Böen, Stürme und widriges Wetter, sodass jeder Steuermann und Seefahrer sie mied wie Skylla und Charybdis oder den Teufel selber«, sollte Silvester Jourdain, einer der Passagiere der *Sea-Venture*, später schreiben. Dieser unheimliche Eindruck hatte seinen Ursprung nicht zuletzt in dem rauen, hohlen Geheul der Cahow-Vögel, deren schauriges Gekreisch des Nachts die Mannschaften vorbeisegelnder Schiffe verfolgte.[3]

Die Schiffbrüchigen fanden schnell heraus, dass Bermuda völlig anders war als sein Ruf. In ihren Augen entpuppte sich die Insel als ein paradiesisches Eiland, auf dem der Frühling ewig währte und Nahrung reichlich vorhanden war, »der reichste, bekömmlichste und erfreulichste [Ort], den sie je zu Gesicht bekommen hatten«. Die Möchtegern-Kolonisten labten sich an Wildschweinen, die Jahre zuvor dem Untergang eines spanischen Schiffes entkommen waren und sich vermehrt hatten, an Fischen (Zackenbarschen, Papageienfischen, Schnappern), die sich mit bloßen Händen oder mit einem gebogenen Nagel an einem Stock fangen ließen, an Wildhühnern, die sich auf Armen und Schultern niederließen, an massigen Schildkröten, von denen fünfzig Leute satt werden konnten, und an einer Vielzahl köstlicher Früchte. Sehr zum Gram der Beamten der Virginia Company ließ Bermuda »viele von ihnen die Heimkehr oder das Verlangen wegzugehen völlig vergessen, so üppig, friedlich und leicht war ihr Leben«. Und sobald die einfachen Leute das Land der Fülle entdeckt hatten, begannen sie, »den Grundstein für eine Siedlung zu legen, um für immer dort zu leben«. Schließlich war das »freudigere und glücklichere Wiedersehen in einer gesegneteren Welt« tatsächlich eingetroffen.[4]

Diese Reaktion der schiffbrüchigen »Commoners« – Kleinbauern – ist nicht weiter überraschend, denn man hatte ihnen angekündigt, dass am Ende der Reise das Paradies ihrer harre. In seiner *Ode an eine Reise nach Virginia* (1606) hatte Michael Drayton beteuert, Virginia sei

Das einzige irdische Paradies
Wo die Natur
Geflügel, Wild und Fisch bereithält;

Und der fruchtbare Boden
Ohne Mühe erbringt
Drei Ernten mehr,
Und alle reicher als erhofft.[5]

Im Jahre 1610 verwechselte Robert Rich in seiner poetischen Propaganda für die Virginia Company bequemerweise Bermuda mit Virginia:

Es gibt hier keine Furcht vor Hunger,
Denn Mais wächst in Hülle und Fülle hier,
Die stattlichen Flüsse bergen Fische zuhauf,
Und das ist die Wahrheit, man glaube mir.

Er schloss mit den Worten, in Virginia herrsche »in der Tat kein Mangel irgendeiner Art«. Ein anderer Advokat der Virginia Company, der durchaus wusste, dass diese Berichte nicht der Wahrheit entsprachen, erhielt die Lüge dennoch aufrecht und versprach zukünftigen Arbeitern einen Sechsstundentag, in dem der »Saft ihrer Leiber« nicht »um anderer Männer Gewinn willen fließen« werde.[6] Viele Kolonisten waren mit der *Sea-Venture* und anderen Schiffen mit all dem »Ungestüm und Eifer« eines »römischen Jubeljahres« nach Virginia aufgebrochen. Das biblische Jubeljahr [auch Gnadenjahr] (3. Buch Mose) legitimierte den Aufruf zu einem Ende der Knechtschaft und der Rückerstattung des Gemeinbesitzes an die Enteigneten. Es schien, als sei Bermuda der perfekte Schauplatz für eine Umsetzung dieser biblischen Prophezeiung in die Tat.[7]

Strachey, Anteilseigner und gleichzeitig Sekretär der Virginia Company, bemerkte, dass sich unter den Schiffbrüchigen schnell »gefährlicher und heimlicher Unmut« breitmachte, der unter den Seeleuten begann und bald auf andere übergriff. Eine »Entzweiung von Herzen und Händen« folgte auf dem Fuße: Diejenigen, die die abenteuerliche Suche nach Reichtum in Virginia fortsetzen wollten, gerieten in Streit mit denen, deren Hände Arbeit sie dorthin befördern sollten. Hauptsächlich beschwerten sich die Seeleute und die anderen »hands« darüber, dass »in Virginia nichts als Elend und harte Arbeit zu erwarten« seien, »vielerlei Mangel und knauserige Behandlung [d.h. schlechte Verpflegung], da es dort weder Fisch noch Fleisch noch Geflügel gibt, welche wir hier mit Leichtigkeit und Freuden genießen«. Sie schienen zu wissen, wovon sie sprachen: zu eben diesem Zeitpunkt aßen die

Die Neue Welt als Paradies, von Theodore de Bry, 1588.
Thomas Hariot: A Briefe and True Report of the New Found Land of Virginia (1590)

Kolonisten in Virginia Lederstiefel und Schlangen und sahen aus »wie ›Anatomien‹ [Gerippe], die heulen: ›Wir verhungern, wir verhungern.‹« Ein Mann brachte seine Frau um, hackte sie in Stücke und pökelte sie zum Essen ein; andere öffneten Gräber und aßen die Leichen. Die Schiffbrüchigen von Bermuda hingegen wollten sich »erst einmal ausruhen und dort bleiben, wo sie am wenigsten äußeren Mangel leiden würden«. Die demografischen Tatsachen gaben ihnen Recht. Als die anderen acht Schiffe und 350 Leute, mit denen die *Sea-Venture* ursprünglich im Konvoi gesegelt war, in Virginia ankamen, sahen sie sich mit einer katastrophalen Sterblichkeitsrate konfrontiert, die die Anzahl der Siedler innerhalb von zwei Jahren von 535 auf etwa 60 reduzierte. Im Gegensatz dazu verloren die 150 Bermuda-Siedler innerhalb von zehn Monaten insgesamt nur drei Leute: Fünf starben – nur einer davon eines natürlichen Todes, wie es scheint; zwei wurden ermordet und zwei hingerichtet – und zwei wurden geboren. Strachey fragte sich: »Was könnte die Zustimmung und das gespannte Interesse der Untätigen, Widerspenstigen und Erbärmlichen in der Menge mit eisernerer Macht auf sich ziehen als Freiheit und volle Entfaltung der Sinnlichkeit?«[8]

Zur Verteidigung ihrer Freiheit »versprachen einige der Schiffbrüchigen einander, an keiner Arbeit und keinem Unterfangen mitzuwirken«, die dazu führen würden, dass sie die Insel verlassen müssten. Und mit diesem Schwur zogen sie sich in die Wälder zurück, um ihre eigene Siedlung zu gründen. Später planten sie, allein eine andere Insel zu besiedeln. So standen ein Streik und die rebellische Flucht in die Wildnis am Beginn der englischen Kolonisierung. Unter den Anführern dieser aufrührerischen Aktivitäten befanden sich Seeleute und religiöse Radikale, wahrscheinlich Antinomier, die glaubten, Gottes Gnade habe sie über das Gesetz erhoben. Der Versuch, eine autonome Gemeinschaft zu gründen, schlug fehl, aber der Kampf zwischen »Herz« und »Hand« ging weiter. Stephan Hopkins war ein gelehrter Puritaner und Anhänger Robert Brownes, der die Gründung separater kongregationalistischer Kirchen propagierte, in denen die Regierungsführung sich auf gegenseitiges Einvernehmen statt auf Ehrerbietung gegenüber Ältesten, König oder Nation gründete. Hopkins erweiterte die Logik hinter dem Ritual der Seeleute während des Sturms, indem er argumentierte, die Herrschaft der Behörden habe in jenem Moment ein Ende genommen, in dem die *Sea-Venture* auf Grund gelaufen sei. Er bekräftigte die Wichtigkeit der »Fülle guten Essens jeglicher Art dank göttlicher Vorsehung« auf der Insel und sträubte sich gegen die Weiterreise nach Virginia, wo die einfachen Leute sich ohnehin nur für die Abenteurer würden abschinden müssen. Auch Hopkins' Meuterei wurde niedergeschlagen, aber er selbst überlebte und hielt im Jahre 1620 eine weitere aufrührerische Rede, diesmal an Bord der Mayflower vor der Küste Amerikas.[9]

Hopkins war nicht der einzige Verschwörer auf Bermuda, der unbezwungen blieb. Kaum hatten sich die Ketten um seine Handgelenke geschlossen, braute sich ein drittes Komplott zusammen, in dem eine weitere Gruppe von Meuterern plante, sich in den Besitz der aus dem Wrack geretteten Vorräte zu bringen und den Gouverneur Thomas Gates anzugreifen. Dieser Plan wurde an die Behörden verraten, doch der Widerstand hielt an. Bald wurde ein weiterer Rebell wegen verbaler Meuterei gegen den Gouverneur und seine Autorität hingerichtet, woraufhin sich wiederum mehrere andere in die Wälder schlugen, wo sie, wie Gates missgestimmt bemerkte, lebten wie die Wilden.

Schließlich setzte sich die Obrigkeit durch. Es wurden zwei Schiffe gebaut, Pinassen mit den Namen Deliverance und Patience, mit denen die Reise nach Virginia fortgesetzt werden sollte und die am 10. Mai 1610 vom Stapel liefen. Nichtsdestotrotz hatten Seeleute und andere »Untätige, Widerspenstige und Erbärmliche« innerhalb von zweiundvierzig Wochen fünf Verschwörungen gegen die Virginia Company und ihre Führer auf der Insel angezettelt, und diese wiederum hatten mit zwei der ersten Hinrichtungen im englischen Amerika reagiert: Ein Mann wurde gehängt und ein weiterer standrechtlich erschossen, um den Widerstand zu brechen und die Kolonisierungsbestrebungen in Gang zu halten. Als die anderen Richtung Virginia in See stachen, beschlossen zwei Männer, darunter ein Seemann, zurückzubleiben und auf Bermuda »ihre Tage zu beenden«. Zusammen mit einem Dritten begannen sie »in brüderlicher Gemeinschaft [...] ihr kleines Gemeinwesen aufzubauen«.[10]

Die Weisheit dieser Entscheidung bestätigte sich weniger als einen Monat nach der Ankunft der Schiffe in Virginia, als Sir George Somers von Sir Thomas Gates nach Bermuda abkommandiert wurde, um Proviant für sechs Monate in Form von Fleisch und Fisch für die gebeutelte Kolonie auf dem Festland zu besorgen. Sir George selbst war es allerdings nicht vergönnt, nach Virginia zurückzukehren: Er entdeckte die Freuden Bermudas aufs Neue und gab nach »übermäßigem Genuss eines Schweins« den Geist auf. Wir wissen nichts über die Schicksale der Seeleute und Passagiere, die von Bermuda nach Virginia segelten, aber es ist anzunehmen, dass viele von ihnen zu der erschreckenden Sterblichkeitsrate in der Festlandsiedlung beitrugen und bald nach ihrer Ankunft starben. Dennoch trug dieser Zustrom von Menschen – den Virginias verwegener Führer, John Smith, als die »dritte Lieferung« bezeichnete – dazu bei, das Überleben der neuen Plantage zu sichern.[11]

Der Schiffbruch der *Sea-Venture* und die dramatischen Aufstände, die sich unter den Schiffbrüchigen abspielten, lassen die Hauptthemen der frühen atlantischen Geschichte anklingen. Diese Ereignisse illustrieren weder Englands Ruhm und Größe auf den Meeren noch den heldenhaften Kampf für Religionsfreiheit, obwohl sowohl Seeleute als auch religiöse Radikale darin eine wesentliche Rolle spielten. Vielmehr handelt diese Geschichte von den Ursprüngen des Kapitalismus und der Kolonisierung, vom Welthandel und davon, wie Imperien errichtet werden. Damit handelt sie zwangsläufig auch von der Entwurzelung und Verschiebung ganzer Völker, von der Produktion und dem transatlantischen Einsatz von »hands«, Seeleuten und Arbeitern. Dies ist eine Geschichte über Ausbeutung und den Widerstand gegen Ausbeutung, über unterschiedliche Vorstellungen davon, wie der »Saft der Leiber« zu verwenden sei. Es ist eine Geschichte über die Zusammenarbeit verschiedener Sorten von Menschen mit gegensätzlichen Interessen in puncto Profit und Überleben. Und es ist eine Geschichte über alternative Lebensformen und den offiziell sanktionierten Einsatz von Gewalt und Terror, um diese Lebensformen zu verhindern oder zu zerstören und der weit verbreiteten Vorliebe für »Freiheit und volle Entfaltung der Sinnlichkeit« Einhalt zu gebieten.

Wir sind durchaus nicht die Ersten, die der Geschichte der *Sea-Venture* historische Bedeutung beimessen. Einer der Ersten – und wahrscheinlich der einflussreichste – war William Shakespeare, der für sein Theaterstück *Der Sturm* in den Jahren 1610–11 auf Augenzeugenberichte des Schiffbruchs zurückgriff. Shakespeare hatte seit langem die Berichte der Forscher, Kaufleute und Kolonisatoren verfolgt, die aggressiv daran arbeiteten, Europa, Afrika und die beiden Amerikas durch Welthandel miteinander zu verbinden. Darüber hinaus kannte er einige dieser Männer persönlich und war finanziell von ihnen abhängig. Wie viele seiner Gönner und Wohltäter, darunter der Graf von Southampton, investierte Shakespeare selbst in die Virginia Company, die Speerspitze der englischen Kolonisierung.[12] Sein Stück beschrieb und propagierte das wachsende Interesse der englischen herrschenden Klasse an der Besiedlung und Ausbeutung der Neuen Welt. Auf den folgenden Seiten werden wir anhand des Schiffbruchs der *Sea-Venture* auf vier Hauptthemen eingehen, die mit dem Ursprung und der Entwicklung des englischen atlantischen Kapitalismus im frühen 17. Jahrhundert in Zusammenhang stehen: Enteignung, der Kampf für alternative Lebensformen, unterschiedliche Modelle von Zusammenarbeit und Widerstand und die Auferlegung von Klassendisziplin. Die Geschichte der *Sea-Venture* birgt eine umfassendere Geschichte in sich, und diese Geschichte handelt vom Aufstieg des Kapitalismus und dem Beginn einer neuen Ära der Menschheitsgeschichte.[13]

ENTEIGNUNG

Der Untergang der *Sea-Venture* ereignete sich zu einem kritischen Zeitpunkt in der Geschichte imperialer Rivalitäten und kapitalistischer Entwicklung. Die Gründung der Virginia Company reflektierte – und beschleunigte – eine fundamentale Machtverschiebung im frühen 17. Jahrhundert: Die Atlantik-Anrainerstaaten Nordwesteuropas – Frankreich, die Niederlande und England – begannen die Mittelmeerkönigreiche und Stadtstaaten Spanien, Portugal, Algier, Neapel und Venedig herauszufordern und ihnen den Rang als dominierende Mächte in Europa (und mehr und mehr auf der ganzen Welt) abzulaufen. Das schnellere, wehrhaftere, weniger arbeitsintensive nordeuropäische Schiff – die fortgeschrittenste Ingenieursleistung ihrer Zeit – stellte die Mittelmeer-Galeere in den Schatten. Die herrschende Klasse in England war besonders erpicht darauf, dem Griff der iberischen Länder nach der Neuen Welt den Kampf anzusagen und sich selbst dabei zu bereichern. Und so gründete eine Gruppe englischer Investoren im Jahre 1606 die Virginia Company, die sich in den Worten ihres führenden Chronisten Wesley Frank Craven »in erster Linie als eine Unternehmensorganisation [verstand], in die Abenteurer, deren Hauptinteresse der zu erwartende Ertrag ihrer Investitionen war, große Kapitalsummen investierten«. Aus dieser Anhäufung von Kapital für eine neue, weltweit agierende Handelsorganisation entsprang die Reise der *Sea-Venture*.[14]

Die Advokaten der Virginia Company lancierten eine breit gefächerte englandweite Kampagne mit dem Ziel, Unterstützung für das Projekt der Kolonisierung zusammenzutrommeln, und erklärten ein ums andere Mal, warum diese privatkapitalistische Initiative gut für die Nation sei. Dabei brachten sie eine Vielzahl von Argumenten vor: Es obliege allen guten Protestanten in England, zur Bekehrung der amerikanischen Wilden zum Christentum beizutragen und ihre katholischen Feinde im Ausland zu bekämpfen; es sei allgemeine Pflicht, das englische Herrschaftsgebiet zu erweitern und den zu erwartenden Ruhm der Nation mit offenen Armen zu begrüßen. Aber ihr eindrücklichstes Argument, das den größten Nachhall fand, stellte die Kolonisierung als Lösung für gesellschaftliche Probleme im eigenen Land dar. Die Propagandisten wurden nicht müde zu beteuern, dass die Gesellschaft der Öffentlichkeit einen wertvollen Dienst erweise, indem sie »Schwärme untätiger Personen« aus England entferne und in Virginia zur Arbeit anhalte, so wie es Richard Hakluyt, der Hauptverfechter der englischen Kolonisierung, zwanzig Jahre lang propagiert hatte. Die Neue Welt war genau das Richtige für »unstete junge Menschen ohne Religion«, für Leute, die durch »Wuchermieten« ihre Habe verloren hatten, für Menschen in »extremer Armut«, kurz: für alle, »die nicht daheim leben können«. Auch wenn wir weder die Namen noch die individuellen Hintergründe der meisten Menschen an Bord der *Sea-Venture* kennen, wissen wir, dass viele von ihnen enteignet und besitzlos waren. Im Jahre 1609 ersuchte die Virginia Company den Bürgermeister, die Ratsherren und die Firmen von London, »Stadt und Vorstädte von einem Schwarm nutzloser Einwohner zu befreien, die eine beständige Quelle von Tod und Hungersnot und der ursächliche Grund für alle Plagen in diesem Königreiche sind«. Robert Rich, ein Herr von Stand und einer der Schiffbrüchigen von Bermuda, schrieb später über »diese Landstreicher, die mit uns lebten«, und ein anonymer, Sir Thomas Gates nahestehender Autor (vielleicht sogar Gates selber) beschwerte sich über »diese verruchten Nichtsnutze, die sich auf ein Schiff verfügen, weil sie in England nicht zu leben wissen«.[15]

Wie der Kapitalismus im Allgemeinen war auch die Virginia Company das Ergebnis einer Reihe miteinander verflochtener gesellschaftlicher und wirtschaftlicher Veränderungen im England des späten 16. und frühen 17. Jahrhunderts. Veränderungen, die im Jahr 1609 die *Sea-Venture* nach Virginia trieben und wenig später in Shakespeares *Der Sturm* einflossen. Sie umfassen den Übergang von in Subsistenzwirtschaft betriebenem Ackerbau zu kommerzieller Weidewirtschaft in der Landwirtschaft, die Zunahme der Lohnarbeit, das Anwachsen der Stadtbevölkerung, die Ausweitung der häuslichen Herstellung von Handwerksgütern im Verlagssystem, das Anwachsen des Welthandels, die Institutionalisierung der Märkte und die Etablierung eines Kolonialsystems. Diese Entwicklungen wurden durch eine tiefgreifende und folgenschwere Ursache ermöglicht: die Einhegung von Land und die Vertreibung Tausender von Menschen von der Allmende, dem Gemeineigentum, die in der Folgezeit nach Bedarf über Stadt, Land und Meer verteilt wurden. Enteignung war die Quelle der ursprünglichen Akkumulation und die Kraft, die Land und Arbeit in Waren verwandelte. So waren einige der Arbeiter auf der *Sea-Venture* zu »hands« geworden.

Shakespeare war sich über die wahre Natur der Enteignung im Klaren, als er in *Der Sturm* den »wilden und missgestalteten Sklaven Caliban« seinen eigenen Anspruch auf das Land gegen seinen adligen Herrn Prospero geltend machen lässt:

> *»Durch Sycorax, meine Mutter, ist diese Insel mein,*
> *die du an dich gerissen hast.«*[16]

Darin lag die Crux des Zeitalters. Während Grundherren europäische Arbeiter enteigneten und europäische Kaufleute indigene Völker in den Amerikas enteigneten, fragte der holländische Jurist Hugo Grotius: »Kann eine Nation [...] etwas entdecken, das schon jemand anderem gehört?« Wem gehörte Bermuda? Wem gehörte Amerika? Wem Afrika? Wessen Insel war England? Da sich vom Anbeginn der Geschichte die Völker der Welt störrisch an die wirtschaftliche Unabhängigkeit, die sich auf den Besitz eigener Subsistenzmittel gründet – sei es in Form von Land oder anderen Arten von Besitz – geklammert haben, mussten europäische Kapitalisten Massen von Menschen gewaltsam von ihrem angestammten Land vertreiben, damit ihre Arbeitskraft neuen Wirtschaftsprojekten an neuen geografischen Schauplätzen zugeführt werden konnte. Die Enteignung und Umsiedlung von Völkern ist ein die ganze Welt und fünfhundert Jahre umspannender Prozess. Die Virginia Company im Allgemeinen und die *Sea-Venture* im Besonderen halfen bei der Organisierung der Mittelpassage als Verbindungselement zwischen Enteignung in der Alten und Ausbeutung in der Neuen Welt.

Wie vollzog sich der Enteignungsprozess in England? Es war ein langer, langsamer und gewaltsamer Vorgang. Im Mittelalter begannen die Lehnsherren, ihre Privatarmeen abzuschaffen und ihre Lehnsgefolge aufzulösen. Im frühen 16. Jahrhundert lösten die englischen Herrscher die Klöster auf, machten den Wandermönchen, Ablasskrämern und Bettlern den Garaus und zerstörten das mittelalterliche Almosensystem. Am folgenreichsten jedoch waren möglicherweise die Maßnahmen der Großgrundbesitzer des späten 16. und frühen 17. Jahrhunderts in Reaktion auf die neuen nationalen und internationalen Märkte. Die landwirtschaftlichen Methoden änderten sich radikal: Ackerland wurde eingehegt, Kleinbauern gewaltsam vertrieben, Landpächter verdrängt. Tausende von Männern und Frauen wurden von ihrem Land vertrieben und verloren den Zugang zur Allmende. Am Ende des 16. Jahrhunderts gab es zwölf Mal so viele Besitzlose wie hundert Jahre zuvor. Im 17. Jahrhundert war fast ein Viertel des englischen Grund und Bodens eingehegt. Mittels Luftaufnahmen und Ausgrabungen sind inzwischen mehr als tausend verlassene Dörfer und Flecken geortet worden – eine Bestätigung der riesigen Dimensionen, in denen die Vertreibung der Kleinbauern sich vollzog. Thomas Morus hatte in *Utopia* (1516) ein satirisches Licht auf diesen Prozess geworfen, aber er selbst hatte ebenfalls Land eingehegt. Auch Shakespeare trug das Seine zur Einhegung bei. Er besaß einen halben Anteil an einer Zehntpacht in Welcombe, und im Jahre 1614 schlug William Combe vor, die dortigen offenen Felder einzuzäunen. Shakespeare hatte keine Einwände – sein Einkommen wurde von dieser Maßnahme nicht betroffen –, aber die Enteigneten in spe hatten durchaus welche und füllten die Gräben auf, die für die neuen Hecken ausgehoben worden waren. Combe stieg aufs Pferd, trat den Protestierenden, den sogenannten »Diggers«, entgegen und beschimpfte sie als »puritanische Schurken & Handlanger«, aber Thomas Green, der Anführer der Diggers, kehrte am nächsten Tag mit Frauen und Kindern zurück, um den Widerstand fortzusetzen. Er reichte eine Bittschrift beim Lordoberrichter und beim Kronrat ein und erwirkte schließlich eine Verfügung des Inhalts, die Einhegung möge entfernt werden.[17]

Die meisten Landarbeiter hatten weniger Glück. Land-, kredit- und beschäftigungslos und außerstande, gewinnbringende Arbeit zu finden, blieben diese neuen Proletarier dem Leben auf der Straße überlassen, wo sie der erbarmungslosen Grausamkeit einer Straf- und Arbeitsgesetzgebung ausgesetzt waren, die an Härte und Abschreckungspotenzial in der Geschichte der Neuzeit bis dato unübertroffen war. Die wesentlichen Gesetze gegen Raub, Einbruch und Diebstahl entstanden im 16. und frühen 17. Jahrhundert, als Verbrechen zum dauerhaften Bestandteil des städtischen Lebens wurde. Derweil wurde den Enteigneten per Gesetz gegen Landstreicherei körperliche Gewalt angedroht. Unter Heinrich VIII. (1509–1547) wurden Vagabunden ausgepeitscht, die Ohren abgeschnitten oder sie wurden gehängt. (Ein zeitgenössischer Chronist schätzte ihre Anzahl auf fünfundsiebzigtausend.)[18]

Unter Eduard VI. (1547–1553) wurde ihnen mit einem Brandeisen ein »V« in die Brust gebrannt, und sie wurden für zwei Jahre versklavt; unter Elisabeth I. (1558–1603) wurden sie ausgepeitscht und zum Galeerendienst oder in die Besserungsanstalt verfrachtet. Das unter Eduard VI. weiter ausgearbeitete Strafrecht war gegenüber den Besitzlosen nicht weniger bösartig. Das Lehrlingsgesetz und das Armengesetz zielten gleichermaßen darauf ab, Anstellung oder Lohnarbeit zu reglementieren.[19]

Herrenlose Männer und Frauen waren das bestimmende Merkmal der späten Tudor- und frühen Stuartzeit in England und verursachten den für die Epoche charakteristischen Tumult. Vagabunden waren, in den Worten A. L. Beiers, »ein hydraköpfiges Ungeheuer, das es auf die Zerstörung von Staat und Gesellschaftsordnung abgesehen hatte«. Diese Beschreibung erinnert an das Argument des Philosophen und Zweiten Kronanwalts Francis Bacon, der solche Leute aufgrund eigener Erfahrung als »Saat von Gefahr und Aufruhr in einem Staate« bezeichnete. Die Kombination von Enteignung, industrieller Ausbeutung (durch Bergbau und das Verlagssystem) und militärische Mobilisierung in einer noch nie da gewesenen Größenordnung führte zu den großen Regionalaufständen der Tudorzeit – dem Aufstand von Cornwall (1497), dem Aufstand von Lavenham (1525), der Lincolnshire-Rebellion (1536) sowie der Gnadenwallfahrt (1536), dem Gebetbuch-Aufstand (1549) und dem Kett-Aufstand (1549), die alle auf dem Land stattfanden. Die städtischen Revolten nahmen ihrerseits gegen Ende des 16. Jahrhunderts zu. Dies war die Zeit der Gefängnisrevolte von Ludgate (1581), des Weihnachtsaufstands der Bettler (1582), der Pfingstunruhen (1584), der Gipserrevolte (1586), des Filzeraufstands (1591), des Aufstands der Kerzengießer von Southwark (1592) und des Butteraufstands von Southwark (1595), deren Namen allein schon etwas von dem Kampf der Klein- und Kunsthandwerker um ihre Freiheit und ihre Bräuche anklingen lassen. Als Oxforder Commoners während des Enslow-Hill-Aufstandes (1596) mit Londoner Lehrlingen ein Bündnis zu schließen versuchten, folterten Bacon und der Kronanwalt Edward Coke einen der Anführer und ließen verlauten, ihrer Meinung nach sei jeder Angriff auf die Einhegungen gleichbedeutend mit Hochverrat. Der größte Aufstand dieses Zeitalters war die Midlands-Revolte von 1607, die zum Teil in Shakespeares eigener Grafschaft stattfand und sein Stück Coriolan beeinflusste. Zum ersten Mal wurde hier der Begriff Levellers – »Gleichmacher« oder »Einebner« – für Leute benutzt, die die Einhegungen mit eigenen Händen zu entfernen versuchten. Der überbordende

Widerstand gegen die Enteignung verlangsamte das Voranschreiten der Einhegungen, verzögerte das Drücken der Löhne und schaffte die Grundlage für den sogenannten Tudor-Paternalismus – ein irreführender Begriff, der den Eindruck erweckt, die unter diesem Namen zusammengefassten Kompromisse und Zugeständnisse seien schierer elterlicher Güte geschuldet.[20]

Als es schließlich an der Zeit war, die Besitzlosen zu katalogisieren und zu analysieren, listete Sir John Popham, Lordoberrichter an der King's Bench (einem der königlichen Gerichtshöfe) und einer der führenden Organisatoren der Virginia Company, dreißig verschiedene Arten von Gaunern und Bettlern auf und teilte sie in fünf Hauptgruppen ein. Die erste Gruppe bestand aus Wanderkrämern, Kesselflickern und Hausierern, all den Männern und Frauen, deren kleine Handelstransaktionen die proletarische Mikroökonomie bildeten. In der zweiten Gruppe befanden sich (echte oder vorgebliche) verabschiedete, abgemusterte und verwundete Soldaten und Seeleute, deren Arbeit die Grundlage der expansionistischen Makroökonomie ausmachte. Die dritte Gruppe beinhaltete die Überreste des Unterbaus feudaler Mildtätigkeit: Kuppler, Proktoren, Ablasskrämer. Die Entertainer – Jongleure, Fechter, Barden, Halter von Tanzbären, Akrobaten und Musikanten – bildeten die vierte Gruppe. In einer fünften Gruppe brachte Popham all diejenigen unter, die die geistigen und philosophischen Bedürfnisse des Volkes befriedigten: Handleser, Physiognomen, Wahrsager und »Personen, die sich Gelehrte nennen«, kurz: alle, die vorgaben, einer »verborgenen Wissenschaft« kundig zu sein. In seiner Einleitung erwähnte er schließlich »alle wandernden Personen und gemeinen Arbeiter, Personen, die sich, obschon gesunden Leibes, herumtreiben und sich weigern, für den Lohn zu arbeiten, der gemeinhin und billigerweise in der Gegend, in der diese Personen leben oder sich aufhalten, gezahlt wird, und die keine anderen Mittel haben, sich selbst zu unterhalten«. Damit fielen nicht nur alle diejenigen unter den Rechtsbegriff »verstockte Gauner und Bettler«, die außerhalb organisierter Lohnarbeit ihr Auskommen fanden, sondern auch alle, die die Kultur, die Tradition und das autonome Selbstverständnis dieses launischen, wissbegierigen und unsteten Proletariats aufrechterhielten. Marx nennt die Enteigneten einen buntscheckigen Haufen [motley crowd/crew].[21]

Enteignung und Widerstand schmierten den Prozess der Kolonisierung und sorgten in der ersten Hälfte des 17. Jahrhunderts dafür, dass die *Sea-Venture* und viele andere transatlantische Schiffe sich mit Menschen füllten. Einige gingen nach dem Verlust ihres Landes freiwillig, in der verzweifelten Hoffnung auf einen neuen Anfang, aber viele andere verließen das Land unwillentlich – aus Gründen, die Bacon nach der Midlands-Revolte darlegte. Laut Bacon war es »die sicherste Methode zur Vermeidung von umstürzlerischen Aktivitäten [...] sie körperlich zu entfernen. Denn wenn der Brennstoff bereitsteht, ist es schwer vorherzusagen, wann der Funke kommen wird, der ihn in Brand steckt.« Die Befürworter der Kolonisierung Irlands im Jahr 1594 oder Virginias im Jahr 1612 machten geltend, dass auf diese Weise die »wuchernden Massen« exportiert und die »Möglichkeit des Umsturzes [...] aus der Stadt entfernt werden könne«. Im Zusammenhang mit dem Bettlergesetz von 1597 entwickelte sich eine neue Amtspraxis, die darin bestand, Vagabunden und Gauner, die in England eines Verbrechens (meistens eines Eigentumsvergehens) überführt worden waren, in die Kolonien zu deportieren und zur Plantagenarbeit in einem – wie Hakluyt es ausdrückte – »Gefängnis ohne Mauern« zu verurteilen. Es war der ideale Ort für alle Gefängnisinsassen Londons, wenn nicht des ganzen Königreiches. Der erste uns bekannte englische Verbrecher, der nach den Amerikas deportiert wurde, war ein Färberlehrling, der seinen Lehrherrn bestohlen hatte, aus dem Arbeitshaus geflüchtet war und 1607 nach Virginia verschifft wurde. Viele Tausende folgten.[22]

ALTERNATIVEN

Die Parteigänger der Virginia Company wussten, dass Enteignung »Schwärme untätiger Personen« hervorbrachte, die ehemals von der Allmende gelebt hatten. Der Kaufmann, Investor und Publizist Robert Gray erging sich in Erinnerungen an eine Zeit, als die

> Allmende [the commons] in unserem Lande frei und offen zum Gebrauch der armen Common[er]s dalag, denn es gab genug Platz für jedermann, sodass niemand jemand anderen bedrängen oder sein Land einhegen musste, was offenkundig macht, dass zu jener Zeit keine große Notwendigkeit bestand, seltsamen Berichten zu folgen oder wilde Abenteuer zu suchen, weil jedermanns Anteil nicht nur ausreichend, sondern üppig war.

Ungeachtet seiner tendenziösen Ansicht, Bevölkerungswachstum und Überfüllung seien allein für die Übergriffe und Einhegungen verantwortlich gewesen, verstand Gray sehr wohl, dass viele Menschen in England früher einmal anders gelebt hatten – freier, mit hinreichendem Auskommen und sogar im Überfluss. Als die Commoners nach dem Schiffbruch der *Sea-Venture* beschlossen, sich lieber auf Bermuda niederzulassen als nach Virginia weiterzusegeln, erklärten sie den Vertretern der Virginia Company, dass sie die Behaglichkeit, das Vergnügen und die Freiheit der Allmende der Erbärmlichkeit, Schwerarbeit und Sklaverei in Virginia vorzögen.[23] Shakespeare ließ sich von den schiffbrüchigen Commoners inspirieren und machte alternative Lebensformen zu einem der Hauptthemen in *Der Sturm*. Der weise alte Ratgeber Gonsalo, den es zusammen mit dem König und anderen Aristokraten nach Bermuda verschlagen hat, sinnt über das ideale Gemeinwesen – »commonwealth« – nach, das er gründen würde, »sollte ich die Insel kultivieren«:

> *In diesem Staatswesen würde ich alle Angelegenheiten ganz anders regeln als gewohnt. Denn keinerlei Handel ließe ich zu, keinerlei Behörden; ein Schrifttum wäre unbekannt; Reichtümer, Armut und Dienstbarkeit – nichts davon; Vertrag, Erbfolge, Landbesitz, Grenzsteine, Wein- und Ackerbau – nichts; auch kein Gebrauch von Metall, Getreide, Wein oder Öl; keine Arbeit; alle Männer müßig; alle; und auch die Frauen, dabei unschuldig und rein; keine souveräne Macht.*

Und er fährt fort:

> *Alles müsste die Natur für den gemeinsamen Bedarf liefern, ohne Schweiß und Anstrengung. Verrat oder Verbrechen, Schwert, Spieß, Flinte oder anderes Kriegswerkzeug gäbe es bei mir nicht. Stattdessen brächte die Natur aus eigener Kraft den größten Überfluss, die größte Fülle hervor, um mein friedliches Volk zu ernähren.*[24]

Er schließt mit den Worten, dass seine Herrschaft »das Goldene Zeitalter in den Schatten« stellen würde.[25]

Wie Shakespeare hatten auch Passagiere und Besatzung der *Sea-Venture* Zugang zu zahlreichen Quellen über alternative Lebensformen. Dazu gehörten das klassische Goldene Zeitalter, der christliche Garten Eden (Gonsalos »unschuldiges Volk«) und eine Vielzahl von populären Traditionen: antinomische (kein Gesetz, kein Verbrechen, keine Behörden), anarchistische (keine Herrschaft, kein Verrat), pazifistische (weder Schwert, Spieß, Messer noch Flinte), egalitäre (weder Reichtümer noch Armut) und Jäger-und-Sammler-Traditionen (weder Berg- noch Ackerbau). Eine Gesellschaft ohne Erbfolge war eine Gesellschaft ohne erblichen Adel, und eine Gesellschaft ohne Dienstbarkeit war eine Gesellschaft ohne Lohnarbeit. Diese Traditionen fanden ihren Ausdruck in »Verkehrte Welt«-Festzügen, in denen inmitten der Banner, Pferde, Kunst, Dekorationen und Extravaganz eines höfischen Karnevals buntscheckige Narren wie Shakespeares Trinculo auftraten und wo heidnische Riten, bäuerliche Traditionen und wirklichkeitsabgewandte utopische Schauplätze (alterae terrae wie Bermuda) in neue, allumfassende Spektakel eingebaut wurden. George Ferrers »Lord of Misrule« (Herr der Unordnung und Missregierung) hielt, bei den Feierlichkeiten Eduards VI. im Jahre 1552, »auf einem seltsamen Tier« Einzug, da »die Hydra genannte siebenköpfige Schlange das Schildhaupt meines Wappens ziert«. Lustige Fabeln wie das »Land von Cockaigne«, die sich aus mittelalterlicher Satire ableiteten, zeichneten ein Bild wohliger Trägheit und vollkommener Sättigung und erhielten damit eine Art von Utopia lebendig.[26]

Die unmittelbarste Alternative ergab sich natürlich aus den Erfahrungen mit der Allmende, in der Privateigentum nicht existierte. Anklänge auf Privatbesitz fanden sich in Worten wie »tilth« und »bourn«. »Tilth« war ein altfriesisches Wort, das auf Pflügen oder Eggen, d. h. auf spezifische Arbeitsgänge, und damit implizit auf das Prinzip der Urbarmachung selber verwies, das im Gegensatz zu Weide, Wald und Brachland stand. Es beschwor eine Rückkehr zu einem Leben in und mit dem Wald herauf, das in England, ganz besonders aber in Irland noch existierte, wo die englischen Eroberer im Kampf gegen die bestehende sippenorientierte Gesellschaft mit gemeinschaftlicher Ressourcennutzung schon mit der Entlaubung von Wäldern begonnen hatten. »Bourn« war ein neuerer und im südlichen England des 16. Jahrhunderts weitverbreiteter Ausdruck, der die Grenze zwischen zwei Feldern bezeichnete und daher mit Einhegung assoziiert wurde. Die Enteigneten hegten nicht nur ihren Groll, sondern auch ihre eigenen Überlieferungen und lebhaften Erinnerungen an Mehrfelderwirtschaft und »commoning«, gemeinschaftliche Ressourcennutzung. Für viele Menschen war daher die Abwesenheit von »Landbesitz, Grenzsteinen, Ackerbau« kein Traum von einer vollkommenen Welt, sondern jüngst verlorene Wirklichkeit, die Realität der Allmende.

Was genau meinte Gouverneur Thomas Gates mit seiner Klage, die Meuterer der *Sea-Venture* hätten sich in die Wälder zurückgezogen und lebten wie die Wilden? Wie sah das Leben von Wilden aus? Für Gates und seine

Generation von Europäern waren die klassenlosen, staatenlosen, egalitären Gesellschaften Amerikas beeindruckende Beispiele für alternative Lebensformen. Der Sprecher der Virginia Company Robert Gray schloss sich einer weit verbreiteten Sichtweise auf die amerikanischen Natives an, als er sagte: »Es gibt kein meum und tuum unter ihnen.« William Strachey stellte fest, sie hätten nicht nur keine Vorstellung von Privateigentum, sondern auch herzlich wenig Vorstellung von Arbeit selber: Er bemerkte, die Natives Virginias seien »den größten Teil des Jahres müßig«. Müßig mochten sie sein, aber verhungern taten sie nicht. 1631 schrieb Sir Henry Colt, er habe auf St. Christopher, einer der Westindischen Inseln, »viele nackte Indianer« gesehen, »und obwohl ihre Bäuche im Verhältnis zu groß für ihre Glieder sind, so zeigt dies doch, wie reichlich die Insel sie ernährt«. Entdeckungen wie diese heizten die kollektive Vorstellungskraft der Europäer an und bildeten den Anstoß für endlose Diskussionen – unter Staatsmännern, Philosophen und Schriftstellern wie auch unter den Enteigneten – über Völker ohne Besitz, Arbeit, Herren oder Könige.[27]

Die Berichte über alternative Gesellschaftsformen in Amerika erreichten Europa über Seeleute, über die Hunderte und bald Tausende von real existierenden Gegenstücken zu Thomas Morus' Raphael Hythloday, dem Seefahrer, der die Geschichte von Utopia aus der Neuen Welt mitbrachte. Hohe und Geringe gleichermaßen waren für Nachrichten über alterae terrae auf Seeleute und ihre »seltsamen Berichte« angewiesen. Der Leibdiener Michel de Montaignes war ein ehemaliger Seemann, der zwölf Jahre unter den Natives Brasiliens zugebracht hatte; dieser »einfache, unwissende Geselle« war zweifellos ein »wahrer Zeuge«, dessen Erzählungen das Konzept seines Herrn von den Möglichkeiten und Grenzen menschlicher Erfahrung beeinflussten.[28] Durch diese und andere in Hafenstädten wie London kursierenden Geschichten hatte Shakespeare von der »goldenen Welt ohne Plage« und von Orten »ohne Gesetze, ohne Bücher, ohne Richter« gehört, die in Amerika zu finden seien. Jahrhunderte später stattete Rudyard Kipling Bermuda einen Besuch ab und erklärte, Shakespeare habe viele seiner Ideen für *Der Sturm* einem »betrunkenen Seemann« zu verdanken gehabt.[29] So führten Seeleute den einfachen Kommunismus der Neuen und den plebejischen »Commonismus« – das Prinzip kollektiver Ressourcennutzung – der Alten Welt zusammen, was zumindest teilweise erklärt, warum sie bei den Ereignissen, die sich 1609 nach dem Schiffbruch der *Sea-Venture* auf Bermuda zutrugen, eine so führende und subversive Rolle spielten.

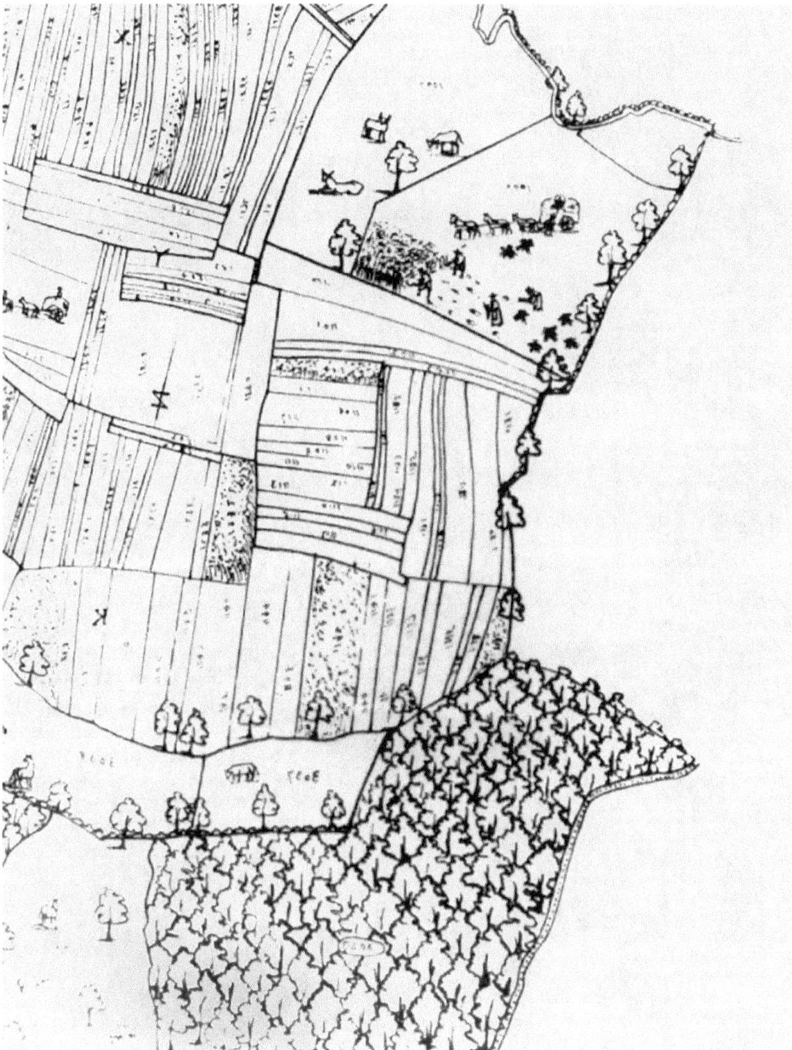

Mehrfelderwirtschaft in Laxton, England, 1632.
Booke of Survaye of the Manor of Laxton (1635)

Südliches Algonquin-Dorf, 1588.
Hariot: A Briefe and True Report of the New Found Land of Virginia(1590)

Weder handelte es sich bei der Praxis der Allmende-Wirtschaft um ein bestimmtes landwirtschaftliches Verfahren noch war die Allmende ein ökologisch einheitlicher Ort mit einem festgelegten Besitzverhältnis. Wie Strachey und viele andere sehr wohl wussten, nahm die Allmendepraxis je nach Zeit und Ort unterschiedliche Formen an. Strachey erklärte: »Was immer Gott mit Hilfe der Natur auf Erden erschaffen hat, war am Anfang allen Menschen gemeinsam eigen«, und die amerikanischen Natives, denen er begegnete – »naturals«, wie er sie nannte, simple Naturmenschen – hätten große Ähnlichkeit mit seinen eigenen Vorfahren, den alten Pikten und Bretonen, die von den Römern unterjocht worden waren. Es scheint, dass ein englisches Mehrfeldersystem, das Felder im Gemeinschaftsbesitz vorsah, eine Zeit lang erfolgreich in Sudbury, Massachusetts praktiziert wurde, bis es schließlich ebenfalls dem Ansturm privater Vermögensbildung zum Opfer fiel.[30]

Dennoch, die Allmende war mehr als nur eine spezifisch englische agrarische Praxis oder eine ihrer amerikanischen Varianten. Dasselbe Konzept lag dem Weiler, der Sippe, dem »rundale«, dem westafrikanischen Dorf und der traditionellen Brachwirtschaft der amerikanischen Natives zugrunde – mit anderen Worten, es fand sich überall dort, wo das Land noch nicht privatisiert und eingezäunt worden war, keinen Warenwert hatte und das gemeinschaftliche Miteinander in all seinen Formen förderte. Shakespeare wusste, dass die Geschichte des Kampfes um eine alternative Lebensform auf Bermuda der Wirklichkeit entstammte, aber er entschied sich dafür, einen realen Ort in einen traumhaften, literarischen »Nicht-Ort«, ein Utopia, umzuwandeln. Seine Mitinvestoren in der Virginia Company taten nichts anderes: In dem Bestreben, ein Utopia nach ihren eigenen Vorstellungen durchzusetzen, führten sie einen brutalen Kampf gegen diejenigen, die versuchten, sich ein »üppiges, friedliches und leichtes« Leben aufzubauen.

KOOPERATION UND WIDERSTAND

Die Geschichte der *Sea-Venture* lässt sich als Mikrokosmos unterschiedlicher Formen von Zusammenarbeit verstehen. Da war zum einen die Zusammenarbeit der Seeleute während des Hurrikans untereinander und zum anderen ihre Zusammenarbeit mit allen anderen, als gemeinsam das Schiff gesteuert, die Segel eingeholt, das Deck geräumt und Wasser aus dem lecken Rumpf gepumpt wurde. Nach dem Schiffbruch wurde die Zusammenarbeit ausgeweitet und unter den »hands« neu organisiert, teils auf Befehl der Herren von der Virginia Company und teils in Opposition zu ihnen. Diese Arbeit bestand aus dem Bau von Hütten aus Palmwedeln und der gemeinsamen Sorge für den Lebensunterhalt: Jagen, Sammeln, Fischen und Aufspüren. Nachdem sie die Obrigkeit an Bord des Schiffes erstmals herausgefordert hatten, arbeiteten die Commoners auf der Insel unter Führung der Seeleute gemeinschaftlich an der Planung von fünf verschiedenen Verschwörungen, darunter ein Streik und »Marronage« – Desertion in Form von Flucht in die Wälder. Parallel zu und entgegen dieser oppositionellen Zusammenarbeit organisierten die Vertreter der Virginia Company ihr eigenes Gemeinschaftsprojekt: Zedern mussten gefällt und Schiffe gebaut werden, die die Schiffbrüchigen nach Virginia befördern sollten. Die Spannungen zwischen den offiziellen und den subversiven Formen von Zusammenarbeit bildeten den dramatischen Kern von Shakespeares Darstellung des Lebens auf Bermuda in den Jahren 1609–10.

Diese Formen von Zusammenarbeit verbanden höchst unterschiedliche Menschen mit höchst unterschiedlicher Arbeitserfahrung: Seeleute, Arbeiter, Handwerker und Commoners aller Art, darunter zwei amerikanische Natives, Namuntack und Matchumps, die nach einer Englandreise auf dem Rückweg zu den Powhatans in der Chesapeake-Region waren.[31] Solch gemeinschaftlicher Widerstand floss in Shakespeares Schilderung der Verschwörung in *Der Sturm* ein: Der Sklave Caliban, der Hofnarr Trinculo und der Mundschenk Stephano tun sich zusammen, um Prospero zu ermorden und die Herrschaft über die Insel (Bermuda) zu übernehmen. Caliban selbst vereint in sich afrikanische, indianische, irische und englische kulturelle Elemente, während Trinculo und Stephano zwei der Haupttypen von Besitzlosen im England Richter Pophams repräsentieren. »Die Not beschert einem Mann seltsame Bettgenossen«, sinniert Trinculo, als er neben Caliban unter einem Regenumhang vor dem herannahenden Sturm Schutz sucht – aber nicht, bevor er sich gefragt hat: »Was haben wir hier – Mensch oder Fisch?« Als Stephano die Szene betritt, begutachtet er das vielbeinige Geschöpf und fragt sich, ob hier eine völlig neue Kreatur erschaffen worden sei: »Das ist ein Insel-Monster mit vier Beinen.«[32] Natürlich handelt es sich weder um einen Fisch noch um ein Monster, noch um einen »Hybriden«, einen Mischling (ein Wort, das ursprünglich in der Schweinezucht verwendet und im Jahre 1620 erstmals auf Menschen angewandt wurde, als Ben Jonson junge irische Frauen mit diesem Ausdruck belegte); tatsächlich handelt es sich um den

Beginn der Zusammenarbeit eines bunt zusammengewürfelten Haufens von Arbeitskräften. Caliban verspricht, seine gemeinschaftsdienlichen Fähigkeiten (d.h. Jagen und Sammeln) an Trinculo und Stephano weiterzugeben und ihnen zu zeigen, wie man in einem fremden Land überleben kann und wo und wie man Essen, Süßwasser, Salz und Holz findet. Aus dieser Zusammenarbeit entwickeln sich schließlich eine Verschwörung und ein Aufstand, nicht unähnlich dem, den die Commoners auf Bermuda vorangetrieben hatten, bevor auch sie schließlich besiegt wurden.[33]

Wir haben das Zusammentreffen von Caliban und Trinculo unter dem Regenumhang als den Beginn des »bunten Haufens« bezeichnet. Die Bedeutung dieses Begriffes – auf Englisch »motley crew« – verdient größere Aufmerksamkeit. Am englischen Königshof der Renaissance bezeichnete »motley« ein buntscheckiges Kleidungsstück, oftmals eine Kappe, die den Hofnarren kennzeichnete, welcher mit königlicher Erlaubnis vor den Mächtigen Witze reißen, ja sogar die Wahrheit sagen durfte. Das Narrenkleid als Amtstracht versprach karnevaleske Unordnung und Subversion, eine Gelegenheit, etwas Dampf abzulassen.

Im weiteren Sinne konnte »motley« auch einen bunt zusammengewürfelten Haufen bezeichnen, zum Beispiel eine Menschenmenge, die durch ihre zerlumpte Kleidung hervorstach. (Das deutsche Wort »Lumpenproletariat« greift diese Bedeutung auf.) Obwohl an dieser Stelle der interethnische Charakter des buntscheckigen Haufens im Vordergrund steht, empfiehlt es sich, die weiteren Bedeutungen des Begriffs – Subversion und armselige Erscheinung – nicht aus den Augen zu verlieren.

Enteignung fand nicht nur in England statt, sondern auch in Irland, Afrika, der Karibik und Nordamerika. Die Proletarier, die dieser Prozess hervorbrachte, arbeiteten als ausgebildete Steuermänner und Seeleute auf den ersten transatlantischen Schiffen, als Sklaven auf amerikanischen Plantagen und als Unterhalter, Prostituierte, Knechte und Mägde in London. Im Jahre 1563, ein Jahr vor Shakespeares Geburt, begann England am für den Aufstieg des Kapitalismus so unentbehrlichen Sklavenhandel teilzunehmen. 1555 brachte John Lok die ersten ghanaischen Sklaven nach England, wo sie Englisch lernten, um dann wieder nach Ghana zurückzukehren und als Übersetzer für Sklavenhändler zu fungieren. 1562–63 erzielte John Hawkyns mit dem Verkauf von 300 Sklavinnen und Sklaven an die Spanier enorme Gewinne auf Haiti. Für seine zweite Sklavenexpedition gab Königin Elisabeth I. ihm ein Schiff mit Mannschaft.

In Ben Jonsons *The Masque of Blacknesse* aus dem Jahre 1605 konnte Oceanus den Afrikaner Niger noch in aller Unschuld fragen: »Aber wozu denn nur solch herkulische Arbeit/ an diesen stillen und gesegneten Gestaden[?]« Shakespeare, der neben anderen mythischen Gestalten auch Herkules bewunderte, trug zur Beantwortung dieser Frage bei: 1617 führten die Mannschaften der vor Sierra Leone vor Anker liegenden Sklavenschiffe *Dragon* und *Hector* die Stücke *Hamlet* und *Richard II.* auf. Lucas Fernandez, »ein bekehrter Neger und Schwager des örtlichen Königs«, übersetzte die Stücke für die angereisten afrikanischen Kaufleute.[34] 1618, kurz nach der Erstaufführung von *Der Sturm*, erbauten englische Sklavenhändler, die von Jakob I. als »Company of Adventurers of London Trading to Gynney and Bynney« zugelassen worden waren, die erste permanente Faktorei in Westafrika.[35]

Shakespeare präsentierte die Verschwörung von Caliban, Trinculo und Stephano als Komödie über Figuren von niedriger Herkunft und Gesinnung, aber ihr Bündnis war alles andere als lachhaft: Drake war bei seinen Kaperfahrten in der spanischen Karibik auf die überlegenen Kenntnisse der Cimarrons, entflohener afro-indigener Sklaven, angewiesen gewesen.[36] Und wie wir gesehen haben, waren die realen Meutereien auf Bermuda mit all den demokratischen, antinomischen und kommunistischen Ideen, die sie zutage förderten, vielfältiger, komplexer, nachhaltiger, intelligenter und gefährlicher, als Shakespeare ihnen zubilligen wollte. Vielleicht blieb ihm nichts anderes übrig. Ein kurz zuvor erlassenes Gesetz untersagte jedwede Erwähnung von Göttlichkeit auf der Bühne und machte die Erörterung der Argumente von Andersdenkenden wie Stephan Hopkins, deren Vorstellung von Freiheit sich aus eben dieser Quelle speiste, schwierig. Darüber hinaus verpflichteten die Kanons von 1604 jede Kirche dazu anzuerkennen, dass jeder einzelne der 39 Artikel der Church of England im Einklang mit dem Wort Gottes stehe. Der 37. Artikel besagte, dass »christliche Menschen den Gesetzen des Königreiches gemäß mit dem Tode bestraft werden können«, und der 38. erklärte: »Die Reichtümer und Güter christlicher Menschen sind nicht, wie gewisse Wiedertäufer fälschlich prahlen, allen gemeinsam in dem Sinne, dass Recht, Titel und Besitz derselben davon betroffen werden.«

Wie schon die Rebellen der *Sea-Venture*, so wurde auch die Allianz der »seltsamen Bettgesellen«, die die Revolte in *Der Sturm* anzetteln, als monströs dargestellt. Hier wirkte Shakespeare an der Bildung eines ganz bestimmten Blicks auf solche Volksaufstände mit, der sich allmählich innerhalb der herrschenden Klasse zu entwickeln begann und von dem anonymen Verfasser von

The Rebel's Doom, einer im späten 17. Jahrhundert geschriebenen Geschichte von Aufständen in England, zusammengefasst wurde: Frühere Tumulte im Königreich, behauptete der Autor, seien fast ausnahmslos das Ergebnis von »*Treulosigkeit und Ungehorsam* unter den *Bedeutendsten Persönlichkeiten* der Nation« gewesen, aber nach dem Bauernaufstand von 1381 habe »das Lumpengesindel«, wie Caliban, Stephano und Trinculo von Prospero genannt wurden, »begonnen, wie eine *Monströse Hydra*, die ihre ungestalten Häupter erhebt, gegen die *Königliche Macht* und *Autorität* anzuzischen«. Die Streiks, Meutereien, Abspaltungen und Widersetzlichkeiten, mit denen sich die Virginia Company nach dem Schiffbruch auf Bermuda konfrontiert sah, sollten in der Folge, wie die weitere Geschichte von Bermuda und Virginia zeigt, eine große, ja sogar entscheidende Rolle bei der Kolonisierung spielen.

KLASSENDISZIPLIN

Obwohl die *Sea-Venture* »alle Hauptbevollmächtigten in ihrem Rumpf beförderte, welche die Kolonie erfolgreich hätten regieren sollen« und diese allesamt auf Bermuda strandeten, und obwohl Sir Thomas Gates von der Virginia Company die Befugnis erhalten hatte, nach Gutdünken das Kriegsrecht auszurufen, hatten die Herren entsetzliche Mühe, ihre Autorität durchzusetzen, denn der Hurrikan und der Schiffbruch hatten alle Klassenunterschiede eingeebnet. Angesichts eines Widerstandes, der die Möglichkeit eines anderen, besseren Lebens in Aussicht stellte, machten die Vertreter der Virginia Company die Möglichkeit einer gemeinschaftlichen Lebensweise zunichte und stellten die Klassendisziplin durch Arbeit und Terror, durch neue Lebensweisen und neue Todesarten wieder her: Die Arbeit wurde reorganisiert und die Todesstrafe verhängt.[37]

Shakespeare, der die Schwierigkeiten seiner Mitinvestoren in der Virginia Company mit Anteilnahme verfolgte, befasste sich in *Der Sturm* mit Fragen der Autorität und Klassendisziplin. Gonsalo sieht sich an Bord des Schiffes mit einem aufmüpfigen Seemann konfrontiert, der es wagt, während des gleichmacherischen Sturms die Aristokraten herumzukommandieren, und äußert sich über die freimütige »Teerjacke« folgendermaßen:

> Ich fühle mich gewaltig getröstet durch diesen Kerl: Mir scheint, ein Zeichen des Ertrinkens trägt er nicht an sich; seine Erscheinung weist ein-

> deutig auf Galgen. Bleibe dabei, gütiges Schicksal, ihn baumeln zu lassen. Mach den Strick seines Verhängnisses zu unserem Ankertau, denn unser eigenes bringt wenig Nutzen. Wenn er nicht zum Hängen geboren ist, steht es kläglich um uns.[38]

Natürlich kann Gonsalo nichts gegen die verbale Meuterei unternehmen, solange das Schiff in Gefahr ist, also ruft er sich das plebejische Sprichwort »Wer zum Baumeln geboren ist, muss sich vor dem Ertrinken nicht fürchten« ins Gedächtnis und tröstet sich mit der Aussicht auf eine Hinrichtung durch den Strang. Auf diese Weise weist Shakespeare sowohl auf die Bedeutung der Überseeschiffe (die »Juwelen unseres Landes«, wie ein Vertreter der Virginia Company sich ausdrückte) als auch auf die der Seeleute hin. Beide, so rät er, müssen von ihren Herren, die den Kolonisierungsvorgang überwachen, mit fester Hand regiert werden. Schiff wie Seemann waren unabdingbar für die internationale Kapitalakkumulation durch den Transport von Waren, die, wie wir gesehen haben, die enteigneten Arbeiter mit einschlossen, die eben dieses Kapital schaffen sollten. Öffentliche Hängung stellte dabei ein unverzichtbares Kontrollinstrument dar.

Mit seinem Appell an das Schicksal, den für den Bootsmann bestimmten Strang in ein Ankertau für die herrschende Klasse umzuwandeln, verdeutlicht Gonsalo eine faktische Beziehung. Sir Walter Raleigh machte bei der Erforschung der venezolanischen Gewässer eine ähnliche Erfahrung: »Schließlich beschlossen wir, den Lotsen zu hängen, und wenn wir den Weg zurück bei Nacht gut genug gekannt hätten, wäre sein Schicksal ohne Frage besiegelt gewesen, aber unsere eigenen Bedürfnisse waren Plädoyer genug für seine Sicherheit.«

Der Tod durch den Strang war Teilen des Proletariats vom Schicksal bestimmt, weil die Hängung sowohl für die Organisation und das Funktionieren des transatlantischen Arbeitsmarktes zur See und an Land als auch (wie auf Bermuda) für die Unterdrückung radikaler Ideen notwendig war. 1611, im Jahr der Erstaufführung von *Der Sturm*, wurden allein in Middlesex (der Grafschaft mit den am dichtesten bevölkerten Gemeinden Londons) ungefähr 130 Menschen zum Tod durch den Strang verurteilt und 98 tatsächlich gehängt, weit mehr als der Jahresdurchschnitt von etwa 70. Im Jahr darauf wurden Bartholomew Legate und Edward Wrightman, zwei Anhänger des puritanischen Separatisten Robert Browne und Glaubensbrüder von Stephan Hopkins, wegen Ketzerei auf dem Scheiterhaufen verbrannt.

Auf See wurden noch grausigere Strafen verhängt. Wen man zum dritten Mal beim Schlafen auf der Wache ertappte, wurde mit einem Korb voller Gewehrkugeln an jedem Arm an den Großmast gefesselt; beim vierten Mal gab man ihm einen Schiffszwieback und ein Messer, hängte ihn vom Bugspriet und überließ ihm die Entscheidung, entweder zu verhungern oder sich loszuschneiden und zu ertrinken. Wer bei dem Versuch ertappt wurde, ein Schiff zu stehlen, wurde an den Füßen über Bord gehängt, bis sein Schädel an der Bordwand zerschmetterte. Shakespeare mied derlei realistische Züge in seinem Stück, doch er und seine Freunde in der Virginia Company wussten sehr wohl, dass die kapitalistische Kolonisierung auf solche Methoden angewiesen war.[39]

Die Klassendisziplin an Bord der *Sea-Venture* drückte sich nicht nur in Form von grausamen Hinrichtungsmethoden aus. Es gab auch andere Disziplinarmaßnahmen, und eine davon hatte weit reichende Konsequenzen nicht nur für die Kolonie Virginia, sondern für Englands gesamtes atlantisches Imperium. Ihre Ursprünge lagen in den Niederlanden des späten 16. Jahrhunderts, wo Moritz von Oranien für die niederländischen Soldaten neue Formen militärischer Disziplin entwickelte, die sich als Kern der sogenannten »militärischen Revolution« erweisen sollten. Moritz gestaltete die militärischen Arbeitsabläufe um, unterteilte die Bewegungen der Soldaten in einzelne Komponenten und setzte sie in einer Weise wieder zusammen, die eine bis dahin ungekannte Kooperationsfähigkeit, Stärke und Effizienz zur Folge hatte.[40]

Diese neuen Ideen und Praktiken gelangten über Sir Thomas Gates und Sir Thomas Dale in den Jahren 1610–11 nach Virginia und von dort aus über den zukünftigen Gouverneur Daniel Tucker nach Bermuda. Letzten Endes beruhte diese neue Form der militärischen Arbeitsorganisation auf dem Terror des Galgens und der Peitsche. (Bei einer Gelegenheit peitschte Tucker höchstpersönlich vierzig Leute vor dem Frühstück aus.) Wie wichtig und notwendig diese Praxis war, zeigt sich an der sozialpolitischen Dynamik der Virginiakolonie in ihrer Frühzeit: Fast alle ihre frühen Anführer – Gates, De la Warr, Dale, Yeardley und andere – waren Offiziere, die »wahrlich von jener Universität des Krieges, den Niederlanden, hervorgebracht« worden waren.[41]

Der Widerstand, der sich auf Bermuda erstmals bemerkbar gemacht hatte, setzte sich in Virginia fort. Kolonisten meuterten, verweigerten die Arbeit und desertierten zu den Powhatan. Der »Sturm der Zwietracht« hielt

Die Hydra, die, wie es heißt, von Herkules ums Leben gebracht wurde.
Edward Topsell: Historie of Serpents (1608)

an: »Jedermann überschätzt seinen eigenen Wert und spielt sich als Kommandant auf; jedermann unterschätzt den Wert der anderen und verweigert das Kommando.« Hier zeigten sich die »Gesetzesverachtung, Aufwiegelung und Wildheit, [welche] die Früchte einer hitzköpfigen, dreisten und aufsässigen Menge sind«. Soldaten, Seeleute und Natives taten sich zusammen, um Waffen und Werkzeug aus den Vorratslagern der Virginia Company zu schmuggeln, und hielten »nächtliche Märkte« ab, um die so ergatterten Waren zu verkaufen. Viele Anführer der Kolonie Virginia hatten sich in Irland, wo die englischen Soldaten und Siedler ihre Ansiedlungen verlassen und sich den Iren angeschlossen hatten, ähnlichen Problemen gegenübergesehen. Ein anonymer Augenzeuge der Ereignisse von 1609 schrieb: »Zu dieser Hungerszeit liefen viele unserer Männer zu den Wilden davon, um zu essen, und waren nicht mehr gesehen.« So begannen einige Desertionen mit der dringenden Frage in der örtlichen Sprache: »Mowchick woyawgh tawgh noeragh kaquere mecher?« (»Ich bin sehr hungrig, was soll ich essen?«). In Jamestown desertierte während des Winters 1609/10 jeder siebte Siedler. Henry Spelman, ein Jugendlicher, der bei den Powhatans gelebt hatte, um ihre Sprache zu lernen, kehrte 1609 »aus dem Grunde, dass Proviant bei uns spärlich war«, zu ihnen zurück. Aber Hunger war nicht der einzige Grund zur Desertion. Die englischen Kolonisten flohen zu den Natives »vom ersten Augenblick der Besiedlung im Jahre 1607 an, bis der Kontakt zwischen Engländern und Einheimischen nach dem Massaker von 1622 fast völlig abbrach«. Kapitän John Smith wusste, dass die hauptsächliche Verlockung für die Deserteure die Möglichkeit war »müßig unter den Wilden zu leben«. Einige derjenigen, die auf Bermuda wie die Wilden gelebt hatten, ließen sich offensichtlich nicht abschrecken.[42]

Diese Situation trug zur Abfassung der Göttlichen, Moralischen, und Militärischen Gesetze bei, sanktioniert im Jahre 1609 durch den Zweiten Freibrief der Virginia Company, an deren Abfassung Francis Bacon – Strachey zufolge ein »höchst nobler Befürworter der Virginia-Plantage, dieweil er (mit anderen Herren und Grafen) von Anbeginn einer der hervorragendsten Förderer und Führer derselben gewesen ist« – als Berater beteiligt war. Wie oben erwähnt, autorisierte der Freibrief Sir Thomas Gates, das Kriegsrecht auszurufen, um die Kolonie zur Räson zu bringen und die Gewinne der neuen Aktionäre zu sichern. Es ist anzunehmen, dass die ersten 19 Artikel des neuen Gesetzes, das von Gates am Tag nach der Ankunft in Virginia ausgerufen wurde, inmitten der Verschwörungen gegen seine Herrschaft und vor dem Hintergrund des üppigen, friedlichen und leichten Lebens auf Bermuda entstanden waren. Die Gesetze waren hauptsächlich militärischer Natur, unterwarfen die Arbeit militärischer Disziplin und sahen harte Strafen, unter anderem Exekution, für widerständische Aktivitäten vor. Alles in allem bestanden sie aus 37 Artikeln, in denen Auspeitschungen, Galeerendienst und Tod reichhaltig versprochen wurden: 24 von ihnen sahen die Todesstrafe vor. Für den letzten Teil der Göttlichen, Moralischen, und Militärischen Gesetze nahm Thomas Dale sich »ein holländisches Armeehandbuch mit Militärverordnungen« zum Vorbild, »das er mitgebracht hatte«. Einer der Hauptzwecke dieser Gesetze war es, englische Siedler und Natives voneinander fernzuhalten.[43]

Bei dem Stamm, zu dem die Kolonisten trotz Dales Gesetzen desertierten, handelte es sich um einen Tsenacommacah, einen losen Zusammenschluss von etwas über dreißig kleineren Gruppen von Algonquins. Ihr höchstes Oberhaupt, Wahunsonacock, ein Pamunkey (von den Engländern Powhatan genannt), war ein sechzigjähriger »großer, wohlproportionierter Mann mit einem säuerlichen Gesichtsausdruck«, im Besitz eines »gesunden, zähen Leibes, zu jeder Arbeit tauglich«. Die vierzehntausend alliierten Algonquins bewohnten ein ökologisch reichhaltiges, von Wasserwegen durchzogenes Gebiet und lebten von Sammeln und Gartenbau. Sie jagten (Weißschwanzhirsche, Bären, wilde Truthähne, Gänse, Wachteln, Enten); sie fischten (Hering, Alse, Stör); sie fingen Aale und Schalentiere (Taschenkrebse, Krabben, Austern, Muscheln); sie sammelten (Früchte, Beeren, Nüsse); und sie betrieben Ackerbau (Mais, Bohnen, Kürbisse). Ihre Ernährung war besser und vielseitiger als die der Europäer. Die Konföderation bestand aus kleinen landbesitz-, klassen- und staatenlosen Gemeinschaften, die allerdings alle Wahunsonacock, »dem schlauen alten Fuchs«, Tribut zollten. Sie waren autark, nicht besonders an ökonomischer Spezialisierung interessiert und betrieben wenig Handel. Ihre Gesellschaft war matrilinear organisiert, und sowohl Männern als auch Frauen war außerehelicher Sex gestattet. Es gab keine Bürokratie zur Verwaltung ihrer etwa fünfzehnhundert Krieger. Wahunsonacock selber verrichtete dieselben alltäglichen Arbeiten wie alle anderen und wurde nicht mit seinem Titel, sondern mit seinem Namen angeredet. Alles, was Gonsalo in seinem Utopia nicht gestatten würde, war in der Gesellschaft der Powhatans ebenfalls nicht zu finden, mit einer Ausnahme: Mais. Auf der Suche nach Nahrung und einer Lebensweise, die vielen von ihnen offensichtlich zusagte, entschied sich ein steter Strom von englischen

Siedlern für ein Leben als »weiße Indianer«, »rote Engländer« oder, da rassifizierende Kategorien noch nicht ausgebildet waren, Anglo-Powhatans.[44] Einer dieser Überläufer war Robert Markham, ein Seemann, der unter Kapitän Christopher Newport mit dem ersten Schiff (im Mai/Juni 1607) nach Virginia gesegelt war und als Renegat endete: Er schloss sich der Algonquin-Kultur an und nahm den Namen Moutapass an.[45]

Die Desertionen nahmen kein Ende, besonders unter den Soldaten und Arbeitern, die unter drakonischen Bedingungen zum Bau von Befestigungsanlagen im Westen, bei Henrico (dem heutigen Richmond) gezwungen wurden. Im Jahre 1611 wurden einige der Männer, die »zu den Indianern weggelaufen waren«, von einer Militärexpedition gefangen genommen, und Sir Thomas Dale »befahl mit ganz besonderer Strenge [ihre] Hinrichtung«. Einige »verurteilte er dazu gehängt Andere verbrannt Einige gerädert, andere gepfählt und wieder andere erschossen zu werden«. Solcherart »extreme und grausame Foltern wurden ihnen angetan und auferlegt, um andere davon abzuschrecken, ein Gleiches zu versuchen«. Eine Gruppe, die beim Diebstahl von Waren aus dem Besitz der Virginia Company ertappt wurde, ließ Dale »an Bäumen festbinden und hungern bis zum Tode«. Der Terror schuf Grenzen.[46]

So fand eine Reihe populärer antikapitalistischer Traditionen – eine Welt ohne Arbeit, Privateigentum, Gesetze, Verbrechen, Verrat oder Obrigkeit – ihr perfektes Gegenstück in Thomas Dales Virginia, wo die Siedler mit Trommeln zur Arbeit gerufen und allen, die es wagten, sich zu widersetzen, mittels der Göttlichen, Moralischen, und Militärischen Gesetze Schrecken und Tod versprochen wurde. Die Militärs machten aus Bermuda und Virginia, ehemals Stätten der »Freiheit und vollen Entfaltung der Sinnlichkeit«, Schauplätze von Knechtschaft, Krieg, Mangel und Hungersnot. 1613 waren die gebeugten und geschlagenen Kolonisten von Bermuda am Verhungern, während ihre gesamte Lebensenergie in den Bau von Befestigungsanlagen floss, die die Insel zu einem strategischen Militärstützpunkt in der Frühphase der englischen Kolonisierung machen sollten. Ein nicht namentlich genannter Mann weigerte sich, sich der neuen Realität zu beugen, und erhielt die alte Vision von Bermuda am Leben, indem er sich »in den Wäldern versteckte und monatelang fett und lustig nur von Wellhornschnecken und Krebsen lebte«. Die Zerstörung des Paradieses von Bermuda kündigte sich durch eine gewaltige Rattenplage und »die unheilvolle Heimsuchung durch einen Schwarm von Raben« an, »welcher sich unter ihnen aufhielt, so lange das große Sterben währte, und dann davonflog«.[47]

II. KAPITEL

HOLZHAUER UND WASSERTRÄGER

☆

Alles, was ich auf dieser Welt zu tun habe, ist lustig zu sein,
und das werde ich, wenn der Grund mir nicht entzogen wird.
Francis Beaumont: The Knight of the Burning Pestle (1607)

Jugend, Jugend besser, du verhungerst an der Amme Brust
Als dass du um einer Börse willen hängen musst.
Ben Jonson: Bartholomew Fair (1614)

Seine Feinde bei Hofe ließen Sir Walter Raleigh, Prototyp eines imperialistischen Abenteurers, nach der Thronbesteigung von Jakob I. 1603 unter fadenscheinigen Anschuldigungen – angeblich hatte er mit Spanien ein Komplott gegen das Leben des Königs geschmiedet – in den Tower werfen. Im Gefängnis schrieb Raleigh seine *History of the World* und erwähnte darin Herkules und »die Schlange Hydra, welche neun Häupter hatte, und wurde eines davon abgeschnitten, wuchsen deren zwei an seiner Stelle«. Raleigh identifizierte sich natürlich mit Herkules und benutzte das Bild der Hydra als Metapher für die zunehmenden Unruhen im Kapitalismus. »Die amorphe, aus den traditionellen Bindungen des Bauerntums entlassene Arbeiterklasse war für ihre Zeitgenossen ein neues Phänomen«, bemerkt die Historikerin Joyce Appleby.[1] Indem Raleigh die griechische Mythologie mit dem alten Testament kombinierte, gelangte er zu einer historischen Interpretation des Herkulesmythos: »Dass er viele Diebe und Tyrannen erschlagen, halte ich für die Wahrheit ohne Zugabe dichterischer Freiheit«, schrieb er, sowie: »Sicher ist es, dass viele Städte in Griechenland ihm zu großem Dank verpflichtet waren, weil er (da all seine Unternehmungen auf das Gemeinwohl ausgerichtet waren) das Land von vielerlei

Unterdrückung befreite.« Herkules trug dazu bei, ein Königtum – oder politische Souveränität – und Handel unter der Vorherrschaft einer einzelnen ethnischen Gruppe, der Griechen, zu etablieren. Er diente als Vorbild für die Entdeckungen, die Eroberungen, den Handel und die Plantagenwirtschaft, die den englischen Merkantilismus auszeichneten. Ein Herkuleskult zog sich durch die Kultur der englischen herrschenden Klasse im 17. Jahrhundert.[2] Raleigh bemerkte: »Manche verbinden mit Herkules Tapferkeit, Besonnenheit und Standhaftigkeit und interpretieren die Ungeheuer [als] Laster. Andere sehen Herkules als die Sonne und seine Reisen als die zwölf Tierkreiszeichen. Wieder andere legen seine Arbeiten gemäß ihren eigenen Ideen historisch aus.«

Francis Bacon, der in seiner Eigenschaft als Lordkanzler im Jahre 1618 Raleigh vor Gericht gestellt und ihm als erster die Nachricht von seiner Verurteilung zum Tode überbracht hatte, machte aus der Sage von Herkules und der Hydra in der Tat eine mächtige Idee. Als Sohn eines führenden elisabethanischen Höflings wurde Bacon in Cambridge ausgebildet, sprach sich als Philosoph für induktive Argumentation und wissenschaftliches Experimentieren aus, fiel als Politiker bei der Königin in Ungnade und schaffte es, die Gunst Jakob I. durch den Verrat an seinen ehemaligen Freunden zurückzugewinnen. Er verband utopisches Denken mit praktischen Projekten und schrieb *Neu-Atlantis*, *Of Empire* und *Of Plantations* während seiner Zeit als Investor in die Virginia Company. Der Essay *Of Seditions and Troubles* entstand nach dem Enslow-Hill-Aufstand (1596), als Aufrührer in Oxfordshire, die für Essen und gegen Einhegungen protestierten, planten, nach London zu marschieren, um sich dort mit aufständischen Handwerksburschen zusammenzutun. Einer der Aufrührer, der Zimmermann Bartholomew Steere, prophezeite: »Nicht mehr lange, und wir werden eine fröhlichere Welt haben. [...] Ich werde den einen Tag arbeiten und den anderen spielen.« Steere wurde von Bacon und anderen Amtsträgern zwei Monate lang Verhören und Folter im Bridewell-Gefängnis von London unterworfen. Während Bacon behauptete, es sei seine Absicht, die »Grenzen des menschlichen Herrschaftsbereiches« zu erweitern und »ein jedes Ding möglich zu machen«, wurden Alternativen wie jene, auf die Steere hoffte, durch Bacons Willen zur Macht gewaltsam zerschlagen.

Bacon schrieb über Herkules in seiner Interpretation von Prometheus, der Geist und Intellekt symbolisierte und damit bewies, dass der Mensch »als Mittelpunkt der Welt« betrachtet werden könne. Nur für den Menschen trieb der Wind Schiffe und Maschinen an; nur für ihn hielten Pflanzen und Tiere Schutz und Nahrung bereit. Sogar die Sterne arbeiteten für ihn. Das Streben nach Wissen war immer auch ein Machtkampf. Für Bacon war die Reise, die Herkules unternahm, um Prometheus zu befreien, ein Bild für Gottes Erlösung der Menschheit.[3]

Bacon hatte die Geschichte von Herkules im Sinn, als er sich daran machte, *An Advertisement Touching an Holy War* zu schreiben, veröffentlicht im Hungerjahr 1622, kurz nachdem er in Ungnade gefallen und der Bestechung überführt worden war. Er schrieb die Abhandlung, um seine Schulden zu begleichen und wieder an die Schalthebel der Macht zu gelangen. Sie behandelte den Konflikt zwischen König und Parlament um die Frage, wer die Regierungskasse verwalten solle.

Bacon gab den Rat, die einzige »Möglichkeit, den wachsenden Graben zu überbrücken«, sei, »das Land in einen Streithandel irgendeiner Art im Auslande zu verwickeln, der im Volke Anklang findet«. Da die jüngste nationale Auseinandersetzung mit dem katholischen Spanien sich nicht zu diesem Zweck eignete, weil Jakob I. eine Allianz mit Spanien befürwortete, suchte Bacon anderswo nach passenden Feinden für seinen heiligen Krieg.

Er begann, indem er den Krieg mit der Todesstrafe verglich. Die Rechtfertigung für beide müsse »voll und klar« sein und in Übereinstimmung mit der nationalen, natürlichen und göttlichen Ordnung stehen, damit »unser gesegneter Erlöser« kein Moloch werde (d. h. ein Götzenbild, dem man Opfer bringt). Das Todesurteil war gerechtfertigt gegenüber jenen, die von Gott nicht anerkannt wurden, die die natürliche Vernunft entstellt hatten und bei denen es sich weder von Gesetz noch Namens wegen um echte Nationen handelte, sondern um »bloße Massen und Schwärme von Menschen«. An anderer Stelle desselben Essays verwies Bacon auf »Scharen« und »Rudel« von Menschen. In der Anwendung von Begriffen aus der Naturkunde – Bienen*schwarm*, Wolfs*rudel* – auf Menschen stützte Bacon sich auf seine Theorie der Monstrosität. Diese Menschen waren von der natürlichen Ordnung abgewichen und hatten »in Leib und Geisteszustand Monsterhaftigkeit« angenommen.

Im Jahr 1620 hatte Bacon zum rigorosen Studium von Monstern, von »einem jeglichen Ding [...], das in der Natur neu, selten und ungewöhnlich ist«, aufgerufen. Für ihn waren Ungeheuer mehr als ein böses Omen, eine Kuriosität oder ein Exotikum; vielmehr stellten sie eine der Hauptunterteilungen der Natur dar, als da wären: 1) unbehinderte Natur, 2) bearbeitete Natur und 3) verirrte Natur. Diese drei Bereiche repräsentierten das Nor-

Frontispiz von Francis Bacons The Great Instauration (1620): Ein Entdeckungsschiff kehrt durch die Säulen des Herkules zurück.
Folger Shakespeare Library

male, das Künstliche und das Monströse. Die letztere Kategorie überbrückte die Grenze zwischen dem Natürlichen und dem Künstlichen und war daher unabdingbar für den Prozess von Experiment und Kontrolle.[4] Diese Unterteilungen sind wohlbekannte Elemente der Gedankenwelt Bacons. Die Abhandlung *An Advertisement Touching an Holy War* ist dagegen eher unbekannt, lässt aber Wesen und Stimmung der Epoche erkennen.

Gestützt auf die Bibel, das klassische Altertum und die jüngere Geschichte führte Bacon sieben Beispiele für »Menschenmassen« an, die es verdienten, vernichtet zu werden: Westinder, Kanaaniter, Piraten, Landstreicher, Meuchelmörder, Amazonen und Wiedertäufer. Im Anschluss an diese Liste schrieb er:

> Genug der Beispiele; nur die Arbeiten des Herkules sollten wir hinzufügen; ein Beispiel, das, obschon verbrämt mit viel Fabelhaftem, dennoch so viel Wahres an sich hat, dass es die beifällige Zustimmung aller Nationen und Zeitalter zur Ausrottung und Unterwerfung von Riesen, Ungeheuern und fremden Tyrannen als nicht nur rechtmäßig, sondern geradezu verdienstvoll, ja, als göttliche Ehre darstellt: und dies, obwohl der Befreier die Welt von einem Ende zum anderen durchqueren musste.

Dies ist der Schlüsselpunkt, der entscheidende Gedanke, an dem sich Völkermord und Göttlichkeit kreuzen. Bacons Werbung für einen heiligen Krieg war mithin ein Aufruf zu gleich mehreren Arten von Völkermord, deren Rechtfertigung sich im biblischen und klassischen Altertum fand. Damit gab Bacon dem Formlosen Form, denn die von ihm genannten Gruppen verkörperten eine monströse vielköpfige Hydra.

Aber wer waren diese Gruppen? Und warum befürwortete er einen heiligen Krieg gegen sie?

DER FLUCH DER ARBEIT

Die Antworten auf diese Fragen lassen sich finden, wenn wir die im letzten Kapitel begonnene Analyse der Enteignungs-, Ausbeutungs- und Kolonisierungsprozesse für das Zeitalter Raleighs und Bacons fortsetzen. Wir behaupten, dass die vielen Varianten der Enteignung in dieser Zeit – Enteignung von Gemeindeland durch Einhegungen und Eroberungen, Enteignung von Zeit in Form der Abschaffung von Feiertagen durch die Puritaner, Enteignung des Körpers in Form von Kindsraub und Frauenverbrennung und Enteignung des Wissens durch Zerschlagung der Gilden und Angriffe auf das Heidentum – neue Arten von Arbeitern hervorbrachten und dass diese Arbeiter in einer neuen Form von Sklaverei lebten, die durch unmittelbaren Terror durchgesetzt wurde.[5]

Wir behaupten ebenfalls, dass die Entstehung neuer Arten von Zusammenarbeit in einer neuen Größenordnung neue Formen der Selbstorganisation förderte, was die damals herrschende Klasse aufs höchste beunruhigte. Bacon betrachtete diese neuen Zusammenschlüsse der Arbeiterschaft als monströs und benutzte den Mythos der vielköpfigen Hydra als Grundlage für seine Theorie der Monstrosität, eine ausgefeilte, kaum verhüllte Politik des Terrors und des Völkermords. Die Sprachregelung der Monstrosität gewann besondere Resonanz, als sich in den 1640ern eine revolutionäre Bewegung in England entwickelte, in der die von Bacon bekämpften proletarischen Kräfte eine entscheidende Rolle spielen sollten.

Dieses Kapitel befasst sich hauptsächlich mit der Schaffung von »Holzhauern und Wasserträgern« (hewers of wood and drawers of water), eine Formulierung, die sich in der im Jahre 1611 – dem Jahr der Entstehung von *Der Sturm* – veröffentlichten autorisierten Bibelfassung fand und die in der Moderne große Beliebtheit in der Beschreibung sozialer Phänomene gewinnen sollte. Die Alliteration (wood, water) und die Assonanz (hewer, drawer) trugen das ihre dazu bei, dass die Redewendung so großen Anklang fand, aber da die eigentliche Arbeit, die sie beschreibt, niedrig, dreckig und beschwerlich ist, wurde sie hauptsächlich um ihres ironischen und dissonanten Effekts willen benutzt. Handwerker im London des 17. Jahrhunderts benutzten den Ausdruck bei ihren Protesten gegen Dequalifizierung, Mechanisierung, billige Arbeit und den Verlust von Unabhängigkeit. Swift beschrieb mit seiner Hilfe im Jahre 1729 die Situation der Iren unter ihren englischen Herren; Wolfe Tone benutzte ihn im gleichen Zusammenhang im Jahre 1790 und James Connolly ein weiteres Mal fast zweihundert Jahre später. Im Jahre 1736 fügte der englische High Tory Lord Bolingbroke der Wendung eine rassifizierende Komponente hinzu, als er sagte, »die menschlichen Herdentiere« bildeten »eine eigene Spezies«, »kaum Mitglieder der Gesellschaft, obschon im Lande geboren«, »gezeichnet wie die Juden, eine Rasse für sich, Holzhauer und Wasserträger«.[6] Im 19. Jahrhundert stellten die britischen Chartisten eine Assoziation mit der Tierwelt her: »Die arbeitenden Klassen – das eigentliche ›Volk‹ – sind von dem Versuch aufgerüttelt worden, die Arbeiterschaft zu Lasttieren zu machen – zu Holzhauern und Wasserträgern.«[7] In dem ersten in der britischen Karibik veröffentlichten englischsprachigen Roman, *Emmanuel Appadocca* (1854), schrieb Maxwell Philip über die Afrikaner, die »der Welt die Philosophie, die Religion und die Regierung geschenkt haben und nun buckeln müssen, um Holz zu hauen und Wasser zu tragen«.

Osborne Ward bemerkte in *The Ancient Lowly* (1888): »Sie waren nicht nur Sklaven, sondern sie bildeten sozusagen eine Rasse für sich. Sie waren die Plebejer, das Proletariat; ›Holzhauer und Wasserträger‹.«[8] Der Ausdruck wurde bis ins 20. Jahrhundert hinein benutzt. Die von Samuel Haynes, einem Anhänger Marcus Garveys und Präsidenten der NAACP-Zweigstelle in Newark geschriebene Nationalhymne von Belize gipfelt in: »Durch die Macht der Wahrheit und die Gnade Gottes/Werden wir nicht länger Wasserträger sein.« W.E.B. Du Bois erklärte, es sei das Ziel des Schwarzen Handwerkers, »der Verachtung der Weißen für eine Nation von bloßen Hauern und Wasserträgern zu entkommen«. Eine der exegetischen Aufgaben des Panafrikanismus bestand darin, zu zeigen, dass diese biblischen Begriffe auch auf Weiße zutrafen. Die Worte spielten eine entscheidende Rolle bei der Gründung des African National Congress im Jahr 1912 und tauchten ein weiteres Mal 1991 in Nelson Mandelas Rede über die Abschaffung der Apartheid auf. Der Schwarze Revolutionär George Jackson unterstrich die Besitzlosigkeit als Begleitumstand: »Ist je ein Volk unabhängig gewesen, das weder Land noch Werkzeug besaß? [...] immer wieder dasselbe, Holz hauen und Wasser tragen.«[9]

Hauen und Tragen suggerieren zeitlose Mühen, aber in Wirklichkeit stammt der Begriff aus der Frühphase des Kapitalismus. William Tyndale prägte ihn in seiner Übersetzung des Alten Testaments im Jahre 1530, und er taucht in zwei sehr unterschiedlichen Bibelpassagen auf. Die erste findet sich in 5. Mose 29, wo Moses auf Jahwes Befehl in einen Bund eintritt. Er erinnert das Volk Israel an den Auszug aus Ägypten, die vierzig Jahre in der Wüste, die Eroberungsschlachten. Er ruft die Häupter der Stämme, die Ältesten und die Amtleute zusammen und befiehlt: »Eure Kinder, eure Frauen, dein Fremdling, der in deinem Lager ist, dein Holzhauer und dein Wasserträger« müssen in einen Bund eintreten. Und so wettert Jahwe über ein Dutzend oder mehr Verse weiter. Der Bund schließt alle ein; er vereint ein Volk oder eine Nation in Furcht und Schrecken. Die zweite Passage findet sich in Josua 9, 21: »Und die Obersten sprachen weiter zu ihnen: Lasst sie leben, damit sie Holzhauer und Wasserträger seien für die ganze Gemeinde.«

Zwei Verse später wird der Strafcharakter der Formulierung verdeutlicht: »Darum sollt ihr verflucht sein und sollt nicht aufhören, Knechte zu sein, die Holz hauen und Wasser tragen für das Haus meines Gottes.« Die Gibeoniter werden mit Sklaverei bestraft, aber sie bleiben im Bund.

Für die afrikanischen, europäischen und amerikanischen Holzhauer und Wasserträger des frühen 17. Jahrhunderts war die Arbeit Fluch und Strafe zugleich. Diese Arbeiter waren notwendig für das Wachstum des Kapitalismus; sie verrichteten die Arbeit, die die ausgebildeten Handwerker in ihren Werkstätten, Manufakturen oder Gilden nicht leisten konnten oder wollten. Hauer und Träger leisteten die grundlegenden, für die Enteignung notwendigen Arbeiten, die für gewöhnlich von Historikern als selbstverständlich vorausgesetzt werden. So wird zum Beispiel die Enteignung selbst als gegeben vorausgesetzt: Das Feld ist schon da, bevor das Pflügen beginnt; die Stadt ist schon da, bevor der Arbeitstag des Arbeiters beginnt. Dasselbe gilt für den Fernhandel: Der Hafen ist schon da, bevor das Schiff ausläuft; die Plantage ist schon da, bevor der Sklave beginnt, das Land zu bestellen. Die Waren scheinen sich selbst zu transportieren. Und schließlich wird selbstverständlich davon ausgegangen, dass Reproduktion die geschichtsübergreifende Aufgabe der Familie ist. Im Ergebnis bleiben die Holzhauer und Wasserträger unsichtbar, anonym und vergessen, obwohl sie die Infrastruktur für die »Zivilisation« lieferten und damit das Gesicht der Erde veränderten.

DIE ARBEITEN DER HAUER UND TRÄGER

Die Holzhauer und Wasserträger hatten drei Hauptaufgaben: Sie leisteten die für den Enteignungsprozess notwendige Schwerstarbeit; sie bauten die Häfen und Schiffe und stellten die Seeleute für den Atlantikhandel; und sie führten tagein, tagaus die Haushalte.

Zu den mit Enteignung verbundenen Arbeiten gehörten die Abholzung von Wäldern, die Trockenlegung von Marschland, die Urbarmachung von Sümpfen und die Einfriedung von Ackerland – kurz, die Vernichtung des gemeinschaftlich verwalteten habitus. In England, Irland, Jamaika, Virginia und Neuengland beherbergten die Waldlandschaften florierende Wirtschaftssysteme, deren Zerstörung der erste Schritt hin zur agrarischen »Zivilisation« war, ein Vorgang, der in Herkules' Landgabe an die Ackerbauern in der Jungsteinzeit zusammengefasst wird. Dies war und ist die Sprache

Abgeholzte eingehegte amerikanische Landschaft mit vorbeipaddelnden Natives. Patrick Campbell: Travels in the Interior Inhabited Parts of North America in the Years 1791 and 1792 (1793)

von Landbestellern und »Verbesserern«, von Siedlern und Imperialisten, und ebenso von geldgierigen Regierungen wie den frühen Stuarts, die in ihrer sorg- und rücksichtslosen Suche nach Staatseinkünften Kronland entwalden ließen. Die gefällten Bäume versorgten die wachsenden Eisen-, Glas-, Brau- und Schiffbauindustrien, mit dem Ergebnis, dass sich der Preis für Feuerholz zwischen 1570 und 1640 verdreifachte. 1640 war das Jahr, in dem das »Gesetz zur Begrenzung der Wälder [...] das Signal für den Beginn einer ausgedehnten Vernichtung von Wäldern gab«.[10] Im Jahre 1649 wurde das Parlamentskomitee für die Erhaltung von Nutzholz gegründet, das den Plünderungen durch die »lose und widerspenstige Sorte Mensch« Einhalt gebieten sollte, die weiterhin auf ihrem Recht zur Nutzung des Gemeindewaldes bestand. Im Jahre 1636 waren 24 Ochsen im Einsatz, um die riesige Eiche zu ziehen, die als Großmast der Sovereign of the Sea dienen sollte; Dutzende von Menschen arbeiteten gleichzeitig in präziser Aufstellung daran, sie auf Rad oder Wagen zu heben. Am Ende des 17. Jahrhunderts war nur noch ein Achtel des englischen Bodens bewaldet.

Parallel dazu begannen die Siedler in Amerika, Grund und Boden für landwirtschaftliche Kolonien in Besitz zu nehmen und zu roden. In Virginia »machten sich die Spatner ans Graben, die Ziegler brannten ihre Ziegel, die Mannschaft fällte Holz, die Zimmerleute machten sich ans Behauen, die Sägeleute ans Sägen, die Soldaten ans Befestigen«. So wurden in gemeinschaftlicher Arbeit die ersten Siedlungen errichtet. Anfangs waren die Kolonisten noch nicht mit Breitbeil und Fällaxt vertraut, aber nach dem Pequot-Krieg, der den Weg nach Westen freimachte, lernten sie schnell den Umgang mit Säge, Axt, Hackmesser und Keil und machten Nutzholz und Holzprodukte zur Grundlage einer Exportökonomie, die Barbados und andere Teile der Westindischen Inseln umfasste. Knechte und Sklaven hackten die Regenwälder von Barbados weg, rodeten Stück für Stück das Land, um Plantagen darauf zu errichten, und schickten die erste von den neuen Siedlungen hervorgebrachte Nutzpflanze zurück nach England: Holz. Als die Engländer begannen, Land auf der anderen Seite des Ozeans in Besitz zu nehmen, taten sie es mittels Zäunen und Hecken, den Merkmalen der Einhegung und des Privatbesitzes.[11]

Ein weiteres großes Enteignungsprojekt war die Entwässerung der sogenannten Fenne, ausgedehnter Sumpf- oder Marschlandschaften. Ein im Jahre 1600 vom Parlament verabschiedetes Gesetz ermöglichte es großen Anteilseignern der Fenne, die gemeinschaftlichen Rechte zu übergehen, die ihren Dränageprojekten im Wege standen. Neuartige Pläne und Projekte, die eine noch nie da gewesene Konzentration von Arbeitskräften erforderten, hatten Hochkonjunktur. Im frühen 17. Jahrhundert setzte König Jakob I. Hunderte von Menschen bei der Entwässerung und Einhegung von Teilen von Somerset ein und verwandelte so eine auf Fisch- und Vogelfang, Schilfschnitt und Torfstechen beruhende Gemeinschaftsökonomie in ein kapitalistisch betriebenes Schafzuchtunternehmen. In den sogenannten »Warths« von Somerset wurden Küstengebiete eingedeicht und landeinwärts gelegene Torfmoore trockengelegt. Etwa 11.000 Arbeiter waren zur Trockenlegung der Fenne um Ely in den 1650ern nötig, bei der Dränage-Ingenieure aus Holland, »ausgerüstet mit einer buchstäblich weltverändernden Technologie«, Flüsse umleiteten, um künstliche Wasserläufe von einer Größe zu schaffen, die es seit den Zeiten des alten Roms nicht mehr gegeben hatte, und bei ihrem Abzug eine vollkommen neue Landschaft von geraden Gräben und quadratischen Feldern hinterließen. Der örtliche Dichter Michael Drayton beschrieb das Land als »plumphüftiges Moor und vollschenklige Marsch«.[12]

Die »Schlacht um die Fenne« begann im Jahre 1605 und spielte sich zwischen Kapitaleignern wie Lordoberrichter Popham (»der habsüchtige und blutige Popham«) und den Vogelfängern, Fennbewohnern und Commoners ab. Die Kampfmethoden reichten von Mord, Sabotage und dem Niederbrennen von Dörfern auf der einen Seite bis hin zu langwierigen Prozessen, Flugschriften und der Anwendung fortgeschrittener Hydraulik auf der anderen. Aus sporadischen Ausbrüchen oppositioneller Haltung gegen die Entwässerungsprojekte entwickelte sich in den späten 1620ern und 1630ern eine anhaltende Widerstandskampagne, in der oft von Frauen angeführte Commoners in Hatfield, auf der Isle of Axholme und anderswo Arbeiter, Gräben, Deiche und Werkzeug attackierten. Oliver Cromwell, der damit beauftragt worden war, den Great Level (einen Landstrich, der sich von Peterborough bis nach Norfolk erstreckt) trockenzulegen, schickte einen Major seines eigenen Regiments, um die aufständischen Commoners zu unterwerfen, und wurde dafür mit zweihundert Acres trockengelegtem Land entlohnt. Ein Dichter, der das Recht auf Gemeinschaftsbesitz mit Diebstahl gleichsetzte, feierte den Sieg in Versen:

Neue Hände werden von ehrlicher Arbeit zeugen
Neue Beine werden die Knie in der Kirche beugen.

1663 reiste Samuel Pepys durch »höchst trostlose Fenne und beobachtete auf dem ganzen Wege das trostlose Leben der Brütlinge«, wie er die Einwohner nannte. Diese Trostlosigkeit war das Ergebnis einer ganz spezifischen Niederlage. Thomas Fuller schrieb im Jahre 1655: »Das Wasser ist ihnen abgegraben worden, und so wird es weitergehen; wie die großen Fische Jagd auf die kleineren machen, so verschlingen die Reichen die Ärmeren [...] und um Platz für sich selber zu schaffen, verdrängen reiche Leute die armen vom Gemeindeland.«[13] Ein weiteres Ergebnis dieses widersprüchlichen Prozesses, der darin bestand, dass bereits enteignete Commoners an der Enteignung anderer mitarbeiteten, war die Schaffung der idyllischen »englischen Landschaft«, bei der die Schwerarbeit derer, die ihre Entstehung möglich gemacht hatten, erneut unsichtbar blieb.[14]

Die zweite Arbeit der Holzhauer und Wasserträger bestand im Bau von Häfen für den Fernhandel, eine Aufgabe, die – wie die Rodung von Land für die kommerzielle Landwirtschaft – für die neue kapitalistische Ordnung von entscheidender Bedeutung war. John Merrington hat auf die ersten Politökonomen hingewiesen, die die strikte Trennung von Stadt und Land in der Übergangsphase zum Kapitalismus betonten.[15] Von besonderer Bedeutung innerhalb dieser groben Unterteilung waren eine ganz bestimmte Art von Stadt und eine ganz bestimmte Art von Landschaft: die Hafenstadt und die Plantage. Beide entwickelten ihren spezifischen Charakter im frühen 17. Jahrhundert.

Im Jahr 1611 veröffentlichte John Speed einen vierbändigen Atlas, *The Theatre of the Empire of Great Britain*, in dem die Brücken, Palisaden, Türme, Bastionen, Tore, Mauern und Bollwerke der Häfen Englands, Irlands, des Mittelmeerraumes, Westafrikas, der Westindischen Inseln und Nordamerikas abgebildet waren. »Unter großen Mühen wird die pestilente Marsch trockengelegt, und das Meer wird mittels gewaltiger Barrieren abgewehrt«, schrieb Adam Ferguson in seiner Darlegung des Fortschritts »roher« Nationen hin zur Einführung des Eigentums. »Es werden Häfen eröffnet und mit Schiffen angefüllt, sodass Lastschiffe, die nicht unter Berücksichtigung der Umstände konstruiert worden sind, kein Wasser unter dem Kiel haben. Prächtige, elegante Bauwerke werden auf Fundamenten aus Schlamm errichtet.«[16] London und Bristol waren von alters her Hafenstädte, aber beide wuchsen dank der Arbeit der Hauer und Träger, die Steine setzten und Kais bauten, um Platz für den neuen Güterhandel zu schaffen. Liverpool wurde im Jahre 1626 zur Stadt erklärt und wuchs nach der Jahrhundertmitte rapide. Auf der anderen Seite des Meeres, in Irland, wurde Belfast (1614) unter Verwendung der riesigen Eichen, die Holzhauer aus Carrickfergus gefällt hatten, auf neu gewonnenem Land errichtet. Dublin wurde zu einem »Bristol jenseits der Meere«, in dem Arbeiter Getreide exportierten und Schiffe bauten; Cork und Waterford wuchsen hinter ihren Kanälen, Inseln und gewundenen Flüssen, und Wexford florierte dank der Fischindustrie. Sowohl der Hafen von Derry als auch die Ansiedlung selbst wurden nach der Eroberung durch die Briten im frühen 17. Jahrhundert von den besiegten Einheimischen wiederaufgebaut. In Schottland stellten die Glasgower Kaufleute erste Handelskontakte mit den Tabakpflanzungen Virginias her. Auch die Mittelmeerhäfen spielten eine Rolle in diesen Handelsbeziehungen, von der seichten Halbmondbucht innerhalb der Mauern von Tripolis bis zu den Häfen von Algier und Salé in Marokko, die allesamt teilweise von auf hoher See gefangen genommenen europäischen Sklaven gebaut wurden. Cape Coast Castle in Westafrika wurde 1610 von den Portugiesen erbaut, von den Holländern betrieben und schließlich im Jahre 1664 von den Engländern eingenommen. Die Holländer waren ebenfalls vor Dakar aktiv, wo sie im Jahre 1617 mit Hilfe der Arbeitskraft europäischer und afrikanischer Arbeiter den Sklavenhafen der Insel Gorée in Betrieb nahmen. Elmina, die erste europäische Handelsfaktorei an der westafrikanischen Küste, wurde im Jahre 1621 wiederaufgebaut. Auf den Westindischen Inseln entstanden Häfen, die die auf den Plantagen produzierten Waren – Tabak und später Zucker – umschlagen konnten. Auf dem nordamerikanischen Festland florierte Boston hinter seinen zahlreichen Hafeninseln; New York und Philadelphia entwuchsen ihren holländischen und schwedischen Ursprüngen und entwickelten sich zu bedeutenden englischsprachigen Hafenstädten; und Charlestown, 1670 in Carolina gegründet, wurde zur größten Hafenstadt im Süden.

All diese Knotenpunkte des atlantischen Seenetzwerks wurden von Arbeitern errichtet. Sie schleppten den Schutt, aus dem die Wellenbrecher, Molen, Anleger oder Piere zum Schutz der Ankerplätze entstanden, sie behauten und transportierten Steine und legten sie auf dem Meeresgrund aus, sie häuften Felsbrocken zu Böschungen oder zu Strandmauern mit Abflüssen und Sickerlöchern auf. Sie behauten und trugen Holz und errichteten stabile Balkengerüste auf steinernen Fundamenten. Sie hoben Gruben aus und schleppten die Erde für die Molen, Kais und Becken. Wie John Ruskin in *The Stones of Venice* bemerkte: »Es ist unmöglich zu sagen, wie viel Verstand, wie viel Gedankentiefe, wie viel Fantasie, Geistesgegenwart, Mut und feste Entschlossenheit nötig gewesen sein mögen, damit auch nur ein Stein am richtigen Platz landete. [...] Dies ist es, was es zu bewundern gilt – das ungeheure menschliche Vermögen und Herzblut in der Sache, nicht die technische oder praktische Fähigkeit, die Kelle zu halten und den Mörtel aufzutragen.«

Bei diesem »ungeheuren Vermögen« handelte es sich um das Vermögen zur Zusammenarbeit zwischen all den Fuhrleuten und Gräbern, Steinhauern und Karrenschiebern, die mit einfachsten Werkzeugen – Schaufeln, Spitzhacken, Äxten, Spaten, Töpfen, Krügen, Kübeln und Eimern – die Fundamente für die Hafenstädte legten.

Die dritte Arbeit der Holzhauer und Wasserträger bestand darin, die Gemeinschaften zu Wasser und zu Land mit allem Lebenswichtigen zu versorgen. Das bedeutete Sammeln und Hacken, Pumpen und Schleppen. Auf Schiffen wie auf Plantagen, in Familien wie in ganzen Städten bildeten Holz und Wasser die Lebensgrundlage. Jamestown, Virginia, war in seiner Frühzeit für seine »frischen und reichlichen Wasserquellen« und sein »ausreichendes Holz«

bekannt. Dixcove, ein englisches Fort in Ghana, wurde 1692 als »guter Ort für Mais, Holz und Wasser« beschrieben.[17] Fortsklaven brachten diese lebenswichtigen Güter zu Schiffen, denen es oftmals »an Holz und Wasser gebrach«. Die holländischen Sklavenhändler zum Beispiel, die bei Shama, westlich von Elmina, vor Anker lagen, wurden mit einer Bootsladung Wasser am Tag versorgt; sogar in Elmina gab es vor 1695 keine Regenwasserzisternen.[18]

Die Holzhauer mögen Männer gewesen sein, aber die Wasserträger waren fast ausnahmslos Frauen. Adam Clarkes Bibelkommentar zu den Wasserträgern (1946) brachte es auf den Punkt: »Die Schande dieses Berufsstandes lag nicht in seiner Beschwerlichkeit, sondern darin, dass er gemeinhin Aufgabe der Frauen ist.« In den 1840ern warf Dickens in seinem Roman *Barnaby Rudge* einen Blick zurück auf die Gordon-Aufstände und die Gefahren von Demokratie und Aufruhr, die sie mit sich brachten, und stellte eine Dienerin mit folgender Ankündigung vor: »Wenn sie einer gehobeneren Gesellschaftsschicht angehörte, wäre sie vermutlich rheumatisch. Weil sie aber Holz hacken muss und Wasser pumpen, plagt sie nur das Zipperlein. Mein lieber Haredale, das sind die natürlichen Klassenunterschiede, verlassen Sie sich darauf.«[19] John Taylor schrieb ebenso wahrheitsgemäß im Jahre 1639: »Frauen sind nichts als Dienstmägde und Sklavinnen. [...] Die Arbeit einer Frau hört nimmer auf.« Pepys sammelte Zeugnisse der Empörung: »Andere Frauen haben Ehemänner, die sich des Morgens erheben und für ihre Frauen Feuer machen, Wasser holen, dreckige Lappen waschen, das Haus fegen, die Feuerböcke scheuern, das Bett machen, die Schneidbretter sauber kratzen, Schuhe putzen, Strümpfe schrubben, Kleider auslüften und den Nachttopf ausleeren.«[20] Bridget Hill hat die Bedeutung des Wasserholens als Grundlage der Hausarbeit hervorgehoben.[21] In viktorianischen Haushalten holte eine Dienstmagd, eine sogenannte »Slavey«, das Wasser und brachte das Schmutzwasser nach draußen, während »die Mutter und die älteren Kinder ein ums andere Mal mit Kannen, Schüsseln oder Eimern hin- und herliefen, um das Wasser für den täglichen Bedarf heranzuschaffen«.[22]

Im 17. Jahrhundert war die Wasserförderung Teil einer staatlich geförderten Wissenschaft, nicht zuletzt deshalb, weil Landwirtschaft und Bergbau auf Hydraulik angewiesen waren, sei es zur Trockenlegung der Fenne oder um Wasser aus überfluteten Bergwerksstollen zu pumpen. Der Bedarf an Letzterem war es, der Thomas Savery, John Calley und Thomas Newcomen zur Entwicklung der Dampfmaschine anregte. Ein Theoretiker des 18. Jahrhunderts schrieb:

> Die Menschen haben bereits Wind- und Wassermühlen erfunden, mit denen Getreide gemahlen, Bretter gesägt und Papier hergestellt werden; sie haben die Feuermaschine erfunden, mittels derer Wasser hochgepumpt und Bergwerke entwässert werden etc., und sie haben auf diese Weise die Menschheit der Schinderei enthoben: und viele weitere Maschinen ähnlicher Natur werden zweifelsohne noch konstruiert werden und den Geist von erfinderischen und mechanischen Philosophen beschäftigen, auf dass die Menschheit noch mehr von übermäßiger körperlicher Arbeit und dem Gebrauch bloßer brutaler Kraft entlastet werde: denn sogar Holzhauer und Wasserträger sind, in geringerem Maße, Menschen.[23]

Tatsächlich trugen sowohl die Mechanisierung als auch die technologischen Entwicklungen in der Wasserversorgung dazu bei, die Anzahl der Holzhauer und Wasserträger zu vergrößern. Am Ende des 15. Jahrhunderts, als das Londoner Wasser durch Holzrohre aus Islington oder Tyburn kam, wurde das meiste Wasser von den Mitgliedern der Gemeinschaft der St.-Christoph-Bruderschaft der Wasserträger von London geschleppt. Das Wasser war umsonst. Das änderte sich 1581, als an der London Bridge das erste Pumpwerk in Privatbesitz entstand. »Statt Wasserträgern haben wir nun Wassergesellschaften«, schrieb Jonson 1598. Es kam so weit, dass im Jahr 1600 »die gesamte Gesellschaft der armen Wasserkrugträger der Stadt London und ihrer Vororte, mit ihren Familien 4000 an der Zahl«, beim Parlament eine Eingabe gegen die privaten »Hülsen« machte, wie die Rohre genannt wurden. Die Privatisierung setzte sich dennoch fort. Die 1619 gegründete New River Company beförderte Wasser aus Hertfordshire durch Holzrohre zu Reservoirs in Clerkenwell und von dort durch Bleirohre zu Privatkunden. In den 1660ern war die Ära des Rechts auf kostenloses Wasser vorbei – ein weiteres Gemeinschaftsgut war enteignet worden. Die Armen waren für ihr eigenes Wasser auf Brunnen und dem Gefälle folgende Leitungen angewiesen.

Zusammenfassend lässt sich sagen, dass die Holzhauer und Wasserträger die Infrastruktur für den merkantilistischen Kapitalismus aufbauten. Sie rodeten die Wälder, entwässerten die Fenne und legten die Felder für die kapitalistische Landwirtschaft an. Sie bauten die Häfen für den kapitalistischen Handel. Sie leisteten die Reproduktionsarbeit, die die Haushalte, Familien und Arbeiter dem kapitalistischen Arbeitsmarkt erhielt. Hauen und Tragen blieben für gewöhnlich den schwächsten Mitgliedern der Bevölkerungsstruktur überlassen: den Enteigneten, den Fremden, den Frauen, den Kindern und denjenigen Menschen in England, Irland, Westafrika oder Nordamerika, die man am ehesten kidnappen, verschwinden lassen, unter falschen Vorspiegelungen entführen oder »barbadossen« [in die Karibik (Barbados) verschleppen] konnte. Der Terror war systemimmanent, denn diese Arbeiten waren ein Fluch, eine Strafe. Der formlosen, widerspenstigen Arbeiterklasse war eine neue, produktive Form aufgedrückt worden: Ob in Lohn und Brot oder nicht, die Holzhauer und Wasserträger waren Sklaven, wenn auch der Unterschied noch keine rassifizierende Komponente enthielt.

TERROR

In England war die Enteignung der Bauern von systematischer Gewalt und Terror begleitet, die sich in Strafverfolgung, öffentlichen Durchsuchungen, Gefängnis, Kriegsrecht, Todesstrafe, Verbannung, Zwangsarbeit und Kolonisierung ausdrückten. Gestützt auf eine grausame und unbarmherzige Gesetzgebung ließen die Friedensrichter Tausende von Menschen auspeitschen, verstümmeln, brandmarken, hängen und verbrennen; weitere Tausende von »herrenlosen« Männern und Frauen wurden bei flächendeckenden Durchsuchungen zusammengetrieben. Eine gerichtliche Entscheidung, die als Gateward's Case (1607) bekannt wurde, sprach Dörflern und besitzlosen Commoners das Recht auf Gemeinbesitz ab.[24] Trotz dieser grausamen Enteignungen erhielt sich ein Rest von Paternalismus: Es wurde, um Ben Jonsons Theaterstück *Bartholomew Fair* (1614) zu zitieren, nach wie vor von Richter Overdo erwartet, dass er »den Armen Aufläufe, [...] den Hungrigen Brot und ihren Kindern Eierspeise gibt«.

Die real existierenden Gegenstücke zum Richter Overdo steckten die Armen, Hungrigen und Jungen gewohnheitsmäßig ins Gefängnis, eine Institution, die für das Terrorregime in England von entscheidender Bedeutung war. Thomas Dekker listete allein für London dreizehn »befestigte ›houses of sorrow‹« auf. Der ehemalige Bridewell-Palast wurde 1553 in ein Gefängnis für Waisen, Landstreicher, Kleinkriminelle und »liederliche« Frauen umgewandelt. Überall in England entstanden Besserungsanstalten – drei allein in Essex in den Jahren 1587, 1607 und 1609. Tausende von Männern, Frauen und Kindern wurden in Gefängnissen und »Bridewells« zur Zwangsarbeit eingesetzt. Die Kombination aus Schmerz und Arbeit wurde im Jahre 1596 von einem Insassen folgendermaßen beschrieben: »Jeden Tag müssen 25 Pfund Hanf gebündelt werden, sonst gibt es kein Fleisch. Und dann war ich neun Wochen lang an einen Klotz gekettet und noch einen weiteren Monat mit Klotz und fünf Monate ohne in Little Ease und einem der Türme, was genauso schlimm ist, und fünf Wochen lang war ich in der Mühle und zehn Tage lang stand ich mit beiden Armen über den Kopf gestreckt im Stock an der Wand.« So wurde im Gefängnis über die Verbindung von Strafe und Produktivität Arbeitsdisziplin hergestellt.[25]

Die Todesstrafe verkörperte die absolute, spektakuläre Macht des Terrorregimes, sei es in Form der umstandslosen Hinrichtung eines Vagabunden durch den Kommandeur der Militärpolizei oder durch das langsamer arbeitende Strafrechtssystem. Edmund Spenser erinnerte sich an die Hinrichtung von Murrogh O'Brien in Limerick: »Ich sah eine alte Frau, die seine Nährmutter war und die seinen Kopf hochhielt, während er gevierteilt wurde, und die all das Blut aufsaugte, das daraus lief, und sagte, die Erde sei es nicht wert, es zu trinken, und die auch ihr Gesicht und ihre Brust darin badete und sich unter erschrecklichem Heulen und Schreien die Haare ausraufte.« Für Spenser war das Gebaren dieser Frau, weit entfernt davon, verständlich zu sein, nichts als ein weiterer Beweis irischer Barbarei.

London selbst, dessen Vororte die schutzlosen, rebellischen Arbeiter des Verlagssystems beherbergten, war von Mementos der Todesstrafe umgeben. Richtung Süden wurden die Köpfe von Missetätern auf Spieße gesteckt und am südlichen Ende der London Bridge zur Schau gestellt. Richtung Osten wurden Piraten am Galgen auf den Execution Stairs gehängt oder in Wapping in den Fluten der Themse ertränkt. Richtung Norden, in Smithfield, starben während der Regentschaft Marias I. zahlreiche Protestanten in den »Feuern« den Märtyrertod, obwohl nach der Eröffnung des Marktes im Jahre 1638 hauptsächlich Vieh dort dem Schlachter überantwortet wurde. Im Westen schließlich, in der Nähe des heutigen Speaker's Corner, standen die Galgen von Tyburn, die bis 1783 in Gebrauch blieben. »Go west« wurde zum Synonym für den Tod.

Öffentliche Hängungen fanden überall im Königreich statt: Im Jahre 1598 wurden 74 Menschen in Exeter und weitere 74 in Devonshire gehängt. Nach Schätzung des viktorianischen Strafrechtshistorikers James Fitzjames Stephen endeten in jedem Jahr des 17. Jahrhunderts in allen vierzig englischen Grafschaften etwa achthundert Menschen an Galgen. Unter den 436 Menschen, die zwischen 1620 und 1680 in Essex gehängt wurden, befanden sich 166 Einbrecher, 38 Wegelagerer und 110 Diebe. In den

1630ern wurde der Tod durch den Strang schon für den Diebstahl von Waren verhängt, deren Wert mit nicht mehr als 18 Pence veranschlagt wurde. Edward Coke schloss in *Third Institute*: »Wie beklagenswert ist es doch, so viele christliche Männer und Frauen an dem verfluchten Galgenbaum erdrosselt zu sehen, insofern als, sollte jemand all die Christen, die in England in einem einzigen Jahr diesen vorzeitigen und schändlichen Tod erleiden, auf einem großen Felde zusammen aufgestellt sehen, so würde, wenn er auch nur einen Funken Gnade oder Nächstenliebe in sich hätte, sein Herz bluten vor Mitleid und Erbarmen.«

Wo Coke Mitleid empfand, glaubte der »Wasserdichter« John Taylor an »die Notwendigkeit des Stranges« und schrieb mehr als tausend Verszeilen zu seinem Lob:

Des Hängens gibt es viele Variationen
Fast so viele wie verschiedne Nationen
Denn es ist so viel Gehängtes auf der Welt
Dass alles Ungehängte für seltsam gilt.

Bei einem Besuch in Hamburg im Jahre 1616 war Taylor fasziniert von der Hinrichtung eines armen Zimmerers, der von einem Scharfrichter gerädert wurde. »Verglichen mit unserem Tyburner Lumpengesindel oder unseren Wappinger Halslangziehern«, rief der Dichter aus, wirkte der Hamburger Scharfrichter wie eine der Säulen des Herkules.[26] Taylor verdeutlichte das Verhältnis zwischen Galgen und Kapitalismus, als er die Gehängten mit »toten Waren« verglich.

Frauen waren ein besonderes Ziel des Terrors. Nach 1640, als die Strafen für »Verzauberung« verschärft wurden, wurden viertausend Hexen verbrannt und Hunderte mehr gehängt. Es gab drei Höhepunkte des Terrors: die Jahre 1590–97, 1640–44 und 1660–63. Zwischen 1558 und 1680 enthielten fünf Prozent aller Anklageschriften in England und volle dreizehn Prozent aller Anklageschriften im sogenannten »Home Circuit«, einem fünf Grafschaften umfassenden Gerichtsbezirk, den Anklagepunkt der Hexerei.

Jakob I. persönlich hatte der Hexerei beschuldigte Frauen verhört und eine Abhandlung von gelehrter Frauenfeindlichkeit mit dem Titel *Daemonologie* geschrieben, in der er die Existenz der Hexerei und die Notwendigkeit der Todesstrafe gegen Zweifler verteidigte. Silvia Federici hat gezeigt, dass die Hexenjagd in Europa zwischen 1550 und 1650 ihren

Viele arme Frauen wurden eingekerkert und als Hexen gehängt.
Ralph Gardiner: England's Grievance Discovered (1655). Rare Books Division, New York Public Library, Astor, Lenox, and Tilden Foundations

Höhepunkt an Intensität und Grausamkeit erreichte, »zeitgleich mit den Einhegungen, den Anfängen des Sklavenhandels und dem Erlass von Gesetzen gegen Landstreicherei in Ländern, in denen sich eine Umstrukturierung der Arbeit nach kapitalistischen Gesichtspunkten vollzog«. Der Tauchstuhl, das Karrenende, das Brandeisen, der Pranger, der Käfig, der Schandstuhl und das Zungeneisen wurden allesamt zur Folter von Frauen benutzt.[27]

In all seinen Formen zielte der Terror darauf ab, den menschlichen Widerstandsgeist zu brechen. Ob in London zur Geburtsstunde des Kapitalismus oder heutzutage in Haiti, Terror entzündet die kollektive Fantasie und bringt eine Vielzahl von Dämonen und Ungeheuern hervor. Während Francis Bacon der Wissenschaft des Terrors ein Konzept von oben aufstülpte, brachte Luke Huttons *Der schwarze Hund von Newgate* aus dem Jahre 1596 die volkstümliche Interpretation des Terrors von unten zum Ausdruck. Hutton war 1589 des Diebstahls angeklagt worden (genauer gesagt, des Diebstahls chirurgischer Instrumente) und saß für kurze Zeit in Newgate; obwohl er eine lange Ballade über Banditentum und Reue verfasste (»Seid gewarnt, ihr jungen Wüstlinge, der Hanf überdauert grüne Stechpalmen!«), endete sein Leben im Jahre 1598 am Galgen in York. Er widmete *Der schwarze Hund* Lordoberrichter Popham, der ihn wahrscheinlich nach einer früheren Verurteilung begnadigt hatte und sich nun in dieser zweifelhaften Form dafür entlohnt sah.[28] Das Gedicht erzählt die Geschichte von Huttons Verhaftung, Einkerkerung und ersten Tagen in Newgate. Der schwarze Hund ist eine teuflische Furie und hat seinen ersten Auftritt als Straßenkehrer, der friedlich vor sich hin fegt und uns daran erinnert, dass Terror sich oft als Reinlichkeit maskiert – der Geheime Staatsrat »säuberte« die Straßen von Vagabunden. Später verwandelt sich der Straßenkehrer in ein dem Cerberus (Hydras Bruder) ähnliches Untier, einen Hund mit Schlangen als Ohren, einem Heizkessel als Bauch, einem Herzen aus Stahl und Hüften aus Rädern, der Hutton ergreift und ins Newgate-Gefängnis wirft. Der Kern des Gedichtes besteht in der Aufgabe, den Namen des Hundes zu nennen, eine Aufgabe, die niemals gelöst wird – so wird das Unvermögen, den Unterdrücker beim Namen zu nennen, zur ersten Wirkung des Terrors.

Die Sage vom schwarzen Hund entstand während einer Hungersnot im Mittelalter. Ein wegen Beschwörungen, die »durch Zauberei und teuflische Hexenkunst viel Unheil angerichtet hatten«, in Newgate eingesperrter Gelehrter schien seinen Mitgefangenen »gutes Fleisch herzugeben«. Die übrigen Insassen beobachteten mit Entsetzen, wie der Gelehrte sich in einen Hund verwandelte, der sich »mit seinem beutegierigen Rachen anschickte, ihnen die Eingeweide aus dem Leib zu reißen«. Getrieben von irrsinniger, panischer Angst brachten sie den Gefängniswärter um und brachen aus, »aber wohin sie auch kamen oder gingen, schien ihnen, als ob der schwarze Hund ihnen folgte«. Manche behaupteten, der schwarze Hund sei ein aufrecht stehender Stein in dem »Vorhölle« genannten Teil des Verlieses, dem »Ort, an welchen die zum Tode verurteilten Gefangenen nach dem Richterspruch gebracht werden und auf welchen des Nachts eine brennende Kerze gestellt wird und an dem, wie ich gehört habe, sich ein verzweifelter, zum Tode Verurteilter einst selbst den Schädel einschlug«.[29] In mancher Hinsicht ähnelt der schwarze Hund von Newgate dem Backa, dem Hund der Unterdrückung in der Voodoo-Religion, der sich ebenfalls von Menschen ernährt. Der Backa ist eine Manifestation der lebenden Toten oder Zombies: »Es war ein wandernder Geist in Gestalt eines

The Blacke Dogge of Newgate:
both pithie and profitable
for all Readers.

Vide, Lege, Caue.

Time ſhall trie the trueth.
by Luke Hutton

Imprinted at London by *G. Simſon* and *W. White*.

Der schwarze Hund von Newgate.
Luke Hutton: *The Discovery of a London Monster called, the black dog of Newgate* (1638)

schwarzen Hundes, der kurz vor der Hinrichtung die Straßen auf- und abschlich.« In Irland bemerkte Edmund Spenser unter den besiegten Iren Zombies, die »wie Totengerippe aussahen; sie sprachen wie Geister, die aus dem Grabe heraus schreien«.[30]

Newgates schwarzer Hund führte Hutton und so manchen anderen zum Inbegriff des Terrorregimes, dem Galgen:

Diese Männer, die so blass und bleich dort stehen
Und mal nach oben, mal nach unten sehen,
Sind alle verdammt und müssen sämtlich sterben.
Das Urteil ist gefällt, der Strick wird sie erwürgen.
Mord, Diebstahl und Verrat sind ihre Gräueltaten.
Unwürdiges Leben! Das Gesetz hat zum Tode geraten.

Die Predigt ist zu Ende, die zum Tode Verdammten
Verabschieden sich von Freunden und Verwandten
Und ziehen schlurfenden Schrittes und mit Trauer im Blick
In eine Halle: dort wartet ein Beamter schon mit dem Strick,
Der ihnen, wie zum Spott derer, die noch Hoffnung gehegt,
Das Seil um den Hals und Fesseln um die Arme legt.

In Schlingen und Fesseln geht es die Treppe hinab:
Und nun setzt Newgates schwarzer Hund sich in Trab,
Hört nicht auf, ihre Ängste zu schüren,
Drängt den Kärrner, sein Gefährt näher heranzuführen,
Und diese Männer, wissend, dass der Tod ihrer harrt,
Werden an den Karren gefesselt zum Galgen gekarrt.

Ihr Leidensweg ist zu Ende, doch das Los der Gehenkten
Füllt mich mit Entsetzen und zwingt mich zum Denken.
Weh über Wehe! Und von des Kummers Grund
Zieht eine Welle des Grames mich hinab in den Schlund.
Doch im Laufe der Zeit erwachte ich wieder zum Leben.
Der Tod wäre weniger schmerzlich gewesen!

So schürte der überwältigende Horror das Verlangen nach dem Tod – die zweite Wirkung des Terrors. Der schwarze Hund übernahm die Arbeit von

Vernunft und Gesetz, indem er den Tod nutzte, um eine sorgfältig durchkonstruierte Kultur der Angst zu schaffen, die für die Umwandlung der Arbeitskraft in eine Ware unentbehrlich war.[31]

Gefängnis, Besserungsanstalt und Galgen drückten einen bestimmten Aspekt des Kapitalismus in England aus; militärische Abenteuer, Kolonisierung und Plantagenwirtschaft rund um den Atlantik veranschaulichten einen weiteren Aspekt. Die erste englische Kolonie in der Neuen Welt, gegründet von Sir Humphrey Gilbert in Neufundland im Jahre 1583, wurde von dem Chronisten der Siedlung mit den militärischen Abenteuern Josuas verglichen, der »fremde Völker« besiegte, ihnen ihr Land wegnahm und unter dem Volk Gottes verteilte und die Besiegten in Reichweite hielt, »dass sie Holzhauer und Wasserträger seien«. Zu Gilberts Hauern und Trägern gehörten nicht nur »Wilde«, sondern auch seine eigenen Landsleute – die Männer, Frauen und Kinder, die »daheim müßig gewesen waren« und nun in Amerika zur Arbeit angehalten werden konnten: im Bergbau, in der Güterherstellung, in Landwirtschaft und Fischerei, und ganz besonders beim »Fällen von [...] Bäumen, dem Behauen und Zusägen [...] derselben, und dergleichen Arbeit, die sich für Personen eignet, welche keine Männer der Kunst oder Wissenschaft sind«. Sowohl Gilbert als auch Richard Hakluyt, der Hauptpropagandist der englischen Entdeckungs- und Besiedlungspolitik, sahen Englands spätes Eingreifen in das Gerangel um Kolonien in der Neuen Welt als Vorteil an: Die parallel zur Kolonisierung stattfindenden Enteignungen bedeuteten, dass England im Gegensatz zu Portugal, Spanien, den Niederlanden oder Frankreich ein großes, verzweifeltes Bevölkerungskontingent hatte, das sich in Übersee einsetzen ließ.[32]

Die Obrigkeit ließ für die Expedition nach Cádiz im Jahr 1596 und ein weiteres Mal für Mansfields Armee im Jahr 1624 die Gefängnisse leeren. Gemäß dem Bettlergesetz von 1598 wurden zum ersten Mal wegen Bettelei Verurteilte nackt ausgezogen und ausgepeitscht, bis ihr Rücken blutig war; zum zweiten Mal Verurteilte wurden aus England verbannt. So begann die Deportationspolitik. Zwischen 1597 und 1601 wurden mehrere Tausend Soldaten aus dem Londoner Bridewell-Gefängnis rekrutiert, und in den Jahren 1601 und 1602 wurden vier Galeeren gebaut, die von Verbrechern bemannt wurden. Nach 1617 wurde Deportation gesetzlich als Strafe für Schwerverbrecher zugelassen; von diesem Zeitpunkt an wurden nach jeder Sitzung des Assisengerichts ein halbes Dutzend Männer statt zum Tode zum

Galeerendienst verurteilt und weitere zehn zur Armee eingezogen. Sir William Morris stellte den Zusammenhang zwischen Enteignung, Diebstahl, Terror und Sklaverei zutreffend dar, als er schrieb:

> Der Schrecken des Galgens hält Männer von Faulheit und Langfingerei ab und führt sie der Arbeit und Mühe zu; er schüchtert Dienstboten und Lehrlinge ein, [...] er bewahrt viel Blut, das beklagenswerterweise bei der Hinrichtung von Dieben und Rechtsbrechern vergossen wird, und in diesem Königreiche noch mehr als anderswo. [...] Und auf dass man sie unter anderen erkenne, sollen ihnen Haupt und Gesicht geschoren und die Wange mit einem Eisen gebrandmarkt werden, damit sie als Arbeiter des Königs zu erkennen seien, denn als solche, nicht als Sklaven, sollen sie bezeichnet werden.[33]

Nach den 1590ern richtete sich die Verbannungsgesetzgebung gegen Ir*innen, Rom*nja und Afrikaner*innen. Die Eroberung Irlands durch die Engländer im Jahre 1596 bildete die materielle Grundlage und lieferte das Modell für alle folgenden Eroberungen. Landbeschlagnahme, Entwaldung, Rechtsvorschriften, kulturelle Unterdrückung und ständige Nahrungskrisen waren die Ursachen für die irische Diaspora und trieben Männer und Frauen in immer neuen Auswanderungswellen nach England oder Amerika. 1594 wurden alle gebürtigen Iren angewiesen, England zu verlassen. Traf man in Dublin Nordiren an, wurden sie als Sklaven nach Virginia verschifft. Das gleiche Schicksal erwartete die Rebellen von Wexford im Jahre 1620. Die Rom*nja, ein Nomadenvolk, das den Moriskentanz nach England gebracht hatte, dienten als Beispiel für ein Leben ohne Landbesitz und ohne Herren. Maria I. erließ ein Gesetz, demzufolge jede*r Rom*nja, der sich länger als einen Monat auf englischem Boden aufhielt, gehängt werden konnte. Sie erweiterte dieses Gesetz dahingehend, dass die Todesstrafe von nun an auch darauf stand, sich »durch gewisses betrügerisches Reden oder Gebaren« als Rom*nja auszugeben. 1628 wurden acht Männer wegen Übertretung dieses Gesetzes gehängt, ihre Gefährtinnen nach Virginia deportiert. 1636 wurde eine weitere Gruppe von Rom*nja zusammengetrieben, die Männer gehängt und die Frauen in Haddington ertränkt. Auch Afrikaner zogen die Aufmerksamkeit Königin Elisabeth I. auf sich. 1596 schrieb sie in einem offenen Brief an den Oberbürgermeister von London und die Bürgermeister und Grafschaftsvögte anderer Städte: »Ihrer Majestät ist zu

Ohren gekommen, dass in letzter Zeit etliche schwarze Mohren in dieses Königreich gebracht worden sind, von deren Sorte es hier schon zu viele gibt [...] es ist daher der Wille ihrer Majestät, dass diese Sorte Menschen des Landes verwiesen werden.« Im selben Jahr stellte sie einen deutschen Sklavenhändler dazu an, Schwarze in England zu ergreifen und gegen englische Kriegsgefangene auszutauschen. 1601 brachte sie ihr »Missfallen über die große Anzahl von Negern und schwarzen Mohren« zum Ausdruck, »die [...] sich ins Königreich eingeschlichen haben«.

Ein weiterer Bestandteil des Terrors war die Zwangsarbeit in Übersee, eine andere Form des »going west«. Gestützt auf die transatlantische Institution der Schuldknechtschaft (bei der besitzlose Auswanderer in der Neuen Welt als Leibeigene bei einem Grundherrn ihre Überfahrt abarbeiten mussten) verschifften Kaufleute und von ihnen angeheuerte »Spirits« – d. h. Entführer von Kindern und Erwachsenen – etwa 200.000 Arbeiter und Arbeiterinnen an amerikanische Gestade, zwei Drittel aller Menschen, die England, Schottland und Irland im 17. Jahrhundert verließen. Einige waren eines Verbrechens überführt und zu Zwangsarbeit verurteilt worden, andere wurden gekidnappt oder mit falschen Versprechungen gelockt, und wieder andere trafen freiwillig die (oftmals verzweifelte) Entscheidung, die Arbeit mehrerer Jahre gegen die Aussicht auf Land und Unabhängigkeit einzutauschen. In der ersten Hälfte des 17. Jahrhunderts griffen Arbeitskraft-Entrepreneure die Armen und Enteigneten in Hafenstädten (insbesondere in London und Bristol und in geringerem Maße in Liverpool, Dublin und Cork) auf und schickten sie zuerst nach Virginia, wo die Praxis der Schuldknechtschaft ihren Ursprung hatte. Um Siedler anzulocken und der jungen Kolonie einen steten Zustrom von Arbeitskräften zu garantieren, schlossen die Investoren der Virginia Company von London ein Abkommen zwischen der Gesellschaft und den Arbeitern. Imperiale wie örtliche Herrscher über andere Kolonien, allen voran Barbados, übernahmen die neue Institution und passten sie den Bedürfnissen ihres eigenen Arbeitsmarktes an. Wie Eric Williams bemerkte, war die Schuldknechtschaft die »historische Grundlage« für die amerikanische Sklaverei.[34]

Gefängnisse unterschiedlichster Art – der Schiffsladeraum, das Versorgungsboot, der Schiffsrumpf, der Pressraum, das »Kochhaus« (London), die Sklavenbaracke, das Lagerhaus, die Faktorei (Goldküste), der Trunk (Ouidah), der Käfig (Barbados) oder das Stadtgefängnis (fast überall) – waren, wie Scott Christianson gezeigt hat, unverzichtbare Elemente aller Varianten des atlantischen Sklavenhandels, unabhängig davon, ob es sich bei den Gefangenen um Seeleute, Kinder oder Verbrecher, Afrikaner oder Europäer handelte.[35] Wie Thomas Verney im Jahre 1642 erläuterte, kamen viele der Schuldknechte aus den »Bridewells und den Gefängnissen«. Sir Josiah Child behauptete, »der überwiegende Teil« des weiblichen Gesindes rekrutiere sich »aus Bridewell, Turnbull Street und dergleichen Erziehungsanstalten«. Es war eine Zeit, zu der »die Gefängnisse geleert, die Jugend verführt und verrufene Frauen zur Disziplin erzogen« wurden. Laut einem Flugblatt von 1632 waren die Plantagen, die auf sie warteten, »nicht besser als gewöhnliche Kloaken, in die das Gemeinwesen seine gesetzlosesten Einwohner kippt«. Von den Schuldknechten Virginias hieß es, sie hätten »keine Wohnstätte & können weder ihre Rechtschaffenheit noch ihre Fähigkeiten belegen und sind außerhalb des Königreiches besser aufgehoben als darinnen«, während die von Maryland »hauptsächlich der menschliche Abschaum sind, der aufs Geratewohl aufgegriffen wird, Landstreicher und ihren englischen Herren entflohene Ausreißer, verderbt, müßig, faul, Taugenichtse, Galgenvögel und dergleichen«. John Donne versprach in einer Predigt aus dem Jahre 1622, dass die Virginia Company »eure Straßen und eure Türen von Müßiggängern und den Kindern von Müßiggängern säubern und sie zur Arbeit anhalten wird: und wahrlich, wäre das ganze Land ein solches Bridewell, in dem Müßiggänger zur Arbeit gezwungen werden, so diente es einem guten Zweck«. In seiner Vorstellung sollte ganz Amerika als Gefängnis fungieren, und für viele tat es das auch.[36]

Unter diesen Gefangenen befanden sich Tausende von Kindern, denn die Hauer und Träger waren jung. Die Virginia Company traf ein Abkommen mit der Stadt London, das die Deportation mehrerer Hundert armer Kinder zwischen acht und sechzehn Jahren aus Bridewell nach Virginia vorsah. Der Londoner Stadtrat entsprach der Bitte, beauftragte Konstabler, die Kinder zusammenzutreiben, und verschiffte die erste Ladung von jungen Arbeitern und Arbeiterinnen im Vorfrühling 1619. Auch ein zweiter Antrag wurde vom Stadtrat zustimmend beschieden, aber die Kinder hatten andere Vorstellungen. Sie organisierten einen Aufstand in Bridewell und erklärten »ihren Unwillen, nach Neuengland und Virginia zu gehen«.[37] Anscheinend fand ihr Widerstand Beachtung, und es stellte sich bald heraus, dass die Stadt keine Befugnis hatte, die Kinder gegen ihren Willen zu deportieren. Der geheime Staatsrat (dessen Mitglied Francis Bacon zu dieser Zeit war) sprang in die Bresche, stellte die notwendigen Befugnisse aus und drohte, jedes Kind, das seinen Widerstand fortsetzte, ins Gefängnis zu werfen. Von den mehreren Hundert Kindern, die im Zuge dieser Kampagne nach Virginia geschickt wurden, sind 165 namentlich belegt. Im Jahre 1625 waren nur noch zwölf von ihnen am Leben; die übrigen 153 – d. h. 93 Prozent – waren gestorben.

Es gibt wenig Grund anzunehmen, dass die Schicksale der vierzehn- oder fünfzehnhundert Kinder, die Berichten zufolge im Jahre 1627 auf dem Weg nach Virginia waren, oder die der vierhundert irischen Kinder, die im Jahre 1663 »aus ihren Betten gerissen« und nach Neuengland und Virginia verschleppt wurden, anders verliefen.[38]

Zwei Berichte aus erster Hand über die Knechtschaft im frühen 17. Jahrhundert sind uns überliefert; der eine stammt von James Revel, der andere von einer anonymen Verfasserin, die sich eine »verschleppte Jungfer« nennt. Revel war des Diebstahls überführt und zum Galgen verurteilt worden und landete im Land der lebenden Toten, nachdem sein Todesurteil in vierzehn Jahre Zwangsarbeit in Virginia umgewandelt worden war. Als er nach der Jahrhundertmitte dort ankam, wurde er von einem Pflanzer gekauft, mit einem »Rupfenkittel, in dem ich mich placken sollte«, ausgestattet und zusammen mit zehn europäischen und achtzehn afrikanischen Sklaven bei der Plantagenarbeit eingesetzt. Um hervorzuheben, wie entsetzlich dieser Urteilsspruch gewesen sei, schrieb er, er »wäre lieber gestorben als [nach Amerika] zu gehen«.

Die Magd ihrerseits war »mit List entführt« und ebenfalls nach Virginia geschickt worden, wo sie »Jahre des Kummers, Grames und Leides« durchlitt. Sie ging in Lumpen, schlief auf einem Bett aus Stroh, trank nichts als Wasser und wurde schlecht verpflegt. Fleisch gab es überhaupt nicht. Sie hackte Holz (»Die Axt und der Spaten/Haben mich verraten«), schöpfte Wasser (»Wenn von der Quelle ich wiederkehr/Lastet das Wasser auf meinem Haupte schwer«) und hatte dabei auch noch die ständigen Misshandlungen durch »meine Herrin« auszuhalten: »Keine Ruhe winket mir/Solang ich Sklavin bin allhier.«[39]

Im Jahre 1609 erläuterte der Verfasser von *Nova Britannia*, in dessen Augen das Kolonisierungsprojekt die Heldentaten des Herkules »bei weitem übertraf«, die Beziehung zwischen den Besitzlosen, dem neuen Strafgesetzbuch und dem Aufkommen einer neuen Produktionsweise: »Zwei Dinge sind dabei insbesondere vonnöten, Menschen, welche die Plantagen anlegen, und Geld […] An ersteren soll es uns nicht mangeln; wälzen sich doch

Schwärme von Müßiggängern durch unser Land, welche sich, da sie keinen Zugang zu einer Arbeit haben, die ihr Elend erleichtern könnte, ihrerseits in ungehobelten und unanständigen Sitten wälzen, sodass wir Mittel und Wege finden müssen, sie außer Landes einzusetzen, wenn wir nicht bald noch mehr Gefängnisse und Besserungsanstalten zur Behebung dieses Unwesens bereitstellen wollen.«

Um 1617 herum hatte sich in der herrschenden Klasse die politische Strategie herausgebildet, die Enteigneten zu abgelegenen Arbeitsmärkten zu befördern, und es entstanden diverse Sklavenhandelsrouten und -systeme, die diese Strategie nutzten und ausbauten. Dies waren die Anfänge der später sogenannten Mittelpassage. Der Terror war hierbei von maßgeblicher Bedeutung; mehr noch, er diente als Regulationsmechanismus des Arbeitsmarktes für die Hauer und Träger. Sie waren zu Entwurzelten geworden. Dies war die dritte Wirkung des Terrors.[40]

DAS GESPENST DES HERKULES

Während die einen das biblische Konzept von den »Holzhauern und Wasserträgern« dazu nutzten, dem Formlosen Form zu geben, betrachteten andere diese amorphe Klasse als eine vielköpfige Hydra und beschworen Herkules herauf, damit er die Bestie einschüchtere und ihr den Garaus mache, insbesondere unter den revolutionären Bedingungen der 1640er, als die aufkommende Klasse neue Mittel und Wege zur Selbstorganisation fand. Paradoxerweise boten gerade die Schauplätze der schlimmsten Unterdrückung und Schreckensherrschaft Gelegenheit, sich zusammenzutun. Gefängnisse wie Schiffbrüche waren in gewissem Maße Gleichmacher, Stätten, an denen sich radikale Protestanten, unerschütterliche Gauner, arbeitslos gewordene Handwerker, unbeugsame Katholiken, wilde Iren, »Commonisten« und Taschendiebe mehr oder weniger gleichgestellt begegneten. Lovelace verfasste im Jahre 1624 im Gatehouse-Gefängnis von Westminster die Zeilen: »Die Mauern machen nicht das Gefängnis aus, noch die Gitterstäbe den Käfig.« E. D. Pendry, ein auf Gefängnisse im elisabethanischen Zeitalter spezialisierter Historiker, stellt die These auf, dass sich die Welle von Gefängnisrevolten in den 1620ern weniger auf eine Verschlechterung der Bedingungen zurückführen lässt als auf die Begegnungen von Ketzern und Dieben oder politischen und normalen Gefangenen.[41] Martin Markall, der Büttel von Bridewell, betonte, dass Rechtsbrecher zu Lande, wie irische Rebellen, Rom*nja und Einbrecher, hier auf Rechtsbrecher zur See, wie Seefahrer und Piraten, trafen. Im Gefängnis wurde sich auf Englisch, Lateinisch und Holländisch verständigt.[42] Gefängnisse wie Schiffe und Faktoreien organisierten große Menschenmengen zu Ausbeutungszwecken, waren dabei aber gleichzeitig außerstande, die Gefangenen davon abzuhalten, sich gegen sie zu organisieren. Hauer und Träger waren mitverantwortlich für den Ausbruch der englischen Revolution. Wenn wir uns nun wieder Bacons Theorie der Monstrosität zuwenden, so zeigt sich, dass sein »heiliger Krieg« in Wirklichkeit eine Ausrottungs- und Völkermordkampagne war. Wenn wir seine mörderischen Empfehlungen von 1622 verstehen wollen, müssen wir die sieben Häupter der Hydra an das »satanische Licht« der Geschichte von unten halten. Der »weise Mann« der wissenschaftlichen Revolution nahm den Ausruf von Joseph Conrads' Kurtz im Kongo des Jahres 1897 vorweg: »Ausrotten, das ganze Viehzeug!«[43]

Die erste Zielscheibe des heiligen Krieges war Caliban. Bacon nannte ihn den Westinder, eine Bezeichnung, die auf jeden amerikanischen Natives, ob in der Karibik oder in Nord-, Süd- oder Mittelamerika, angewendet worden wäre, und ganz besonders auf alle Gruppen, die es – wie die Kariben – wagten, sich dem Vorrücken der Europäer zu widersetzen. Laut Bacon standen die Natives Nordamerikas außerhalb der göttlichen und natürlichen Ordnung – wegen ihrer Nacktheit, ihres Analphabetentums, ihrer Unkenntnis der Reitkunst (»Sie glauben, dass Pferde ihre Gebisse fressen und dass Buchstaben reden«) und ihrer »Menschenfresserei«. Der Vorwurf des Kannibalismus war von den Imperialisten schon lange zur Rechtfertigung von Enteignung benutzt worden (obwohl natürlich sie selbst die Kannibalen waren: Viele Angehörige der Oberschicht nahmen »Mumie« als Arzneimittel zu sich, hergestellt aus Menschenleichen und angeblich besonders wirksam, wenn sie von Gehängten oder Libyern stammte.[44] Bacon erklärte: »Wilde und barbarische Menschen sind wie die Tiere und die Vögel, welche *feræ naturæ* sind, deren Eigenschaften von Besitzer zu Besitzer weitergegeben werden und auf ihren Nutznießer übergehen.« Er schrieb dies direkt nach dem Angriff der Powhatans auf die Kolonie Virginia, bei dem 374 europäische Siedler (fast ein Viertel der Bevölkerung) getötet worden waren. Mit *An Advertisement Touching an Holy War* lieferte Bacon der Virginia Company und anderen Kolonisatoren ein dauerhafteres Werkzeug als die Rache: eine Theorie des Völkermordes.

Die zweite Kategorie von Menschen, die ausgerottet werden konnten, waren Kanaaniter, die ihr Land an die Israeliten verloren hatten – kurz, besitzlose Commoner. Damit umfasste diese Kategorie die Tausende von Enteigneten in England, die wilden Iren jenseits der Grenzen – sowohl Englands als auch der Zivilisation – und die Afrikaner. Was Bacon wollte, waren Arbeitskräfte für die Kolonien (»Arbeitsleute aller Art, [die] umso stetiger arbeiten werden, ohne Zeit zu verlieren«), und er ging davon aus, dass die Einhegungen, die Zermürbungskriege in Irland (wo der Plan darin bestand, »alles Getreide niederzubrennen und alles Vieh zu schlachten und eine Hungersnot herbeizuführen«, wie Spenser es wollte) und der Sklavenhandel diese Arbeitskräfte freisetzen würden.[45] William Petty schätzte später, dass zwischen 1641 und 1652 etwa 504.000 Iren und Irinnen starben, »dahingerafft von Schwert, Pest, Hungersnot, Entbehrungen und Verbannung«. Thomas Morton sah vor seinem geistigen Auge ein – um den Titel seines 1637 erschienenen Buches zu zitieren – *New English Canaan or New Canaan in Massachusetts*, aber er sprach sich dafür aus, das Land durch genossenschaftlichen Handel mit den Natives zu erwerben. Er rühmte ihre Hebammen, ihre Medizinmänner und ihre Landnutzungsmethoden. Seine Anhänger, Leibeigene und Entflohene unterschiedlicher Hautfarben und Muttersprachen, errichteten einen Maibaum, um den sie den Reigen tanzten, und zogen sich damit den Zorn der Puritaner zu, deren Einstellung zur Sinnenfreude in der Populärkultur derjenigen Francis Bacons ähnelte. Der Architekt des Empire wollte Kanaaniter – staatenlose Hauer und Träger – für die Plantagen haben, und tatsächlich arbeiteten zu diesem Zeitpunkt bereits Afrikaner in Virginia. Aber wie Bacon in *New Atlantis* darlegte, hatten solche Menschen in seiner idealen Gesellschaft keinen Platz. Hier entwarf Bacon das Idealbild einer zukünftigen keuschen Nation, der »Jungfrau der Welt«, und stellte diesem patriarchalen Traum den Geist der Unzucht gegenüber, verkörpert durch einen »kleinen widerlichen hässlichen Æthiopier«.[46]

Der dritte »Menschenschwarm«, der es verdiente, ausgelöscht zu werden, waren die Piraten, »der gemeinsame Feind jeder menschlichen Gesellschaft«. Die Wahl dieses speziellen Feindes war eine Reaktion auf die Korsaren Nordafrikas, die während und nach der Regentschaft Jakob I. nicht nur die englischen Schifffahrtslinien – sie erbeuteten allein zwischen 1609 und 1616 fast fünfhundert Schiffe – sondern auf ihren Sklavenraubzügen auch die englische und irische Küste angriffen. Die dabei in Gefangenschaft geratenen Männer, nach Schätzungen etwa 20.000 allein während der 1620er Jahre, arbeiteten in den Steinbrüchen, die die Steine für die Häfen an der Berberküste lieferten. Einige nordeuropäische Seeleute, darunter Engländer und

Iren, wurden nicht von den algerischen Piraten gefangen genommen, sondern liefen vielmehr zu ihnen über – sie »wurden Türken«, wie es im Sprachgebrauch der Zeit hieß – und bereicherten die mehrsprachige Gesellschaft der Mittelmeerpiraten um neue Kenntnisse, neue Technologien (z. B. das Rundschiff) und neue Erfahrungen. Zu diesen Renegaten gehörten Henry Chandler (später Ramadan Raïs), ein ehemaliger Landarbeiter aus Somerset, Peter Easton, der im Jahre 1611 das Kommando über vierzig Schiffe hatte, und John Ward, von Geburt »ein armer Fischerbalg« aus Faversham, Kent, der 1603 eine Meuterei anführte, ein Schiff stahl, das er in Little John umbenannte, und ein Leben als Pirat begann. So wurde der Piratenhafen Salé – wie Pater Dan, der erste europäische Historiker der Korsaren – schrieb, zu »einer Republik«, einer umfriedeten Kultur von Ketzern und religiösen Radikalen, Ranters und Sufis. Bacon wollte den »Unterschlupf und Herrensitz« der Piraten in Algier ausgelöscht sehen.[47]

Die vierte von Bacon zur Ausrottung bestimmte Klasse waren die Vagabunden, von Wegelagerern bis zu Kleindieben: dieselbe Sorte Mensch, die Herkules erschlagen hatte, als er sein eigenes Land aus der Unterdrückung befreite. Ihre Existenz ist in den *Schwindlerpamphleten* von Thomas Dekker und Robert Greene festgehalten worden. Dekker warnte: »Der Abram Cove ist ein kräftiger, starker Gauner [...] mit einem stieren Gesicht wie ein Sarazene. [...] Diese ziehen im Lande umher und verursachen unter den Frauen und Kindern größeres Entsetzen als der Name Raw-Head, Bloody-Bones, Robin Goodfellow oder der irgendeines anderen Koboldes.« Dies ist eine frühe Beschreibung dessen, was später den Namen »Lumpenproletariat«, Lazzaroni oder Unterschicht erhielt. In Rotwelsch- oder Gaunersprachеglossaren findet sich ein wahres Personenverzeichnis des fahrenden Volkes, all derer, die die Lohnarbeit verweigerten: Bassermänner, Linkstapler, Breger, Loßner, Beutelschneider, Taschendiebe, Viehdiebe, Schlepper, Pacher, Sündfeger, Felder, Stabuler, Brandstapler, Klenker, Kamesierer, Dützbetterinnen, Blickschlager, Gardeschwestern und Pflüger. An ihrer aller Spitze standen die sogenannten »Uprightmen«, über die der Kenter Gutsherr Thomas Harman schrieb: »Unter diesem streunenden Spitzbubengesindel befinden sich Dienstleute, Handwerker und ehemalige Landarbeiter. Diese haben kein Verlangen, ihr Auskommen im Schweiße ihres Angesichts zu finden, sondern verwerfen alle Plage und ziehen, wie es ihre verruchte Art ist, in den meisten Grafschaften des Königreiches umher.«[48]

Die fünfte Gruppe waren die Meuchelmörder. Die Stuart-Könige lebten in Todesangst vor Mordanschlägen. Francis Bacon verhörte in seiner Eigenschaft als Kronanwalt einen alten Geistlichen namens Edmund Peacham, in dessen Haus eine Predigt gefunden worden war, in der ein Volksaufstand und der Tod des Königs vorhergesagt wurden. Es ließ sich kein Komplott aufdecken, obwohl er »vor der Folter, während der Folter, in den Folterpausen und nach der Folter befragt« wurde.[49] John Webster schrieb ein Theaterstück über einen römischen General, der seine Truppen nicht bezahlte, eine offensichtliche Anspielung auf den ersten Herzog von Buckingham, einen Favoriten des Königs, der 1628 von einem wütenden Seemann, der seinen Sold nicht erhalten hatte, umgebracht wurde.[50] An einem Tag wird Appius noch vom Volk verehrt, am nächsten Tag findet er sich in Ketten im Gefängnis wieder:

Die Welt hat sich geändert. Tausend Verdammnisse
Mögen die hydraköpfige Menge ereilen,
Die nur nach Neuerungen schreit!
Oh wer vertraut schon einem Volk?

Die Tyrannenmorde zur Zeit der frühen Stuarts (Buckingham 1628 und Charles Stuart 1649) illustrieren die Gefahr von Aufständen, die durch den Kampf der Höflinge und der Republikaner um die Macht im Staate hervorgerufen wurde – eine schmutzige Situation, die Bacon selbst sehr wohl vertraut war.[51]

Bei der sechsten Gruppe, deren Ausrottung Bacon empfahl, handelte es sich um einen weiteren Feind des Herkules: die Amazonen, deren »gesamte Regierung im Öffentlichen wie im Privaten, ja, sogar deren Militär in den Händen von Frauen lag«. Öffentliche Unruhen wurden zu Bacons Zeit häufig von bewaffneten Frauen angeführt. Die irische Piratenkönigin Grace O'Malley, »vierzig Jahre lang die Ziehmutter aller Aufstände«, befehligte bis zu ihrem Tod im Jahr 1603 unterschiedlichste Gefolgsleute aus verschiedenen Clans und versetzte Kaufleute weit und breit in Angst und Schrecken. Im Jahre 1607 führte »Captain Dorothy« 37 messerschwingende und Steine werfende Frauen gegen die Einhegungen von Kirkby Malzeard in Nord-Yorkshire. Bacon wusste von diesen Auseinandersetzungen: Zehn Jahre später, als Lordkanzler, bemerkte er, das »Gesetz des Knüppels« habe sich durchgesetzt. Bewaffnete Frauen standen ebenfalls an der Spitze von

Hungeraufständen. 1595 konfiszierten sie Mais in Wye, 1605 marschierten sie gegen den Medway-Hafen, um die Ausfuhr von Getreide zu verhindern, und 1608 gingen sie so weit, Getreideschiffe in Southampton zu entern, um das Verschiffen der Ladung zu verhindern. Während des »Westlichen Aufstands« von 1629–31 führten Frauen ein weiteres Mal Hungeraufstände an, diesmal in Berkshire und Essex. 1626 ging die Sternkammer gegen Frauen vor, die mit der Zerstörung der Waldeinhegungen von Gillingham (Wiltshire) gedroht hatten. »Eine Anzahl von unwissenden Frauen« riss im Jahre 1628 Einhegungen nieder. Zur gleichen Zeit war im Wald von Braydon eine Gruppe von als Frauen verkleideten männlichen Aufständischen unter dem Namen »Lady Skimington« aktiv.[52]

Die letzte und möglicherweise gefährlichste Gruppe, gegen die laut Bacon ein heiliger Krieg gerechtfertigt war, waren die Wiedertäufer, die im Münster des 16. Jahrhunderts die Ansicht propagiert hatten, dass »alle Dinge rechtmäßig seien, und zwar nicht gemäß irgendwelcher Gesetze oder Regeln, sondern gemäß der verborgenen und wandelbaren Regungen und Empfindungen des Geistes; dies ist wahrhaftig kein Volk, keine Nation, kein Lehnsgebiet, von dem Gott weiß.«[53] Dies war das Gespenst des Kommunismus. Bacon wollte »sie vom Antlitz der Erde vertilgen«.

Im Jahre 1615 hatte er in seiner Eigenschaft als Kronanwalt John Owen zum Tode verurteilt, dessen Schriften seiner Meinung nach wiedertäuferisch und der Idee zugeneigt waren, »die Obrigkeit zu Fall zu bringen« und »Könige in Ketten und ihre Edelleute in eiserne Fesseln« zu legen. Einer von Bacons Feinden war Robert Browne, der sich für kongregationalistische Kirchen aussprach, die statt von oben – durch Älteste, König oder Nation – in gemeinschaftlicher Übereinkunft von unten regiert werden und sich dabei auf die Prinzipien der Debatte, des Disputs, des Protests und der Infragestellung stützen sollten. Stephan Hopkins, der den Widerstand auf Bermuda im Jahre 1609 angeführt hatte, war unmittelbar von Browne beeinflusst. Brownes Theorie der Selbstorganisation mit den von ihr vorgesehenen demokratischen Bündnissen hatte revolutionäre Implikationen. Zu einem früheren Zeitpunkt hatte Thomas Nashe über die Unterdrückung der Wiedertäufer im deutschen Bauernkrieg geschrieben: »Was gibt es in Verbindung mit dieser Tragödie sonst noch, dessen du ledig sein willst? Sag schnell [...] Wie John Leyden starb, ist es das? Er starb wie ein Hund, er wurde gehängt & der Strick bezahlt. Sind es seine Gefährten, die dir Sorgen machen? Sie haben schon anderen Männern vor dir Sorgen gemacht, denn sie wurden alle umgebracht, & keiner ist entkommen, nein nicht ein einziger, der die Geschichte vom Regenbogen hätte weitererzählen können.«[54] Vielleicht gab sich Bacon in seiner Tätigkeit als Folterknecht (1619 folterte er einen Schulmeister namens Samuel Peacock auf der Streckbank, bis dieser in Ohnmacht fiel) einer ähnlich anmaßenden Eitelkeit hin, wenn er glaubte, dass die »Geschichte vom Regenbogen« ausgelöscht werden könne. Und so benutzte er Herkules und die Hydra, um eine Ausweitung und Verstärkung des staatlichen Terrors zu propagieren.

Es war Thomas Edwards, der Bacons Theorie der Monstrosität und des Terrors aufgriff und in die Mitte des 17. Jahrhunderts weitertrug. Edwards hatte die Ketzereien des revolutionären England studiert und im Jahre 1646 das dreibändige Werk *Gangraena: Catalogue and Discovery of many of the Errours, Heresies, Blasphemies and pernicious Practices of the Sectaries of this Time* veröffentlicht. Er listete 176 verschiedene Formen der Ketzerei im ersten Band auf, 23 im zweiten und 53 im dritten: summa summarum 252. In der Widmung beschrieb er seinen Kampf gegen das »dreileibige Ungeheuer Geryon und den dreiköpfigen Cerberus« und gegen »die Hydra ebenso, die bereit ist, sich an ihrer Stelle zu erheben«. Zu Beginn des zweiten Bandes merkte er an: »Während ich diese Entgegnung schrieb, ja nachdem ich sie beendet und diesem dreiköpfigen Cerberus den Garaus gemacht hatte, erhoben sich neue Köpfe dieser monströsen Hydra des Sektierertums.« Die Köpfe von Bacons Hydra schießen geradezu aus Edwards Werken hervor: in Gestalt religiöser Radikaler, amerikanischer Natives, Afrikaner, Commoners, Seeleute und Frauen.

Die von Bacon verteufelten Wiedertäufer hatten sich in der ihm folgenden Generation erheblich vermehrt. Während der 1640er und 1650er Jahre stellten sie eine revolutionäre Bedrohung dar und hielten Männer wie Edwards beschäftigt. Wie er darlegte, sprachen sich einige dieser Ketzer für den Kommunismus aus und behaupteten, »dass alle Menschen von Rechts wegen Commoners sind« und dass »die ganze Erde den Gläubigen gehört, und dass es eine Gütergemeinschaft geben sollte, und dass die Gläubigen an den Ländereien und Anwesen der Herren von Stand und der Reichen teilhaben sollten«. Eine verwandte Vorstellung war der millennaristische Glaube, dass Christus tausend Jahre lang leibhaftig regieren und alle Unterdrücker unterwerfen werde, während die Christen ein Leben voller weltlicher Freuden führen würden (obwohl keine Einigkeit darüber bestand, wann dieses Millennium seinen Anfang nehmen würde). Viele Baptisten waren gleich-

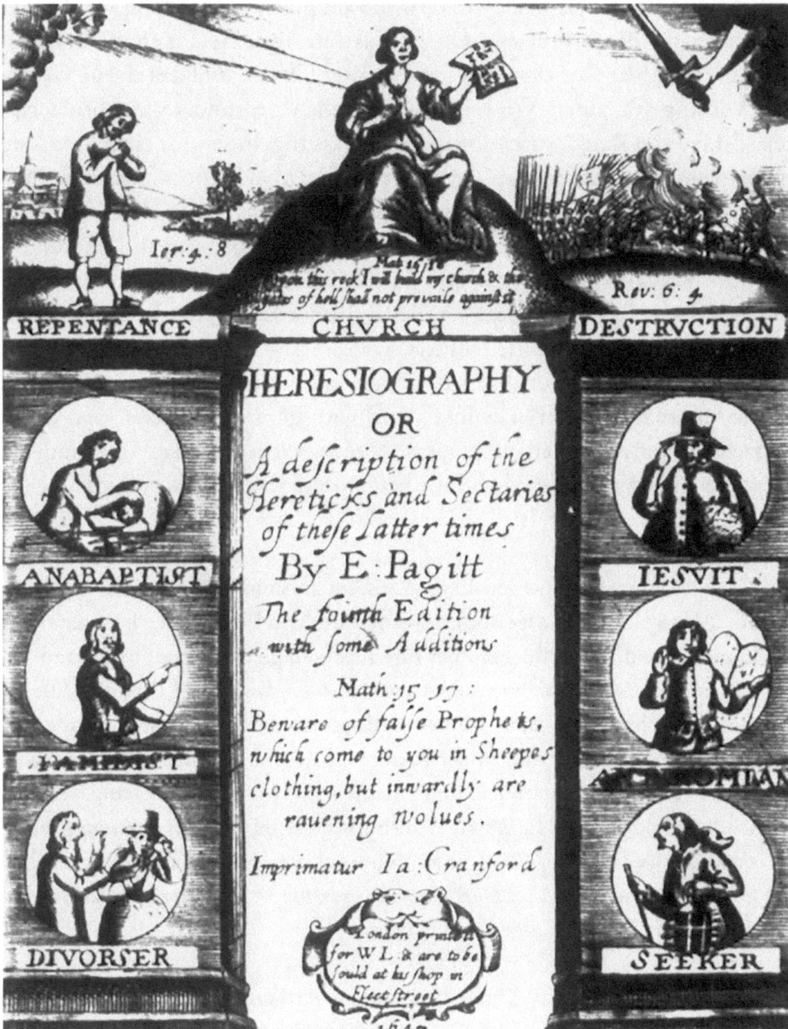

Titelseite der Heresiography von Ephraim Pagitt, 1654.
Houghton Library, Harvard University

zeitig Antinomier und glaubten, dass die »moralische Ordnung von keinerlei Nutzen für die Gläubigen« sei, dass das Alte Testament nicht bindend für die Auserwählten Gottes sei und dass rechter Glaube und das eigene Gewissen Vorrang vor guten Werken und gesetzlich begründeter Autorität hätten. Einige von ihnen waren sogar der Auffassung, es sei »für einen Christen nicht recht, ein richterliches Amt zu versehen«, während andere der Meinung waren, die Existenz einer weltlichen Regierung sei an sich schon eine Form der Unterdrückung. Der Skeptizismus gegenüber Regeln, Verordnungen und Ritualen blühte und gedieh; das Gleiche galt für Offenbarungen und Visionen. Es gab religiöse Radikale, die erklärten, »der Leib des gemeinen Volkes« sei »die irdische Hoheit«.

Wie schon Bacon vor ihm betrachtete Edwards seinen Gegenstand aus einem internationalen Blickwinkel und wies darauf hin, dass viele dieser Ketzereien von Personen propagiert worden seien, die man »aus anderen Ländern hinausgeworfen« habe. Er verdammte die zahlreichen spirituellen Extremisten Neuenglands:

> Wie viele sind nicht wegen ihres Antinomianismus, Anabaptismus, &c. aus *Neuengland* hinausgeworfen worden und sind dann hier herübergekommen und haben Bücher über ihre Irrlehren gedruckt und offen landauf und landab gepredigt; sodass das arme *England* diese Personen, die wie Erbrochenes aus dem Munde anderer Kirchen ausgespieen worden sind, auflecken muss und zu der Küste und Kloake geworden ist, an welche der Dreck der Ketzereien, und Irrlehren aller Herren Länder angespült wird; so wie es von Hannibals Armee hieß, sie sei *colluvies omnium gentium* [der Unrat aller Völker], so kann über all unsere Sekten und Sektierer gesagt werden, *Anglia colluvies omnium errorum & sectarum* [England ist der Unrat aller Verirrungen und Sekten].

Der Kern von Hannibals Armee bestand aus Afrikanern, und in der Tat ließ Edwards der Kontinent, dem die englischen Sklavenhalter in den 1640ern zuströmten, keine Ruhe. Viele der Ketzereien, die er im England des 17. Jahrhunderts ausmachte, schienen ihm Variationen nordafrikanischer Formen der Ketzerei aus der Frühzeit des Christentums (z. B. des Donatismus) zu sein.[55] Er schrieb: »Wenn man dem Irrglauben freien Lauf lässt, so kennt er keine Grenzen, er ist bodenlos, niemand weiß zu sagen, wie weit England gehen würde, aber es würde wie Afrika jeden Tag neue Ungeheuer hervorbringen.«

Edwards präsentierte die von ihm als »haarige, grobe, wilde rote Männer« beschriebenen Ungeheuer als besonders verachtenswert, und so hielten Caliban und die amerikanischen Natives im Allgemeinen ihren Wiedereinzug ins revolutionäre England. Im selben Geiste berichtete der Herausgeber eines englischen »Newsbook« im April 1649 über die Äußerungen zweier »wilder Indianer« am französischen Hof:

> [Ein Indianer] bemerkte zwei Dinge, die ihn verblüfften. Zum einen, dass so viele Kavaliere von, wie es schien, entschlossener und edler Gesinnung allesamt ihr Haupt entblößen und sich Willen und Launen eines Kindes [Ludwig XIV.] unterwerfen. Zum zweiten, dass einige Menschen in der Stadt reich und kostbar gekleidet waren, und andere so außerordentlich arm, dass sie bald Hungers starben; dass er sie alle für ebenbürtig im Gleichgewicht der Natur erachte, und nicht den einen als über den anderen erhaben.

Der Herausgeber bezeichnete die Natives abfällig als »zwei heidnische Levellers«.[56] In den beiden Amerikas ging die Angst vor Angriffen durch Natives und Sklavenaufständen Hand in Hand mit der Angst vor »Familismus [die Lehre einer Sekte des 16. Jahrhunderts namens »Familie der Liebe«], Anabaptismus [Wiedertäuferei] oder Antinomianismus«, und die vielköpfige Hydra fasste diese Bedrohungen in einem einzigen ausdrucksstarken Symbol zusammen.[57] Edwards schrieb, Johannes Calvin, der sowohl die papistische Ketzerei als auch die Ketzereien der Freidenker und Wiedertäufer angriff, sei ein »christlicher Herkules, der mannigfache Ungeheuer überwältigt« habe.

Auch Bacons Amazonen wurden in Edwards Auflistung wieder zum Leben erweckt, und zwar im Zusammenhang mit der ketzerischen Auffassung, »dass Frauen das Recht [hätten] zu predigen, und warum auch nicht, haben sie doch Fähigkeiten gleich den Männern?« Genauso bedrohlich waren Frauen, die es für Unrecht hielten, »einen Mann predigen zu hören, sei es öffentlich oder privat«. Es ist anzunehmen, dass es enteignete Commoners und Landstreicher waren, die die »Jubeljahr«-Ketzerei vertraten, laut der Christus auf die Erde gekommen war, um »zu predigen den Gefangenen, dass sie frei sein sollen«, oder die die Todesstrafe mit der Begründung kritisierten: »Gott hängt nicht zuerst und richtet später.« Andere Ketzer wandten sich in Bausch und Bogen gegen Bacons Kriegsstrategie, heilig oder nicht, und bestanden darauf, »dass es nicht recht ist, für einen Sieg Dank zu sagen, wenn ein Mensch einen anderen getötet hat« – kurz, dass »es unrecht ist, zu den Waffen zu greifen oder einen Menschen zu töten«. Ein »gottesfürchtiger Bürger« hatte Edwards erzählt, er habe einen »großen Sektierer in der Armee in Bezug auf Irland sagen hören, er bezweifle, und mit ihm viele andere in der Armee, dass es rechtens sei, gegen die *Iren* zu kämpfen; und dass das Land das ihre sei, so wie England das unsrige sei«.

Zusammenfassend lässt sich sagen, dass Bacon sich der Hydra von oben näherte, indem er die Subjekte ausmachte – die Schwärme, Scharen und Rudel, wie er diese Menschenmassen nannte – gegen die etwas unternommen werden sollte. Eine Generation später näherte sich Edwards in Verteidigungshaltung dem Ungeheuer von unten, wo es kongregationalistische Kirchen gründete und Regimenter, ländliche Gemeinden und städtische Mobs politisierte. Die Commoners, die Vagabunden, die Soldaten und Seeleute, Leibeigene und Sklaven, die herrenlosen Männer und Frauen, die Holzhauer und Wasserträger, all diese neuen Sklaven kamen von nah und fern, reisten weiter – und predigten, unterbrachen, schwadronierten, wetterten und organisierten, sodass Edwards sich fragte: »Wie können Personen, die um ihrer Irrlehren willen aus anderen Ländern hinausgeworfen worden sind, nicht nur hier leben, sondern Kirchen um sich versammeln, öffentlich ihre Meinungen predigen! Was gibt es nicht für Schwärme von des Lesens unkundigen Lumpenpredigern aller Art, ja von predigenden Frauen und Knaben! Wie viele Sektiererversammlungen gibt es nicht in dieser Stadt, mindesten elf in einer Gemeinde!« Auf der anderen Seite des Ozeans, auf Bermuda, wurde 1640 ein achtjähriges Mulattenmädchen namens Sarah Layfield unter der Anklage vor Gericht gestellt, sie habe »närrische und gefährliche Worte betreffend seiner Majestät des Königs« ausgesprochen.[58]

In den Dezembertagen des Jahres 1641 sammelte sich eine lärmende Menge – oder ein Mob – vor Whitehall in Westminster, um seine Unterstützung der Radikalen im Unterhaus kundzutun, deren Ansichten über Freiheit und die Einschränkung der königlichen Macht sich in der im selben Monat gedruckten *Großen Remonstranz* fanden. Der König beschimpfte sie als einen »Haufen von Brownisten, Wiedertäufern und anderen Sektierern«. Zwei Mitglieder des Londoner Stadtrats wurden beschuldigt, den Tumult angezettelt zu haben: Es hieß, sie seien »von Haus zu Haus« gezogen und hätten »dieses Hydrahaupt nach Westminster gebracht und ihnen die Parolen »keine Bischöfe, keine papistischen Herren« in den Mund gelegt. Diese aus Seeleu-

Der Aufstand der Lehrlinge und Seeleute, Maifeiertag 1640.
Thomason Tracts E 116/49, British Library

ten, Handwerkern, Wasserträgern, Lehrlingen, den Niederen und Gemeinen bestehende Hydra – mit anderen Worten: das revolutionäre städtische Proletariat – trat schließlich als eigene, unabhängige Gruppe in Aktion.[59] Francis Bacons ehemaliger Sekretär Thomas Hobbes nahm diese neuen Formen organisierter Macht zur Kenntnis (wie z. B. die Ereignisse des Maifeiertags 1640, als Seeleute und Lehrlinge mit Waffen des Straßenkampfs – einem Knüppel, einer Muskete, einem Ruder, einer Heugabel und einer Hippe – die Gefängnisse aufbrachen), so wie er auch die Unfähigkeit des Königs bemerkte, die Leute mit den üblichen Mitteln, d. h. mit Geld, unter Kontrolle zu bringen. So erklärt sich Hobbes' Interpretation des Hydramythos:

> B. Es steht zu lesen, dass, wann immer Herkules im Kampf mit der Hydra eines ihrer vielen Häupter abgeschlagen hatte, zwei neue an seiner Stelle ihre Köpfe erhoben, und dass er sie dennoch schließlich alle abschlug.
> A. Die Geschichte wird falsch erzählt. Denn zuerst schlug Herkules diese Häupter nicht ab, sondern kaufte sie; und später, als er sah, dass ihm dies keinen Gewinn brachte, da schlug er sie ab und errang den Sieg.

Dem König war es am Ende nicht vergönnt, »den Sieg zu erringen«: Es gab Stimmen, die behaupteten, er gehe nicht mit ausreichend Gewalt und Terror gegen die Hydra vor. Der Graf von Strafford gab Karl I. den Rat, ein paar Ratsherren hängen zu lassen, die sich geweigert hatten, ihm Geld zu leihen; stattdessen wurden zwei junge Aufrührer gehängt, einer von ihnen, nachdem man ihn zuvor aufs Rad geflochten hatte. Es sollte das letzte Mal sein, dass diese Foltermethode in England angewendet wurde.[60]

Nach der Enthauptung Karls I. in Whitehall am 30. Januar 1649 schrieb Anthony Asham sein Buch *Of the Confusions and Revolutions of Governments* (1649), in dem er daran erinnerte, wie sehr ein neuer Herkules gebraucht werde, »um Ungeheuer zu zähmen«. Damit war die Rolle Oliver Cromwells und des revolutionären Bürgertums definiert. Ihre Aufgabe würde es sein, die vielköpfige Hydra in Holzhauer und Wasserträger zurückzuverwandeln.

III. KAPITEL

»EINE SCHWARZMOHRENMAGD NAMENS FRANCIS«

☆

Ja, an jenem Tage wird einer, der entronnen ist, zu dir kommen und dir's kundtun. An jenem Tage wird dein Mund aufgetan werden, wenn der kommt, der entronnen ist, sodass du reden kannst und nicht mehr stumm bist.
Hesekiel 24, 26-27

Auch will ich zur selben Zeit beide, über Knechte und Mägde, meinen Geist ausgießen.
Joel 2, 29

Wenn die erste Frau, die Gott gemacht hat, stark genug war, ganz allein die Welt auf den Kopf zu stellen, dann müssten alle zusammen es doch fertig bringen, sie wieder umzudrehen und richtig rum zu stellen.
Sojourner Truth (1851)

Im Jahre 1640 brach die Englische Revolution aus. Zunächst schien es sich bei dem Konflikt um einen Wettstreit der Königreiche Schottland, Irland und England um regionale Vorherrschaft und religiöse Konformität zu handeln. Aber es dauerte nicht lange, bis das Parlament seine Rechte und Kompetenzen gegen die persönliche und absolute Herrschaft Karls I. geltend machte, die Parole »keine Besteuerung ohne Repräsentation« ausgab und das Habeas-Corpus-Gesetz zu einem Instrument individueller Freiheit zum Schutz vor willkürlicher Festnahme ausbaute. Der Bürgerkrieg war ein Kampf des Königs und seiner Kavaliere gegen die Anhänger des Parlaments, die Rundköpfe. Die Aufstellung der »New Model Army«

im Jahre 1645 zog eine Reihe militärischer Siege für die Seite des Parlaments nach sich. Die zunehmend erfolgreichen Revolutionäre schafften die Pressezensur und repressive Gerichtshöfe wie die Sternkammer (wo Bacon einst geherrscht hatte) ab, exekutierten König Karl I. im Januar 1649 durch Enthauptung, lösten die Monarchie und das Oberhaus auf und riefen die Republik aus.

Die revolutionären Kräfte wurden von Oliver Cromwell und den militanten Puritanern angeführt. Sowohl die im Atlantikhandel tätigen Kaufleute als auch der niedere Adel und die im Entstehen begriffene Industriellenklasse, die allesamt dazu tendierten, Cromwell zu unterstützen, profitierten ungemein von den staatlich geförderten wirtschaftlichen Veränderungen: Die Navigationsgesetze schützten den britischen Handel und Schiffsverkehr; mittels der Einhegung von Agrarland wurde der Landbesitz privatisiert; die Industriegesetzgebung hob die paternalistischen Profitbeschränkungen in der Warenherstellung auf; und finanzielle Veränderungen an der Börse und fundierte [langfristige staatliche] Schulden förderten die kapitalistische Spekulation.

Während aus Brasilien übernommene Zuckerrohrplantagen sich über die Westindischen Inseln ausbreiteten, wandten die englischen Kaufleute sich entschlossen dem afrikanischen Sklavenhandel zu. Aber Cromwell und seine begüterten Verbündeten waren bei ihrer Revolution auf die radikalen Stimmen der vielköpfigen Hydra – die Levellers und Diggers, die Seeleute und Soldaten, die städtischen Aufständischen und ländlichen Commoners – angewiesen, und diese hatten, wie sich herausstellte, ihre eigenen Pläne. Christopher Hill fasste die Revolutionsepoche als eine »riesige Umwälzung, Infragestellung und Umwertung von ganz England« zusammen. Und H.N. Brailsford sagte kurz und bündig: »Was auf dem Spiel stand, war das Eigentumsrecht an England.«[1] Die Ideen der Radikalen wurden schließlich von Cromwell und seinesgleichen unterdrückt, aber sie erwiesen sich dennoch als prägend, sowohl zu ihrer eigenen Zeit als auch später.[2]

Einige der radikaleren Ideen dieser Zeit lassen sich am besten anhand eines bemerkenswerten Dokuments über eine Frau namens Francis illustrieren, eine »Schwarzmohrenmagd« und Mitglied einer radikalen religiösen Gemeinde in Bristol in den 1640ern, die besonders unter den Frauen der Gemeinde eine Führungsposition einnahm. Der Text stammt von einem Kirchenältesten namens Edward Terrill, und damit kann diese Geschichte nicht nur eine Erzählung über Francis sein: Sie muss zwangsläufig auch von ihrem Verfasser handeln. Francis war Schwarz, Edward war weiß. Sie war eine Frau, er war ein Mann. Sie war ein weibliches Gemeindemitglied, er war ein Kirchenältester. Sie war eine Dienerin, er war ein Herr. Und unter all diesen uns wohlbekannten Gegensätzen findet sich ein grundlegender Widerspruch: Sie lebte und starb während der Revolution der 1640er, während er in dieser Zeit erst erwachsen wurde und seine besten Jahre nach den 1660ern, während der Gegenreformation, erlebte. Die Geschichte von Francis und Terrill wirft ein Licht auf die Klassen- und Geschlechter- und rassifizierende Dynamik zur Zeit der Englischen Revolution und hilft uns zu verstehen, mit welchen Mitteln die radikalen Stimmen dieser Zeit zum Schweigen gebracht wurden.[3] Die Englische Revolution hätte völlig anders ausgehen können: Die Allmende hätte gerettet werden können; andere Werte als die der Warengesellschaft und -produktion hätten die Oberhand gewinnen können; die Anschauung, dass Arbeit eine unabdingbare Voraussetzung zur Erlösung sei, hätte sich nicht durchsetzen können; sowohl das Patriarchat in der Familie als auch die Entwertung weiblicher Arbeitskraft hätten ein Ende nehmen können; Folter und Terror hätten aus Gesetzgebung und Vollstreckung verschwinden können; Volksversammlungen hätten sich weiterverbreiten und allgemein zugänglich werden können; statt individueller Anhäufung von Reichtum hätte die gemeinsame Erwirtschaftung des Lebensunterhaltes zur Grundlage des wirtschaftlichen Lebens werden können; und die Kluft zwischen Herrn und Sklaven hätte aufgehoben werden können.

Als die Revolutionskriege ausbrachen, war Edward Terrill noch ein Kind. Er wurde 1634 in Almondsbury geboren, zog 1640 nach Bristol und wurde 1645 zu einem Schreiber in die Lehre gegeben. 1654 wurde er durch eine religiöse Erfahrung »überzeugt« und 1658 durch Untertauchen getauft. Er begann eine erfolgreiche Partnerschaft mit Thomas Ellis, einem Zuckerhändler, der die Broadmead-Kirche finanziell unterstützte, und wurde bald zum Kirchenältesten gewählt. Mittlerweile – im Jahre 1660 – war das Königtum unter dem neuen Herrscher Karl II. wiederhergestellt worden, und es begann eine Zeit der Unterdrückung. Terrill und die Broadmead Baptist Church – wie sie nach der Restauration hieß – hatten unter dem Körperschaftsgesetz (1661), dem Uniformitätsgesetz (1662) und dem Testgesetz (1673) zu leiden, die alle städtischen Amtsträger, Geistlichen und Regierungsbeamten dazu verpflichteten, Kommunikanten der Church of England zu sein. Sie unterlagen außerdem dem Konvertierungsgesetz (1664), das nonkonformistische Gottesdienste selbst in Privathäusern untersagte, und dem Nonkonformistengesetz von 1665, demzufolge nonkonformistische Geistliche nicht innerhalb eines Umkreises von fünf Meilen um eine Stadt wohnen durften.[4]

In dieser schwierigen und verfolgungsreichen Zeit begann Terrill in weiser Voraussicht ein später sogenanntes Waste Book zu führen, das zwischen 1672 und 1678 in einer Sammlung zusammengefasst und schließlich unter dem Titel *The Records of a Church of Christ in Broadmead, Bristol, 1640–1687* veröffentlicht wurde.[5]

Der Text setzt sich aus mehreren Teilen zusammen: zum einen aus mündlich überlieferter Geschichte in Form von Gesprächen Terrills mit Dorothy Hazzard (der Gründerin der Gemeinde, der sowohl er als auch Francis angehörten), zum anderen aus Auszügen aus einem weiteren, uns nicht erhaltenen Notizbuch und zum dritten aus Terrills eigener, unter den Repressalien der Restaurationszeit revidierter Version der historischen Ereignisse.[6] Hier ist Terrills Passage über Francis:

> Durch die Güte Gottes hatten sie ein Denkwürdiges Gemeindemitglied nämlich eine Schwarzmohrenmagd namens Francis (die Bedienstete eines, der auf dem Back of Bristol wohnte) welches in unserer Zeit und Nation recht selten ist, Äthiopier oder Schwarzmohren zu finden, die wahrlich der Sünde Überführt sind; und die wissen, dass sie verloren sind ohne den Erlöser und sich wahrlich zu unserem Herrn Jesus Christus Bekennen, so wie sie es tat: durch ihr Bekenntnis oder ihre Erklärung zum Zeitpunkt ihrer Aufnahme: zusammen mit ihrer Ernsthaften Bekehrung, gab sie den Barmherzigen großen Anlass zu dem Glauben, sie sei wahrlich Jesus anheimgegeben, denn die Seele dieser armen Æthiopierin zog großen Gewinn aus Gott, und sie gehabte sich bis zu ihrem Ende höchst demütig und ohne Tadel; und als sie auf dem Sterbebett lag: sandte sie eine Denkwürdige Ermahnung an die ganze Gemeinde, mit der sie wandelte, als ihre letzte Bitte an diese: in welcher sie ihre heilige, kindliche Furcht vor unserem Herrn vortrug; und wie kostbar der Herr ihrer Seele sei; wie man an ihrem Betragen erkennen konnte: Denn als eine ihrer Glaubensschwestern kam, um sie in ihrem Siechtum zu besuchen, nahm sie so feierlich von ihr Abschied, als ob sie von der ganzen Welt Abschied nehme: und bat die Schwester, sie der ganzen Gemeinde zu empfehlen, und ihnen zu sagen, dass sie jede einzelne Seele anflehe, sich Die Herrlichkeit Gottes zu Herzen zu nehmen, ein Mahnwort, das die Kirche niemals vergessen möge, und jedes einzelne Gemeindemitglied möge darauf achten, den Ruhm

> Gottes in ihren Familien, ihrer Nachbarschaft, oder wo auch immer Gott sie hin verschlagen möge, nicht zu vergessen: und dies seien die letzten Worte einer Schwarzmohrin und seien es wert, in Weißen Herzen bewahrt zu werden. Woraufhin diese Æthiopierin ihren Geist an Jesus ihren Erlöser aufgab und in Ehren Bestattet wurde, indem sie von den Ältesten & den hervorragendsten Glaubensbrüdern in der Gemeinde (Gottesfürchtige Männer trugen sie) zu Grabe getragen wurde, wo sie nun ruhen muss, bis der Herr wiederkehrt und all seine Heiligen mit ihm. Wodurch wir in unserer Zeit in eigener Anschauung sehen können, dass die Heilige Schrift ihr Versprechen hält, ουχ εστ προσω ποληπτηξ ο Θεοξ. Αλλα εν παντι εθνει, das heißt, dass Gott das Gesicht nicht ansieht: Sondern in jedem Volk, &c. Apg 10, 34-35.

Mehr schrieb Terrill nicht über Francis – ein bloßes Fragment, sollte man meinen. Dieser Mangel an Informationen bedeutet, dass wir uns Francis nicht mit einem konventionellen biografischen Ansatz nähern können. Wir können sie allerdings stattdessen im Kontext eines Geflechts gesellschaftlicher Beziehungen betrachten, und aus diesem Blickwinkel ragen vier Charakteristika heraus: Sie war eine »Bedienstete« zu einer Zeit, als dieser Begriff Holzhauen und Wassertragen suggerierte, sowohl im Hinblick auf ihre spezifischen Aufgaben als auch auf ihren niedrigen und schutzlosen Status. Sie war eine »Schwarzmohrin« mit all den kolonialistisch gefärbten gesellschaftlichen und religiösen Assoziationen, die das Wort mit sich bringt. Sie war eine Glaubensschwester in einer jüngst von und für Frauen gegründeten Gemeinde. Und sie war eine Baptistin mit einem Hang zu Freiheit und ähnlichen Ideen in einer historischen Phase, die der Herausbildung unterschiedlicher Konfessionen vorausging.

BEDIENSTETE, »SCHWARZMOHRIN«, GLAUBENSSCHWESTER UND BAPTISTIN

Als Bedienstete gehörte Francis der wahrscheinlich größten Berufsgruppe ihrer Zeit an. Landarbeiterinnen waren Dienstleute. Die in Heimarbeit beschäftigten Kleinhandwerker aller Art waren Dienstleute. Die Plantagenarbeiter in den Kolonien waren Dienstleute. Aber innerhalb dieser Kategorie gehörte Francis einer ganz bestimmten Gruppe an: Sie war eine Magd,

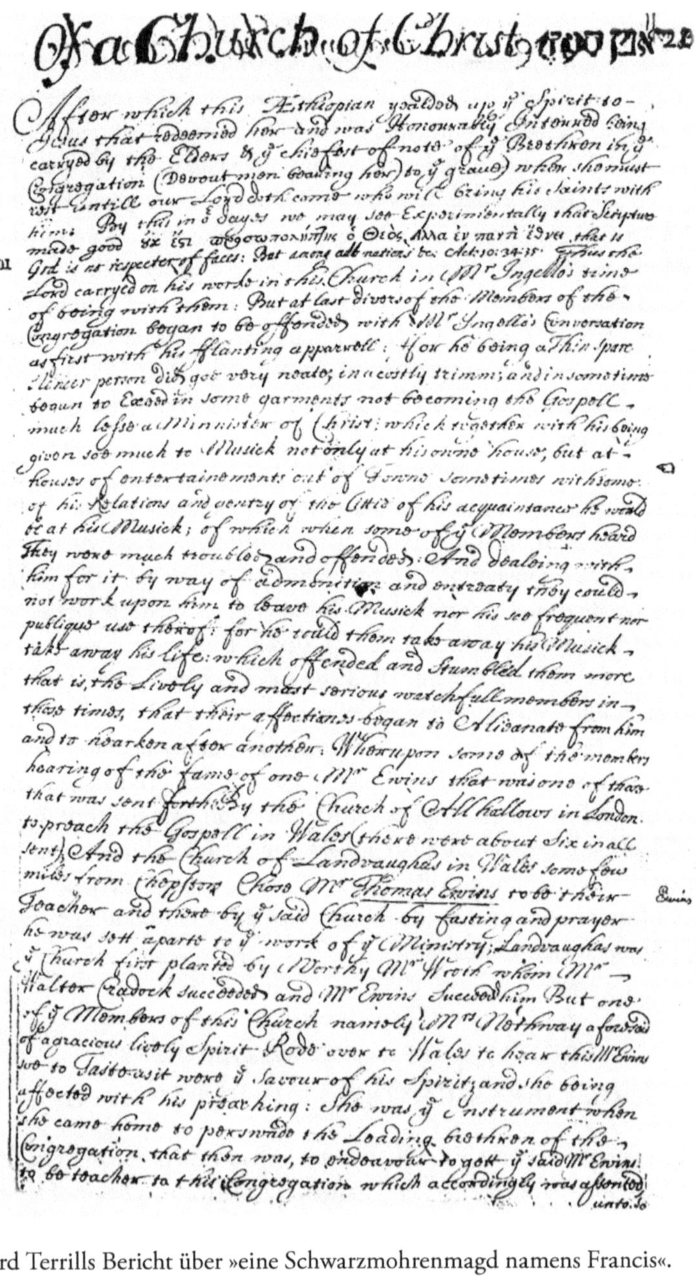

Of a Church of Christ

After which this Æthiopian yeilded up ye Spirit to Jesus that redeemed her and was Honourably Enterred being carryed by the Elders & ye chiefest of note of ye Brethren in ye Congregation (Devout men bearing her) to ye grave) where she must rest untill our Lord doth come who will bring his saints with him: By this in these days we may see Experimentally that Scripture made good ουκ εστι προσωποληπτης ο Θεος, αλλ' εν παντι εθνει, that is God is no respecter of faces: But among all nations &c. Acts 10:34.35. Thus the Lord carryed on his worke in this Church in Mr Ingello's time of being with them: But at last divers of the Members of the Congregation began to be offended with Mr Ingello's Conversation as first with his flanting apparrell; for he being a Thin spare slender person did goe very neate, in a costly trimm; and in sometime began to Exceed in some garments not becoming the Gospell, much lesse a Minister of Christ; which together with his being given soe much to Musick not only at his owne house, but at houses of entertainements out of Towne sometimes with some of his Relations and gentry of the Citie of his acquaintance he would be at his Musick; of which when some of ye Members heard they were much troubled and offended: And dealeing with him for it by way of admonition and entreaty they could not work upon him to leave his Musick nor his soe frequent nor publique use thereof: for he told them take away his Musick take away his life: which offended and stumbled them more that is, the lively and most serious watchfull members in those times, that their affections began to Alienate from him and to hearken after another. Whereupon some of the members hearing of the fame of one Mr Ewins that was one of those that was sent forth by the Church of Allhallows in London to preach the Gospell in Wales (there were about Six in all sent) And the Church of Landvaughas in Wales some few miles from Chepstow chose Mr Thomas Ewins to be their Teacher and there by ye said Church by fasting and prayer he was sett aparte to ye worke of ye Ministry; Landvaughas was ye Church first planted by Worthy Mr Wroth whom Mr Walter Cradock succeeded and Mr Ewins succeeded him But one of ye Members of this Church namely Mrs Nethway a woman of a gracious lively Spirit Rode over to Wales to hear this Mr Ewins soe to Taste as it were ye Savour of his Spirit; and she being affected with his preaching: She was ye Instrument when she came home to perswade the Leading brethren of the Congregation, that then was, to endeavour to gett ye said Mr Ewins to be teacher to this Congregation which accordingly was afterwards unto &c

Edward Terrills Bericht über »eine Schwarzmohrenmagd namens Francis«. »The records of a Church of Christ in Broadmead, Bristol, 1640-1687«, Broadmead Church, Bristol und ihre Aufgaben konnten vielfältig sein, je nachdem, ob sie eine Zimmermagd, Küchenmagd, Hausmagd, Bordmagd oder Tischmagd war: Kochen, Schrubben, Waschen, Brennholzsammeln, Wasserholen, Krankenpflege oder den Gebrechlichen Trost spenden.[7] Die patriarchale Familie, die ihrerseits das Modell für die Macht der Gilden und des Königs lieferte, war auf diese Schwerarbeit angewiesen. Aber im 17. Jahrhundert wandelte sich, einhergehend mit dem Aufstieg des Kapitalismus, das Berufsbild der Dienstleute. Sie waren aus einigen Entwürfen für ein demokratisches Wahlrecht ausdrücklich ausgenommen, und je mehr der Berufsstand polarisiert und feminisiert wurde, desto mehr sank sein Ansehen in den Städten.[8] »Der Gesindedienst ist ein Zustand der Unterwerfung und gründet sich teilweise auf den Fluch Gottes für unsere Sünden und teilweise auf die bürgerliche Verfassung; es ist ein elender Zustand«, schrieb ein Gelehrter aus Cambridge namens Paul Bayne im Jahre 1643 in einer tausendseitigen Abhandlung über die religiöse Rechtfertigung der Dienstknechtschaft. Gehorsam war die Grundlage des Gesindedienstes: »Ich sage zu einem, geh, und er geht, komm, und er kommt, tu dies, er tut es.«[9] Der Gelehrte merkte an, dass vollkommener Gehorsam nicht zu erwarten sei: Sobald Dienstboten unbeschäftigt seien, würden sie versuchen, ihren Herren die Stirn zu bieten, und wenn sie die Möglichkeit hätten, würden sie ihnen dazu gleich noch die Kehle durchschneiden. Man könnte Francis als Proletarierin bezeichnen: Sie besaß keine Produktionsmittel, und ihr Arbeitslohn war nicht eindeutig festgelegt. Sie wurde jährlich bezahlt und lebte ansonsten von Trinkgeldern und kleinen Zuwendungen oder nutzte ihr Gewohnheitsrecht an verschiedenen Haushaltsgegenständen, eine Praxis, die Bayne abfällig damit verglich, »eines anderen Mannes Tauben ihren eigenen Käfigen zuzutreiben«. Entgegen der Meinung der herrschenden Klasse, die Dienstbotenarbeit als niedrig und verächtlich ansah, entwickelte sich unter den Dienstleuten eine lebensbejahende spirituelle Tradition – ein Lichtblick, den Nell Painter in ihrer Schilderung der »unsichtbaren heiligen Frauen […] die Hausarbeit verrichteten«, einfängt.[10]

Wie andere Dienstboten auch war Francis folglich arm, und die Bristoler Gemeinde verstand dies. Terrills Text nimmt sogar indirekt Bezug auf Diskussionen innerhalb der Gemeinde über ihre Armut. Angesichts der unsicheren wirtschaftlichen Situation der 1640er Jahre fanden die unabhängigen Kirchen mit ihrem Versprechen, ihren Mitgliedern materiell unter die Arme zu greifen, großen Anklang bei den Armen. Die Unterdrückung nonkonformistischer Gottesdienste (mit der Begründung, dass protestantische Zusammenkünfte ketzerisch und illegal seien) während der Restaurationszeit, aus der Terrills Aufzeichnungen stammen, machte es schwierig, derlei Verpflichtungen nachzukommen. Dies könnte erklären, warum Terrill die Ernsthaftigkeit und Glaubwürdigkeit von Francis' religiöser Hingabe hervorhob und darauf beharrte, sie sei wahrhaftig Christus anheimgegeben und wahrhaftig der Sünde überführt worden.

Laut Terrill lebte Francis' Arbeitgeber »auf dem Back of Bristol«. Der »Back« war ein Stadtviertel, das sich am Fluss Avon und an den größten Kais der Stadt entlangzog, wo die Hochseeschiffe – darunter auch die Sklavenschiffe – vor Anker lagen. Ein Vergleich von Bristoler Stadtplänen aus den Jahren 1568 bis 1673 zeigt, dass die Stadt in diesem Zeitraum einen enormen Aufschwung erlebte. Der Back of Bristol lag an einer Schnittstelle des atlantischen Dreieckshandels, wo sich Neuigkeiten aus mehreren Kontinenten kreuzten. Francis wird mit eigenen Ohren die Sprachen des nordatlantischen Handelsraumes – gälische, afrikanische, amerikanische, westindische und holländische Stimmen – gehört haben. Sie wird mit eigenen Augen die Männer, Frauen und Kinder gesehen haben, die das Arbeitskräftepotenzial ihrer Zeit bildeten, und sie wird ihren Lebensgeist gespürt haben. Bristol war zu dieser Zeit der zweitgrößte Hafen und mit 12.000 Einwohnern die drittgrößte Stadt Englands. An der Spitze der städtischen Hierarchie stand eine reiche kaufmännische Elite, an ihrem unteren Ende eine Schicht bitterarmer ehemaliger Waldarbeiter und entlassener Weber. 1640 sahen sich die etablierten Kaufleute der Society of Merchant Adventurers von einer Gruppe jüngerer, aggressiverer Händler herausgefordert, die sich intensiv im atlantischen Freihandel betätigten. Arbeitskraft-Entrepreneure hatten im Jahre 1623 das »Bridewell« von Bristol in ein Übergangslager für Zwangsarbeiter auf dem Weg in die Karibik umgewandelt und in den darauf folgenden Jahren den Menschenhandel zu einem höchst profitablen Geschäft gemacht. Peter Fryer schreibt, dass »die kleinen Anleger und die Großkaufleute ihre Schnauzen Seite an Seite in den Trog steckten«. Nun, da der transatlantische Handel mit Arbeitskräften etabliert war, begannen die Kaufleute sich dem afrikanischen Sklavenhandel zuzuwenden, der sich im Laufe des 17. Jahrhunderts zu Bristols größter Einnahmequelle entwickeln sollte, aber diese Entwicklung war in den 1640ern noch nicht abzusehen: Ungeachtet dessen, dass der holländische Gouverneur von Fort Elmina zwischen 1645 und 1647 neunzehn englische Schiffe vor der Sklavenküste zählte, war Englands Vorherrschaft noch nicht gesichert.

Was an Terrills Passage über Francis sofort als problematisch ins Auge sticht, ist der Umstand, dass er sie einerseits als denkwürdig bezeichnet und uns andererseits so wenig Erinnernswertes über sie mitteilt. Er begräbt ihre eigenen Äußerungen in der Mitte eines Absatzes und zitiert sie mit weniger als zehn Worten. Terrill war ein Schreiber, ein Meister der Feder. Dies war sein Metier, sein Ausdrucksmittel: Er konnte buchstabieren, er wusste, wann man Großbuchstaben benutzte und wann man Buchstaben zu Betonungszwecken besonders groß schrieb. Dies waren Kenntnisse, die ihn sowohl zum Chronisten als auch zum Bankier befähigt hätten, und einige Eigenschaften dieser Berufsstände schlugen in ihm durch. Die Schreibkunst ermöglichte es ihm, sowohl als Kirchenchronist zu fungieren als auch vom Westindienhandel zu profitieren. Es ist auffällig, wie sehr Terrill Francis' ethnische Herkunft betont: Er erwähnt sie sechs Mal ausdrücklich und zwei weitere Male implizit. Er betitelt den Absatz am Seitenrand »Francis, eine schwarze Frau«. Er schreibt »Schwarzmohrin« und »Äthiopierin« uneinheitlich, so als ob das Thema etwas an sich hätte, das ihn nervös machte. Der Abschnitt birgt ein Geheimnis. Woher das Unbehagen?

Francis war nicht die erste Schwarze Einwohnerin von Bristol. Die erste, deren Existenz belegt ist, war eine Frau namens Cattalina, die 1625 starb. Aber mit der wachsenden Anzahl von Afrikanern und Afrikanerinnen, die von Bristols Sklavenhändlern nach Barbados (und teilweise in ihre eigenen Heimathäfen zurück) verfrachtet wurden, wuchs die Zahl der »Schwarzen« in der Stadt. Das Wort selbst war zu Francis' Zeit mit widersprüchlichen Assoziationen verknüpft. Die Genfer Bibel von 1560 enthielt die Frage: »Kann der Schwarzmoor seine Haut wandeln?« (Jeremia 13, 23), und der dazugehörige Kommentar besagte, dass der Mantel der Scheinheiligkeit abgestreift werden müsse, assoziierte jedoch Schwärze auch mit göttlicher Wahrhaftigkeit. Der Leveller Sexby, der das *Agreement of the People* ins Französische übersetzen ließ, argumentierte während der Putney-Debatten (bei denen, wie wir im nächsten Kapitel sehen werden, die einfachen Soldaten im Jahre 1647 über die Zukunft Englands berieten): »Wir haben versucht, einen Schwarzen zu waschen, weißzuwaschen, und es geht nicht. […] Ich glaube, wir sind dabei, eine königliche Macht einzusetzen, oder einen Teil derselben, und Gott wird sie niederreißen.«[11] Das heißt, er assoziierte Schwarzsein mit republikanischer Gesinnung. Als Terrill seinen Bericht schrieb, wurden Unterschiede in der Hautfarbe schon mit etwas Anderem assoziiert als Aufrichtigkeit oder Republikanismus, aber wenn wir verstehen wollen, warum das Thema zu diesem Zeitpunkt, Jahrzehnte später, ein derartiges Unbehagen hervorrief, müssen wir tiefer graben.

Francis war eine Schwester und »Anabaptistin«, eine Wiedertäuferin in einer Gruppe um Dorothy Hazzard, einer Näherin, die in den 1630ern einen Schreibschullehrer, einen Handschuhmacher, einen Zimmerer, einen Landarbeiter, einen Schlachter, einen Kurschmied und einen jungen Geistlichen zur gemeinsamen Andacht um sich versammelte.[12]

Diese Menschen kamen zusammen, um »Tag und Nacht den Herrn anzurufen, er möge die hochmütigen Prälaten dieser Zeit und ihren Aberglauben vertilgen«. Sie lehnten es ab, bei der Nennung des Namen Jesu das Knie zu beugen, sie weigerten sich, vor dem Sakrament niederzuknien, sie wandten sich gegen Götzenbilder[13], und sie hielten die Feiertage nicht ein: Hazzard öffnete ihren Laden zu Weihnachten, setzte sich am helllichten Tage hin und nähte.[14] Terrill verglich Hazzard mit biblischen Gestalten wie Priszilla (einer Römerin, die für Paulus ihr Leben riskierte), Ruth (einer Ährenleserin, die als Gegenleistung für ihre Treue bat: »Dürfte ich um den Gefallen bitten, dass du mich nicht bloß wie eine deiner Sklavinnen behandelst?«) und Deborah (die widerständige Wasserträger mit den Worten ermunterte: »Horch, wie sie jubeln zwischen den Tränkrinnen!« [Richter 5, 11]). Hazzard scharte hilfsbedürftige schwangere Frauen, Kleinhändler und Arbeiter um sich, von denen einige auf dem Weg nach Neuengland waren, wo sie das einfache Leben und die Gleichheit der ersten Christen zu finden hofften. Im Jahre 1640 schlossen sie einen neuen Bund, »auf dass sie in der Kraft und Gunst Gottes auf dem Erdkreis leben und den Herrn in vollkommenerer Reinheit anbeten mögen«. Terill nannte Hazzard »einen Bock vor der Herde« (Jeremia 50, 8) und bewies damit, dass er weibliche Autorität anerkannte.[15]

Als der Krieg ausbrach, war Francis in führender Position unter den zweihundert Frauen und Mädchen zu finden, die das Frome-Tor von Bristol gegen Prinz Rupert, den Neffen des Königs, verteidigten, dem es schließlich dennoch gelang, die strategisch wichtige Hafenstadt mitsamt ihrem schwergesicherten königlichen Waffendepot einzunehmen. Hazzard und ihre spirituellen Mitreisenden machten sich davon. Zunächst suchten sie bei einer von Walter Craddock geleiteten walisischen Gemeinde Hilfe und zogen dann nach London weiter: »eine Wanderung durch die Wüste, durch ein Rotes Meer vom Blut der Kriege«. Die Versammlung (wie sie sich nannten) war eigenständig, rein und militant, aber sie war (noch) nicht baptistisch. Dies war die Versammlung oder Zusammenkunft, der Francis sich anschloss.

Es war eine Zeit des Aufruhrs. Craddock verkündete: »Das Evangelium ist über die Berge von Brecknockshire nach Monmouthshire übergesprungen wie Feuer im Dachstroh.«[16] John Milton schrieb 1644 in der *Areopagitica*:

> Siehe da die gewaltige Stadt, die Zuflucht, die Wohnstätte der Freiheit, umgeben und umschlossen von seinem Schutz. Es sind nicht mehr Ambosse und Hämmer in der Werkstätte des Krieges am Werk, die Platten und Instrumente bewaffneter Gerechtigkeit zur Verteidigung der bedrängten Wahrheit zu fertigen, als es Schreibgeräte und Köpfe gibt, die sinnend und suchend bei ihren Studierlampen sitzen und neue Vorstellungen und Ideen hin- und herwenden, mit denen gleichwie mit Lehnseid und Lehnspflicht die herannahende Umgestaltung dargestellt werden könne; während andere ebenso beharrlich am Lesen sind und alles probieren und der Macht der Vernunft und Überzeugung beipflichten.

Diese Worte brachten die revolutionären Hoffnungen, die eifrige Wissbegierde und die militante Suche nach Wahrheit zum Ausdruck, die Francis und ihre Mitstreiterinnen erwarteten.

In Bristol setzten die Kampfparteien unterdessen ihre Gefechte fort. 1645 lancierten parlamentarische Truppen, die gerade unter Colonel Thomas Rainborough bei Naseby gesiegt hatten, einen Gegenangriff gegen Prinz Ruperts Armee. In einem Hagel von Kanonen- und Kartätschenkugeln erklommen Soldaten die Mauern des Prior's Hill Fort. Als die Sturmleitern sich als zu kurz erwiesen, kroch die Infanterie durch die Luken und setzte sich in einer zweistündigen Schlacht gegen massiven Pikeneinsatz durch. Colonel Rainboroughs Sieg trug dazu bei, die Stadt als Hochburg für religiöse Radikale zu erhalten, die sich der Kanzeln bemächtigten, auf der Straße predigten, sich in gnadenlosen bilderstürmerischen Aktivitäten ergingen und ganz allgemein erhebliche revolutionäre Energie in Form von radikalem Calvinismus oder libertärem Antinomianismus entwickelten.[17] Ersterer war die Doktrin puritanischer Arbeitsdisziplin; Letzterer bot einen verlockenden Ausblick auf die Freiheit.

Auf der Höhe der antinomischen Bewegung zwischen 1644 und 1649 erwiesen sich die nachmaligen Baptisten »als die erfolgreichsten Verbreiter radikalen religiösen Gedankengutes vor der Entstehung der Quäker in den 1650ern«.[18] Sie trugen direkt zu den revolutionären Siegen der New Model Army und der Entstehung und Organisierung der Levellers bei. Während ihres Abstechers nach London war Hazzards kleine Schar von feurigem Enthusiasmus für die Vernunft und Wahrhaftigkeit der »herannahenden Umgestaltung« erfüllt gewesen. Aber kaum wieder zurück in Bristol, waren, wie Terrill berichtete, »die Köpfe und Gemüter vieler Mitglieder in einem solchen Maße mit Auseinandersetzungen beladen, dass fast jedes Treffen von Streitigkeiten und Debatten erfüllt war, [so] dass große Verwirrung und wenig Ordnung herrschte. Einige von ihnen [waren] gegen die Satzungen, weil sie mittlerweile über ihnen stünden, oder machten geltend, dass sie keinen Gebrauch von ihnen machen sollten, solange die Kirche Jesu in der Wüste wandere, und nahmen sich daher die Freiheit, auf sie zu verzichten.« Sie schlossen einen weiteren Bund, der »denjenigen, die libertistische Anschauungen hegten, erlaubte, darauf zu verzichten«.[19]

Bei ihren Treffen »hatte jeder Bruder und jede Schwester die Freiheit, seine Zweifel an einer Bibelstelle oder sein Begehren, eine solche zu verstehen, vorzubringen«. Die übrigen Gemeindemitglieder sprachen »einer nach dem anderen und schwiegen darauf, dann ein weiterer, und schließlich ein Dritter.« Es war ein fruchtbarer Moment der Weltgeschichte: Direkte Demokratie wurde praktiziert, und dies waren einige ihrer ersten Regeln. So schrieb Laurence Clarkson etwa um diese Zeit, 1647: »Wer sind unsere Unterdrücker, wenn nicht der Stadt- und Landadel, und wer sind die Unterdrückten, wenn nicht der Freisasse, der Bauer, der Handwerker und der Arbeiter? Und bedenkt nun, habt ihr nicht Unterdrücker dazu auserwählt, euch von der Unterdrückung zu erlösen? [...] eure Sklaverei ist ihre Freiheit, eure Armut ist ihr Wohlergehen; kurz, eure Ehrerbietung entehrt die Gemeinschaft. Entmachtet diejenigen, die Macht über euch haben.«[20]

Die Broadmead-Gemeinde stellte Nathaniel Angello als Gemeindepfarrer an und setzte ihn nach kurzer Zeit wegen seiner allzu großen Vorliebe für Musik und Kleidung wieder ab. Sein Nachfolger war der antinomische Wanderprediger Walter Craddock. Er predigte über die Textstelle »Alles ist erlaubt« (1. Korinther 10, 23) und versicherte seiner Gemeinde, dass »nun nach einer langen Nacht der Tag anbreche, und dass es jeden Tag ein wenig mehr Licht als an den vorangegangenen geben werde, und dass die Evangelien viele Vergünstigungen bereithielten, und von dem Neuen Jerusalem, das wir dann genießen würden«. Craddock hieß Trinker und Ehebrecher bei diesen Zusammenkünften willkommen und ermunterte »Fischer, arme Leute und bisweilen Frauen« zu predigen.[21] Im Rahmen einer Predigt im Jahre 1648 über Markus 16, 15: »Gehet hin in alle Welt und predigt das

Evangelium aller Kreatur«, sagte er: »Wir sind nicht dazu da, Galeerensklaven an die Ruder zu liefern.«

Er glaubte daran, dass die einfachsten Leute das Evangelium gewöhnlich am besten verstünden, und schrieb:

> Ich habe in den Bergen von Wales Frauen gesehen [...], die waren so arm, dass sie, wenn sie an ein Haus kamen, um ein wenig Molke oder Buttermilch zu erbetteln, auch darum bitten mussten, den Topf oder Teller zu erhalten, um sie hineinzutun. Ebenso [...] können wir kein Körnchen Gnade heimtragen, wenn Gott uns nicht die geistlichen Gefäße dazugibt. Wie die Frau in Johannes 4 sagte, Hier hast du Wasser, aber wo ist der Schöpfeimer? So mag Gott sagen, du willst Gnade, aber wo ist dein Eimer? Und die demütige Seele sagt, Herr ich habe keinen, du musst mir das Wasser geben und den Eimer dazuborgen, um es heimzutragen.[22]

Dies ist die Exegese der Armen von den Armen für die Armen. Im Jahre 1648 waren etwa achthundert walisische Wanderprediger aktiv; das Vagabundengesetz wurde speziell gegen sie erlassen.[23]

Terrills Darstellung zufolge begreift Francis die Machtlosigkeit, die dazu führte, dass es die entführten und gekidnappten armen Seelen von Bristol fast überallhin verschlagen konnte. Sie bittet eine ihrer Glaubensschwestern, der ganzen Gemeinde ihren Appell zu übermitteln, »den Ruhm Gottes in ihren Familien, ihrer Nachbarschaft, oder wo auch immer Gott sie hin verschlagen möge, nicht zu vergessen«. Ihr ist klar, dass eine Nachbarschaft die Form einer internationalen Gemeinschaft von Schiffspassagieren, einer Familie von Ozeanreisenden annehmen kann. Für Francis ist Gemeinschaft nicht gleichbedeutend mit Nähe. Ihre Nachbarschaft ist die Gemeinde, deren Gedeihen sie auf tiefgreifende und unvergessliche Weise gefördert hat. Sie muss über die Sklaverei und den Kampf gegen die Sklaverei Bescheid gewusst haben:

Der erste afrikanische Sklavenaufstand in der Geschichte Englands zum Beispiel brach am Maifeiertag 1638 auf Providence Island aus. Francis wird auf den Piers die Schreckensgeschichten von jenseits des Atlantik gehört und ihrer Gemeinde überbracht haben: der Menschenhandel auf Burg Elmina, die Leibeigenenrevolte auf Barbados, die Zuckermühlen von Surinam oder die Unterdrückung der Antinomier von Boston. Wir wissen nicht, wo Francis lebte, bevor sie nach Bristol kam. Kam sie von Barbados wie Tituba, die in den 1690ern in Salem lebte? Kam sie aus Surinam, wo zu eben dieser Zeit die Romanschriftstellerin und Dramatikerin Aphra Behn ihre Kindheit verlebte? War sie in Boston gewesen, als der afrikanische Sklavenhandel zum ersten Mal rechtlich angefochten wurde? Mit ihrem letzten Appell erinnerte sie an die Herrlichkeit Gottes. Es wäre interessant, ihre anderen Ermahnungen zu hören.[24]

HERRLICHKEIT UND »KEIN ANSEHEN DER PERSON«

Terrills Passage über Francis schließt mit einem griechischen Zitat. Das Titelblatt der *Records* ist ebenfalls auf Griechisch, während die Seitenüberschriften abwechselnd in Griechisch und Hebräisch gehalten sind. Terrills Gebrauch des Griechischen lenkt die Aufmerksamkeit auf eine wichtige Debatte. Diese Art von Philologie war charakteristisch für den Protestantismus. Soll der Gebrauch des Griechischen einen dubiosen Zweck verschleiern? Terrill versichert uns, dass Francis keine bloße Empfängerin geistlicher Unterweisungen ist, sondern ein Beispiel (er nennt sie »Experiment«) für die Wahrhaftigkeit der Heiligen Schrift. Wo sie den Geist betont, betont er den Buchstaben. Terrill untergräbt hier Francis' Botschaft oder widerspricht ihr sogar. Aber worin besteht diese Botschaft? Und warum versucht Terrill sie zu untergraben? In dem Text wird Francis mit zwei biblischen Ideen in Verbindung gebracht. Eine davon bringt sie selbst vor (»die Herrlichkeit Gottes«), die andere steuert Terrill bei (»dass Gott das Gesicht nicht ansieht«). Wofür standen diese Wendungen im Getümmel des englischen Revolutionskrieges? Was machte sie erinnerungswert?

In der Heiligen Schrift lassen sich drei Hauptbedeutungen des Wortes »Herrlichkeit« unterscheiden. Die erste findet sich in Hesekiel und Jesaja. Hier handelt es sich um ein äußeres Attribut, eine Art atmosphärische Empfindung, in der der göttlich-erhabene Jahwe von Nebenfiguren wie den Seraphim und Cherubim umgeben ist. Diese Bedeutung findet sich in der Architektur und Musik des merkantilistischen oder Barockstaates, von dem von Palladio inspirierten Whitehall-Palast bis hin zu Wrens »prächtiger« St.-Pauls-Kathedrale – Pracht, Schönheit und Majestät in Portlandstein. Dies war die Herrlichkeit eines Erzbischof Laud, eine Herrlichkeit von oben, zu der man aufsah. Für diese Art von Herrlichkeit hatte Francis keine Verwendung, sehr wohl aber für die beiden anderen. Eine davon taucht in drei

Schlüsselszenen der Evangelien auf, in denen aus dem Leben Jesu erzählt wird und die himmlische Herrlichkeit auf die Erde herabkommt: In der ersten halten Hirten Wache in der Nacht von Jesu Geburt; die zweite erzählt von Jesu Verklärung (»Denn es wird geschehen, dass der Menschensohn kommt in der Herrlichkeit seines Vaters mit seinen Engeln, und dann wird er einem jeden vergelten nach seinem Tun« [Matthäus 16, 27]); und in der dritten beschreibt Jesus während seiner letzten Tage in Jerusalem das Ende der Welt. Diese Herrlichkeit ist Bestandteil der Eschatologie, der Lehre von den letzten Dingen, und einer Zeit der Gerechtigkeit. Eine weitere Bedeutung des Wortes stammt aus dem Johannesevangelium und wird in den Briefen des Paulus weiterentwickelt. Hier wird die Idee der Herrlichkeit und Lobpreisung mit dem Versprechen eines Endes der Knechtschaft (Römer 8, 15-17) und einer inneren Herrlichkeit in Verbindung gebracht, die sich auf die Erde herab und in den Geist der Kinder Gottes senken werde. Diese Herrlichkeit ist inwendig: »Denn Gott, der sprach: Licht soll aus der Finsternis hervorleuchten, der hat einen hellen Schein in unsre Herzen gegeben, dass durch uns entstünde die Erleuchtung zur Erkenntnis der Herrlichkeit Gottes in dem Angesicht Jesu Christi« (2. Korinther 4, 6). Dies ist eine demokratische Herrlichkeit, die allen zugänglich ist.

Francis hätte dem Digger Gerrard Winstanley zugestimmt, der schrieb: »Die Herrlichkeit von Israels Gemeinwesen liegt darin, dass es unter ihnen keine Bettler gab.« Er erklärte: »Welche Herrlichkeit ihr auch immer mit eigenen Augen zu sehen oder mit eigenen Ohren zu hören imstande sein werdet, sie ist nicht mehr als ein hervorbrechender Strahl jener herrlichen Macht, welche von innen kommt, denn die Herrlichkeit des Vaters ist nicht äußerlich.«[25] Lodowick Muggleton mahnte im Jahre 1658: »Ihr dürft euch das Reich der Herrlichkeit nicht von irdischer Natur vorstellen wie diese Welt [...] Die Welt, die da kommen wird, ist ein grenzenloses Königreich, das weit offen vor uns liegt.«[26]

In den 1640ern war Herrlichkeit mit der Zerstörung Babylons und der Errichtung Zions oder des Neuen Jerusalem verknüpft. Es wurde oft angenommen, dass die historischen Akteure, die Zerstörer und Erbauer, sich unter den Ärmsten und Geringsten, den Holzhauern und Wasserträgern, finden würden. Herrlichkeit stand für eine transzendentale Gegenwart: kein untätiges Warten auf eine himmlische Zukunft, sondern Taten – Taten der Besitzlosen, die den Himmel auf Erden schaffen würden. Die Herrlichkeit drückte sich in dem andächtigen Verhalten aus, das zwischen dem heiligen Text und der subjektiven Erfahrung eine Brücke schlug. Diese Form der Andacht mochte wie Stöhnen, Heulen, Kreischen oder Schmerzensschreie klingen, aber sie hatte die Macht, Menschen zu verwandeln.[27] Folglich machte sie die Obrigkeit nervös, wie Thomas Hobbes darlegte: »Die Herrlichkeit, oder innere Verherrlichung oder Hochstimmung des Geistes, ist die Leidenschaft, welche aus der Vorstellung oder Anschauung erwächst, dass unsere eigene Macht der Macht eines anderen überlegen ist, der uns entgegentritt.« Dieser Zustand drückte sich durch Prahlerei in Worten und Unverschämtheit in Taten aus. Der Diskurs der Herrlichkeit in den bescheidenen Gemeinden der 1640er war gleichbedeutend mit Kühnheit und Eigenwilligkeit.[28] Die Herrlichkeit zu preisen, symbolisierte die Fähigkeit, Geschichte zu machen.

Diese Ideen fanden sich in einer wichtigen Predigt mit dem Titel »Ein flüchtiger Blick auf die Herrlichkeit Zions« aus dem Jahre 1641 wieder, gehalten und veröffentlicht von Hanserd Knollys über eine Passage aus der Offenbarung des Johannes: »Und ich hörte etwas wie eine Stimme einer großen Schar und wie eine Stimme großer Wasser und wie eine Stimme starker Donner, die sprachen: Halleluja! Denn der Herr, unser Gott, der Allmächtige, hat das Reich eingenommen!« Babylon fällt und die Herrlichkeit erhebt sich. Es »wird eine Fülle herrlicher Prophezeiungen erfüllt und herrlicher Versprechen eingelöst werden«. Die »Ärmsten und Geringsten von allen« wurden zu herrlichen revolutionären Taten aufgerufen: »Selig ist der, welcher die Bälger Babylons gegen Steine schmettert.« Ähnliche Ideen kursierten nach den Schlachten von Marston Moor und Naseby, die mit Siegen der für die Puritaner und Parlamentarier kämpfenden New Model Army endeten und das Ende des ersten Bürgerkriegs bedeuteten. Am 29. September 1647 predigte der Baptist Thomas Collings im Armeehauptquartier von Putney über eine Bibelstelle aus Jesaja: »Denn siehe, ich will einen neuen Himmel und eine neue Erde schaffen.« Gottes Herrlichkeit, erklärte Collier, werde auf die Erde herabkommen, wenn die Gläubigen das Neue Jerusalem errichten würden, in dem die Löwen bei den Lämmern liegen würden. »Die Herrlichkeit dieser neuen Schöpfung [...] liegt in der Übung von Rechtschaffenheit, Gerechtigkeit und Barmherzigkeit, ohne Ansehen der Person. Sie besteht darin, jedes Joch zu lösen.«[29] Die Herrlichkeit, so predigte er, liege im Kampf gegen die Sklaverei.

Collier war nicht der einzige, der Herrlichkeit mit der zweiten an Francis geknüpften Idee in Verbindung brachte: nämlich dass Gott die Person oder, in Terrills Übersetzung, »das Gesicht« nicht ansehe. Die Formulierung selbst war nicht neu (Nashe hatte sie 1594 benutzt, als er darauf hinwies, dass die Aufrührer des deutschen Bauernkrieges so arm und so niedrigen Standes wie die zwölf Apostel gewesen seien), aber sie wurde erst mit Veröffentlichung der autorisierten Bibelfassung von 1611 Bestandteil der englischen Bibel. Hier stellt sich die Frage: Wie lassen sich Personen ansehen? Mit Blick auf ihre ethnische Herkunft, Nationalität, »Rasse«, Geschlecht und Klasse. Karl I. tat kund: »Denn die Fährnisse des Krieges sind für alle gleich, noch kennt die Kanone ein Ansehen der Person.«[30] In den beiden Amerikas rechtfertigte Captain Underhill das Massaker an sechs- bis siebenhundert Pequot-Männern, Frauen und Kindern in Fort Mystic, Connecticut, im Jahre 1637, indem er sich auf seinen Gott berief: »Er kennt kein Ansehen der Person.«[31] Die Redewendung brachte demnach sowohl kriegerische als auch egalitäre Assoziationen zum Ausdruck und eignete sich daher während der Revolution für ein breit gefächertes Spektrum an Interpretationen. Es ist eine gleichmacherische Formulierung, und in den oben genannten Zitaten sind es die Toten, die gleichgemacht werden. Doch was für uns interessant ist, sind die Assoziationen mit wirtschaftlicher und sozialer Gerechtigkeit, die die Wendung mit sich bringt – mit anderen Worten, die Gleichmacherei unter den Lebenden.

Die Diggers und die radikale Sekte der Ranters assoziierten Herrlichkeit mit der Herstellung von Gleichheit unter den Lebenden. Dem Manifest der Diggers, *The True Leveller's Standard Advanced*, zufolge war es ihr erklärtes Ziel,

> dass wir in Rechtschaffenheit arbeiten und die Grundlage dafür legen mögen, die Welt zu einem gemeinsamen Schatz für alle, die Reichen wie die Armen, zu machen. Dass ein jeder, der in diesem Lande geboren wurde, sich von der Erde möge ernähren können, seiner Mutter, die ihn hervorgebracht hat, im Einklang mit der Vernunft, die in der Schöpfung herrscht, und dass kein Teil derselben von den anderen abgetrennt werde, sondern dass alle wie ein Mann zusammen arbeiten und zusammen essen mögen wie Söhne eines Vaters, so dass keiner über einen anderen herrsche, sondern alle einander als gleich geschaffen ansehen mögen. So dass der Schöpfer durch das Werk seiner eigenen Hände *verherrlicht* werden möge, und dass ein jeder sehen kann, dass er *die Person nicht ansieht*, sondern die ganze Schöpfung gleichermaßen liebt, und nichts darin hasst als die Schlange. Welche Habgier bedeutet.

Dies war ein grundlegendes Konzept für Winstanley, mehr noch, es war »der Geist der gesamten Schöpfung«.[32] Die Ranters ihrerseits veröffentlichten ein Pamphlet mit dem Titel *A Justification of the Mad Crew* (1650), »ein wahres Zeugnis der süßen und unaussprechlichen Freude und immerwährenden Herrlichkeit, die im Innern wohnt und nach außen bricht«. Dem Pamphlet zufolge musste, wer Gott erkennen wollte, seine eigene Herrlichkeit hervorbrechen lassen. Diese Herrlichkeit befand sich in schlechter Gesellschaft, »unter den Gaunern, Dieben, Hurenwirten und niederen Leuten dieser Welt«. Dieser Gott, der die Person nicht ansah, »zieht die Mächtigen von ihrem Thron und setzt Männer von geringem Rang an ihre Stelle«. Damit stellte Gottes Weigerung, die Person anzusehen, eine Art Internationale der Herrlichkeit dar:

»Er ist in England, Frankreich und der Türkei«, und daher mussten »die Menschen in England, Frankreich und der Türkei ein Volk und ein Leib [werden], denn wo der eine lebt, da lebt auch der andere«. In der geografischen Terminologie des 17. Jahrhunderts konnte »Türkei« sowohl den Islam als auch den afrikanischen Kontinent bezeichnen. Menschen wie Francis wurden ausdrücklich einbezogen: »Hier liegt die Herrlichkeit, und ist den meisten Menschen verborgen, sie zeigt sich einigen, die durch das Gitter spähen, und hinter die Wand sehen, und ist für andere deutlich zu sehen, nun, was ist es?« Jemand, der die Person ansah, war es jedenfalls nicht, im Gegenteil:

> Er sieht ein jedes Ding und eine jede Person mit und in derselben Reinheit an, mit und in derselben Herrlichkeit, alle vollkommen in ihm, erfüllt in ihm, rechtschaffen in ihm, Kinder der Freude in ihm: Er sieht Tanzen, Beieinanderliegen, Küssen, alles rein und vollkommen in ihm; Er liebt alle mit immerwährender Liebe, den Dieb auf dem Weg zum Galgen gleichwie den Richter, der ihn verurteilt, und den Richter mit eben derselben ewigen Liebe wie den Dieb.

Es ist kein Zufall, dass Terrill sich von dem vertrauten Egalitarismus der autorisierten Bibelübersetzung abwandte, indem er »Person« durch »Gesicht« ersetzte. Mit dieser Übersetzung distanziert er sich und seine Kirche von gewissen revolutionären Implikationen dieser Wendung. »Gesicht« suggeriert in diesem Zusammenhang etwas Oberflächliches, eine Maske, und in diesem Fall ist die Maske die einer »Schwarzmohrin«. Die Übersetzung lenkt die Aufmerksamkeit der Leserin auf die Hautfarbe. Die »letzten Worte einer Schwarzmohrin« seien es »wert, in Weißen Herzen bewahrt zu werden«, seufzt Terrill und zitiert Apg 10, 34 auf Griechisch. Seine Leser waren mit dem biblischen Kontext vertraut. Die Episode war für die Ausbreitung des Christentums von Bedeutung, weil sie von der ersten Taufe eines Nichtjuden handelte. Kornelius, ein gottesfürchtiger Mann, wenngleich Römer, hatte eine Vision, in der ihm geheißen wurde, Petrus aufzusuchen. Er fiel ihm zu Füßen, und Petrus hieß ihn willkommen und sagte: »Nun erfahre ich in Wahrheit, dass Gott die Person nicht ansieht.« Francis stand hier für Kornelius und Terrill für Petrus. Die Analogie weist auf den Universalismus des frühen Christentums und auf die Englische Revolution und ihren Beitrag zur Lehre von der Solidarität unter den Menschen hin. James Nayler stellte in Bezug auf diese bedeutsame biblische Episode die Frage: »Hatte Kornelius genügend Licht in seinem Herzen, bevor Petrus zu ihm predigte? Antwort: Jesus kam, um blinde Augen zu öffnen, nicht, Augen zu geben.« Terrill schwächt diesen Aspekt durch seine Wortwahl ab; wir werden gleich sehen, warum.[33]

Der letzte Teil von Terrills Passage über Francis besteht weniger aus ihren eigenen Aussagen als aus den Äußerungen anderer, und diese Äußerungen befassen sich mit der Bedeutung und Frömmigkeit der Kirchenältesten, von denen sie zu Grabe getragen wurde. Die revolutionären Implikationen, die sich an Francis' Person knüpfen, erklären, warum Terrill es für nötig hielt, ihre eigenen prophetischen Mahnungen zwischen wiederholten Beteuerungen ihrer Aufrichtigkeit einerseits und den gottesfürchtigen Glaubensbrüdern und Ältesten, die ihren Sarg trugen, andererseits einzuschieben. Dem Abschnitt über Francis geht eine sieben- oder achtseitige Abschweifung über John Canne voraus, ein überraschender Einschub, wenn man bedenkt, dass Canne nicht 1640–41, wie Terrill uns glauben macht, sondern erst 1648 nach Bristol kam. Warum dieser Einschub? Canne entstammte der Bristoler Oligarchie und hatte großen Einfluss innerhalb der puritanischen Bewegung (einer seiner Verwandten hatte den Alleinvertrag für die Deportation von schottischen und irischen Gefangenen in die Plantagensklaverei).[34]

Von 1630 bis 1647 war er das Oberhaupt einer unabhängigen Kirche in Amsterdam gewesen; er war ein wichtiger Verleger puritanischer Literatur (1647 gab er eine maßgebliche Bibel mit kompletter Querverweisliste heraus), und nach seiner Rückkehr nach England im Jahre 1649 griff er die Levellers an und machte seinen Einfluss im Staatsrat geltend. Wenn Terrill die Respektabilität der von der Staatskirche gelösten Baptisten demonstrieren wollte, hätte er keinen gebildeteren und angeseheneren Puritaner finden können. Er präsentiert Canne als souveränen Lehrer, dessen *Zwölf Stufen* es der Gemeinde ermöglichten, sich unter der eisernen Faust der Church of England abzuspalten. Terrill selbst predigte die Ganztaufe durch Untertauchen statt bloßen Begießens oder Besprengens; heikel war es nur, jedweden verdächtigen Zusammenhang mit dem Wiedertäufertum des deutschen Bauernkrieges ein Jahrhundert zuvor zu vermeiden, als vorübergehend sowohl das Privateigentum als auch die patriarchale Familie abgeschafft worden waren. Canne legte nicht nur dar, dass die deutschen Wiedertäufer »einige sehr regelwidrige Handlungen begangen« hätten, er war auch ein Gegner der Levellers. Wenn Terrill also Cannes Führungsperiode zurückdatiert, um den Eindruck zu erwecken, Broadmead sei von Anfang an eine reguläre Gemeinde von »Besonderen Baptisten« gewesen, dann tut er dies nicht nur, um seine eigene Konfession älter erscheinen zu lassen, sondern auch, um den Antinomianismus oder »Libertismus« der Jahre 1641–49 zu verschleiern. Der Einschub soll demonstrieren, wie diszipliniert und korrekt die Abspaltung der Baptisten vor sich gegangen sei, um die Kirche in den 1670ern und 1680ern vor Angriffen zu schützen. Damit ist er Teil der historischen Revision, die Francis zum Schweigen brachte.

VON PROPHETINNEN ZU PROLETARIERINNEN

Mit seiner Version von Francis' Geschichte würdigt Terrill die Rolle weiblicher Spiritualität in der Gemeinschaft, der Kirchenleitung und den im Entstehen begriffenen Lehrmeinungen, nur um sie gleich darauf wieder zu unterminieren. Die Freimütigkeit der Frauen in den eigenständigen Gemeinden der 1640er war berühmt-berüchtigt, und Francis war eine von ihnen, »eine der Glaubensschwestern«. Terrills Reaktion auf diese Tatsache besteht in einer von männlichen Geistlichen formulierten Bestätigung männlicher Autorität, Herrschaft und Lehrmeinungen. Er betont, dass Francis »in Ehren Bestattet wurde, indem sie von den *Ältesten* & den hervorragendsten *Glaubensbrüdern* in der Gemeinde (Gottesfürchtige *Männer* trugen sie) zu Grabe getragen wurde«. Warum war diese Betonung notwendig?

Eine Angehörige der millenaristischen Fünfte-Monarchisten-Bewegung, Mary Cary, schrieb 1651: »Es kommt die Zeit, da nicht nur Männer weissagen sollen, sondern auch Frauen, nicht nur alte Männer, sondern auch junge, nicht nur Hohe, sondern auch Geringe, nicht nur solche mit Universitätsgelehrtheit, sondern auch solche ohne, sogar Knechte und Mägde.« Jeder und jede Gläubige könne, so Cary, »ein Prophet sein [...] denn wenn der Herr sich der Seele offenbart und ihr seine Geheimnisse offenbart hat [...], kann die Seele nicht anders, als diese anderen zu verkünden«. Phyllis Mack schreibt, dass die Prophetin mehr noch als der männliche »Lumpenprediger« »eine Form von Autorität repräsentierte, die nach konventionellen Maßstäben fehl am Platz, ja sogar ungeheuerlich war, aber dafür mit einer radikalen Vision von Gleichheit unter den Menschen im Himmel und auf Erden im Einklang stand«.[35] Unter den Prophetinnen, die Francis vorausgingen, waren unter anderem die »Frau von Ely«, eine von den Ketzerjägern der 1640er häufig verdammte Wanderpfarrerin, und die arme Frau, die mit ihrer Prophezeiung den verworfenen jungen Soldaten John Bunyan bekehrte. Drei weitere Frauen verdienen es, dass wir uns hier näher mit ihnen befassen: Sarah Wight, Dinah (»eine nicht in England geborene Mohrin« und Magd) und Anne Hutchinson, eine der Protagonistinnen der Antinomier-Krise in Massachusetts. Die Begegnung von Sarah und Dinah verdeutlicht den Zusammenhang zwischen dem Ende der Sklaverei und dem »neuen Bund«, während das Schicksal von Anne Hutchinson veranschaulicht, wie die Prophetinnen dieser Epoche als Ketzerinnen, Hexen oder Ungeheuer gebrandmarkt werden konnten.

Henry Jessey, Oberhaupt einer separatistischen Baptistengemeinde in Southwark, war im Zimmer, als Dinah (»die Mohrin«, wie sie später genannt wurde) Sarah Wight »gebrechlich an Leib und Seele« Ende Mai 1647 in London aufsuchte, und zeichnete das Gespräch auf.[36] Sarah befand sich selbst in erheblichem innerem Aufruhr; sie fastete seit zwei Monaten und war bettlägerig. Ihre Magd und engste Gefährtin war Hannah Guy, eine irische Baptistin aus Traleigh und Mitarbeiterin Craddocks. Ebenfalls zu Sarahs Kreis gehörten Richard Saltonstall (der erste, der offiziellen Protest gegen den Sklavenhandel im englischen Amerika einlegte), der zukünftige Königsmörder Hugh Peter (der 1789 von Richard Price gerühmt und von Edmund Burke verdammt werden sollte) und John Saltmarsh, ein Mitglied der radikalprotestantischen »Seekers« und Kaplan der Revolutionsarmee, ein »seltsames Genie, halb Dichter, halb tanzender Derwisch«, der »die Bruderschaft aller Menschen« propagierte.[37] Dies war somit ein Treffen von Menschen irischer, afrikanischer, walisischer, englischer und amerikanischer Herkunft.

MAGD [DINAH]: Ich bin oft versucht,
gegen mein eigenes Leben zu handeln.
MRS. SARAH: Warum, was ist der Grund?
MAGD: Manchmal dies, dass ich nicht wie andere bin:
Ich sehe nicht aus wie andere.

Im Weiteren erläutert Sarah die Macht der christlichen Erlösung und die Gleichheit aller Gläubigen und verkündet schließlich den antinomischen Grundsatz: »Dies ist mein Bund, ich will gnädig sein ihrer Missetaten; *und*, ich will euch ein neues Herz geben, ich will Furcht in eure Herzen säen, ich will mein Gesetz dort hinein geben.« Aber Dinahs Zweifel sind nicht ausgeräumt: »Das mag er für einige wenige tun, aber nicht für mich.« Und Sarah antwortet: »Er tut dies nicht nur für einen, nicht nur für ein Volk, denn viele Völker sollen in ihm gesegnet werden. Er ist gekommen, sein Leben zu geben als Lösegeld für viele, sich selbst für das Leben der Welt hinzugeben. Er ist sein eigener Herr; und warum solltest du dich selbst ausschließen?«

Sarah sah die Erlösung von innerer und äußerer Knechtschaft als zeitgleich; sie betonte die Einheit des inwendigen und auswendigen Reiches, des neuen Himmels und der neuen Erde. John Saltmarsh schrieb eine Vorrede für die Druckfassung dieser bemerkenswerten Unterhaltung. Wie bereits erwähnt, war Saltmarsh, der wie Jessey aus Yorkshire kam, ein Kaplan in Fairfax' Armee, deren triumphale Siege soeben den ersten Bürgerkrieg beendet hatten. »Es gibt noch keine Kirche«, notierte er 1646, »noch Konventikel«. Die Menschen seien auf der Suche, erklärte er, »aber sie fangen es an wie in urtümlichen Zeiten, mit Geschenken und Wundern«.[38] Auch er hatte verworrene Vorstellungen von Dunkelhäutigkeit, ethnischer Herkunft und Sklaverei. Unter Sarahs rechtlichem Status trug er ein: »Sie lebt in Knechtschaft, in Dunkelheit und Finsternis und Ungewitter«, während er gleichzeitig versicherte, dass Gott, was ihren Heilsstatus betreffe, »seine Herrlichkeit in der Finsternis kundtut«. In seinem *Smoke in the Temple* führte Saltmarsh ins Treffen, dass das Königreich Christi nicht auf »Gefügigkeit und Gehorsam und Unterwerfung« beruhe, sondern auf Befragung, Erörterung, Beratung, Prophezeiung, Abstimmung, &c.«[39] Er glaubte, dass Sarah Wight an der Erfüllung von Gottes »neuem Bund« mitwirken könne, dessen Werkzeuge die »Armen, Niedrigen und Demütigen« seien; er schrieb in revolutionärer Ungeduld, dass »mehr und mehr enthüllt werden wird«. Die Frage war: Würde die Abschaffung des Sklavenhandels Bestandteil der »herannahenden Umgestaltung« sein, wie Milton die Entfaltung des revolutionären Programms nannte?

Anne Hutchinson war 1634 nach Massachusetts Bay gesegelt, um beim Aufbau der neuen Erde mitzuhelfen, und arbeitete dort als Hebamme, Heilerin und, wie Sarah Wight, als geistliche Beraterin. Sie traf sich mit anderen Frauen – Wasserträgerinnen wie Francis und Dinah – am Stadtbrunnen auf der High Street, machte Prophezeiungen und sprach über ihre antinomischen Ideen. Jane Hawkins (die später als Ketzerin aus der Kolonie verbannt wurde) und Mary Dyer (die später wegen umstürzlerischer Aktivitäten gehängt wurde) trafen sich jeden Tag an der Quelle auf der High Street in Boston.[40] Aus diesen bescheidenen Anfängen entwickelten sich immer größere Konventikel, die über die Predigten der puritanischen Pfarrer debattierten, und die Geistlichkeit begann diese Treffen – und ganz besonders Hutchinson – als Affront gegen ihre eigene Autorität zu betrachten. In ihren Augen war die Fortpflanzung antinomischer Ideen eng mit der Fortpflanzung der Bevölkerung in der Massachusetts-Bay-Kolonie im Allgemeinen verknüpft. Hutchinsons Verbündete in der Miliz widersetzten sich der Anstellung eines Armeekaplans und drohten mit der Weigerung, gegen die Pequots in den Krieg zu ziehen und damit die Kolonie militärisch zu schwächen.[41] Die sich daraus ergebende Antinomier-Krise führte zu einer massiven Autoritätskrise für Gouverneur John Winthrop und die puritanischen Ältesten in Massachusetts Bay.

Anne Hutchinson wurde von Winthrop und den puritanischen Ältesten zu keinem Zeitpunkt offiziell der Hexerei angeklagt, aber wie Carol Karlsen anmerkt, sorgte ein von Andeutungen und Unterstellungen geprägtes Klima dafür, dass die ganze Affäre sich ständig am Rande derartiger Anschuldigungen bewegte.[42] Winthrop und anderen zufolge war Hutchinsons Fehlgeburt im Jahre 1638 »von staunenswerter Seltsamkeit«: Sie habe »ungefähr dreißig Ungeheuer auf einmal geboren, von denen einige größer, andere kleiner, einige von dieser, andere von jener Gestalt waren; wenige waren vollkommen geformt und nicht ein einziges (soweit ich je habe in Erfahrung bringen können) von menschlicher Gestalt«. Von Mary Dyer hieß es, sie habe ein Baby zur Welt gebracht, das »Hörner wie ein Untier hat, und Ohren, und raue, geschuppte Haut wie der Nagelrochen genannte Fisch, Beine und Klauen wie ein Falke«. In den Augen nicht weniger war hier der Teufel gegen notorisch anfällige und verletzliche Frauen am Werk. Dies war der alptraumhafteste Ausdruck weiblicher Reproduktionsfähigkeit, den die puritanischen Patriarchen sich vorstellen konnten – monströs, bedrohlich und ungeregelt. Mit Bacons Theorie der Monstrosität im Rücken und ihrer eigenen Vorstellung von Satan vor Augen war ihre erste Reaktion der Gedanke an Mord. Die zweite war kaum weniger drastisch: Anne Hutchinson wurde aus der Kolonie ausgewiesen und nach Rhode Island (der »Insel der Irrlehren«) verbannt. Ihre Niederlage bedeutete das Ende des Widerstandes gegen den Pequot-Krieg und machte den Weg für die Sklaverei frei. Viele der überlebenden Pequots wurden als Sklavinnen und Sklaven nach Providence Island, die zweite puritanische Kolonie in der Neuen Welt, verschifft; an ihrer Stelle wurden afrikanische Sklaven nach Massachusetts zurückbefördert.[43] Edward Johnson schrieb über die Antinomier-Krise, es sei »kein Wunder, dass sich so viele Irrtümer erhoben wie die berühmten Hidrahäupter, sobald eines abgehauen ist, erheben sich zwei neue im Raum«.[44] Cotton Mathers Kapitel über dasselbe Thema in seinem Buch *Magnalia Christi Americana* (1702) trug den Titel »Hydra Decapita«, die enthauptete Hydra.

Zeitgleich mit dem Wirken Francis' und der Prophetinnen fand eine Terroristenjagd gegen sogenannte Hexen unter Führung von Matthew Hopkins, dem offiziellen Hexenfinder der englischen Krone, statt. Schätzungsweise tausend Frauen starben zwischen 1645 und 1647 als Resultat der Hexengesetze, die gegen religiöse Radikale erlassen worden waren. Hopkins' Fachgebiete waren Seerecht und Versicherungswesen: Er befürchtete, dass Hexen Schiffe verwünschen und so die Handelsrouten unterbrechen könnten und wurde in dieser Angelegenheit von der Hofastrologin Lilly beraten. Von so weit entfernten Orten wie Neapel und Barbados wurde nach ihm verlangt. Hopkins war ein Frauenfeind, der nicht nur vom Parlament, sondern auch von den führenden »Rationalisten« seiner Zeit (Hobbes, Boyle, Bodin, Harvey) unterstützt wurde. Er war besessen vom Sex mit dem Teufel und unterzog Frauen der sogenannten »Stichprobe«, um das Teufelsmal zu finden. Sein Assistent schrieb, Satan verpflichte seine Hexen dazu, »Christus in vielen Dingen zu imitieren, so zum Beispiel in seinen Versammlungen und Sabbaten, Taufen und Bündnissen«, und deutete damit einen Zusammenhang zwischen Satan und den von Frauen angeführten radikalen religiösen Bewegungen der 1640er an.

Weibliches Prophetentum muss im Kontext der Reproduktionskrise in der Mitte des 17. Jahrhunderts gesehen werden. Die Kriminalisierung von Frauen, nicht nur in England, sondern in ganz Europa, war auf ihrem Höhe-

Eine »monströse Geburt« in Form einer vielköpfigen Hydra.
The Miracle of Miracles (undatiert, wahrscheinlich frühes 18. Jahrhundert)

punkt. Nie zuvor hatte es so viele Anklagen wegen Kindsmordes, Abtreibung und Hexerei gegeben. Ebenfalls zu dieser Zeit begannen Männer, Frauen die Kontrolle über die Reproduktion zu entreißen (1625 traten die ersten männlichen Hebammen auf den Plan, und bald darauf die Geburtszange); bis dahin waren »Geburt und Kindbett eine Art kollektives Ritual, das von Frauen durchgeführt und kontrolliert wurde und von dem Männer generell ausgeschlossen waren«. Nun, da die herrschende Klasse ihr Interesse an der Erhöhung der Fruchtbarkeit entdeckt hatte, »richtete sich die Aufmerksamkeit auf die ›Bevölkerung‹ als eine grundlegende Kategorie ökonomischer und politischer Analyse«.[45] Die gleichzeitige Entstehung der modernen Geburtshilfe und der modernen Demografie war eine Reaktion auf diese Krise. Nicht anders als die Hexenverfolgungen zielten auch diese beiden Entwicklungen darauf ab, die gesellschaftliche Reproduktion in einen kapitalistischen Kontext einzubinden – mit anderen Worten, die Heranzucht von Arbeitskräften rational zu organisieren.[46] Ein wiederkehrendes Motiv in der Fantasie der herrschenden Klasse war der Geschlechtsverkehr zwischen einer englischen Hexe und einem »schwarzen Mann«, einem Teufel oder Dämon. Der Terror selber existierte allerdings nicht nur in einer imaginären Schreckenskammer; er war ein höchst realer Bestandteil der Gegenrevolution.

Spätestens gegen 1650 war »die Ära der unabhängigen Prophetinnen vorbei«, aber ihr Ende wurde nicht ohne Protest hingenommen.[47] Die 1654 in Cornwall verhaftete Prophetin Anna Trapnel schrieb, die »Richter [...] kamen, mich aus dem Bett zu holen [...] und einige kamen die Treppe hinauf und riefen ›Eine Hexe, eine Hexe‹«. Als die Behördenvertreter Annas Nachbarn aufforderten, ihnen bei der Gefangennahme behilflich zu sein, »sagte eine meiner Freundinnen zu ihnen, das müssten die in den seidenen Kleidern selbst machen, denn die Armen würden es nicht tun«. Frauen waren weitgehend mundtot gemacht worden; die Türen, die sich im vorhergehenden Jahrzehnt aufgetan hatten, hatten sich wieder geschlossen. Die Leveller-Frauen hatten 1649 eine Petition veröffentlicht, in der es hieß: »Angesichts dessen, dass wir den gleichen Anteil und das gleiche Interesse am Gemeinwesen haben wie die Männer, und dass es nicht sein kann, dass es verwüstet wird (wie dies derzeit geschieht) und wir die Hilflosesten und Hauptleidenden darin sind; und angesichts dessen, dass Armut, Elend und Hungersnot wie ein Sturzbach über uns hereinbrechen [...] und wir es nicht ertragen, unsere Kinder an unseren Rockschößen hängen und um Brot schreien zu sehen, und nicht die Mittel zu haben, sie zu füttern, wollen wir eher sterben, als dass es so weit kommt.«[48] In Bristol schimpfte Sarah Latchett auf Pastor Ewins von Broadmead und wurde dafür ins Gefängnis geworfen; eine Mrs. Prince, die derselben Gemeinde angehörte, störte den Gottesdienst mit Gesumme und wurde als Ranterin hinausgeworfen.

Die zweiundfünfzigste von Thomas Edwards beschriebene Ketzerei offenbarte einen zentralen Widerspruch, der sich durch die ganze Epoche zog. »Denn von natürlicher Geburt sind alle Menschen gleich und in gleichem Maße zu Besitz, Freiheit und Unabhängigkeit berechtigt; und so wie wir von Gott durch die Hand der Natur in diese Welt entlassen worden sind, ein jeder mit der ihm von Natur eigenen Freiheit und Habe, ebenso sollen wir auch leben, ein jeder gleich und in gleichem Maße berechtigt, sein Geburtsrecht und Privileg zu genießen.« Für den »frei geborenen Engländer« gründete sich Freiheit auf die Geburt, doch die Niederkunft selber galt als monströs, krass und teuflisch.

Etwa zur selben Zeit fand das Wort »Proletariat« Eingang in die englische Sprache. Seinen ersten Auftritt hatte es in gebildeten Kreisen: Altertumsgelehrte hatten den Begriff aus der Servianischen Verfassung des alten Rom übernommen. Die abwertende Bedeutung des Wortes als Bezeichnung für ein Mitglied der ärmsten, untersten und gemeinsten Klasse hat sich erhalten, aber in seiner ursprünglichen Bedeutung war es enger definiert und bezeichnete »Untertanen, die sich mehren und Nachkommen zeugen sollen« (1609), die »nur dazu da sind, Kinder zu zeugen« (1610), oder, wie James Harrington in *Oceana* (1658) erklärte, »solche, die durch ihre Armut nichts zum Gemeinwesen beisteuerten als Kinder«. Damit spiegelt das Wort die Entwertung weiblicher Reproduktionsarbeit wider. Die Geläufigkeit des Begriffs geht auf das Zeitalter der Hexenverbrennungen zurück. Die Entstehung des Kapitalismus mit seiner Ausbeutung unbezahlter Arbeitskraft erforderte somit die Kontrolle selbst über die menschliche Geburt.

QUIETISMUS IN WORT UND TAT

Auf den männlichen Teil der Bewegung senkte sich die Repression der Gegenreformationszeit langsamer herab, befördert durch Streitereien unter den Besiegten. Dieses zunehmende Sektierertum muss im Kontext des Positionsgerangels innerhalb des Cromwell-Regimes und der Kriege um die Vorherrschaft im Sklavenhandel und der mit ihm verbundenen Reichtümer betrachtet werden. Dennis Hollister (ein Krämer), Thomas Ewins (ein Schneider) und Robert Purnel (ein Teppichweber) waren alle ehedem Älteste in der Broadmead-Kirche gewesen und hatten Francis mit zu Grabe getragen. Aber in der neuen Welt der Cromwell-Republik mit ihrem Seekrieg im Westen, guerre de course[49], Afrikahandel und Krieg mit Holland begannen sich die Gläubigen zu zerstreiten. So entwickelten sich aus den einstmals vereinten Seekers und sogenannten »Notionisten« unterschiedliche Konfessionen: die Baptisten und die Quäker. Ihre Polemiken kleideten sich recht offensichtlich in die kaum verhüllten Terminologien des Antinomianismus und des Sklavenhandels. Anlässlich der Deportation irischer Gefangener 1652 beschuldigte Purnel seine Feinde des »Notionismus« und der »Wiedertäuferei« und prophezeite: »Ihr werdet schnell eine vernichtende Niederlage erleiden: Ihr habt euch versammelt, aber ihr werdet zerstreut werden, ja, ihr werdet in Stücke geschlagen werden.« Hollister seinerseits beschuldigte die angeblichen Notionisten, darüber hinaus auch noch Ranters zu sein, und klagte an: »Ihr seid zu den Assyrern um Hilfe gerannt und ins Ægyptenland gezogen, einen Ort der Finsternis, um einen Vorhang zu finden, der euch vor dem Angesicht des Lammes verbirgt.« Er schloss: »Ihr seid das vielköpfige Tier in unterschiedlichen Formen, Sekten und Meinungen, unter dem Namen Papisten, Atheisten, Unabhängige, Wiedertäufer &c.« Ironischerweise sollte gerade Bristol, das Zentrum der Bewegung, die sowohl die Baptisten als auch die Quäker hervorgebracht hatte, zum Schauplatz des entsetzlichsten Akts quietistischer Repression in der Geschichte der Gegenrevolution werden, denn hier machte der »radikale Antinomianismus einen letzten verzweifelten Versuch, Gehör zu finden, bevor er vom puritanischen Konservatismus in den Untergrund gedrängt wurde« – oder nach Übersee. »Einige der Unsrigen riefen und schrieen Hosianna, heilig, heilig, König von Israel zu James Nayler, &c.« und wurden dafür von abscheulichem Terror heimgesucht.[50]

Im Oktober 1556 ritt James Nayler durch die Tore von Bristol. Sein Pferd wurde von drei Frauen geführt: Martha Simmonds, Hannah Stranger und Dorcas Erbery. Sie stapften durch knietiefen Matsch, sangen Lobeshymnen und bestreuten den Weg mit Blumen. Nayler kam aus Yorkshire und war zu dieser Zeit ein noch erfolgreicherer Wanderprediger als George Fox, der Gründer der Quäker. Er zog im Land umher und fand vor allem bei den im Verlagssystem beschäftigten Arbeitern Anklang; er war im Gefängnis gewesen und hatte das Stroh seiner Zelle mit Piraten geteilt. Nayler hatte ein ausgeprägtes Klassenbewusstsein. Er schrieb: »Für diejenigen unter euch, die den Pflug verachten: Ich bin ein Mann des Pfluges, ich weiß, dass es eine ehrenwerte Arbeit ist, sehr viel mehr als die des Gefolgsmannes, der überhaupt nicht arbeitet, sondern von der Arbeit anderer lebt und sich mit Gewalt den Ertrag von anderer Leute Arbeit nimmt; aber wenn euch denn der Pflug zuwider ist, warum dann nicht auch der Zehnt, der doch die Frucht des Pfluges ist?«[51] 1653 erklärte er, warum er weder den Hut ziehe noch das Knie beuge: »Es heißt in der Heiligen Schrift, wer die Person ansieht, sündigt.« Nayler war ein gewaltiger Prediger. Er predigte das Jubeljahr, das Gnadenjahr des Herrn, die Befreiung der Gefangenen. Er predigte die Revolution und zitierte Hesekiel: »Spricht nicht der Herr: Zu Trümmern, zu Trümmern, zu Trümmern will ich sie machen?«[52] Er wetterte gegen die Unterdrücker, die sich des Gemeineigentums bemächtigt hatten und »große Ländereien in der Welt bekommen und Haus an Haus und Länderei an Länderei reihen, bis für die Armen kein Platz mehr ist. Und wenn sie durch eure Listen arm geworden sind, verachtet ihr sie und erhebt euch über sie und ver-

James Nayler.
Alte und neue Schwarm-Geister-Bruth, und Quäcker-Gruel. 6. Teil des Anabaptisticum et enthusiasticum Pantheon (1702)

gesst, dass ihr alle aus dem nämlichen Stoff und dem nämlichen Blut seid und alle vor dem nämlichen Richter erscheinen werdet, welcher die Person nicht ansieht.«[53] Er sprach sich gegen den Sklavenhandel aus: »Wo kann der Unschuldige vor die Tür treten, ohne dass einige dieser Geister ihm eine Falle stellen, die ihn in Knechtschaft und Sklaverei zwingen soll?«[54] Er verkündete: »Ich bin in Gemeinschaft mit denen, die in Gruben und in Erdgrüften leben.«

In den Augen der Obrigkeit war Naylers Einzug in Bristol eine gotteslästerliche Nachahmung von Jesus' Einzug in Jerusalem. Das verschreckte Parlament stellte ihn in dem Bestreben, »eine entschlossene politische Botschaft an widersetzliche Sektierer [zu] senden«, wegen Verstoßes gegen das Blasphemiegesetz, das seinetwegen erlassen worden war, vor Gericht. Er verteidigte sich, ohne seinen Hut abzunehmen, was eine lange und beispiellose Diskussion darüber zur Folge hatte, wie er zu bestrafen sei. Er entkam der Todesstrafe um Haaresbreite, obwohl George Downing feierlich räsonierte: »Wir sind die Scharfrichter Gottes und sollten uns Seine Ehre angelegen sein lassen.« Nayler wurde von Newgate zum Black Boy Inn in der Nähe der Königlichen Börse gebracht, wo sein Leidensweg begann. Er wurde an den Karren gefesselt und mit 310 Peitschenhieben quer durch London getrieben. Auf dem Tower Hill stellte er sich dem Scharfrichter, der seine Stirn brandmarkte und dann mit einem rotglühenden Eisen seine Zunge durchbohrte.[55]

Damit war Nayler zum Schweigen gebracht, aber die Terrorbotschaft war nicht nur an ihn gerichtet. Tausende von radikalen Protestanten landeten im Gefängnis; andere wurden nach Übersee deportiert. In den 1660ern und 1670ern schrieben die Quäker und die Anhänger Lodowick Muggletons, die Muggletonier, revidierte Versionen ihrer eigenen Geschichte, in denen sie ihre Bewegungen entradikalisierten und die Stimmen der männlichen und weiblichen Propheten und Antinomianer unterdrückten.[56] Sogar Nathaniel Angello, der erste Pastor von Broadmead, brachte es zu Amt und Würden und stimmte mit einer allegorischen Romanze mit dem Titel *Bentivoglio and Urania* in den Spottchor gegen Nayler ein.[57] Nayler galt als falscher Prophet, der »ungestüme religiöse Schwärmerei« auslöste und mit Brandstiftung, Aberglauben, Sexualität und Betrug in Verbindung gebracht wurde. Er blieb noch jahrelang eine Zielscheibe giftigen Spotts. In Tom Browns *Letters from the Dead to the Living* (1702) zum Beispiel ist er in der Hölle zu finden, wo Luzifer ihn inmitten von »schwarzen Janitscharengeistern« und »unsterblichen Negern« in einen »regenbogenfarbenen Mantel« (d.h. das buntscheckige Narrenkostüm, das Renaissancesymbol für den Narren) kleidet. Im Kreise hungriger Lumpenprediger isst er eine Mahlzeit aus Skorpionen, westindischen Leguanen, Gitarrenrochen und einem Leviathan. Wie Francis Bacons und Thomas Edwards' Theorien der Monstrosität, so muss auch dieser grausame Spott in »satanischem Licht« betrachtet werden, damit die vielen Köpfe der Hydra – die Seeleute, Spaßmacher, Afrikaner, Lumpenprediger und radikalen Sektierer – sichtbar werden.

Mittlerweile begannen einige Baptisten und Quäker im Stil von »New Age«-Unternehmern geschäftlich voranzukommen und Reichtümer in

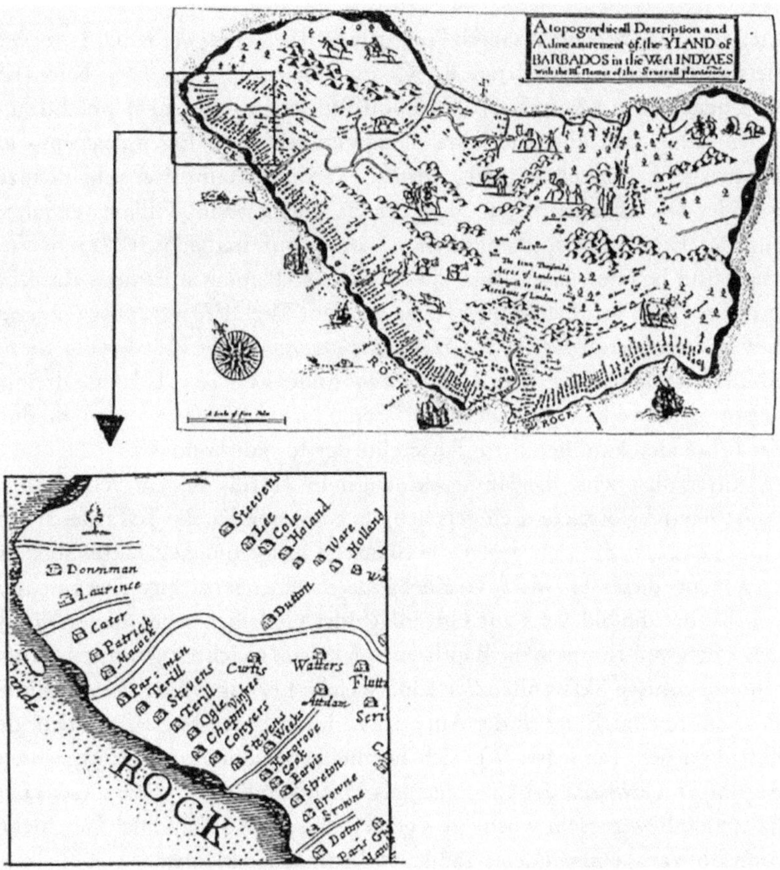

Karte von Barbados mit Ausschnitt, der Terrills Plantagen zeigt.
Richard Ligon: A True & Exact History of the Island of Barbados (1657). Beinecke Rare Book and Manuscript Library, Yale University.

Übersee, vor allem in Irland und der Karibik, anzuhäufen. Ein Quäker aus Bristol namens George Bishop, der bei den Putney-Debatten von 1647 noch die Möglichkeit des Tyrannenmordes angedeutet hatte, pries fünfzehn Jahre später, 1662, den Trost des ewigen Lebens im Gegenzug für die Leiden des irdischen an.[58] William Kiffin, ein ehemaliger Mitlehrling des Levellers John Lilburne und selbst eine bekannte Persönlichkeit in englischen Baptistenkreisen, der seinerzeit Elizabeth Poole aus der Gemeinde verbannt hatte, weil sie sich gegen die Todesstrafe für Charles Stuart ausgesprochen hatte, bot nun dem neuen König Karl II. 10.000 Pfund zum Geschenk an. Edward Terrill selbst war über die Jahre in unterschiedlichen Eigenschaften – als Finanzagent, Makler, Lagereigentümer, Kreditor, Raffinierer und Pflanzer – in der Zuckerindustrie auf Barbados tätig. Sein Sohn William verwaltete eine im Familienbesitz befindliche Plantage auf Barbados, Cabbage Tree Hall, und heiratete eine Erbin zweier weiterer Plantagen namens Rebecca. Auf einer 1657 veröffentlichten Karte mit dem Titel *A Topographical Description and Admeasurement of the Yland of Barbados in the West Indies with the M[aste]rs Names of the Severall Plantacons* findet sich Terrills Name dreimal neben kleinen Plantagensymbolen.[59] Seine Nachkommen wurden zu einer der führenden Familien der Pflanzerelite der 18. Jahrhunderts.[60]

Allmählich wird die lähmende Angst in Terrills Bericht verständlich. Es hatte eine glorreiche Zeit gegeben, da war seine Kirche Teil einer Bewegung gewesen, die sich gegen die Sklaverei ausgesprochen hatte, aber die Geschichte dieser Ära wurde zu einer anderen, einer verruchten Zeit geschrieben, zu der die Sklaverei zur Grundlage des Gedeihens eben dieser Kirche geworden war. Konnten die Baptisten von Bristol gleichzeitig fromme Christen und rührige Sklavenhändler sein? Welche Lösung würde sich für dieses Problem finden? Ein Teil der Antwort ist in eben der Angst zu finden, die Terrill an den Tag legte: Wie sich herausstellte, sollte sich Rassismus dem unruhigen Gewissen der Gläubigen als Lösung anbieten.[61] Wie dieses rassifizierende Bewusstsein wuchs und gedieh, lässt sich anhand der Geschichte John Bunyans, eines anderen radikalen Baptisten, verfolgen.

Bunyan war der Sohn eines Kesselflickers, stammte aus einem Dorf mit Mehrfelderwirtschaft und hatte 1644 als Revolutionssoldat an der Belagerung von Leicester teilgenommen.[62] Bis zu seiner Bekehrung durch eine arme Frau war er ein von den Ideen der Ranters, Diggers und Levellers beeinflusster Schreihals, Schwadronierer, Lästerer und Glöckner gewesen; danach führte ihn sein Weg zu einem Leben als Prediger, zur baptistischen Kirche und ins Gefängnis. Nach der Revolution begann Bunyan auf diese revolutionäre, millenaristische und von Hoffnung erfüllte historische Periode zurückzublicken. In seiner bekanntesten Allegorie, *Pilgrim's Progress*, begegnet ein Pilger namens Christian einem »Mann von schwarzem Fleisch«, der sich als falscher Apostel herausstellt, »ein Mann, der seinem Nächsten schmeichelt und ihm ein Netz über den Weg spannt« und

Christian den falschen Weg in die himmlische Stadt weist. Nach dieser Begegnung unterhält Christian sich mit der Figur der Hoffnung, die auf dem Jahrmarkt der Eitelkeiten »Aufruhr, Feiern, Trinken, Fluchen, Lügen, Unreinheit, Sabbatschändung und was sonst nicht noch alles« vorgefunden hat. Damit verknüpft Bunyan den Afrikaner mit den Aktivitäten der Ranters, das heißt mit seiner eigenen Jugend. Und in der Tat sagt die Hoffnung: »All unsere Gerechtigkeit ist wie ein beflecktes Kleid, durch Werke des Gesetzes wird kein Mensch gerecht.«

Diese Form des Antinomianismus hielt sich unter den englischen Nonkonformisten, aber Bunyan macht hier die Opfer verantwortlich: Es stimmt, dass die Vermögen, die in dieser Zeit angehäuft wurden (der Jahrmarkt der Eitelkeiten), von Sklaven – und mehr und mehr von afrikanischen Sklaven – erarbeitet wurden; es stimmt nicht, dass diese Sklaven selbst für die Eitelkeiten verantwortlich waren, die Bunyan so kategorisch verdammt. (Marcus Garvey wies in seinem Kommentar zu *Pilgrim's Progress* auf diesen Punkt hin.)

Christians Frau Christiana begegnet einem anderen Schwarzen, welcher den »verächtlichen Menschen« symbolisiert, der niemals reingewaschen werden kann. Eines von Bunyans Kindergedichten vermittelte eine auf rassifizierende Kategorien basierende Theologie, der zufolge Moses ein »blonder und wohlgestalter Mann« war, seine Frau dagegen eine »dunkelhäutige Æthiopierin«. Bunyans *The Holy War* (1682) war eine Allegorie, die sich auf seine Erfahrungen als Soldat in den 1640ern gründet. Sie beginnt mit den Worten: »Nun, es war einmal ein Diabolus, ein gewaltiger Riese, der die berühmte Stadt Mansoul angriff, um sie einzunehmen und zu seiner eigenen Wohnstätte zu machen. Dieser Riese war König der Schwarzen oder Neger, und er war ein gar mächtiger Prinz.« Hier verdreht Bunyan die historischen Tatsachen, indem er vorgibt, dass es nicht die europäische Christenheit gewesen sei, die die Afrikaner angegriffen habe, sondern umgekehrt. Eine größere Propagandalüge ist undenkbar: Weiß ist Schwarz und Schwarz ist Weiß. Diese Umkehrung verdeutlicht, wie ernst die Warnung des afrikanisch-amerikanischen Theologen James Cone genommen werden muss: »Unter der europäischen Sprache der Freiheit und Gleichheit verbergen sich Sklaverei und Tod.«[63]

SCHWARZE UND WEISSE TEUFEL

Als Francis ihren Appell an die Allgemeinheit richtete, die Herrlichkeit Gottes zu beherzigen, war durchaus noch nicht klar, dass ein Marktkapitalismus entstehen würde, dass die Zuckerplantagen und der atlantische Sklavenhandel zu Grundlagen des wirtschaftlichen Wachstums werden würden, dass das eingehegte Privateigentum zum Ordnungsprinzip des Landbesitzes werden würde, dass weiße Vorherrschaft sich als Theorie ethnischer Unterschiede etablieren würde, selbst dass aus der mitgliederreichen Gemeinde, die so vielen unterschiedlichen Ideen Raum bot, eines Tages eine baptistische Kirche entstehen würde. Keine dieser Entwicklungen war unvermeidlich; jede einzelne von ihnen wurde angefochten, und viele der Ideen, für die Francis einstand, wurden unterdrückt. Der Revolution folgte die Gegenrevolution. Und dennoch haben Francis und ihre Ideen überlebt. Wir finden die Idee der Herrlichkeit – in der revolutionären Bedeutung des Wortes – in einer weiteren gegenrevolutionären Phase mehr als anderthalb Jahrhunderte später wieder, als Shelley seine Hymne an die Freiheit schrieb:

Briten, ihr im Ruhmeslichte
Ungeschriebener Geschichte
Ihr, die Hoffnung eurer großen
Mutter, und der Hoffnungslosen,

Auf wie Löwen, die sich recken,
Zornig ihre Kraft entdecken,
Streift die Ketten wie im Spiele
Ab – ein Reif der Morgenkühle –
Sie sind wenig, ihr seid viele.[64]

Hier hat die Herrlichkeit sowohl ein Geschlecht als auch nationalstaatliche Züge, beides Elemente, die in dem von Francis hinterlassenen Fragment fehlen. Dennoch schrieb Edward P. Thompson in *The Making of the English Working Class* (1963) in Anspielung auf Shelley und in dem Bestreben, die radikale Tradition Englands zu verstehen: »Bei Bunyan findet sich mehr als bei jedem anderen der schlummernde Radikalismus, der sich über das gesamte 18. Jahrhundert hinweg halten und im 19. wieder und wieder hervorbrechen sollte.«

Pilgrim's Progress lieferte »die Mehrzahl der Standardideen und -haltungen, aus denen die Bewegung zwischen 1790 und 1850 ihr Material bezog«. *Pilgrim's Progress*, ein Werk, das während der Unterdrückungsphase der 1660er Jahre im Gefängnis entstand, voller Bitterkeit gegen die müßigen Reichen und tröstlich in seiner Glaubenstreue, bleibt bis zum heutigen Tage ein unterhaltsames und inspirierendes Zeugnis von Überleben und Niederlage. Wie Bunyan von sich selber sagte:

Plötzlich verfiel er in eine Allegorie auf seine Zeit
Über ihre Reise, und den Weg zur Herrlichkeit.

1926 schrieb Marcus Garvey im Gefängnis in Atlanta sein episches Gedicht *Jahrmarkt der Eitelkeiten*. Den Titel übernahm er von Bunyan; der Untertitel stammte von ihm selbst: The Tragedy of White Man's Justice. Garvey verurteilte den Rassismus und erklärte ein weiteres Mal: »Gott sieht die Person nicht an.« Es musste erst ein Jamaikaner, noch dazu ein Panafrikanist, kommen, um diese radikale Tradition in einer Weise wiederzubeleben, die Bunyans rassifizierende Kategorisierung umging und dennoch seinen Individualismus und seine erbauliche Haltung in vollem Umfang erhielt.[65]

»Ja, an jenem Tage wird einer, der entronnen ist, zu dir kommen und dir's kundtun. An jenem Tage wird dein Mund aufgetan werden, wenn der kommt, der entronnen ist, sodass du reden kannst und nicht mehr stumm bist« (Hesekiel 24, 26-27): Etwas Ähnliches ereignete sich in England zwischen 1645 und 1649. Proletarier unterschiedlicher Herkunft wurden zusammengeworfen und begannen zu begreifen, dass sie gemeinsam mehr bewirken konnten als allein. Diese Dynamik wurde von Francis und ihresgleichen in Bewegung gesetzt, und eine Frau wie Dinah, die zusammen mit Sarah Wight die Geschichte von der Erlösung aus der Knechtschaft entdeckte, trug ganz sicher ihren Teil dazu bei. Hier trafen ein Antinomier aus Boston, ein Pflüger aus Yorkshire, »eine nicht in England geborene Mohrin« und eine Anzahl von Lumpenpredigern aufeinander und begannen sich zu unterhalten. Austausch dieser Art fand natürlich seit Jahren statt – so zum Beispiel bei den gemeinsamen Aufständen von politischen und normalen Gefangenen in elisabethanischen Gefängnissen – und er setzte sich nach 1649 fort, etwa in der Gefängniszelle, in der Nayler zusammen mit Piraten untergebracht war, oder in Newgate, wo die Muggletonier Schutz vor zum Tode verurteilten Wegelagerern fanden (»Nein, sagte ich, es steht Gefangenen nicht an, sich über andere Gefangene zu beschweren!«).[66] Das bemerkenswerteste Pamphlet der Diggers trug den Titel *A Light Shining in Buckinghamshire* und enthielt die Forderungen nach Gleichberechtigung, freien Wahlen, einer gemeinsamen Ökonomie und einem gerechten Anteil am Gemeinwesen für alle. Offensichtlich dachten die Diggers nicht nur lokal, sondern auch global, denn das Licht, das sich in Buckinghamshire fand, lieferte den Untertitel für das Pamphlet: A Discovery of the Main Grounds and Original Causes of all the Slavery in the World, but chiefly in England (1648).

»In der Heiligung fanden [Schwarze Frauen] eine Quelle der Kraft, die es ihnen ermöglichte zu überleben und autonom zu handeln, wenn alles andere fehlschlug«, schreibt Nell Painter.[67] Dass Terrill Francis' Existenz nicht ganz und gar verschwieg, ist Beweis ihrer unleugbaren spirituellen Kraft. Wie sich die Nachwelt an diese Kraft erinnern würde, hing allerdings von zwei Umständen ab: zum einen von den eloquenten Stimmen, die sich zwischen 1645 und 1649 gegen die atlantische Sklaverei auszusprechen begannen, und zum anderen von der Unterdrückung dieser Stimmen durch Cromwell und die Restauration, die dafür sorgten, dass die auf rassifizierende Kategorien basierende Sklaverei siegreich blieb. Dennoch kleideten selbst Gegner der Sklaverei wie Sara Wight und John Saltmarsh ihre Ansichten in eine von rassifizierenden Kategorien geprägte Bildersprache. Das gleiche galt für den anonymen Autor des *Tyranipocrit Discovered* (1649), der die Reichen, Mächtigen und Besitzenden verdammte, erbittert gegen die Todesstrafe wetterte, den Kommunismus propagierte und die weltweite Sklaverei angriff.[68] Er tastete sich zu einem Verständnis des komplexen Charakters der Klassenherrschaft vor und versuchte, die dieser innewohnenden widersprüchlichen Komponenten von Gewalt und Zustimmung zu verstehen. Wie Bunyan bediente er sich der Allegorie. Satan habe eine Trauung zwischen der Tyrannei und der Heuchelei vorgenommen, schrieb er; eine dieser Figuren wurde als ein schwarzer, die andere als ein weißer Teufel dargestellt:

> Meine schwarzen Kinder, die Huren sind, und Schurken, Vielfraße, Säufer, Schandmäuler, Sabbatschänder, ungeschickte Diebe, und allesamt arme gottlose Leute, sie alle sollen deine Sklaven sein und Tyranipocrit und seine Freunde bedienen und bewirten, und du magst sie nach Belieben gebrauchen und missbrauchen, denn diese sind, obschon meine Kinder, dennoch so unbändig und rüpelhaft, dass ich ihnen kaum zu trauen wage. […]

> O du weißer Teufel, wie gern würde ich dich entlarven und deine gemeinen Praktiken aufdecken, dass alle Welt sehen und erkennen kann, dass du ein hässlicher, abscheulicher Teufel bist; dich meine ich, der du mit deinen unfrommen Praktiken Ehren einheimst, der du Gott im Munde führst, aber den Teufel nicht aus deinem Herzen verbannst; dich, der du andere lehrst und anweist, das Gute zu tun, das du mit dem Munde preist und mit dem Herzen verabscheust: du, der du schwere Lasten bündelst und auf anderer Leute Schultern lädst, aber sie selbst nicht mit einem Finger anrühren würdest: O du bist es, der mit herrischer Gebärde und dreister Miene stiehlt; du willst dem Gesetz die Stirn bieten.

Francis verkörperte, um Francis Bacons Terminologie zu verwenden, drei Hydraköpfe: Sie war eine Wiedertäuferin, eine unabhängige Frau und eine »Westinderin«. Wir betonen diese Aspekte natürlich nicht, um Francis als Mitglied eines vernichtenswerten Schwarmes oder Rudels abzustempeln, sondern im Gegenteil, um es uns zu erleichtern, in ihr eine Mitkreatur und atlantische Proletarierin zu erkennen. Ungeachtet dessen, dass der Versuch, ihre Botschaft auszulöschen, sich – nicht anders als der Kampf gegen die Hydraköpfe – als der beste Garant für ihre weitere Verbreitung herausstellte, war Francis kein Ungeheuer. Wir können in ihr unmöglich Bacons »kleinen widerlichen hässlichen Æthiopier« sehen, dessen Anwesenheit das makellose Atlantis verunzierte, denn in der Welt des realen Atlantik legte sie eine außerordentliche Integrität in Wort und Absicht an den Tag. Diejenigen, die die Ansicht vertraten, dass Gott die Person nicht ansehe, genossen selber nicht das geringste Ansehen während und nach der Niederlage der Englischen Revolution. Dies galt besonders für Frauen, die im patriarchalen Kapitalismus als in jeder Hinsicht nutzlos außer zum Kinderkriegen angesehen wurden. Da weder an ihrem Sterbebett noch bei ihrer Beerdigung Kinder erwähnt werden, können wir wohl davon ausgehen, dass Francis eine alleinstehende Frau war, deren Vorstellung von Familie sich nicht auf die Aufzucht von Kindern erstreckte, schon gar nicht als Sklaven oder billige Arbeitskräfte. Sie trug dazu bei, auf beiden Seiten der atlantischen Berge[69] die Nachricht zu verbreiten, dass Gott weder die Person noch das Gesicht ansieht. Virginia Woolf bekräftigte »das Recht aller – aller Männer und Frauen – auf Anerkennung der großen Prinzipien der Gerechtigkeit und Gleichheit und Freiheit in jedem und jeder einzelnen«.[70] Die Person nicht anzusehen, war gleichbedeutend damit, auf Klasse, Ethnie oder

Geschlecht basierende hierarchische Machtverhältnisse abzulehnen. Francis warf alle drei Kategorien über den Haufen. Es lässt sich nicht länger leugnen, dass das Gottes Herrlichkeit preisende, respektlose atlantische Proletariat in all seinen unterschiedlichen Erscheinungsformen an der Englischen Revolution beteiligt war.

IV. KAPITEL

DIE PUTNEY-DEBATTEN

Denn wirklich, ich meine, dass der Ärmste, der in England zu finden ist,genauso sein Leben zu leben hat wie der Reichste, und daher meine ich, ist es wohl wahrhaftig klar, Sir, dass ein jeder, der unter einer Regierung leben muss, sich zunächst einmal kraft seiner eigenen Zustimmung dieser Regierung unterstellen sollte; und ich bin fest davon überzeugt, dass selbst der ärmste Mann in England ganz und gar nicht im strengen Sinne einer Regierung verpflichtet ist, der er sich nicht mit seiner eigenen Stimme unterstellt hat; […] Ich bezweifle, dass irgendjemand, ob Engländer oder nicht, daran Zweifel haben kann.

Colonel Thomas Rainborough: Die Putney-Debatten

Mitte der 1640er Jahre überquerten Dorothy Hazzard und ihre Schar von Gläubigen aus Broadmead auf ihrem Weg nach London bei einem Dorf namens Putney die Themse. Putney war zwischen Schwemmland im Norden und Hügeln im Süden gelegen und fungierte als Treffpunkt nicht nur für Reisende, sondern auch für Commoners, Dienstboten, Marktgärtner und alle, die – wie die ortsansässigen Bootsleute, Fährleute und Fischer – ihren Lebensunterhalt auf dem Fluss verdienten. »Es scheint, dass Putney schon immer beträchtlichen Durchgangsverkehr gehabt hat«, schrieb der Gemeindepfarrer und Historiker Daniel Lysons in den 1790ern. »Es war weiland unter Leuten, die von London aus nach verschiedenen Bestimmungsorten im Westen Englands reisten, üblich, die Reise bis hierher zu Wasser zurückzulegen.«[1]

Wenn Hazzard im Herbst 1647 auf dem Rückweg nach Bristol die Themse wieder bei Putney überquerte, wird sie das Lager der New Model Army auf der Heide gesehen haben: Cromwell hatte die Truppen dorthin beordert, um das strategisch wichtige Gebiet zwischen dem König in Hampton Court Palace und dem Parlament in Westminster besetzt zu halten. Die Soldaten hatten überwältigende Siege errungen, aber nun wurden sie rastlos und rebellisch und begannen sich zu ihrem eigenen Vorteil zu organisieren. Sie wollten ihren Sold, sie wollten ein Ende der Zwangsaushebung, und sie wollten Versorgung für die Witwen, Waisen und Verwundeten. Was sie nicht wollten, war, gegen Irland in den Krieg zu ziehen. Nur wenige Monate zuvor hatten Soldaten in einer Petition die Frage erhoben: »Haben die Soldaten, welche die Werkzeuge zur Wiedererlangung der Freiheiten waren, die die Nation verloren hatte, für sich selbst die Sklaverei erkämpft?« Sie betrachteten sich als »freie englische Commoners, die nach bestem Wissen und Gewissen zur Verteidigung ihrer eigenen und des Volkes Rechte und Freiheiten zusammengerückt und unter Waffen geblieben sind«. Sie hatten mit Verweis auf das biblische Jubeljahr das Ende der Sklaverei propagiert: »Ihr könnt frei sein, wenn ihr wollt, jetzt und immerdar, jetzt oder nie, dies ist das siebente Jahr, das Jubeljahr.« Sie hatten unter Umgehung von General Thomas Fairfax »Agitatoren« gewählt, die ihre Interessen wahrnehmen sollten. Fairfax hatte versucht, die Petitionen eines Soldaten zu unterdrücken, in denen die Auszahlung des Solds verlangt wurde, hatte aber schließlich den Kürzeren gezogen: »Es war nicht anders, als einen Hydrakopf abzuschneiden«, schrieb er, »denn sie fingen von neuem an, nicht so nah am Hauptquartier, sondern in entlegeneren Teilen des Heeres.« Bald darauf präsentierten sie ihre Petition dem höchst unerfreuten Parlament.[2] Dan Wolfe schreibt: »Kriegerisches Genie zeigt sich in kühnen Taten, demokratisches Genie in Überzeugungskraft, vorsichtigem Urteil und einer demütigen Geistesverfassung.« Diese drei Elemente befanden sich in Putney im Gleichgewicht.[3]

Auf ihrem Weg durch Putney im späten Oktober oder frühen November kam die Gruppe aus Broadmead möglicherweise an der St.-Marienkirche vorbei, während dort die entscheidenden Debatten zwischen den Armeeoffizieren unter Führung von Cromwell auf der einen Seite und den Agitatoren, die das Fußvolk vertraten, auf der anderen stattfanden. Letztere saßen um den Abendmahlstisch der Kirche herum und behielten trotzig ihre Hüte auf, während sie die Zukunft Englands, mehr noch, die Bedeutung des Wortes »England« überhaupt, diskutierten. Der größte Fürsprecher der gemeinen Soldaten bei den Putney-Debatten war Thomas Rainborough, ein Abkömmling einer Seefahrerfamilie, der selber zur See gefahren war. Bis 1643 hatte er in der Navy gedient, dann hatte er ein Kommando in der parlamentarischen Armee übernommen und mutig bei Naseby, Sherburne, Oxford, Worcester und Bristol gekämpft, wo wir ihm zuletzt begegnet sind. Rainborough war der radikalste Führungsoffizier in der New Model Army;

er hatte Verbindungen zu militantem Fußvolk und zu Soldaten, die aus Amerika nach England zurückgekehrt waren, um gegen den König in den Krieg zu ziehen. Während der Krise im August 1647 hatte er den Nonkonformisten die London Bridge geöffnet. Darüber hinaus war er de facto der Anführer der Levellers, der ersten demokratischen Partei – und vielleicht der ersten politischen Partei überhaupt –, die sich für Gerichtsverhandlungen auf Englisch (bis dahin waren Prozesse auf Lateinisch verhandelt worden), das Recht, Zeugen aufzurufen, das Recht auf einen zügigen Prozess, Gleichheit vor dem Gesetz, ein Ende der Zwangsaushebung, Religionsfreiheit, Geschworenenprozesse, ein Verbot der Doppelbestrafung, das Recht, seinem Ankläger gegenüberzutreten, und die Abschaffung der Todesstrafe für Diebstahl einsetzte. Er beharrte auf der Selbstbestimmung und den Rechten des »Ärmsten, der in England zu finden ist«, und war sich der »vielen Zwistigkeiten zwischen den ehrlichen Leuten in England und denen, die sie tyrannisieren«, bewusst. Eine dieser Zwistigkeiten betraf die Verweigerung des Zugangs zur Allmende, für Rainborough »die größte Tyrannei, die die Welt je gesehen hat«. Der Adel »setzte die armen Leute vor die Tür« – mit anderen Worten, vertrieb sie. In Verteidigung des allgemeinen Rechts auf die Allmende und den Lebensunterhalt, den sie gewährleistete, machte Rainborough geltend: »Was den Besitz betrifft, so hat Gott folgendes Gebot erlassen: Du sollst nicht stehlen.«[4]

»Commonismus« und Sklaverei waren die beiden beherrschenden Themen der Putney-Debatten. Die Gegenseite wurde von Henry Ireton vertreten, dem gebildeten, selbstbewusst-glatten Sprecher für den Hochadel und den niederen Landadel. Wie Rainborough war auch er aktiver Soldat und hatte bei Naseby, Newbury, Gainsborough, Edgehill und Bristol gekämpft. Nach der Übergabe von Oxford heiratete er Cromwells Tochter. Bei den Debatten gab er freimütig zu: »Bei allem, wofür ich mich in der Hauptsache ausspreche, liegt mein Augenmerk auf dem Besitz.« Er nahm Anstoß an Rainboroughs Ausspruch über »den Ärmsten, der in England zu finden ist«; ihm war sehr wohl klar, dass diese Worte auf Leute wie Francis zutrafen, die keine Engländer waren. Zur Untermauerung der von Rainborough angegriffenen Gesetze und Autoritäten zitierte er das mosaische Gesetz und empfahl den versammelten Soldaten sowie der gesamten Nation: »*Du sollst Vater und Mutter ehren*«, eine Maxime, die sich ihm zufolge »auch auf [...] unsere Regierenden erstreckt«. Rainborough fasste Iretons Äußerung prompt als Argument für die Machtbefugnisse der Oberschicht auf, seien sie königlicher oder parlamentarischer Natur, und erwiderte ungeduldig: »Die große Streitfrage lautet, wer ist der richtige Vater und die richtige Mutter?« Da »die Menschen Englands kein Mitspracherecht bei der Wahl ihrer Väter und Mütter haben, sind sie nicht an dieses Gebot gebunden.« In dieser Sichtweise stimmte er mit Winstanley überein, der den Gemeinschaftsgeist als Vater und die Erde als Mutter betrachtete. Colonel Nathaniel Rich gab derweil seiner Sorge Ausdruck, dass die besitzlosen vier Fünftel des Reiches, sollten sie das Wahlrecht erhalten, gesetzlich festlegen könnten, »dass das Hab und Gut allen gleich gehören solle«. Rainborough legte die logischen Konsequenzen dieser Denkweise dar: Wenn nur die Reichen herrschten, dann »wird der eine Teil die anderen [vier] zu Holzhauern und Wasserträgern machen und so der größte Teil der Nation versklavt sein«.

So wurde Putney nicht nur geografisch, sondern auch historisch zu einem Scheideweg, der in den letzten hundert Jahren auf vielfältige Weise interpretiert worden ist. Es lassen sich drei Hauptinterpretationsstränge feststellen. Die erste Sichtweise schließt sich dem deutschen Sozialisten Eduard Bernstein an, der unter Rückgriff auf die Putney-Debatten versuchte, den revolutionären Marxismus der Sozialdemokratie anzunähern. Diese Gruppe hebt die Ausweitung des Wahl- und Bürgerrechts in den Debatten von 1647 hervor. In diesem Szenario war die parlamentarische Demokratie das historische Projekt; sein Subjekt war der respektable Arbeiterbürger.[5] Zweitens: Am 1. Mai 1942, zu einem Zeitpunkt, als sich eine militärische Niederlage abzuzeichnen schien, veröffentlichte der Labour-Parlamentsabgeordnete und zukünftige Gründer des National Health Service, Aneurin Bevan, einen Artikel unter dem Namen »Thomas Rainborough«, der dazu beitrug, die politische Debatte in Gang zu setzen, die nach Kriegsende 1945 in dem Wahlsieg der Labour Party gipfeln sollte.

Die Putney-Debatten waren auch für britische Soldaten wie Edward Thompson, der das *Handbook of Freedom* (1939) von Edgell Rickword und Jack Lindsay im Rucksack hatte, von großer Bedeutung. Darin hieß es: »Es wird dem Leser aufgefallen sein, dass das Wort ›gemein‹ [common] und seine Ableitungen, die in der Salonsprache der heutigen Zeit einen so ganz anderen Klang angenommen haben, sich wie ein musikalisches Thema durch die Jahrhunderte ziehen. Für die einst riesigen ›commons‹ [Allmenden] griffen die Bauern zu den Waffen; bei ihren Versammlungen bezeichneten sie sich selbst als ›the true commons‹, und Männer, die nicht durch Kleinbesitz korrumpiert waren, richteten ihre Anstrengungen

Treffen des Generalrats der Armee, Agitatoren zur Rechten, 1647.
Thomason Tracts E409/25, British Library

darauf, ›dass allen alles gemein [in common] sein solle‹.«[6] Bevan fasste die Debatten in einem zwei Atemzüge langen, brillanten Chiasmus zusammen: »Entweder muss die Armut mittels der Demokratie der Macht des Eigentums ein Ende bereiten, oder das Eigentum wird in Furcht vor der Armut der Demokratie ein Ende bereiten.« Bevans historisches Projekt war der Industrie- und Wohlfahrtsstaat; sein Subjekt war der Industriearbeiter.[7] Drittens: Im September 1945 richtete Ras Tefari Makonnen den panafrikanischen Kongress in Manchester aus, dessen Delegierte den

Beschluss fassten: »Wir sind nicht gewillt, noch länger zu hungern und dabei die Fronarbeit für die ganze Welt zu leisten.« In dieser nach Unabhängigkeit strebenden Runde, zu der auch Nkrumah und Kenyatta gehörten, fanden sich einige, die die Putney-Debatten studiert hatten, insbesondere C. L. R. James, der sich ihrer historischen Bedeutung für den Kampf gegen Sklaverei und Empire bewusst war.[8] In diesem Fall stand der Armut keine Demokratie als Kampfmittel gegen das Eigentum zur Verfügung. Das historische Projekt, an dem James und andere arbeiteten, war die nationale Befreiung; sein Subjekt war der Fronarbeiter.

Damit haben die Putney-Debatten, die sich über die Jahre als so offen für unterschiedliche Interpretationen erwiesen, ihren Teil zum Kampf um das Stimmrecht, den Wohlfahrtsstaat und die Befreiung der Kolonien beigetragen.[9] Aber das ist noch nicht alles. Es lassen sich darüber hinaus zwei weitere vernachlässigte Themen ausmachen: der Kampf um das Gemeineigentum und der Kampf gegen die Sklaverei.

Der Autor von *A Light Shining in Buckinghamshire* schrieb, dass »der Mensch seinen Gelüsten folgte und zum Einheger wurde, sodass alles Land von ein paar habgierigen Händen umschlossen und alle anderen zu ihren Sklaven gemacht wurden«. Der Scheideweg von Putney führte entweder in eine Zukunft mit Allmende und ohne Sklaverei oder in eine Zukunft mit Sklaverei und ohne Allmende. Die Allmende war Realität, kein Wolkenkuckucksheim.

Die Soldaten, die bei Putney Holz fürs Lagerfeuer sammelten, wussten, dass diese Debatten für alle Commoners von Bedeutung waren. Die Commoners von Putney zum Beispiel nutzten nicht nur Weideland, Ginster, Grassoden, Kies, Unterholz und Steine gemeinsam, sondern auch die Ressourcen, die der Fluss zu bieten hatte: Stint, Lachs, Flunder, Alse, Plötze, Hasel, Barbe, Aal und Gründling. Besonders dringlich waren die Debatten für diejenigen, die von der Entscheidung Karls I. im Jahre 1637 betroffen waren, 236 Acres Brachland zwischen Hampton Court und Richmond als Jagdgebiet einzuhegen. Der Royalist Clarendon merkte an, dass dieser Angriff auf das Allmenderecht »zu vermehrtem Gemurre und Gerede im Volk geführt« habe, ein Gerede, das schließlich zu revolutionärem Protestgeschrei anschwoll und zum Sturz einer Reihe von Tyrannen führen sollte: des Erzbischofs Laud, des Lords Strafford und Königs Karl I. Es ist anzunehmen, dass die Plünderung des Putneyer Landsitzes seines Gönners in dem jungen Thomas Hobbes die Liebe zum Privateigentum und den Hass auf die Allmende bestärkte, die er später an seinen Schüler, den zukünftigen Karl II., weitergeben sollte.[10]

Rainborough sprach sich mit wütender Eloquenz gegen die Sklaverei aus. Denn auch die Sklaverei war Realität. Als Militär war Rainborough besonders um Seeleute und Soldaten besorgt. »Ich wüsste gern, wofür der Soldat die ganze Zeit gekämpft hat?«, fragte er. »Er hat dafür gekämpft, sich selbst zu versklaven und den reichen Herren, den Herren von Stand, die Macht zu geben, ihn zum ewigen Sklaven zu machen.« Und er fügte mit bitterem Sarkasmus hinzu: «Es gilt für alle Presstrupps, die ausziehen, dass keine Freisassen zum Dienst gepresst werden dürfen. Wenn diese Herren sich nun entzweien sollten, dann werden sie die armen Schlucker ausheben, dass sie kommen und [einander für] sie umbringen.« Rainborough wusste, wovon er sprach. Er hatte Soldaten aus der Unterschicht und unter den Lehrlingen in St. Giles's-in-the-Fields rekrutiert, einer Londoner Gemeinde, in der sich auch ein Sammellager für Kinder befand, die auf die Westindischen Inseln verschleppt werden sollten. In seiner Eigenschaft als Marineoffizier hatte er Seeleute gesehen, die sich den Presstrupps widersetzt hatten, und in seiner Eigenschaft als Leveller wusste er, dass ihr Widerstand sich in dem *Agreement of the People*, einem Entwurf der Levellers für eine schriftliche Verfassung, niedergeschlagen hatte. Darin hatten sie gewarnt: »Der Brauch, uns zu Soldaten zu pressen und zu zwingen, dass wir in den Kriegen dienen, ist gegen unsere Freiheit«, und geschworen, dass sie sich »sklavischen Bedingungen« widersetzen würden. Pressung war Sklaverei.[11]

Eine andere Form der Sklaverei wurde einige Meilen flussabwärts von Putney praktiziert. Einer Parlamentsverordnung von 1643 zufolge stach kaum ein Schiff Richtung Westindische Inseln in See, das keine Fracht von »Spirited«, Verschleppten, an Bord hatte. Ein Experte für den Virginiahandel schrieb: »Die Knechte werden von Männern aufgegriffen, die man hierorts Spirits nennt, und werden von ihnen in ›Kochhäuser‹ bei St. Katherines gesteckt, wo sie, wenn sie einmal dort sind, gefangen gehalten werden, bis ein Herr kommt, sie zu holen; und an einem solchen Ort verbleiben sie gegen Bezahlung einen Monat oder länger, bis sie fortgeschafft werden, und wenn das Schiff bereit ist und die Spirits entgolten und der Koch fürs Essen bezahlt sind, werden sie verfrachtet« – nach Amerika. Diese Praxis wurde von einem ausgefeilten Vokabular begleitet: Nab bedeutete, jemanden in Gewahrsam zu nehmen; kidnap bedeutete Ergreifung eines Kindes; spirit bedeutete Entführung und Verfrachtung nach Übersee; barbados bedeu-

Colonel Thomas Rainborough, Teilnehmer an den Putney-Debatten.
Thomason Tracts, British Library

tete Entführung und Verschiffung nach Barbados; und trepan bedeutete Verschleppung in die Zwangsarbeit unter Vorspiegelung falscher Tatsachen. Diese Slangausdrücke kamen in den 1640ern und 1650ern auf, allerdings nicht ohne Widerspruch: »Böswillige Zungen haben's sehr behindert: Denn es wird im gewöhnlichen Volk fortwährend berichtet, Dass die Knechte, die nach Virginia geschickt werden, als Sklaven verkauft werden.«[12] Noch bis in die 1660er folgten bemitleidenswerte Eltern Schiffen, die mit ihren Kindern an Bord in Richtung Westindische Inseln segelten, flussabwärts bis nach Gravesend und »weinten und klagten, sie möchten aus ihrer Sklaverei erlöst werden«.[13]

Rainborough sprach sich auch gegen die afrikanische Sklaverei aus, und zwar sowohl gegen die Versklavung der in Nordafrika gefangen gehaltenen Europäer als auch gegen die der afrikanischen Sklavinnen und Sklaven, die zum Verkauf in den beiden Amerikas gefangen genommen wurden. Rainboroughs Vater William hatte 1637 eine Seeblockade mit acht Schiffen gegen Salé in Nordafrika befehligt, bei der 339 Gefangene gerettet worden waren, und war im Triumph nach London zurückgekehrt. Die an den König gerichtete Große Remonstranz von 1641 enthielt eine Beschwerde über die Tausende von Seeleuten, die als Sklaven verschleppt worden waren. Der Leveller und Pamphleteschreiber Richard Overton sah ein Kontinuum elender Sklaverei, das sich von den »Alten, Kranken und Krüppeln, die um die Gnade eines halben Pennys betteln«, über die Sklaven auf den Marineschiffen und »die Armen; eure verhungernden Brüder«, und »diejenigen, welche eure eigenen ungerechten Gesetze in euren eigenen Gefängnissen gefangen halten«, bis zum »Galeerensklaven in der Türkei oder Algerien« erstreckte.[14] Es war nicht nur die Versklavung von Engländerinnen und Engländern, die Rainborough Sorgen machte. Der Siegelring an seinem Finger zeigte »einen Mohrenkopf in natürlichen Farben mit silbernem Wulst, schwarz gezackt«. Damit wurden sowohl seine offizielle Rolle als auch die Autorität seiner Schriften durch ein Symbol der Befreiung aus der Sklaverei und das Bild eines Afrikaners repräsentiert.

Rainborough schloss verschiedene Arten der Freiheitsberaubung in seine Verdammung der Sklaverei ein: zum einen die Praxis der Zwangsaushebung, zum zweiten das »spiriting« (Kidnapping und Verschleppung in die Amerikas), weiterhin die Praxis, Engländer in West- und Nordafrika gefangen zu nehmen und in die Zwangsarbeit zu verschleppen, und schließlich die Versklavung von Afrikanern und Afrikanerinnen. Die Agitation gegen die Sklaverei war ein entscheidender Bestandteil der Veröffentlichungen und Widerstandsmethoden der Levellers. Sie kämpften für die Abschaffung der Sklaverei. Was hier zur Debatte stand, war keine abstrakte Ausgeburt propagandistischer Rhetorik, sondern erfahrene, durchlittene und wohlbekannte Realität. Eine grobe Definition der Sklaverei zu dieser Zeit müsste folgende Elemente beinhalten: Sie begann mit Enteignung und Terror; sie traf besonders Kinder und junge Leute; sie zeichnete sich durch gewalttätige Ausbeutung aus; und sie endete in den meisten Fällen mit dem Tod. Auf die Hauer und Träger, die arbeitende Bevölkerung der atlantischen Ökonomie, traf diese Definition schon lange vor Anbruch des Zeitalters zu, in dem »Rasse«

oder ethnische Herkunft zu Definitionsmerkmalen der Sklaverei werden sollten.

Thomas Rainborough sollte die Englische Revolution nicht überleben. Er wurde 1648 von einem royalistischen Stoßtrupp ermordet – zum Gram Tausender von Menschen, die bei seiner Beerdigung in die Straßen Londons strömten. Aber die Ideen, für die er in Putney gestanden hatte, sollten die Themse hinunterfließen und Hunderttausende Seeleute, Bootsleute und Kahnsleute erreichen, die England mit dem atlantischen hydrographischen System verbanden. Für den Abolitionisten Thomas Clarkson waren Flüsse ein Symbol der Freiheit; für den Schmied der irischen Seele James Joyce waren sie Sprachübermittler. Ein zeitgenössischer Erforscher der Flüsse schreibt: »Sie nehmen ständig neue Feststoffe auf und laden sie woanders wieder ab.«[15] Flüsse verzweigen sich. Von Putney aus verbreiteten sich nach 1647 die Konzepte und Praktiken sowohl der Freiheit als auch der Sklaverei. Ein Mann, eine Frau oder ein Kind konnte in Putney ein Boot besteigen, ohne – von ein paar Umsteigemanövern abgesehen – den Fuß wieder auf trockenes Land zu setzen, bevor er oder sie das raue Mündungswasser des Shannon oder des Liffey in Irland, Bridgetown oder Port Royal in der Karibik, den Gambia oder den Niger in Westafrika oder den Chesapeake oder Potomac in Virginia erreicht hatte.[16]

NEAPEL 1647

Am 7. Juli 1647 führte ein neapolitanischer Fischer namens Masaniello einen Protest der Marktfrauen, Fuhrleute, Träger, Seeleute, Fischer, Weber, Seidenwickler und all der anderen Armen oder »Lazzaroni« in der zweit- oder drittgrößten Stadt Europas an.[17] Der Aufstand begann auf dem Marktplatz von Neapel, als Hersteller und Erzeuger aus Stadt und Land herausfanden, dass der spanische Vizekönig eine neue »Gabelle« oder Steuer auf das legendäre neapolitanische Obst erhoben hatte. (Goethe glaubte, dass die Neapolitaner die Limonade erfunden hätten.)[18] Die Rebellen stellten die Welt auf den Kopf: Aus Galeerenruderern wurden Kapitäne, Studenten bekamen Bücher, Gefängnisse wurden geöffnet und Steuerunterlagen verbrannt. Den Adligen wurde das Tragen teurer Kleidung verboten; ihre Paläste wurden durch Markierungen zum Abriss freigegeben und ihre Einrichtungsgegenstände auf der Straße verbrannt. »Diese Güter sind mit unserem Herzblut

Masaniello und seine Armee von Fischern nehmen Neapel ein.
T. B.: The Rebellion of Naples, or the Tragedy of Massanello … (1649). Beinecke Rare Books and Manuscripts Library, Yale University

erworben worden; und so wie diese brennen, so sollten auch die Seelen und Körper der Blutsauger, die sie besitzen, im Höllenfeuer schmoren«, rief einer der Aufständischen.[19] Die Rebellen verfügten, dass jeder, der beim Plündern ertappt werde, exekutiert werden könne, damit »alle Welt wisse, dass wir dieses Unterfangen nicht unternommen haben, um uns selbst zu bereichern, sondern um die allgemeine Freiheit zu verteidigen«. Der Brotpreis fiel auf ein Maß, das mit einer moralischen Ökonomie übereinstimmte. Hier lag, wie Masaniello mit »wilder Wortgewandtheit« darlegte, der Kern der Revolte. Seine bevorzugte Redefigur, die Preisliste, fand sich allerdings nicht in den Rhetorikhandbüchern der Renaissance: »Seht her, meine Jungs, wie sie uns rannehmen, Steuer über Steuer, 36 Unzen der Laib Brot, 22 das Pfund Käse« – und so weiter und so fort. »Sollen wir das ertragen? Nein, meine Jungs; lernt meine Worte auswendig und lasst sie in allen Straßen der Stadt hören.«

Auch wenn die Revolte von Neapel im Juli 1647 nur zehn Tage dauerte, so zeigte sich in ihr doch zum ersten Mal, wie das Proletariat einer europäischen Großstadt die Macht ergriff und allein regierte. Der

Barockmaler Michelangelo Cerquozzi war sich der Bedeutsamkeit dieses Ereignisses bewusst und malte *Die Revolte von Masaniello* (1648) als Schlachtszene: Inmitten der Zelte und Buden auf dem gedrängt vollen Marktplatz, zwischen all dem Güterverkehr, den Viehherden, dem großen Fass auf dem Wasserwagen, lassen sich neue Gesten ausmachen, Anzeichen dafür, dass Hunderte von Menschen begonnen haben zu handeln: Männer bücken sich nach Steinen, recken nackte Arme in die Luft, zeigen mit dem Finger. Dies ist die nüchterne Bestandsaufnahme eines städtischen Aufstands, frei von Herablassung oder Heroisierung.[20] Ein Historiker des 18. Jahrhunderts stieß mit hochgezogenen Augenbrauen hervor: »Es wird zukünftigen Geschlechtern schwerfallen zu glauben, welche Gipfel der Macht dieser lachhafte Souverän erklomm, der barfüßig und mit Matrosenkappe statt Diadem auf dem Kopf auf einem Thron herumtrampelte und dabei innerhalb von vier Tagen eine mehr als 150.000 Mann starke Armee aufstellte und sich selbst zum Herrn einer der volkreichsten Städte der Welt machte.«[21]

Die Geschichte von Masaniello war besonders für England und Holland, die beiden Zentren der europäischen Seefahrt, von Bedeutung. Die englischen Kaufleute hatten jüngst ihren italienischen Kollegen den Rang im Levantehandel abgelaufen und schickten nun bis zu 120 Schiffe und dreitausend Seeleute im Jahr nach Neapel. Dabei blieben Desertionen und das Kommen und Gehen von Besatzungsmitgliedern nicht aus. Seeleute waren eine der Haupinformationsquellen über die Revolte. Von weniger unmittelbarer, dafür aber dauerhafterer Wirkung waren die in Amsterdam geprägten Medaillons, ein heimlich in London produziertes Drama und die Übersetzungen der ersten Geschichte des Aufstands.[22] Im Jahre 1649 veröffentlichte T.B. ein Theaterstück mit dem Titel *Die Rebellion von Neapel, oder Die gemeinhin so genannte Tragödie des Massenello: aber von Rechts wegen Tomaso Aniello di Malfa, General der Neapolitaner*. Geschrieben von einem Herrn, der als Augenzeuge auf der blutigen Bühne zugegen war, auf der diese Ereignisse sich in Wahrheit abspielten, in den Straßen von Neapel. Im Jahre 1650 übersetzte James Howell, ein Entrepreneur, Royalist und Mann der Feder mit Verbindungen zur Levant Company, Alexander Giraffis *Eine genaue Geschichte der jüngsten Revolutionen in Neapel; und ihrer ungeheuerlichen Erfolge*, gefolgt von „Der zweite Teil von Masaniello [...] Das Ende der Wirren im selben Jahr".[23]

Beide Werke wurden dem Gouverneur der Levant Company gewidmet, verbunden mit der Mahnung:

Dass sich die Bestie Volk in viele Köpfe verzweigt
Hat sich in England jüngst mehr als woanders gezeigt.

Die Themen des Theaterstücks *Die Rebellion von Neapel* waren Macht und Solidarität. Das Frontispiz der Druckausgabe zeigt Masaniello persönlich mit nackten Beinen und Mütze, den Blick auf einen Himmel gerichtet, aus dem ein nackter Unterarm Donnerkeile nach einem Geschwader von Kriegsschiffen schleudert. Neptun erhebt seinen Dreizack, während Karrees von Pikenieren vergeblich versuchen, ein Grüppchen von Seeleuten daran zu hindern, die ganze Stadt Neapel aus dem Meer ans Ufer zu zerren. In seinem ersten Monolog vergleicht Masaniello sich selbst mit einem Galeerenruderer, während die ersten Worte der Menge das Grundprinzip der Solidarität unter Seeleuten beschwören, das auch als Schlachtruf bei den Meutereien von 1626 zu hören gewesen war: »Einer und alle, einer und alle, einer und alle.«[24] In Anspielung auf die englischen Levellers und Johannes den Täufer (dessen Feiertag im Juni in Neapel aus Angst vor Tumulten abgesagt worden war) verspricht Masaniellos Ratgeber, »die hohen Mauern der Regierung dem Erdboden gleichzumachen, auf dem sie stehen: Die Axt ist schon an die Wurzel gelegt.« Der spanische Vizekönig spielt auf die vielköpfige, wütende Bestie an und fragt schamlos: »Wie wollt ihr eure Säfte machen, wenn ihr eure Orangen nicht auspresst? Oder Wein, wenn ihr keine Trauben keltert?«

Sowohl das Theaterstück als auch die Übersetzung der Geschichte des Aufstands befassten sich ausgiebig mit Sklaverei, Afrika und den neapolitanischen Frauen. Einer von Masaniellos Ratgebern hatte neunzehn Jahre lang als Sklave in Algerien gelebt; ein weiterer war ein ehemaliger Galeerensklave. Der Schwarze Sklave eines Herzogs wurde freigelassen. Masaniello hatte eine »Schwarzmohren«-Tochter, die ein Loblied auf die Dunkelhäutigkeit sang. Während des sommerlichen Festtagsrituals, das den Krisenherd der realen Revolte bildete, führte der Masaniello des Stücks eine Gruppe schwarzgeschminkter Teenager beim Angriff auf eine Festungskulisse im Zentrum des Mercato an. Giraffi verglich die bewaffneten Frauen und Mädchen von Neapel und ihre maßgeblichen Fähigkeiten im Straßenkampf mit Amazonen. Masaniellos eigene Frau wurde ins Gefängnis geworfen, weil sie die »Gabelle« nicht bezahlt hatte. Die Frauen schworen, »sie würden eher die Stadt niederbrennen, und sich selbst und ihre Kinder dazu, als noch länger Lasttiere zu sein, und ihre Kinder zu Sklaven und Packpferden eines stolzen und hochmütigen Adels großzuziehen«. T. B. verglich die Frauen mit Ursula, der Symbolfigur für die Unordnung in Ben Jonsons *Bartholomew Fair*. Eine alte Frau, die die Schwarze Tochter beobachtet hat, schlägt vor, sie und ihre Weiße Schwester möchten aufhören, einander prüfend zu mustern und sich stattdessen anderswo umsehen und »sich ansehen, was aus all dem Geld und all dem Land wird«. **Cui bono** – wem nützt es.

Das Stück *Die Revolte von Neapel* kombinierte Personen, Ereignisse und Ideen aus Neapel und London, womit es zum einen veranschaulichte, wie die Erfahrung der Revolte an sich Kreise zog, und zum anderen den Gedanken aufkommen ließ, dass Klassenkonflikte ungeachtet ihrer unterschiedlichen Schauplätze etwas gemeinsam haben könnten. Das Volk war sich seiner eigenen Stärke bewusst geworden. Dies war eine selbstbestimmte Revolte, deren Energie und Macht Respekt geboten und die sich nicht einfach als amüsantes Spektakel abtun ließ. Für die im Entstehen begriffene Politik des bürgerlichen Staates blieb sie eine Quelle der Angst; für die Proletarier und Proletarierinnen, die wie Thomas Spence auf der Suche nach Gerechtigkeit waren, blieb sie, wie wir später sehen werden, ein Beispiel, das Hoffnung machte. Spinoza porträtierte sich selbst in einem seiner Notizbücher als Fischhändler.[25] John Locke liebäugelte mit Masaniello, um sich über das Gottesgnadentum der Könige lustig zu machen. Sein Freund James Tyrrell stellte die These auf, dass der städtische Pöbel selbst angesichts ungerechter Besteuerung nicht das Recht habe zu rebellieren, weil Rebellion, wie Masaniello bewiesen habe, unweigerlich gewaltige Sachschäden nach sich ziehe.[26] Die Behörden von Maryland, New York, Massachusetts, Virginia und London benutzten Masaniellos Namen, um politische Widersacher anzuschwärzen. Tom Paine fürchtete seinen Namen, ganz im Gegensatz zu den Soldaten, Seeleuten und Commoners der Englischen Revolution. Im November 1647, nur wenige Monate nach dem Ende der Putney-Debatten, sagte ein Redner in London: »Wir haben es hier mit der gleichen Sache zu tun, die in Neapel zur Vollkommenheit gebracht worden ist, denn dort wird ein jeder, der für die Monarchie eintritt, auf der Stelle an seiner eigenen Tür aufgeknüpft.«[27]

LONDON 1649

Die Masaniello-Revolte und die Putney-Debatten bildeten einen Gipfelpunkt revolutionären Aufbegehrens; der Niedergang begann 1649 mit zwei exemplarischen Hinrichtungen. Die erste schien das alte monarchische, hierarchische Regierungssystem zu beseitigen, und mit der zweiten schien die Hoffnung auf ein neues Regierungssystem begraben zu werden, das sich auf keine dieser beiden Säulen stützte. Die erste dieser Hinrichtungen war die Enthauptung Karls I. am 30. Januar. Eine arme Frau aus Abington namens Elizabeth Poole hatte den Generalrat der Armee zwei Mal wissen lassen, dass sie, obwohl Gott »mit den Großen und Mächtigen dieser Welt rechte«, »die Person nicht ansehen« und folglich den König nicht hinrichten sollten.[28] Viele andere Radikale, Levellers nicht ausgenommen, standen dem Tod des Königs ebenfalls zögerlich gegenüber, aber vergebens. Karl wurde von einem als Seemann verkleideten Scharfrichter geköpft, und aus dem so vergossenen Blut Cromwells Republik geboren. Die Erschießung des Soldaten Robert Lockyer durch ein Exekutionskommando am 27. April hatte ihren Ursprung in dem Gemurre von Soldaten, die ihren Sold nicht erhalten hatten und sich gegen die – in ihren Worten – »halsabschneiderische Expedition« gegen Irland aussprachen. Der Protest eskalierte im April in eine Meuterei in Bishopsgate. Cromwell, der einen Generalaufstand von »Unzufriedenen, Dienstleuten, Reformadoes [und] Bettlern« fürchtete, ritt mit Fairfax nach Bishopsgate, um die Niederschlagung der Meuterei anzuführen, ließ eine Anzahl von Männern verhaften, befand fünf von ihnen für schuldig und verurteilte Lockyer, einen der Anführer, zum Tod durch Erschießen vor St. Pauls.[29] Als der Augenblick der Hinrichtung kam, verweigerte Lockyer die Augenbinde und appellierte an das Erschießungskommando, seine Mitsoldaten, die Waffen niederzulegen. Sie weigerten sich, feuerten und erschossen ihn. Bei seiner Beerdigung säumten Tausende von grün gekleideten Menschen (die Farbe der Levellers und Thomas Rainboroughs) die Straßen Londons.

Die Hinrichtung des Königs und des Soldaten fand zu einem Zeitpunkt statt, als ein Teil der revolutionären Bewegung bereits begonnen hatte, die Todesstrafe in Frage zu stellen. Thomas Browne hatte sich des Themas angenommen und 1646 eine Studie veröffentlicht, in der er seine Thesen über die biomechanischen Vorgänge bei Enthauptung, Erstickung, Kreuzigung und Erdrosselung sowie die mit ihnen verbundenen dramatischen Effekte dargelegt hatte.[30] Die Soldaten und religiösen Radikalen machten in ihrer Kritik denselben Zusammenhang geltend, der bei den Putney-Debatten zwischen Enteignung und Sklaverei hergestellt worden war. Der Leveller und Geistliche Samuel Chidley machte die Bemerkung, wenn nach Amerika deportierte Verbrecher »als Sklaven verkauft« würden, sei es »eine größere Sklaverei, ja, in der Tat eine größere Tyrannei, ihnen durch den Strang das Leben zu nehmen.«[31]

Weniger als einen Monat nach der Hinrichtung des Königs erreichte den Staatsrat die Nachricht aus Walton-on-Thames, dass Robert Everard nach George's Hill in Surrey gekommen sei und dort »Pastinaken, Karotten und Bohnen in den Boden gesät« habe – die Aktion, die die Diggers zu ihrem Markenzeichen gemacht hatten. Es war eine bescheidene Geste, aber die Hoffnungen der Diggers waren alles andere als bescheiden: Sie sahen ihre Kommune als eine Lösung für Enteignung, Gefangenschaft, Galgen und Sklaverei, von Hunger ganz zu schweigen:

> Diese Freiheit, die Allmende zu bepflanzen, wird Raub, Diebstahl und Mord verhindern, und die Gefängnisse werden sich nicht mehr so gewaltig mit Gefangenen füllen; und so werden wir das herzzerreißende Spektakel verhindern, nach jeder Gerichtssitzung so viele gehängt zu sehen wie derzeit. Und gewiss ist all dieses Einsperren und Hängen noch die Macht der Normannen und kann in Freiheit nicht bestehen. [...] Diese Freiheit auf der allen gemeinsamen Erde ist der Armen Recht kraft des Gesetzes der Schöpfung und der Gleichheit der Heiligen Schrift, denn die Erde wurde nicht für einige wenige erschaffen, sondern für die ganze Menschheit, denn Gott sieht die Person nicht an.

Und später fragten die Diggers:

> Wozu brauchen wir Gesetze, die Einsperren, Auspeitschen oder Hängung vorsehen, um einander in Knechtschaft zu bringen? Und wir wissen, dass keiner, der unter dieser gerechten Gesetzgebung lebt, es wagen würde, seinen Bruder aufgrund oder wegen der Dinge der Erde zu verhaften oder zu versklaven, denn unser Schöpfer hat die Erde als gemeinsamen Schatz für das Auskommen aller ebenbürtiger Menschen erschaffen, ohne Ansehen der Person.

Indem die Diggers in direkter Aktion das Land wieder in Besitz nahmen und etwa ein Dutzend Kommunen darauf gründeten, erretteten sie sich selbst aus der Sklaverei.[32]

Dem Staatsrat erschien Everards Pflanzaktion »lachhaft, dennoch mag sich dieser Zusammenfluss von Menschen als ein Anfang erweisen, aus dem größere Folgen erwachsen«. Im April verhörte ein beunruhigter Lord Fairfax Everard und Winstanley in Whitehall. Beide weigerten sich, die Hüte abzunehmen. Everards Worte erinnerten an die Prophezeiung Sarahs und Dinahs; er »sagte, er sei von der Rasse der Juden, [...] aber nun sei die Zeit der Erlösung gekommen, und Gott werde sein Volk aus dieser Sklaverei führen und ihm die Freiheit wiedergeben, die Früchte und Gaben der Erde zu genießen«. Winstanley verteidigte sich am Hof in einer Sprache, die an Rainboroughs Worte in Putney erinnerte: »Ich zeige durch das Gesetz der Gerechtigkeit, dass der Ärmste genauso wahrhaftig Titel und Anrecht auf das Land hat wie der Reichste.« Fairfax kam zu dem Schluss, dass das von den Diggern praktizierte Beispiel einer alternativen Lebensform zu gefährlich sei, um nicht zerschlagen zu werden. Er führte persönlich einen Reitertrupp zu der wichtigsten Kommune der Diggers, George's Hill, vertrieb die Commoners vom Land und ließ ihre Spaten zerbrechen, ihre Ernte zertrampeln und ihre Häuser zerstören. Damit bestand eine der ersten Amtshandlungen der Anführer der Englischen Revolution in einem Akt direkter militärischer Intervention zur Verteidigung des Privateigentums: Sie fürchteten, dass sich die ländlichen Commoners und das städtische Proletariat, wenn sie erst einmal aufeinander stießen, wie in Neapel zusammentun könnten.

Ganz allgemein waren Winstanley und die Diggers der Überzeugung, dass die Todesstrafe mit der Einhegungsbewegung in logischem Zusammenhang stehe. Die königliche Macht »schließt die Schwachen von der Erde aus und lässt sie entweder verhungern oder zwingt sie, aus Armut von anderen zu nehmen, und hängt sie dann dafür«.[33] Angesichts dessen, dass die Armen dazu gezwungen waren, unterhalb des Existenzminimums zu arbeiten, »ist dieses Recht, welches das Volk in Angst versetzt und mit Gefängnissen, Peitschen und Galgen zum Gehorsam zwingt, das Reich des Teufels und der Dunkelheit selber, unter dem die Schöpfung dieser Tage ächzt.« Robert Coster stellte die Frage, »ob nicht die Gutsherren Recht und Titel an der Allmende bloß dem Willen des Königs verdanken [...] und ob nicht das stärkste Argument der Gesetze, mit denen sie ihre Titel bewahren, sei: ›Ergreif ihn, Kerkermeister‹?« Der Autor des *Tyranipocrit Discovered* brachte 1649 ähnliche Argumente vor, allerdings unter einem weiterem Blickwinkel, der den gesamten atlantischen Raum einbezog. Sein abolitionistisches Traktat verurteilte die im Entstehen begriffene amerikanische Sklaverei im Allgemeinen und schloss dabei sowohl die Armen als auch die Natives ein. Die müßigen Reichen befahlen anderen, zu arbeiten, die diebischen Reichen befahlen anderen, nicht zu stehlen, und gemeinsam schufen sie Diebe qua Parlamentsbeschluss und hängten sie auf. Dennoch, Gott sah die Person nicht an.[34]

Samuel Chidley betrachtete die Todesstrafe als eine Widerwärtigkeit, die das Land mit Blut besudelte. Im Juni 1649 richtete er eine Petition an den Oberbürgermeister, in der er ankündigte, angesichts dessen, dass die Todesstrafe »unmenschlich, blutig, barbarisch und tyrannisch« sei, seien die diesbezüglichen Gesetze »keine Regeln, die mein Handeln lenken«. In einer weiteren, diesmal an den Staatsrat gerichteten Petition warnte er, dass »die Grundfesten der Erde wanken«. Er stattete dem Old Bailey einen Besuch ab und »bemerkte, dass [die Insassen] [...] arme Arbeiter und dergleichen Geschöpfe sind, die vielleicht aus schierer Notwendigkeit Dinge von geringem Wert gestohlen haben«. Die Beamten setzten ihn vor die Tür. Er empfahl dem Parlament, die Axt an die Wurzel zu legen:

»Es kann doch keine Rechtsprechung gut sein, die alle Menschen dazu zwingt, das Geringste dem Erhabensten vorzuziehen, d.h. ein wenig verruchten Mammon mit einem Götzenbild darauf einem kostbaren Menschenleben vorzuziehen.« 1652 veröffentlichte er als Laienprediger an der Christ Church in Newgate das Pamphlet *A Cry Against a Crying Sin*, das er in roter Farbe drucken ließ. Er versuchte, das Buch an den Tyburner Galgen zu nageln, aber das Gedränge war zu groß, und so war er »gezwungen, es an den Baum, der auf der Anhöhe beim Galgen steht«, zu nageln, wo es von vielen Menschen gelesen wurde. Ein anonymer Autor schloss sich Chidleys Verdammungsrede an: »Dass der Mensch alles Land und alle Kreatur gegen seinesgleichen einhegt, ist vollends unnatürlich, verrucht und heimtückisch. [...] Merkt auf, ihr großen Geizhälse, ihr hängt einen Mann, weil er aus Not stiehlt, und ihr selbst habt euren Brüdern alles Land, alle Kreatur, &c. gestohlen.«[35]

Nach dem Königsmord versuchten die Levellers sich der Reihe nach mit der armen Landbevölkerung, dem städtischen Proletariat und schließlich den aktiven Soldaten zu verbünden, aber die Hinrichtung Robert Lockyers sollte sich als Anfang vom Ende der Bewegung erweisen. Cromwell haute auf den Tisch und erklärte Fairfax: »Ich sage Euch, Sir, das einzige, was Ihr mit diesen Leuten [den Levellers] tun könnt, ist, sie in Stücke zu schlagen«, denn »wenn Ihr sie nicht schlagt, werden sie Euch schlagen«. Zwei Wochen später wurde die militärische Stärke der Levellers bei Burford auf die Probe gestellt. Die Levellers wurden zusammengetrieben, ins Gefängnis geworfen, hinterrücks ermordet, exekutiert und verbannt, aber ihre Ideen ließen sich nicht eindämmen. Obwohl das Land am Rande einer Hungersnot stand, feierte das Londoner Bürgertum in hämischer Freude mit einem ganztägigen Festgelage. Abiezer Coppe protestierte gegen diese Zustände mit der eindrucksvollsten klassenkämpferischen Jubeljahr-Tirade seiner Zeit, einer Kampfschrift mit dem Titel: *A Fiery Flying Roll: A Word from the Lord to All the Great Ones.* Noch 1656 hieß es, die Levellers seien »Ursache vieler turbulenter Wirren« gewesen, »welche, wie die Hydraköpfe, sobald deren einer abgehackt, sofort neue aufsprossen ließen«.[36] So trug die Ermordung Lockyers, indes er kein Märtyrer vom Range eines Königs war, zum Überleben der Ideen der Levellers bei:

Ihr Wille ist ihr Gesetz, erhebt euch nun, erhebt euch nun,
Ihr Wille ist ihr Gesetz, erhebt euch nun.
Seit die Tyrannei begann, sieht man es nicht als Sünde an,
Dass aus Kerkern Fallen werden, darinnen die Armen hungern und sterben.
Erhebt euch nun, erhebt euch nun.

Der Adel ist überall zu sehn, erhebt euch nun, erhebt euch nun,
Der Adel ist überall zu sehn, erhebt euch nun.
Der Adel ist überall zu sehn, auf allen Seiten find't man ihn
– Wir müssen es wohl glauben – uns unser Land zu rauben.
Erhebt euch nun, erhebt euch nun.

Der *Digger's Song* endet auf einer Note, die an Francis erinnert: »Herrlichkeit auf Erden, ihr Diggers alle.« Als die antinomische Herausforderung erst einmal aus dem Weg geräumt war, war der Weg frei für die Eroberung Irlands, Kriege gegen die Holländer und Spanier, die Stabilisierung von Barbados, die Inbesitznahme von Jamaika und eine beispiellose Ausweitung der Sklaverei durch die Verbindung Westafrikas mit der Karibik.

IRLAND 1649–1651

Am 29. März 1649, einen Tag, nachdem die Leveller-Führungsriege durch die Verhaftung von John Lilburne, William Walwyn und Richard Overton zerschlagen worden war, erklärte sich Cromwell bereit, die Führung des Feldzuges zur Eroberung Irlands zu übernehmen. Damit begann die »Via Dolorosa der Iren«, der Leidensweg der Iren, wie James Connolly sich ausdrückte. Untrennbar verbunden mit diesem historischen Einschnitt waren die Anfänge des »grünen Atlantik«, der Exodus der irischen Bevölkerung nach Übersee.[37] Die Ankündigung von Cromwells Irlandfeldzug löste sofortige Opposition aus, die sich im Laufe des April und Mai schnell über die ganze Armee ausbreitete. Der Autor von *The English Soldiers' Standard* warnte, dass die Offiziere vorhätten, die Soldaten zu versklaven, und riet zur erneuten Wahl von Agitatoren. In dem von John Harriss herausgegebenen »Newsbook« *Mercurius Militaris* wurde erklärt, »dieses irische Vorhaben« habe den Zweck, »diese Nation in Sklaverei zu halten«. Die Levellers ihrerseits brachten eine Schrift mit dem recht zahmen Titel *Certain Queries Propounded to the Consideration of such as were Intended of the Service of Ireland* in Umlauf, in der sie Fragen stellten, die alles andere als zahm waren:

»Ob Julius Cäsar, Alexander der Große, Wilhelm, Herzog der Normandie oder irgend ein anderer großer Welteroberer: War auch nur einer von ihnen mehr als ein großer, gesetzloser Dieb?« Die Levellers wussten, dass der Irlandfeldzug ein Ablenkungsmanöver war: »Wenn sie uns erst einmal nach Irland hinüber kriegen (glauben sie), haben sie uns am Kragen: Entweder werden wir aufgeschlitzt oder ausgehungert, denn sie sind sich sicher, dass wir niemals über den Großen Teich zurückkehren können.« Ein Flugblatt der Levellers meldete Zweifel am Recht der Engländer an, »ein Volk des Landes zu berauben, das Gott und Natur ihm gegeben haben, und ohne ihre Einwilligung Gesetze zu erlassen«. Der Autor fragte sich, ob die Iren nicht das gute Recht hätten, »sich in allem, was sie getan haben [...] zu schützen und von der Übermächtigung durch die Engländer zu befreien«, und erklärte, es sei die Pflicht jedes ehrlichen Mannes, sich Cromwells Kampagne entgegenzustellen. Offener Widerstand wurde erstickt, aber Tausende desertierten.[38]

Im Juli brach Cromwell von Bristol nach Dublin auf. Sein Ziel war Drogheda, wo auf sein Geheiß ein Massaker angerichtet wurde. Cromwell beschrieb seine Herangehensweise folgendermaßen: »Jeder Zehnte unter den Soldaten umgebracht und der Rest nach Barbados verschifft.«[39] Nach Cromwells Schätzung wurden 2.100 Menschen umgebracht; Hugh Peter schätzt ihre Anzahl auf 3.552. Zwei Jahre später kommandierte Ireton, der Verteidiger des Privateigentums bei den Putney-Debatten, die Belagerung von Limerick am Shannon. Wie ein Historiker schrieb, »setzte Ireton seine Hoffnung hauptsächlich auf Hungersnot und auf die Pest, die innerhalb der Mauern wütete«, aber es muss dazugesagt werden, dass er darüber hinaus

Ein »armer Soldat« der New Model Army in Irland.
The humble Petition of us the Parliaments poore Souldiers in the Army of Ireland (1647)

über das schwere Geschütz und die Galgen verfügte, mit denen sich eine Hungersnot erzwingen ließ. »Ein alter Mann bat darum, an Stelle seiner Tochter gehängt zu werden, aber dies, so Ludlow, ›wurde ihm verweigert, und er wurde zusammen mit allen anderen in die Stadt zurückgetrieben‹.

Als Nächstes wurde in Sichtweite der Mauern ein Galgen errichtet, an dem zum Tode verurteilte Verbrecher gehängt wurden, und damit nahm der Exodus ein Ende.« Die Belagerung forderte Tausende von Menschenleben, darunter Ireton selbst, der sich eine Erkältung einhandelte und daran starb.[40] Ein neues für Irland erlassenes Gesetz über die Todesstrafe führte Gardiner zufolge dazu, dass nun 80.000 Menschen von Hinrichtung bedroht waren. Eine Generation zuvor hatte Sir John Davis noch argumentiert, dass Irland barbarisch sei, gerade weil es dort im Gegensatz zu anderen wohlregierten Königreichen und Gemeinwesen keine Todesstrafe gebe.[41]

Als nächstes richtete Cromwell seine Aufmerksamkeit auf die Eroberung von Land, mit dem er seine Soldaten und die Investoren in das »Adventures for Land in Ireland«-Projekt auszuzahlen gedachte (darunter Thomas und William Rainborough mit je zweihundert Pfund).[42] Der Armeerat diskutierte, ob »die Eingeborenen ausgerottet« oder lediglich »ihres Landbesitzes beraubt« werden sollten.[43] Einige Jahre später, im Jahre 1652, wurde die Frage mittels des »Gesetzes über die Besiedlung von Irland« entschieden: Das Grundherrensystem wurde eingeführt. Es sei »nicht die Absicht des Parlaments, die ganze Nation auszumerzen«, denn das Land könne nicht »ohne die Hilfe der Eingeborenen« bestellt werden. Eingehegte Weideareale traten an die Stelle offener Felder; verstreute Einzelhöfe traten an die Stelle der Kernsiedlung oder des clachan (des traditionellen irischen Weilers); kommerzieller Ackerbau und eine wachsende Anzahl ländlicher Arbeitskräfte traten an die Stelle von Streifenanbau in Subsistenzwirtschaft und ökologischem Egalitarismus.

Diese skrupellose Übertragung des irischen Grund und Bodens an eine eingewanderte Grundherrenklasse wurde von einem großangelegten Katasterprojekt begleitet, dem von Sir William Petty in den 1650ern durchgeführten »Down Survey« – so genannt, weil er ganz Irland »down on paper«, zu Papier, brachte.[44] Und sie brachte eine Welle von »groben Personen ins Land, [von] denen [die Grundherren] viel Widersetzlichkeit und Widerstand zu erwarten haben« – dies waren die Tories, eine Bezeichnung, die erstmals 1647 offiziell auf herrenlose Männer angewendet wurde, die ein Brigantenleben führten.

Von nun an wurde die Arbeitskraft der enteigneten Irinnen und Iren auf den Landsitzen englischer Herren eingesetzt, und zwar nicht nur in Irland selbst, sondern auch jenseits des Atlantiks. Cromwell ließ Tausende von irischen Männern und Frauen nach Jamaika deportieren.[45] Dies war keine vollkommen neue Erfahrung, wie Hugh O'Neill am Vorabend der Niederlage von

Kinsale im Jahre 1601 bemerkte: »Wir Iren werden verbannt und zu Schuldknechten und Dienern eines fremdartigen ausländischen Prinzen gemacht.«

Im Jahre 1610 waren tausend irische Sklaven an Schweden verkauft worden.[46] Sir William Petty schätzte, dass ein Sechstel der erwachsenen männlichen Bevölkerung Irlands, d.h. etwa 34.000 Männer, im Anschluss an die Eroberung des Landes im Jahre 1649 auf Schiffe verschleppt und im Ausland verkauft wurden. Spätestens um 1660 lebten mindestens 12.000 irische Arbeiter auf den Westindischen Inseln; neun Jahre später waren es 8.000 allein auf Barbados. »Obgleich wir sie mit Gewalt ergreifen müssen, [...] besteht nicht der geringste Zweifel daran, dass Ihr sie in solcher Anzahl haben könnt, als Euch angemessen erscheint«, schrieb Henry Cromwell auf eine Anfrage aus Jamaika nach je tausend irischen Mädchen und Jungen. Ein Dichter klagte:[47]

Sippenlos, landlos, namenlos,
Besitzlos, heimlos, ruhmlos
Wandern nun deine Kinder
Ziellos hin und her.

Nicht nur Jungen, Mädchen und Land wurde geraubt; auch Wissen wurde gestohlen. Robert Boyle erhielt riesige Ländereien in Irland, deren Profite der Royal Society zuflossen, die zudem von den Berufsgeheimnissen profitierte, die Boyle sich von den kunstfertigen irischen Handwerkern aneignete. So war er zum Beispiel von »einem Schmied« beeindruckt, »der mit dem Hammer [...] aus Massen von Eisen große Stangen oder Barren schmieden und schwere Ketten machen kann, mit denen Übeltäter in Fesseln geschlagen wurden, und sogar Straßen und Tore gesichert« – auf dass das Eigentum in Irland geschützt und mehr davon in Übersee geschaffen werden möge.[48]

BARBADOS 1649

Unter den Verschwörern, die 1649 planten, sich zu freien Siedlern und Herren von Barbados zu machen, waren auch Iren. Der erfolgreiche Anbau von Zucker, den die Holländer 1640 aus Pernambuco in Brasilien auf die Insel gebracht hatten, hatte zur verschärften Ausbeutung der Plantagenarbeiter geführt. Ein Augenzeuge namens Richard Ligon schätzte, dass die Mehrheit der Leibeigenenklasse – zu diesem Zeitpunkt etwas unter 10.000 Menschen in befristeter Schuldknechtschaft – an der Verschwörung beteiligt war. In seinen Augen war die Episode eine direkte Reaktion auf die Grausamkeit der Herren, die die Leibeigenen dazu trieb, sich ihre Freiheit zu erkämpfen oder bei dem Versuch zu sterben. Sie kamen allerdings nicht dazu, ihren Plan in die Tat umzusetzen: Ein Denunziant verriet sie an die Obrigkeit. Hunderte wurden verhaftet, viele von ihnen gefoltert und achtzehn Menschen hingerichtet. Die Anführer waren »so hochmütig in ihrer Entschlossenheit, und so unverbesserlich, dass es höchst wahrscheinlich schien, dass sie sich an einer weiteren Verschwörung beteiligen würden«. Trotz der Hinrichtungen setzte sich der Widerstand gegen die Sklaverei fort; unter anderem organisierten Afrikaner ein weiteres Komplott.[49]

In den späten 1640ern hatten die Herren von Barbados bereits beträchtlichen Reichtum gegen diejenigen zu verteidigen, die ihn erarbeitet hatten. George Downing schrieb nach einem Besuch der Insel im August 1645: »Wenn Ihr nach Barbados geht, so werdet Ihr eine blühende Insel und viele fähige Männer vorfinden. Ich glaube, dass sie dieses Jahr nicht weniger als tausend Neger eingeführt haben, und je mehr sie kaufen, desto mehr werden sie zu kaufen imstande sein, denn diese bringen (so Gott will) in anderthalb Jahren so viel ein, als sie kosten.« Als Richard Ligon 1647 auf der Insel ankam, zählte er zweiundzwanzig Schiffe im Hafen von Bridgetown, »wendig und zahlreich«. Im Freibrief für Barbados aus dem Jahre 1651 hieß es, die Hauptquelle des »Reichtums der Einwohner der Insel besteht vor allem in der Arbeit ihrer Leibeigenen«. Barbados wurde zu Englands reichster Kolonie, einem »der reichsten Fleckchen Erde unter der Sonne«.[50]

Barbados wurde beschrieben als »Misthaufen, auf den England seinen Unrat schmeißt. Es sind gemeinhin Gauner und Huren und derlei Volk, die hierher gebracht werden.« Das stimmte in der Tat: Die erste Schiffsladung von Sträflingen erreichte Barbados 1642. Ein Gesetz aus dem Jahre 1652 erlaubte es englischen Friedensrichtern, Landstreicher oder Bettler umstandslos aufzugreifen und nach den Plantagen zu verschiffen. Eine Schiffsladung von Prostituierten aus Londoner Gefängnissen wurde als Gebärmaschinen nach Barbados deportiert. Neben diesen Gruppen lebten Menschen unterschiedlichster Herkunft auf der Insel: Engländer, Franzosen, Holländer, Schotten, Iren, spanische Juden, Natives und Afrikaner. Heinrich von Uchteritz, ein deutscher Söldner im Dienst Charles Stuarts, wurde an eine Plantage verkauft, auf der »hundert Christen, hundert Neger und hundert Indianer als Sklaven« arbeiteten.

Bei den amerikanischen Natives handelte es sich zum größten Teil um Arawak aus Guinea, die ursprünglich als freie Männer und Frauen auf die Insel gekommen, aber spätestens um 1636 versklavt worden waren. Englische Leibeigene und afrikanische Sklavinnen und Sklaven kamen im Jahre 1627 mit den ersten Schiffen aus England, gefolgt von Iren in den 1630ern. In den 1640ern kamen zweitausend Menschen pro Jahr aus England auf die Insel; in den 1650ern waren es dreitausend. Einige von ihnen wurden nach Gewicht verkauft. Viele von ihnen waren Veteranen der Englischen Revolution – Soldaten, »Familisten« –, aus denen arme Pflanzer, besitzlose Freie und Schuldknechte geworden waren. Einige von ihnen widersetzten sich – ganz im Geiste der Antinomier – jeglichen Anordnungen. 1671 stattete George Fox Barbados einen Besuch ab und predigte »den Schwarzen, den Braunen und den Weißen« ähnliche Ideen.[51] Die Plantagenbesitzer gingen gegen religiöse Radikale vor, die in dem Verdacht standen, an der Verschwörung von 1649 beteiligt gewesen zu sein, indem sie 122 Männer verbannten.

Die Zuckerpflanzer erzwangen eine puritanische Arbeitsdisziplin, die in den Augen der Sklaven sowohl in Bezug auf die körperliche als auch auf die wirtschaftliche Seite der Akkumulation ein satanisches Prinzip verkörperte: »Der Teufel steckte in dem Engländer, dass er alles zum Arbeiten zwingt: er zwingt den Neger zur Arbeit, das Pferd zur Arbeit, den Esel zur Arbeit, das Holz zur Arbeit, das Wasser zur Arbeit, und den Wind zur Arbeit.«[52] Es dauerte vierzig Jahre, bis die Trockenheit liebenden Wälder der Insel mit ihren Eisenholzbäumen, »rodwoods«, Tom-Tom-Büschen und »hoe-stick wood« gerodet waren. Die letzte Phase der Entwaldung begann 1650; danach musste Kohle aus England importiert werden, um die Zuckerproduktion in Gang zu halten. Der erfolgreiche Anbau von Zuckerrohr hing von dem eingespielten Arbeitsablauf innerhalb der multiethnischen Kolonnen auf den Feldern ab:

> Abfall, Windmühle, die Blase platzt im Kessel in der Fabrik
> Last auf meinem Kopf, Last im Karren,
> die Mühle dreht sich, dreht sich, dreht sich
> Sirup, Saft, Blut auf den Feldern, Flut von Alters her.

In der Frühphase des Plantagensystems waren die Arbeiter bloße bewegliche Habe; die Arbeit wurde mittels Gewalt organisiert und erzwungen. Auspeitschungen und Brandmarkungen hinterließen Narben jenseits der menschlichen Vorstellungskraft – das war jedenfalls die Ansicht Pater Antoine Biets, der im Jahre 1654 Zeuge derartiger Strafmaßnahmen wurde. Orlando Patterson hat geschrieben, dass »die häufig getroffene Unterscheidung zwischen dem Verkauf ihrer Arbeitskraft und dem Verkauf ihrer selbst menschlich nicht den geringsten Unterschied macht«. Alle wurden von demselben Teufel beherrscht.[53]

Zu den Widerstandsformen gehörten Flucht, Brandstiftung, Mord und Revolte. Wie Gouverneur Searle im Jahre 1657 bemerkte, zogen die Iren als Vagabunden herum und verweigerten die Arbeit. 1649, im Jahr der Verschwörung, sah ein Plantagenbesitzer namens James Holdip Zuckerrohrfelder im Wert von zehntausend Pfund in Flammen aufgehen. 1643 hatte sich eine Gruppe von Leibeigenen dazu verschworen, ihre Herren umzubringen, sich zu Freien zu machen, das erstbeste Schiff einzunehmen und als Bukaniere [Piraten] zur See zu fahren. Ihre Anführer, John und William Weston, hatten in den 1620ern und 1630ern die Aufstände gegen die Einhegungen um Bristol herum miterlebt.[54] Ein rothaariger Ire namens Cornelius Bryan wurde ausgepeitscht, wegen Meuterei ins Gefängnis geworfen und schließlich deportiert. »Wenn er Fleisch aus einer Schüssel äße«, sagte er, »und wenn sich die gleiche Menge englischen Blutes darin fände wie Fleisch, so würde er's essen, und noch nach mehr verlangen.« Ein Zusammenschluss zwischen solchen keltischen Rohlingen und afrikanischen Sklaven war für die Amtsgewalt ein Alptraum. 1655 gab der Gouverneursrat bekannt, dass »sich eine Anzahl von rebellischen irischen Leibeigenen und Negern draußen im Dickicht und dortherum aufhält« und des im Jahre 1652 erlassenen Gesetzes »über die Beschränkung des Herumziehens von Leibeigenen und Negern« spotte. Die erste uns überlieferte Gruppe von »Maroons« (entflohenen Sklaven und Leibeigenen, die weitab von den Siedlungen ihre eigenen Gemeinschaften gründeten) auf Barbados war multiethnisch. Das Gleiche galt für den Käfig in der Hauptstadt Bridgetown, in den wieder eingefangene Flüchtlinge geworfen wurden. »Mehr als alles andere fürchteten die Pflanzer eine rebellische Allianz zwischen Sklaven und Leibeigenen«, schreibt der Barbados-Historiker Hilary McD. Beckles. 1675, 1686 und 1692 taten sich Iren und Afrikaner in Verschwörungen zusammen. Auf Montserrat und Jamaika entstand die ethnische Gruppe der »Black Irish«.[55]

Um ihr Regime zu stabilisieren, trennten die Herren von Barbados die Leibeigenen auf Zeit, die Sklaven und die religiösen Radikalen voneinander.

Diese Trennung wurde in den 1650ern und 1660ern vollzogen, und Oliver Cromwell, die »Spirits« und Mikroben trugen allesamt unwissentlich ihren Teil dazu bei. Im Zuge von Cromwells Seekrieg gegen Spanien im Jahre 1655 lief ein von Venables und Penn befehligtes Seegeschwader Barbados an und nahm etwa 4.000 Leibeigene und ehemalige Leibeigene an Bord, mit denen Jamaika angegriffen und den Spaniern abgenommen werden sollte. Die meisten von ihnen starben am Gelbfieber. Die Leibeigenen, die die Insel verließen oder umkamen, wurden von den Großplantagenbesitzern durch afrikanische Sklaven ersetzt, die inzwischen – in den 1660ern – von Sklavenhändlern in einer Anzahl und zu einem Preis angeboten wurden, mit dem die Händler mit Schuldknechten und -mägden nicht mithalten konnten. Darüber hinaus verfolgte die Oberklasse eine informelle Spaltungspolitik, die darin bestand, die Arbeiter zu kriminellen Handlungen anzustiften, und sich dann beruhigt zurückzulehnen, wenn diese untereinander in Streit gerieten. Morgan Godwyn bezeichnete diese Taktik als »Pah, sie können sich behelfen«:

> Eine der Folgen dessen, dass sie ihre Sklaven so kärglich mit Essen versorgen, [sind] die vielen Raube und Diebstähle, welche diese verhungernden Menschen unter den ärmeren Engländern begehen. Ich glaube, dass ich nicht weit daneben oder übers Ziel hinausschieße, wenn ich versichere, dass ihre Besitzer, indem sie sie so hungern lassen, die Ursache dafür sind. Dass es ihnen durchaus nicht missfällt, wenn es geschickt angestellt wird, ist unter den so Leidenden die allgemeine Meinung und Empfindung: Und dies, so heißt es, ist die wahre Bedeutung der gebräuchlichen Erwiderung ›Pah, sie können sich behelfen‹, wenn die Verwalter und Aufseher um Essensvorräte für die Neger bitten.«[56]

In diesem Szenario führte Hunger zu Diebstahl, auf den die armen Engländer wiederum mit dem Erschießen der Diebe reagierten. Die Spaltung zwischen Schuldknechten und Sklaven wurde in dem umfassenden Sklaven- und Leibeigenenkodex von 1661 festgeschrieben, der zum Vorbild für ähnliche Kodexe auf Jamaika, Antigua, St. Christopher und in South Carolina wurde. Die Plantagenbesitzer schrieben die rechtlichen und sozialen Unterschiede zwischen Sklaven und Leibeigenen auf Zeit fest und definierten die einen als uneingeschränkten Privatbesitz, während sie den anderen Schutz vor Gewalt und Ausbeutung zu gewähren begannen. Die Bestrebung, die gesamte Klasse durch Zuweisung unterschiedlicher materieller Positionen an Leibeigene und Sklaven innerhalb des Plantagensystems neu zusammenzusetzen, hielt an: Die Pflanzer wandelten die verbleibenden Schuldknechte in eine Arbeiterelite aus Handwerkern, Aufsehern und Milizionären um, die unter Waffen gesetzt und bei der Niederschlagung von Sklavenaufständen eingesetzt wurden. Die »Pah, sie können sich behelfen«-Taktik wurde zum permanenten, institutionalisierten Charakteristikum der amerikanischen Plantagengesellschaft. Als der Abolitionismus der Englischen Revolution erst einmal niedergeschlagen war, verdreifachte sich die Zuckerproduktion auf Barbados.[57]

GAMBIA-FLUSS 1652

Nach den Hinrichtungen des Jahres 1649, der Invasion Irlands und der Niederschlagung der Leibeigenenrebellion auf Barbados schlugen zwei der Hauptrivalen ihrer Zeit, Oliver Cromwell und Prinz Ruprecht, verschiedene Wege zu demselben Ziel ein: Westafrika – Ersterer im politischen, Letzterer im wörtlichen Sinne. Ruprecht, der bei der Belagerung von Bristol im Jahre 1643 Rainborough gegenübergestanden hatte, war ein Neffe des enthaupteten Königs Karl I. und ein Cousin seines zukünftigen Nachfolgers Karl II. Während er zusammen mit seinem Bruder, Prinz Moritz, als royalistischer Freibeuter zur See fuhr, verfolgte Cromwell eine aggressive Strategie, die darauf abzielte, Holland zu schwächen und England zur beherrschenden Seemacht des Atlantikraumes zu machen. Die beiden Hälften der englischen Herrscherklasse – die »neuen Kaufleute« und der alte Adel – prallten am Gambia-Fluss aufeinander und begründeten den Dreieckshandel mit Sklaven. Ende des 17. Jahrhunderts waren die Engländer die größten Sklavenhändler Afrikas. Das war zu Beginn des Jahrhunderts noch anders gewesen:[58] Ein englischer Händler namens Richard Jobson, dem im Jahre 1623 in Gambia »gewisse junge schwarze Frauen« angeboten wurden, gab zur Antwort: »Wir waren ein Volk, das nicht mit derlei Waren handelte, noch kauften oder verkauften wir einander.« Das sollte sich bis 1649 geändert haben.

Die Tragik des Sklavenhandels liegt in der Art und Weise, in der die Flussanwohner zwischen zwei historischen Kräften gefangen wurden: dem »Commonismus« und der Sklaverei. Der Dichter der Négritude Léopold Senghor schreibt, dass »die afrikanische Negergesellschaft schon vor Ankunft der Europäer den Sozialismus erreicht« habe.[59] W.E.B. DuBois bewunderte die menschliche Wärme des westafrikanischen Dorfes aufs höchste. Walter Rodney beschrieb den Gesellschaftsaufbau als Häuptlingssysteme und »gemeinschaftlich organisierte ethnische Gruppen«. Der Gambia-Fluss, einer der großen Wasserläufe Afrikas, ist über fünfhundert Meilen schiffbar. Jobson machte die Beobachtung, dass die Mandingo-Ackerbauern bei der Aussaat eine Reihe von Hacken mit Eisenspitzen benutzten: »Einer geht voraus und bricht die Erde um, und viele andere folgen ihm mit ihren etlichen Eisen und tun es ihm nach, bis eine ausreichende Furche gezogen ist.«[60] Die Hauptanbaupflanze zum Eigenbedarf war Reis, der von Jola-Frauen in Süßwassersümpfen angebaut wurde und später die Grundlage der Reiskultur von South Carolina bilden sollte. Das Flussmündungsgebiet lieferte hauptsächlich Salz. Von Kanus aus wurde mit Fisch und Mangrovenaustern gehandelt. 1651 wurde James Island befestigt und mit dem Volk der Niumi um das Recht verhandelt, auf dem Festland Holz zu schlagen und Wasser zu holen. Die Jola am südlichen Flussufer sollten sich nie wieder vom Sklavenhandel erholen. Der religiöse Revolutionär und Berbergeistliche Nasir al-Din (†1674) predigte nackt in den Dörfern und rief zum Sturz der vom Sklavenhandel korrumpierten Dynastien auf – ein Wirtschaftszweig, der sich bis zum Ende des Jahrhunderts zu einem staatlichen Unternehmen entwickeln sollte.[61]

Im geschichtsträchtigen Jahr 1649 ordneten britische Kaufleute den Bau einer befestigten Handelsniederlassung oder Faktorei an der Goldküste an.[62] Zur selben Zeit wurde die 1618 gegründete Guinea Company von den »neuen Kaufleuten« und dem Staatsrat unter die Lupe genommen, erhielt 1651 einen neuen Freibrief und begann Schiffe nach Westafrika zu entsenden. Matthew Backhouse, ein Repräsentant der Guinea Company, der im Dreieckshandel zwischen England, Afrika und den Westindischen Inseln tätig war, segelte im September 1651 mit Kapitän Blake an Bord der *Friendship* zum Gambia-Fluss. Der Zweck ihrer Reise war die Etablierung geregelter Handelsbeziehungen und der Kauf von fünfzehn bis zwanzig »jungen kräftigen Negern von etwa 15 Jahren«, die für Barbados bestimmt waren. Backhouse selbst tauschte fünfundzwanzig Elefantenstoßzähne und afrikanische Textilwaren ein, das begehrte »Mande country cloth«, dessen versetzt angeordnete leuchtende Farben in die visuellen Traditionen Brasiliens, der Karibik und der USA einflossen.[63] Sie erreichten Gambia, kurz nachdem auf einem früheren englischen Schiff eine Meuterei ausgebrochen war, bei der die Sklaven »Waffen in die Hände bekamen, sich auf die Seeleute stürzten, sie auf den Kopf schlugen und ihnen so schnell die Kehlen durchschnitten«, dass der verzweifelte Kapitän »in den Laderaum hinunterstieg und sich selbst mit allen anderen in die Luft jagte; und dies, bevor sie noch die Flussmündung erreicht hatten«. Vorfälle wie diese veranlassten die Guinea Company, ihre Schiffe mit »Ketten und Bolzen für die Rebellen unter Euren Negern« zu bestücken, »und wir ersuchen Euch, große Sorge zu tragen, sie unter Deck zu halten und ihnen zu angemessener Zeit ihr Essen zu geben, dass sie sich nicht gegen Euch erheben, wie sie es auf anderen Schiffen getan haben«.

Nachdem Prinz Ruprecht von Rainborough in Bristol geschlagen worden war, floh er in die irische Hafenstadt Kinsale, rüstete eine kleine Flotte mit Proviant und Besatzung aus und machte sich auf, das Mittelmeer und den Atlantik zu durchstreifen und, wenn möglich, Barbados den Royalisten zu erhalten. Im Dezember 1651 legte Ruprecht auf Arguin unterhalb von Kap Blanc an, um Wasser aufzunehmen, nicht weit entfernt von dem Schauplatz des furchtbaren Unglücks, dem Géricault mit seinem Gemälde *Floß der Medusa* ein Denkmal setzen sollte. Er heuerte einen Lotsen auf den Kapverdischen Inseln an, einen weiteren an der Mündung des Gambia-Flusses und schließlich einen dritten, einen grometta namens Jacus. Die örtliche kreolische Bevölkerung – Nachkommen von Afrikanern und Portugiesen, deren Geschichte bis ins 15. Jahrhundert zurückging und die unter dem Namen Lançados bekannt waren – agierte als Vermittler. Jacus für seinen Teil diente erst den Cromwellianern und dann den Royalisten.[64] Am zweiten März kaperte Ruprecht auf einem Nebenfluss stromaufwärts zwei englische Handelsschiffe, die *Friendship* und die *Supply*, deren Besatzungen von Malaria geschwächt waren, und segelte am 18. März weiter nach Kap Mastre und der Stadt Reatch.

Jacus riet zu einem Aufenthalt. »Einige von ihnen stahlen in einem ihrer Kanus einen Seemann des Prinzen Moritz, einen Eingeborenen jener Gegend, der lange unter Christen gelebt hatte und selbst einer geworden war; aber nachdem die anderen ihm versprochen hatten, dass er an Bord zurückkehren dürfe, ging er mit ihnen, um seine Eltern zu besuchen.« Aus den Seefahrtbüchern dieser Zeit geht hervor, dass von jedem Schiff Dutzende von Besatzungsmitgliedern verschwanden, dies war also alles andere als ungewöhnlich. Nichtsdestotrotz beschloss der Prinz, den Seemann mit Gewalt zurückzuholen, und schickte ihm hundert Männer nach, die von der Brandung aus ihren Booten geworfen wurden. Zwei Herren von Stand, Holmes und Hell, wurden als Geiseln genommen. Über Hell ist uns wenig bekannt, aber Holmes war einer der Architekten des Imperialstaates. Was folgte, war eine jener schnellen Abfolgen von Ereignissen zu Wasser und zu Land, bei denen eine Seemacht einem Volk von Natives gegenüberstand (»Der Strand der Träume und irrsinnigen Erwachens«, schrieb Césaire.) Ein Kanu mit Unterhändlern fuhr aus. Einer der Männer wurde erschlagen. Der Prinz beorderte weitere hundert Musketiere ans Ufer. Die Einheimischen »sandten einen beachtlichen Trupp Männer bis zum Hals ins Wasser, die unsere Landung verhindern sollten und die, sobald sie uns auf sie anlegen sahen, untertauchten, um unseren Kugeln auszuweichen; und uns dann beim Auftauchen mit einem Hagel von Pfeilen eindeckten, […] bis einer ihrer Pfeile unglücklicherweise seine Hoheit Prinz Ruprecht über der rechten Brustwarze traf und tief ins Fleisch eindrang, welcher sofort nach einem Messer rief und ihn selbst herausschnitt«.

Damit war es genug. Dank Jacus wurden die Übrigen gerettet, ruderten eilig zu ihren Schiffen zurück und segelten davon. Jacus selbst blieb zurück und schlug die ihm von Ruprecht angebotene Belohnung aus: Er zog die Zwischenlandschaft vor, den Strand oder das Mündungsgebiet zwischen Land und Meer. Die Griots, die Übermittler der Oral History der Gegend, erinnern sich nicht nur an Kunta Kinte und die »Saga einer amerikanischen Familie« – dies war der Schauplatz von *Roots* (1976) –, sondern auch an eine Vielzahl weiterer Sagas, die von Jahrhunderten europäischer Gewalt an den Stränden erzählen.[65] Warum war dieser afrikanische Seemann für Ruprecht so wichtig? War es sein Sprachtalent? Seine Ortskenntnis? Seine Fähigkeiten als Seemann? Oder war es die Tatsache, dass er die andere Seite des Atlantiks kannte und um die Sklaverei in Amerika wusste, ein Wissen, das sich als gefährlich für die englischen Interessen in der Region hätte erweisen können? Die Geschichte, die wir hier erzählen, ist keine Familiensaga, sondern eine Geschichte von Klassenkräften, die in der entscheidenden Begegnung zwischen dem Seemann des europäischen Hochseeschiffes und dem Bootsmann des afrikanischen Kanus wirksam wurden. Diese Begegnung barg die Möglichkeit des gemeinschaftlichen Widerstandes gegen einen gemeinsamen Feind, der in diesem Fall bis an sein Lebensende von den Spuren der Konfrontation gezeichnet sein würde.

Kaum hatte Ruprecht den Rückzug begonnen, brach an Bord eines seiner Schiffe eine Meuterei aus, und es verließ den Verband. Auf den Kapverdischen Inseln brach eine weitere Meuterei aus, angeführt von William Coxon, der den Böttcher, den Artilleriemeister, den Bootsmann und den

Oberbootsmann im Rücken hatte. Offiziere wie diese hatten an der Spitze der Meuterei von 1648 gestanden. Capp zitiert einen Artilleriemeister, der behauptete, er stehe »über Verordnungen«.[66] 115 Männer befanden sich an Bord des Schiffes – Franzosen, Spanier, Holländer, Engländer und zahlreiche Afrikaner. Fünfundzwanzig Mitglieder dieser vielsprachigen, multiethnischen Besatzung beteiligten sich aktiv an der Meuterei.[67] Sie tauften das Schiff von *Revenge of Whitehall* (Charles Stuart war in Whitehall enthauptet worden) in *Marmaduke* um, und unter diesem Namen sollte es 1655 mit Venables und Penn in die Karibik segeln. 1649 hatte die zehnte Frage an die Truppen auf dem Weg nach Irland gelautet, »ob diejenigen, die um ihre Freiheit kämpfen (wie die Engländer es derzeit tun), sich nicht ganz und gar unentschuldbar machen, wenn sie anderer Leute Freiheit einschränken, und ob es nicht ein besonderer Zug und ein bezeichnendes Merkmal wahrlich beispielhafter Freiheit sei, sich um die gerechte Freiheit aller ebenso wie um die eigene zu bemühen?«

Die Begegnungen auf dem Gambia-Fluss im Jahre 1652 prägten das weitere Leben von Prinz Ruprecht und Robert Holmes, und diese Männer wiederum prägten die weitere Geschichte Englands in der atlantischen Welt. Robert Holmes sollte noch zwei Mal nach Gambia zurückkehren: das erste Mal im Jahre 1661, um den Ort einzunehmen, der als James Island zur wichtigsten englischen Befestigungsanlage am Gambia-Fluss wurde, und 1663/64, um die holländischen Faktoreien anzugreifen. Als er an der Stelle vorbeisegelte, an der er und Ruprecht Jahre zuvor gegen die Bootsleute gekämpft hatten, erinnerte er sich: »An diesem Portodally [der Siedlung Portudal an der Mündung des Gambia-Flusses] wäre ich, wenn ich nicht durch göttliche Vorsehung gerettet worden wäre, von einigen Schwarzen dieses Landes am Ufer ermordet worden.«[68] Holmes machte zu einer Zeit Karriere, als die Marine zur formgebenden Institution der Nation wurde. Holmes persönlich löste zwei Mal weltweit stattfindende Kriegshandlungen aus. Der Gambia-Fluss im Allgemeinen und James Island im Besonderen wurden zum »wichtigsten Bollwerk der Engländer im nördlichen Teil Afrikas während der gesamten Geschichte der Handelsgesellschaften in Afrika«. Dryden sang sein Lob: »Und Holmes, dessen Name in epischem Gesang fortleben soll … der als erster unsere Augen mit dem Gold von Guinea bezauberte.« Dryden rühmte auch Ruprecht und nannte ihn einen Adler, einen Messias, der »die Liktorenbündel über seinem Haupt schwang«. Ruprecht wurde zwei Mal zur treibenden Kraft hinter der Erneuerung des Freibriefs der Royal

African Company – einmal im Jahre 1660 und ein weiteres Mal im Jahre 1663, nach der Wiedereinsetzung Karls II. als König. In diesem Freibrief wurde großspurig Anspruch auf die gesamte Meeresfläche von den Säulen des Herkules bis hinunter zum Kap der Guten Hoffnung »und jeden einzelnen Hafen, Port, Wasserlauf, Insel, See, und Ort in den verschiedenen Teilen Afrikas« erhoben. Dieser bizarre Akt magischer Aneignung durch eine bloße verbale Absichtserklärung lässt sich mit der Fledermaus vergleichen, die ihren Kopf aus dem Affenbrotbaum steckte, um dem ersten König (oder mansa) der Niumi mitzuteilen: »Ich bestreite deine Behauptung nicht, ein Land entdeckt zu haben, aber was immer du für ein Land entdeckt haben magst, es gehört jemandem.«[69]

Die Episode von Ruprechts Brustverletzung erinnert uns somit zum einen daran, dass die Arbeiter im Sklavenhandel nur unter gewissen Bedingungen zur Mitarbeit bereit waren (in diesem Fall war die Bedingung Landgang für einen Seemann, der sich von seiner Familie verabschieden wollte) und zum anderen, dass Seeleute und afrikanische Sklaven die beiden am schnellsten wachsenden Gruppen innerhalb des Proletariats waren. Die Seeleute waren unterschiedlichster ethnischer Herkunft – Iren, Engländer, Afrikaner – und London war eines der Zentren dieser afro-maritimen Welt. Backhouse selbst sollte nicht nach London zurückkehren, wohl aber seine Fracht, darunter »ein Negerjunge« – dies zu einer Zeit, als der »Black Tom« sich zu einem Londoner Stereotyp entwickelte. In Westminster stellte Tom sich einem alten Geizhals vor: »Guter Herr, Mich nich England in Gesicht, kein England in mein Sprache: Mich der große Fremde von Aphrica, mich Fähre voller Menschen.« Tom hatte England in seinem ganzen Leben nicht verlassen und sprach keine andere Sprache als Englisch; er war ein Schwindler, der die Habgier der Londoner und ihre Vorurteile gegen Ausländer zu seinem Vorteil nutzte.[70]

LONDON 1659–1660

Die Putney-Debatten des Jahres 1647 hatten die Englische Revolution als eine Antisklavereibewegung ausgewiesen; eine Parlamentsdebatte im Jahre 1659 – am Vorabend der Wiedereinsetzung Karls II. und der Stuart-Monarchie – über die Sklaverei und den »frei geborenen Engländer« stellte den Beginn einer gegenrevolutionären Wende dar. Die Umstände hatten sich geändert, seit Francis und Rainborough auf dem Höhepunkt revolutionärer Möglichkeiten das Verhältnis zwischen Sklaverei und Freiheit hinterfragt hatten. Die innenpolitische Unterdrückung der radikalen Kräfte hatte dem englischen Bürgertum den Weg für neue Abenteuer in Irland und Westafrika, auf Barbados und Jamaika freigemacht. Am 25. März 1659 unterbreiteten Marcellus Rivers und Oxenbridge Foyle dem Unterhaus eine Petition »in ihrem eigenen Namen sowie im Namen von dreimal zwanzig und zehn frei geborenen Menschen dieser Nation, die sich jetzt in Sklaverei auf Barbados befinden, wo ein höchst unchristlicher und barbarischer Gebrauch von ihnen gemacht wird«. Aus der darauf folgenden Debatte ergab sich deutlich, dass eine Annäherung der Positionen der beiden ehemaligen Widersacher in Revolution und Bürgerkriegen – der Royalisten und der Parlamentarier – in puncto Sklaverei, Ethnie und Reich dazu beitragen würde, den Weg zur Wiederherstellung der Monarchie zu ebnen.[71]

Rivers und Foyle waren im Anschluss an den Salisbury-Aufstand von 1654 als Waffenschmuggler für Charles Stuart verhaftet und ins Gefängnis geworfen worden. Sie empörten sich, ihre Behandlung sei »frei geborener Engländer« unwürdig: Sie bekamen keine ordentliche Gerichtsverhandlung; stattdessen wurden sie ein Jahr lang willkürlich eingesperrt, dann aus ihren jeweiligen Gefängnissen gezerrt, eilends nach Plymouth befördert und an Bord eines Hochseeschiffes verfrachtet. Als Hab und Gut des Kaufmanns und Parlamentsabgeordneten Martin Noell wurden sie zusammen mit den Pferden unter Deck eingesperrt. Rivers und Foyle erwähnten nicht, wie viele ihrer weißen Mitsklaven starben und in Leinwandsärge eingenäht über Bord geworfen wurden, aber bei einer Reise wie dieser lag die Anzahl gewöhnlich zwischen acht und vierzehn. Nach mehreren Wochen erreichten die Gefangenen Barbados und wurden an »höchst unmenschliche und barbarische Personen verkauft, für eintausendfünfhundertundfünfzig Pfund Zucker das Stück, mehr oder weniger, je nach ihrem Arbeitsvermögen«. Die Sklaven waren gezwungen, »in den Mühlen zu mahlen oder die Öfen zu versorgen« oder Seite an Seite mit anderen Sklaven aus England, Irland, Schottland, Amerika und Afrika Felder umzugraben.[72] Sie lebten in Schweineställen, sie aßen Kartoffeln und tranken Kartoffelwasser, sie wurden ausgepeitscht, sie wurden ge- und verkauft. Ihre Petition implizierte die Existenz von Menschenrechten, die mit einer derartigen Ausbeutung unvereinbar waren.[73]

Die Petition löste eine erhitzte und unaufrichtige Debatte aus. Die Abgeordneten wussten, dass die Bittsteller sich wenig von den Tausenden von anderen englischen Männern und Frauen unterschieden, die in den vorangegangenen dreißig Jahren verschleppt worden waren. Noell, der selbst viele von ihnen hatte verschleppen lassen, war gezwungen zuzugeben: »Ich treibe Handel mit diesen Gegenden der Welt«, beeilte sich jedoch, die Plantagenbesitzer von Barbados zu verteidigen, indem er (fälschlich) versicherte, die Arbeit auf den Zuckerrohrplantagen sei nicht so hart, wie sie dargestellt werde, und (wahrheitsgemäß) dass die Insel »Euch so dankbar für den Handel ist wie nur irgend ein anderer Teil der Welt«. Er bemühte sich, die Wirkung der Petition zu verringern, indem er die historische Bedeutung der Schuldknechtschaft beim Aufbau des Plantagensystems leugnete und nebenher auf ethnische Unterschiede hinwies: In Barbados, so versicherte er dem Parlament, werde »die Arbeit zum größten Teil von Negern ausgeführt«.[74]

Einige Abgeordnete betrachteten die Petition unter politischen Gesichtspunkten und behandelten sie als eine Angelegenheit der Royalisten. Aber Sir Henry Vane, der radikale Millenarist, der sich während der Antinomier-Krise in Boston 1636–37 auf die Seite Anne Hutchinsons gestellt hatte, verkündete: »Ich betrachte diese Angelegenheit nicht als eine Angelegenheit der Kavaliere, sondern als eine Frage, die die Unabhängigkeit aller frei geborenen Menschen in England betrifft.« Arthur Annesley setzte hinzu: »Ich höre mit Bedauern, dass die Magna Charta gegen das Parlament angerufen wird. Wenn er ein Engländer ist, warum sollte er dann keinen Nutzen daraus ziehen?«[75] Mehrere Abgeordnete machten sich daran, die Freiheit der Engländer über ihr Gegenteil, die Sklaverei der Afrikaner, zu definieren. Edward Boscawen, der 1655 in den erfolgreichen Feldzug gegen Spanien zur Eroberung Jamaikas investiert hatte, erklärte: »Ihr habt hier den Fall Paulus vor Euch. Ein Römer sollte nicht geschlagen werden« – mit anderen Worten, »Englishness« sollte eine Staatsbürgerschaft sein, die überall auf der Welt Geltung habe und ihren Inhabern Schutz vor Gewalt biete. Sollte das Parlament nicht auf diese Petition reagieren, erklärte er feierlich, so sei »unser Leben so wohlfeil wie das dieser Neger«. Sir Arthur Hesilrige »konnte sich der Tränen kaum erwehren«, wenn er gezwungen war, sich Engländer Seite an Seite mit Afrikanern bei der Arbeit vorzustellen. Aber während die universalistischen Ansprüche der Revolution auf einen eng gefassten, auf rassifizierende Kategorien beruhenden Nationalismus zusammenschrumpften, hielten einige wenige noch an umfassenderen Idealen fest. Sir John Lenthall äußerte die Befürchtung: »Ich hoffe, dass unser Krieg nicht den Effekt hat, aus Männern Handelsware zu machen.« Thomas Gwen beschwerte sich: »Ich würde nicht zulassen, dass Männer wie Ochsen und Pferde verkauft werden. Der Verkauf eines Menschen ist ein Verstoß schwerwiegender Natur.« Major John Beake fasste zusammen: »Sklaverei ist Sklaverei, in einem Commonwealth genauso wie in jeder anderen Staatsform.«[76]

Dies war, wie Hilary McD. Beckles erläutert, ein entscheidender Moment: »Das Parlament war der Ansicht, dass die Bevölkerung von Barbados und anderer Westindischer Inseln eigentlich keine weißen Arbeitskräfte mehr brauchte – die Schwarze Sklaverei war vollständig etabliert und hatte sich als höchst profitabel erwiesen.« Mittlerweile erwies sich das militärische Fußvolk in der Hauptstadt wieder einmal als lästig. Bald nach der Debatte wurden die gemeinen Soldaten ein weiteres Mal rebellisch und wählten erneut Agitatoren zu ihrer Vertretung. Das Gespenst der Putney-Debatten begann die Besitzenden zu verfolgen, und dieses Mal stellten sie die Monarchie wieder her.[77] Als die Royalisten erst einmal wieder an der Macht waren, setzten sie ihre eigenen Vorstellungen von den »Rechten des frei geborenen Engländers« um und verhängten Repressionsmaßnahmen – unter anderem exemplarische Hängungen – gegen eben diejenigen, die diesen Diskurs überhaupt erst entwickelt hatten. 1661 führte der Neuengländer Thomas Venner eine Gruppe von Arbeitern, die den Fünften Monarchisten angehörten, mit dem Sprechchor »König Jesus und die Köpfe auf den Toren« – womit die Köpfe der exekutierten Königsmörder gemeint waren – gegen den König in die Schlacht.[78] Venner selbst wurde ergriffen, gehängt, gevierteilt, und sein Kopf wurde auf einen Pfahl gespießt und öffentlich zur Schau gestellt. »Hydra decapita«.

So lieferten die Gegenrevolution, die Wiederherstellung der Monarchie und der Ausbau des Sklavenhandels den Rahmen für die englische Doktrin der Überlegenheit der »weißen Rasse«. Angeführt und inspiriert von Ruprecht und Holmes begannen die Herrschenden in England einen neuen Freibrief für die »Company of Royal Adventurers into Africa« sowie einen Krieg mit Holland um die Kontrolle des Menschenhandels in Westafrika zu diskutieren.[79] Von diesem Augenblick an sollte der Ausdruck »frei geborener Engländer« für den größten Teil der Weltbevölkerung nie wieder einen vollkommen unschuldigen oder hoffnungsvollen Klang haben. Die Repression der Restaurationszeit komplettierte die radikale Diaspora. Königsmörder segelten als blinde Passagiere nach Amerika und dem europäischen Festland; Ranters, Quäker und Muggletonier verschwanden nach Übersee. Der

Quäker Edward Burrough teilte Karl II. mit: »Und wenn Ihr auch diese Schiffe zerstört, so werdet Ihr doch niemals unsere Prinzipien auslöschen können, sondern sie werden ewig leben und in andere Körper eindringen und dort leben und handeln und sprechen.«[80] Hydra redux – die wiederbelebte Hydra.

VIRGINIA 1663–1676

Im September 1676 traf sich eine Gruppe von Arbeitern in einem Waldhaus in Poplar Springs, Gloucester County, Virginia, zu einer geheimen mitternächtlichen Zusammenkunft. Sie planten, sich in den Besitz von Waffen und einer Trommel zu bringen, von Haus zu Haus zu marschieren, an andere Schuldknechte und -mägde zu appellieren und schließlich beim Gouverneur ihre Freiheit einzufordern. Einige unter den Rebellen hatten den roten Rock der New Model Army getragen; andere waren Fünfte Monarchisten oder Muggletonier gewesen. Während der Restauration waren sie zur Leibeigenschaft verurteilt und nach Virginia verschifft worden. Nun planten sie, sich die weit verbreitete Unzufriedenheit der Arbeiter im Plantagensystem zunutze zu machen, den Gouverneur zu stürzen und ein unabhängiges Gemeinwesen zu errichten. Die Verschwörung wurde von einem Spitzel verraten. Vier Männer wurden gehängt und fünf weitere deportiert. Die Plantagenbesitzer erklärten den 13. September, den Tag des Aufstands, zu einem alljährlichen Feiertag.[81] Der revolutionäre Antinomianismus hatte sein Haupt in den Tabakfeldern erhoben.

Das Tabakproletariat von Chesapeake setzte sich in seiner Frühzeit aus ehemaligen Insassen von Newgate, Quäkern, Renegaten, Seeleuten, Soldaten, Nonkonformisten, Leibeigenen auf Zeit und Sklaven zusammen.[82] Im Jahre 1662 ließ das »House of Burgesses« (die gesetzgebende Versammlung der Kolonie Virginia) Pfähle zum Auspeitschen errichten und gewährte den Herren offiziell das Recht, ihre Sklaven zu schlagen. Die Versammlung beklagte die »dreiste Widerspenstigkeit vieler störrischer und unverbesserlicher Knechte, welche sich ihren Herren und Aufsehern widersetzen« und versprach jedem, der Hand an seinen oder ihren Herrn, Herrin oder Aufseher legte, Schläge und verlängerte Leibeigenschaft. Douglas Deal fasste die zunehmenden Spannungen an der Ostküste Virginias mit den Worten zusammen: »Körperliche Gewalt, verbale Misshandlungen, Bummelstreiks,

Sabotage und die Flucht von Leibeigenen nahmen nach 1660 sämtlich zu.«[83] Wie auch auf Barbados entflohen Leibeigene und Sklaven oft gemeinsam, ein Phänomen, das in den Jahren 1661 und 1662 zum Erlass einer Reihe von repressiven, bewusst spalterischen Gesetzen führte, in denen der Leibeigene für die Zeit der Abwesenheit des Sklaven von seinem Herrn verantwortlich erklärt wurde. 1664 erließ die Obrigkeit von Maryland ein Gesetz gegen englische Frauen, die »uneingedenk ihres Status als Freie und zur Schande der Nation Mischehen mit Negersklaven eingehen, woraus sich auch verschiedene Rechtsstreits betreffend die Nachkommenschaft solcher Frauen ergeben können und den Herren ein großer Schaden entsteht.« Im Jahre 1672 befürchteten die hohen Herren von Virginia, dass die Leibeigenen »entfliehen und sich [mit Sklaven] zusammentun« und als Maroons in klandestinen Gemeinschaften leben könnten. Das House of Burgesses verweigerte Quäkern den Einlass in die Kolonie, rief dazu auf, diejenigen, die sich bereits dort aufhielten, ins Gefängnis zu werfen, und erklärte ihre Treffen und Publikationen für illegal. George Wilson, ein ehemaliger Soldat der New Model Army, der Anfang des Jahres 1662 zusammen mit einem Native in einem stinkenden Gefängnis in Jamestown an einen Pfahl gekettet worden war, verdammte die Grausamkeit und Unterdrückung durch eine »Gesellschaft fauler und liederlicher Leute, die keinen Gefallen an der Arbeit finden und sich von Schweiß und Arbeit [anderer] nähren«. Wilson organisierte Zusammenkünfte von Menschen unterschiedlicher ethnischer Herkunft, bei denen Frauen ketzerische Lehren predigten. Die Großplantagenbesitzer griffen jede Form interethnischer Zusammenarbeit an, die nicht der Tabakherstellung zugute kam.[84]

Der Widerstand der Plantagenarbeiter kam 1675–76 in der Bacon-Rebellion zum Ausbruch, bei der es sich genau genommen um zwei verschiedene Aufstände handelte. Der erste, der gegen Ende des Jahres 1675 begann, war ein von freien Siedlern und Kleinbauern gegen Natives und einen Teil der Kolonialherren von Virginia geführter Krieg um Land. Der zweite, der im September 1676 begann, war ein Krieg gegen die Sklaverei, geführt von Leibeigenen und Sklaven, die sich an den Kämpfen zu beteiligen begannen, nachdem Nathaniel Bacon ihnen im Gegenzug für ihre militärischen Dienste gegen die Truppen des Gouverneurs von Virginia, Berkeley, die Freiheit versprochen hatte. Ende September war die Rebellenarmee komplett, »bestehend aus Freien, Leibeigenen und Sklaven; aus welchen drei Bestandteilen sich Bacons Armee zusammensetzte«. Viele seiner anderen Anhänger – vor allem die Sklavenhalter unter ihnen – verließen Bacon nach kurzer Zeit.[85] Aber wenn ihn auch die Befreiung von Leibeigenen und Sklaven die Unterstützung gewisser Kreise kostete, so gewann er dadurch andererseits neue Anhänger: Aus der ganzen Kolonie strömten ihm arme, zerlumpte Kerle zu. In den 1677 in London veröffentlichten *Strange News from Virginia* hieß es, Bacons Truppen bestünden aus »englischen Renegaten« sowie Sklaven und Leibeigenen. Der Dichter Andrew Marvell hörte von einem Kapitän, dass Bacon in Jamestown eingezogen sei, »nachdem er erst alle Leibeigenen und Neger zu Freien erklärt« habe.[86] Dies war die Sprache des Jubeljahres.

Die Abolitionisten brannten Jamestown nieder und plünderten die Ländereien von Berkeleys Anhängern. Als Thomas Grantham im Januar 1677 im Namen des Königs Verhandlungen einleitete, die den Konflikt endgültig beilegen sollten, sah er sich vierhundert bewaffneten englischen und afrikanischen Leibeigenen und Sklaven gegenüber und versuchte prompt, einen Keil zwischen die beiden Gruppen zu treiben, indem er den Leibeigenen bessere Bedingungen versprach. Einige von ihnen nahmen den Handel an und kehrten nach Hause zurück, andere desertierten nach Roanoke; wieder andere wollten den Kampf fortsetzen. Achtzig Sklaven und zwanzig Leibeigene blieben unter Waffen, was Grantham dazu veranlasste, ihnen wiederholte, wenn auch unaufrichtige Freiheitsangebote zu machen. Als die verbleibenden noch bewaffneten Rebellen an Bord von Beibooten zu fliehen versuchten, ließ er eine Schiffskanone gegen sie richten und zwang sie damit zur Kapitulation und erneuten Unterwerfung unter die Sklaverei.[87]

Bacon wurde als Leveller, seine Anhänger als Antinomier angeprangert. Aphra Behn deutete in ihrem Theaterstück *The Widow Ranter, or a History of Bacon in Virginia* an, dass die Ereignisse in Virginia von den Ranters beeinflusst gewesen seien; in ihren Augen zog sich eine revolutionäre Kontinuität durch die Aufstände des 17. Jahrhunderts in der Kolonie. Als Vorbild für die Figur der »Widow Ranter« kommt eine Vielzahl von Rebellinnen in Frage, unter anderem die Prostituierten, die sich dafür entschieden, Seite an Seite mit den Soldaten zu sterben.[88]

Zeitgenossen sahen in Bacons Armee die erschreckliche Monstrosität, über die Francis Bacon ein halbes Jahrhundert zuvor theoretisiert hatte. Colonel Edward Hill beklagte die vielen »tapferen, klugen, gerechten & unschuldigen guten Männer, welche unter der Knute dieser niederträchtigen Hidra gefallen sind«, und Gouverneur Berkeley schrieb im Juni 1676 , dass »eine ungeheuerliche Anzahl der Gemeinsten im Volke« sich zu Bacon bekannt habe; dieser selbst sei ein zweiter Masaniello. Die Herrschenden ließen dreiundzwanzig Rebellen hinrichten.[89]

Der Aufstand der Plantagenarbeiter in den Jahren 1675–76 prägte die weitere Entwicklung der Chesapeake-Region. Unmittelbar nach dem Ende des Aufstandes gaben die Plantagenbesitzer dem Gouverneur den Auftrag, »jegliche unmenschliche Strenge« einzuschränken, »welche üble Herren oder Aufseher gegen christliche Knechte gebrauchen mögen«. Eine Anzahl von im Jahre 1682 erlassenen Gesetzen machte die vorsätzliche Segmentierung des Plantagenproletariats noch offensichtlicher. Darin wurde festgelegt, dass »alle Knechte, die keine Christen sind und auf Schiffen in dieses Land eingeführt worden sind« (d.h. Afrikaner), Zeit ihres Lebens Sklaven bleiben sollten, während diejenigen, die über Land gekommen waren (die Natives), zwölf Jahre lang als Leibeigene dienen sollten. Europäische Schuldknechte und -mägde sollten nur vier bis fünf Jahre in befristeter Leibeigenschaft zubringen. Die Großplantagenbesitzer von Virginia begannen die europäischen Schuldknechte durch afrikanische Sklaven zu ersetzen[90], eine Entwicklung, die den Charakter der Schuldknechtschaft in der Chesapeake-Region genauso verändern sollte wie seinerzeit auf Barbados. Es wurden weniger Schuldknechte eingeführt, und den Neuankömmlingen wurden im Allgemeinen qualifizierte Aufsichts- und Überwachungspositionen zugewiesen. Ab den späten 1670er Jahren wurden überall in den britisch-amerikanischen Plantagenkolonien Gesetze erlassen, die die »christlichen« – das heißt zunehmend »weißen« – Kolonisten unterstützen und schützen sollten.[91]

Spätestens mit Beginn der 1670er Jahre wurden Antinomier von den Großplantagenbesitzern nur noch geduldet, wenn sie sich von der Erfahrung der Plantagenarbeit distanzierten und in der mittlerweile wichtigen Rolle des »weißen« Kolonisten auftraten, wozu die Aufgabe gehörte, in der Miliz zu dienen und die Kolonie gegen rebellische Sklaven zu verteidigen. Im Jahre 1671 beschwichtigte George Fox die Sklavenhalter von Barbados mit den Worten, ein Sklavenaufstand sei »ein Ding, das wir verabscheuen und hassen«. Die erste Niederlage des Antinomianismus in der Englischen Revolution hatte dazu beigetragen, den Sklavenhandel zu sichern und das Wachstum des Kapitalismus zu beschleunigen; seine zweite Niederlage in Amerika trug dazu bei, die Plantage als Basis des neuen Systems abzusichern. Allmählich wechselten die »widerspenstigen Hausgeister« ihre Farbe von bunt zu schwarz, und spätestens um 1680 war die Ära der Schuldknechte und -mägde und Antinomier als der wichtigsten revolutionären Kräfte im atlantischen Raum vorbei. An die Stelle der Angst der Plantagenbesitzer vor multiethnischer Rebellion trat die Angst vor dem Sklavenaufstand, eine Furcht, die sich in zwei 1680 und 1682 erlassenen Gesetzen zur Verhinderung von »Negeraufständen« niederschlug. Diese Übergangsphase endete mit dem »Gesetz über Leibeigene und Sklaven« (1705), das die Rechte der Leibeigenen auf Zeit festschrieb und Sklaven als eine Form von Besitz definierte, die zur Grundlage der Produktion in Virginia werden sollte.[92]

In Virginia und Maryland war die Plantage somit spätestens gegen Ende der 1670er fest etabliert, aber es gab immer noch Alternativen, und eine davon befand sich ganz in der Nähe. Einige der entflohenen Sklaven stellten das Gemeineigentum auf der Insel Roanoke im Albemarle-Sund wieder her. Europäische und afroamerikanische Sklavinnen und Sklaven (einige in befristeter Schuldknechtschaft, andere auf Lebenszeit), Verbrecher, landlose Arme, Vagabunden, Bettler, Piraten und Rebellen aller Art flohen in die trostlosen Sümpfe und begannen in den 1640ern, unter dem Schutz der Tuscarora dort zu leben. Sie fischten, jagten, stellten Fallen, trieben Anbau und Handel, heirateten untereinander und bildeten eine Gemeinschaft, die von ihrem Hauptchronisten Hugo Leaming als eine Mestizenkultur bezeichnet worden ist. Unter den Mitgliedern dieser Gemeinschaft befanden sich Nathaniel Batts, auch bekannt als Secotan, der Kriegshäuptling des Tuscarora-Herrschaftsgebietes und Mitglied der Großen Ratsversammlung der Tuscaroras, die Afroamerikaner Thomas Andover (ein Lotse) und Francis Johnson (ein Strandräuber und -sammler), sowie John Culpeper, der Charleston, South Carolina, verlassen hatte, da »er sich in Gefahr befand, gehängt zu werden, weil er das Vorhaben ersonnen und den Versuch unternommen hatte, die armen Leute dazu zu bringen, die Reichen auszuplündern«. Darüber hinaus hatte Culpeper an der Bacon-Rebellion und einem weiteren Aufstand in Neuengland teilgenommen, bevor er nach Roanoke zurückgekehrt war, wo er im Jahre 1677 bewaffnete Haufen ehemaliger Plantagenarbeiter, Seeleute, »Indianer, Neger und Frauen« im Kampf gegen den Versuch angeführt hatte, eine private Regierung zu etablieren.

Die Bewohner von Roanoke waren für ihre »Begeisterung«, ihre Weigerung, Eide zu leisten, ihren Antiklerikalismus, die Bedeutung, die sie dem »inneren Licht« beimaßen und ihren festen Glauben an die »Unabhängigkeit des Gewissens« bekannt; sie waren Antinomier und Abolitionisten und hatten bereits 1675 die Abschaffung der Sklaverei gefordert. Die bloße Existenz dieses multiethnischen Maroon-Staates stellte eine Bedrohung für Virginia dar. Der Gouverneur der Kolonie befürchtete, dass »Hunderte müßiger Schuldner, Diebe, Neger, Indianer und englischer Knechte« in die befreite Zone fliehen und sie als Basis für Angriffe auf das Plantagensystem nutzen könnten. Es sollte Jahre dauern, bis die Kolonialherren es schafften, Roanoke zu bändigen und aus North Carolina eine offizielle Kolonie zu machen. Von diesem Zeitpunkt an verlagerte sich der Kampf um gemeinschaftlichen Besitz auf die Meere, und Seeleute und Piraten wurden die neuen Maroons.[93]

Die Niederlage der Leibeigenen und Sklaven und die Neuzusammensetzung des Plantagenproletariats fielen mit dem Beginn des wissenschaftlichen Rassismus zusammen. Der Kartograf und Mediziner William Petty bedachte die Angelegenheit in *The Scale of Creatures* (1676): »Sogar unter den Menschen scheint es mehrere Spezies zu geben«, schrieb er. »Ich behaupte, dass sich die Europäer von den vorerwähnten Afrikanern nicht nur in der Farbe, [...] sondern auch [...] in ihrem natürlichen Betragen und den inneren Eigenschaften ihres Verstandes unterscheiden.« Im Gefolge Francis Bacons entwickelte er einen neuen Diskurs, einen ideologischen Rassismus, der sich in Tonfall und Methoden von den rassistischen Vorurteilen des Aufsehers mit der Peitsche oder des Drangsalierers auf dem Schiffsdeck unterschied. Englische Biologen und die englischen Philosophen Locke und Hume sollten die biologistische Rechtfertigung für die Doktrin der Überlegenheit der »weißen Rasse« verfeinern, aber ihre Entstehung war durchaus nicht zwangsläufig, denn selbst in England gab es alternative Ansätze. So erklärte Morgan Goodwin im Jahre 1680 die »Doktrin der Minderwertigkeit des Negers« aufgrund der Arbeitsverweigerung: »Gewiss sind Faulheit und Habgier als bereitwillige Instrumente und Gehilfen bei der Hand gewesen, um ihr auf die Welt zu helfen und sie zu pflegen und aufzuziehen.« Und noch früher, im April 1649, hatte Winstanley geschrieben: »So wie die unterschiedlichen Glieder unserer menschlichen Körper nur einen einzigen Körper vollkommen machen; so ist jeder einzelne Mensch nichts als ein Glied oder Zweig der Menschheit«, und im August des selben Jahres bemerkte er, die Erde sei ein gemeinsamer Schatz »der ganzen Menschheit in all ihren Zweigen, ohne Ansehen der Person«.[94]

ALLMENDE ODER SKLAVEREI

Gerrard Winstanley war der redegewandteste Protagonist der Revolution in den späten 1640er Jahren. Er sprach sich gegen Sklaverei, Enteignung, die Zerstörung der Allmende, Armut, Lohnarbeit, Privateigentum und die Todesstrafe aus. Er war nicht der Erste, der einen rationalen Plan zur Umgestaltung der gesellschaftlichen Verhältnisse entwickelte, aber er war, wie Christopher Hill angemerkt hat, der Erste, der einen derartigen Plan in volkstümliche Sprache kleidete und eine spezifische soziale Klasse – das gemeine Volk – zu seiner Umsetzung aufrief.[95] Seine Überzeugungen erklären sich aus seinen Erfahrungen zu Anfang des revolutionären Jahrzehnts, als er als Stoffhändler einem Betrug zum Opfer fiel. Als die Stoffindustrie zusammenbrach, verlor Winstanley persönlich 274 Pfund und sah sich auf die Gemeindefürsorge angewiesen. Damit hatte er seine eigenen bitteren, teuer bezahlten Erfahrungen mit der »diebischen Kunst des Kaufens und Verkaufens« gemacht. R.J. Dalton hat in einem sorgfältig recherchierten Artikel die These aufgestellt, dass dieser Betrug »die mit Abstand wichtigste [Erfahrung] in Winstanleys Leben war; ohne sie hätte er möglicherweise nie seine kommunistische Ideologie entwickelt«.[96]

Der Mann, dessen Betrug Winstanley zum Opfer fiel, war Matthew Backhouse, derselbe Sklavenhändler, der 1651 an Bord der *Friendship* zum Gambia-Fluss gesegelt war. Backhouse kannte sich in diesem Gewerbe aus; zehn Jahre zuvor hatte er Winstanley und anderen ein Betriebskapital von etwa siebenhundert Pfund abgeschwindelt, »bevor er sich auf eine im voraus geplante Reise an die westafrikanische Guineaküste machte«. Stoffe waren, wie er wusste, in Afrika gefragt; Sklaven waren, wie er ebenfalls wusste, auf Barbados gefragt. Nach der Unterwerfung der Radikalen durch Cromwell und die Parlamentarier Anfang 1649 kehrte Backhouse nach England zurück und erneuerte seine Beziehungen zur wiedergegründeten Guinea Company, mit der Unterzeichnung eines Fünfjahresvertrages mit den neuen Kaufleuten, der zu seiner Reise von 1651 führen sollte. 1641 hatte Backhouse Winstanley in den Ruin und damit zum Antinomianismus und Kommunismus getrieben. Wo Winstanley wie Rainborough 1647 in Putney der revolutionären Vision einer Zukunft ohne Sklaverei Ausdruck verlieh, trug Backhouse, ganz wie Ireton, dazu bei, das konterrevolutionäre Gegenteil dieser Vision in die Tat umzusetzen.

Backhouse und Winstanley hatten zwei unterschiedliche Lösungen für die Krise des 17. Jahrhunderts anzubieten. Zu Beginn des Jahrhunderts war die große Sorge der herrschenden Klasse die Überbevölkerung gewesen, daher die Plantagen, Migrationsbewegungen, Kolonisierungsprojekte und kaum verschleierten Andeutungen auf Völkermord; am Ende des selben Jahrhunderts sorgten die Herrschenden sich über das Gegenteil. Und so bildeten sich qualitativ neue politische Strategien zur Mobilisierung von Arbeitskraft als grundlegende Aufgabe des merkantilistischen Staates heraus: die Mobilisierung von Seeleuten, das erhöhte Augenmerk auf biologische Fortpflanzung, der afrikanische Sklavenhandel. In Irland, Westafrika, Virginia und auf Barbados enteigneten englische Machthaber, Kaufleute und Plantagenbesitzer weitere Zehntausende von Menschen und machten die Sklaverei zur Grundlage des atlantischen Kapitalismus.[97] Winstanleys Begegnung mit Backhouse verhalf ihm zur Formulierung einer neuen, anderen Antwort auf die Krise; er verschrieb sich der Allmende und wurde zum Theoretiker des Gemeinbesitzes, doch sein Blickwinkel war umfassender. So wie englische Stoffe nach Afrika exportiert und dort gegen Sklaven eingetauscht wurden, die wiederum nach Barbados verschifft wurden, so ließ sich, wie Winstanley erkannte, weder die Gerechtigkeit in Form eines nationalen Projektes verwirklichen noch konnte die Allmende nur in einem einzigen Land existieren. »Geld darf nicht länger […] der große Gott sein, der die einen ein- und die anderen ausschließt.«[98] Als er im Juli 1649 schrieb: »Diese bittere Pille, das habgierige, mörderische Schwert, dreht allen Nationen den Magen um«, hatte er Barbados und Gambia im Sinn. Er näherte sich einem weltumspannenden Klassenbewusstsein an. Immer noch geplagt von der schmerzlichen Erkenntnis, dass englische Christen prellten und betrogen, klagte er: »Englische Christen befinden sich in einem niedrigeren und schlimmeren Zustand als die Heiden. […] Gewiss wird das Leben der Heiden sich beim Jüngsten Gericht gegen euch erheben, vom Höchsten bis zum Geringsten.«[99] Die Erklärung, die er am 30. April 1649 im Namen des gemeinen Volkes abgab, richtete sich an »die Mächtigen in England und alle Mächtigen der Welt«. Die Befreiung von der Unterdrückung werde »unter dem armen gemeinen Volk« ihren Ursprung nehmen und »auf alle Nationen überspringen«, und »aller Gemeinbesitz und alles Ödland in England und auf der ganzen Welt werden vom Volk in Gerechtigkeit übernommen werden«.[100]

Nachdem Winstanley im Januar 1650 von George's Hill vertrieben worden war, fasste er zusammen: »Ich habe geschrieben, ich habe gehandelt, ich habe meinen Frieden: Und nun muss ich abwarten und sehen, wie der Geist sein Werk in den Herzen anderer tut, und ob England oder ein anderes Land das Erste sein wird, darin sich die Wahrheit im Triumph niedersetzen wird.«[101] Ungeachtet der Niederlagen, die Winstanleys Feinde den Londoner Levellers, den irischen Soldaten, den Leibeigenen von Barbados und den Sklaven und Sklavinnen von Virginia zugefügt hatten, setzte sich die Wahrheit in der Tat in anderen Ländern »nieder«. Sie wohnte in abgelegenen Sumpfsiedlungen, sie stand schwankend auf den Decks von Hochseeschiffen, sie stand Schulter an Schulter mit den Armen in den Wirtshäusern der verwinkelten Hafenstädte, sie saß angespannt lauschend in den Kirchen der »Großen Erweckung« oder ließ sich des Nachts in Sklavenhütten mit Lehmfußböden auf Hockern nieder. In England schien sie innezuhalten: »Der Geist, der sich in den Söhnen und Töchtern von Osten nach Westen und von Norden nach Süden ausbreitet, währt ewig, und stirbt niemals, sondern währt immer und ewig, und steigt höher und höher auf, während er sich in der Menschheit und für die Menschheit manifestiert.«[102] Dies war das ewige Evangelium, das westwärts, auf die andere Seite des Atlantiks, ziehen und schließlich mit Ottobah Cugoano und William Blake mit eben diesen Worten seinen Weg zurück nach England finden sollte: der Kampf gegen die Sklaverei, der Kampf um die Allmende.

V. KAPITEL

HYDRARCHIE: SEELEUTE, PIRATEN UND DER SEESTAAT

☆

Als ich wieder frei war,
glich ich dem soeben erschaffenen Adam.
Ich besaß nichts auf der Welt und entschloss mich daher,
mich den Freibeutern oder Bukanieren anzuschließen.
A.O. Exquemelin: The Buccaneers of America (1678)

Alle Besatzungen sind aufgestellt,
und die Sklaven, die von den Plantagen
zu uns desertiert sind, sind allesamt
mutige und entschlossene Kerle.
John Gay: Polly: An Opera (1729)

Richard Brathwaite, der in der Englischen Revolution auf Seiten des Parlaments stand und einen Sohn im Kampf gegen algerische Piraten verlor, beschrieb den Seemann des 17. Jahrhunderts folgendermaßen:

> Er war nie mit besonderer Höflichkeit vertraut; die See hat ihn eine andere Sprache gelehrt. […] Er ist nicht imstande, leise zu sprechen, denn die See spricht so laut. In Marineangelegenheiten wird sein Rat selten befolgt; seine Hand ist stark, aber sein Kopf ist schwach. […] Die Sterne in ihrer Gemeinschaft können einander nicht treuer zugetan sein als diese Gesellen in ihrer Bruderschaft. Seite and Seite schlagen sie sich tapfer, und sie erzählen ihre Abenteuer mit wunderbarem Entsetzen. Sie sind notwendige Werkzeuge und höchst wichtige Mitwirkende an der Hydrarchie, in der sie leben; denn ohne sie könnten die Mauern des Staates nicht bestehen; aber sich selbst sind sie am wenigsten von Nutzen, und der Unterstützung durch andere höchst bedürftig.[1]

Brathwaite gehörte der Oberschicht an und behandelte seinen Gegenstand mit entsprechender Herablassung – er bezeichnete die Seeleute als laut und dumm, ja sogar als Wilde – aber er wusste, wovon er sprach. Er wusste, dass sie für die Expansion und den Handel Englands und den merkantilistischen Staat unentbehrlich waren. Mehr noch, er wusste, dass sie ihre eigenen Gebräuche hatten, ihre eigene Sprache, Geschichten und Solidarität.

In diesem Kapitel werden wir mit Brathwaites Ausdruck »Hydrarchie« zwei miteinander verknüpfte Entwicklungen des 17. Jahrhunderts kennzeichnen: die Organisation des Seestaates von oben und die Selbstorganisation der Seeleute von unten. Während Brathwaites Seeleute mit starker Hand daran arbeiteten, aus dem Atlantik eine Zone der Kapitalakkumulation zu machen, begannen sie sich in Treue – oder Solidarität – mit anderen zusammenzutun und eine radikale Seefahrertradition zu begründen, die den Atlantik gleichzeitig zu einer Zone der Freiheit machte. So wurde das Schiff im Gefolge der bürgerlichen Revolution in England sowohl zum Motor des Kapitalismus »als auch« zu einem Schauplatz des Widerstandes, einem Ort, an dem die Ideen und Praktiken der von Cromwell und später von König Karl II. geschlagenen und unterdrückten Revolutionäre Zuflucht fanden, sich neu formierten, zirkulierten und überlebten. Der Zeitraum von den 1670er bis zu den 1730er Jahren stellte eine neue Phase in der Geschichte des atlantischen Kapitalismus dar, eine Phase, in der der im vorigen Kapitel diskutierte Durchbruch inmitten neuer, geografisch ausgeweiteter Klassenkämpfe konsolidiert und institutionalisiert wurde. In einer Phase des Stillstands, in der revolutionäre Ideen und revolutionäres Handeln an Land entweder scheinbar gar nicht existierten oder zum Schweigen gebracht worden waren, erhob sich eine Hydrarchie auf See, die sich als die ernsthafteste Herausforderung für die Weiterentwicklung des Kapitalismus in jenem Zeitalter erweisen sollte.

DIE IMPERIALE HYDRARCHIE ODER DER SEESTAAT

Die Eroberung von Land und Arbeitskräften in England, Irland, Afrika und den Amerikas bildete die militärische, kommerzielle und finanzielle Grundlage für Kapitalismus und Imperialismus, und diese wiederum konnten nur mit Hilfe von Brathwaites Hydrarchie, dem Seestaat, organisiert und erhalten werden. Ein entscheidender Moment in dieser Entwicklung kam, als Cromwell und das Parlament im Jahre 1649 zu ihrem Entsetzen feststellten, dass ihnen zur Verteidigung ihrer Republik gegen die europäischen Monarchen (die an dem abgeschlagenen Kopf Karls I. kein Vergnügen fanden) nicht mehr als fünfzig Schiffe zur Verfügung standen. Und so ließen die neuen Herren Englands eilends (und permanent) die Werften von Chatham, Portsmouth, Woolwich und Deptford für den Bau der notwendigen Schiffe aufrüsten. Um die erforderlichen Arbeitskräfte aufbieten zu können, erliessen sie »Kriegsgesetze und -verordnungen«, in denen die Pressung für zulässig erklärt und die Todesstrafe für Widerstand verhängt wurde. 1651 waren die Royalisten auf See geschlagen, und die New Model Army hatte begonnen, die nach wie vor feindseligen Regierungen anderer europäischer Länder zu bedrohen und, mehr noch, einzuschüchtern. Englands neue Riege ging auf der Stelle daran, ihre kommerzielle und militärische Macht zur See mittels zweier miteinander verknüpfter Gesetze auszuweiten: Das Navigationsgesetz von 1651 wurde für die Handelsmarine, die Kriegsartikel von 1652 für die Royal Navy erlassen. Diese Gesetze, die beide nach 1660 von der Restaurationsregierung bestätigt wurden, sollten die Macht des Seestaates dramatisch erweitern.[2]

Mit diesen Gesetzen gaben Cromwell und das Parlament ihre Absicht bekannt, die Vormachtstellung der Holländer auf See anzufechten und ihre eigene Souveränität im Atlantik geltend zu machen. Die Verfasser des ersten Gesetzes beabsichtigten, den Holländern ihre Vorrangstellung im transatlantischen Warentransport streitig zu machen, indem sie das Recht auf Importe englischen Schiffen vorbehielten. Ein neues Navigationsgesetz listete im Jahre 1660 detailliert die atlantischen Waren auf, die von englischen Kaufleuten, Seeleuten und Schiffen transportiert zu werden hatten. Mit einem zusätzlichen Gesetz aus dem Jahre 1673 wurde ein Stab eingesetzt, der den Kolonialhandel überwachen, die Gesetze durchsetzen und sicherstellen sollte, dass der König den ihm gebührenden Anteil an der Beute erhielt. Dem Parlament war sehr an der Förderung des Außenhandels als Antriebskraft der Schifffahrtsindustrie und der wirtschaftlichen Macht Englands gelegen. 1629 hatten die englischen Kaufleute lediglich 115.000 Tonnen Fracht transportiert; um 1686 hatte sich diese Zahl auf 340.000 Tonnen verdreifacht, und die Anzahl der Seeleute, durch deren Hände diese immensen Frachtmengen gingen, war entsprechend angestiegen. Der lukrative Atlantikhandel mit Tabak, Zucker, Sklaven und Manufakturwaren führte zwischen etwa 1660 und 1690 zu einem Wachstum der englischen Handelsschifffahrt um zwei bis drei Prozent im Jahr.[3]

Seeleute erzählen sich Geschichten unter Deck, ca. 1810.
Charles Napier Robinson: A Pictorial History of the Sea Services, or Graphic Studies of the Sailor's Life and Character Afloat and Ashore (1911). Brown Military Collection, John Hay Library, Brown University

Der Erfolg des Navigationsgesetzes stand und fiel mit parallel stattfindenden Reformen in der Royal Navy. Die Kriegsartikel aus dem Jahr 1652, von deren 39 Paragrafen 25 die Todesstrafe vorsahen, erwiesen sich während des Krieges mit Holland als effektives Herrschaftsinstrument auf englischen Schiffen. Auf das Pressungsgesetz von 1659 (in dem das Kriegsrecht von 1649 bestätigt wurde) folgte eine Neufassung der Artikel unter dem Namen »Gesetz über die Marinedisziplin«, das die Macht der Kriegsgerichte begründete und ausdrücklich die Todesstrafe für Desertion vorsah. Mittlerweile ging Samuel Pepys daran, die englische Marine in anderer Hinsicht zu reorganisieren: Er professionalisierte das Offizierskorps und ließ immer größere und leistungsstärkere Schiffe in immer größerer Anzahl bauen. Während des zweiten englisch-holländischen Krieges liefen etwa 3.000 Seeleute der englischen Marine zum Feind über, was die englische Obrigkeit dazu veranlasste, die Hinrichtung von Deserteuren als öffentliche Spektakel zu inszenieren und das »flogging round the fleet« (bei dem der Verurteilte um die gesamte Flotte gerudert wurde und von jedem Schiff eine festgesetzte Anzahl von Peitschenhieben erhielt) zu einer häufig angewandten Disziplinarmaßnahme zu machen. Die Kriegsartikel wurden ein weiteres Mal im Jahr 1674, während eines dritten Krieges gegen Holland, erneuert. Die Umgestaltung der Royal Navy in diesem Zeitraum lässt sich in Zahlen ausdrücken, die denen der Entwicklung in der Handelsschifffahrt fast vollständig entsprechen: 1633 hatte die Marine 50 Schiffe und 9.500 Seeleute; 1688 waren es 173 Schiffe und 42.000 Seeleute.[4]

Dass Cromwell die Ära des Seestaates einläuten und Karl II. dessen Potenzial verwirklichen konnte, indem er endlich die Vormachtstellung der Holländer im Atlantik brach, war Beratern wie Sir William Petty (1623–1687) zu verdanken, dem Vater der politischen Ökonomie oder – im Sprachgebrauch seiner Zeit – der politischen Arithmetik. Petty, der für Karl II. eine *Political Anatomy of Ireland* geschrieben hatte, hatte sein Arbeitsleben als Kabinenjunge auf See begonnen und war an Englands Eroberungsfeldzug in Irland beteiligt gewesen: Im Jahre 1652 diente er als Arzt, im Jahre 1654 als Kartograf konfiszierter Ländereien im Rahmen des »Down Survey«. (Dabei behielt er 50.000 Acres in der Grafschaft Kerry für sich und setzte dort Holzhauer, Fischer, Steinhauer, Bleiminenarbeiter und Eisenarbeiter ein.) Erfahrungen wie diese verschafften ihm ein klares Verständnis der immensen Bedeutung von Land, Arbeit und transatlantischen Verbindungen. Arbeit war seiner Ansicht nach der »Vater [...] des Reichtums, so wie das Land dessen Mutter ist«. Arbeitskraft hatte mobil zu sein – und Arbeitspolitik transatlantisch –, weil das Land selber so weit verstreut war. Er war ein Verfechter der Praxis, Verbrecher nach Plantagen in Übersee zu verschiffen: »Warum sollten mittellose Diebe nicht mit Sklaverei statt mit dem Tode bestraft werden? So dass sie als Sklaven zu so viel Arbeit und wohlfeiler Zehrung gezwungen werden mögen, als die Natur es duldet, und das Gemeinwesen auf diese Weise gewissermaßen zwei Männer dazugewinnt, anstatt einen einzubüßen.«[5] Er war sich der zunehmenden Bedeutung des Sklavenhandels für Englands Großmachtpläne bewusst: »Der Beitrag der Neger zu den amerikanischen Plantagen ist (da sie allesamt Männer von großer Arbeitskraft und geringen Kosten sind) nicht unbeträchtlich.« Dabei bezog er die biologische Reproduktion in seine Kalkulationen mit ein: Seinen Hochrechnungen zufolge würde die Fruchtbarkeit der Frauen in Neuengland die Verluste in Irland wettmachen. Von der Annahme ausgehend, dass »man für die Leute, die in Irland zu Tode gekommen sind, den gleichen Wert ansetzt wie den, der Sklaven und Negern gewöhnlich beigemessen wird, also – da Männer für je 25 Pfund und Kinder für je 5 Pfund verkauft werden – etwa 15 Pfund im Mittelwert«, schätzte er die finanziellen Verluste, die England aus dem Krieg in Irland (1641–51) erwuchsen, auf 10.355.000 Pfund.[6] Aber Pettys Hauptargument war, dass Schiffe und Seeleute die wahre Grundlage von Englands Reichtum und Macht bildeten. »Bauern, Seeleute, Soldaten, Handwerker und Kaufleute sind nichts weniger als die Säulen jeden Gemeinwesens«, schrieb er, und der Seemann war möglicherweise die wichtigste dieser Säulen, weil »jeder fleißige und gescheite Seemann nicht nur ein Steuermann, sondern zudem ein Kaufmann und noch dazu ein Soldat ist«. Er schloss: »Die Arbeitskraft der Seeleute, und die Fracht der Schiffe, sind stets von der Beschaffenheit einer Ausgeführten Ware, deren Überschuss über das hinaus, was Eingeführt wird, Geld ins Land bringt, etc.«.[7] Das heißt, Seeleute erwirtschafteten Mehrwert über die Produktionskosten hinaus, ihren eigenen Unterhalt eingeschlossen, ein Vorgang, der in der Sprache der politischen Arithmetik als »Superlukration« bezeichnet wurde. Damit begründete Petty die Arbeitstheorie des Wertes, indem er es ablehnte, Arbeiter unter moralischen Gesichtspunkten zu betrachten; er zog einen Ansatz vor, der sich auf Anzahl, Gewicht und Maßeinheit beschränkte. Seine Denkweise sollte sich als wesentlich für die Entstehung und langfristige Planung des Seestaates erweisen.

Diese Planung nahm während des Vierteljahrhunderts der englisch-holländischen Kriege (ca. 1651–75) ihren Anfang, als sich die Schifffahrtsindustrie und die Marine in ihrer modernen Form konstituierten, und trat nach der Thronbesteigung Wilhelms III. im Jahre 1688 und der Kriegserklärung gegen Frankreich im folgenden Jahr in ein neues Stadium ein. Im Gefolge der Handelsmarine, deren Aktionsraum sich in den vorangegangenen Jahren vom Mittelmeerraum, dem Baltikum und der Nordsee in den atlantischen Raum – Afrika, die Karibik und Nordamerika – verlagert hatte, zog der Kriegsapparat vom Nordseeraum, wo die englisch-holländischen Kriege ausgetragen worden waren, in den Atlantik, wo ein räumlich ausgedehnterer und unverhohlenerer Kampf um Überseehandel und -territorien geführt werden sollte. Die englischen Machthaber kämpften um dem Erhalt ihrer Plantagenökonomien, und Frankreich und Spanien waren nicht ihre einzigen Gegner: Auf Bitten der Zuckerrohrpflanzer und Kaufleute, die Warenhandel und -schmuggel mit und nach Neuspanien betreiben wollten, stellte

Sir Robert Holmes im Jahre 1688 ein Schiffsgeschwader zur Vertreibung der Bukaniere auf, die ihren Stützpunkt auf Jamaika hatten. Die Seeräuber, die einst Jamaikas Truhen mit spanischem Gold gefüllt hatten, standen inzwischen geregelteren Formen der Kapitalakkumulation im Wege, die bald schon von London aus geplant und in atlantischem Maßstab umgesetzt werden sollten. »Es ist ein Zeichen des wachsenden Stellenwertes der fernen Kolonien und des Ozeanhandels im Bewusstsein ganz Europas«, schrieb J.H. Parry, »dass das Zeitalter der Bukaniere vom Zeitalter der Admiräle abgelöst werden sollte«.[8]

Die Konsolidierung des Seestaates fand in den 1690ern statt, zu einer Zeit, als die Royal Navy sich zu Englands größtem Arbeitgeber, Materialverbraucher und Industrieunternehmen entwickelt hatte. Die englischen Machthaber hatten den Nutzen der Marine als Instrument der Nationalpolitik in den 1650ern entdeckt, als sie zur Verteidigung der Republik eingesetzt worden war, und hatten ihre Schutzfunktion für die Schifffahrt und die überseeischen Märkte entsprechend ausgeweitet. Der Verfasser eines Pamphlets von 1689 schrieb ganz im Geiste der Kriegsartikel und des Gesetzes über die Marinedisziplin von 1661, die Marine sei »das Bollwerk unserer britischen Herrschaftsgebiete, die einzige Einfriedung unseres Landes«.[9] Dies waren Brathwaites »Mauern des Staates«, eine Einhegung um ein neues Stück Grundbesitz, dessen Wert und Wertzuwachs sich in den 1690ern in einer Lawine von Veränderungen ausdrückte: der Konzentration von Seehandelskapital in Form von Aktiengesellschaften, deren Anzahl von elf im Jahre 1688 auf über hundert im Jahre 1695 anstieg, der Gründung der Bank von England im Jahre 1694, dem Wachstum der Seeversicherungsbranche, den Anfängen der Deregulierung der Royal African Company (1698), dem Aufstieg der Freihändler, die England im folgenden Jahrhundert zum größten Sklaventransporteur der Welt machen sollten, der wachsenden Rolle des kommerziellen Zeitungswesens sowie der rapide wachsenden Bedeutung des Manufakturwesens und des damit verbundenen Export- und Reexporthandels. Das Handelsgesetz von 1696 unterstellte alle Kolonialangelegenheiten dem Zuständigkeitsbereich des Handelsministeriums und weitete den Zuständigkeitsbereich des »admiralty court«, des Gerichts für seerechtliche Streitigkeiten, auf das gesamte Empire aus. Das Handelsgesetz sorgte für die Konsolidierung der Erträge, die im neuen atlantischen Kapitalismus erzielt wurden, aber es lenkte die Aufmerksamkeit gleichzeitig auf eine Bedrohung, die Holmes und die Marine von 1688 nicht aus dem Weg geräumt hatten:

Piraten waren nach wie vor eins der größten und drückendsten Probleme, mit denen Parlament und Handelsministerium sich konfrontiert sahen. Und so erließ das Parlament im Jahre 1698 ein »Gesetz über die wirksamere Unterdrückung der Piraterie« in der Hoffnung, Kolonialverwalter und Bürger gleichermaßen von der Notwendigkeit der Todesstrafe für ein Verbrechen überzeugen zu können, das lange Zeit toleriert und mitunter sogar gefördert worden war.[10]

DAS SCHIFF

Bis zur zweiten Hälfte des 17. Jahrhunderts hatten die Kapitalisten vier grundlegende Organisationsformen der Ausbeutung menschlicher Arbeitskraft entwickelt. Die erste war das große, kommerziell bewirtschaftete Landgut, auf dem Landwirtschaft in kapitalistischem Stil betrieben wurde und dessen amerikanisches Gegenstück die Plantage war, als in vielerlei Hinsicht wichtigste Errungenschaft des Merkantilismus. Die zweite war die Kleinproduktion, die von Freisassen oder wohlhabenden Handwerkern betrieben wurde. Die dritte Organisationsform war das Verlagssystem, das in Europa begonnen hatte, sich zum Manufaktursystem weiterzuentwickeln. In Afrika und den Amerikas vertrieben englische Kaufleute Schusswaffen, die von ihrer Kundschaft dazu benutzt wurden, Menschen zu fangen (um sie als Sklaven zu verkaufen), Tiere zu töten (um ihr Fell zu verwerten) und eine Vielzahl gemeinschaftlich genutzter Ökosysteme zu zerstören. Die vierte Methode, mittels derer die Ausbeutung von Arbeitskraft organisiert wurde, war ein Transportmittel, das alle anderen in der Zirkulationssphäre miteinander verband: das Schiff.

In jeder dieser Arbeitsumfelder wurde die menschliche Arbeitskraft anders organisiert. Die ausgedehnten Ländereien und die Plantage gehörten zu den ersten Orten in der Geschichte der Neuzeit, an denen Zusammenarbeit in großem Maßstab stattfand. Einfallsreichtum und Individualismus blieben der Kleinproduktion vorbehalten. Die Manufaktur und das Verlagssystem brachten den fragmentierten Teilarbeiter hervor, dessen »Müßiggang« im 18. Jahrhundert zum Fluch der Politökonomen werden sollte. Das Schiff, das aufgrund seines Aktionsbereichs gleichzeitig universell und einzigartig war, stellte ein Umfeld dar, in dem eine große Anzahl von Arbeitern gemeinsam gegen Lohn komplexe, synchronisierte Arbeitsgänge ausführte und dabei einer versklavenden, hierarchischen Disziplin unterworfen wurde, die den menschlichen Willen der technischen Ausstattung unterordnete. Das Wesen dieser Arbeit und die Zusammenarbeit und Disziplin an Bord des Schiffes machten es zu einem Vorläufer der Fabrik.[11] Der Begriff »Fabrik« selbst hat seinen etymologischen Ursprung in dem Wort »factor«, das einen Handelsvertreter bezeichnete, insbesondere einen Handelsvertreter mit Verbindungen nach Westafrika, dem ursprünglichen Standort der Faktoreien. In den 1730er Jahren ließ eine Handelsgesellschaft gewöhnlich eines ihrer Schiffe als Stütz- und Sammelpunkt für Vorräte, Informationen und Fracht vor der Goldküste ankern, das als schwimmende Faktorei bezeichnet wurde. Um 1700 war das Schiff zum Motor des Handels, zur Triebkraft des Empires geworden. In den Worten Edward Wards, der in seinen Schriften den Seestaat verteidigte, war es »der Souverän des Meeresrunds, welcher der minderen Brut, die auf diesem Glänzenden Reiche lebt, despotische Gesetze vorschreibt«. Für Barnaby Slush hingegen, einen Verteidiger des erfahrenen Seemanns, war das Schiff eine »zu große und schwer zu handhabende Maschine, um von Neulingen betrieben zu werden«. So dienten die Seeleute und das Schiff als Bindeglieder zwischen den unterschiedlichen Produktionsweisen und trieben die Expansion der internationalen kapitalistischen Ökonomie voran.[12]

Trotz des nationalistischen Tons des Navigationsgesetzes und des Gesetzes über die Marinedisziplin und trotz vollmundiger Verlautbarungen des Inhalts, dass englische Schiffe von englischen Seeleuten bemannt zu sein hätten, stammten viele Schiffe in Wirklichkeit aus holländischer Kriegsbeute, und viele Seeleute waren keine Engländer. Die Expansion der Handelsmarine und der Royal Navy im dritten Viertel des 17. Jahrhunderts stellte den Seestaat vor ein bleibendes Dilemma: Wie ließ sich angesichts von Arbeitskräfteknappheit und begrenzten staatlichen Ressourcen das Proletariat der Meere mobilisieren, organisieren, unterhalten und reproduzieren? Wieder und wieder stellten die Machthaber fest, dass sie weder genügend Seeleute für ihre diversen Unternehmungen zur See hatten noch genug Geld, um sie zu bezahlen.

Eine der Folgen dieser Situation war ein sporadischer, aber langwieriger Kleinkrieg zwischen Machthabern, Planern, Kaufleuten, Kapitänen, Marineoffizieren, Seeleuten und städtischen Arbeitern über Wert und Zweck der maritimen Arbeitskraft. Die Lebensbedingungen an Bord waren harsch, der Soldrückstand betrug oft zwei bis drei Jahre, und so meuterten und desertierten die Seeleute, zettelten Aufstände an und widersetzten sich dem Seedienst, wo sie nur konnten. Und im Gegenzug gegen diese andauernden Kämpfe um Geld und Freiheit ging der Staat mit Gewalt und Terror daran, seine Schiffe zu bemannen, und zwar möglichst billig: Oft waren es die ärmsten Bevölkerungsgruppen mit der größten ethnischen Vielfalt, auf die Jagd gemacht wurde. Die Presstrupps, die sich in den 1660ern mit demonstrativer Brutalität einen Namen gemacht hatten, schwangen in den 1690ern, als die Nachfrage nach maritimen Arbeitskräften weiter anstieg, noch größere Knüppel als zuvor.[13] Für die Seeleute repräsentierten die Presstrupps Sklaverei und Tod: Drei von vier der zum Dienst gepressten Männer starben innerhalb von zwei Jahren, und nur jeder Fünfte von ihnen kam im Gefecht um. Wer das Glück hatte zu überleben, konnte dennoch nicht darauf rechnen, bezahlt zu werden: Einem herausragenden Experten für die Marine der 1690er Jahre, John Ehrman, zufolge war es nicht ungewöhnlich, dass Seeleute zehn Jahre lang keinen Sold erhielten. Zur gleichen Zeit, als der buntscheckige Haufen zur Dauereinrichtung in der modernen Marine wurde, wurde der Anblick hungernder und häufig lahmer Seeleute in den Hafenstädten zur Dauereinrichtung der europäischen Zivilisation.[14]

Der Rekrutierungsprozess in der Handelsmarine verlief anders, doch das Ergebnis war das Gleiche. Da das Auf und Ab des Seefahrerlebens, die harte Disziplin, die tödlichen Krankheiten und die ständigen Desertionen die Reihen der Besatzung ausdünnten, heuerten Kapitäne Seeleute an, wo immer sie welche kriegen konnten. Wenn das Schiff auch nicht direkt zu einer Brutstätte der Rebellion wurde, so wurde es doch zumindest zu einem Treffpunkt, an dem unterschiedliche Traditionen in einem Treibhaus des Internationalismus zusammengepfercht wurden. Ungeachtet dessen, dass das Navigationsgesetz von 1651 unter Androhung des Verlusts von Schiff, Tauwerk und Ladung vorschrieb, dass drei Viertel der Besatzungsmitglieder von Schiffen, die englische Waren importierten, Engländer oder Iren zu sein hätten, wurden englische Schiffe weiterhin von Afrikanern, Bretonen, Quashee (Schwarzen Westindern) und Amerikanern bemannt – von Holländern, Portugiesen und Lascars (indischen Seeleuten) ganz zu schweigen. Ruskin hatte Recht, als er schrieb: »Die Nägel, die die Planken des Schiffsbugs zusammenhalten, sind die Nieten der weltumspannenden Kameradschaft.« Ned Coxere, der 1648 zum ersten Mal ausfuhr und »in den Seekriegen zwischen König und Parlament mehreren Herren diente«, schrieb: »Als nächstes diente ich den Spaniern gegen die Franzosen, dann den Holländern gegen die Engländer; dann wurde ich bei Dünkirchen von den Engländern ergriffen; und dann diente ich den Engländern gegen die Holländer; und schließlich wurde ich von den Türken ergriffen und gezwungen, ihnen gegen Engländer, Franzosen, Holländer und Spanier und die gesamte Christenheit zu dienen.« Alexander Exquemelin erwähnte die Vermischung der Kulturen unter den Bukanieren des späten 17. Jahrhunderts. William Petty verstand den internationalen Charakter des Lebens auf dem Unterdeck ebenfalls: »Während sich die Anstellung anderer Männer auf ihr eigenes Land beschränkt, steht die der Seeleute der ganzen Welt offen.« Während der 1690er Jahre dienten englische Seeleute unter allen Fahnen, denn, so John Ehrman, »der Austausch von Seeleuten zwischen seefahrenden Nationen war ein Brauch, der zu weit verbreitet und zu tief verwurzelt war, um abgeschafft werden zu können«.[15]

Damit war das Schiff nicht nur ein interkontinentales Kommunikationsinstrument, sondern außerdem der erste Ort, an dem die arbeitende Bevölkerung dieser verschiedenen Kontinente miteinander kommunizierte. Alle Widersprüche, die der gesellschaftliche Antagonismus hervorbrachte, allen voran der Imperialismus, konzentrierten sich in seinem hölzernen Rumpf. Die Sonne des europäischen Imperialismus warf von Anfang an einen afrikanischen Schatten. Christoph Kolumbus hatte nicht nur einen Schwarzen Kabinenjungen, sondern auch einen afrikanischen Lotsen, Pedro Niño. Sobald die *Mayflower* ihre Pilger abgesetzt hatte, segelte sie mit einer Schiffsladung afrikanischer Männer und Frauen nach den Westindischen Inseln.[16] Die schiere Größenordnung seines eigenen Unternehmens zwang den europäischen Imperialismus, Massen von ganz unterschiedlichen Männern und Frauen auf Schiffen zusammenzusperren und auf eine tödliche Reise an einen grausamen Bestimmungsort zu schicken, und schuf damit gleichzeitig die Bedingungen für einen Erfahrungsaustausch unter den Massen von Arbeitskräften, die auf diese Weise in Bewegung gesetzt worden waren.

Diese Zirkulation von Erfahrungen war unter anderem auf die Entwicklung neuer Sprachen angewiesen. 1689, im selben Jahr, als die beiden Flügel der herrschenden Klasse Englands unter der verfassungstheoretischen Anleitung John Lockes lernten, sich miteinander zu verständigen, schrieb Richard Simson über seine Erfahrungen in der Südsee: »Das Verfahren, mit dem diejenigen, die nach Guinea Handel treiben, die Neger ruhig halten, besteht darin, diese aus verschiedenen Teilen des Landes mit unterschiedlichen Sprachen auszuwählen; so dass sie feststellen, dass sie nicht gemeinsam handeln können, wenn sie nicht dazu imstande sind, sich miteinander zu beraten, und dies können sie nicht, insofern, als sie einander nicht verstehen.« In *The London Spy* beschrieb Ned Ward in farbenfroher Sprache die »Salzwasservagabunden« von Wapping, die sich nur auf See wohl fühlten und zu Hause ständig auf Wanderschaft waren. Um sich miteinander verständigen zu können, mussten sie ihre eigene Sprache erfinden, die, wie Ward später in *The Wooden World Dissected* (1708) erklärte, so unverständlich war wie »Heidengriechisch für einen Schuhmacher«. Ein Autor, der sich mit Logbüchern aus dem 17. Jahrhundert befasst hat, hat auf sechzig dicht formulierten Seiten dargelegt, wie sehr sich die Phonetik des Seefahrers von der des Landbewohners unterschied. 1757 schrieb ein Autor in der *Critical Review*, Seeleute sprächen in einem »Dialekt und einer Weise, die nur ihnen eigen« seien.[17]

Das Unterfangen, das W. E. B. DuBois als »das überwältigendste Drama der letzten tausend Jahre der Menschheitsgeschichte« bezeichnete – der atlantische Sklavenhandel –, entwickelte Vers und Reim seiner Sprache nicht über Nacht. Das Pidgin-Englisch, das während der turbulenten Jahre des Sklavenhandels zur unentbehrlichen Sprache der atlantischen Welt wurde, entstand aus einer Kombination von vier Elementen: erstens Seefahrtsenglisch, zweitens dem »Sabir« des Mittelmeerraumes, drittens dem für Uneingeweihte unverständlichen Slang der »Unterwelt« und viertens westafrikanischen grammatischen Konstruktionen. Einem modernen Philologen zufolge ist »keine andere Sprachform in der Geschichte der englischen Sprache dermaßen missbilligt, diskutiert und verteidigt worden«. Das Wort »crew« zum Beispiel, das ursprünglich eine beliebige Gruppe bewaffneter Männer bezeichnete, hatte gegen Ende des 17. Jahrhunderts die Bedeutung eines Trupps von Arbeitern angenommen, die unter Aufsicht eine spezifische Tätigkeit ausübten – im Sinne von Böttcher-, Artilleristen- oder Segelmacher-Crews – und konnte sogar die gesamte Mannschaft, d. h. alle Menschen an Bord eines Schiffes, einschließen. Im Gegensatz zu William Dampier, Daniel Defoe und Samuel Taylor Coleridge, für die der Seemann ein Individualist war, hob B. Traven die kollektive Komponente des Seemannslebens, die Crew, hervor. Er behauptete: »Jeder Seemann weiß zwei Dutzend englische Worte. Und jeder weiß drei bis sechs Worte, die der andere nicht weiß, aber von ihm lernt durch das Zusammenleben an Bord, wenn nur englisch gesprochen wird. Dadurch eignet sich jeder in kurzer Zeit etwa zweihundert Worte an. […] und dazu die Zahlen, die Namen der Tage und Monate in Englisch, ermöglichen einem Menschen alles das klar und zweifelsfrei auszudrücken, was er innerhalb dieses Kreises sagen will.« Er schloss: »Der Seemann ist, soweit Sprache in Frage kommt, nie verlegen. An welche Küste er auch geworfen werden mag, er kann sich zurechtfinden und kann sich verständlich machen.«[18]

Von Linguisten wird Pidgin als eine »Vermittlersprache« bezeichnet, ein von radikaler Vereinfachung gekennzeichnetes Produkt einer »mehrsprachigen Situation«. Es war ein Dialekt, dessen Ausdruckskraft sich weniger aus der Bandbreite seines Vokabulars als aus der Musikalität von Betonung und Tonhöhe ergab. Zu den Ausdrücken afrikanischen Ursprungs, die in die Seefahrtssprache eingingen und von dort aus ihren Weg in die englische Standardsprache fanden, gehören caboodle (Kram, Zeug), kick the bucket (den Löffel abgeben) und Davy Jones's locker (der Meeresgrund, das nasse Grab). Wo immer Menschen sich miteinander verständigen mussten, diente Pidgin-Englisch als Lingua Franca der Meere und der neuen Grenzgebiete. Spätestens um die Mitte des 18. Jahrhunderts existierten pidginsprachige Gemeinschaften in Philadelphia, New York und Halifax sowie in Kingston, Bridgetown, Calabar und London, die allesamt bestimmte syntaktische Strukturen gemeinsam hatten.[19] Wie die Trommel oder die Fidel wurde Pidgin zu einem Instrument der Verständigung unter den Unterdrückten. Von der respektablen Gesellschaft verachtet und schwer zu verstehen, verband es die Proletarier fast aller Hafenstädte in einem starken, zähen, kreativen und inspirierenden Strom. Krio, schon seinem Ursprung nach eine Lingua Franca der afrikanischen Westküste, war weit verbreitet, ebenso Kamerun-Pidgin, jamaikanisches Kreole, Gullah und Sranan (Surinam). Die Vielsprachigkeit und der transatlantische Horizont vieler Afrikanerinnen und Afrikaner lässt sich am Beispiel eines Schwarzen auf den Komoren im Indischen Ozean veranschaulichen, der im Jahre 1694 den Piratenkapitän Henry Avery, den »Robin Hood der Meere«, auf Englisch begrüßte. Wie sich herausstellte, hatte er in Bethnal Green in London gelebt.[20]

DIE HYDRARCHIE DER SEELEUTE

Während in der Handelsmarine, der Royal Navy und der Kaperei der Kriegszeiten die kollektive Zusammenarbeit Tausender von Seeleuten organisiert wurde, begann der bunte Haufen durch Arbeit und neue Sprachen sein eigenes Gemeinschaftsprojekt zu entwickeln. Was bedeutete, dass sich innerhalb der imperialen Hydrarchie eine zweite Hydrarchie herausbildete,

Sklaven unter Deck, von Lieutenant Francis Meynall, 1830.
National Maritime Museum, London

die gleichzeitig proletarisch und oppositionell war. Dies war eine langsamer, holpriger und schwer zu verfolgender Prozess, nicht zuletzt deshalb, weil die alternative Ordnung der gemeinen Seeleute fast überall, wo sie ihr Haupt erhob – sei es in Form von Meuterei, Streik oder Piraterie – geköpft wurde. Es dauerte lange, bis die Seeleute »in sich selbst die Wahl«, das heißt die autonome Macht hatten, das Schiff und seine Gesellschaft im Kleinen nach ihren eigenen Wünschen zu organisieren. Die Hydrarchie der Seeleute durchlief mehrere Phasen und fand ihren deutlichsten – und für die Obrigkeit bedrohlichsten – Ausdruck im selbstorganisierten Piratenwesen des frühen 18. Jahrhunderts.[21]

Die Piraterie selber durchlief mehrere historische Phasen, bevor der gemeine Seemann sie zum Vehikel für seine eigenen Bedürfnisse machen konnte. Die Piraterie im Atlantik war lange Zeit den Zwecken des Seestaates und der englischen Kaufmannschaft zugute gekommen. Aber in einer langfristigen Tendenz verlagerte sich die Kontrolle über die Piraterie von der Spitze zur Basis der gesellschaftlichen Pyramide, d. h. von den höchsten Staatsbeamten (im späten 16. Jahrhundert) über die Großkaufleute (im frühen bis mittleren 17. Jahrhundert) hin zu kleineren, im Allgemeinen Kolonialkaufleuten (im späten 17. Jahrhundert) und schließlich zum gemeinen Volk der Meere (im frühen 18. Jahrhundert). Als diese schrittweise Dezentralisierung den Boden der Pyramide erreichte und die Seeleute – nunmehr als Piraten – ihre eigene gesellschaftliche Welt jenseits der Gebote der merkantilen und imperialen Gewalten aufbauten und von dieser Basis aus in den 1690ern begannen, das Eigentum der Kaufleute anzugreifen, griffen die Machthaber des Seestaates zu massiver Gewalt, um das Seeräuberunwesen auszurotten, und zwar sowohl mit militärischen (der Marine) als auch mit strafrechtlichen Mitteln (dem Galgen). Die folgende Terrorkampagne zur Zerschlagung der Hydrarchie zwang diese unter Deck und in eine Existenz, die gleichermaßen flüchtig und beständig war.[22]

Der Massenwiderstand der Seeleute begann in den 1620ern mit Meutereien und Aufständen für bessere Bezahlung und Arbeitsbedingungen und trat in ein neues Stadium ein, als Seeleute sich an die Spitze der Londoner Mobs stellten, dessen Proteste die revolutionäre Krise von 1640/41 einläuteten. Auf sechs Schiffen der Flotte meuterten Seeleute im Jahre 1648 im Namen des Königs; viele von ihnen sollten später gegen die Flottenkommandanten des Königs, Männer wie Prinz Rupert, meutern. Im Zuge der eiligen Umgestaltung der Flotte im Sinne der Republikaner traten auch religiöse Radikale in die Marine ein, wenn es auch nie so viele wie in der Armee werden sollten. Das Cromwell-Regime erkaufte sich die Unterstützung vieler Seeleute mit dem Versprechen von Prisengeldern und der Schaffung einer neuen Berufsgruppe im Jahre 1652, des Vollmatrosen, der 24 statt der üblichen 19 Schillinge im Monat verdiente. Dennoch war das Leben der Seeleute weiterhin schwierig: Es gab nach wie vor »turnovers«, bei denen ein Seemann auf ein anderes Schiff verlegt wurde, bevor er bezahlt worden war, Soldrückstände, Bezahlung in inflationierten Gutscheinen statt Geld und Pressung – Missstände, auf die die Seeleute in den Jahren 1653 und 1654 mit einer Reihe von Aufständen und Meutereien reagierten. Die »Demütige Petition der Seemänner auf den Schiffen des Commonwealth von England«, datiert auf den 4. November 1654, moniert Krankheit, schlechte Verpflegung, Blutvergießen, Soldrückstände und vor allem die »Knechtschaft und Sklaverei« der Pressung, die als »mit den Grundsätzen von Freiheit und Unabhängigkeit unvereinbar« bezeichnet wurde.[23]

Die Kämpfe der Seeleute schlugen sich im veröffentlichten radikalen Diskurs der 1640er und 1650er Jahre nieder, besonders in den Pamphleten der

Levellers. Im Jahre 1646 verdammte Richard Overton die Pressung und prangerte die Praxis an, »plötzlich über einen Mann herzufallen, ihn von seinem Broterwerb [...] von seinen geliebten Eltern, Weib und Kindern wegzureißen [...], um für eine Sache zu kämpfen, die er nicht versteht, und das in Gesellschaft anderer, deren Gegenwart ihm kein Trost ist; und im Falle, dass er überlebt, zurückzukehren und sein Gewerbe verloren oder sich selbst am Bettelstab zu finden.« Im ersten *Agreement of the People* erklärten die Levellers klar und deutlich: »Der Brauch, uns zu Soldaten zu pressen und zu zwingen, dass wir in den Kriegen dienen, ist gegen unsere Freiheit.« In *A New Engagement, or, Manifesto* vom August 1648 sprachen sie dem Parlament ausdrücklich die Macht ab, Männer zum Kriegsdienst in der Armee oder der Marine einzuziehen. In einer Petition an das Parlament vom September 1648 erklärten sie, »nichts [sei] der Freiheit mehr entgegengesetzt«. Im zweiten *Agreement of the People,* das zehn Tage vor der Enthauptung des Königs erschien, sprachen sie sich wiederum gegen die Pressung aus. Im folgenden Monat genehmigte das Parlament die Pressung, und die Levellers verurteilten sie ein weiteres Mal, diesmal in *New Chains Discovered* (1649). Im dritten *Agreement of the People* vom 1. Mai 1649 schließlich schrieben die Levellers ungeachtet dessen, dass das Blatt sich gegen sie gewendet hatte: »Wir geben ihnen die Macht nicht, einen Menschen dazu zu pressen oder zu zwingen, zu Land oder See im Krieg zu dienen, da eines jeden Mannes Gewissen von der Gerechtigkeit der Sache, für die er sein Leben wagt oder etwa das eines anderen auslöscht, überzeugt zu sein hat.« Diese Idee sollte sich selbst nach der Erfahrung der Niederlage und der Auswanderung Tausender von Menschen – darunter auch Seeleuten – nach den Amerikas als fundamentaler Bestandteil der oppositionellen Tradition des Unterdecks erweisen.[24]

Die Kämpfe der Seeleute der Revolutionsepoche um Verpflegung, Sold und Rechte und gegen Pressung und brutale Disziplin fanden ihren ersten autonomen Ausdruck unter den Bukanieren Amerikas. Ihre Aktivitäten mochte den Oberschichten Englands, Frankreichs und der Niederlande in ihrem Kampf gegen den gemeinsamen Feind Spanien in der Neuen Welt zugute kommen, aber gleichzeitig schufen diese gemeinen Seeleute ihre eigene Tradition, die zu dieser Zeit unter dem Namen »Jamaikadisziplin« oder »Gesetz der Freibeuter« bekannt war. Diese Tradition, die von der Obrigkeit als das genaue Gegenteil von Gesetz und Disziplin betrachtet wurde, rühmte sich eines ausgeprägten Freiheitsbegriffs und einer klassenbedingten Feindseligkeit gegenüber Schiffsherren, -eignern und Gentle-

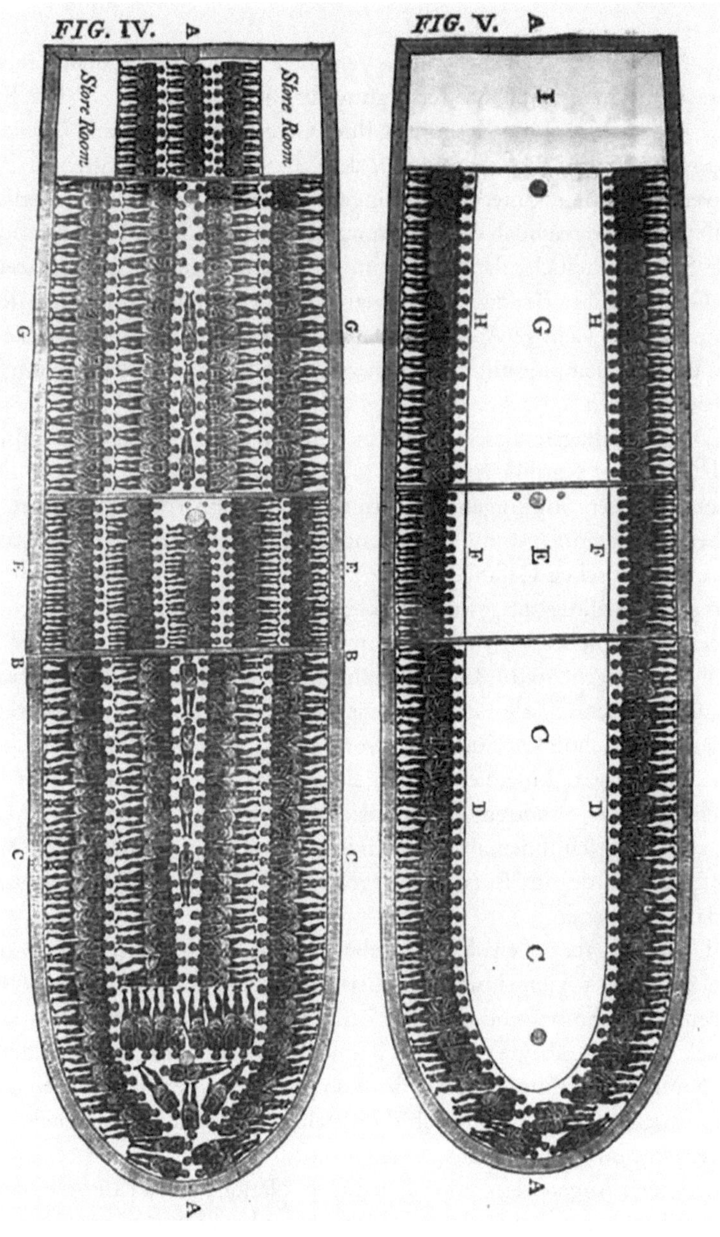

Plan eines Sklavenschiffes (1788).
Thomas Clarkson: History of the Rise, Progress, & Accomplishment of the Aboltion of the African Slave Trade by the British Parliament (1808)

man-Abenteurern. Darüber hinaus zeichnete sie sich durch demokratische Kontrollmechanismen und Versorgung für die Verletzten aus.[25] Die Bukaniere ließen sich bei der Gestaltung ihrer Gesellschaft vom Land Cockaigne inspirieren, einem Bauernutopia, in dem die Arbeit abgeschafft, der Besitz umverteilt, soziale Unterschiede eingeebnet, die Gesundheit wiederhergestellt und Essen reichlich vorhanden war. Sie griffen ebenfalls auf internationale Seefahrerbräuche der Antike und des Mittelalters zurück, als Seeleute ihr Geld und ihre Besitztümer aufgeteilt, sich gemeinschaftlich und demokratisch über wichtige Angelegenheiten beraten und Konsule gewählt hatten, die bei Meinungsunterschieden zwischen Kapitän und Besatzung entscheiden sollten.[26]

Die Grundlagen dieser Tradition wurden von – um einen englischen Offizier in der Karibik zu zitieren – »den Ausgestoßenen aller Nationen« geschaffen: den Sträflingen, Prostituierten, Schuldnern, Vagabunden, entflohenen Sklavinnen und Sklaven und Schuldknechten, religiösen Radikalen und politischen Gefangenen, die allesamt in die neuen Siedlungen »jenseits der Grenzlinie« ausgewandert oder dorthin verbannt worden waren. Ein anderer königlicher Verwaltungsbeamter erklärte, die Bukaniere seien ehemalige Leibeigene und »sämtlich Männer in unglückseligen und verzweifelten Umständen«. Viele der französischen Bukaniere waren wie Alexander Exquemelin Schuldknechte und davor Textilarbeiter und Tagelöhner gewesen. Die meisten Bukaniere waren Engländer oder Franzosen, aber auch Holländer, Iren, Schotten, Skandinavier, amerikanische Natives und Afrikaner schlossen sich ihnen an, oft nachdem sie auf die eine oder andere Weise der Brutalität des im Entstehen begriffenen karibischen Plantagensystems entkommen waren.

Diese Arbeiter ließen sich auf unbewohnten Inseln nieder und schlossen sich zu Maroon-Gemeinschaften zusammen. Ihre autonomen Siedlungen waren multiethnisch und erhielten sich durch Jagen und Sammeln – wobei es sich bei der Jagdbeute gewöhnlich um wilde Rinder und Schweine und bei der Sammlerbeute um das Gold des Königs von Spanien handelte. In diesen Gemeinschaften verbanden sich die Erfahrungen bäuerlicher Rebellen mit denen abgemusterter Soldaten, enteigneter Kleinbauern, arbeitsloser Arbeiter und anderer Angehöriger unterschiedlicher Nationen und Kulturen, darunter Kariben, Kuna und Miskito.[27] Wie Christopher Hill schreibt, war eine der eindrücklichsten Erinnerungen und Erfahrungen, auf die die Bukanierkultur sich gründete, die Englische Revolution: »Eine überraschend große Zahl englischer Radikaler wanderte entweder kurz vor oder direkt nach 1660 auf die Westindischen Inseln aus«, darunter Ranters, Quäker, Familisten, Wiedertäufer, radikale Soldaten und andere, die »die Ideen mitbrachten, die im revolutionären England ihren Ursprung gehabt hatten«. Es ist bekannt, dass etliche Bukaniere in den »verblichenen roten Röcken der New Model Army« jagten und sammelten. Einer von ihnen war ein »stämmiger, grauhaariger« und »frohherziger alter Mann« von 84 Jahren, »der zur Zeit der Irischen Rebellion unter Oliver gedient hatte; wonach er auf Jamaika war, und seitdem der Kaperei nachgegangen war«. Veteranen wie diese bestanden auch in der Neuen Welt darauf, ihre Offiziere demokratisch zu wählen, so wie sie es in der Revolutionsarmee auf der anderen Seite des Atlantik getan hatten. Die Welle von Bauernrevolten, von der Frankreich in den 1630ern geschüttelt wurde, floss J. S. Bromley zufolge ebenfalls in die Bukanierkultur ein. Viele französische Freibeuter kamen als engagés »aus Gegenden, die von Bauernaufständen gegen den königlichen fisc und die rapide wachsende Anzahl von königlichen Bevollmächtigten betroffen waren«. Die Protestierenden »hatten gezeigt, dass sie zu Selbstorganisation, der Einrichtung von ›Kommunen‹, der Wahl von Delegierten und der Verkündung von Ordonnances imstande waren«, und das alles im Namen des »commun peuple«.[28] Als Erfahrungen wie diese erst einmal ihren Weg nach den Amerikas gefunden hatten, flossen sie in das Bukanierleben der »Küstenbrüder« ein.

Diejenigen Haudegen, die trotz aller Widrigkeiten, die ein langes Leben in der Seefahrt unwahrscheinlich machten, am Leben blieben, gaben die Erfahrungen der frühen Jahre an die nächsten Generationen von Seeleuten und Piraten weiter. Ein Freibeuterkapitän, der im Jahre 1689 vier gestandene Bukaniere an Bord nahm, wies ihnen »eine Messe für sich zu, aber der Nutzen ihrer Gesellschaft und Kenntnisse veranlasste ihn später, sie unter die Mannschaft zu mischen«. Einige der alten Hasen hatten im Spanischen Erbfolgekrieg auf jamaikanischen Kaperschiffen gedient und sich nach dem Frieden von Utrecht der neuen Piraterie zugewandt. Die Jamaikadisziplin und die großen Taten, die sie möglich machte, lebten außerdem in Volkserzählungen, Liedern, Balladen und der Erinnerung des Volkes fort, ganz zu schweigen von den weithin veröffentlichten (und häufig übersetzten) Berichten von Alexander Exquemelin, Père Labat und anderen, die das Leben unter den Bukanieren aus erster Hand kannten.[29]

Damit konnten die Seeleute des späten 17. und frühen 18. Jahrhunderts, die sich mit den mörderischen Bedingungen des Lebens auf See konfrontiert sahen, auf direkte Erinnerungen an eine alternative Gesellschaftsform zurückgreifen. Einige Seeleute meuterten, übernahmen den Befehl über ihr eigenes Schiff, nähten den Totenkopf mit gekreuzten Knochen auf eine schwarze Fahne und erklärten der Welt den Krieg. Doch die überwältigende Mehrheit der Seeleute, die Piraten wurden, schloss sich den Gesetzlosen freiwillig an, wenn ihre eigenen Schiffe gekapert wurden. Die Gründe dafür sind nicht schwer zu verstehen. Dr. Samuel Johnson fasste den Sachverhalt kurz und bündig zusammen: »Kein Mann, der die Findigkeit besitzt, sich ins Gefängnis stecken zu lassen, wird Seemann, denn ein Schiff ist nichts anderes als ein Gefängnis mit der zusätzlichen Gefahr des Ertrinkens. [...] Im Gefängnis hat der Mensch mehr Platz, besseres Essen und gewöhnlich bessere Gesellschaft.« Viele Seeleute hatten natürlich Gelegenheit gehabt, selbst den Vergleich anzustellen, wenn sie benommen von einer Schlägerei oder schlicht betrunken im Gefängnis einer Hafenstadt oder im Laderaum eines Handelsschiffes aufgewacht waren. Johnson wollte damit sagen, dass die Seeleute der Handelsmarine ein äußerst schweres Los traf: Sie wurden dicht gedrängt in klaustrophobischen Quartieren zusammengepfercht und mit »Essen« versorgt, das oft ebenso verrottet wie kärglich war. Verheerende Krankheiten, Unfälle, die Männer zu Invaliden machten, Schiffbrüche und vorzeitiger Tod waren keine Seltenheit. Die von den Offizieren verhängten Disziplinarmaßnahmen waren brutal und oftmals tödlich. Und der Lohn für diese todesverachtende Arbeit war nicht der Rede wert: In Friedenszeiten waren die Löhne niedrig, und Lohnbetrug war weit verbreitet. Vom Gesetz hatten die Seeleute wenig Hilfe zu erwarten: Dessen Hauptinteresse war es, »den steten Nachschub von billigen und gefügigen Arbeitskräften zu gewährleisten«.[30]

Darüber hinaus hatten die Seeleute der Handelsmarine mit den Presstrupps zu kämpfen, die im Zuge der Expansion der Royal Navy auf sie losgelassen wurden. Auf Marine-Schiffen waren die Lebensbedingungen genauso hart – und in vieler Hinsicht sogar noch härter – als auf Handelsschiffen. Besonders in Kriegszeiten waren die Löhne niedriger als in der Handelsmarine, und die Quantität und Qualität des Essens an Bord wurde ständig von korrupten Proviantmeistern und Offizieren gedrückt. Unter den oftmals riesigen Besatzungen der Kriegsschiffe ließen sich Ordnung und Zusammenarbeit nur mit brutaler Disziplin durchsetzen; es herrschte kein Mangel an sorgfältig inszenierten, spektakulären Hinrichtungen, die drastischer als die in der Handelsmarine waren. Die große Anzahl von Seeleuten, die auf schlecht gelüfteten Kriegsschiffen zusammengepfercht wurden, hatte weiterhin zur Folge, dass Krankheiten von oft epidemischen Ausmaßen allgegenwärtig waren. Ein Beamter behauptete mit unfreiwilliger Ironie, die selbst Piraten zu würdigen gewusst hätten, dass die Marine nicht in der Lage sei, das Piratenwesen effektiv zu unterdrücken, weil ihre Schiffe »so sehr von Krankheit, Tod und Desertion ihrer Seeleute behindert« seien. Der gut unterrichtete anonyme Verfasser einer Streitschrift mit dem Titel *Piracy Destroy'd* (1700) ließ keinen Zweifel daran, dass Pressung, harte Disziplin, schlechte Verpflegung und Gesundheit, das lange Eingesperrtsein auf dem Schiff und Soldrückstände Tausende von Seeleuten der Piraterie in die Arme getrieben hatten. Es sei »die zu große Strenge, die die Kommandanten mit ihren Rücken und Bäuchen haben walten lassen«, die »die Seeleute dazu veranlasst hatte, zu meutern und sich mit den Schiffen davonzumachen«. Wie ein Akademiker zusammenfassend schreibt, war das Marine-Schiff dieser Epoche »eine Maschine, aus der es abgesehen von Desertion, Dienstunfähigkeit oder Tod kein Entrinnen gab«.[31]

Auf einem Kaperschiff war das Leben etwas leichter: Das Essen war genießbarer, die Bezahlung besser, die Schichten kürzer und das Mitspracherecht der Mannschaft bei Entscheidungen größer.[32] Aber auch auf Kaperschiffen war das Leben nicht unbedingt erfreulich. Einige Kapitäne führten ihre Schiffe nicht anders als Marine-Schiffe und herrschten mit eiserner Disziplin und anderen unpopulären Maßnahmen, die zu Klagen, Protesten oder sogar offener Meuterei führten. Woodes Rogers, ein Gentleman-Kapitän, der zwischen 1708 und 1711 eine höchst erfolgreiche Kaperfahrt unternahm und später als königlicher Gouverneur der Bahamas zur Geißel der Piraten Westindiens werden sollte, ließ einen Mann namens Peter Clark in Eisen schlagen, weil er sich »an Bord eines Piraten« gewünscht und geäußert hatte, »er würde sich freuen, wenn ein Feind längsseits käme, der uns überwältigen könnte«.[33] Was taten Männer wie Peter Clark, wenn sie erst einmal das Kaufmanns-, Marine- oder Kaperschiff hinter sich gelassen hatten und »an Bord eines Piraten« gelangt waren? Wie sorgten sie für ihren Unterhalt? Wie organisierten sie ihre eigene Arbeitskraft, ihren Zugang zu Geld und Macht? Hatten sie die vorherrschenden Ideen ihres Zeitalters darüber, wie ein Schiff zu führen sei, verinnerlicht, oder konnten diese armen, ungebildeten Männer sich etwas Besseres vorstellen?

VERKEHRTE WELT DER MEERE

Die »Artikel der Übereinkunft«, welche die Regeln und Bräuche der sozialen Ordnung der Piraten – der Hydrarchie von unten – festlegten, machten aus dem Piratenschiff des frühen 18. Jahrhunderts eine »verkehrte Welt«. Die Piraten sprachen Recht, wählten ihre Offiziere selber, teilten ihre Beute zu gleichen Teilen auf und führten eine alternative Form von Disziplin ein. Sie schränkten die Autorität des Kapitäns ein, widersetzten sich etlichen in der kapitalistischen Handelsmarine üblichen Praktiken und erhielten eine multikulturelle, multiethnische, multinationale Gesellschaftsordnung aufrecht. Sie versuchten, den Beweis anzutreten, dass ein Schiff nicht notwendigerweise mit den brutalen und repressiven Methoden der Handelsmarine und der Royal Navy geführt werden musste. Der Bühnendichter John Gay zeigte mit seinem Singspiel *Polly*, dass er mit dieser Materie vertraut war: Sein Macheath verkleidete sich als ein Schwarzer Pirat namens Morano und sang ein Lied nach der Melodie von *The World's Turned Upside Down*.[34]

Das Piratenschiff war demokratisch in einem undemokratischen Zeitalter. Bei der Verfolgung und im Gefecht gestanden die Piraten ihrem Kapitän uneingeschränkte Autorität zu, aber in allen anderen Situationen bestanden sie darauf, dass er »von einer Mehrheit regiert« werde. Ein Beobachter bemerkte: »Sie erlauben ihm, Kapitän zu sein unter der Bedingung, dass sie Kapitän über ihn sein dürfen.« Sie gewährten ihm weder das zusätzliche Essen noch die eigene Messe oder die gesonderte Unterkunft, die die Kapitäne der Marine und der Handelsmarine gewohnheitsmäßig für sich in Anspruch nahmen. Im Übrigen konnte die Mehrheit sowohl nehmen als auch geben: Kapitäne wurden abgesetzt, weil sie feige oder grausam waren, weil sie sich weigerten, »englische Schiffe aufzubringen und zu plündern«, oder sogar, weil sie »zu gentlemanlike« waren. Mitunter wurden Kapitäne, die es wagten, ihre Machtbefugnisse zu überschreiten, sogar hingerichtet. Die meisten Piraten »trafen, da sie früher unter der schlechten Behandlung durch ihre Offiziere gelitten hatten, sorgfältige Vorkehrungen gegen Übel dieser Art«, wenn es ihnen erst einmal freistand, das Leben auf dem Schiff nach ihren eigenen Wünschen zu gestalten. Weitere Einschränkungen der Macht des Kapitäns wurden durch den Quartermeister, der als gewählter Vertreter die Interessen der Besatzung wahrnehmen und schützen sollte, und durch die Institution des Rats, der Versammlung, der alle Besatzungsmitglieder angehörten und die grundsätzlich die höchste Instanz des Schiffes darstellte, repräsentiert.[35]

Die Rückkehr des Seemanns, oder Der belohnte Heldenmut, 1783.
British Library

Das Piratenschiff war egalitär in einem Zeitalter der Hierarchie: Die Piraten teilten ihre Beute zu gleichen Teilen untereinander auf und nivellierten damit das komplizierte System der Soldgruppen, das in allen anderen Arbeitsumfeldern auf See üblich war. Der Kapitän und der Quartermeister erhielten anderthalb bis zwei Beuteanteile; niedere Offiziere und Handwerker erhielten eineinviertel oder anderthalb Anteile; alle anderen erhielten je einen Anteil. Dieser Egalitarismus entsprang handfesten Tatsachen. Die Kapitäne der Handelsmarine waren verärgert darüber, dass »es unter [den Piraten] so wenig Regierung und Unterordnung gibt, dass sie, wenn sich die Gelegenheit ergibt, alle Kapitäne, alle Anführer sind«. Mit der Enteignung eines Handelsschiffes (durch Meuterei oder Kaperung) setzten die Piraten sich in den Besitz der maritimen Produktionsmittel und erklärten sie zum Gemeinschaftseigentum derer, die darauf arbeiteten. Statt Lohn dafür zu erhalten, Werkzeug und Maschinerie (das Schiff) eines kapitalistischen

Kaufmanns zu bedienen, schafften die Piraten den Lohn ab, behandelten das Schiff als ihr Eigentum und trugen zu gleichen Teilen die Risiken eines gemeinsamen Abenteuers.[36]

Die Piraten waren klassenbewusst und auf Gerechtigkeit bedacht und rächten sich sowohl an Kapitänen der Handelsmarine, die den gemeinen Seemann tyrannisierten, als auch an königlichen Beamten, die dafür sorgten, dass ihnen dieses Vorrecht erhalten blieb. Die sogenannte »Rechtsprechung« war sogar ein feststehender Brauch unter den Piraten. Nach der Kaperung eines Prisenschiffes machten sie sich daran, »Recht zu sprechen«, indem sie sich erkundigten, wie der Kommandant des Schiffes seine Mannschaft behandelte. Dann wurden alle, »gegen die Beschwerde erhoben wurde [...] nach Kräften ausgepeitscht«. Bartholomew Roberts' Mannschaft legte derartigen Wert auf diese Prozedur, dass sie ein Besatzungsmitglied – George Willson, zweifellos ein grimmiger und kräftiger Mann – förmlich zum »Rechtsprecher« ernannte. Gefangen genommene Kapitäne wurden übel zugerichtet und gelegentlich hingerichtet; einige Seeleute brüsteten sich noch am Galgen mit der rächenden Gerechtigkeit, die sie hatten walten lassen. Der Piratenkapitän Howell Davis behauptete: »Ihre Gründe dafür, auf Seeräuberei zu gehen, waren, sich an niederen und grausamen Schiffskommandanten zu rächen.« Dennoch wurden Kapitäne nicht wahllos bestraft. Der »ehrliche Kerl, der niemals einem Seemann ein Leid getan« hatte, wurde oftmals belohnt, und in einem Fall wurde einem anständigen Kapitän sogar das Angebot gemacht, ihn »mit einer großen Summe Geldes nach London zurückkehren und den Kaufleuten die Stirn bieten zu lassen«. So stellten sich die Piraten der brutalen Ungerechtigkeit der Handelsmarine entgegen – eine Mannschaft nahm sogar für sich in Anspruch, »Robin Hoods Männer« zu sein.[37]

Die Piraten bestanden auf ihrem Recht auf Lebensunterhalt, dem Essen und Trinken, das ihnen auf Handels- oder Marine-Schiffen so oft vorenthalten worden war und dessen Knappheit viele von ihnen überhaupt erst dazu getrieben hatte, »to go upon the account«, d.h. auf Gewinn durch Piraterie auszugehen. Im Jahre 1724 erwiderte ein rebellischer Seemann an Bord der George Galley dem Kapitän, der ihm befohlen hatte, den Besantopp zu reffen, »in mürrischem Ton und mit einer Art Geringschätzung: ›So wie wir essen, so arbeiten wir auch‹«. Andere Meuterer machten schlicht geltend, »es sei nicht ihre Aufgabe zu verhungern«, und sollte ihr Kapitän anderer Ansicht sein, so könne der Galgen kaum schlimmer sein. Viele Beobachter des Piratenlebens erwähnten den karnevalesken Charakter ihrer Feste – das Essen, Trinken, Fiedeln, Tanzen und allgemeine Amüsement – und einige von ihnen waren der Ansicht, ein derartiger »unendlicher Tumult« sei mit guter Disziplin auf See unvereinbar.[38] Männer, die auf anderen Schiffen unter knappem oder verdorbenem Essen gelitten hatten, aßen und tranken nun »auf eine liederliche und ausschweifende Weise«, die unter ihnen in der Tat üblich war. Es wurden so viele Geschäfte »über einer großen Schüssel Punsch« getätigt, dass Nüchternheit »einen Mann in den Verdacht bringen konnte, in eine Verschwörung gegen den Commonwealth verwickelt zu sein«, wobei mit Commonwealth die Gemeinschaft des Schiffes gemeint war. Im ersten Punkt von Bartholomew Roberts' »Artikeln« wird jedem Mann »eine Stimme in Angelegenheiten von Bedeutung« und ein gleiches Anrecht auf frischen Proviant und hochprozentigen Alkohol garantiert. Für einige, die sich den Piraten anschlossen, war Alkohol »ein stärkeres Motiv [...] als Gold gewesen«, und die meisten Männer hätten dem Motto »keine Abenteuer auf leeren Magen« zugestimmt. So kämpften die Piraten des Atlantiks darum, ihre eigene Gesundheit und Sicherheit und damit ihre Selbsterhaltung zu gewährleisten.

Das Bild des Freibeuters mit Augenklappe, Holzbein und Haken statt Hand weist auf eine grundlegende Tatsache hin: Das Seemannsleben war ein gefährliches Gewerbe. Deshalb deponierten die Piraten einen Teil ihrer Beute in einem gemeinsamen Fonds, der all denen zugute kommen sollte, die bleibende Verletzungen erlitten hatten, sei es der Verlust des Augenlichts oder eines Körperteils. Sie versuchten, für die Bedürftigen zu sorgen.[39]

Die Besatzungen der Piratenschiffe waren bunt zusammengewürfelte multinationale, multikulturelle und multiethnische Haufen. Der jamaikanische Gouverneur sprach den königlichen Beamten im ganzen Empire aus der Seele, als er die Piraten als »Banditti aller Nationen« bezeichnete. Ein anderer karibischer Beamter stimmte ihm mit den Worten zu, sie seien »aus allen Nationen zusammengesetzt«. Die Mannschaft von Black Sam Bellamy war im Jahre 1717 »ein gemischter Haufen aus allen Ländern«, darunter Engländer, Franzosen, Holländer, Spanier, Schweden, amerikanische Natives und Afroamerikaner sowie zwei Dutzend aus einem Sklavenschiff befreite Afrikaner. Die Hauptakteure der Meuterei auf der *George Galley* im Jahre 1724 waren ein Engländer, ein Waliser, ein Ire, zwei Schotten, zwei Schweden und ein Däne; sie alle wurden Piraten. Benjamin Evans' Mannschaft bestand aus Männern englischer, französischer, irischer, spanischer und afrikanischer

Herkunft. Der Pirat James Barrow, der sich nach dem Abendessen hinsetzte und »gotteslästerlich [...] spanische und französische Lieder aus einem holländischen Gebetbuch sang«, war ein lebendes Beispiel für diesen Internationalismus. Von der Regierung wurde Piraten oft vorgehalten, »sie [hätten] kein Heimatland«, und die Piraten selbst stimmten dem zu: Wenn sie auf See andere Schiffe anriefen, erklärten sie, dass sie »von den Meeren« kämen, und betonten damit, dass sie selber die Idee der Nationalität ablehnten. Im Jahre 1697 schrieb ein Kolonialbeamter in einem Bericht an den Handels- und Plantagenrat, dass die Piraten »keine Landsleute anerkannten, dass sie ihr Land verkauft hätten und gewiss gehängt werden würden, wenn man sie gefangen nähme, und dass sie keinen Fußbreit nachgeben, sondern so viel Schaden anrichten würden, wie sie nur könnten«. Aber wie ein Meuterer im Jahre 1699 murmelte: »Es macht keinen Unterschied, in welchem Teil der Welt jemand lebt, wenn er nur gut lebt.«[40]

Hunderte von Menschen afrikanischer Herkunft fanden einen Platz in der Gesellschaftsordnung des Piratenschiffes. Obwohl eine beträchtliche Minderheit der Piraten im Sklavenhandel gearbeitet hatte und damit Bestandteil der Versklavungs- und Deportationsmaschinerie gewesen war und obwohl Piratenschiffe gelegentlich Ladung aufbrachten (und verkauften), zu der auch Sklaven gehörten, waren sowohl freie als auch versklavte Afrikaner und Afroamerikaner auf Piratenschiffen aktiv und zahlreich vertreten. Einige dieser Schwarzen Männer der Meere beendeten ihr Leben mit dem »Tanz an die vier Winde« wie der Mulatte, der mit Black Bart Roberts segelte und dafür 1720 in Virginia gehängt wurde. Ein anderer »entschlossener Geselle, ein Neger« namens Caesar, stand im Jahre 1718 parat, Blackbeards Schiff in die Luft zu sprengen, um so der Ergreifung durch die Royal Navy zu entgehen; auch er wurde gehängt. Auch unter den Männern der *Vorhut* – den vertrauenswürdigsten und furchterregendsten Besatzungsmitgliedern, deren Aufgabe es war, potenzielle Prisen zu entern – gab es Schwarze.

So war zum Beispiel ein »beidhändig bewaffneter Negerkoch« Mitglied des Entertrupps der *Morning Star*, und mehr als die Hälfte von Edward Condents Entertrupp auf der *Dragon* bestand aus Schwarzen.[41] Im Jahre 1724 arbeitete ein »freier Neger« als Koch auf Francis Spriggs Schiff und sorgte dafür, dass der Proviant gerecht verteilt wurde, auf dass die Mannschaft »höchst fröhlich« leben könne. Auf fast allen Piratenschiffen gab es »Neger und Mulatten«, und es kam selten vor, dass sie von den vielen Kaufleuten und Kapitänen, die ihre Anwesenheit kommentierten, als Sklaven bezeichnet wurden. Schwarze Piraten segelten unter anderem mit den Kapitänen Bellamy, Taylor, Williams, Harris, Winter, Shipton, Lyne, Skyrm, Roberts, Spriggs, Bonnet, Phillips, Baptist und Cooper. Im Jahre 1718 waren sechzig von Blackbeards hundert Besatzungsmitgliedern Schwarze, und Kapitän William Lewis brüstete sich mit den »vierzig tüchtigen Neger-Seemännern« unter seiner achtzigköpfigen Besatzung. Die Besatzung von Oliver La Bouches Schiff im Jahre 1719 waren zur »Hälfte Franzosen, [zur] Hälfte Neger«.[42]

Schwarze Piraten waren so weit verbreitet, dass sich eine Zeitung bemüßigt fühlte zu berichten, eine ausschließlich aus Mulatten bestehende Bande von Seeräubern würde in der Karibik marodieren und die Herzen gefangener weißer Männer essen.[43] In London wurde es mittlerweile dem erfolgreichsten Theaterereignis der Zeit verwehrt, die reale Existenz Schwarzer Piraten zu zeigen: Der Haushofmeister verweigerte John Gays *Polly*, der Fortsetzung zu *The Beggar's Opera* (die mit Macheaths unmittelbar bevorstehender Hängung wegen Straßenräuberei geendet hatte), die Genehmigung. In *Polly* wurde Macheath auf die Westindischen Inseln deportiert, entkam der Plantagensklaverei, wurde Pirat und machte sich – verkleidet als »Negerschurke« Morano – zum Anführer einer Bande von Freibeutern. Polly Peachum trug Männerkleidung und ging mit den Worten »vielleicht werde ich unter den Sklaven der nächsten Plantage von ihm hören« auf die Suche nach ihrem Helden und seinen Mitpiraten.[44]

Einige der Schwarzen Piraten waren freie Männer wie der erfahrene »freie Neger«-Seemann aus Deptford, der im Jahre 1721 »eine Meuterei anführte, weil wir zu viele Offiziere hatten und weil die Arbeit zu hart war, und dergleichen«. Andere waren entflohene Sklaven. Im Jahre 1716 waren die Sklavinnen und Sklaven auf Antigua »sehr unverschämt und frech« geworden, und ihre Herren begannen einen Aufstand zu fürchten. Der Historiker Hugh Rankin schreibt, dass eine beträchtliche Anzahl der renitenten Sklaven »sich denjenigen Piraten anschloss, die sich wenig um Fragen der Hautfarbe bekümmerten«.[45] Unmittelbar vor den Ereignissen in Antigua hatten die Machthaber von Virginia ihrer Sorge über den Zusammenhang zwischen den »Verwüstungen der Piraten« und »einer Revolte der Neger« Ausdruck gegeben. Die Schwarzen Seeleute, die im Jahre 1722 zusammen mit dem Rest von Black Barts Besatzung gefangen genommen worden waren, rebellierten angesichts der miserablen Bedingungen und »mageren Rationen«, unter denen sie unter der Knute der Royal Navy zu leiden hatten, zumal viele von ihnen lange »nach Art der Piraten« gelebt hatten – ein Ausdruck, der für sie wie für viele andere für mehr Essen und größere Freiheit stand.[46] Materieller und kultureller Kontakt dieser Art war nicht ungewöhnlich. In den 1720ern ließ sich eine Piratenbande in Westafrika nieder, schloss sich den Kru an, die ihrerseits als geschickte Seefahrer (und als Sklaven in der Neuen Welt für ihre führende Rolle bei Aufständen) bekannt waren, und vermischte sich mit ihnen. Und auf Madagaskar hatten sich Piraten über viele Jahre mit der eingeborenen Bevölkerung vermischt, mit dem Ergebnis, dass »dort eine dunkle Mulattenrasse« entstand. Der kulturelle Austausch zwischen europäischen und afrikanischen Seeleuten und Piraten war extensiv und führte zum Beispiel zu den wohlbekannten formalen Übereinstimmungen zwischen afrikanischen Liedern und Seemannsshanties. Im Jahre 1743 wurden mehrere Seeleute vor ein Kriegsgericht gestellt, weil sie unter Missachtung der Disziplin ein »Negerlied« gesungen hatten. Auch die Rituale von Meuterern glichen denen von Sklaven vor einem Aufstand: Im Jahre 1731 trank eine Gruppe von Meuterern Rum mit Schießpulver, und bei einer anderen Gelegenheit signalisierte ein Seemann seine aufrührerischen Absichten, indem er »Wasser aus einem Musketenlauf trank«. Das Piratentum unterlag ganz offensichtlich nicht den »schwarzen Codes«, die in den atlantischen Sklavengesellschaften erlassen und durchgesetzt wurden. Einige Sklaven und freie Schwarze fanden auf den Piratenschiffen ihre Freiheit, ein Gut, das im Hauptaktionsgebiet der Piraten – der Karibik und dem amerikanischen Süden – außerhalb von Maroon-Gemeinschaften Mangelware war. Im Grunde genommen lassen sich sogar die Piratenschiffe selber als multiethnische Maroon-Gemeinschaften ansehen, in denen das Meer als Zufluchtsort an die Stelle von Bergen und Dschungel trat.[47]

Dass die Piraterie nicht nur Männern vorbehalten war, bewiesen Anne Bonny und Mary Read, die mit dem Schwert in der einen Hand und der Pistole in der anderen zeigten, dass auch Frauen sich in den Genuss der vielfältigen Freiheiten des Piratenlebens bringen konnten.

Frauen waren im frühen 18. Jahrhundert auf Schiffen aller Art dünn gesät, aber sie waren immer noch zahlreich genug, um die Inspiration für Balladen über Kriegerinnen in Männerkleidern zu liefern, die unter den atlantischen Arbeitskräften populär werden sollten. Bonny und Read, deren Heldentaten auf dem Titelblatt von *A General History of the Pyrates* und zweifellos in vielen anderen zeitgenössischen und späteren Seemannsgarn-Geschichten verkündet wurden, lästerten und fluchten wie Seeleute, handhabten ihre Waffen mit einem Geschick, das Erfahrung in Kriegskünsten bewies, und enterten Prisenschiffe – ein Vorrecht der kühnsten und geachtetsten Besatzungsmitglieder. Ihr Aktionsbereich lag außerhalb der Reichweite der traditionellen Machtkomponenten Familie, Staat und Kapital; sie hatten an der rauen Solidarität der Gesetzlosen der Meere teil. Indem diese Frauen Freiheiten für sich in Anspruch nahmen, die gewöhnlich Männern vorbehalten waren, fügten sie dem subversiven Reiz des Piratentums eine weitere Dimension hinzu, und das zu einer Zeit, als der gesellschaftliche Handlungsbereich von Frauen eingeengt wurde.[48]

DER KRIEG GEGEN DIE HYDRARCHIE

Die Piraten etablierten und verteidigten die Freiheiten, die ihre Hydrarchie bot, mit vollem Bewusstsein, nicht zuletzt deshalb, weil sie wussten, dass diese Freiheiten bei der Rekrutierung für ihre oppositionelle Kultur halfen und somit ihr Fortbestehen sicherten. Was sie vielleicht nicht in vollem Umfang verstanden, war, dass die herrschende Klasse, sobald sie die Existenz eben dieser Freiheiten wahrgenommen hatte, eine Terrorkampagne schüren sollte, die darauf abzielte, diese alternative Lebensform – sei es zu Wasser oder (noch gefährlicher) zu Land – zu eliminieren. Einige unter den Mächtigen befürchteten, Piraten könnten »eine Art Commonwealth« in Gegenden gründen, in denen keine Macht dazu imstande sein würde, »es ihnen streitig zu machen«. Kaufleute und Bürokraten in den Kolonien wie in den Metropolen fürchteten aufkeimenden Separatismus in Madagaskar, Sierra Leone, Bermuda, North Carolina, der Bucht von Campeche und Honduras.[49] Im Jahre 1718 schrieb Colonel Benjamin Bennet an den Handels- und Plantagenrat über die Piraten: »Ich fürchte, dass sie sich schnell vermehren werden, denn so viele, die in ihre Hände geraten, sind bereit, sich ihnen anzuschließen.« Und wie sie sich vermehrten: Nach dem Ende des Spanischen Erbfolgekrieges, als die Arbeitsbedingungen in der Handelsmarine sich rapide verschlechterten, strömten Seeleute zu Tausenden der schwarzen Flagge zu. Im Frühjahr 1719 brachte die Mannschaft von Edward England vor der Küste Afrikas neun Schiffe auf und stellte fest, dass 55 der 143 »Teerjacken« bereit waren, ihre Artikel zu unterzeichnen. John Jessup schwor, dass ein lustiges Leben unter den Piraten der Arbeit in der großen Sklavenfestung Cape Coast Castle vorzuziehen sei. Desertionen dieser Art waren zwischen 1716 und 1722 weit verbreitet: Wie ein Pirat einem Kapitän der Handelsmarine auseinandersetzte, waren »die Leute allgemein froh über eine Gelegenheit, [den Piraten] beizutreten«.[50] Die Aussicht auf Beute und bares Geld, Essen und Trinken, die Kameradschaft, die Gleichheit und Gerechtigkeit und das Versprechen auf Versorgung für die Verletzten – all dies muss eine große Versuchung gewesen sein. Bartholomew Roberts fasste die Verlockungen vielleicht am besten zusammen: In der Handelsmarine, sagte er, gebe es »magere Rationen, niedrige Löhne und harte Arbeit; hier dagegen Fülle und Überfluss, Vergnügen und leichtes Leben, Freiheit und Macht; und wer würde nicht das Ergebnis auf der Habenseite verbuchen, wenn doch das größte Wagnis, das dafür eingegangen wird, der eine oder andere unerquickliche Ausblick darauf ist, die Luft abgeschnitten zu kriegen. Nein, mein Motto soll lauten, *ein fröhliches und kurzes Leben*.« Als John Dryden im Jahre 1667 den *Sturm* umschrieb, ließ er einen seiner Seeleute verkünden: »Ein kurzes und fröhliches Leben, sage ich.« Zwei Generationen später hatte dieser Aphorismus einen subversiven Unterton angenommen, der den Scharfrichter auf den Plan rief.[51]

Die Hydrarchie wurde angegriffen, weil sie eine Gefahr für den zunehmend profitablen Sklavenhandel mit Afrika darstellte. Zwischen 1716 und 1726 wurde der Sklavenhandel von einer Reihe von Meutereien erschüttert, eine logische Folge der permanenten Klagen über Essen, Disziplin und die allgemeinen Arbeitsbedingungen auf den Sklavenschiffen, die während dieser Jahre von England nach Westafrika segelten. Vor Gericht brachten einige Seeleute vor, dass der Kapitän des Sklavenschiffes *Wanstead*, Theodore Boucher, ihnen »nicht genug Lebensmittel & Alkohol für ihren Unterhalt erlaube & sie in ihrer Ernährung höchst barbarisch und unmenschlich behandle«. Andere Seeleute beschuldigten ihre Kapitäne, diktatorische Disziplin walten zu lassen. Wer es wagte, die Bedingungen an Bord zu beanstanden, fand sich unter Umständen »wie Sklaven gefesselt und aneinandergekettet & […] mit Yams und Wasser, der üblichen Kost der Sklaven, versorgt «.[52]

Aber einige rebellische Seeleute entgingen einem Leben in Ketten, indem sie ihre Schiffe in ihren eigenen Besitz brachten, die schwarze Flagge hissten und die Hydrarchie einführten. Nach ihrer Meuterei auf dem Sklavenschiff *Gambia Castle* im Jahre 1720 benannten George Lowther und seine Kameraden ihr Schiff in *Deliverance* um und segelten im Triumph davon, wie es vor ihnen, im Jahre 1652, die Meuterer in Prinz Ruperts Konvoi in der Nähe des Gambia-Flusses getan hatten.[53]

Dabei wurden Lowther und seine Männer möglicherweise von dem Wissen angespornt, dass die Küste Westafrikas bereits ein bevorzugter Tummelplatz für Piraten war, besonders seit der Rückeroberung der Bahamas durch die britische Regierung im Jahr 1718 und der Wiederherstellung der königlichen Autorität auf der Insel, die jahrelang der Hauptstützpunkt der Freibeuter in der Karibik gewesen war. Hunderte von Piraten hatten sich nach der afrikanischen Küste aufgemacht, wo sie schlecht geschützte Schiffe angriffen und ihre Ladung mit Beschlag belegten. Für die größten und erfolgreichsten Angriffe auf kaufmännisches Eigentum war ein Piratenkonvoi unter Befehl von Bartholomew Roberts verantwortlich, der vor der afrikanischen Küste auf- und absegelte und »alle Güter und Schiffe versenkte, verbrannte und zerstörte, die [seinen] Weg kreuzten«.[54] Robertson war nicht an Schiffen voller Sklaven, sondern an Schiffen auf dem Weg zu den Sklavenfestungen interessiert – »gute Segelschiffe, reichlich mit Munition, Proviant & Vorräten aller Art ausgestattet, tauglich für lange Reisen«. Wie eine Gruppe von Kaufleuten berichtete, plünderten er und seine Gefährten auch die Sklavenfestungen: »Manchmal legen [Piraten] vor den großen Faktoreien an und tragen davon, wonach ihnen der Sinn steht.« Zahlreiche Sklavenschiffe wurden im frühen 18. Jahrhundert gekapert und in den Dienst von Piraten gestellt, darunter auch die erst kürzlich geborgene *Whydah* unter ihrem Kapitän Black Sam Bellamy.[55]

Die Piraten, die mit Bartholomew Roberts und anderen Kapitänen zwischen Senegambia und der Goldküste hin- und herpendelten und genau die Region unsicher machten, die in den 1720ern für die britischen Kaufleute am wichtigsten war, »versetzten die Händler in Panik«, wie der Schiffschirurg John Atkins schrieb, der mehrere Monate an dieser Küste zubrachte. Im Jahre 1720 schätzte ein Autor die Schäden, die die Piraten bereits an der afrikanischen Küste angerichtet hatten, auf über 100.000 Pfund. 1724 behauptete der Verfasser eines anonymen Schreibens an das Handelsministerium, dass der afrikanische Sklavenhandel »im Laufe zweier Jahre fast 100 Segelschiffe« an die Piraten verloren habe.[56] Anderen Schätzungen zufolge lagen die Zahlen sogar noch höher. In Bristol, Liverpool und London begannen Kaufleute sich über ihre Verluste zu empören; sie beschwerten sich beim Parlament lauthals über die chaotischen Zustände, die den lukrativen Sklavenhandel plagten, und verlangten Marine-Eskorten für ihr Eigentum. Ihr Protestgeschrei fand offene Ohren. Als eine Gruppe von Kaufleuten Anfang 1722 beim Parlament eine Petition mit der Bitte um Unterstützung ein-

Der Pirat Bartholomew Roberts vor der westafrikanischen Küste.
Kapitän Charles Johnson: A General History of the Pyrates (1724)

reichte, ordnete das Unterhaus die sofortige Erstellung eines Gesetzesentwurfes zur Unterdrückung der Piraterie an, der mit Unterstützung Robert Walpoles schnell verabschiedet wurde. Bald darauf wurde ein Seegeschwader unter dem Kommando von Kapitän Challoner Ogle für die Reise nach der afrikanischen Küste ausgerüstet, das seinen Bestimmungsort später im selben Jahr erreichte und die Schiffe Bartholomew Roberts' stellte und besiegte. Mehr als hundert Piraten fielen im Gefecht; andere entkamen in den Dschungel; zahlreiche andere wurden gefangen genommen und vor Gericht beordert. Man brachte sie nach Cape Coast Castle, das Zentrum des britischen Sklavenhandels, wo Sklaven, die auf ihre Verschiffung warteten, in Ketten gelegt, eingesperrt und »mit einem Brenneisen auf der rechten Brust mit D.Y. Duke of York gekennzeichnet« wurden. Eine Gruppe von Piraten wurde innerhalb von Cape Coast Castles 14 Fuß dicken, von 74 montierten Kanonen bewachten Ziegelmauern hingerichtet. Die in Ketten gelegten Leichen wurden an verschiedenen Orten entlang der Küste aufgehängt, damit der Schrecken seine volle Wirkung entfalten konnte: neun in Cape Coast, vier an der Windward-Küste, je zwei in Accra, Calabar und Ouidah und eine in Winnebah. Einunddreißig weitere Seeräuber wurden auf See, an Bord der *Weymouth*, gehängt, und zehn wurden zur Sklaverei verurteilt und zur Zwangsarbeit für die Royal African Company auf Schiffen oder in Goldminen eingeteilt; sie alle starben, wie es scheint, innerhalb von Monaten.[57] Challoner Ogle wurde nach seiner triumphalen Rückkehr nach London als erster Marine-Kapitän für seinen Einsatz gegen die Piraten zum Ritter geschlagen. Im Mai 1723 wurde er von König Georg I., den Roberts und seine Mitpiraten als »Rübenmann« verspottet hatten, geehrt.[58]

Roberts' Niederlage und die darauf folgende Zerschlagung der Piraterie vor der Küste Afrikas stellten einen weiteren Wendepunkt in der Geschichte des Kapitalismus dar, hauptsächlich deshalb, weil Piratentum und Sklavenhandel über so lange Zeit durch Krieg, Handel und imperiale Expansion miteinander verknüpft gewesen waren. Der Konflikt zwischen Piraten und Sklavenhändlern an der Küste Westafrikas geht bis zum Ende des Spanischen Erbfolgekrieges im Jahre 1713 zurück, als die Royal Navy Tausende von Seeleuten mit dem Ergebnis demobilisierte, dass die Löhne drastisch sanken, die Verpflegung schlechter wurde und die Peitsche den Arbeitern in der Handelsschifffahrt nur so flog – Zustände, die wiederum die Seeleute dazu trieben, ihr Glück unter dem Jolly Roger, der Piratenflagge, zu suchen. Das Ende des Krieges brachte den britischen Kaufleuten einen Siegespreis ein: den Assiento, der den Händlern das Recht gab, über die South Sea Company 4.800 Sklaven im Jahr legal (und viele weitere illegal) nach Spanisch-Amerika zu verschiffen. Dieser Anreiz in Verbindung mit der Deregulierung des Sklavenhandels im Jahre 1712 (als die mit einem königlichen Freibrief ausgestattete Royal African Company schließlich ihren Kampf gegen die Freihändler verlor, die ohnehin schon die Mehrzahl der Sklaven für die amerikanischen Plantagen lieferten) steigerte die Bedeutung des Sklavenhandels in den Augen der britischen Kaufleute ganz erheblich.[59]

Damit der neue Handel florieren konnte, mussten nun die Piraten ausgerottet werden, ein Punkt, auf den William Snelgrave hinwies, der Kapitän eines Sklavenschiffes, dessen *A New Account of Some Parts of Guinea and the Slave Trade* den »Londoner Kaufleuten, die nach der Guineaküste Handel treiben« gewidmet war. Das Buch bestand aus drei Teilen und bot dem Leser eine »Geschichte der jüngsten Eroberung des Königreiches Whidaw durch den König von Dahomé«, eine Darstellung der Geschäftspraktiken und statistischen Daten des Sklavenhandels und »Ein[en] Bericht über die Gefangennahme des Verfassers durch Piraten« und die sich daraus ergebenden Gefahren. Aber im Jahre 1734, als Snelgraves Buch erschien, war der Pirat bereits tot, besiegt vom Terror des Galgens und der Verstärkung der Marine-Seepatrouillen, wenn er auch dann und wann – eine Meuterei hier, ein Piratenstück dort – noch zucken sollte. Sobald die Piraterie unterdrückt war, etablierte Großbritannien seine Vorherrschaft an der Westküste Afrikas. Wie James A. Rawley geschrieben hat: »In einem einzigen Jahrzehnt, den 1730ern, war England zur mit Abstand führenden Sklavenhandelsnation in der atlantischen Welt aufgestiegen, eine Position, die es bis 1807 innehaben sollte.« Während des vorangegangenen Jahrzehnts, in dem es von Piraten nur so wimmelte, hatte der Export von Sklaven einen scharfen Anstieg von fast 27 Prozent verzeichnet.[60] Das karibische Plantagenkapital hatte im Verbund mit dem kaufmännischen Metropolenkapital die erste Piratengeneration, die Bukaniere der 1670er, vernichtet, und das Kapital der East India Company hatte in den 1690ern (als die Schiffe der Company Brutstätten von Meuterei und Rebellion waren) der zweiten Generation den Garaus gemacht. Und es war das Kapital aus dem afrikanischen Sklavenhandel, das den Piraten des frühen 18. Jahrhunderts zum Verhängnis wurde. Die Hydrarchie von unten war der Todfeind der Hydrarchie von oben gewesen, solange Piraten die Mittelpassage unsicher gemacht hatten. Aber gegen 1726 hatte der Seestaat schließlich ein beträchtliches Hindernis beseitigt, das der Kapitalakkumulation im ständig wachsenden atlantischen System im Wege gestanden hatte.[61]

Nur wenige Jahre zuvor hatten die Machthaber Englands und anderer (hauptsächlich protestantischer) europäischer Länder Piraten auf die Reichtümer anderer Königreiche angesetzt. Nun stellten sie und ihre ehemaligen Nationalfeinde fest, dass sie gleichermaßen an einem wohlgeordneten kapitalistischen atlantischen System interessiert waren, in dem der Handelsverkehr ohne Angriffe und die Kapitalakkumulation ohne Störungen vonstatten gehen sollte – es sei denn, diese Angriffe und Störungen waren das Ergebnis einer Kriegserklärung seitens der Herrscher selber. Bis in die 1720er Jahre hinein hatten Tausende von Piraten dem globalen Schiffsverkehr schwere Schäden zugefügt. Sie hatten außerdem mit vollem Bewusstsein ihre eigene autonome, demokratische, egalitäre Gesellschaftsordnung aufgebaut, die den auf Handels-, Marine- und Kaperschiffen allgemein üblichen Methoden eine subversive Alternative entgegensetzte, und eine Gegenkultur entwickelt, die sich der Zivilisation des atlantischen Kapitalismus mit ihrer Enteignung und Ausbeutung, Schreckensherrschaft und Sklaverei entgegenstellte.

Whigs wie Tories reagierten mit einer Neuauflage der Repression der 1690er und ließen Galgen für die Piraten und das Hafenvolk errichten, das sich mit ihnen abgab. Kaufleute schrieben Petitionen ans Parlament, und dessen Mitglieder waren ihnen mit mörderischen neuen Gesetzen zu Diensten. Gleichzeitig hatte Premierminister Robert Walpole ein aktives persönliches Interesse daran, dem Piratenwesen ein Ende zu bereiten, und eine große Anzahl von Amtsträgern, Zeitungskorrespondenten und Geistlichen teilte seine Haltung. Sie alle verteufelten die Piraten als Seeungeheuer, wilde Bestien und vielköpfige Hydra (alles Wesen, die Bacon zufolge jenseits der Grenzen der menschlichen Gesellschaft lebten), und ihre gewalttätige Rhetorik forderte und legitimierte den Strick. Es war offensichtlich, dass die Piraten und ihre gelebte Alternative dem Untergang geweiht waren. Hunderte von ihnen wurden gehängt, und damit nicht in Vergessenheit geriet, dass der Seestaat keine Herausforderung von unten duldete, ließ man ihre Leichen in den Hafenstädten der Welt baumeln.[62]

In den 1720ern wurde die Hydrarchie besiegt und die Hydra geköpft. Aber sie war nicht totzukriegen. Die unbeständige, schlangenartig gewundene Tradition des Radikalismus der Meere sollte in den kommenden Jahrzehnten wieder und wieder auftauchen. Sie glitt still und heimlich unter Deck, durch die Docks und ans Ufer; sie wartete den richtigen Augenblick ab und erhob plötzlich und unerwartet ihre Köpfe; sie zeigte sich in Meutereien, Streiks, Unruhen, städtischen Aufständen, Sklavenrevolten und Revolutionen. Im Oktober 1748 zum Beispiel nahm ein gewisser John Place vor der afrikanischen Westküste, nicht weit entfernt von Cape Coast Castle, an der Vorbereitung einer Meuterei auf der HMS *Chesterfield* teil. Er war nicht zum ersten Mal dort. Er war als Pirat unter Black Bart Roberts gesegelt, 1722 von Kapitän Challoner Ogle gefangen genommen worden und hatte es irgendwie geschafft, den Massenhinrichtungen zu entkommen. Als ein Vierteljahrhundert später praktische Sachkenntnis über Meuterei und eine alternative Gesellschaftsordnung gefragt war, erwies sich Place als der rechte Mann zur rechten Zeit. Diesmal wurde er gehängt, aber die subversive Tradition, die auf den Unterdecks der *Chesterfield* und zahllosen anderen Schiffen in Geschichten, Taten und düsterem, schweigendem Erinnern weiterlebte, war nicht umzubringen.

Der martinikanische Dichter Aimé Césaire fing das Überleben des Widerstands mit den Worten ein: »Es ist die störrische Schlange, die aus dem Schiffswrack kriecht.«[63]

VI. KAPITEL

»DIE AUSGESTOSSENEN ALLER NATIONEN DER ERDE«

☆

Im Zentrum der New Yorker Verschwörung des Jahres 1741 stand eine Liebesgeschichte. Die Liebenden waren John Gwin (oder Quinn), »ein Kerl von verdächtigem Charakter«, von dem das Gerücht ging, er sei Soldat in Fort George, und »Negro Peg«, »eine notorische Prostituierte«, die in John Hughsons Hafentaverne auf der Westseite Manhattans lebte. Gwin kam für Pegs Unterhalt bei Hughson auf und stattete ihr dort häufig nächtliche Besuche ab, bei denen er von einem Schuppendach aus durch ihr offenes Fenster kletterte.

Bei einem dieser nächtlichen Treffen gab er ihr einen Ring, ein Paar Ohrringe und ein Medaillon mit vier Diamanten. Schließlich bekam Peg ein Kind von ihm, dessen Hautfarbe Gegenstand beträchtlicher Tratscherei und Debatten in der Stadt war: Einige sagten, das Baby sei weiß; andere bestanden darauf, es sei Schwarz.[1]

John Gwin war seit langem Stammgast bei Hughson, und das nicht nur wegen seiner Besuche bei Peg. Oft tauchte er mit »guter Beute« auf – gepunktetem Leintuch, Strümpfen, einmal sogar mit einer Kammgarnmütze voller Silbermünzen –, die er an den großen, hageren Hughson weitergab, der seinerseits die gestohlene Ware versetzte.

Gwin war bei seinen Freundinnen und Freunden in der Taverne immer gern gesehen, denn sie kannten seine Großzügigkeit. Spitznamen waren im Hafenviertel, wo Fremde und ihre Geheimnisse mit den Gezeiten kamen und gingen, weit verbreitet, und daher wussten sie auch, dass Gwin und Peg auch unter anderen Namen bekannt waren: Gwin, ein afroamerikanischer Sklave, wurde – zumindest von seinem Besitzer John Vaarck – Caesar genannt; »Negro Peg« war ein- oder zweiundzwanzig Jahre alt, hieß Margaret Kerry und war auch als die »irisch-neufundländische Schönheit« bekannt.

Darüber hinaus wussten die Tavernengäste, dass Gwin und Peg tief in ein Komplott verstrickt waren, von dem es später hieß, es sei »die schrecklichste und zerstörerischste Verschwörung, die man in diesem nördlichen Teil Amerikas je gesehen hat«.

Denn in Hughsons Hafentaverne planten diese beiden und Dutzende weiterer Verschwörerinnen und Verschwörer einen »Generalaufstand« mit dem Ziel, sich der Stadt New York zu bemächtigen.[2]

Der St. Patrick's Day 1741 sollte die Einwohner New Yorks daran erinnern, dass Sankt Patrick die Sklaverei in Irland abgeschafft hatte. An diesem Tag steckte ein revolutionärer Brandstifter namens Quack die größte Militäranlage der Kolonie New York, Fort George, in Brand, eine der größten Befestigungsanlagen in ganz Britisch-Amerika. Das Feuer schwelte die ganze Nacht und entlud sich am folgenden Tag in ocker- und orangefarbenen Explosionen. Heftige Märzwinde trieben die Flammen vom Anwesen des Gouverneurs auf die anglikanische Kapelle, die Kaserne und die Amtsräume des Generalsekretärs der Provinz zu. Fliegende Funken und brennende Trümmerteile wurden vom Wind über die Holzhäuser getrieben, die direkt an die Mauern des Forts angrenzten, und drohten, die Stadt in Flammen aufgehen zu lassen. Ein Windumschwung und ein plötzlicher Schauer verhinderten die weitere Ausbreitung des Feuers, aber der Schaden war nicht mehr abzuwenden: Das Herzstück königlicher Autorität in dieser wichtigen atlantischen Hafenstadt lag in Schutt und Asche.

Dies war der erste und gleichzeitig verheerendste von dreizehn Bränden, die die Stadt mit ihren 13.000 Einwohnern in den folgenden Wochen in Schrecken halten sollten. Als Cuffee, ein Sklave eines Stadthonoratioren namens Adolph Philipse, dabei gesehen wurde, wie er den Schauplatz des zehnten Feuers verließ, gellte ein Aufschrei durch die Straßen, dass »die Neger sich erheben« würden. In einer gewaltigen Fahndungsaktion wurden fast zweihundert Menschen, Schwarze wie Weiße, festgenommen; gegen viele von ihnen sollten in den folgenden Monaten Ermittlungen und Prozesse angestrengt werden. Peg und Hughson gehörten zu denen, die angeklagt wurden, sich »mit verschiedenen Negern und anderen Personen verschworen, verbündet und zusammengetan zu haben, um die Stadt New York niederzubrennen, und außerdem, um deren Einwohner zu töten und zu vernichten«. Die Verschwörung war von Soldaten, Seeleuten, Sklavinnen und Sklaven aus Irland, der Karibik und Afrika organisiert worden: von den – in der Sprache der Behördenvertreter – »Ausgestoßenen der Nationen der Erde«.[3] Diese »Ausge-

Blick auf Fort George und die Stadt New York, 1735.
Sammlung I. N. Phelps-Stokes, Miriam und Ira D. Wallach. New York Public Library, Astor, Lenox, and Tilden Foundations

stoßenen« genossen zwar nicht den Respekt der kaufmännischen Oligarchie New Yorks, aber untereinander respektierten sie sich durchaus.

Die Ausgestoßenen hatten sich regelmäßig in Hughsons Taverne getroffen, wo sie »die Hoffnungen und Verheißungen des Paradieses« umzusetzen suchten. Hier schlemmten, tanzten und sangen die Besitzlosen aller Hautfarben, hier leisteten sie Eide, und hier bereiteten sie ihren Widerstand vor. Der Sklave Bastian erinnerte sich an einen Tisch, der überquoll vor »Kalbfleisch, Enten, Gänsen, einem Hammelbein und Geflügel« aus den Schlachtereien, in denen mehrere der Verschwörer arbeiteten. Andere erinnerten sich an das raue, fröhliche Geigen, Tanzen und Singen, für die Hughsons Taverne in der ganzen Stadt berühmt war. Wieder andere hoben die umstürzlerischen Gespräche hervor, denen feierliche Eide folgten: So fragte Gwin einen neu angeworbenen Verschwörer, »ob er sich ihnen anschließen würde, dass sie ihre eigenen Herren würden«; Cuffee sagte, dass «eine große Anzahl von Leuten zu viel hätten und andere zu wenig«, und Hughson verkündete, »das Land tauge nichts, zu viele Herren von Stand, die die Neger hart arbeiten ließen«.

Die Rebellen in Hughsons Taverne praktizierten einen simplen Kommunismus. Wer kein Geld hatte, wurde »zu freien Kosten« bewirtet und »konnte Lebensmittel und Getränke umsonst bekommen«. Hughson sagte: »Ihr sollt in meinem Hause immer willkommen sein, kommt jederzeit.« Bastian, der für seine Rolle in der Verschwörung verbannt werden sollte, erinnerte sich mit Wärme: »Wir hatten stets ein gutes Nachtmahl und niemals Mangel an Alkohol.« Hier fand sich wieder einmal eine verkehrte Welt, ein Ort, an dem Menschen afrikanischer und irischer Herkunft Könige waren und die Stellung einnahmen, die sie nach dem Aufstand auch in der größeren Gesellschaft innehaben würden. Ihrer Überzeugung nach sollte New York »nicht nur bunt zusammengewürfelte Untertanen, sondern auch eine bunt zusammengewürfelte Regierung haben«.[4]

New Yorks Oberschicht, die Leute in Halskrausen, versetzte diese Verschwörung aus regionalen wie globalen Gründen in Angst und Schrecken. Die arme Arbeiterschaft der Stadt war nach einem harten Winter elender und unruhiger als gewöhnlich. Der Lebensnerv New Yorks, der Handel, stagnierte seit mehreren Jahren, ein Zustand, der die Risse innerhalb der herrschenden Klasse vertieft und Platz für eine Revolte von unten geschaffen hatte. Auch von fern drohte Gefahr, nachdem der marktschreierische Kaufmann Robert Jenkins sein abgetrenntes Ohr vor den erstaunten Perückenträgern des Parlaments geschwenkt hatte, die daraufhin Spanien den Krieg erklärt (den treffend bezeichneten »War of Jenkins' Ear« von 1739) und die Herren von New York dazu verpflichtet hatten, ihnen Proviant und sechshundert Rekruten – fast ein Sechstel der diensttauglichen weißen Einwohner der Stadt – für die Kriegsanstrengungen zur Verfügung zu stellen. Damit hatten die imperialen Behörden nicht nur New Yorks Lebensmittelvorräte, sondern auch die Verteidigungsfähigkeit der Stadt gegen Angriffe der Franzosen und Irokesen von Norden, spanischer Kaperer von Süden und Rebellen von innen verringert.

Die Brände richteten große Schäden an, und die New Yorker Obrigkeit sorgte dafür, dass die Vergeltung entsprechend blutrünstig ausfiel. An sechs Nachmittagen und Abenden zwischen Ende Mai und Mitte Juli wurden dreizehn afrikanische Männer auf dem Scheiterhaufen verbrannt. An sechs Vormittagen zwischen März und August wurden siebzehn weitere Schwarze und vier Weiße gehängt, darunter John Gwin und Peg Kerry, deren Romanze am Galgen endete. Auch John Hughson wurde gehängt und seine Leiche, wie auch die Gwins, in Ketten aufgehängt, um an der Luft zu verwesen. Siebzig

Menschen afrikanischer Herkunft, darunter Bastian, wurden an so unterschiedliche Orte wie Neufundland, Madeira, Santo Domingo und Curaçao verbannt. Fünf Männer europäischer Abstammung wurden für die britische Armee zwangsrekrutiert, die gerade in der Karibik Krieg gegen Spanien führte, ein Urteil, das angesichts der Lebensbedingungen der Soldaten dort sehr wahrscheinlich einem aufgeschobenen Todesurteil gleichkam. Sarah Hughson, die Tochter des Tavernenwirtes, die für ihre eigene Rolle in der Verschwörung aus der Stadt verbannt wurde, nahm das Baby von Gwin und Peg an sich und verschwand mit unbekanntem Ziel.

Die Interpretation der Ereignisse des Jahres 1741 ist seit langem umstritten. Die Einwohner New Yorks, die sie miterlebt hatten, lieferten sich heftige Debatten darüber, was genau passiert war und warum, und seit jener Zeit befassen sich Historikerinnen und Historiker ebenfalls damit. Selbst die einzigartig detaillierte Dokumentation des Komplotts verdankt ihre Existenz den Meinungsverschiedenheiten, die sich um die eigentlichen Ereignisse rankten. Nachdem Zweifel an der Verschwörung und den Anklagen laut geworden waren, stellte Daniel Horsmanden, Richter am Obersten Gericht von New York, »die Aufzeichnungen zusammen, die vom Gericht und den Herren Anwälten gemacht wurden« und veröffentlichte sie 1744 unter dem Titel *Ein Protokoll des Verfahrens bei der Aufdeckung der Verschwörung, die einige weiße Personen im Verbund mit Neger- und anderen Sklaven gebildet haben, um die Stadt New-York in Amerika niederzubrennen, und deren Einwohner zu ermorden.* Seine Absicht war es, nicht nur »die Rechtmäßigkeit der verschiedenen Anklagen« zu beweisen, sondern auch zum Nutzen der Öffentlichkeit eine Warnung über die rebellischen Sitten der »Neger« abzugeben und »einer Intrige von derart beispielloser Schurkerei ein Mahnmal zu errichten«.[5]

In zeitgenössischen Berichten über die Ereignisse von 1741 lassen sich drei grundlegende Positionen in der Debatte ausmachen, die ihrerseits die Ansichten moderner Interpretinnen und Interpreten über die Begebenheiten vorwegnehmen. Einige Historiker haben sich einem anonymen Autor des Jahres 1742 angeschlossen, der behauptete, es habe nie eine Verschwörung gegeben und die ganze Angelegenheit habe Ähnlichkeit mit den Hängungen wegen Hexerei, die 1692 in Salem, Massachusetts, stattgefunden hatten.[6] Andere teilen die Ansicht von William Smith jun., dem Sohn eines der Anwälte der Anklage in dem Prozess, der schrieb, dass die Verschwörer »nur Verwirrung stiften wollten, um leichter Diebstähle begehen zu können«.[7] In

Die Hängung eines Afrikaners in New York, ca. 1750.
Manual of the Corporation of the City of New York (1860)

einer dritten Interpretation, die T.J. Davis in *A Rumor of Revolt: The »Great Negro Plot« in Colonial New York* (1985) vertritt, wird der Beweis angetreten, dass die damaligen Anklagevertreter Recht gehabt hätten und dass es tatsächlich eine gefährliche Verschwörung gegeben habe. Dieser Ansicht zufolge trafen Schwarze und Weiße sich in Hughsons Taverne, wo sie illegal tranken, Diebesgut versetzten und Komplotte gegen ihre Herren schmiedeten. Dabei hatten sie es auf Geld und Freiheit, Rache an bestimmten mächtigen Personen (die nicht alle »weiß« waren) und die Zerstörung bestimmter Stadtteile (nicht der ganzen Stadt) abgesehen. Die Rebellen empörten sich über gewisse Missstände und planten, diese Missstände zu beseitigen, aber sie hatten keine wirklich revolutionären Ziele.[8]

In diesem Kapitel stellen wir die These auf, dass sich in der Tat eine revolutionäre Verschwörung von atlantikumspannenden Ausmaßen in New York entwickelte, wenn es sich auch nicht um das »papistische Komplott« handelte, das in Horsmandens Kopf herumspukte, der davon überzeugt war, die ganze Angelegenheit sei das Werk eines verkleideten Priesters gewesen. Stattdessen handelte es sich um eine Verschwörung, die von einem buntscheckigen Proletariat mit dem Ziel eines stadtweiten Aufstandes (nicht unähnlich der Revolte, die der Fischer Masaniello 1647 in Neapel angeführt hatte) organisiert wurde. Sie hatte ihre Wurzeln in der Hafenarbeit, der organisierten Zusammenarbeit von Menschen vieler unterschiedlicher Berufsgruppen, deren atlantische Erfahrungen die Bausteine der Verschwörung bilden sollten. Die Rebellen von 1741 kombinierten die Erfahrung des Hochseeschiffes (die Hydrarchie) mit denen des Armeeregiments, der Plantage, der Hafenbande, der religiösen Konventikel und des ethnischen Stammes oder Clans und schufen daraus etwas Neues, Mächtiges, noch nie Dagewesenes. Das heißt, die Ereignisse von 1741 lassen sich nur verstehen, wenn wir den atlantischen Erfahrungen der Verschwörerinnen und Verschwörer Aufmerksamkeit schenken: dem Leben in den Dörfern und Sklavenfaktoreien der afrikanischen Goldküste, in irischen Hütten, spanischen Armeeaußenposten in Havanna und religiösen Erweckungsversammlungen auf offener Straße, in den Maroon-Siedlungen in den Blue Mountains von Jamaika und den umliegenden Zuckerrohrplantagen.

DAS HAFENVIERTEL UND DIE VERSCHWÖRUNG

Die Ereignisse des Jahres 1641 nahmen ihren Anfang in den Docks von New York. Als wichtige Außenposten des Empire waren New York und andere Hafenstädte am Atlantik mit Garnisonen belegt, die die Stadt schützen und die Besitzenden gegen Feinde von innen und außen verteidigen sollten. Soldaten wie William Kane und Thomas Plumstead, die beide in Fort George stationiert waren, exerzierten, standen Wache, lungerten herum und murrten in einer endlosen Routine, die von dem stillen Hauptfeind des Soldaten beherrscht wurde: der Langeweile. Die Häfen waren geschäftige Zentren des transatlantischen Handels. Massen von Arbeitern waren im maritimen Wirtschaftssektor beschäftigt und segelten, bauten und reparierten Schiffe, stellten Segel, Tauwerk und andere unverzichtbare Ausrüstungsgegenstände her und transportierten Waren auf Booten, Karren und dem eigenen Rücken. Menschen afrikanischer Herkunft – fast ausnahmslos Sklaven – waren für den Hafenbetrieb besonders wichtig: Sie stellten etwa 18 Prozent der Stadtbevölkerung und volle 30 Prozent ihrer Arbeitskräfte. Brash und Ben zum Beispiel verluden zusammen Holz am Hudson River, und Mink arbeitete in der Seilerbahn [Seilherstellung] seines Besitzers. Cuffees Herr, ein Kaufmann, schickte ihn in die Docks, wo er zusammen mit einem weißen Jungen »für seine Schaluppe eine Windfahne auf ein Brett nähen« sollte. Die an der Verschwörung beteiligten spanischen »Neger und Mulatten« waren – wie auch die Sklaven Ben und London – allesamt Seeleute. Quack arbeitete Seite an Seite mit Soldaten in einer neuen Batterie in der Nähe von Fort George.[9]

Nach der Arbeit zogen sich diese Soldaten, Seeleute und Sklaven in die Branntweinschenken, Tavernen und »verrufenen« Häuser zurück, die sich am Hafen entlangzogen, um »Schnaps, Punsch und andere starke geistige Getränke« zu trinken, und blieben dort oft »unter Trinken, Singen und Würfeln [...] bis zwei oder drei Uhr morgens«. Hier erzählten sie sich teils wahre, teils erfundene Geschichten, darunter die eines Aufstandes, der New York im Jahre 1712 erschüttert hatte. Und hier gerieten sie aneinander, fluchten, zechten, tanzten, waren eine ständige Quelle öffentlicher Ruhestörung und wachten am nächsten Tag nicht selten im Gefängniskeller des Rathauses auf. Meuternde Soldaten und Seeleute waren seit Jahrzehnten ein Problem für die New Yorker Stadtherren, die ihre renitente Haltung mit einer ganzen Reihe von Gesetzen einzudämmen und zu bestrafen suchten.[10]

Die Rebellen von 1741 hielten ihre geheimen Treffen entlang der Kais ab; sie trafen sich bei Hughson's, bei Comfort's am Hudson und »im Hause eines gewissen Saunders auf dem Dock«. Wie die Schiffe waren auch die Docks und Tavernen Orte, an denen Menschen englischer, irischer, afrikanischer, indigener und westindischer Herkunft zusammenkommen und ihre gemeinsamen Interessen erkunden konnten. Es war nicht leicht für die Obrigkeit, diesen Strom subversiver Erfahrungen einzudämmen, denn Hafenstädte waren schwer zu überwachen. Immer »schlichen Fremde in der Stadt herum« – Leute wie Sambo, von dem es hieß, er sei »ein großgewachsener Neger, der bei John Dewit wohnt (ein Fremder)«. Überall waren »unstete und müßige Personen« und »finstere Gestalten, die keine sichtbaren Mittel zum Unterhalt haben«, denn das Wachstum der Städte und besonders des Schifffahrtssektors war auf Massen verzweifelter, aber notgedrungen kreativer Proletarier angewiesen, die zur Lohnarbeit gezwungen waren, um Leib und Seele zusammenzuhalten. Es war allgemein bekannt, dass eine solche Mischung von Menschen in Hafenstädten nicht nur eher zu finden war, sondern auch eine größere Gefahr für die konzentrierte, etablierte Macht der kosmopolitischen Herrscherklasse darstellte, als es anderswo der Fall sein mochte.[11]

Die Hafentavernen waren die Dreh- und Angelpunkte der Hafenökonomie, die Orte, an denen Soldaten, Seeleute, Sklaven, Schuldknechte und Lehrlinge sich trafen, um illegal erworbene Waren zu verkaufen und ihre mageren oder nichtvorhandenen Löhne aufzubessern. Mitunter förderten

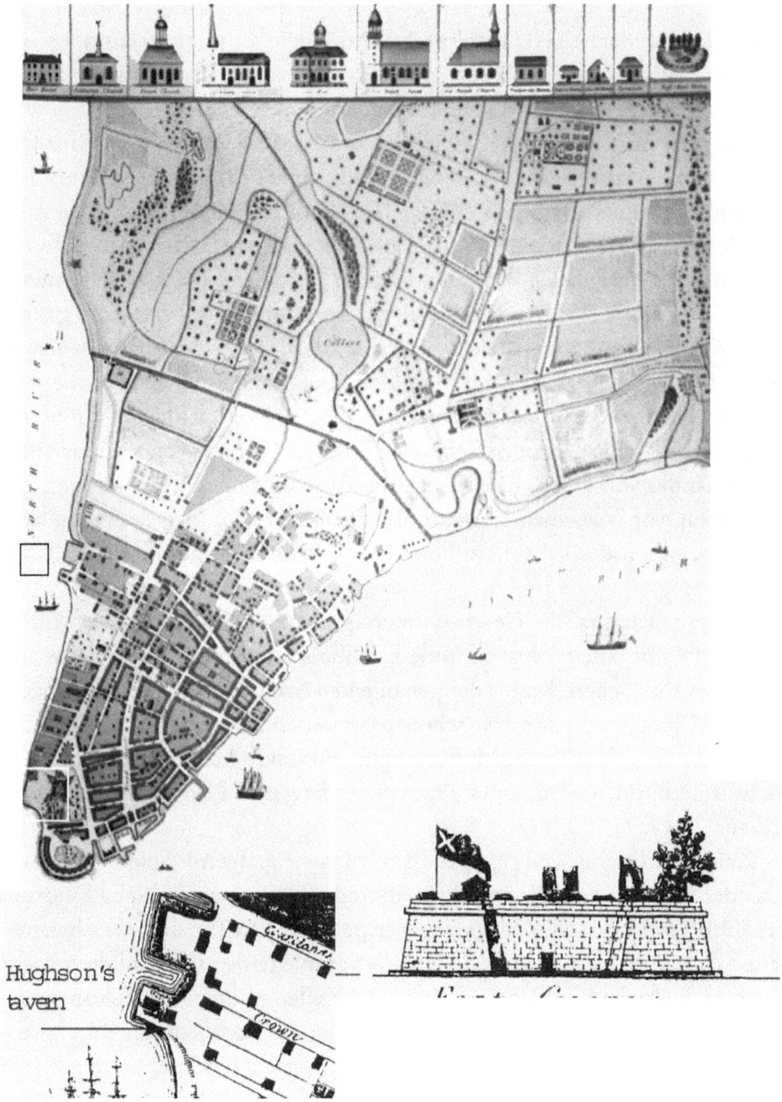

Karte von Manhattan mit einem Ausschnitt, der Hughsons Taverne und das niedergebrannte Fort George zeigt.
A Plan of the City and Environs of New York, 1742–4, von David Grim. Collection of the New-York Historical Society

Tavernenwirte derartige Handelspraktiken, indem sie ihren Kundinnen und Kunden so großzügig Kredit gewährten, dass diese ihre Rechnung nur begleichen konnten, indem sie Waren als Bezahlung hinterließen.

Die New Yorker Obrigkeit erließ Gesetze, die die Höhe des Kredits festlegten, den Tavernenwirte der arbeitenden Bevölkerung, insbesondere Soldaten und Seeleuten, gewähren durften. Letztere spielten bei diesem illegalen Handelsverkehr eine besonders wichtige Rolle, weil sie Hehlerware nicht nur verkauften, sondern auch kauften und dann praktischerweise verschwanden, wenn ihr Schiff auslief. Andere Gesetze zielten darauf ab, den Strom gestohlener Waren aufzuhalten (»Kleidung, oder alle anderen Erzeugnisse, beweglichen Besitztümer, Waren oder Handelsgüter«), und stellten Tavernenwirten, die gegen diese Vorschriften verstießen, Rückerstattung in Höhe des doppelten Warenwertes oder Gefängnis in Aussicht. New Yorks umfassender Sklavenkodex von 1730, »Ein Gesetz über die wirksamere Verhinderung und Bestrafung von Verschwörungen und Erhebungen von Neger- und anderen Sklaven«, nahm das subversive Potenzial der Hafenökonomie ebenfalls zur Kenntnis:

Der erste Paragraf des Gesetzes untersagte jeglichen »Handel oder Warenaustausch« mit einem Sklaven ohne Erlaubnis seines oder ihres Herrn »bei Strafe des dreifachen Wertes der gehandelten Sache oder Sachen«. Vizegouverneur Clarke bemerkte fast schon prophetisch, dass illegale Transaktionen »einer Gewohnheit des Müßigganges« Vorschub leisteten, »die, wenn sie nicht unterbunden wird, eines Tages noch die ganze Provinz ins Verderben stürzen mag«.[12]

Keine der Drohungen gegen die Tavernenwirte, die mit Soldaten, Seeleuten oder Sklaven Geschäfte machten, hinterließ einen nachhaltigen Eindruck bei John Hughson. Sein Haus war der perfekte Ort für die »verschwörerischen Zusammenkünfte und Bewirtung von Negern« und Hehlergeschäfte: Es enthielt eingebaute Geheimfächer – im Keller, in mehreren Räumen und unter der Treppe – in denen sich heiße Ware, die nachts durch ein Gassenfenster ins Haus geschmuggelt wurde, verstecken ließ. Bastian erklärte: »Was immer die Neger stehlen konnten, brachten sie zu ihm.« Als Gegenleistung erhielten sie – wie Lehrlinge, Schuldknechte und -mägde, Soldaten und Seeleute auch – Geld, von dem der Wirt einen Teil einbehielt, den sie auf Kredit »austrinken« konnten. Kleinere Hehler operierten im Rahmen von Hughsons Netzwerk. Der Sklave Will stahl seiner Herrin einen silbernen Löffel und brachte ihn zur Frau des Soldaten William Kane, die ihn an ihren Ehemann weiterreichte, der ihn wiederum an den Silberschmied Peter van Dyke verkaufte und Will »acht Schillinge des Geldes« gab. Auch andere irische Verschwörer hatten ihre Finger in diesem illegalen Warenumlauf. Daniel Fagan, Jerry Corker und John Coffin wollten, dass William Kane »mit ihnen zusammen Häuser ausraubte und sich davonmachte«, aber bevor sie »sich davonmachten«, werden sie bei Hughson's vorbeigegangen sein, wie vor ihnen Edward Murphy, als er ein paar gestohlene Schmuckstücke zu Geld machen wollte.[13] Auf diese Weise ging so viel »Schieberware« durch John Hughsons Haus, und es entwickelte sich zu »einem Markt von so großer Bedeutung«, dass seine Kundschaft mit trockenem Humor begonnen hatte, es »Oswego« zu nennen – nach dem großen Provinzhandelsposten an der Nordgrenze der Kolonie, in dem Engländer und Irokesen ihre Tauschgeschäfte tätigten. Wie die Irokesen war auch die bei Hughson's versammelte Klientel ganz besonders an Waffen, Schießpulver und Munition interessiert – Waren, von denen sie im Laufe des Winters 1740/41 einen Vorrat anlegten.[14]

Zwei der waghalsigsten und berüchtigtsten Figuren in der Hafenökonomie, die gleichzeitig Hughsons »schwarzer Garde« angehörten, waren John Gwin und Prince, die entlang der Docks, Kais und Lagerhäuser arbeiteten und dort große und kleine Beute machten: fünfzig Viertelfässer Butter, einen geheimen Vorrat an Achterstücken (Acht-Reales-Münzen), Bienenwachs, ein Hemd, Strümpfe, einen Mantel, und was immer ihnen sonst noch in die Hände fiel. Horsmanden zufolge waren diese beiden »höchst verruchten müßigen Gesellen schon zuvor bei einigen Räubereien ertappt und dafür öffentlich am Pfahl mit der Peitsche gezüchtigt worden«. Das Delikt, für das ihnen die Obrigkeit die Narben auf dem Rücken beibrachte, war der Diebstahl von Gin, ein holländischer Beitrag zu Zivilisation, der zu dieser Zeit das letzte Verzweiflungsgetränk der Londoner Armen war. Sie wurden auf einem Karren in einer »gebührlichen Prozession durch die ganze Stadt« gefahren, erhielten »an jeder Ecke [...] fünf wohlgesetzte Hiebe mit der Kuhhaut auf ihre nackten schwarzen Rücken« und wurden dabei von Zuschauern mit »Schneebällen und Dreck« eingedeckt. Gwin und Prince trugen ihre vorübergehende Niederlage mit Fassung und Humor: Binnen kurzem gründeten sie zu Ehren des Vorfalls den »Geneva Club« und ernannten sich selbst zu dessen Vorsitzenden. Sie tauchten weiterhin mit Diebesgut bei Hughson's auf, das sie mal in der Tasche, mal auf dem Rücken und mal »in ein großes Tischtuch geknotet« trugen. Was das Komplott betraf, waren Gwin und Prince »unter den Schwarzen zwei der Haupträdelsführer darin«. Daniel Horsmanden ließ an dieser Tatsache keinen Zweifel; er bezeichnete die beiden Hafenarbeiter als »Brüder im Verbrechen«, deren Diebstähle die eigentlichen »Zutaten der Verschwörung« bildeten. Derlei Aktivitäten schufen Führungsstrukturen, Beziehungen und Solidarität im Hafenviertel – Elemente, die sich als entscheidend für den Plan der Verschwörer erweisen sollten.[15]

Mit dem Anwachsen der Anzahl aktiv beteiligter Verschwörerinnen und Verschwörer entwickelten sich die älteren, kleineren Banden der Hafenökonomie zu quasimilitärischen, für Aufstandszwecke modifizierten gesellschaftlichen Organisationseinheiten.

Eine Bande namens »Fly Boys« traf sich in John Rommes Taverne; die »Long Bridge Boys« trafen sich bei Hughson's. Jede Gruppe hatte ihren eigenen obersten Anführer, dem wiederum mehrere Captains unterstanden, die jeweils für eine Kompanie verantwortlich waren. Gwin war der Anführer der »Long-Bridge«-Kompanie; sein Gegenstück bei den »Fly Boys« war ein erfahrener, spanisch sprechender Soldat namens Juan. Beide scheinen direkt Hughson unterstellt gewesen zu sein.

Weitere Captains waren Ben, ein »*head man* oder Captain« und »Kommandant von mindestens hundert Männern«, und Jack, der als »head captain« bezeichnet wurde. Curaçao Dick, York und Bastian vervollständigten die Liste derer, die in Zeugenaussagen als Captains benannt wurden (oder sich selbst so nannten), obwohl auch Cuffee und Prince zu dieser Gruppe gehörten. Sie alle standen in ständigem, engem Kontakt mit Hughson. Dundee, Cook, London und Cuffee waren niedere Offiziere. Jede Kompanie hatte ihren eigenen Trommler – zum Beispiel Old Tom – und einen Fiddler wie Braveboy, bei dessen Rekrutierung Albany darauf bestand, dass er genau deshalb gebraucht werde, »weil er ein Fiddler war«. Vielleicht war er ein Mann wie Louis Delgrès, der Martinikaner, der einen Sklavenaufstand auf Guadaloupe anführte und zuletzt in einer Kanonenluke in Fort Mantouba sitzend gesehen wurde, wo er inmitten des Rauchs und der zischenden Kugeln wild auf der Fiddle spielte, um seine Mitrebellen zum Kampf gegen die Franzosen anzustacheln.[16]

WESTAFRIKA

Kulturen und Erinnerungen westafrikanischen Ursprungs waren zentrale Momente des Aufstandsplans von 1741. Mehrere unterschiedliche Gruppen von Westafrikanerinnen und Westafrikanern waren an der Revolte beteiligt, und John Hughson war nicht der Einzige, der sich ihrer Verschiedenartigkeit und Wichtigkeit voll bewusst war. Von entscheidender Bedeutung für die Organisation der Revolte war ein innerer Zirkel von sogenannten »head men«, deren jeder als Oberhaupt einer bestimmten afrikanischen Gemeinschaft in New York für Rekrutierung, Disziplin und Solidarität innerhalb dieser Gruppe verantwortlich war. Hughson gab diesen Männern (es waren alles Männer), die das größte Vertrauen genossen, genaue Anweisungen: Sie sollten »die Verschwörung niemandem eröffnen als solchen, die aus ihrem eigenen Lande seien«, denn, wie Daniel Horsmanden bemerkte, »sind [sie] aus unterschiedlichen Teilen Afrikas hergebracht worden, und man mag annehmen dürfen, dass sie Wesensart und Veranlagung ihrer eigenen Leute am besten kennen«.[17] An diesen Plan hielten sie sich. Als Cato Bridgewater den Aufstandsplan unterbreitete, fragte er ihn: »Landsmann, wirst du uns helfen?« Ein Sklave namens Ben ging nach derselben Methode vor und sagte zu Jack: »Landsmann, ich habe gute Nachrichten.« Es hieß, dass die Spanier eine Invasion der Stadt planten – das würde ihren eigenen Aufstand von innen heraus unterstützen. Cato und Bridgewater wandten sich an ethnische Gruppen wie die Popo oder Pawpaw von der Sklavenküste in der Nähe von Ouidah, die Igbo aus der Region um den Niger und die Malagassi von Madagaskar, die alle eigene revolutionäre Zellen innerhalb der New Yorker Bewegung bildeten.[18]

Die führende Zelle bestand aus Mitgliedern eines akansprachigen Volkes von der Goldküste Westafrikas, die in Anlehnung an den Namen des Sklavenhandelspostens, von dem aus sie verschifft worden waren, Coromantee (oder auf Fante Kromantse) genannt wurden. Viele dieser »Coromantee« waren ehemalige »okofokum«, in Schusswaffengebrauch und Nahkampf ausgebildete gemeine Soldaten, die vor ihrer Ergreifung und Verschleppung nach Amerika in der Massenarmee eines der militarisierten expansionistischen Staaten Westafrikas gedient hatten: Akwamu, Denkyira, Ashanti, Fante. Pecks Caesar wurde als »ein Caromantee« bezeichnet, ebenso eine nicht namentlich genannte alte Frau, die Gerardus Comfort gehörte. Zudem hatten fünf der dreizehn Sklaven, die auf dem Scheiterhaufen enden sollten, entweder Akan-Rufnamen – Quack (auf Akan: Kwaku), Quash (Kwasi) und zwei Cuffees (Kofi) – oder waren bekanntermaßen Coromantee (Gwin), ein Umstand, der darauf schließen lässt, dass die Goldküste in der Führungsriege der Verschwörung stark repräsentiert war. Ein anderer Akan, Quamino (Kwamena), wurde gehängt, drei weitere deportiert. Ein Sklave namens Warwick schnitt sich, wahrscheinlich in Stil und Tradition eines besiegten Ashanti-Kriegers, nach dem Scheitern der Verschwörung »die Kehle durch«. Doktor Harry, von dem wir fast sicher sein können, dass er ein »obeah man« von der Goldküste war, ein Akan-Schamane mit tiefen Kenntnissen und Kräften in diesseitigen und spirituellen Dingen, hatte Gift hergestellt (»von derselben Sorte, die sie in Guinea gesehen hatten«), das die Verschwörer schlucken sollten, falls der Aufstand fehlschlug.[19]

Die Rolle der Coromantee und der Afrikanerinnen und Afrikaner im Allgemeinen fand ihren offensichtlichsten Ausdruck in der Abnahme von Kriegseiden, die Hughson taktisch klug »ihren eigenen Gebräuchen anpasste«. Der irische Soldat William Kane sagte aus, es habe einen besonderen »Negereid« gegeben, aber in Wirklichkeit gab es wahrscheinlich (wie auch Horsmanden glaubte) mehr als einen. Der am häufigsten abgelegte Schwur, ein »schrecklicher« Eid, der »bei Blitz und Donner geschworen« werden musste, war unter den Afrikanern weit verbreitet. Viele der Sklaven schworen mit diesem Eid, die Revolte zu unterstützen und ihr gemeinsames Geheimnis niemals zu verraten. Militärische Eide, in denen die Urgewalten Blitz und Donner beschworen wurden, waren an der afrikanischen Goldküste um die Mitte des 18. Jahrhunderts in Gebrauch, was sowohl auf den Ursprung als auch auf die Wirkungskraft dieser Praxis schließen lässt. Nanny, die legendäre Anführerin der Windward-Maroons in den 1730ern, ließ ähnliche Eide schwören, und auch auf Antigua und anderswo machten Rebellen von ihnen Gebrauch. Horsmanden ahnte, dass »die Bindung an diesen infernalischen Eid« die Untersuchung in New York behinderte, aber er sollte nie begreifen, dass der wahre Ursprung seines Problems auf der anderen Seite des Atlantiks an der Goldküste Afrikas lag.[20]

Wie afrikanische Widerstandstraditionen im Allgemeinen waren auch diese Eide in New York nicht unbekannt: Eine Generation zuvor, im Jahre 1712, hatten sie bei einer der blutigsten Revolten Anwendung gefunden, die das nordamerikanische Festland je erleben sollte. Ein Bündnis von Sklaven von Coromantee- und Popo-Herkunft hatte ein Haus angesteckt und mehrere Weiße umgebracht, die zum Löschen kamen. Neunzehn Sklaven wurden im Anschluss an diesen Vorfall hingerichtet – verbrannt, gehängt, gerädert und dem Hungertod ausgeliefert –, aber sie waren nicht vergessen.[21] Horsmanden wusste von diesen Begebenheiten; das Gleiche galt für den Anwalt William Smith, der daran mitgewirkt hatte, die Rebellen ihrer »brutalen und blutigen« Hinrichtung zuzuführen.[22] Nun, im Jahre 1741, ermunterte John Romme späteren Zeugenaussagen vor Gericht zufolge die Verschwörer, »sie alle in Brand zu stecken; die Häuser derer, die das meiste Geld haben, niederzubrennen und sie alle zu töten, wie die Neger es seinerzeit mit ihren Herren und Herrinnen getan haben würden«. Hughson, der selbst in der Umgebung New Yorks aufgewachsen war, »schlug vor, vor allem anderen das Fort anzuzünden, denn bei einem früheren Aufstand rannten die Weißen in das Fort«. Aus der Zeugenaussage eines Sklaven namens Sawney, der zum Zeitpunkt des zweiten Aufstandes erst sechzehn Jahre alt war, geht hervor, dass er die Geschichten über den Aufstand von 1712 gehört hatte – vielleicht von jemandem wie »Old Man« Cook oder »Comforts alter Caromantee-Frau«.[23]

IRLAND

Eine weitere Zelle der New Yorker Aufstandsbewegung bestand aus Menschen irischer Herkunft. Wie ihre afrikanischen Pendants hatten auch diese Verschwörer eine offensichtliche Vorliebe für Geheimgesellschaften und Komplotte; auch sie nannten einander »Landsleute«. Alles in allem waren etwa dreißig bis fünfunddreißig irische Männer und Frauen an der Verschwörung beteiligt, obwohl nur elf von ihnen namentlich erfasst wurden. Ein Zeuge sagte aus, dass siebzehn Soldaten an einem Treffen in Hughsons Taverne teilgenommen hätten; üblicherweise erschienen neun oder zehn in wechselnder Zusammensetzung. Fast alle Iren waren in Fort George stationierte Soldaten – »Brudersoldaten«, wie sie sich selbst nannten –, die Rache an den protestantischen Engländern nehmen wollten und dem Wunsch Ausdruck verliehen, »die englische Kirche niederzubrennen«. Hass auf die Armee war ein weiteres Motiv: Jerry Corker erklärte: »Bei ›G-tt‹, ich habe gute Lust, das Fort niederzubrennen.« William Kane, dessen Beteiligung an der Verschwörung in dem Moment begann, als er seinen Mitverschwörern versicherte, »er werde alles in seiner Macht Stehende tun, um ihnen zu helfen«, und endete, als er im Jahre 1742 zur Strafe in die Karibik verschifft wurde, wollte das Fort in Flammen aufgehen sehen, damit die Soldaten »ihre Freiheit hätten«. Die Mittäterschaft von Corker und Kane macht deutlich, wie nahe die Verschwörer an die Schalthebel der Macht gelangten: Beide hatten als »Wachposten vor der Tür des Gouverneurs« in Fort George gedient.[24]

Auch wenn über die Identität der einzelnen an der Verschwörung beteiligten Menschen irischer Herkunft wenig bekannt ist, lässt sich doch die historische Erfahrung, die die Migration der irischen Bevölkerung über den Atlantik in den Jahren vor 1741 auslöste, grob umreißen. Eine Flaute in der Leinenindustrie, eine Verschärfung der Unterdrückung durch Grundherren und anglikanische Geistliche und vor allem die Hungersnot von 1728/29 brachten neue Wellen irischer Vagabunden und Auswanderer hervor. Eine weitere Hungersnot in den Jahren 1740/41, die auf Gälisch »bliadhain an air« (das große Schlachten) genannt wurde, beförderte Zehntausende von Menschen ins Grab und weitere Tausende auf der Suche nach einem Auskommen nach Übersee. Diese Vagabunden wurden »Sankt Patricks Ungeziefer« genannt.[25] Die traditionellen Migrationen irischer Halunken begannen sich in größeren, atlantischen Umlaufbahnen zu bewegen. Viele Menschen wurden von diesen Massenbewegungen in den Militärdienst (in der britischen, französischen oder spanischen Armee) gespült, und dieser wiederum führte zur Versetzung in die Grenzgebiete des Empire als Soldat oder Militärarbeiter. Andere schlugen sich in irische Häfen durch, heuerten in der Kabeljaufischerei an und segelten nach Neufundland, wo viele von ihnen in Schulden gerieten und schließlich als Schuldknechte oder Arbeiter zur See in die Hafenstädte Nordamerikas gelangten.[26] Dies scheint in der einen oder anderen Variante der Hintergrund der »irisch-neufundländischen Schönheit« Peg Kerry gewesen zu sein.

Wieder andere gerieten mit dem Gesetz in Konflikt und landeten als Passagiere Seiner Majestät in Amerika, nachdem sie als Verbrecher zu sieben oder vierzehn Jahren Strafarbeit verurteilt und nach Übersee verfrachtet worden waren. Für diese irischen Männer und Frauen – und nicht nur für sie – waren Verbrechen und Rebellion untrennbar miteinander verflochten: Tausende von Menschen in Großbritannien fanden sich plötzlich auf der Schattenseite einer Gesetzgebung wieder, die sich rapide wandelte, um neuen Eigentumsdefinitionen gerecht zu werden. Nach Georgia deportierte irische Verbrecher wurden als »Haufen hartgesottener, verworfener Schufte« angeprangert, »die in jeglicher Art von Schurkerei wohlbewandert sind, und die [aus] ihrem Lande deportiert worden sind, weil sie Verbrechen begangen haben, derenthalben sie als zu gefährlich erachtet werden, um dort zu bleiben.« Einige der Deportierten waren Aufrührer, die sich gegen unerträgliche Bedingungen zur Wehr gesetzt hatten und, sobald sie in Amerika ankamen, ihre Herren bestahlen und »hochverräterische Pläne gegen die Kolonie« zu schmieden begannen.[27]

Dass die Iren die Engländer in Amerika verrieten, hatte Geschichte. Dass die Engländer die Iren in Irland brutal unterjochten, hatte ebenfalls Geschichte. Mehr als einmal (1655, 1666 und 1689) hatten irische Schuldknechte im 17. Jahrhundert Spanien oder Frankreich bei Angriffen auf die englischen Karibikkolonien St. Christopher, Montserrat und Nevis unterstützt. Die britischen Kolonialbeamten des 18. Jahrhunderts erinnerten sich gut an diese Verratsakte, vor allem, als neue Katastrophen in Irland neue Wellen von Migrantinnen und Migranten auf die amerikanische Küste zutrieben. Nach Ansicht des jamaikanischen Gouverneurs Robert Hunter waren die Iren »ein fauler, nutzloser Menschenschlag, der nicht viel kostet und Fehlbestände ausgleicht« – d h. die weiße Minderheit zahlenmäßig verstärkte. In den 1730ern beherbergte seine Insel viele – vielleicht zu viele – irische Schuldknechte und Soldaten: »Angesichts ihrer Religion mögen viele von ihnen sich im Falle eines Kriegsausbruchs mit Frankreich oder Spanien eher als schädlich denn als nützlich erweisen.« Es blieb ihm nichts anderes übrig, als den düsteren Schluss zu ziehen: »Ihre Herzen sind nicht mit uns.« Hunters Kollegen in New York waren – vor allem, nachdem im Jahre 1739 Krieg mit Spanien ausgebrochen war und gleichzeitig Krieg mit Frankreich drohte – von den gleichen Ängsten geplagt.[28]

SPANISCH-AMERIKA

Die Mitglieder einer dritten Zelle des Komplotts flüsterten auf Spanisch miteinander. Ihre Anführer waren spanisch-amerikanische Seeleute, »Neger und Mulatten«, die im Vorfrühling des Jahres 1740 von Kapitän John Lush auf einem Prisenschiff gefangen genommen, von den Westindischen Inseln nach New York gebracht, mit dem Rest des Schiffes vor dem Seefahrtsgericht der Stadt abgeurteilt und umgehend als Sklaven verkauft worden waren. Ein Kaufmann sagte aus, er habe in Havanna gehört, dass einer der Seeleute aus einer versklavten Familie in Cartagena stamme. Die Seeleute selbst bestanden darauf, sie seien »freie Untertanen

des Königs von Spanien« und daher dazu berechtigt, als Kriegsgefangene behandelt zu werden.
Unter den Verschwörern waren sie als die »Kuba-Leute« bekannt. Wahrscheinlich kamen sie aus Havanna, der größten Hafenstadt der Spanisch-Westindischen Inseln, die gleichzeitig eine Hochburg des Kaperwesens, ein bedeutender Militärstützpunkt und das Zentrum einer freien Schwarzen Bevölkerungsgruppe war. Als ehemals »freie Männer in ihrem eigenen Land« waren sie der Ansicht, dass ihnen in New York eine große Ungerechtigkeit widerfahren sei, und »begannen zu murren, dass man sie so schlecht behandelt und als Sklaven verkauft hatte«.[29]

Der Zorn der Seeleute heizte so manche Unterhaltung an. Kapitän Lush, der vom Verkauf der Prisen reichlich profitiert hatte, wurde dabei mit besonderem Zorn bedacht. Die Seeleute beteuerten, dass sie, »wenn der Kapitän sie nicht in ihr eigenes Land schicke, die ganze Stadt in Trümmer legen würden; und das Haus des Kapitäns würde das erste sein, das sie niederbrennen würden, denn es kümmere sie nicht, was sie täten.« Sie zeigten auf Lushs Haus und sagten: »*Verfl-t sei der H-nsohn, sie würden einen Teufel aus ihm machen*« – zweifellos, indem sie sein Heim in eine Flammenhölle verwandelten. Sie drohten sogar damit, ihn »an einen Balken zu fesseln und wie ein Stück Rindfleisch zu rösten«.[30]

Aber die hispanischen Seeleute hatten zu dem Komplott, die Stadt zu übernehmen, mehr beizutragen als nur ihre Wut. Sie waren erstklassig ausgebildet und kannten sich in der Kriegführung aus. Der großgewachsene, »sehr dreiste« Antonio de St. Bendito machte keinen Hehl aus ihrer Tapferkeit. Er prahlte, wenn die Zeit für den Aufstand gekommen sei, könnten »die Spanier zwanzig töten, wo die Yorker Neger einen töten«. Der Ruf der Seeleute als erfahrene Kämpfer verbreitete sich im Hafenviertel. John Hughson sagte zu York, dass »die Spanier besser zu kämpfen wüssten als die Yorker Neger«, und zollte ihrer militärischen Erfahrung Anerkennung, indem er Augustine zum Offizier und Juan zum Captain der »Fly Boys« machte, einem der höchsten Ränge in der Kommandostruktur der Rebellen. Ben, ein Mitglied des inneren Zirkels der Verschwörung, begrüßte die Nachricht, dass die »spanischen Neger« bereit seien, ihnen beim Aufstand zur Hand zu gehen, wenn »die Kriege kämen«. Er sagte zu seinem skeptischen Landsmann Jack, dass »diese Spanier besser Bescheid wüssten als die Yorker Neger, und besser dabei helfen könnten, [die Stadt] einzunehmen, als diese, denn sie seien mehr an Krieg gewöhnt, aber sie müssten damit beginnen, zuerst einmal das Haus (d.h. die Häuser) in Brand zu stecken«.[31]

Auch hier hatten die hispanischen Soldaten einiges beizutragen, insbesondere ihre Vertrautheit mit einer entzündlichen Substanz namens »Feuerball«, die seit langem zum Arsenal der Kriegführung in der Karibik gehörte, wo Plündern, Marodieren und das Niederbrennen von Städten nichts Neues war. Bei einem der Treffen bei Hughson's rollte ein nicht identifizierter hispanischer Seemann »etwas Schwarzes in seinen Händen und zerbrach es und gab es den anderen, das in die Häuser geworfen werden sollte, um an mehreren Stellen die Schindeln in Brand zu stecken«. Antonio und Juan kannten sich besonders gut aus »mit dem Zeug, mit dem man Häuser anzündet, indem man es ins Haus schleudert«. Als am Montag, dem 6. April, zu beiden Seiten von Kapitän Sarlys Haus gleichzeitig Feuer ausbrach, erhob sich der Schrei: »Die spanischen Neger, die spanischen Neger, ergreift die spanischen Neger.« Juans Kenntnisse, Rachemotiv und anmaßende Haltung angesichts der gegen ihn vorgebrachten Anschuldigungen machten ihn verdächtig und führten schließlich zu seiner Hinrichtung durch den Strang.[32]

Was die afrohispanischen Seeleute außerdem zu dem Komplott beitrugen, war erstens ein Beispiel von Freiheit, das sich auf ihre eigenen Erfahrungen auf See gründete, und zweitens die Mittel zur Erlangung dieser Freiheit durch die Koordination eines Aufstandes von innen mit einem Angriff der spanischen Truppen von außen. Für die New Yorker Behörden war es natürlich unvorstellbar, dass Nachrichten über spanische Militärvorhaben in der Neuen Welt unter Seeleuten und Hafenarbeitern die Runde machen könnten. Aber da sie sich andererseits des Eindrucks nicht erwehren konnten, dass zwischen der New Yorker Verschwörung und Spanisch-Amerika ein realer Zusammenhang bestand, stürzten sie sich auf einen Brief, den General James Oglethorpe aus Georgia im Jahre 1741 über eine »papistische Verschwörung« geschrieben hatte, in der geheime Abgesandte in Gestalt von als Ärzten, Tanzlehrern und dergleichen verkleideten Priestern das Volk dazu anstachelten, sich zu erheben und »alle Magazine und nennenswerten Städte in Englisch-Nordamerika niederzubrennen und damit die Versorgung der großen Expedition und Flotte auf den Westindischen Inseln zu verhindern«. Oglethorpe selbst »konnte diesen Nachrichten keinen Glauben schenken«, eine große Anzahl von New Yorkern allerdings sehr wohl. Aber in Wirklichkeit gebührte das Verdienst den hispanischen Seeleuten, die ihre Informationen und Erfahrungen wie Schiffe von einem Atlantikhafen zum anderen trugen.[33]

DIE GROSSE ERWECKUNG

Eine weitere atlantische Dimension der Verschwörung von 1741 war religiöser Natur, denn sie fand während der sogenannten »Großen Erweckung« statt. Von den 1730er Jahren an erlebten beide Seiten des Atlantiks einen Ausbruch volkstümlicher religiöser Schwärmerei, in dessen Verlauf Wanderprediger von Ort zu Ort zogen, über ihre eigenen religiösen Erfahrungen Zeugnis ablegten und wo immer sie hinkamen, das arbeitende Volk dazu aufriefen – in den Worten Gary B. Nashs –, »Werkzeuge ihrer eigenen Erlösung« zu werden. George Whitefield, ein kleiner, schielender Prediger mit gewaltiger Lunge und ebenso gewaltigem Charisma, bereiste im Jahre 1739 die Ostküstenkolonien und hielt vor den Tausenden von Schwarzen und Weißen, die sich versammelten, um ihn zu hören (allein in New York waren es fünf- bis siebentausend Menschen), eine endlose Abfolge feuriger Predigten.[34] Die radikaleren Wanderprediger propagierten einen spirituellen Egalitarismus, der sich auf den biblischen Grundsatz »Gott sieht die Person nicht an« gründete, und zogen damit den Hass vieler Angehöriger der kolonialen Oberschicht auf sich. James Davenport zum Beispiel wurde von dem konservativen Bostoner Charles Chauncey beschuldigt, den Kommunismus der Apostelgeschichte in die Tat umzusetzen und danach zu trachten, das Privateigentum abzuschaffen und »alles allen gemeinsam zu machen, Weib wie Gut«. Der Geist des radikalen Antinomianismus umwehte die Botschaft dieser Evangelikalen, die eine Rechtfertigung durch den Glauben anstelle der traditionelleren Idee der Rechtfertigung durch Werke predigten, und dieser Geist verfolgte ihre konservativen Widersacher. Einige von ihnen fürchteten, die Levellers, Ranters und Fünften Monarchisten der Englischen Revolution des 17. Jahrhunderts seien ein Jahrhundert später wieder auf der Bildfläche erschienen, und sie hatten nicht ganz unrecht. Der Arzt Alexander Hamilton befürchtete, dass diese »Fanatiker des Neuen Lichts« die etablierte Religion ihrer auf Ritualen basierenden Macht zur Mystifikation berauben und »den Pöbel, die vielköpfige Bestie«, aus ihrem »sorgsam konstruierten Käfig« befreien würden.[35]

Obwohl der Anklagevertreter William Smith New Yorks verschwörerische Sklavinnen und Sklaven als »heidnische Neger« bezeichnen sollte, waren viele von ihnen – nicht zuletzt als Folge der Großen Erweckung – offensichtlich vom Christentum beeinflusst. John Hughson nahm einer Anzahl von Sklavenrebellen bindende Eide auf die Bibel ab. Bastian sagte später vor Gericht aus, dass er und mehrere andere Sklaven »auf die Bibel eingeschworen wurden«. Cato bestätigte diese Aussage und behauptete, Hughson habe ihn und Albany ins Obergeschoss der Taverne geführt und »sie auf eine Bibel eingeschworen«, woraufhin sie »das Buch geküsst« hätten. Cato erschien nach seiner Gefangennahme mit einer Bibel »an seinen Busen« gedrückt vor Gericht; »er sagte, er lese [sie] im Gefängnis, so oft es ihm möglich sei«. Ein anderer Sklave, Othello, wollte die Zusicherung, dass seine Teilnahme an der Revolte »es ihm nicht verwehren würde, in den Himmel zu kommen«. Viele andere, Schwarze wie Weiße, waren in großer Sorge, dass sie »ihrer Seelen Schaden antun« würden, sollten sie gegen ihren heiligen Eid verstoßen. Viele New Yorker Sklavinnen und Sklaven hatten lange genug in englischsprachigen Kolonien gelebt, um die christliche Botschaft der Erwecker aufzunehmen, sich mit ihr zu beschäftigen und sie gar mit revolutionärer Bedeutung zu füllen. Wie ein anglikanischer Missionar erklärte: »Die *Neger* haben die Vorstellung, dass sie nur getauft sein müssen, um auf der Stelle ihrer Herren frei zu sein.«[36]

Whitefield rückte die Frage der Sklaverei in den Mittelpunkt der Großen Erweckung, als er 1740 einen offenen Brief an »die Einwohner von Maryland, Virginia, North und South Carolina« schrieb, in dem er die Sklavenaufstände erwähnte, die vor kurzem Virginia und South Carolina erschüttert hatten, und seiner Überraschung darüber Ausdruck gab, dass es nicht mehr gewesen seien. Er betrachtete alle gegenwärtigen, vergangenen und zukünftigen Aufstände als »Gericht«, als »Heimsuchung Gottes« und zitierte die Bibelgeschichte von »Saul und dem Haus der Blutschuld«, die mit einer Hungersnot bestraft wurden, weil sie die Gibeoniter, »die Holzhauer und Wasserträger«, versklavt hatten. Gott hatte die armen Sklaven zur Zeit Davids gerächt, und er würde sie wieder rächen. Whitefield befahl seinen Zuhörern streng: »Und nun, ihr Reichen: Weint und heult über das Elend, das über euch kommen wird!« Aber gleichzeitig eröffnete er den sündigen Herren einen Weg aus ihrem selbsterrichteten Babylon: ein anständiges Christentum, dass sich der Seelen sowohl der Herren als auch der Sklaven annehmen werde. Die Herren würden von ihrer Grausamkeit ablassen und damit das furchtbare Strafgericht der »Söhne des Frevels« abwenden; die Sklaven würden von ihren aufrührerischen Aktivitäten ablassen und damit naturgemäß bessere Dienstboten werden. Beide würden sich ihrer »jeweiligen Pflichten« Gott und einander gegenüber bewusst sein.[37]

Das waren härtere Worte, als viele Sklavenbesitzer verkraften konnten. Der Reverend Alexander Garden, der die Sklavenhalter von Charleston,

South Carolina, geistlich betreute, beschuldigte Whitefield im Gegenzug der »Schwarmgeisterei und des Stolzes« und verglich ihn mit »den *Oliverianern, Ranters, Quäkern, französischen Propheten*«. Derartiger Antinomianismus sei es, sagte Garden, der Whitefield dazu veranlasse, die Sklaven zum Aufstand anzustacheln. Andere stimmten ihm zu, darunter William Smith, der aus der Karibik schrieb: »Anstatt [die Sklaven] die *Grundbegriffe des Christentums* zu lehren«, stopften Fanatiker wie Whitefield »ihre Schädel mit einem Mischmasch aus *Gaunersprache, Verzückungen, Träumen, Visionen und Offenbarungen* voll, und mit etwas noch *Schlimmerem*, das die Vorsehung mir zu nennen verbietet.«[38]

Dieses »noch Schlimmere« erhob sein Hydrahaupt 1741 in New York, und Whitefields vergiftender Einfluss wurde dabei gebührend zur Kenntnis genommen. John Ury, ein Geistlicher, der 1742 für seine Rolle in der Verschwörung gehängt werden sollte, glaubte, es sei »durch die große Ermutigung, die die Neger von Mr. Whitefield erfahren haben, [dass] wir all diese Wirren hatten«. Besonders verderblich waren seiner Meinung nach Whitefields Ansichten über die freie Gnade, das theologische Konzept, das den Kernpunkt der antinomischen Ketzerei bildete und das es selbsternannten, oftmals armen Heiligen erlaubte, das Gesetz in ihre eigenen Hände zu nehmen. Auch Horsmanden sollte 1746 im Rückblick auf die Verschwörung die »schwärmerischen Ideen« und »neuartigen Grundsätze« Whitefields und anderer »verdächtiger vagabundierender herumziehender Prediger« verdammen.[39]

Ein anglikanischer Missionar in New York ging sogar noch weiter in seinen Anschuldigungen und behauptete, Whitefield sei unmittelbar verantwortlich für den Aufstand, denn in demselben Maße, in dem er in New York und anderswo die Sklavenhalter gespalten und entmutigt habe, habe er die Sklaven geeint und ermutigt. Seine »bedeutendste Ansprache richtete sich allein an die *Neger*«: Er hatte vorgehabt, eine Schule für Sklaven zu bauen, die viele von ihnen dazu veranlassen würde, »ihren Herren davonzulaufen in der Hoffnung, dass sie hier versorgt und ihre Freiheit haben werden«. Dies wiederum würde zur Taufe und – aus Sicht der Sklaven – zu der mit ihr einhergehenden Freiheit führen. Darüber hinaus schürte Whitefield »Fehden und Animositäten«, wo immer er hinkam. Er wusste, dass ein »Reich, das mit sich selbst uneins wird, nicht bestehen kann, sondern verwüstet wird«. Damit »erregte er in den *Negern* eine bittere Stimmung gegen ihre Herren«. In New York wie auch andernorts »sind die Pflanzer dazu gezwungen, doppelt auf der Hut zu sein, und sind sich nicht sicher, wenn sie zu Bett gehen, ob ihnen nicht vor dem nächsten Morgen die Kehle durchgeschnitten wird; und dies mag der Sturz mehrerer Kolonien sein«.[40]

EIN KARIBISCHER REBELLIONSZYKLUS

Der Sturz mehrerer Kolonien durch Aufstände schien in den 1730ern und 1740ern durchaus im Rahmen des Möglichen zu sein. In diesem Zeitraum jagte ein wilder Sturm von Konspirationen, Revolten und Kriegen hurrikangleich durch die atlantischen Kolonialgesellschaften. Ohne Ansehen von Staats- oder Imperiumsgrenzen wirbelte dieser Rebellionszyklus durch die britischen, französischen, spanischen, holländischen und dänischen Hoheitsgebiete, die sich vom nördlichen Südamerika über die Westindischen Inseln bis hin zu den südlichen Kolonien und schließlich den Hafenstädten Nordamerikas erstreckten. Die meisten dieser Ereignisse fanden in Plantagenregionen statt und wurden von Afroamerikanern angeführt, aber auch andere Schauplätze (wie New York) und andere Akteure (wie die Iren) spielten dabei eine Rolle. Das Ausmaß dieser Welle von Unruhen war enorm: Sie umfasste über achtzig verschiedene Verschwörungen, Revolten, Meutereien und Fälle von Brandstiftung – wahrscheinlich das Sechs- oder Siebenfache der Anzahl ähnlicher Vorkommnisse in den zwölf Jahren vor 1730 oder nach 1742. Im Kontext dieses Rebellionszyklus gewannen die Aktionen der afrikanischen Sklavinnen und Sklaven, irischen Soldaten und hispanischen Seeleute im New York des Jahres 1741 ihre größte und subversivste Bedeutung.

Die einzelnen Widerstandshandlungen, die diesen Rebellionszyklus ausmachten, sind zwar von Wissenschaftlern untersucht worden, aber fast ausnahmslos als voneinander unabhängige Ereignisse. Sie sind kaum jemals im Verhältnis zueinander, unter dem Blickwinkel einer verbindenden Struktur und gemeinsamer Ursachen, analysiert worden. Aber sowohl die Rebellen als auch die Kolonialbehörden der 1730er und 1740er Jahre waren sich der Existenz dieser heftigen, folgenreichen Welle von Kämpfen absolut bewusst, wenn ihre späteren Chronisten sie auch übersehen haben mögen. Mathews, der Gouverneur der Leeward-Inseln, berichtete über diesen Zyklus im Jahre 1737 im Vokabular einer Krankheitsbeschreibung: »Die Infektion des Aufruhrs ist auf diesen Inseln weiter verbreitet, als, wie ich fürchte, aufgedeckt wird.« Für den Gouverneur von Jamaika, Edward Trelawny, der die zahlreichen in den Maroon-Kriegen gipfelnden Aufständen selbst miterlebt hatte, hatten die Revolten eine klare politische Bedeutung: Er sah sie als Ausdruck eines »gefährlichen Freiheitsgeistes«. Daniel Horsmanden bezog sich in seinem Bericht über die Unruhen von New York wiederholt auf andere Komplotte und Revolten. Und die New Yorker Rebellen wussten ebenfalls, was in »dem heißen Land«, wie jemand es ausdrückte, vor sich ging. Es war dort in den letzten Jahren in mehr als einer Hinsicht heiß gewesen.[41]

Im Laufe der 1730er und frühen 1740er Jahre brach sich dieser »Freiheitsgeist« ein ums andere Mal in fast allen Sklavengesellschaften der Amerikas Bahn, vor allem dort, wo Coromantee-Sklaven sich konzentrierten. Allein im Jahre 1730 entstanden großangelegte Verschwörungen in Virginia, South Carolina, Louisiana (New Orleans) und auf Bermuda. An der letzten dieser Verschwörungen war ein Mann namens Samba beteiligt, der bereits eine fehlgeschlagene Revolte gegen einen französischen Sklavenhandelsposten an der afrikanischen Küste *und* eine Meuterei auf einem Sklavenschiff angeführt hatte, bevor die Behörden von New Orleans ihn schließlich aufs Rad flochten. Die Sklavinnen und Sklaven von New Orleans ließen sich allerdings von dem Terror nicht einschüchtern: 1732 erhoben sie sich aufs Neue. Im folgenden Jahr fanden Aufstände in South Carolina, auf Jamaika, St. John (einer der dänischen Jungferninseln) und in Holländisch-Guayana statt. 1737 folgten Komplotte und Widerstandsaktionen auf den Bahamas, St. Kitts, in New Jersey und ein weiteres Mal in South Carolina, wobei die beiden letzteren von dem Aufstand auf St. John angeregt worden waren. 1735/36 wurde eine riesige Sklavenverschwörung auf Antigua aufgedeckt, der bald darauf Aufstände auf den kleineren Inseln Saint Barthélemy, Saint-Martin, Anguilla und Guadaloupe folgten. 1737 und 1738 fanden in Charleston neue Unruhen statt. Im Frühjahr 1738 brachen derweil »etliche Sklaven aus einem Gefängnis in Prince George's County, Maryland, aus, taten sich mit einer Gruppe frei herumlaufender Neger zusammen und begannen einen Guerillakrieg in kleinem Maßstab zu führen«. Im folgenden Jahr plante eine beträchtliche Anzahl von Sklaven, ein Munitions- und Waffendepot in Annapolis, Maryland, zu überfallen, um »die Untertanen seiner Majestät in dieser Provinz zu vernichten und sich in den Besitz des ganzen Landes zu setzen«. Für den Fall, dass dieser Plan fehlschlug, planten sie, »sich draußen in den Wäldern niederzulassen«. Später, 1739, wurde South Carolina von der Stono-Rebellion erschüttert, in der Sklaven, die sich in die Freiheit in Spanisch-Florida durchkämpften, auf ihrem Weg Häuser niederbrannten. Eine weitere Rebellion, an der 150 bis

200 Sklaven beteiligt waren, brach im Juni 1740 in Charleston aus; fünfzig dieser Rebellen wurden für ihren Wagemut gehängt.[42]

Ein Faktor, der die Explosivkraft dieser Auseinandersetzungen noch steigerte – und als Leuchtfeuer einer möglichen Zukunft diente – war der zehn Jahre währende Maroon-Krieg auf Jamaika. Von den späten 1720er Jahren an begann eine wachsende Anzahl jamaikanischer Sklavinnen und Sklaven ins Landesinnere zu fliehen, von dort aus nächtliche Raubzüge auf die Plantagen zu unternehmen und sich dann mit gestohlenem Vieh und Werkzeug und mitunter mit anderen Sklaven wieder in ihre abgelegenen und unzugänglichen Maroon-Siedlungen in den Bergen zurückzuziehen. Für die nächsten zehn Jahre sorgten die Maroons für eine schwere Krise des Plantagensystems, besonders im nördlichen und nordöstlichen Teil der Insel, wo sie wiederholt kleine, unbedeutende Pflanzer dazu zwangen, ihre Ländereien aufzugeben und ihre Sklaven zu verkaufen – unter anderem nach New York. 1739 schrieb Charles Leslie, die Maroons hätten »in einem solchen Maße zugenommen, dass sie viele Male die Insel zum Zittern gebracht haben«. Andere stimmten ihm zu: Jamaika sei in »einem wackligen Zustand«.[43]

Einer der Gründe dafür, dass die Maroons eine derartige Gefahr für die Herren von Englands wertvollstem Kolonialbesitz darstellten, war der Umstand, das sie über Kuba (das immerhin nur eine Kanureise weit von der Nordküste Jamaikas entfernt war) mit der spanischen Regierung in Verbindung standen. Es gab nicht nur Gerüchte, sondern tatsächliche Belege dafür, dass die Maroons mit den spanischen Behörden Kontakt aufgenommen und ihnen »angeboten hätten, die Insel [Jamaika] den Spaniern zu übergeben, wenn sie sie übernommen hätten – unter der Bedingung, dass die Spanier ihnen die Freiheit garantierten«.[44] Die Maroons mögen sich sicher gewesen sein, die Insel früher oder später selbst in ihren Besitz bringen zu können, aber sie wussten auch, dass ein Angriff der Spanier von außen, gekoppelt mit ihrem eigenen Aufstand von innen, eine unleugbar schlagkräftige Kombination darstellte. Die jamaikanischen Behörden hatten daran jedenfalls keinen Zweifel: In den Jahren 1739 und 1740 schlossen sie Frieden, erst mit den Leeward-Maroons unter ihrem entschlossenen Anführer Cudjo, dann mit den Windward-Maroons. Beide Gruppen erhielten Land und Autonomie im Austausch gegen die Zusage, in Zukunft alle entflohenen Sklaven auszuliefern und – möglicherweise die entscheidende Zusicherung – gegen ausländische Invasoren zu kämpfen. Damit war der innere Hauptfeind unschädlich gemacht, und gerade drei Monate später erklärte Großbritannien Spanien den Krieg.[45]

Der Maroon-Anführer Cudjo unterzeichnet einen Vertrag mit den englischen Behörden, 1739.

R. C. Dallas: The History of the Maroons, from their Origin to the Establishment of their Chief Tribe at Sierra Leone (1803), vol. I

Ein ähnlicher Langzeitkonflikt spielte sich tief in den Regenwäldern von Surinam ab, wo Maroons gegen holländische Siedler kämpften, die sich Gouverneur Mauricius zufolge abmühten, die Hydra des Widerstands zu erschlagen. Eine Flutwelle der Rebellion in den holländischen Kolonien fand ihren Ausdruck – in den Worten eines anderen Beamten aus dem Jahre 1740 – in der untragbaren »Unverschämtheit der Farbigen und Schwarzen, Freigelassener wie Sklaven« sowie in den subversiven Zusammenkünften von Soldaten, Seeleuten und Sklaven in Hafentavernen, wo sie rauchten, tranken, spielten, Geschäfte machten und wer weiß was sonst noch für grässliche Gemeinschaftsprojekte planten. In der Tat beschwerten sich die holländischen Behörden genau zur selben Zeit – im Frühjahr 1741 – über diese explosive Mischung von Arbeitskräften, als die gleiche Sorte Leute in New York für Unruhe sorgte.[46]

Die Hungersnöte der Jahre 1728/29 und 1740/41 und die von ihnen ausgelösten Auswanderungswellen erweiterten den Rebellionszyklus um eine irische Dimension.

Von besonderer Bedeutung war die so genannte »Red-String-Verschwörung«, die im März 1736 in Savannah, Georgia, stattfand und einen Vorgeschmack auf die Ereignisse in New York fünf Jahre später lieferte. Eine Bande von vierzig bis fünfzig deportierten irischen Verbrechern traf sich in einer Spelunke, in der sie mit gestohlenen Waren handelten und »Komplotte und hochverräterische Pläne gegen die Kolonie« schmiedeten, während die Eliten damit beschäftigt waren, sich über »die Spanier oder die Aufwiegelungen der Franzosen« Sorgen zu machen. Schließlich entwarfen sie den Plan, die Stadt niederzubrennen, alle weißen Männer umzubringen, ihre Frauen zu verschonen, sich mit einer Gruppe nomadischer Natives zusammenzuschließen und zusammen mit ihnen die Flucht anzutreten – vielleicht mit dem Ziel, sich dem Deutsch-Cherokee Christian Gottlieb Priber anzuschließen, der dabei war, eine »Freistadt«, eine kommunistische Gemeinschaft für entflohene afrikanische Sklaven, europäische Schuldknechte und -mägde und amerikanische Natives aufzubauen. Die Rebellen von Savannah erkannten sich an einer »Roten Schnur ums rechte Handgelenk«. Die Verschwörung wurde vereitelt, aber sie stürzte die junge Kolonie nichtsdestotrotz in »große Unordnung«. Derartige Ereignisse waren, wie Kerby A. Miller anmerkt, nichts Ungewöhnliches: »Die Kolonialbeamten von Neufundland, Neuschottland, New York und den Westindischen Inseln fürchteten im späten 17. und frühen 18. Jahrhundert bei zahlreichen Gelegenheiten, dass irische ›Papisten‹ im Bund mit Negersklaven oder ausländischen Feinden Aufstände planten.«[47]

Brandstiftung war ein weit verbreitetes Kampfmittel in diesem Rebellionszyklus, nicht zuletzt deshalb, weil Feuer für die Besitzlosen – besonders für diejenigen, die täglich bei der Arbeit damit umgingen – die am leichtesten zugängliche Waffe war.[48] Im Jahre 1733 verschafften Sklaven sich Zutritt zu Fort Christiansvaern auf der in dänischem Besitz befindlichen Insel St. John, töteten mehrere Soldaten und legten eine Reihe von Feuern, um den Beginn eines Generalaufstandes anzukündigen. In Somerset, New Jersey, verschwor sich 1734 eine Gruppe von Sklaven dazu, ihre Herren umzubringen, ihre Häuser und Scheunen abzufackeln, ihre Pferde zu satteln und sich »zu den Indianern auf *französischer* Seite« davonzumachen. In der Red-String-Verschwörung planten irische Arbeiter, wie bereits erwähnt, Savannah niederzubrennen und in die Freiheit zu flüchten. Im Oktober 1738 wurde berichtet, dass sich eine Gruppe amerikanischer Natives in Nantucket, darunter einige Walfänger, dazu verschworen hätte, »in der Nacht die Häuser der englischen Einwohner in Brand zu stecken, und dann bewaffnet über sie herzufallen und so viele ums Leben zu bringen, wie sie vermochten«.[49] Die Sklaven, die an der Spitze der Stono-Rebellion in South Carolina im Jahre 1739 standen, brannten auf ihrem Weg in die Freiheit im spanischen St. Augustine mehrere Häuser nieder. Noch Unheil verkündender war die Verwüstung von Charleston am 18. November 1740 durch ein verdächtiges Feuer, dem mehr als dreihundert Häuser zum Opfer fielen und das einen Gesamtschaden von mehreren Hunderttausend Pfund anrichtete. Noch das ganze Jahr 1741 hindurch wurden die Häuser und Häfen von New York, Boston, Charleston und Hackensack, New Jersey, von Flammen heimgesucht.[50]

Auch in Prophezeiungen, Gerüchten und Geschichten spielte Feuer eine Rolle. George Whitefields Freund Hugh Bryan, ein Sklavenbesitzer aus South Carolina, schrieb Anfang 1741 an seine Sklaven haltenden Standesgenossen, dass die »wiederholten Erhebungen unserer Sklaven« und die Häufigkeit von Bränden ein Beweis für die düstere Prophezeiung des großen Wanderpredigers seien, dass »Gottes gerechte Urteile auf uns sind«. Die Großplantagenbesitzer von South Carolina reagierten auf diese fromme Apostasie in ihren eigenen Reihen mit der Verhaftung beider Männer, Bryan und Whitefield, wegen übler Nachrede. Zwei Wochen später – am St. Patrick's Day, als die Brandstifter von New York ihre Feuer legten – wurde Bryan, der seine eigenen Sklaven im Christentum unterrichtete, von einem Großen Geschworenengericht für seine »verschiedenen Prophezeiungen über die Zerstörung von Charles-Town und die Befreiung der Neger aus ihrer Knechtschaft« verurteilt.[51] Geschichten wie diese lebten 1742 wieder auf, als Daniel Horsmanden berichtete, es gebe »mehrere vorgebliche Prophezeiungen von Negern, dass am 25. März nächsten Jahres Charles-Town in South Carolina und die Stadt New York niedergebrannt werden sollen«. Die Wahl des Zeitpunktes ließ darauf schließen, dass eine Anzahl von Sklaven weitere Feuerwerke im Gedenken an die früheren revolutionären Brandstiftungsaktionen plante. Horsmanden wusste, dass »sich unter uns noch viele Komplizen in diesem abscheulichen Bündnis befinden, die hartgesotten genug sein mögen, an demselben verruchten Unterfangen festzuhalten und neue Anschläge zu unternehmen«. Es fanden tatsächlich neue Anschläge statt: Im Februar und März des Jahres 1742 versuchten mehrere New Yorker, die Prophezeiungen in die Tat umzusetzen. Feuer war nach wie vor eine Waffe zur Befreiung. Auch wenn dadurch die Apokalypse drohte, so mochte sich doch eine neue Welt aus der Asche erheben.[52]

HANDELSSTRUKTUREN

Als Dr. Alexander Hamilton am 15. Juni 1744, drei Jahre nach dem fehlgeschlagenen Aufstand, in New York ankam, fiel ihm als erstes der Wald von Schiffsmasten im Hafen auf: Die Stadt hatte wahrhaftig »einen regen Schiffsverkehr«. Vom Hafenviertel aus machte er sich auf den Weg nach Norden, Richtung Broad Street, wo er im Hause des Kaufmanns Robert Hogg logierte. Aus diesem Haus hatte der Seemann Christopher Wilson die versteckten Münzen gestohlen, deren Diebstahl die Behörden auf den Plan gerufen und schließlich zur Aufdeckung der gesamten Verschwörung geführt hatte. Hier las Hamilton Horsmandens *Protokoll des Verfahrens* und nahm anschließend das Werk der Rebellen persönlich in Augenschein: »Das Schloss oder Fort liegt nun in Trümmern, da es vor vier [*sic*] Jahren von den Verschwörern niedergebrannt wurde.« Hamilton nahm nicht gewahr, dass die verkohlten Ruinen von Fort George ihren Ursprung in der ersten Szenerie hatten, auf die in New York sein Blick gefallen war: den Schiffen, die entlang der Kais und weiter draußen auf See vor Anker lagen.[53]

Eines der Schlüsselelemente der Ereignisse von 1741 war die Struktur des Handels in New York, der, wie Hamilton schnell erkannte, in dieser Stadt voller Kauf- und Seeleute die treibende Kraft darstellte. In der ersten Hälfte des 18. Jahrhunderts war der New Yorker Handel nicht im Dreieck, sondern bilateral angelegt: Waren wurden von Manhattan aus die nordamerikanische Küste hinunter nach den Westindischen Inseln und zurück befördert. In dem halben Jahrhundert dies- und jenseits des Jahres 1740 (1715–65) folgten etwa drei Viertel der Schiffe dieser Küsten-Karibik-Route. Sie fuhren regelmäßig südwärts nach Maryland, Virginia und Carolina und häufiger noch weiter in die Karibik, wo sie besonders die englischen und holländischen Inseln – allen voran Jamaika und Curaçao – und in geringerem Masse die französischen und spanischen Kolonien ansteuerten und dabei Waren unterschiedlichster Art hin und her schmuggelten. Cadwallader Colden merkte 1723 an, dass der größte Teil von New Yorks Auslandszahlungen nach Curaçao und Jamaika ging.[54]

Aber Dreh- und Angelpunkt der Verschwörung war nicht die Frage, was auf New Yorks Schiffen die Stadt verließ, sondern was auf ihnen zurückkam. Und was in einem endlosen Strom aus den Küstenhäfen – vor allem den karibischen – zurückkam, waren Sklaven. Die Vorrangstellung der Westindischen Inseln in der Handelsstruktur der Stadt hatte zur Folge, dass die Inseln um einer ausgeglichenen Handelsbilanz willen die überwältigende Mehrheit von New Yorks Sklaven lieferten. Statistiken zufolge, die Professor James G. Lydon anhand der Bestandslisten der Marineoffiziere und der Bücher des Generalinspekteurs aus den zwölf Jahren vor 1741 zusammengestellt hat, kamen vier Fünftel aller Sklaven, die New York erreichten – 79,5 Prozent –, aus der Karibik (und von diesen wiederum der größte Teil aus Jamaika) und weitere sechs Prozent aus den Hafenstädten der südlichen Festlandkolonien. Sie erreichten die Stadt in Partien von drei oder vier kleinen Schiffen mit dreißig bis vierzig Tonnen Ladekapazität; die meisten von ihnen waren für den Weiterverkauf auf dem sogenannten »Meal Market«, dem Lebensmittel- und Sklavenmarkt auf Manhattans Lower East Side, bestimmt. Weniger als ein Siebtel von New Yorks Sklaven kam auf den großen Sklavenschiffen, die Monate mit der Aufnahme von Ladung und weitere Monate auf dem Atlantik zubrachten, direkt aus Afrika. Einige von New Yorks Sklavinnen und Sklaven waren auf Sonderbestellung entlang der Küsten-Karibik-Handelsrouten nach Norden geschickt worden, andere auf Kommission; wieder andere waren, im Sprachgebrauch der Sklavenhändler, »Ausschussneger« mit körperlichen »Mängeln«, die ihren Verkauf im Süden unmöglich machten.[55]

Am entscheidendsten für unsere Absichten – und gleichzeitig am beunruhigendsten für viele New Yorker – war der Umstand, dass viele der Sklaven, die in New York ankamen, schon eine (nicht selten geheime) Vorgeschichte als Unruhestifter hatten. Die Plantagenbesitzer der Westindischen Inseln verkauften den New Yorker Händlern Sklaven von »stürmischem und ungebärdigem Temperament«, die oftmals Erfahrung im Widerstand hatten. Im roten Kielwasser so mancher Verschwörung oder Erhebung in den amerikanischen Plantagengesellschaften folgte eine Mini-Diaspora, in der die Anführer des Widerstands oft von ihren Familien und Gemeinschaften weggerissen und an Käufer in anderen Gegenden der atlantischen Welt verkauft wurden. Dies geschah zum Beispiel im Jahre 1736 auf Antigua, wo 88 Sklavinnen und Sklaven für ihre Teilnahme an einer Verschwörung hingerichtet und weitere 47 verkauft und von der Insel weg verfrachtet wurden. Das gleiche Szenario spielte sich unter anderem auf Jamaika und Bermuda ab, und es sollte sich nach den Bränden des Jahres 1741 in New York wiederholen.[56]

New York war bei weitem nicht der einzige Bestimmungsort für diese Übeltäter: Die Märkte aller nördlichen Hafenstädte, Newport und Boston eingeschlossen, waren die letzte Anlaufstelle der örtlichen Sklavenhändler. Sowohl der Gouverneur von Massachusetts als auch der von Rhode Island beklagten sich im frühen 18. Jahrhundert bitterlich über dieses Problem: Ersterer behauptete, die Händler schickten ihnen »gewöhnlich die schlechtesten Sklaven, die sie haben«, darunter auch solche, die eine Vorgeschichte gewalttätigen Widerstandes gegen ihre Lebensbedingungen hatten. Wie Edgar J. McManus geschrieben hat: »Da einige Kolonien es Sklaveneignern gestatteten, Sklaven zu exportieren, die schwerer Verbrechen, darunter des Mordes und der Brandstiftung, überführt worden waren, brachte der interkoloniale Handel für Kolonien, die wie New York Sklaven importierten, ernsthafte Risiken mit sich. Wie viele solcher Sklaven nach New York geschleust wurden, lässt sich nicht mit Bestimmtheit sagen, aber es war wahrscheinlich eine große Anzahl.« Gouverneur Rip van Dam warnte in den frühen 1730ern, dass die Mehrzahl der aus dem Süden eingeführten Sklaven ein ernsthaftes Sicherheitsrisiko für New York darstelle. Gouverneur Cosby sprach sich im Jahre 1734 gegen die »zu große Einfuhr von Negern und Sträflingen« aus; oft waren der »Neger« und der »Sträfling« ein und dieselbe Person.[57]

Das New Yorker Parlament begegnete dem Problem mit einer Resolution, in der potenzielle Käufer davor gewarnt wurden, »Ausschussneger und solche Übeltäter« zu kaufen, »die dort, wo sie herkommen, den Tod erlitten hätten, wenn der Geiz ihrer Besitzer sie nicht vor der öffentlichen Gerichtsbarkeit gerettet hätte«. Die Abgeordneten erachteten die Angelegenheit als so ernst, dass sie es nicht bei einer Warnung beließen: Sie erhoben außerdem eine Sonderabgabe auf indirekt – d.h. aus der Karibik und von der amerikanischen Küste – importierte Sklaven, die doppelt so hoch war wie der Zoll auf Sklaven, die auf direktem Wege aus Afrika importiert wurden. Der Zweck dieser Maßnahme war, wie Lydon schreibt, »hauptsächlich der, dem Import aufsässiger Schwarzer aus anderen Kolonien entgegenzuwirken«.[58]

Daniel Horsmanden wusste, dass aus anderen englischen Kolonien eingeführte aufrührerische Sklaven eine bedeutende Rolle in der Verschwörung gespielt hatten. In einem »bescheidenen Hinweis an unsere Brüder auf den *Westindischen Inseln*, und den näher gelegenen englischen Kolonien« führte er aus, wie er und seine New Yorker Kollegen auf »korrekte« Weise 77 Rebellen in andere, nicht-englische Regionen der atlantischen Welt hatten deportieren lassen. Er bat andere Machthaber innerhalb des britischen Empires darum, zur Kenntnis zu nehmen, »wie besorgt wir um *ihren* Frieden und *ihre* Sicherheit gewesen sind, indem wir alle in unserer Macht stehenden Vorsichtsmaßnahmen getroffen haben, *damit ihnen keiner unserer Gauner aufgebürdet werde*«. Damit machte Horsmanden seinen Standesgenossen an der amerikanischen Küste und in der Karibik den unausgesprochenen Vorwurf, sie hätten New York »ihre« Gauner aufgebürdet und damit Frieden und Sicherheit der Kolonie unterminiert. Gouverneur Trelawny, dessen jamaikanische Pflanzer viele der fraglichen Sklaven nach Norden geschickt hatten, verstand die Andeutung. Nachdem er Horsmandens veröffentlichten Bericht über den Prozess gelesen hatte, in dem ein Sklave namens Hanover erwähnt wurde, der an der Verschwörung beteiligt gewesen, aber nun nicht aufzufinden sei, machte er persönlich Hanover unter den 112.000 Sklavinnen und Sklaven auf Jamaika ausfindig und schickte ihn umgehend nach New York zurück. Sowohl Trelawny als auch Horsmanden waren sich darüber im Klaren, dass es nicht möglich war, Sklaven einzuführen, ohne gleichzeitig die Erfahrung des Widerstands gegen die Sklaverei mit einzuführen. In diesem wörtlichen Sinne trieben die von Horsmanden sogenannten »Ausgestoßenen aller Nationen der Erde« den Aufstand voran.[59]

Einer dieser Ausgestoßenen war ein Sklave namens Will, dessen Lebensgeschichte die Zusammenhänge zwischen Aufstand, Diaspora, Handel und erneutem Aufstand versinnbildlichte und einen anhaltenden Alptraum der herrschenden atlantischen Klasse darstellte. Im Jahre 1733 hatte Will an einer Sklavenrevolte auf der dänischen Insel St. John teilgenommen, bei der eine Bande von Aufständischen Zuckerrohrmesser ins Fort Christiansvaern geschmuggelt, mehrere Soldaten umgebracht und damit die Kontrolle über die zentrale Militäranlage der Insel übernommen hatte. Sieben Monate lang hielten sie die Stellung, bis die imperialen Mächte ihre eigenen Zwistigkeiten zurückstellten und eine Gemeinschaftsexpedition zur Unterwerfung der Rebellen (mehrheitlich Coromantee) entsandten, die in der Zwischenzeit 48 Plantagen beschädigt oder zerstört hatten. Als alles vorbei war, wurden 146 Sklaven mit dem Aufstand in Verbindung gebracht; 27 von ihnen wurden hingerichtet. In New York hieß es, Will habe bei diesem Aufstand mehrere weiße Männer mit eigenen Händen umgebracht. Er wurde von St. John verbannt und an einen Pflanzer auf Antigua verkauft.

Es dauerte nicht lange, bis Will mit der Planung der nächsten Verschwörung begann: Im Jahr 1735 taten sich die akansprachigen Sklavinnen und Sklaven Antiguas mit kreolischen Sklavinnen und Sklaven in einem Komplott zusammen, das sie in den Besitz der Insel bringen sollte. Im Gegensatz zu den Rebellen von St. John kamen die Aufrührer von Antigua nicht dazu, ihren Plan in die Tat umzusetzen. Ein Spitzel verriet die Verschwörung, und sie wurden auf der Stelle zusammengetrieben und verhaftet. Wieder im Gefängnis und in dem Wissen, dass ihm der Tod sicher war, wenn er keine Kehrtwende machte, rettete Will seine eigene Haut, indem er sich als Kronzeuge zur Verfügung stellte: Er sagte gegen zahlreiche Sklaven aus, sah mit an, wie 88 seiner Kampfgefährtinnen und -gefährten gehängt, auf dem Scheiterhaufen verbrannt und gerädert wurden, und erwarb sich auf diese Weise vorübergehend den Ruf eines Verräters. Zusammen mit 46 anderen Überlebenden der Verschwörung wurde Will verbannt und ein weiteres Mal verkauft, diesmal nach New York, und von dort aus an einen neuen Besitzer in Providence, Rhode Island, der ihn schließlich zurück nach New York veräußerte.

Will spielte in der New Yorker Verschwörung eine entscheidende Rolle; hier kamen seine Erfahrungen auf den Westindischen Inseln zum Tragen. Schließlich war er »sehr erfahren in Komplotten, denn dies war das dritte Mal, dass er an ihnen beteiligt war«, wie das Gericht ausdrücklich betonte. Bei Hughson's und anderswo traf Will sich mit Sklaven und irischen Soldaten, und er wird dort ohne Frage die mitreißenden, blutigen Geschichten seiner früheren Heldentaten erzählt und genau ausgeführt haben, was dabei schiefgegangen war. Er hielt seinen Zuhörerinnen und Zuhörern den Mut der Verschwörer von Antigua als Beispiel vor und behauptete, dass

»die Neger hier Feiglinge seien« und »keinen Kampfgeist hätten wie jene in Antigua«. Der Plan, Fort George anzugreifen, war möglicherweise zum Teil Wills Erfahrungen in Fort Christiansvaern geschuldet. Er zeigte den anderen Rebellen sogar, wie man eine dunkle Laterne herstellte, »ein Licht, das niemand sehen sollte« und das die nächtlichen Aktivitäten der Verschwörer erleichterte.[60] Für Will und viele andere war New York eine Art verkappte Strafkolonie – wozu die Pflanzer des Südens und der Westindischen Inseln die Stadt in aller Heimlichkeit gemacht hatten. Aber die Machthaber New Yorks kamen ihnen auf die Schliche und fanden heraus, dass sich in ihrer Mitte eine unbekannte, aber beträchtliche Anzahl von Sklavinnen und Sklaven befand, die Erfahrung im Widerstand hatten. Wie sich herausstellte, hatten die New Yorker Kaufleute auf ihren Schiffen nicht nur Zucker, Melasse und Sklaven importiert, sondern auch die buchstäblich explosiven Klassenverhältnisse der Sklavenhalterkolonien im Süden – Gegenden, in denen seit Jahren ein Rebellionszyklus tobte, in dem sowohl Brandstiftung als auch Aufstände eine herausragende Rolle spielten. Die Einfuhr dieser Rebellionserfahrungen – und die allmählich dämmernde Erkenntnis der Gefahr, die sie darstellten – bildeten die rationale Grundlage der Hysterie, von der New York im Jahre 1741 erfasst wurde.

REVOLTE UND RIVALISIERENDE GROSSMÄCHTE

Im New York des Jahres 1741 war eine Vielzahl von Voraussetzungen für einen Aufstand gegeben. Die herrschende Klasse der Stadt war gespalten und in interne Zwistigkeiten verwickelt, ein harter Winter hatte viele Menschen in eine elende Lage gebracht, und mit Frankreich war ein Krieg ausgebrochen, der nicht nur das Leben in jeder Hinsicht erschwerte, sondern mit der Verschiffung von sechshundert diensttauglichen Männern nach Übersee zur Verstärkung der Truppen auch noch die militärische Verteidigungsbereitschaft der Stadt schwächte. Ein Verschwörer namens London hatte einigen seiner Mitrebellen geraten, dass »nun, wo Krieg sei, die beste Zeit wäre, etwas zu unternehmen«. Und wie wir gesehen haben, hatten New Yorks Sklavenhändler unbeabsichtigterweise einen bunt zusammengewürfelten Haufen erfahrener Veteranen in die Stadt geholt – Aufrührer wie Will, die ihre Erfahrungen aus dem karibischen Rebellionszyklus der 1730er und 1740er Jahre mitbrachten, *und* Soldaten wie William Kane, Juan de la Sylva und die zahlreichen Coromantee, die sich auf ihre Kenntnisse in Kriegführung und militärischer Organisation aus Irland, Kuba und Westafrika berufen konnten.[61]

Wenngleich Albany glaubte, »mit einhundertundfünfzig Männern mag diese Stadt einzunehmen sein« (womit er in etwa dieselbe Anzahl nannte, die an der Verschwörung in St. John, wo Will herkam, beteiligt gewesen war), so war den Verschwörerinnen und Verschwörern doch von Anfang an klar, dass der Erfolg des Aufstandes von Unterstützung von außen abhing, und zwar sowohl auf lokaler (in New York selbst) als auch auf regionaler (im Umland) und internationaler Ebene (durch die mit Großbritannien rivalisierenden Großmächte Spanien und Frankreich). Hughson stellte sich den Aufstand als eine Erhebung des gemeinen Volkes vor, deren anfängliche Erfolge für weiteren Zulauf sorgen würden. Schwarze und Weiße aus dem Umland waren als eine weitere Quelle der Unterstützung eingeplant, vor allem »Landneger« wie Jamaica und mehrere Seeleute, die an den Treffen bei Hughson's teilgenommen hatten. Comforts Jack hatte seine Verwandten vom Lande in die Verschwörung eingeweiht. Peg Kerry erklärte, »die Landneger sollten sich [den städtischen Rebellen] anschließen«, wenn die Feuer erst einmal brannten. Tatsächlich loderten nach dem Brandanschlag auf Fort George in ländlichen Gegenden, auf Long Island und in New Jersey, von Brandstiftern gelegte Feuer auf.[62]

Die wichtigste Unterstützung wurde von den mit Großbritannien verfeindeten Großmächten Frankreich und insbesondere Spanien erwartet, denn die Rebellen von New York hatten vor, wie die Maroons von Jamaika ihren Aufstand von innen an eine Invasion von außen zu koppeln. Das *New York Weekly Journal* ließ an diesem Punkt keinen Zweifel: »Die *spanischen* Neger (derer es hierorts viele gibt) waren in diese Angelegenheit tief verwickelt und tatkräftig daran beteiligt; und was für Ermutigung oder Versicherungen aus dem Ausland oder höllischen Ansporn von daheim sie auch immer erhalten haben mögen, sie waren davon überzeugt, dass die Spanier und Franzosen einen Angriff auf diese Provinz unternehmen würden, und sie kamen überein, auf diesen eine Weile zu warten; und sollte ein solcher Angriff tatsächlich stattfinden, und unsere Feinde einfallen, so würden sie sich erheben und ihnen anschließen.« Einer der Anführer des afroamerikanischen Kontingents der Verschwörung, Bastian, ging von derselben Voraussetzung aus: »Sie hatten einen Haufen guter Leute, spanische Neger, fünf oder sechs von ihnen (seinerzeit anwesend), die sich mit den

Yorker Negern zusammentun würden: dass sie erwarteten, dass demnächst den Franzosen der Krieg erklärt werden würde und dass die Franzosen und Spanier hierher kommen würden.« Die Prozessakten deuten darauf hin, dass mindestens zehn weitere Verschwörer von der gleichen Voraussetzung ausgingen. Primus hatte gehört, dass die Franzosen und Spanier kämen und dass die Rebellen ihnen dabei helfen würden, die Stadt einzunehmen. Kortrechts Caesar hörte von Jack, dass »die Spanier hierher kämen, und dass die Neger sich erheben und den Spaniern helfen würden«. Scipio rechnete ebenfalls mit einer Invasion der Franzosen und Spanier, »und dies wäre eine gute Gelegenheit«: »Sie könnten alle freie Männer sein.« Die Brände könnten als Leuchtfeuer des Aufstandes dienen und einer spanischen Flottille vor der Küste das Signal zum Angriff geben, oder aber die Spanier würden von der Zerstörung von Fort George erfahren und auf eigene Faust beschließen, in die Stadt einzumarschieren. Die neuspanischen Soldaten und Seeleute würden den Rebellen entweder dabei helfen, die Stadt einzunehmen (die schließlich in jüngerer Vergangenheit schon einmal den imperialen Besitzer gewechselt hatte, als sie von holländischen in englische Hände übergegangen war), oder, sollte dies fehlschlagen, »sie in ein anderes Land mitnehmen und zu einem freien Volk machen«. In jedem Fall würden die Rebellen ihre Freiheit gewinnen, und Spanien würde diese Freiheit beschützen.[63]

Die Bezüge auf Spanien, sowohl in New York als auch während des gesamten Rebellionszyklus der 1730er und 1740er Jahre, verweisen auf einen seinerzeit weithin verstandenen Aspekt, der seitdem jedoch selten hervorgehoben wurde. Die Sklavinnen und Sklaven der englischsprachigen atlantischen Welt sahen Spanien – nicht zuletzt wegen seiner abolitionistischen Tradition – häufig als Befreier an. Als Bastian zu den anderen Verschwörern sagte, Spanien werde sich möglicherweise als Garant ihrer Freiheit erweisen, erging er sich nicht in haltlosen Fantastereien, denn genau diese Rolle hatte Spanien für viele mit afrikanischer Herkunft in der Neuen Welt bereits gespielt. Die hispanischen Seeleute, die für sich in Anspruch nahmen, freie Männer zu sein, waren wandelnde Beispiele dieser Befreiung und der Möglichkeiten, die Neuspanien bot. Es war weithin bekannt, dass der König von Spanien die Sklavinnen und Sklaven englischer Herren in den Jahren 1733 und 1740 aggressiv mit königlichen »Cédulas« [Pfandbriefen] umworben hatte, die jedem, der oder die aus einer englischen Siedlung floh und sich in einer spanischen Siedlung niederließ, erst begrenzte und schließlich uneingeschränkte Freiheit versprachen. Die neuspanischen Beamten in Florida machten dieses Versprechen wahr, indem sie am Nordrand ihrer Siedlung ein offizielles Maroon-Dorf namens Gracia Real Santa Teresa de Mose errichteten, in dem hundert Entflohene, größtenteils aus Carolina, angesiedelt wurden, die als erste Verteidigungslinie gegen englische Angriffe aus dem Norden dienen sollten. Wie die vielen jamaikanischen Sklavinnen und Sklaven in New York sehr wohl wussten, hatte Spanien außerdem seit Jahren die Maroons in den britischen Karibikkolonien unterstützt. Es war ein sich allerdings als schicksalhaft erweisender historischer Zufall, dass sich Afrokubaner und Afrojamaikaner im Jahre 1741 in New York begegneten und über die Freiheit unterhielten, so wie sie es in den 1730ern getan hatten, als sie über die Wasserstraße zwischen Kuba und Jamaika hinweg miteinander kommunizierten.[64]

Noch wichtiger war der Umstand, dass spanische Beamte spätestens gegen Ende des Jahres 1742, möglicherweise sogar noch früher, den Plan entwickelten, mit Hilfe von Agenten wie den hispanischen Seeleuten, Sklavenaufstände in englischen Herrschaftsgebieten Nordamerikas zu schüren. Der Generalgouverneur von Kuba, Juan Francisco de Güemes, informierte den Gouverneur von Florida, Manuel de Montiano, in einem Schreiben über eine unmittelbar bevorstehende Militäraktion: Zwischen April und Juni 1742 würden dreitausend kubanische Soldaten in South Carolina einfallen und ein Kontingent von »Negern aller Sprachen« freisetzen, die in ländliche Gegenden einsickern, den Sklaven englischer Herren Land und Freiheit versprechen und sie in der ganzen Provinz zur Revolte anstacheln würden. Als Agitatoren und Organisatoren dieses Aufstandes sollten nicht etwa (wie die paranoiden New Yorker Protestanten glaubten) Priester eingesetzt werden, sondern ehemalige Sklaven, die innerhalb derselben Netzwerke operieren würden, die auch in New York existierten.[65]

Und dennoch schlug der New Yorker Aufstand fehl. Es lässt sich unmöglich sagen, was genau dabei schiefging, aber es gibt Anzeichen, die darauf hindeuten, dass Quack das Fort mehrere Wochen zu früh in Brand steckte, sodass die unvorbereiteten Verschwörer gezwungen waren, zu tun, was sie konnten, um den von langer Hand geplanten Aufstand in die Tat umzusetzen, und die sorgfältig ausgearbeiteten Pläne sich in einer chaotischen Serie kleiner Brände entluden. Quack war von seinen Mitverschwörern dazu gewählt worden, »die Person zu sein, die das Fort anzünden sollte«, weil seine Frau dort als Köchin für den Gouverneur arbeitete, was bedeutete, dass er sowohl über die erforderlichen Informationen als auch über Zugang zu einem Standort verfügte, der strategisch von höchster Bedeutung war.

Aber zum Unglück der Rebellen geriet Quack schon bald darauf mit der Amtsgewalt in Konflikt, und es wurde ihm verboten, seine Frau zu besuchen oder das Fort zu betreten. Wutentbrannt und offensichtlich von persönlichen Rachegelüsten getrieben, verstieß Quack gegen die Gruppendisziplin und legte das erste Feuer vorzeitig am 17. März. Mehrere Quellen – darunter die Bemerkung eines Rebellen, der zu einem anderen, der dabei war, ein Feuer zu legen, gesagt hatte: »Du hättest es nicht tun sollen, bevor wir alle bereit waren« – deuteten darauf hin, dass die Brände stattdessen für Anfang Mai geplant gewesen waren, zeitgleich mit dem Auftauchen einer spanischen Flottille von fünf Schiffen vor der Küste, die unterwegs acht Prisenschiffe aufgebracht und mit ihrem Erscheinen die Machthaber von New York in Panik versetzte hatte. Die Ankunft der Schiffe fiel mit den Prozessen gegen John Hughson, Peg Kerry, Cuffee und Quack zusammen.[66]

DIE REBELLION DER GEHÄNGTEN

Das multiethnische Hafenviertel stellte für die Herrschenden von New York ein politisches Problem dar. Die ihrem Wesen nach kooperative Hafenarbeit hatte gefährliche aufrührerische Verbindungen zwischen Sklaven afrikanischer Herkunft – Männern wie Gwin und Cuffee – und dem »verderbtesten, entartetsten, und verworfensten Abschaum und Bodensatz der weißen Bevölkerung« – repräsentiert durch John Hughson und Peg Kerry – geschaffen. Die zu Beginn dieses Kapitels angedeutete Liebesgeschichte war ein Beispiel der zwischenmenschlichen Solidarität, die sich innerhalb des Komplotts entwickelte. Colonel Thomas Rainborough hatte in Putney gewarnt, dass die richtige Mutter und der richtige Vater mit Sorgfalt ausgesucht werden müssten. Solidarität war nicht auf die genetische Kernfamilie beschränkt und konnte auch unter den »Ausgestoßenen« nicht darauf beschränkt werden. So wie Francis die weiblichen Mitglieder ihrer spirituellen Gemeinschaft als »Schwestern« bezeichnete, so nannten die irischen Soldaten sich gegenseitig »Brüder«. Die Liebe zwischen John Gwin und Peg Kerry spiegelte ein weiter gefasstes Bündnis wider.[67]

Die Behörden traten dieser Solidarität mit gezücktem Dreizack entgegen und machten sich daran, mit jeder einzelnen sorgfältig zugespitzten Zacke die vorherrschenden multiethnischen Bräuche und Bindungen proletarischen Lebens in der Atlantikstadt New York aufzuspießen. Als erstes wurden Tavernen und andere Etablissements ausgehoben, in denen sich verschwörerische Bündnisse zwischen armen Weißen und Schwarzen bilden und Umsturzpläne verbreitet werden konnten. Als nächstes wurde ganz bewusst das New Yorker Proletariat neu zusammengesetzt, um es der arbeitenden Bevölkerung des Hafenviertels zu erschweren, Einigkeit untereinander herzustellen. Und schließlich wurde das Projekt in Angriff genommen, den New Yorkerinnen und New Yorkern europäischer Herkunft »Rassenunterricht« zu erteilen und eine weiße Identität zu propagieren, die die fraktionierten ethnischen Gruppen der Stadt über alle Trennlinien hinweg einen würde. Im Folgenden wollen wir diese drei wesentlichen Konsequenzen der Verschwörung von 1741 der Reihe nach behandeln.

Sowohl während als auch nach den Prozessen gegen die Verschwörer gingen New Yorks Herren in Halskrausen gegen die Unterschichtskneipen der Stadt vor, kriminalisierten Zusammenkünfte zwischen Schwarzen und Weißen und überwachten Orte, an denen sich eventuelle multiethnische Verschwörungen entwickeln konnten. Horsmanden drängte auf eine »gewissenhafte Untersuchung des Wirtschaftens und Betragens aller gemeinen Bier- und Trinkstuben dieser Stadt«, besonders derjenigen, die »Neger, und den Abschaum und Bodensatz weißer Leute gemeinschaftlich« bewirteten. Nicht nur, dass derartige Etablissements Diebstahl und Ausschweifung förderten, schlimmer noch: Sie boten »den Liederlichsten, Verderbtesten und Verworfensten in unserer Mitte die Gelegenheit, Ränke zu schmieden und sich miteinander zu verbünden und sich in diesen Schulen der Schandtat zu bilden, um die gewagtesten und abscheulichsten Gaunerstücke auszuführen: Ich fürchte, dass sich noch viele derartiger Häuser unter uns befinden, und sie sind Verderben und Pest dieser Stadt; solche waren es, die die Möglichkeit zum Ausbrüten dieser höchst gräulichen und scheußlichen Verschwörung geboten haben.« Horsmanden hatte Recht; Kaschemmen wie Hughson's, in denen die Elenden unterschiedlicher Hautfarben und Nationalitäten zusammenkamen, waren in der Tat Schulen: Hier erzählten sie sich Geschichten, Seemannsgarn und Anekdoten aus der atlantischen Welt und gaben ihre mündlich überlieferte Geschichte und gesammelten Aufstandserfahrungen weiter.[68]

Bei der zweiten weitreichenden politischen Veränderung handelte es sich nicht um Regierungsmaßnahmen, sondern um eine Reihe privater Geschäftsentscheidungen der New Yorker Kaufmannschaft. Die Großkaufleute der Stadt reagierten auf die Erhebung mit Maßnahmen, die möglicherweise den stärksten Beleg für einen Zusammenhang zwischen der karibischen und der aufrührerischen Dimension der Verschwörung darstellen: Sie restrukturierten den Sklavenhandel und sandten auf der Suche nach Sklaven sehr viel mehr Schiffe direkt nach Afrika und sehr viel weniger die Küste hinunter in die Karibik. Zum Teil war dies eine Reaktion auf die wachsende Nachfrage nach Sklaven in South Carolina und Jamaika nach dem Ende der wirtschaftlichen Flaute der 1730er. Aber es war auch eine Anerkennung der Tatsache seitens der Kaufleute, dass ihre früheren Geschäftspraktiken ihre eigene Akkumulationsgrundlage gefährdet hatten. Vor 1741 hatten sie sieben von zehn Sklaven aus dem Süden Amerikas und nur drei von zehn aus Afrika geholt. Nach 1741 kehrte sich dieses Verhältnis um, und sieben von zehn Sklavinnen und Sklaven wurden direkt aus Afrika und nur drei von zehn aus den Plantagenregionen des Südens herangeschafft. Wie James G. Lydon geschrieben hat: »Die volle Bandbreite der Gründe, die zu dieser Schwerpunktverlagerung der Abhängigkeit von indirekten Quellen hin zu Direktimporten führten, ist schwer auszumachen, jedoch scheint das Sklavenkomplott in New York im Jahre 1741 eine recht große Rolle dabei gespielt zu haben.« Ängste über die Einfuhr »unverbesserlicher Sklaven« oder »Unruhestifter« mögen, schließt Lydon, »sehr wohl diese Verschiebung in der Handelsstruktur der Stadt bestimmt haben«. Die New Yorker Kaufleute mussten feststellen, dass sie ihre Ware falsch eingeschätzt hatten: Sie hatten auf ihren Schiffen nicht nur die Muskelkraft zernarbter, geschlagener westindischer Sklaven eingeführt, sondern auch eine Vielzahl von aufrührerischen Ideen und Praktiken. In Anerkennung dieser grundlegenden Tatsache machten sie sich daran, das New Yorker Proletariat neu zusammenzusetzen, und bauten dabei in ihrem Bemühen, den sozialen Frieden zu gewährleisten, zumindest teilweise auf die sprachlichen und kulturellen Barrieren zwischen unterschiedlichen afrikanischen Ethnien.[69]

Die dritte wesentliche Reaktion auf die Ereignisse von 1741 war die Propagierung einer weißen Identität, die darauf abzielte, quer durch eine Vielzahl unterschiedlicher ethnischer Gruppen ein Gemeinschaftsgefühl herzustellen. Natürlich hatten viele New Yorker, von Leuten in Halskrausen bis hin zu negrophoben Handwerkern, »Weißheit« von jeher als gegeben angesehen. Aber für diejenigen, die sich bei Hughson's trafen, waren die »weißen Leute«, sei es in Geheim- oder Gaunersprache, die Reichen, Leute mit Geld, und nicht einfach nur Menschen, zu deren Erscheinungsbild eine bestimmte Hautfarbe gehörte. In New York war die Zuweisung von »Rasse«-Eigenschaften fließend, offen und oftmals uneindeutig. Die Liebenden

John Gwin und Peg Kerry verkörperten diese Mehrdeutigkeit und nutzten sie für ihre Zwecke: Gwin führte einen irischen Namen und gab vor, ein in Fort George stationierter Soldat zu sein; »Negro Peg« beschwerte sich über »dieses Miststück« Mary Burton, die sie mit mehreren Diebstählen in Verbindung gebracht und damit »so schwarz wie den Rest gemacht« hatte. Der Sklave Tom beschrieb seine Anwerbung für die Verschwörung in einer Sprache, die eine Generation später schon nicht mehr möglich gewesen wäre: »Die weißen Männer wollten, dass er sich ihnen anschließe und ihnen helfe, die weißen Leute zu töten.«[70] Der »weiße« David Johnson erhob sich vor einer Versammlung bei Hughson's, die Punschkanne in der Hand, und gelobte, »die Stadt niederzubrennen und so viele Weiße zu töten, wie er könne«.[71]

Die regierenden Weißen reagierten auf diese Unbestimmtheit der rassifizierenden Kategorien unter den Verschwörern mit einer Mischung aus Terror und Gnade, eine Kombination, die auf die Schaffung einer neuen Form von Disziplin und einer anderen Art von Solidarität abzielte. Als erstes wurden die an der Verschwörung beteiligten Menschen europäischer Herkunft verteufelt: Es hieß, Hughson und seinesgleichen seien »von monströsem Wesen« und der Inbegriff einer »Schande für ihre Hautfarbe«; ja, sie seien »viel schlimmer als die Neger«. Hughson selbst sei »schwärzer als ein Neger«: Er sei »eine Schmach für seine Hautfarbe und eine Schande für die menschliche Natur!« Diese Art von Sprache ließ ein gewaltsames Ende vorausahnen, und tatsächlich wurden vier Euroamerikaner gehängt; andere wurden zum Militärdienst auf den Westindischen Inseln gezwungen und wieder andere aus der Provinz verbannt. Weitere sechs allerdings wurden vom Gericht in aller Stille, in Gnaden und fast kommentarlos entlassen. Die Entscheidung, sie laufen zu lassen, schlug sich in den Prozessprotokollen in einem simplen Vermerk nieder: »Niemand zur Anklage erschienen.« Auch dies war eine Botschaft für und über »Weiße«. So spalteten und schwächten die Machthaber New Yorks das Proletariat, indem sie eine fiktive, auf »Weißheit« basierende Gemeinschaft einten und stärkten.[72]

Und dennoch: Als Horsmanden und seinesgleichen versuchten, den Prozess und die Hinrichtungen dazu zu benutzen, Lektionen über »Rasse« und die einigenden Vorzüge weißer Haut unters Volk zu bringen, verweigerten die Rebellen selbst im Tod noch die Mitarbeit. Nachdem Hughson gehängt worden war, wurde seine Leiche zum Zweck moralischer Belehrung aller, die es wagen sollten, ihre »Rasse« zu verraten, in einem eisernen Käfig aufgehängt. Die Leiche John Gwins/Caesars erfuhr dieselbe Behandlung, auf dass Menschen afrikanischer Herkunft sich zweimal überlegten, ob sie es wagten, dem System der Sklaverei in New York den Kampf anzusagen. Beide, so lautete die Botschaft, würden noch über das irdische Leben hinaus bestraft werden. Aber seltsame Dinge begannen sich zu ereignen. Drei Wochen nach der Hinrichtung hatten Hughsons sterbliche Überreste – sein »Gesicht, Hände, Hals und Füße« – ein »glänzendes Tiefschwarz« angenommen, und das Haar seines »Bartes und Halses (sein Kopf war nicht zu sehen, weil er eine Mütze trug) kräuselte sich wie die Wolle an Bart und Kopf eines Negers«. Außerdem hatten »seine Gesichtszüge das Ebenmaß einer Negerschönheit angenommen; die Nase breit und flach, die Nasenlöcher offen und gebläht, der Mund breit, die Lippen voll und dick«. Gwin/Caesar hingegen, der im Leben »einer der Dunkelsten seiner Art« gewesen war, hatte im Tod die umgekehrte Verwandlung durchgemacht: Sein Gesicht »war zu dieser Zeit ein wenig ausgebleicht oder weißlich geworden«.

Am Ende, so hieß es, wurde »Hughson in einen Neger und Vaarcks Caesar in einen Weißen verwandelt«; sie hatten »die Farben getauscht«. Die New Yorker »waren erstaunt über diese Erscheinungen« – nicht zuletzt Daniel Horsmanden, der einst eine undurchführbare Aufgabe mit den Worten beschrieben hatte: »Genauso gut mag ein Äthiopier die Hautfarbe wechseln.« Die Nachricht von der Verwandlung der beiden Leichen zog weite Kreise, »zog die Aufmerksamkeit vieler Leute auf sich und lockte über mehrere Tage eine große Anzahl neugieriger Menschen aller Stände zu den Galgen, die sich mit eigenen Augen von der Wahrheit dessen überzeugen wollten, was mit derartiger Überzeugung als wahr berichtet worden war«. Sehen hieß glauben, und viele hielten die Verwandlungen für »wundersame Phänomene«. Andere Zuschauer »waren bereit, sie zu Wundern zu erklären«. So nahmen Gwin und Hughson, Rebellen bis in den Tod, eine letzte Rache an den Weißen in Halskrausen und Perücken. Selbst ihre Leichen waren noch zur Subversion imstande.[73]

VII. KAPITEL

EIN BUNTSCHECKIGER HAUFEN IN DER AMERIKANISCHEN REVOLUTION

☆

Im Oktober 1765 stattete ein mit Knüppeln und Entermessern bewaffneter Haufen von Seeleuten mit Masken und geschwärzten Gesichtern dem Haus eines reichen Charlestoner Kaufmanns namens Henry Laurens einen Besuch ab. Achtzig von Wut und Alkohol aufgeheizte Männer waren gekommen, um gegen das kurz zuvor vom Parlament erlassene Stempelgesetz zu protestieren, das die Steuereinnahmen aus den amerikanischen Kolonien erhöhen sollte. Einem Gerücht zufolge bewahrte Laurens die Steuermarken, die von nun an jeder würde kaufen müssen, der legal seinen alltäglichen Geschäften nachgehen wollte, bei sich zu Hause auf. Die Seeleute stimmten Sprechchöre an – »Freiheit, Freiheit und Steuermarken« – und verlangten die Herausgabe der Bögen, die sie in demonstrativer Missachtung der Staatsgewalt zu vernichten gedachten. Laurens war, wie er später erklärte, aus der Fassung: »Nicht nur drohten [sie] sehr laut, sondern hier & da fassten sie mich auch recht grob an.« Schließlich ließen sich die Männer davon überzeugen, dass Laurens kein Stempelpapier bei sich aufbewahrte, zerstreuten sich im Hafenviertel, legten ihre Verkleidung ab und wanderten davon in verrauchte Tavernen und schmucklose Gasthäuser, auf feuchte Kais und knarrende Schiffen.

Der Protest sollte Folgen haben. Das über den Widerstand der Kolonien erstaunte Parlament hob wenig später das Stempelgesetz auf. Und in Charleston führte eins zum anderen: Im Januar 1766 versammelte sich ein weiterer Mob, der lauthals nach Freiheit schrie. Dieses Mal bestand er aus afrikanischen Sklaven, deren Proteste größere Ängste und »gewaltige Unruhen in der ganzen Provinz« auslösten. Fast zwei Wochen lang streiften bewaffnete Patrouillen durch die Straßen der Stadt, doch der Aufruhr hielt an. Da der Hafen von Charleston voller Schiffe lag, befand sich das seefahrende Volk bald »wieder in Aufbruch und Aufruhr« und machte sich, wie Laurens zynisch bemerkte, zu selbsternannten »Beschützern der Freiheit«. Der Gouverneur von South Carolina, William Bull, sollte später im Rückblick auf die Ereignisse des Winters 1765/66 »unbotmäßige Neger und noch unbotmäßigere Seeleute« für den Aufruhr in Charleston verantwortlich machen.[1]

Laurens und Bull machten ein revolutionäres Subjekt aus, das von Zeitgenossen oft als »buntscheckiger Haufen« bezeichnet worden und in der Geschichtsschreibung der Amerikanischen Revolution selten diskutiert worden ist. Wir haben die Geschichte dieses Subjekts von der Hydrarchie der 1710er und 1720er Jahre bis zu den Sklavenrevolten und städtischen Aufständen der 1730er und 1740er Jahre verfolgt. Die Niederschlagung dieser Bewegungen ermöglichte die Ausweitung der Sklaverei und des Seehandels, denn es waren Sklavenkolonnen, die die Anbaufläche der Plantagen ausdehnten, und es waren Trupps von Seeleuten, die die Mannschaften der ständig wachsenden Flotten von Kriegs- und Handelsschiffen stellten. Großbritannien festigte seine Vormachtstellung als größte kapitalistische Macht der Welt mit einem Sieg über Frankreich im Siebenjährigen Krieg (1763), mit der erfolgreichen Verteidigung und Ausweitung seines lukrativen Kolonialreiches und mit der Erschließung riesiger Territorien in Nordamerika und der Karibik, in denen von nun an Holz gehauen und Wasser getragen werden konnte. Und dennoch: Genau in diesem historischen Moment des Triumphes des Empires begannen Sklaven und Seeleute einen neuen Rebellionszyklus in Gang zu setzen.

Mit seinen von Meuterei bis zu Aufständen reichenden Aktivitäten zu Wasser und zu Land wurde der bunte Haufen in den 1760er und 1770er Jahren zur treibenden Kraft einer revolutionären Krise. Derartige Aktionen trugen zur Destabilisierung der imperialen Zivilgesellschaft bei und trieben Amerika zum weltweit ersten kolonialen Befreiungskrieg der Neuzeit. Der bunt zusammengewürfelte Haufen gab dieser Bewegung Antrieb und Führung von unten und gestaltete auf diese Weise die Sozial-, Organisations- und Geistesgeschichte des Zeitalters mit. Damit zeigte er, dass die Amerikanische Revolution weder ein elitäres noch ein nationales Phänomen war, denn sowohl ihre Entstehungsgeschichte als auch ihr Verlauf, Ausgang und Einfluss beruhten auf der Zirkulation proletarischer Erfahrung rund um den Atlantik. Diese Zirkulation setzte sich bis in die 1780er Jahre fort, als die Veteranen der revolutionären Bewegung in Amerika mit ihrem Wissen und ihren Erfahrungen die Ostseite des Atlantiks erreichten, wo sie den Panafrikanismus initiierten, den Abolitionismus vorantrieben und sich am Aufleben schlummernder Traditionen revolutionären Denkens und revolutionärer Aktionen in England und Europa im Allgemeinen beteiligten. Der bunte Haufen sollte zum Auseinanderbrechen des ersten britischen Empire und zum Anbruch des Zeitalters der Revolution in der atlantischen Welt beitragen.

Für unsere Zwecke ist es notwendig, zwei klar unterschiedene Bedeutungen des Begriffs »buntscheckiger Haufen« zu definieren. Im ersteren Sinne bezeichnet er eine organisierte Arbeitskolonne, einen Trupp von Menschen, die entweder die gleiche Arbeit oder unterschiedliche Arbeiten im Rahmen desselben Projekts ausführen. Die Arbeitskolonnen auf den Tabak- und Zuckerrohrplantagen waren für die Anhäufung von Reichtum im frühen Amerika unverzichtbar. Ebenso unverzichtbar waren die Mannschaften, die von Schiffseignern oder -offizieren für eine bestimmte, zeitlich begrenzte Aufgabe zusammengestellt wurden – z. B. um ein Schiff zu segeln, einen Seeangriff auszuführen oder Holz und Wasser zu beschaffen. Diese Mannschaften wussten, was es hieß, am selben Strang zu ziehen oder gemeinschaftlich zu handeln, nicht zuletzt deshalb, weil sie unter der Knute arbeiteten. Die erste Bedeutung des Begriffs ist folglich fachspezifisch und bezieht sich ausschließlich auf Arbeitsprozesse auf den Plantagen und auf See. Die Ökonomien der atlantischen Welt des 18. Jahrhunderts waren auf diese Formen menschlicher Kooperation angewiesen.

In seiner zweiten Bedeutung bezeichnet der Begriff ein in den Häfen und Städten des 18. Jahrhunderts verbreitetes gesellschaftspolitisches Gebilde. In diesem Sinne war der »buntscheckige Haufen« eng mit dem städtischen Mob und der revolutionären Menge verwandt, bei denen es sich, wie wir sehen werden, im Allgemeinen um bewaffnete Zusammenballungen diverser Mannschaften und Arbeitskolonnen handelte, die ihren eigenen Gesetzen gehorchten und oftmals ohne Befehle von oben handelten. Sie waren die treibende Kraft hinter einer Reihe von Unruhen, von der Stempelgesetzkrise über die »Wilkes und Freiheit«-Aufstände bis hin zu der Serie von Aufständen der Amerikanischen Revolution. Die Revolten in der atlantischen Welt des 18. Jahrhunderts beruhten auf dieser breiter angelegten gesellschaftlichen Form der Kooperation.

Wenn wir diese Haufen als »buntscheckig« bezeichnen, dann meinen wir damit, dass sie multiethnisch waren. Dies war, wie bereits erwähnt, ein charakteristisches Merkmal der Schiffsbesatzungen, die während und nach der Expansion des Seestaates unter Cromwell rekrutiert wurden. Ihre Vielfalt war ursprünglich Ausdruck einer Niederlage – denkt man an das absichtsvolle Zusammenpferchen verschiedener sprachlicher und ethnischer Gruppen auf den Sklavenschiffen –, aber diese Niederlage wurde durch aktives Handeln in eine Stärke umgewandelt: So wurde aus den unterschiedlichen Ethnien und Kulturen erst eine panafrikanische und schließlich eine afroamerikanische Identität geformt. Damit konnten frühere »ethnische« Zuschreibungen wie der »frei geborene Engländer« eine allgemeinere Bedeutung annehmen, wie wir weiter unten am Beispiel des afrikanischen Seemanns Olaudah Equiano sehen werden.

Die zweite (politische) Bedeutung des Begriffs entwickelte sich im Laufe der Zeit aus der ersten (fachspezifischen) Bedeutung: Die Zusammenarbeit weitete sich aus, Handlungsbereiche wurden ausgedehnt, und die Kommandogewalt verlagerte sich von Aufsehern oder Maaten auf die Gruppen selber. Dieser Übergang zeigte sich in den Aktivitäten des buntscheckigen Haufens in den Straßen der Hafenstädte: Wenn Seeleute an Land gingen, schlossen sie sich den Gemeinschaften der Hafenviertel an, den Dockarbeitern, Trägern und Hilfsarbeitern, Freiheit suchenden Sklaven, ungebundenen Jugendlichen vom Lande und Ausreißern und Entflohenen aller Art. Auf dem Höhepunkt revolutionärer Möglichkeiten trat der buntscheckige Haufen entweder als Synchronereignis oder als aktiv koordinierende Kraft in den »Erhebungen des Volkes« der Hafenstädte, dem Widerstand afroamerikanischer Sklavinnen und Sklaven und den Kämpfen der Natives an den Grenzen der Kolonien in Erscheinung. Ein Zusammenwirken dieser Kämpfe war genau die Konstellation, die Tom Paine fürchtete, aber sie sollte nie wirklich zustande kommen. Im Gegenteil; wie wir sehen werden, führte die Umkehr der revolutionären Dynamik im Vorfeld des Thermidor dazu, dass das Milieu des buntscheckigen Haufens sich verlagerte und Flüchtlinge, Evakuierte, Bootsflüchtige und Gefangene zur Verkörperung einer Niederlage wurden.

SEELEUTE

Seeleute standen an vorderster Front im Rebellionskreislauf, vor allem in Nordamerika, wo sie zwischen 1765 und 1776 zu zahlreichen Siegen der Bewegung gegen die britische Herrschaft beitrugen. Von den 1740er Jahren an standen sie an der Spitze einer Reihe von Aufständen gegen die Pressung, womit sie Thomas Paine (in *Common Sense*) und Thomas Jefferson (in der Unabhängigkeitserklärung) dazu veranlassten, diese Praxis als einen ihrer Hauptbeschwerdepunkte aufzuführen. Ihre Militanz an Land entsprang ihrer alltäglichen Arbeitserfahrung auf See, die sich durch eine Kombination koordinierter Zusammenarbeit und wagemutigen Unternehmungsgeistes auszeichnete. Auf ihren Schiffen führten die Seeleute kollektive Kämpfe um Verpflegung, Sold, Arbeit und Disziplin, und entsprechend war ihr Auftreten an Land gekennzeichnet durch militante Ablehnung von Autoritätsmissbrauch, Anteilnahme an den Schwierigkeiten anderer und die Bereitwilligkeit, zu Selbstverteidigungszwecken zusammenzuarbeiten. Wie Henry Laurens zu spüren bekam, schreckten sie nicht vor direkter Aktion zur Durchsetzung ihrer Ziele zurück. Damit brachen die Seeleute wohlgerüstet mit den Traditionen der Hydrarchie in die 1760er Jahre auf. Im Zeitalter der Revolution sollten sie sich neue Taktiken aneignen, aber genauso sollten sie auch ihren eigenen riesigen Wissensschatz beisteuern.[2]

Ein Teil dieses Wissens betraf den Widerstand gegen die Zwangspressung. Diese Tradition hatte ihren Ursprung im England des 13. Jahrhunderts, überlebte die Zeit der Putney-Debatten und der Englischen Revolution, setzte sich bis ins späte 17. Jahrhundert und die Zeit des Ausbaus der Royal Navy fort und bestand bis ins 18. Jahrhundert mit seinen immer umfassenderen Mobilmachungen. Als England im Jahre 1739 nach einem Vierteljahrhundert des Friedens Spanien den Krieg erklärte, wurden die Presstrupps in jedem englischen Hafen von Seeleuten bekämpft (und oft zurückgeschlagen). Auch in amerikanischen Hafenstädten – auf Antigua, St. Kitts, Barbados und Jamaika und in New York und Neuengland – flogen die Fäuste und die Knüppel.[3] 1741 erhoben sich Seeleute in Boston und verprügelten einen Sheriff und einen Friedensrichter, die dem Presstrupp der HMS *Portland* Unterstützung gewährt hatten. Im folgenden Jahr griffen dreihundert mit Knüppeln, Entermessern und Äxten bewaffnete Seeleute den befehlshabenden Offizier der *Astrea* an und zerstörten eine Navy-Barkasse. Im Jahre 1745 erhoben sie sich zwei weitere Male: Zuerst schlugen sie einen weiteren Sheriff sowie den Befehlshaber der HMS *Shirley* zusammen; sieben Monate später stellten sie sich Kapitän Forest und seiner HMS *Wager* entgegen, wobei allerdings zwei ihrer eigenen Leute den blitzenden Entermessern des Presstrupps zum Opfer fielen. Admiral Peter Warren warnte im Jahre 1745, dass die Seeleute Neuenglands von einem revolutionären Erbe befeuert würden. Er schrieb, sie hätten »den höchsten Begriff von den Rechten und Freiheiten der Engländer, und sind in der Tat beinahe Levellers«.[4]

In den 1740er Jahren begannen Seeleute, die Boote zu verbrennen, in denen die Presstrupps an Land kamen, um auf Menschenfang zu gehen, womit sie diese von ihren Kriegsschiffen abschnitten und so die »Rekrutierung« schwieriger, wenn nicht gar unmöglich machten. Kapitän Charles Knowles schrieb 1743, die Boote von Navy-Schiffen, die in der Karibik auf Pressung ausgingen, seien »in die Straßen geschleppt worden und sollten verbrannt werden, & ihre Kapitäne wurden von 50 bewaffneten Männern gleichzeitig beleidigt, und waren gezwungen, im Hause von Freunden Zuflucht zu suchen«. Nachdem der Kapitän der *Pembroke Prize*, Abel Smith, einige Männer in der Nähe von St. Kitts zwangsgepresst hatte, stürmte ein Mob von Seeleuten »auf der Straße los und ergriff des Königs Boot und zog es an Land [...] und drohte damit, es zu verbrennen, wenn der Kapitän die gepressten Männer nicht wieder herausgebe, wozu er gezwungen war, um das Boot & Menschenleben zu retten, zur großen Schmach der königlichen Autorität (besonders im Ausland)«. Diese Angriffe auf das Eigentum und die Macht des britischen Staates hatten einen einschüchternden Effekt: 1746 war es so weit gekommen, dass der Kapitän der HMS *Shirley* »vier Monate lang keinen Fuß an Land zu setzen wagte, aus Angst, für die Zwangspressung unter Anklage gestellt [...] oder vom Pöbel ermordet zu werden«.[5]

Im Jahre 1747 nahm der Kampf gegen die Zwangspressung eine neue, kreative Wendung. In diesem Jahr fand Thomas Hutchinson zufolge »in der Stadt Boston ein Aufruhr [statt], der allen vorangegangenen in nichts nachstand«. Die Unruhen begannen mit der Desertion von fünfzig Seeleuten, darunter mehreren Neuengländern, von der HMS *Lark*, deren Kapitän Knowles daraufhin einen Presstrupp entsandte, der die Kais von Boston durchkämmen sollte. Ein Mob von dreihundert Seeleuten schwoll auf »mehrere Tausend Menschen« an, die die Offiziere der *Lark* als Geiseln nahmen, einen stellvertretenden Sheriff verprügelten und einsperrten, den Sitz des Provinzrates umzingelten und angriffen und Trupps auf allen Anlegern postierten, um die Navy-Offiziere daran zu hindern, sich auf ihre Schiffe zu flüchten. Die Seeleute, die im Namen des Rechts ihre Freiheit verteidigten, erregten die Aufmerksamkeit eines jungen Mannes namens Samuel Adams Junior. Unter Einsatz von – in den Worten seiner Feinde – »schlangenhafter Schläue« und begabt mit hervorragender Einsicht in die »menschliche Natur des Packs« beobachtete Adams die Verteidigungsmaßnahmen des bunten Haufens und machte sich dann daran, diesen »Geist der Rebellion« in einen politischen Diskurs zu übersetzen. Am Beispiel des Knowles-Aufstandes arbeitete er eine neue »Ideologie des Widerstands aus, in der die Naturrechte des Menschen zum ersten Mal in der Provinz zur Rechtfertigung von Aktivitäten der Mobs angeführt wurden«. Adams erkannte, dass der Mob »die grundlegenden Menschenrechte verkörperte, anhand derer die Regierung selbst beurteilt werden könne«, und rechtfertigte die Mittel der direkten Aktion – einschließlich Gewalt – im Kampf gegen Unterdrückung. Auf diese Weise bewirkte der Widerstand des buntscheckigen Haufens gegen die Sklaverei einen Durchbruch in revolutionärem Denken.[6]

Damit näherte sich Adams im Jahre 1747, ausgehend von den »Rechten der Engländer«, einem weiter gefassten, universelleren Begriff von Natur- und Menschenrechten an, und ein wahrscheinlicher Grund für diesen Positionswechsel liegt in der Zusammensetzung der Menschenmenge, von der er seine Lehren bezog. Adams sah sich einem Dilemma gegenüber: Wie konnte er eine Ansammlung von Menschen afrikanischer, schottischer, holländischer, irischer und englischer Herkunft beim Kampf gegen die Presstrupps beobachten und dann diese Auseinandersetzung als einen simplen Kampf um die »Rechte der Engländer« beschreiben? Wie konnte er die offensichtlich traditionellen Locke'schen Ideen, die er 1743 in seiner Magisterarbeit in Harvard dargelegt hatte, mit dem Handeln der »ausländischen Seeleute, Schuldknechte, Neger und anderer Personen niederen und gemeinen Ranges« vereinbaren, die an der Spitze des Aufstandes von 1747 standen?[7] Die vielen Gesichter dieses revolutionären Subjekts machten es notwendig, nach einem weiter gefassten Begründungszusammenhang zu suchen. Es wird Adams nicht entgangen sein, dass es sich bei diesem Aufstand buchstäblich um einen Kampf des Volkes für seine Freiheit handelte: Während des gesamten 18. Jahrhunderts wurden Schiffsbesatzungen als »the people«, das Volk, bezeichnet, und von Seeleuten auf Landgang sagte man, sie seien »on their liberty«, auf Freiheit.[8]

Inspiriert von den Massenaktionen des Jahres 1747 gründete Adams eine Wochenzeitschrift mit dem Titel *The Independent Advertiser*, die sich im Laufe ihrer kurzen, aber lebhaften Geschichte von nicht einmal zwei Jahren zum Sprachrohr einer erstaunlichen, geradezu prophetischen Bandbreite von Ideen entwickelte. Die Zeitschrift berichtete über Meutereien und Widerstand gegen die Presstrupps; sie sprach sich für das Naturrecht auf Selbstverteidigung aus und verteidigte mit Vehemenz die Ideen der Gleichheit und ihre praktische Umsetzung. So rief sie zum Beispiel das Volk dazu auf, die

Anhäufung von Reichtum wachsam zu verfolgen, und erhob die Forderung nach »einem Agrargesetz oder dergleichen« (einer Umverteilung des Landbesitzes im Stil der Diggers) zur Unterstützung der armen arbeitenden Bevölkerung Neuenglands. Sie verkündete, dass »der Grund dafür, dass ein Volk in Sklaverei lebt [...] *Unkenntnis seiner eigenen Macht*« sei. Die möglicherweise wichtigste Idee, die ihren Weg in den *Independent Advertiser* fand, erschien im Januar 1748: »Alle Menschen sind von Natur aus gleichrangig; mit dem gleichen Anteil an Freiheit geboren und mit fast gleichen Fähigkeiten ausgestattet.« Diese Worte ließen die genau ein Jahrhundert zurückliegende Englische Revolution und das *Agreement of the People* der Levellers anklingen und nahmen gleichzeitig die ersten Worte der Unabhängigkeitserklärung von 1776 vorweg.[9]

Als ein weiteres Bindeglied zwischen 1747 und 1776 lässt sich Jonathan Mayhews Anfang 1750 in Boston gehaltene Predigt »Eine Abhandlung betreffend die grenzenlose Unterwerfung und Widerstandslosigkeit gegenüber den höheren Mächten« betrachten. Als der bedeutende Geistliche diese Predigt hielt, waren der Aufstand und seine Folgen den Städtern – vor allem den Händlern und Seefahrern, aus denen seine eigene West Church bestand – noch frisch in Erinnerung. 1748 galten Mayhews Lehren bereits als ketzerisch genug, um einem seiner Zuhörer, dem jungen Paul Revere, eine Tracht Peitschenhiebe von seinem Vater für seinen Eigensinn einzutragen. Und Anfang 1749 neigte er schließlich Ansichten zu, die von mancher Seite als aufwieglerisch angesehen wurden: So versicherte er, es sei keine Sünde, ein schändliches Gesetz wie jenes, das die Pressung legalisierte, zu übertreten. In seiner Predigt vom 30. Januar, dem Jahrestag der Hinrichtung Karls I. (in seinen Augen kein Trauertag, sondern im Gegenteil ein Gedenktag zur Erinnerung daran, dass Briten sich nicht versklaven lassen), verteidigte er die Rechtmäßigkeit des Königsmordes. Wie Adams vor ihm sprach er sich leidenschaftlich sowohl für zivilen Ungehorsam als auch für das Recht auf Widerstand unter Einsatz von Gewalt aus; ja, er ging so weit, zu behaupten, passive Widerstandslosigkeit sei gleichbedeutend mit Sklaverei. Mayhews Verteidigung des Rechtes auf Revolution erwies sich als einflussreich und wäre ohne den Aufstand – und die Aufmerksamkeit, mit der Sam Adams und die Leserschaft des *Independent Advertiser* ihn unter die Lupe nahmen – nicht möglich gewesen.[10]

Das Repertoire der im Jahre 1747 entwickelten Ideen und Praktiken wurde in den 1660er und 1670er Jahren verfeinert und erweitert. In dieser

Zeit waren »Teerjacken« an fast allen Unruhen in Hafenstädten beteiligt, vor allem nach dem Ende des Siebenjährigen Krieges (1763), als die Demobilisierung der Navy Tausende von Menschen außer Lohn und Brot setzte. Die Arbeitsbedingungen der verbleibenden Seeleute – Verpflegung, Sold, Disziplin – verschlechterten sich und trieben viele zur Desertion.

Die Admiralität reagierte mit Terror: Im Jahre 1764 erhielten die Deserteure John Evans, Nicholas Morris und John Tuffin siebenhundert Peitschenhiebe auf den Rücken; Bryant Diggers und William Morris wurden gehängt. Admiral Alexander Colvill räumte ein, dies seien »die schwersten Strafen, die meines Wissens je [für Desertion] verhängt worden sind«. Diese tödliche Disziplin auf See verlieh dem Widerstand an Land gegen die erneuten Aktivitäten der Presstrupps eine verzweifelte Heftigkeit.[11]

Die Seeleute nahmen ihre Angriffe auf den königlichen Marinebesitz wieder auf. Als ein Presstrupp der HMS *St. John* im Juni 1764 einen Deserteur auf einem Pier in Newport zu ergreifen versuchte, ging ein Mob von Seeleuten und Dockarbeitern zum Gegenangriff über, befreite den Mann, schlug den Leutnant zusammen, der den Presstrupp befehligte, und »drohte damit, [des Königs] Schoner ans Ufer zu ziehen und zu verbrennen«. Später setzte die Menge mit Booten nach Goat Island über und schoss mit Kanonen auf die *St. John*. Einen Monat später griff ein Mob von New Yorkern einen Presstrupp der *Chaleur* an und »zog ihr Boot vors Rathaus und verbrannte es dort«. Die gepressten Männer wurden freigelassen, der Kapitän des Schiffes sah sich gezwungen, eine öffentliche Entschuldigung abzugeben, und alle Versuche, Mitglieder des Mobs vor Gericht Rechtsverletzungen irgendwelcher Art zu überführen, schlugen fehl. Wenig später brachte sich ein Mob von Seeleuten in Casco Bay, Maine, in den Besitz eines Pressbootes, »schleppte es ins Stadtzentrum« und drohte damit, es zu verbrennen, um eine Gruppe ausgehobener Männer freizupressen.[12] In Newport bemächtigte sich im Jahre 1765 ein aus Seeleuten, Jugendlichen und Afroamerikanern bestehender Mob eines Tenders des Presstrupps der HMS *Maidstone*, schleppte ihn an einen zentralen Ort in der Stadt und steckte ihn in Brand. In den späten 1760ern, als die Abneigung des gemeinen Volkes gegen den Zolldienst ebenfalls zunahm, begannen Seeleute, auch **dessen** Boote anzugreifen. Thomas Hutchinson schrieb, dass 1768 in Boston »ein Boot, das dem Zollhaus gehörte, im Triumph durch die Straßen der Stadt geschleift und auf dem Common verbrannt wurde«. Ähnliche Szenen, bei denen Seeleute königliche Schiffe in Brand steckten oder zumindest damit drohten, ereigneten sich in Wilmington, North Carolina, und Nevis (1765), zwei weitere Male in Newport (1769 und 1772) und zweimal in New York (1775). Mit diesen Angriffen auf den längsten und stärksten Hebel staatlicher Macht warnten sie die örtlichen Machthaber, keine Pressbefehle zu unterzeichnen.[13]

In den späten 1760ern stellten Seeleute eine Verbindung zwischen verschiedenen Bewegungen in England und Amerika her, indem sie sich an Revolten beteiligten, in denen sich Arbeiteraufstände für bessere Löhne und Arbeitszeiten mit Protesten wahlpolitischen Hintergrunds verbanden. (Siehe die »Wilkes und Freiheit«-Unruhen, bei denen der Londoner Mob den Journalisten und Abtrünnigen der herrschenden Klasse John Wilkes in seinem Kampf gegen König und Parlament unterstützte.) In beiden Bewegungen spielten die Seeleute Londons, der größten Hafenstadt der Welt, eine führende Rolle. 1768 strichen sie die Segel ihrer Schiffe, womit sie den Handel der führenden Stadt des Empire empfindlich trafen und das Arsenal ihrer Kampfmittel um den Streik erweiterten.[14] Seeleutestreiks sollten von nun an auf beiden Seiten des Atlantiks immer häufiger werden. Das Gleiche galt für Auseinandersetzungen um Sold, besonders nach der Reorganisation des britischen Zolls im Jahre 1764, als Beamte begannen, die nichtfinanzielle Entlohnung der Seeleute – das heißt das »schwimmende Gut«, die Güter, die sie auf eigenes Risiko frachtfrei im Laderaum des Schiffes transportierten – zu beschlagnahmen.

Die Seeleute, die an der Spitze des Generalstreiks von 1768 standen, griffen auf Traditionen der Hydrarchie zurück, um eine proletarische Vorstellung von Freiheit voranzutreiben. Ein Autor schrieb im Rückblick auf die Erhebung: »Ihre Vorstellung von Freiheit besteht darin, gesetzwidrige Bündnisse einzugehen.« Derartige Bündnisse galten als »ein vielköpfiges Ungeheuer, dem jedermann sich entgegenstellen sollte, denn es gefährdet jedermanns Eigentum; mehr noch, Reichtum, Stärke und Herrlichkeit dieses Königreiches werden niemals sicher sein, solange dieses Übel nicht in seine Schranken gewiesen ist.«[16]

Auch der Kampf gegen die Pressung setzte sich fort: In den Straßen Londons kämpften Seeleute in den Jahren 1770 (während des Krieges gegen Spanien) und 1776 (während des Krieges gegen die amerikanischen Kolonien, ein Unterfangen, das unter Seeleuten kaum besondere Popularität genoss) gegen die Presstrupps. Ein gewisser »Nauticus« verfolgte die Zusammenstöße zwischen Seeleuten und Navy im London der frühen 1770er Jahre und verfasste die Schrift *Eine Verteidigung der Rechte der Seeleute*, in der er das

Seemannsleben mit Sklaverei verglich und sich für das Recht auf Selbstverteidigung aussprach. Die Frage, die er einen fiktiven Seemann an einen Friedensrichter richten ließ, erinnerte an die über hundert Jahre zurückliegenden Putney-Debatten: »Soll ich, der ich so *frei geboren* bin wie Ihr selbst, mein Leben und meine Freiheit einer dermaßen unbedeutenden Sache widmen, bloß damit Schurken wie Ihr sich in Sicherheit ihrer Besitztümer erfreuen können?« Wie Sam Adams vor ihm ging Nauticus über das Konzept der Rechte der Engländer hinaus: Er stellte die aus dem Privateigentum erwachsenden Rechte den gemeinschaftlichen Rechten und den »Naturrechten eines unschuldigen Staatsbürgers« gegenüber. John Wilkes begann sich im Jahre 1772 ebenfalls für das Recht auf Widerstand gegen die Pressung auszusprechen.[17]

Auch zur Schaffung einer abolitionistischen Bewegung in London um die Mitte der 1760er Jahre trug der bunt zusammengewürfelte Haufen bei, indem er den exzentrischen, aber nicht zu bremsenden Granville Sharp in Aktion versetzte, der zu einem der erbittertsten Gegner der Sklaverei werden sollte. Das Schlüsselerlebnis ereignete sich im Jahre 1765, als der unbekannte, hartherzige Kanzlist und Musiker Sharp und ein Teenager namens Jonathan Strong sich in der Warteschlange eines Londoner Krankenhauses begegneten. Strong, ein Sklave aus Barbados, war von seinem Herrn zu einem verquollenen, fast blinden, hilflosen Krüppel geschlagen worden. Sharp und sein Bruder, ein Chirurg, pflegten Strong gesund, aber zwei Jahre später ließ ihn sein ehemaliger Herr gefangen nehmen und verkaufte ihn. Um weitere Unmenschlichkeiten dieser Art zu verhindern, drängte der afrikanische Seemann Olaudah Equiano Sharp, das Habeas-Corpus-Gesetz zu studieren, die stärkste Waffe im Arsenal des »frei geborenen Engländers«, die Gefängnis oder Arrest ohne ordentliches Gerichtsverfahren vor einem Geschworenengericht untersagte und sich damit gleichermaßen gegen Pressung wie gegen Sklaverei anwenden ließ. Sharp war der Meinung, dass das Gesetz die Person nicht ansehen solle, und schloss im Jahre 1769, dass »Englands Gesetz und Brauch [...] der menschlichen Freiheit stets günstig gesonnen ist«. Die Kämpfe Schwarzer Seeleute im Hafenviertel gingen ihm besonders nahe, und er verteidigte unter Anwendung des Habeas-Corpus-Gesetzes mehrere dieser Männer, die sich ihrer Wiederversklavung – oftmals durch Presstrupps – widersetzten. Im Jahre 1772 errang Sharp einen bleibenden Sieg, als er in seiner Eigenschaft als Verteidiger von James Somerset erreichte, dass das Gericht das Recht von Sklavenbesitzern auf Besitz und

Ausbeutung ihrer menschlichen Ware auf englischem Boden einschränkte. Das Habeas-Corpus-Gesetz wurde im Jahre 1777 außer Kraft gesetzt, allerdings nicht ohne Gegenwehr. Der Londoner Robin-Hood-Club erörterte die Frage: »Wäre die Außerkraftsetzung des Habeas-Corpus-Gesetzes nicht eine angemessene Maßnahme zu diesem entscheidenden Zeitpunkt?« Eine große Mehrheit verneinte die Frage. Unterdessen baute ein Polizeirichter namens John Fielding die »Bow Street Runners« auf, eine städtische Polizeitruppe im Stil der berüchtigten Sklavenpatrouillen der südlichen Plantagen. Er verfolgte die Aktivitäten des buntscheckigen Haufens mit großer Aufmerksamkeit und hatte ein waches Auge auf den Kreislauf, der ihn in westlicher Richtung zurück zu den Aufständen in der Karibik trieb.[18]

Im Jahre 1775 griffen Seeleute und Hafenproletariat die Sklaverei von einer anderen Ecke aus an: Sie traten in Liverpool in Streik. Dreitausend Männer, Frauen und Kinder versammelten sich, um gegen Lohnkürzungen zu protestieren. Als die Behörden in die Menge schießen ließen und mehrere Menschen getötet wurden, kippte der Streik in einen offenen Aufstand um. Seeleute »hissten die rote Fahne«, schleppten Bordgeschütze ins Stadtzentrum, nahmen die Handelsbörse unter Beschuss und ließen »kaum eine Glasscheibe im ganzen Viertel heil«. Außerdem machten sie Kleinholz aus dem Eigentum mehrerer im Sklavenhandel tätiger reicher Kaufleute. Ein Zeuge der Auseinandersetzungen in Liverpool schrieb: »Ich konnte mich des Gedankens nicht erwehren, dass wir hier Boston hätten, und ich fürchte, dies ist erst der Beginn unserer Kümmernisse.«[19]

In der Beobachtung, dass Boston, die »Metropole des Aufruhrs«, am Vorabend der Amerikanischen Revolution ihren langen Schatten auf die englischen Hafenstädte warf, lag eine buchstäbliche Wahrheit. Ein anonymer Augenzeuge merkte an, die multiethnischen amerikanischen Seeleute hätten »bei den jüngsten Tumulten« in London im Jahre 1768 »zu den aktivsten Teilnehmern« gehört. Sie seien »von Bastarden geworfene Schurken«, »direkte Söhne Jamaikas oder afrikanischer Schwarzer von asiatischen Mulatten«.

Die so beschriebenen Seeleute legten mit ihrem Sprechchor »Kein Wilkes, kein König!« während des Streiks in der Flussschifffahrt von 1768 denselben revolutionären Unabhängigkeitsgeist an den Tag, der sich in der gesamten atlantischen Welt in ihrem Handeln niederschlug. Ein entflohener Schuldknecht namens James Aitken, besser bekannt unter dem Namen Jack the Painter, nahm an der Boston Tea Party teil und kehrte danach nach England zurück, wo er sich 1775 als Revolutionär betätigte, indem er königliche Schiffe und Werften in Brand steckte – ein Verbrechen, für das er gefangen genommen und gehängt wurde. Die Ortsungebundenheit der Seeleute und anderer Veteranen der Meere gewährleistete, dass oppositionelle Erfahrungen und Ideen sich schnell verbreiteten. Die Handwerker und Herren der »American Sons of Liberty« mochten ihren Aufstand als eine bloße »Episode in einem weltweiten Kampf zwischen Freiheit und Despotismus« sehen; die Seeleute, deren eigene Erfahrungen – sowohl in Bezug auf Despotismus als auch auf die Welt im Allgemeinen – sehr viel breiter gefächert waren, sahen ihre eigenen Kämpfe als Teil einer langen, den gesamten Atlantik umspannenden Auseinandersetzung zwischen Sklaverei und Freiheit.[20]

SKLAVINNEN UND SKLAVEN

»Tackys Rebellion«, die im Jahre 1760 auf Jamaika stattfand, sollte zum Auftakt einer neuen Welle des Widerstands gegen die Sklaverei werden. Diese Revolte war dem Zuckerrohrpflanzer und Historiker Edward Long zufolge »erschrecklicher als alle, die die Westindischen Inseln bis dato erlebt haben«. Sie begann – bezeichnenderweise – zu Ostern in Saint Mary's Parish und breitete sich wie ein Zuckerrohrfeuer aus. Bald hatten sich Tausende von Menschen auf der ganzen Insel angeschlossen. Die Rebellen waren nicht vom Christentum motiviert (der jamaikanische Baptismus und Methodismus lagen noch in der Zukunft, und die im Jahre 1754 gegründete Herrnhuter Mission war winzig klein), sondern von der geheimnisvollen Akan-Religion, die trotz ihres Verbots im Jahre 1696 weiter bestand und in der Besessenheit durch Geister, Zugang zu übernatürlichen Kräften und die lebhafte Beteiligung der Toten am diesseitigen Leben eine große Rolle spielten. Ihre Anhänger, die »obeah men«, verliehen den Freiheitskämpfern, die sich zum Zeichen ihrer Solidarität die Haare schoren, Unsterblichkeit.[21] Ihr Plan bestand darin, sich des Forts und der Waffen zu bemächtigen und die Mühlen niederzubrennen. Einer ihrer Anführer, Aponga alias Wager, war auf der HMS *Wager* gefahren und möglicherweise im Jahre 1745 Zeuge der Kämpfe zwischen dem Presstrupp und dem Mob von Seeleuten in Boston gewesen. Eine Kingstoner Sklavin namens Cubah hatte den Beinamen »die Königin«. Von ihrem obersten Anführer Tacky (dessen Name auf Akan »Häuptling« oder »Oberhaupt« bedeutete) hieß es, er könne Kugeln mit den Händen fangen und sie zu den Sklavenhaltern zurückschleudern. Der Aufstand wütete mehrere Monate, bis ein Aufgebot von Land- und Seetruppen unter Beteiligung der Maroons von Scott's Hall gegen die Rebellen mobilisiert wurde. Tacky wurde gefangen genommen und enthauptet, und sein Kopf auf einem Pfahl in Spanish Town zur Schau gestellt. Nachdem dieser in der Nacht zurückgeholt worden war, räumte Edward Long ein, dass »derlei demonstrative Abscheulichkeiten sich als von zweifelhaftem Wert erwiesen haben«. Die Guerillakämpfe dauerten ein weiteres Jahr an. Ein größeres Blutbad hatte es bei einem Sklavenaufstand noch nicht gegeben: Sechzig Weiße wurden umgebracht; drei- bis vierhundert Sklaven wurden im Gefecht getötet oder begingen Selbstmord, als ihre Lage aussichtslos wurde; hundert Sklaven wurden hingerichtet. Der Terror wurde von Gesetzen, Überwachungsmaßnahmen, schärferer Kontrolle von Zusammenkünften, der Registrierung freier Schwarzer, der Errichtung permanenter Befestigungsanlagen in jedem Landkreis und der Verhängung der Todesstrafe für das Praktizieren von »obeah« begleitet.[22]

Die Ordnung auf Jamaika wurde wiederhergestellt, aber die Seeleute der Handelsmarine, die sich bei Ausbruch der Revolte dort befanden und eilends in die örtlichen Milizen gescheucht wurden, um bei der Niederschlagung des Aufstands zu helfen, scheinen dabei keine große Hilfe gewesen zu sein. Thomas Thistlewood berichtete, dass im Zuge der Wanderungen der Seeleute von einer Plantage zur anderen der Grog und die Silberlöffel der entsetzten Pflanzer mit ihnen zu verschwinden schienen. Edward Long behauptete, dass ein gefangen genommener Rebellenanführer mitten in der Revolte zu einem jüdischen Milizwachposten gesagt habe: »Was die Seeleute betrifft, wie du siehst, stellen sie sich uns nicht entgegen, es kümmert sie nicht, wer im Besitz des Landes ist, Schwarz oder Weiß, ihnen ist es gleich.« Der Rebell war davon überzeugt, dass die Seeleute ihnen nach der Revolution »Dinge von jenseits des Meeres mitbringen und mit Freuden unsere Waren in Zahlung nehmen werden«.[23]

Wie der Knowles-Aufstand in Boston im Jahre 1747 trug auch Tackys Rebellion zum Fortbestehen und zur Wiederbelebung einer Tradition revolutionären Denkens bei, die bis auf Winstanley und die Englische Revolution zurückreichte. Im Jahre 1760, nach Ausbruch der Rebellion, aber bevor sie unterdrückt wurde, schrieb ein uns nur als J. Philmore bekannter Autor ein Pamphlet mit dem Titel *Two Dialogues on the Man-Trade*. Philmore, der sich mehr als »Weltbürger« denn als Bürger Englands sah, bestand darauf, dass »die gesamte menschliche Rasse von Natur aus von gleichem Rang« sei und dass ein Mensch schlichtweg nicht das Eigentum eines anderen sein könne. Er bestritt die weltliche Überlegenheit des Christentums und verurteilte den Sklavenhandel als organisierten Mord. Philmore hatte wahrscheinlich über Seeleute der Handelsmarine von Tackys Rebellion erfahren, denn er hatte es sich zur Aufgabe gemacht, die Docks aufzusuchen. Ein Großteil seines umfassenden Wissens über den Sklavenhandel stammte »aus dem Munde einiger Seeleute«.[24]

Philmore unterstützte die Anstrengungen Tackys und seiner Mitrebellen, »sich aus der elenden Sklaverei zu befreien, in der sie sich befinden«. Seine zentrale Schlussfolgerung war klar, unmissverständlich und revolutionär: »All die schwarzen Männer auf unseren Plantagen, die mit ungerechtfertigter Gewalt ihrer Freiheit beraubt sind und in Sklaverei gehalten werden, dürfen, da sie niemanden auf Erden um Hilfe anrufen können, dieser Gewalt rechtmäßig mit Gewalt begegnen und zur Wiedererlangung ihrer Freiheit ihre Unterdrücker vernichten: und nicht nur das, sondern es ist die Pflicht anderer, Weißer ebenso wie Schwarzer, diesen elenden Geschöpfen in ihrem Bemühen, sich aus der Sklaverei zu befreien, beizustehen, wenn es ihnen möglich ist, und sie aus den Händen ihrer grausamen Tyrannen zu erretten.« Das heißt, Philmore unterstützte frei geborene Menschen in ihrem revolutionären Verteidigungskampf, rief zu ihrer sofortigen Freilassung auf – wenn nötig, mit Gewalt – und forderte alle aufrechten Männer und Frauen auf, es ihm nachzutun. Obwohl Philmores Ideen die pazifistischen Quäker zum Schaudern gebracht haben müssen (Anthony Benezet schöpfte aus seinen Schriften, allerdings unter sorgfältiger Auslassung des Arguments, der Gewalt mit Gewalt zu widerstehen), hatten sie weitreichenden Einfluss. Er schrieb, dass »keine gesetzgebende Gewalt auf Erden, welche in jeder bürgerlichen Gesellschaft die höchste Macht darstellt, die Natur der Dinge ändern oder etwas rechtmäßig machen kann, das nicht im Einklang mit dem Gesetz Gottes steht, des höchsten Gesetzgebers und Regenten der Welt.« Seine Doktrin von einem »höheren Gesetz« sollte im Laufe der nächsten hundert Jahre zu einem zentralen Bestandteil des transatlantischen Kampfes für die Abschaffung der Sklaverei werden. Sein umfassender, egalitärer Begriff von der »menschlichen Rasse« war von den Massenaktionen rebellischer Sklavinnen und Sklaven inspiriert.[25]

Tackys Rebellion trug möglicherweise zu einem weiteren Durchbruch im abolitionistischen Denken bei, und zwar in derselben Hafenstadt, in der Sam Adams sich seinerzeit zu einem Gegner der Pressung entwickelt hatte. Als James Otis jr. im Jahre 1761 eine öffentliche Rede gegen die sogenannten »writs of assistance« hielt – Beschlagnahmeverfügungen, mit deren Hilfe die britischen Behörden den Handelsverkehr zwischen Neuengland und den Französischen Westindischen Inseln behinderten – ging er über sein offizielles Thema hinaus und »machte die Rechte der Neger geltend«. Otis hielt seine aufrüttelnde Rede direkt nach Tackys Rebellion, über die in den Bostoner Zeitungen eine Reihe von Berichten erschienen war. Wie John Adams sich später erinnern sollte, sprach Otis an diesem Tag mit einer »Feuerzunge«, ein Prophet, der die Überzeugungskraft von Jesaja und Hesekiel in sich vereinte. Er hielt eine »Abhandlung über die Menschenrechte im Naturzustand«, eine antinomische Darstellung des Menschen als eines »unabhängigen Souveräns, keinem anderen Gesetz unterworfen als dem, das in seinem Herzen geschrieben steht« oder in seinem Gewissen verankert ist. Noch nie hatte ein Quäker in Philadelphia »die Rechte der Neger mit stärkeren Worten verfochten«. Otis rief zur sofortigen Freilassung der Sklaven auf und propagierte das Recht auf Gewaltanwendung zur Durchsetzung dieses Zieles, ein Appell, der den vorsichtigen Adams erzittern ließ. In seiner im Jahre 1764 veröffentlichten Schrift *The Rights of the British Colonies Asserted and Proved* erklärte Otis, alle Menschen, »weiß oder schwarz«, seien »von Naturrechts wegen frei geboren«, womit er den Begriff des »frei geborenen Engländers« erweiterte und ihm die ethnische Komponente nahm.[26] Ungeachtet dessen, ob Otis Philmores Pamphlet tatsächlich gelesen oder einfach die gleichen Schlüsse aus Tackys Rebellion gezogen hatte: Das abolitionistische Denken hatte sich unwiderruflich gewandelt. Otis, der wegen der Anklänge seiner Ideen an das Gedankengut der 1640er Jahre mitunter mit Masaniello verglichen wurde, »war der Erste, der die Schranken der Regierung niederriss, um die *Hydra* der Rebellion hereinzulassen«.[27]

Tackys Rebellion läutete eine neue Phase von Sklavenaufständen ein. In den folgenden Jahren kam es zu großangelegten Komplotten und Revolten auf Bermuda und Nevis (1761), Surinam (1762, 1763, 1768–72), Jamaika (1765, 1766, 1776), Britisch-Honduras (1765, 1768, 1773), Grenada (1765), Montserrat (1768), St. Vincent (1769–73), Tobago (1770, 1771, 1774), St. Croix und St. Thomas (von 1770 an) und St. Kitts (1778). Veteranen von Tackys Rebellion waren an einer Erhebung in Britisch-Honduras (wohin 500 Rebellen verbannt worden waren) sowie an drei weiteren Revolten auf Jamaika in den Jahren 1765 und 1766 beteiligt.[28]

Auf dem nordamerikanischen Kontinent machten sich die Sklavinnen und Sklaven die neuen Möglichkeiten zunutze, die sich durch die Spaltungen zwischen der imperialen und der kolonialen Herrscherklasse eröffneten, und entsprechend verstärkte sich nach 1765 der Widerhall des Aufruhrs. Sklaven entflohen ihren Herren in einer für die Sklavenhalter besorgniserregenden Anzahl, und Mitte der 1770er Jahre näherten sich die Ängste der Weißen angesichts einer ganzen Serie von Sklavenverschwörungen und -aufständen dem Siedepunkt. Sklavinnen und Sklaven organisierten Aufstände in Alexandria, Virginia (1767), Perth Amboy, New Jersey (1772), in Saint Andrew's Parish in South Carolina und – in einem afrikanisch-irischen Gemeinschaftsunternehmen – in Boston (1774), in Ulster County, New York, Dorchester County, Maryland, Norfolk, Virginia, Charleston, South Carolina und dem Tar River-Gebiet in North Carolina (1775). Bei Letzterem tat sich ein Sklave namens Merrick mit einem weißen Seemann zusammen, um den Aufständischen Zugang zu Waffen zu verschaffen, die der geplanten Revolte zum Erfolg verhelfen sollten.[29]

Der Widerstand der Sklavinnen und Sklaven war eng mit der Entstehung eines afrikanischen Christentums verbunden. Im Frühjahr 1776 versetzte ein Aufstandskomplott die weiße Bevölkerung des Saint-Bartholomew-Gemeinde in South Carolina in Angst und Schrecken. Seine Anführer waren Schwarze Prediger, darunter zwei Prophetinnen. Ein Geistlicher namens George behauptete, dass Englands »Junger König [...] demnächst die Welt verändern, & die Neger freilassen« werde. Weiter südlich, in Savannah, Georgia, entkam der Prediger David nur knapp dem Strang, nachdem er das zweite Buch Moses folgendermaßen ausgelegt hatte: »Gott würde den Negern die Befreiung von der Macht ihrer Herren senden, so wie er die Kinder Israels aus der ägyptischen Knechtschaft befreit habe.« Unterdessen erschien in den 1760er und 1770er Jahren eine neue Generation von evangelikalen Anführern auf der Bildfläche, zu der die Baptisten George Liele und David George und die Methodisten Moses Wilkinson und Boston King gehörten. Liele, ein Sklave aus Virginia, der die erste baptistische Kirche in Georgia gründete, wurde von den Briten nach Kingston, Jamaika, verbannt und baute dort eine weitere Kirche auf.[30]

Wie bereits erwähnt, verbreiteten revolutionäre Ideen sich schnell in den Hafenstädten. Scharen von entflohenen Sklavinnen und Sklaven und freien Schwarzen strömten auf der Suche nach einem Zufluchtsort und Lohnarbeit den Häfen zu und verdingten sich als Arbeiter und Seeleute. Auch Sklaven arbeiteten in der Seefahrt. Einige waren das Eigentum von Schiffsherren, andere wurden zur Seereise vermietet. Um die Mitte des 18. Jahrhunderts dominierten Sklaven die See- und Flussschifffahrt von Charleston: Etwa 20 Prozent der erwachsenen männlichen Sklaven der Stadt arbeiteten in diesem Sektor. Die Unabhängigkeit dieser »Bootsneger« bereitete den städtischen Machthabern seit geraumer Zeit Sorgen, besonders wenn – wie im Fall eines Flusslotsen namens Thomas Jeremiah im Jahre 1775 – angeblich subversive Aktivitäten im Spiel waren. Jeremiah wurde verhaftet, weil er in Erwartung des imperialen Krieges, der »den armen Negern helfen« würde, einen Vorrat an Gewehren angelegt hatte. »Zwei oder drei weiße Leute«, wahrscheinlich Seeleute, wurden ebenfalls verhaftet, später allerdings aus Mangel an Beweisen freigelassen und schließlich aus der Provinz vertrieben. Schwarze Lotsen waren ein »rebellisches Pack und widersetzen sich weißer Kontrolle ganz besonders«.[31]

Die politischen Auswirkungen des Sklavenwiderstandes waren widersprüchlich: Während er auf der einen Seite Furcht und Unterdrückung (in Form von Polizei und Patrouillen) neue Nahrung gab, schürte er auf der anderen Seite erneute Opposition gegen die Sklaverei. Das galt besonders für die Jahre vor der Amerikanischen Revolution, die den Beginn eines neuen Stadiums in der Entwicklung der abolitionistischen Bewegung darstellten. Der Quäker und führende amerikanische Abolitionist Benezet betätigte sich als Chronist von Sklavenerhebungen auf der ganzen Welt und verbreitete unermüdlich Nachrichten über diese Aufstände in Form von Briefen, Pamphleten und Büchern. Seine Arbeit, gepaart mit Widerstand von unten, führte im Jahre 1767 zu neuen Attacken auf den Sklavenhandel in Massachusetts und in den folgenden sieben Jahren zu weiteren Angriffen in Delaware, Connecticut, Pennsylvania, auf Rhode Island und auf dem Kontinentalkongress. Die erste offizielle Organisation zur Abschaffung der Sklaverei wurde 1775 in Philadelphia gegründet.[32]

Die Militanz der Sklavinnen und Sklaven in den 1770er Jahren veranlasste zwei der populärsten Pamphleteschreiber der Amerikanischen Revolution, im Zuge der Erweiterung ihrer Argumentation für die Freiheit des Menschen, auch die Sklaverei anzugreifen. Nachdem Seeleute im Jahr 1772 den Zollkutter *Gaspee* in Brand gesteckt hatten, hielt (und veröffentlichte) der baptistische Geistliche John Allen, der in den 1760ern Zeuge der Aufstände der Seidenweber von Spitalfields in London und der darauf folgenden Prozesse, Hängungen und gewaltsamen Zerstreuung gewesen war, eine *Rede*

»Ein lebendigen Leibes an den Rippen an einen Galgen gehängter Neger«, Wiliam Blake, ca. 1773.
John Gabriel Stedman: Narrative of a Five Years Expedition

über die Schönheiten der Freiheit. In der vierten Auflage seiner Streitschrift, die »großen Kreisen des gemeinen Volkes« vorgelesen wurde, verurteilte Allen die Sklaverei nicht zuletzt deshalb, weil sie die häufigen Sklavenrevolten der letzten Zeit verursacht habe, die »so oft Anlass großen Blutvergießens sind«. Thomas Paine, ebenfalls ein Mann mit flüssiger Feder und Begeisterung für die Freiheit im Herzen, begann sofort nach seiner Ankunft in Amerika im Jahre 1774 Schriften gegen die Sklaverei zu verfassen. In verwässerter Form griff er Philmores Argument für die Selbstbefreiung wieder auf: »So wie der wahre Eigentümer ein Recht auf die Wiedererlangung der Waren hat, die ihm gestohlen und verkauft worden sind, so hat der Sklave, der eigentliche Eigentümer seiner Freiheit, das Recht, diese wiederzuerlangen, ungeachtet dessen, wie oft er verkauft worden ist.« Er bezeichnete die Sklaven als »im jetzigen Zustand gefährlich« und gab damit zu erkennen, dass ihm der zunehmende Widerstand in der afroamerikanischen Bevölkerung nicht entgangen war. Die Kämpfe der afroamerikanischen Sklavinnen und Sklaven zwischen 1765 und 1776 verstärkten die Unruhe und Krisenstimmung, die in den Jahren vor der Revolution in allen britischen Kolonien zu spüren waren. In dem Baptisten Allen und dem Halbquäker Paine weckten sie einen antinomischen Abolitionismus, der einem früheren revolutionären Zeitalter entstammte.[33]

MOBS

Den Schnittpunkt der Bewegungskurven der Seeleute und Sklaven bildeten die Mobs der Hafenviertel, die krawallfreudigen Ansammlungen Tausender von Männern und Frauen, die die Krise der nordamerikanischen Kolonien herbeiführten. Wie die New Yorker Verschwörer des Jahres 1741 fraternisierten Seeleute und Sklaven – allen Bemühungen der Behörden zum Trotz, derartige Zusammenkünfte zu verhindern und zu kriminalisieren – in den Schnapsbuden, Tanzkellern und »verrufenen Häusern« von Hell Town in Philadelphia und anderswo.[34] In Boston gab es seit den 1740er Jahren Northside- und Southside-Mobs. Die vielleicht häufigste Beschreibung des Mobs im revolutionären Amerika lautete: »aus Jungen, Seeleuten und Sklaven bestehendes Lumpenpack«. Mehr noch, bei fast allen Anlässen, bei denen eine Menschenmenge über die von den moderaten Anführern der patriotischen Bewegung ausgerufenen Ziele hinausschoss, standen Seeleute und oftmals Sklaven an vorderster Front. Buntscheckige Mobs spielten eine zentrale Rolle bei den Protesten gegen das Stempelgesetz (1765), die Einquartierungsgesetze (1765, 1774), das Townshend-Gesetz (1767), die zunehmende Macht des britischen Zolls (1764–74), das Teegesetz (1773) und die von den rebellischen Kolonisten sogenannten Intolerable Acts (»unzumutbaren Gesetze«) (1774). Indem die multiethnischen Mobs zur Wiederbelebung alter und Entstehung neuer Ideen beitrugen, wurden sie als vielköpfige Hydra verteufelt.[35]

Multiethnische Mobs trugen ihren Teil zu einer ganzen Reihe von Siegen der revolutionären Bewegung bei, besonders, wie wir gesehen haben, im Kampf gegen die Zwangspressung. Wie wir ebenfalls gesehen haben, gab die heterogene aufständische Menge im Boston des Jahres 1747 Anstoß zu neuen Ideen. 1765 erhoben sich in Newport, Rhode Island »Seeleute, Jungen und Neger in einer Anzahl von über fünfhundert« gegen die Pressung, und bei einem Aufstand gegen die Pressung in Norfolk im Jahre 1767 griff ein Mob von »Weißen & Schwarzen, alle bewaffnet«, den Kapitän Jeremiah Morgan an. 1768 erhob sich ein Mob von Seeleuten, »aufsässigen Jungen & Negern« im *Liberty*-Aufstand. Jesse Lemisch hat angemerkt, dass nach 1763 »bewaffnete Mobs von Weißen und Negern wiederholt Kapitäne, Offiziere und Besatzungsmitglieder verprügelten, umzubringen drohten und als Geiseln nahmen, um die Befreiung der gepressten Männer zu erzwingen«. Regierungsvertreter wie Cadwallader Colden in New York wussten, dass die königlichen Befestigungsanlagen »ausreichend [sein mussten], um den Negern oder einem Mob standzuhalten«.[36]

Warum setzten Afroamerikaner sich gegen die Presstrupps zur Wehr? Manche werden die Pressung als Todesurteil angesehen und versucht haben, der Pestilenz und Peinigung zu entgehen, die unter den Männern der Royal Navy wütete. Andere schlossen sich Mobs gegen die Pressung an, um Familienbande zu erhalten oder sich das bisschen Freiheit zu bewahren, das sie sich erkämpft hatten. Und viele mögen von der Sprache und den Prinzipien des Kampfes gegen die Pressung angezogen worden sein: In jedem Dock, in jedem Hafen, in der gesamten atlantischen Welt verdammten Seeleute die Praxis der Pressung als ganz gewöhnliche Sklaverei. Michael Corbett und mehrere seiner Seemannsbrüder kämpften im Jahre 1769 gegen ihre gewaltsame Verschleppung an Bord eines Kriegsschiffes im Bostoner Hafen und brachten vor, dass »sie den Tod einem solchen Leben vorzögen, das sie als Sklaverei erachteten«. Der baptistische Geistliche John Allen wiederholte erneut den Grundsatz, der von zahllosen Seeleute in Taten und von Sam

Allen Jahre zuvor in Worten ausgedrückt worden war: Das Volk »hat kraft göttlichen, Völker- und Naturrechts ein Recht darauf, sich gegen jegliche Gewalt seitens des Militärs oder der Navy zu sträuben und sogar zur Wehr zu setzen«. Im Weiteren verglich Allen unterschiedliche Formen der Sklaverei. Die Presstrupps, verlangte er, sollten »stets mit der höchsten hasserfüllten Verachtung behandelt werden, nicht anders als eine *Bande von Sklavenjägern an der Küste Afrikas*«. Dies war der Tonfall, der der Anti-Sklaverei-Bewegung ihren Charakter gab.[37]

Der buntscheckige Haufen stand an der Spitze einer breit gefächerten Bewegung gegen das Stempelgesetz, mit dem eine Kolonialsteuer in Form einer obligatorischen Steuermarke für den Gebrauch und Verkauf einer Vielzahl von Waren eingeführt wurde. Obwohl sämtliche Klassen von dem Gesetz betroffen waren und sich daher auch alle Klassen an den Protesten beteiligten, hoben viele Beobachter die Seeleute wegen ihrer führenden Rolle und ihres Kampfgeistes besonders hervor. Die Weigerung, Steuermarken zu benutzen (d.h. die Steuer zu bezahlen), behinderte den Handel, mit dem Ergebnis, dass unbeschäftigte Seeleute, die ohne Sold an Land gesetzt worden waren, binnen kurzem in allen Hafenstädten zu einer unberechenbaren Größe wurden. Königliche Beamte im gesamten Empire hätten dem New Yorker Zollagenten zugestimmt, der die Macht des »Mobs [...] mit jedem Tage zunehmen und an Stärke gewinnen [sah], weil Seeleute ankommen und keine wieder ausfahren, und dies sind die Leute, die unter solchen Umständen am gefährlichsten sind, denn ihr gesamter Lebensunterhalt ist vom Handel abhängig.« Peter Oliver bemerkte, die Aufstände gegen die Stempelsteuer hätten »die *Hydra* wachgerüttelt. Jeder Mund spie Verwünschungen gegen *Großbritannien* hervor, & die Presse stimmte ihr Geläut gegen die Sklaverei an.«[38]

Am 14. August 1765 attackierte der wütende Bostoner Mob das Eigentum des Stempelagenten Andrew Oliver, und zwölf Tage später richtete er seinen Zorn (der sich inzwischen noch gesteigert hatte) gegen das Heim und die erlesenen Besitztümer von Thomas Hutchinson, der die Menge anschrie: »Ihr seid eine Bande von Masaniellos!« Andere erbitterte Feinde des Mobs sollten später dessen Anführer Ebenezer MacIntosh zur Inkarnation des barfüssigen Neapolitaner Fischers erklären. Es dauerte nicht lange, bis Seeleute die Nachricht von dem Aufruhr und ihre darin gesammelten Erfahrungen nach Newport weitertrugen, und am 28. August erfuhren die Loyalisten Thomas Moffat und Martin Howard jr. die gleiche Behandlung wie Hutchinson.

In Newport, dessen merkantile Wirtschaft auf den Schultern der Seeleute und Dockarbeiter lastete, wurde der Widerstand gegen das Stempelgesetz von John Webber angeführt, der wahrscheinlich ein Seemann und einem Bericht zufolge ein »entlaufener Sträfling« war. Wenig später führte eine unter dem Namen »Sons of Neptune« bekannte Gruppe von Seeleuten dreitausend Aufständische gegen Fort George, das Bollwerk königlicher Autorität in New York, und die Menge versuchte, es nach dem Beispiel der Aufrührer von 1741 niederzubrennen. In Wilmington, North Carolina, zwang ein »wutentbrannter Mob von Seeleuten &c.« den Stempelagenten zum Rücktritt. Auch in Antigua, St. Kitts und Nevis – wo sie sich »benahmen wie junge Löwen« – standen Seeleute an der Spitze von Massenaktionen gegen das Stempelgesetz. In den späten 1760er und frühen 1770er Jahren blieben die Mobs im Kampf gegen das Townshend-Gesetz und den wiedererstarkten britischen Zoll aktiv. Im Rückgriff auf überkommene Seefahrtsbräuche fügten die Seeleute dem Arsenal ihrer Rechtsprechung eine weitere Waffe hinzu und griffen zu Teer und Federn, um die britischen Beamten einzuschüchtern. Hinter Thomas Gages Bemerkung aus dem Jahre 1769, dass »die Offiziere der Krone mit jedem Tag furchtsamer werden und größere Angst haben, ihre Pflicht zu tun«, war das Klappern eines Pinsels im Teereimer zu vernehmen.[39]

Als ein weiterer entscheidender Moment für die revolutionäre Bewegung erwies sich die Niederbrennung des Zollschoners *Gaspee* in Newport im Jahre 1772. Dass »gesetzlose Seeleute« in Newport und anderswo direkten Widerstand gegen Zollbeamte leisteten, war nichts Neues. Nachdem die *Gaspee* auf Grund gelaufen war, ging die Besatzung dreier Großboote – sechzig bis siebzig Mann – an Bord, verteilte sich über das Schiff, ergriff den verhassten Leutnant William Dudingston, brachte ihn und seine Mannschaft an Land und steckte die *Gaspee* in Brand. Hinterher wurden die Unruhestifter des »Hochverrats, d.h. des Krieges gegen den König« angeklagt – das Niederbrennen königlicher Schiffe durch Seeleute galt seit langem als Kriegshandlung gegen die Krone. Kaufleute, Bauern und Handwerker mögen an der *Gaspee*-Affäre beteiligt gewesen sein, aber ihre Anführer waren eindeutig Seeleute. Zu diesem Schluss kam auch Thomas Horsmanden, der sich als Vorsitzender der Königlichen Kommission zur Untersuchung dieses jüngsten Vorfalls seine Erfahrung als Richter in den Prozessen gegen die New Yorker Verschwörer des Jahres 1741 zunutze machte. Die Verbrennung des Schiffes, schrieb er, sei das Werk »einer Anzahl dreister, unverfrorener, unbesonnener, verwegener

Aufstände gegen das Stempelgesetz in Boston im Jahre 1765.
Matthias Christian Sprengel: Allgemeines historisches Taschenbuch [...] enthaltend für 1784 die Geschichte der Revolution von Nord-America (1783)

Seeleute«. Horsmanden wusste nicht, ob jemand anderes dieses seefahrende Volk organisiert hatte oder ob sie sich einfach »selbst zusammengerottet« hatten.[40]

Auch der Golden-Hill-Aufstand und der Nassau-Street-Aufstand in New York City sowie der King-Street-Aufstand in Boston, heutzutage besser bekannt unter dem Namen »das Massaker von Boston«, wurde von Seeleuten angeführt. In beiden Hafenstädten waren die britischen Soldaten, die für weniger als den üblichen Lohn in den Hafenvierteln arbeiteten, bei Seeleuten und anderen in der Seefahrt beschäftigten Arbeitern verhasst. Die Seeleute und Hafenarbeiter von New York nahmen darüber hinaus Anstoß an den Angriffen der Soldaten auf ihren achtundfünfzig Fuß hohen »Freiheitspfahl« – einen Schiffsmast. Es folgten Aufstände und Straßenkämpfe. Thomas Hutchinson und John Adams glaubten, dass zwischen den Ereignissen in New York und Boston ein Zusammenhang – möglicherweise in Form von gemeinsamen Teilnehmern – bestand. Adams, der die britischen Soldaten vor Gericht verteidigte, bezeichnete den Mob, der sich an »dem verhängnisvollen 5. März« auf der King Street versammelt hatte, als nichts weiter als »eine bunt zusammengewürfelte Bagage von unverschämten Jungen, Negern und Mulatten, irischen Päpstlern und ausländischen Teerjacken«. Ihr Anführer war Crispus Attucks, ein entflohener Sklave afroamerikanischer und indigener Herkunft, dessen Heimat die kleine Gemeinde von freien Schwarzen in Providence auf den Bahamas war. Außerdem waren Seeleute an den diversen »Tea Parties« beteiligt, direkten Aktionen, die Thomas Lamb in New York zu dem Ausruf veranlassten: »Dies ist ein vollkommenes Jubeljahr!«[41]

Im Sommer des Jahres 1775 hatte sich mit Hilfe der Seeleute und Sklaven ein Enthusiasmus breitgemacht, den Peter Timothy folgendermaßen beschrieb: »Was Krieg & Frieden betrifft, so kann ich Euch nur sagen, dass die Plebejer immer noch für den Krieg sind – aber die Noblesse [ist] vollkommen friedfertig.« Zehn Jahre aufrührerischer direkter Aktion hatten die Kolonien an den Rand der Revolution getrieben. Schon während der Proteste gegen das Stempelgesetz im Jahre 1765 hatte General Thomas Gage erkannt, welch Bedrohung der Mob darstellte: »Dieser Aufstand setzt sich aus einer großen Anzahl von Seeleuten unter der Führung von Freibeuterkapitänen zusammen«, die von vielen Leuten aus der Umgebung Zulauf erhielten, bis die ganze Gruppe »mehrere Tausende« umfasste. Lord Barrington von der britischen Armee behauptete Ende 1776, die Kolonialregierungen Nordamerikas seien »letzten Sommer durch Aufstände gestürzt worden, weil es keine ausreichende Streitmacht zu ihrer Verteidigung gab«. Soldaten, Arbeiter, Sklaven und andere arme Werktätige steuerten einen Großteil der Energie, Impulsivität, Stoßkraft und anhaltenden Militanz bei, die die Angriffe auf die britische Politik nach 1765 auszeichneten. Während des Unabhängigkeitskrieges waren sie in Mobs zu finden, die mit ihren Aktionen die Tories schikanierten und in ihrer politischen Effektivität beeinträchtigten.[42]

»Ich sah mich umgeben von einem bunt gemischten Haufen elender Kreaturen mit zerlumpter Kleidung und blassen Gesichtern«, schrieb Thomas Dring im Jahre 1782 zu Beginn seiner Gefangenschaft auf der berüchtigten *Jersey*, einem britischen Kriegsschiff, das auf dem New Yorker East River als Gefängnisschiff Dienst tat.[43] Viele Tausende von Menschen, vor allem Seeleute, wurden nach 1776 als »Piraten« und »Verräter« angeklagt und in britischen Gefängnissen und Gefängnisschiffen eingepfercht. Philip Freneau, der zwei Monate »zu Hunger, Ketten und Verzweiflung verdammt« im Bauch der *Scorpion* zubrachte, verfasste 1780 *Das britische Gefängnisschiff*, eines der größten Gedichte seiner Epoche:

Hunger und Durst besiegeln unsre Not,
Verfaultes Schweinefleisch und schimmliges Brot,
Das zerschmetterte Hirn, die verstümmelte Leiche,
Des Arztes Gift, des Käpt'ns Rohrstockstreiche,
Des Proviantmeisters Schulden, des Soldaten Gewehr,
Drohungen am Tage und abends Ketten schwer.

Inmitten von Hunger, Durst, Verwesung, Blut, Terror, Gewalt und dem Tod von sieben- bis achttausend ihrer Mitgefangenen im Verlauf des Krieges organisierten die Gefangenen sich nach egalitären, kollektivistischen und revolutionären Prinzipien selbst. Aus den einst als »Artikel« bezeichneten Grundsätzen der Seeleute und Piraten wurde nun »ein Kodex von Gesetzen [...] zur Selbstverwaltung und -regierung«. Angesichts dessen, dass sie vor den Ratten, den Pocken und den Entermessern der Wachen alle gleich waren, übten sie sich in Demokratie und bemühten sich, Essen und Kleidung gerecht zu verteilen, medizinische Versorgung zu leisten und ihre Toten zu begraben. Auf einem Schiff sprach sonntags ein gemeiner Seemann auf dem Zwischendeck zu Ehren derer, die »in Verteidigung der Menschenrechte« gestorben waren. Ein Kapitän, der mit Erstaunen auf diese Selbstorganisation der

Gefangenen zurückblickte, bemerkte, die Seeleute gehörten »der Klasse an, [...] die nicht leicht zu kontrollieren ist und für gewöhnlich nicht zu den glühenden Anhängern von Zucht und Ordnung gehört«. Aber die Seeleute griffen auf die Traditionen der Hydrarchie zurück und taten, was getan werden musste: Sie regierten sich selbst.[44]

Damit präsentierte der buntscheckige Haufen ein Bild der Revolution von unten, das sich als für Tories und moderate Patrioten gleichermaßen furchterregend erweisen sollte. In seinem berühmten, aber verfälschenden Kupferstich des Massakers von Boston versuchte Paul Revere, dem »buntscheckigen Gesindel« einen respektablen Anstrich zu geben, indem er Schwarze Gesichter aus der Menge entfernte und entschieden zu viele Herren von Stand darin unterbrachte. Im Dezember 1775 beklagte der Sicherheitsrat von South Carolina sich bitterlich über Angriffe von Seeleuten unterschiedlicher Hautfarben, »weißen und schwarzen bewaffneten Männern«.[45] Kolonisten aus der Führungsschicht waren schnell mit Sinnbildern der Monstrosität bei der Hand und bezeichneten den Mob als »Hydra«, als »vielköpfiges Ungeheuer«, »Kriechtier« und »vielköpfige Macht«. Die Vielköpfigkeit implizierte, wie Joseph Chalmers erklärte, wild gewordene Demokratie: Eine allzu demokratische Regierung »wird zu einem vielköpfigen Ungeheuer, einer Tyrannei der Unzahl«. Den Soldaten und Seeleuten zum Trotz, die unter dem Schlangenbanner und dem Motto »Tritt nicht auf mich« kämpften, schlug John Adams vor, Herkules zum Symbol der neuen Nation zu machen.[46]

Damit trugen multiethnische Mobs unter Führung des See- und Hafenproletariats sowohl zur Entstehung der Krise des Empire in den 1770ern als auch zur Entwicklung eines revolutionären Lösungsvorschlags für diese Krise bei. Die Militanz der multiethnischen Arbeiter in Boston, Newport, New York und Charleston führte zur Gründung der »Sons of Liberty«, der ersten interkolonialen Organisation, die den Widerstand gegen das britische Empire koordinierte. Richard B. Morris schrieb, dass die New Yorker Seeleute »sich als *Sons of Neptune* organisierten und damit offensichtlich den *Sons of Liberty* vorausgingen, und es ist sehr gut möglich, dass sie ihnen das Organisationsmodell lieferten.« Die Unruhen, die den *Gaspee*-Vorfall des Jahres 1772 begleiteten, leiteten eine neue Runde von Organisationsbestrebungen ein, denn in der Folge dieser verwegenen Aktion wurde in allen Kolonien eine weitere revolutionäre Einrichtung eingeführt: das Korrespondenzkomitee. Für den Loyalisten Daniel Leonard waren diese Komitees die »garstigste, verschlagenste, giftigste Schlange, die jemals aus der Eizelle des Aufruhrs her-

Der verhängnisvolle fünfte März, Kupferstich von Paul Revere.
The Bloody Massacre, perpetrated in King-Street, Boston, on March 5th, 1770, by a party of the 29th Regiment (1770)

vorgekrochen ist«.[47] Aber wenn, wie wir gesehen haben, der buntscheckige Haufen die Organisationsgeschichte der Amerikanischen Revolution mitgestaltet hat, so war sein Einfluss auf ihre Geistesgeschichte sogar noch größer, indem er das Denken von Samuel Adams, J. Philmore, James Otis jr., Anthony Benezet, Thomas Paine und John Allen beeinflusste. Die direkten Aktionen von unten in Boston, Saint Mary's Parish, Jamaika und London sorgten für das Weiterleben alter Ideen und brachten neue Ideen hervor, die für Jahrzehnte im atlantischen Raum kursieren sollten.

Eine der Hauptideen, die von den multiethnischen Menschenmengen der Hafenstädte am Leben erhalten wurde, war die antinomische Überzeugung, dass das Gewissen über dem staatlichen Zivilrecht stehe und daher den Widerstand gegen Unterdrückung legitimiere, sei es gegen einen korrupten Minister des britischen Empire, einen tyrannischen Sklavenbesitzer oder einen gewalttätigen Kapitän. David S. Lovejoy hat überzeugend dargelegt, dass sich in dem wachsenden »politischen Enthusiasmus« der Revolutionsära ein gleichmacherischer Geist und eine antinomische Verachtung für Gesetze und Regierungen verbargen. Die leicht in Rage zu bringenden Mobs, die diesen Enthusiasmus unablässig an den Tag legten, veranlassten Benjamin Rush, einen Begriff für eine neue Form des Wahnsinns zu prägen: *anarchia,* »übersteigerte Freiheitsliebe«. Die Doktrin vom »höheren Gesetz«, die historisch mit dem Antinomianismus verbunden war, sollte in säkularer Form in die Unabhängigkeitserklärung einfließen, die zu ihrer Zeit als Beispiel »bürgerlichen Antinomianismus« verschrien war.[48]

Bei seinen Kämpfen gegen die Pressung in den 1760er und 1770er Jahren machte der buntscheckige Haufen sich Ideen zunutze, die auf die Englische Revolution zurückgingen, als Thomas Rainborough und die revolutionäre Bewegung der 1640er Jahre die Sklaverei angeprangert hatten. Im zweiten *Agreement of the Free People of England* vom Mai 1649 hatten die Levellers die antinomische Grundlage ihres Widerstandes gegen die Zwangspressung dargelegt: »Wir, das freie Volk von England«, verkündete der Welt, dass das Parlament nicht die Macht habe, jemanden zum Kriegsdienst zu pressen, denn jeder Mensch müsse das Recht haben, die Rechtmäßigkeit eines solchen Krieges mit seinem eigenen Gewissen zu vereinbaren. Damit machten die Levellers den Menschen und sein Gewissen (anstelle des Bürgers) zum Subjekt und das Leben (anstelle der Nation) zum Gegenstand ihres Manifests.

Peter Warren hatte Recht mit seiner Behauptung, die Seeleute Neuenglands seien »beinahe Levellers«: Sie verliehen ihrem Widerstand gegen Zwangspressung und Sklaverei auf vielfältige Weise Ausdruck, beeinflussten Jefferson, Paine und eine ganze Generation von Denkern und zeigten, dass nicht die Kompromisse innerhalb der herrschenden Klasse im Jahre 1688, sondern die Zusammenstöße zwischen Ober- und Unterschichten in den 1640er Jahren den wahren Präzedenzfall für die Ereignisse von 1776 darstellten.[49]

Als der Tory Peter Oliver über das Geläut der Presse gegen die Sklaverei klagte, spielte er auf die Kunst des Glockenläutens und die unterschiedlichen Permutationen an, in denen sich ein Glockensatz läuten lässt. Er selbst hatte ein düsteres Dröhnen im Sinn, aber es ließe sich eine Art Glockenkunde der Freiheit postulieren. Wenn eine einzelne Glocke innerhalb eines gestimmten

Glockenspiels angeschlagen wird, löst der Nachklang in den benachbarten Glocken harmonische Obertöne aus, und wenn mehrere Glocken in schneller Abfolge angeschlagen werden, entsteht ein wasserfallartiger, aufgeregter Rhythmus. Wie stellte sich das »Geläut gegen die Sklaverei« im Zeitalter der Amerikanischen Revolution dar? Es gab patriotische Glocken, die mit ständig wachsendem Nachdruck ihr Getöse verbreiteten, und es gab den lauten, langen Nachhall, der von den deutlich auszumachenden Tönen des bunt zusammengewürfelten Haufens – Tackys Rebellion, der Stempelgesetzkrise – ausgelöst wurde. Die Patrioten setzten sich gegen mehrere Aspekte der Sklaverei zur Wehr: Besteuerung ohne Repräsentation, Verweigerung des Freihandels, Einschränkung der Pressefreiheit, kirchliche Intoleranz und die Kosten, Einschränkungen und Übergriffe, die ein stehendes Heer mit sich brachte. Soldaten und Sklaven protestierten derweil gegen andere Aspekte: Pressung, Terror, Tod durch Arbeit, Kidnapping und Zwangsarrest. Beide Gruppen lehnten die willkürliche Verhaftung und Verurteilung ohne Anhörung vor Gleichrangigen oder Geschworenen ab. Der Klang dieser Glocken weckte ältere, tiefer liegende Erinnerungen aus der Englischen Revolution. Deshalb war das Habeas-Corpus-Gesetz so wichtig, das vorschrieb, dass niemand ohne ein ordentliches Gerichtsverfahren festgehalten werden durfte: Dies war der tiefste Ton im Glockenspiel der Freiheit, ein Ton, der für Soldaten, Sklaven und Bürger gleichermaßen von elementarer Bedeutung war. Im Wechselgeläut der Amerikanischen Revolution schlug Tacky die Alarmglocke des Freiheitskampfes an und die Versammlung von Philadelphia die Totenglocke, doch verhaltene Untertöne sollten »in diminuendo« weiterklingen – und in Santo Domingo.

GEGENREVOLUTION

Die verwegenen Taten des buntscheckigen Haufens setzten die klassenübergreifende Unabhängigkeitsbewegung in Gang, aber sie lösten auch heftige Reaktionen *innerhalb* der Bewegung aus: Angst, Zwiespalt und Widerspruch. Der New Yorker Zweig der »Sons of Liberty« zum Beispiel gründete sich in Reaktion auf die »drohende Anarchie« der autonomen Aufstände gegen die Pressung und das Stempelgesetz in den Jahren 1764 und 1765. Die »Sons« begannen sich überall als Garanten der Ordnung anzupreisen, als notwendiges Gegengewicht zu dem Aufruhr, aus dem sie selbst hervorgegangen waren. 1766 sprachen die besitzenden Gegner britischer Politik sich bereits ausdrücklich für »geordneten Widerstand« aus. In der Folge des Massakers von Boston im Jahre 1770 verteidigte John Adams die Rotröcke und hielt eine unverhohlen rassistische Anklagerede vor Gericht, in der er reklamierte, dass der bloße Anblick des afroindigenen Seemanns Crispus Attucks »ausreiche, um jeden Menschen in Schrecken zu versetzen«. Aber im Jahre 1773 unterzeichnete er einen an Thomas Hutchinson gerichteten Brief über die Freiheit mit »Crispus Attucks«. Adams graute es vor dem buntscheckigen Haufen, doch er wusste, dass es ohne ihn keine revolutionäre Bewegung gegeben hätte.[50]

Thomas Jefferson wurde von ähnlichen Widersprüchen heimgesucht: Er nahm den buntscheckigen Haufen zur Kenntnis, aber er fürchtete die Herausforderung, die dieser für seine eigene Vision von Amerikas Zukunft darstellte. Er fügte die Anschuldigung in die Unabhängigkeitserklärung ein, König Georg III. habe »unsere Mitbürger, die auf hoher See gefangen genommen wurden, gezwungen, Waffen gegen ihr eigenes Land zu ergreifen und zu Henkern ihrer Freunde und Brüder zu werden oder selbst von ihrer Hand zu fallen«. Er und der Kongress schlossen die Seeleute in die revolutionäre Koalition mit ein, aber sie simplifizierten ihre Geschichte und ihre Rolle innerhalb der Bewegung in tendenziöser Weise, ließen den Klassenkrieg unerwähnt und legten den alleinigen Schwerpunkt auf den Krieg der Staaten. Darüber hinaus lässt die Passage den eleganten Stil und erhabenen Ton vermissen, die den Rest der Erklärung auszeichnen: Sie klingt unbeholfen und verworren, besonders in ihrer Unentschlossenheit darüber, wie der Seemann einzustufen sei: als Bürger? Freund? Bruder? Carl Becker sagte über den Stil der Passage zur afrikanischen Sklaverei, Jefferson bediene sich »höchst gewaltiger Worte«, aber »irgendwie lässt diese Passage uns kalt«. Ihr haftet »ein Hauch forcierten Bemühens an, das bewusste Ringen um einen Effekt, der sich nicht einstellen will«. Bezeichnenderweise zwängte Jefferson die Passage über die Pressung nachträglich in seinen Rohentwurf der Erklärung ein. Er war sich dessen bewusst, dass der Arbeitsmarkt in diesem Zeitalter des Handels ein schwerwiegendes Problem darstellte und dass der Handelsverkehr auf Seeleute angewiesen war, unabhängig davon, ob Amerika Bestandteil des britischen Empire blieb oder nicht.[51]

Thomas Paine war sich dieser Tatsache ebenfalls bewusst. Auch er verurteilte die Pressung, aber in seiner Schrift *Common Sense* war er mehr daran interessiert, die amerikanische Kaufmannschaft hinsichtlich des Arbeitskräfteangebots an Seeleuten nach der Revolution zu beruhigen: »Was die Bemannung einer Flotte angeht, so befindet sich die Allgemeinheit in einem großen Irrtum; es ist nicht notwendig, dass jeder Vierte ein Seemann sei. [...] Einige gesellige Vollmatrosen können eine ausreichende Anzahl von behänden Landbewohnern schnell in den üblichen Arbeitsgängen an Bord eines Schiffes unterweisen.« Diese Einschätzung war das Ergebnis seiner eigenen Erfahrungen auf dem Kaperschiff *Terrible* während des Siebenjährigen Krieges, die ihn zu der Überzeugung gebracht hatten, dass Seeleute, Schiffbauer und der Schifffahrtssektor im Allgemeinen eine ausreichende ökonomische Basis für die neue amerikanische Nation darstellen würden. (Er vergaß dabei zu erwähnen, dass seine Schiffsbesatzung bunt zusammengewürfelt und rebellisch gewesen war.) Als einzige noch offene Frage blieb, wie die Unabhängigkeit erlangt werden sollte: von oben, durch die juristische Stimme des Kongresses, oder von unten, durch den Mob. In dieser Hinsicht teilte Paine die Haltung seiner Standesgenossen: Er fürchtete den buntscheckigen Mob (obwohl er in den 1790ern seine Meinung ändern sollte). Die Menge, erklärte er, habe im Jahre 1776 Vernunft an den Tag gelegt, aber »Tugendhaftigkeit« währe nicht ewig. Es seien Sicherheitsmaßnahmen notwendig, damit sich nicht »eines Tages ein Massanello erhebe, der sich etwaige Besorgnisse im Volk zunutze machen und auf diese Weise die Verzweifelten und Unzufriedenen um sich versammeln mag, welche die Regierungsgewalt an sich reißen und die Freiheiten dieses Kontinents wie eine Sintflut hinwegschwemmen mögen«. Seine größte Angst war eine Vereinigung der Kämpfe städtischer Arbeiter, afrikanischer Sklaven und amerikanischer Natives.[52]

Der buntscheckige Haufen hatte seinen Teil zum Sieg der Revolution beigetragen, aber in den 1770er und 1780er Jahren schlug die Führung in einer Weise gegen Mobs, Sklaven und Seeleute zurück, die sich als amerikanischer Thermidor bezeichnen lässt. Der Versuch, den Mob durch Beseitigung seiner militanteren Elemente umzuformen, begann im Jahr 1766 und setzte sich – nicht immer erfolgreich – bis in die Revolutionszeit und darüber hinaus fort. Patriotische Landeigner, Kaufleute und Handwerker missbilligten die revolutionäre Menge in zunehmendem Maße und bemühten sich, die Politik von der Straße in die gesetzgebenden Kammern zu verlegen, wo die Besitzlosen in jedem Sinne des Wortes stimmlos sein würden. Paine für seinen Teil sollte sich nach dem Fort-Wilson-Aufstand in Philadelphia im Jahre 1779 gegen die Menge wenden. Als Samuel Adams im Jahre 1786 am Entwurf der Aufruhrakte von Massachusetts mitarbeitete, die darauf abzielte, die Aufständischen von Shays' Rebellion zu zerstreuen und unter Kontrolle zu bekommen, glaubte er nicht mehr daran, dass der Mob »die grundlegenden Menschenrechte verkörpert, anhand derer die Regierung selbst beurteilt werden könne«, und rückte von der kreativen demokratischen Kraft ab, die ihm Jahre zuvor die beste Idee seines Lebens geliefert hatte.[53]

Von den Anfängen der Bewegung im Jahre 1765 an waren die moderaten Patrioten darum bemüht gewesen, dem Freiheitskampf Grenzen zu setzen, indem sie den Sklaven einen Platz in der Koalition verwehrten. Die Rolle der Sklaven in der Bewegung blieb unklar, bis Lord Dunmore, der Gouverneur von Virginia, im Jahre 1774 den patriotischen Tabakpflanzern den Kampf ansagte, indem er allen Schuldknechten und Sklaven, die willens waren, zwecks Wiederherstellung der Ordnung in den Kolonien in die Armee Seiner Majestät einzutreten, die Freiheit versprach. Die Nachricht von diesem Freiheitsangebot verbreitete sich wie ein Lauffeuer in den Sklavengemeinschaften; Tausende verließen die Plantagen und läuteten damit eine neue, mobile Sklavenrevolte in großem Maßstab ein. Einige dieser Sklaven wurden zu »Lord Dunmores äthiopischem Regiment« zusammengefasst; diejenigen, denen das Tragen von Waffen verboten war, unterstellten sich dem Schutz der britischen Armee. Die über diesen Schachzug wutentbrannte amerikanische Führungsriege versuchte, die Sklaverei zu erhalten, gab im Jahr 1775 bekannt, dass die Werber keine Deserteure, »Stromer, Neger oder Vagabunden« rekrutieren sollten, und bekräftigte im Laufe des folgenden Jahres wiederholt, dass weder freie Schwarze noch Sklaven zum Militärdienst zugelassen seien. Die Arbeitskräfteknappheit sollte allerdings vor allem später im Krieg dazu führen, dass diese Verordnung neu überdacht wurde. Während fünftausend Afroamerikaner sich für die Freiheit schlugen, kämpfte die politische und militärische amerikanische Führungsriege gegen die Briten und einige ihrer eigenen Soldaten, um die Institution der Sklaverei zu erhalten.[54]

Der Seemann wurde dazu ermuntert, in die neu gegründete amerikanische Marine, die »Continental Navy«, einzutreten, aber er gab James Madison zufolge keinen guten republikanischen Bürger ab. Das bisschen Tugend, das in ihm gesteckt haben mochte, wurde durch ein Leben stumpfsinniger Schufterei auf See zunichte gemacht: »Obwohl er den Erdball durchkreuzt und umsegelt, sieht er nichts als die immergleichen nebelhaften Naturerscheinungen, dieselben monotonen Geschehnisse in Häfen und Docks; er ist auf seinem Schiff zu Hause, und was für neue Einsichten können schon aus der immergleichen Handhabung von Tau und Ruder oder der Gesellschaft von Kameraden erwachsen, die ebenso ungebildet sind wie er selber.« Hier verdrehte Madison aufgrund seiner eigenen Unwissenheit, Arroganz oder Verleugnung der Realität die Tatsachen, aber in einem anderen Punkt hatte er Recht: Je größer die Anzahl der Seeleute in einer Republik, so seine These, desto instabiler war ihre Regierung. Diese Einstellung teilte Madison mit vielen anderen, darunter den sogenannten »Connecticut Wits« (David Humphreys, Joel Barlow, John Trumbull und Dr. Lemuel Hopkins), die im Jahre 1787 in Reaktion auf Shays' Rebellion und im Rückblick auf den Rebellionszyklus der 1760er und 1770er Jahre ein Gedicht mit dem Titel *The Anarchiad* schrieben. Darin brachten sie ihren Hass auf den Mob und seine Ideen zum Ausdruck und machten sich über »demokratische Träume«, »die Menschenrechte« und die Herabstufung aller Menschen »auf das gleiche Niveau« lustig. Einer ihrer düstersten Alpträume war die sogenannte »aus der *Hölle* geborene junge DEMOKRATIE«. Sie hatten die Rolle der Seeleute in der Revolution nicht vergessen: In der anarchischen Welt ihrer Vorstellung »steht die mächtige Teerjacke am Ruder«: »Gestillt auf den Wellen, genährt in Sturmeswirr'n,/ Marmor im Herzen und Blei im Hirn.« Und dieser verhärtete, vernagelte Mann, der im Zuge seiner Arbeit »im Wirbelwind« gesegelt ist, genießt natürlich den Sturm der Revolution. Mit den im Gedicht erwähnten »Meeren von kochendem Teer« spielten die Verfasser auf die revolutionären Taten der Seeleute an.[55]

Bei den Bevölkerungsgruppen, die die junge politische Nation ausmachten – Kaufleute, Angehörige gehobener Berufsstände, Ladenbesitzer, Handwerker, Sklavenbesitzer und freie Bauern – setzte sich diese Haltung im Laufe der 1780er Jahre durch. Und so wurden Seeleute und Sklaven, ehemals notwendige Bestandteile der revolutionären Koalition, aus dem Abkommen am Ende der Revolution herausgeschrieben. John Adams hatte über die fünf Arbeiter, die beim Massaker von Boston im Jahre 1770 umgekommen waren, bemerkt: »Das Blut der Märtyrer sollte sich – zu Recht oder Unrecht – als Saat der Gemeinschaft erweisen.« Aber hätte Crispus Attucks – Sklave, Seemann und Anführer eines Mobs – das britische Musketenfeuer überlebt, wäre ihm der Zutritt zu der Gemeinschaft, der neuen Nation, an deren Schaffung er mitgewirkt hatte, verwehrt worden. Der Ausschluss von Menschen wie Attucks verkörperte das plötzliche reaktionäre Abrücken von der universalistischen revolutionären Rhetorik, die in der Hitze der 1760er geschmiedet und mit großem Pomp in der Unabhängigkeitserklärung verewigt worden war. Dieser reaktionäre Umschwung wurde in der Verfassung der Vereinigten Staaten sanktioniert, die die neue Bundesregierung ermächtigte, interne Aufstände zu unterdrücken. James Madison bereiteten ein »gleichmacherischer Geist« und ein »Agrargesetz« Sorgen.[56] Die Verfassung stärkte außerdem die Institution der Sklaverei, indem sie die Fortsetzung des Sklavenhandels sanktionierte, die Rückerstattung entflohener Sklaven festschrieb und der Klasse der Plantagenherren nationale politische Macht in die Hand gab.[57]

Zur selben Zeit, zwischen 1787 und 1790, tobte eine hitzige Debatte über Wesen und Leistungsfähigkeit »des Negers«. Viele Baptisten und Methodisten rückten von ihrer ablehnenden Haltung der Sklaverei gegenüber ab und befassten sich stattdessen mit der Suche nach einem »Evangelium, das die Plantagen nicht gefährdete«.[58] Die neue amerikanische Herrscherklasse definierte »Rasse« und »Staatsbürgerschaft« neu, um den bunt gemischten Haufen zu spalten und an den Rand der Gesellschaft zu drängen: In den 1780er und frühen 1790er Jahren schuf sie eine auf der Überlegenheit der »weißen Rasse« basierende einheitliche Sklavereigesetzgebung. Das Handeln des buntscheckigen Haufens und die Gegenreaktionen, die es hervorrief, tragen dazu bei, den widersprüchlichen, vieldeutigen Charakter der Amerikanischen Revolution zu beleuchten – ihre militanten Ursprünge, ihre radikale Wucht und ihren politisch konservativen Ausgang.[59]

VEKTOR DER REVOLUTION

Und dennoch war es für die Sons of Liberty, Jefferson, Paine, Adams oder die neue amerikanische Regierung nicht einfach, die Auswirkungen der Auseinandersetzungen der 1760er und 1770er Jahre einzudämmen. Soldaten, die in den Kriegen gekämpft hatten, brachten Nachrichten, Erfahrungen und Ideen aus der Revolution in Umlauf. Eine Reihe von Veteranen der in Nordamerika stationierten französischen Regimenter, darunter Henri Christophe und André Rigaud, sollten später die nächste große Revolution im westlichen Atlantik anführen, die 1791 auf Haiti ausbrach. Andere Veteranen kehrten nach Frankreich zurück, und es ist durchaus möglich, dass sie dort Revolten gegen den Lehnsbesitz anführten, die die revolutionären Prozesse im Europa der 1790er Jahre beschleunigten. Die Neuigkeiten, mit denen hessische Soldaten[60] in ihre Heimat zurückkehrten, trieben schließlich eine neue Generation von Siedlern Richtung Amerika. Aber es war der buntscheckige Haufen, die Seeleute und Sklaven, die in Amerika besiegt und danach versprengt worden waren, der am meisten dazu beitrug, neuen Widerstand zu entwickeln und ein allgemeines Zeitalter der Revolution auf der ganzen Welt einzuläuten.[61]

Die Seeleute waren Vektoren der Revolution, die von Nordamerika aus hinaus aufs Meer und südwärts in die Karibik vorstieß. Nach 1776 wurden die Seeleute der britischen Navy – zum Teil inspiriert von den in Amerika ausgefochtenen Kämpfen gegen Presstrupps und königliche Autorität – rebellisch. Schätzungsweise 42.000 von ihnen desertierten zwischen 1776 und 1783 von ihren Schiffen. Viele, die während dieser Zeit zur See fuhren, erhielten eine revolutionäre Erziehung. Robert Wedderburn, der Sohn einer Sklavin und eines schottischen Plantagenbesitzers auf Jamaika, trat 1778 in die von Meutereien erschütterte Navy ein und beteiligte sich in der Folgezeit an Protesten auf See, Sklavenrevolten und städtischen Aufständen, während er als Seemann, Schneider und Jubeljahrprediger sein Geld verdiente. Julius Scott hat gezeigt, dass Schwarze wie weiße Seeleute mit Sklavinnen und Sklaven in den britischen, französischen, spanischen und holländischen Hafenstädten der Karibik in Kontakt standen, Informationen über Sklavenaufstände, Revolutionen und die Abschaffung der Sklaverei mit ihnen austauschten und Gerüchte in Umlauf setzten, die ihrerseits Fakten schufen. Es lässt sich nicht mit Sicherheit sagen, ob die Nachricht von der Amerikanischen Revolution, die im Jahre 1776 dazu beitrug, rebellische Sklavinnen und Sklaven in Hanover Parish auf Jamaika zum Aufstand zu inspirieren, von Seeleuten übermittelt wurde. Aber es besteht kein Zweifel daran, dass ein offensichtlich mit der neuen revolutionären Regierung im Bunde stehender buntscheckiger Haufen von »fünfzig oder sechzig Männern aller Hautfarben«, darunter ein »Ire von gewaltiger Größe«, 1793 in der Karibik britische und amerikanische Schiffe angriff.[62]

Die Sklaven und freien Schwarzen, die während der Revolution der britischen Armee zuströmten und nach 1783 rund um den Atlantik verstreut wurden, stellten einen zweiten revolutionären Vektor dar, der sich in alle Richtungen ausbreitete. Zwölftausend Afroamerikaner verließen in den Jahren 1782 und 1783 Savannah, Charleston und New York mit der Armee; weitere acht- bis zehntausend verschwanden im Schlepptau ihrer loyalistischen Herren. Sie gingen nach Sierra Leone, London, Dublin, Neuschottland, Bermuda, Ostflorida, auf die Bahamas, nach Jamaika, an die Miskitoküste und nach Belize. Freie Schwarze aus Nordamerika sorgten in der zweiten

Olaudah Equiano (1790).

Hälfte der 1780er Jahre in der gesamten Karibik für Probleme, vor allem auf Jamaika und auf den Windwardinseln, wo ihre Anwesenheit neue politische Möglichkeiten und Allianzen in den Sklavengesellschaften schuf und dazu beitrug, der Revolution auf Haiti den Weg zu bahnen. Um 1800 sollte der Gouverneur von Jamaika, Lord Balcarres, über die »Büchse der Pandora« schreiben, die auf den Westindischen Inseln geöffnet worden sei: »Die unteren Klassen in Kingston zeichnen sich durch widersetzliche, in gesetzwidrige Geschäfte verwickelte Menschen aller Nationen, eine höchst verworfene, zu jeder Schandtat bereite Sorte von Negern und einen allgemeinen gleichmacherischen Geist aus.« Die Gegend sei, erklärte er, ein Zufluchtsort für Revolutionäre und ein Schauplatz zukünftiger Aufstände, ein Ort, der »von einem Moment zum anderen [...] in Rauch aufgehen« könne«.[63]

Ein dritter bedeutender revolutionärer Vektor schoss in östlicher Richtung auf die abolitionistische Bewegung in England zu. Granville Sharp, der sich in den späten 1760er und frühen 1770er Jahren unter anderem am Widerstand gegen die Zwangspressung in der Amerikanischen Revolution beteiligt hatte, wurde später einer der führenden Köpfe in der transatlantischen Anti-Sklaverei-Bewegung. Als Olaudah Equiano ihm im Jahr 1783 von dem Sklavenschiff *Zong* erzählte, dessen Kapitän 132 Sklaven über Bord warf, um Proviant zu sparen, und anschließend versuchte, die Versicherungssumme für die Toten zu kassieren, machte Sharp den Massenmord wirkungsvoll publik. Er war außerdem an der Gründung des freien Schwarzen Staates Sierra Leone im Jahre 1786 und der Gründung der Gesellschaft zur Abschaffung des Sklavenhandels im Jahre 1787 beteiligt. F.O. Shyllon und Peter Fryer haben schlüssig vom unabhängigen Leben einer Schwarzen Bevölkerungsgruppe in London berichtet, deren Selbstorganisation dem Abolitionisten Sharp und – ebenfalls in den 1780ern – einem jungen Akademiker und Aktivisten namens Thomas Clarkson Kraft und Mut gaben.[64]

Nach dem Ende des Amerikanischen Unabhängigkeitskrieges begann Clarkson, Material über den Sklavenhandel zu sammeln. Er interessierte sich besonders für seine Auswirkungen auf Seeleute und wollte mit den Männern reden, die auf Sklavenschiffen gefahren waren, und die Besatzungslisten dieser Schiffe einsehen, um eine Vorstellung von der Sterblichkeitsrate unter den Mannschaften zu bekommen. Zu diesem Zweck verkleidete sich der junge Akademiker aus Cambridge als Seemann und wanderte die Docks auf und ab. Aber wie sollte er Männer, die sowohl der Sklavenhandel selbst als auch jede Unterhaltung darüber in Schrecken versetzte, dazu bringen, mit einem Fremden zu reden? Seinen ersten Gewährsmann, den freien Schwarzen Seemann John Dean, fand er im Gasthaus eines Iren namens Donovan. Deans Weg in den Sklavenhandel hatte – wie der Tausender anderer auch – durch die harsche Unterwelt geführt, in der das Proletariat angeheuert wurde, genauer gesagt, durch eine der elenden Matrosenkneipen in Liverpool, Bristol oder London, in denen oft zwischen Mitternacht und zwei Uhr morgens die Besatzungen der Sklavenschiffe zusammengestellt wurden. Dean hatte eine Geschichte aus erster Hand zu erzählen: »Wegen einer Bagatelle, an der er in keiner Weise die Schuld trug, fesselte ihn der Kapitän bäuchlings ans Deck, und dass er in dieser Lage heißes Pech über seinen Rücken gegossen und mit heißen Zangen Einschnitte darein gemacht habe.« Es waren die von Männern wie Dean und zahllosen anderen Seeleuten beigesteuerten Erfahrungen und Informationen, die der aus Mittelschichtsangehörigen bestehenden Anti-Sklaverei-Bewegung Gewicht verliehen.[65]

Das Verhältnis der Seeleute zur abolitionistischen Bewegung auf der einen Seite und der unklaren Abgrenzung zwischen Sklaverei und Seemannsleben auf der anderen Seite wird von niemandem besser personifiziert als von der grauen Eminenz des Abolitionismus, dem Igbo-Sklaven und Seemann Olaudah Equiano. Der in Westafrika in Sklaverei geratene Equiano war kaum an Bord des Sklavenschiffes angelangt, als er auch schon Zeuge wurde, wie man einen weißen Seemann zu Tode peitschte. In den folgenden Jahren sollte er einen an der Rahe aufgehängten Seemann, einen an den Knöcheln aufgehängten Soldaten und einen Gehängten am Galgen von Tyburn sehen. Er selbst wurde zweimal aufgehängt, allerdings nicht am Hals. Er begriff sofort, dass Terror das gemeinsame Schicksal von Sklaven und Seeleuten war. Auf dem Kriegsschiff *Aetna* lernte er lesen und schreiben und die Kunst des Rasierens und Haareschneidens. Einer seiner Messkameraden, der Ire Daniel Quin, lehrte ihn, die Bibel zu lesen und an nichts anderes zu denken als »frei zu sein«. Als die *Aetna* bei Ende des Siebenjährigen Krieges auf der Themse ankerte, zwang ihn sein Herr, der befürchtete, dass Equianos kürzliche Beförderung zum Vollmatrosen es schwieriger machen werde, ihn in Sklaverei zu halten, mit vorgehaltenem Schwert, eine Barkasse zu besteigen. Der Igbo-Seemann nahm all seinen Mut zusammen: »Ich sagte ihm, ich sei frei, und er könne mich von Rechts wegen nicht so behandeln.« Equiano wurde an den Kapitän Doran des Westindienfahrers *Charming Sally* verkauft, doch erklärte: »Mein Herr könne mich weder an ihn noch an sonst jemanden verkaufen. ›Warum‹, fragte der, ›hat dein Herr dich nicht gekauft?‹ Das habe er, bekannte ich. Aber ich habe ihm, sagte ich, viele Jahre gedient, und er hat meinen gesamten Lohn und all meine Prisengelder einbehalten, denn ich habe während des Krieges nur Sixpence bekommen; außerdem bin ich getauft, und kraft der Gesetze dieses Landes hat kein Mensch das Recht, mich zu verkaufen.« Angesichts all dieser wirtschaftlichen, religiösen und juristischen Argumente beschied ihm Doran – so Equiano – »ich spräche zu viel Englisch«. Unterdessen versprachen Equianos Schiffskameraden, zu tun, was sie konnten, was sich allerdings darin erschöpfte, ihm ein paar Apfelsinen zu besorgten.

Damit begann Equianos Leben in der westindischen Zuckerwirtschaft. »Jetzt wusste ich, was es hieß, hart zu arbeiten; man zwang mich, beim Be- und Entladen des Schiffes zu helfen.« Seine eigene Lage begann sich zu bessern, aber er sah das Leiden anderer mit an – die Vergewaltigungen, Auspeitschungen, Brandmarkungen, Verstümmelungen, Schnittwunden, Verbrennungen, Ketten, Maulkörbe und Daumenschrauben. An die Herren Englands richtete er die Frage: »Lebt ihr nicht stündlich in Furcht vor einem Aufstand?« Und im Anschluss zitierte er Beelzebubs Rede aus John Miltons Versepos *Paradise Lost*, das genau hundert Jahre zuvor erschienen war. Viele Aspekte von Equianos immer ausgefeilterem Freiheitskonzept – und damit ein Teil seiner Selbstdefinition – war anderen Seeleuten geschuldet, von seinem feinen Gespür für die Rechte der Angeklagten bis zu seinem Glauben an das Geschworenensystem, von der Bezugnahme auf seine »Mitgeschöpfe« bis zu seinem Bibelstudium, von den Milton-Zitaten bis zu seinem abgrundtiefen Hass auf die »teuflischen Verletzer der Menschenrechte«, die Sklavenhändler, Ausheber und Kidnapper.

Während der Freudendemonstrationen, die auf die Aufhebung des Stempelgesetzes im Jahre 1766 folgten, war Equiano in Charleston. Es ist leicht vorstellbar, dass er an diesen Demonstrationen teilnahm, und genauso leicht zu verstehen, warum er seinen britischen Leserinnen und Lesern diese Information möglicherweise vorenthalten wollte. Viele Seeleute gingen schwarz geschminkt zu diesen Demonstrationen. Einige Jahre später hatte Equiano selbst Veranlassung, sich weiß zu schminken: Der Anlass stellte seiner eigenen Schilderung nach einen Wendepunkt in seinem Leben dar und löste eine spirituelle Krise mit Selbstmordgedanken aus. Im Jahre 1774 half er, einen Schwarzen Schiffskoch namens John Annis für ein Schiff anzuheuern, das in die Türkei unterwegs war. Wenig später wurde Annis, ein ehemaliger Sklave eines Mannes namens Kirkpatrick von St. Kitt's, auf der Themse von seinem früheren Herrn und einer Schlägerbande ergriffen. Equiano erwirkte in aller Eile eine Habeas-Corpus-Verfügung, aber bevor er sie überbrachte, schminkte er sein Gesicht weiß, um keinen Verdacht zu erregen. Dann kontaktierte er Granville Sharp, aber sein Anwalt machte sich mit dem Geld aus dem Staub, und Annis wurde nach St. Kitt's verschleppt, wo er mit Pflöcken an den Boden gefesselt, durch Schnittwunden verletzt und zu Tode gepeitscht wurde. Equiano empfand Annis' Tod als eine persönliche Niederlage und versank in Verzweiflung. Aber allmählich begann er das reiche spirituelle Leben des Londoner Proletariats der 1770er Jahre zu entdecken – die Liebesmähler eines Seidenwebers, die abendlichen Hymnen. Ein nonkonformistischer Gefängnisreformer machte ihn auf den Bibelvers aufmerksam: »Es ist aber der Glaube eine Zuversicht dessen, das man hofft, und ein Nichtzweifeln an dem, das man nicht sieht.« Ein Antinomier (»ein alter Seefahrer«) verwies ihn auf William Blakes Jesaja: »Wolf und Lamm sollen weiden zugleich.« Er wurde auf den Brief des Jakobus, insbesondere auf den Vers »Also redet und also tut, als die durchs Gesetz der Freiheit gerichtet werden sollen«, aufmerksam gemacht. Durch die Lektüre der Bücher Jesaja, Jakobus, Johannes und der Apostelgeschichte – des prophetischen und des sozialen Evangeliums und der Geschichte der Verfolgten – begannen sich seine Überzeugungen zu verfestigen. Er fuhr wieder zur See und setzte seine Studien fort. Er identifizierte sich mit den verurteilten Verbrechern, den Bedürftigen, den Armen; sein Weg führte vom Konzept der persönlichen Erlösung zur Befreiungstheologie. Seine eigenen Verse über Verzweiflung, Gefangenschaft und Versklavung beschloss er mit einer Anspielung auf das Markusevangelium: »Der Stein, den die Bauleute verworfen haben, der ist zum Grundstein geworden.« Dies war seine Antwort an Jefferson und Paine und ihre Angst vor dem buntscheckigen Haufen. Aber ob die Entrechteten, die Versklavten, die Gefangenen und die Seeleute – kurz, die vielköpfige Hydra – tatsächlich zu einem »Grundstein« werden würden, sollte sich in den 1790ern herausstellen.

Der Umstand, dass dem buntscheckigen Haufen ein Platz in der neuen amerikanischen Nation verweigert wurde, zwang ihn, weiter gefasste, kreativere Identifikationsmuster zu finden. Einer der Ausdrücke, die häufig benutzt wurden, wenn der einigende Geist des Zeitalters der Revolution hervorgehoben werden sollte, war der Begriff »Weltbürger«. J. Philmore und viele andere, darunter Thomas Paine, begriffen sich als Weltbürger. Die wahren Weltbürger waren natürlich die Seeleute, Sklavinnen und Sklaven, von denen Mittel-

Hängung im Horsemonger's Gaol, ca. 1805.
Robinson: A Pictorial History of the Sea Services. John Hay Library

und Oberklassenrevolutionäre wie Philmore, Paine und Jefferson ihre Informationen bezogen. Dieses multiethnische Proletariat war »kosmopolitisch« im ursprünglichen Sinne des Wortes. Als Diogenes, der antike Philosoph der Sklaverei, daran erinnert wurde, dass er zur Verbannung verurteilt worden war, gab er zur Antwort, er habe seine Richter dazu verurteilt, zu Hause zu bleiben. Und auf die Frage, wo er herkomme, sagte er, »ich bin ein Weltbürger« – ein Kosmopolit. Der Ire Oliver Goldsmith veröffentlichte im Jahre 1762 eine milde Kritik am Nationalismus mit dem Titel *Citizen of the World*, in der unter anderem ein Seemann mit Holzbein und eine zerlumpte Balladensängerin auftraten. Goldsmith sang das Lob des »gemeinsten englischen Seemanns oder Soldaten«, der Zeiten des Elends ohne Murren ertrug. Er wurde »der Armut für schuldig befunden und ins Newgate-Gefängnis gesteckt, um auf die Plantagen deportiert zu werden«, wo er Seite an Seite mit Afrikanern arbeitete. Er kehrte nach London zurück, wurde in die Armee gepresst, zum

Kämpfen nach Flandern und Indien geschickt, vom Bootsmann geschlagen, ins Gefängnis gesteckt und von Piraten gefangen genommen. Er war ein Soldat, ein Sklave, ein Seemann, ein Sträfling, ein Kosmopolit, ein Weltbürger. James Howell, der eine Geschichte der Masaniello-Revolte verfasste, schrieb im 17. Jahrhundert: »Jeder Grund und Boden kann eines Menschen Land sein – denn von Geburts wegen ist jedermann ein Kosmopolit auf dieser Welt.«[66]

Der vierte und letzte Vektor wies nach Afrika. Die Afroamerikaner und -amerikanerinnen, die nach 1783 in der Diaspora lebten und mit Hilfe von Equiano und Sharp Sierra Leone gründeten, sollten mit ihrem Besiedlungsprojekt auch den modernen Panafrikanismus begründen. Ihre Zerstreuung in östlicher Richtung über den atlantischen Raum nach der Amerikanischen Revolution ähnelte der der Radikalen, die nach der Englischen Revolution anderthalb Jahrhunderte zuvor in umgekehrter Richtung zerstreut worden waren. Beide Bewegungen hatten eine Herausforderung für die Sklaverei dargestellt, und beide waren besiegt worden. Die erste dieser Niederlagen machte die Konsolidierung des Plantagensystems und des Sklavenhandels möglich; die zweite machte den Weg frei für die Ausweitung und das Erstarken des Sklavensystems. Dennoch sollte diese zweite Niederlage sich letztendlich in einen Sieg verwandeln – den Untergang des Sklavenhandels und des Plantagensystems. Die Theorie und Praxis der antinomischen Demokratie, die in der Diaspora des 17. Jahrhunderts rund um den Atlantik auf eine allgemeinere Grundlage gestellt worden war, sollte im 18. Jahrhundert wiederbelebt und vertieft werden. Was weiß geschminkt die Bühne verlassen hatte, kam schwarz geschminkt zurück, nahm die unterbrochene Diskussion demokratischer Ideen in England wieder auf und erfüllte revolutionäre Bewegungen weltweit mit neuem Leben. Angetrieben durch die zirkulierenden atlantischen Strömungen von Wind und Wasser, kam zurück, was ausgezogen war.

VIII. KAPITEL

DIE VERSCHWÖRUNG VON EDWARD UND CATHERINE DESPARD

☆

Zeitungsberichten vom 22. Februar 1803 zufolge stieg Colonel Edward Despard »in Stiefeln, einem dunkelbraunen Mantel und mit ungepudertem Haar« »mit großer Entschlossenheit« die Stufen zum Galgen hoch. Er hatte eine wichtige Rolle bei geheimen Aktivitäten in England und Irland gespielt, deren Ziel es gewesen war, eine Revolutionsarmee aufzustellen, die Macht in London zu ergreifen und eine Republik auszurufen. Jetzt warteten der Strick und die Enthauptung als Verräter auf ihn. Der Sheriff hatte ihn gewarnt, dass sich die Falltür auf der Stelle öffnen werde, sollte er irgend etwas »Aufrührerisches oder Unpassendes« sagen. Nun wandte sich Despard »mit vollkommener Gelassenheit« der Menge von zwanzigtausend Menschen zu und sagte:

> Meine Mitbürger, ich stehe hier, wie ihr seht, nachdem ich meinem Land dreißig Jahre und mehr gedient habe – treu, in Ehren und mit Nutzen gedient habe – um für ein Verbrechen, dessen schuldig zu sein ich abstreite, den Tod auf dem Schafott zu erleiden. Ich erkläre feierlich, dass ich dessen nicht schuldiger bin als jeder einzelne von euch, die ihr mich jetzt hören mögt. – Aber obwohl die Minister Seiner MAJESTÄT genauso gut wissen wie ich, dass ich nicht schuldig bin, bedienen sie sich eines juristischen Vorwandes, um dem Leben eines Menschen ein Ende zu setzen, weil er ein Freund der Wahrheit, der Freiheit und der Gerechtigkeit ist. [Eine Zeitung berichtete, bei diesen Worten habe »die Menge laute Hurrarufe von sich gegeben«.] Weil er ein Freund der Armen und Unterdrückten ist. Aber ich hoffe und vertraue darauf, Bürger, dass die

> Prinzipien der Freiheit, der Menschlichkeit und der Gerechtigkeit ungeachtet meines Schicksals und des Schicksals derer, die mir ohne Zweifel bald folgen werden, am Ende über Falschheit, Tyrannei und Verblendung und jedes Prinzip, das den Interessen des Menschengeschlechts feindlich ist, triumphieren werden.

Angesichts des bedeutungsvollen Ausdrucks »Menschengeschlecht« ermahnte der Sheriff ihn wegen seiner aufrührerischen Sprache. »Ich habe wenig hinzuzufügen«, fuhr Despard fort, »außer euch allen Gesundheit, Glück und Freiheit zu wünschen, welche ich nach besten Kräften für euch und für die Menschheit im Allgemeinen zu erlangen bestrebt war.« Als sein Mitverschwörer John McNamara aufs Schafott geführt wurde, sagte er zu Despard: »Ich fürchte, Colonel, wir sind in eine schlimme Lage geraten.« Despards Antwort war, wie die Zeitungen später bemerkten, typisch für ihn: »Es gibt viele bessere und einige schlechtere.« Seine letzten Worte waren: »Es ist sehr kalt. Ich glaube, es wird Regen geben.« Zweifellos hatte er in der Hoffnung, das Fleckchen Blau sehen zu können, das der Gefängnisinsasse als Himmel bezeichnet, nach oben gesehen.[1]

Despard war am 16. November 1802 bei einem Treffen von vierzig Arbeitern in der Oakley-Arms-Taverne verhaftet worden. Unter den Verhafteten befanden sich acht Zimmerleute, fünf ungelernte Arbeiter, zwei Schuhmacher, zwei Hutmacher, ein Steinmetz, ein Uhrmacher, ein »Gipser, der erst vor kurzem von der See zurückgekehrt ist«, und »ein Mann, der Holz schlägt und in Pennybündeln verkauft«. Viele von ihnen waren außerdem Soldaten. Diese Männer hatten ungelernte Arbeiter, Dockarbeiter, Soldaten und Seeleute organisiert – vor allem im Tower stationierte Soldaten und »Iren, die auf des Königs Schiffen gedient hatten & mit Kanonen vertraut waren«. Mehrere der irischen Arbeiter »waren in Irland vereint [d.h. Mitglieder der United Irishmen] gewesen«, eine Formulierung, die zeigt, dass der Massenterror, die Morde, Folterungen und Deportationen, die auf die irische Rebellion von 1798 folgten, weder den Eid der United Irishmen noch die »Bruderschaft der Zuneigung« und »Gemeinschaft der Rechte«, deren Ausdruck er war, ausgelöscht hatten. Man rechnete damit, dass fünftausend kürzlich aus den Schleusendocks entlassene Arbeiter sich der Sache anschließen würden: Obwohl die Schifffahrt eine Blütezeit erlebte, waren sie entweder arbeitslos – eine unmittelbare Konsequenz der Fortschritte im Wasserbau – oder obdachlos infolge der Räumungen ganzer Stadtviertel.

Das »Oakley Arms« lag nur wenige Meter von William Blakes Wohnsitz, den Hercules Buildings in Lambeth südlich der Themse, entfernt. Im selben Jahr fragte der visionäre Epiker:

Und ließ sich des göttlichen Antlitzes Glanz
Auf unsern umwölkten Hügeln sehen?
Und ward Jerusalem hier erbaut,
Wo die finster-teuflischen Mühlen stehen?

Bei Blakes »teuflischen Mühlen« handelte es sich um die Albion Mills, die erste dampfbetriebene Fabrik in London, nur eine kurze Wegstrecke von den Hercules Buildings entfernt. Diese Getreidemühle war 1791 erbaut und noch im selben Jahr im Zuge des anonymen direkten Widerstandes gegen die Industrielle Revolution niedergebrannt worden. Despards Verschwörung war eine Fortsetzung dieses Widerstandes: Sie entwickelte sich inmitten weit verbreiteter Maschinenzerstörung im Westen Englands und militanter Organisationsbestrebungen im Norden, die sich gegen Hungertod und die vom Aufkommen neuer Technologien verursachte Arbeitslosigkeit richteten. Blake hatte London während der Hungersnot von 1800 zwei Jahre zuvor verlassen. Bis dahin waren der Visionär und der Aufrührer dieselben Straßen auf- und abgegangen.

Despards Beschreibung zufolge setzten sich die revolutionären Truppen aus »Soldaten, Seeleuten und Einzelmenschen« zusammen. Sie waren aus den Pubs dreier Londoner Stadtteile rekrutiert worden: aus St. Giles'-in-the-Fields, einer von einem bunt zusammengewürfelten Proletariat bewohnten quasi-autonomen Zone, von der Südseite des Flusses, wo die Soldaten sich konzentrierten, und aus den am Fluss gelegenen East-End-Gemeinden, dem Matrosen- und Hafenarbeiterviertel. Diese Männer hatten sich der Bewegung angeschlossen, »um die Ketten der Knechtschaft und Sklaverei zu sprengen« und »einige der Freiheiten wiederzuerlangen, die wir verloren haben«. Sie nannten das Parlament eine »Diebeshöhle« und die Regierung »Menschenfresser«. Einer von ihnen war der Meinung, »Windsor Castle eigne sich dazu, das Evangelium darin zu lehren und armer Leute Kinder darin zu unterhalten«. Im Prozess führte der Vorsitzende Richter, Lordoberrichter Ellenborough, aus, dass Despard und seine Mitrevolutionäre es darauf abgesehen hätten, »die althergebrachte konstitutionelle Monarchie dieses Königreiches, ihre bestehenden freien und nützlichen Gesetze, ihre bewährten Bräuche, ihre nützlichen Rangabstufungen, ihre ebenso natürliche und unvermeidliche wie erstrebenswerte Ungleichheit des Besitzes durch ein wildes Projekt unmöglich herzustellender Gleichheit zu ersetzen«.[2]

Despard selbst hatte behauptet, dass das Volk allenthalben »reif für und begierig auf den Moment des Angriffs« sei. Folglich bestand der Plan der Verschwörer darin, die Kutsche des Königs bei seiner alljährlichen Fahrt zum Parlament mit Kanonenkugeln zu beschießen, dann den Tower und die Bank von England einzunehmen, das Parlament unter ihre Kontrolle zu bringen und schließlich die Postkutschen in Piccadilly anzuhalten, als Zeichen für den Rest des Landes sich zu erheben. Despard war ein Experte für militärische Ausrüstung und militärische Strategie und Taktik, aber die Verhaftungen im »Oakley Arms« brachten den Plan zum Scheitern. Fünfzehn Männer wurden mit der Begründung des Hochverrats angeklagt, sie hätten den Tod des Königs »verabredet, geplant, ersonnen und beabsichtigt«. Ihre Verurteilung stellte den ersten Fall einer strafrechtlichen Verfolgung imaginärer Verbrechen dar. Elf Menschen wurden für schuldig befunden. Obwohl die Geschworenen zur Milde rieten, wurden Despard und sechs weitere Verschwörer am 21. Februar 1803 hingerichtet.

Zwei Flügel der Staatsgewalt in Form eines Kaplans und eines Friedensrichters warfen ihre Schatten auf Despards letzte Lebenstage. Der Reverend Mr. Wirkworth kreiste über Despard wie ein Raubvogel, erstens in der Hoffnung, bei seinen Besuchen mehr über die Verschwörung herauszufinden, zweitens, um ihm seinen geistlichen Beistand anzudienen, und drittens, um ihn zu drängen, »Gott öffentlich als obersten Herrscher anzuerkennen«. Der Hauptzweck dieser Besuche erfüllte sich nicht. Despard sagte: »Ich – nein, niemals – ich gebe nichts preis. Nein, nicht um alle Schätze des Königs.« Auf das religiöse Ansinnen erwiderte Despard, »dass er mitunter acht verschiedene Andachtsstätten am selben Tage besucht habe, dass er an eine Gottheit glaube und dass äußerliche Formen der Anbetung von politischem Nutzen seien, davon abgesehen halte er die Ansichten von Geistlichen, Nonkonformisten, Quäkern, Methodisten, Katholiken, Heiden und sogar Atheisten für gleichermaßen unwesentlich«. Daraufhin »machte er einige kritische Bemerkungen über die Worte Altar und Ecclesia«, die Wirkworth an Thomas Paines *Age of Reason* erinnerten. Dann »überreichte ihm [der Reverend] Dr. Dodderidges *Evidences of Christianity* und bat ihn inständig, ihm den Gefallen zu erweisen, es zu lesen«. Woraufhin »Despard mich bat, nicht ›zu versuchen, seinen Geist in Ketten zu legen, da schon sein Körper (wobei er auf seine Fußschellen

Colonel Edward Marcus Despard, ca. 1803.
National Library of Ireland

wies) so schmerzlich gefesselt sei, und sagte, er habe nicht mehr Recht, mich zu bitten, das Buch zu lesen, das er in der Hand halte (eine Abhandlung über Logik), als ich habe, ihn zu bitten, das meinige zu lesen‹ und bevor ich eine Erwiderung anbringen konnte, wurden Mrs. Despard und eine andere Dame hereingeführt, und unsere Unterhaltung nahm ein Ende.«[3]

Der Polizeipräsident Sir Richard Ford schrieb am Vorabend der Hinrichtung einen Brief an den Innenminister, in dem er seine Besorgnis über die »höchst beträchtlichen Menschenmengen« ausdrückte, die »sich im Laufe des Tages und heute Abend in der Nähe des Gefängnisses versammelt haben«. Er merkte an, wie schwierig es gewesen sei, Arbeiter für den Bau des Schafotts zu finden. Er erwähnte die Ängste des Gefängniswärters, seine eigene Entscheidung, in der Nähe des Gefängnisses zu schlafen, und den Umstand, dass er für die kommende Nacht hundert bewaffnete Soldaten abgestellt habe. Angesichts dessen, dass Handzettel mit der »Aufforderung an das Volk, sich zu erheben« und »diese unglückseligen Männer« zu retten, in Umlauf gebracht worden waren, graute es ihm verständlicherweise vor der Möglichkeit eines Aufstands am nächsten Tag, und er traf Vorbereitungen zu seiner Unterdrückung.[4] Die Wirtshäuser wurden überwacht. Der Oberbürgermeister vergewisserte sich ein ums andere Mal, dass Newgate und die Gefängnisschiffe ausbruchssicher waren. Aber was dem Polizeichef inmitten des andauernden Widerstandes der Gefangenen, Androhungen bewaffneter Befreiungsunternehmen und der Aussicht auf spontane Aufstände am meisten zu schaffen machte, war Mrs. Despard. Ford schloss seinen Brief mit unverhohlener Gereiztheit: »Mrs. Despard war sehr lästig, ist aber endlich gegangen.«[5] Das heißt, beide Flügel der tyrannischen Regierung, Kaplan und Friedensrichter, wurden durch die Anwesenheit von Despards Ehefrau in nervöse Aufregung versetzt. Wer war diese Frau, die den Mächtigen derartige Angst einflößte?

Catherine Despard war eine Afroamerikanerin, die Edward begleitet hatte, als er im Jahre 1790 von Mittelamerika nach London zurückgesegelt war. Die Offiziere des Britischen Empire taten sich in der Karibik oft mit Schwarzen Frauen zusammen, aber für gewöhnlich ließen sie sie zurück, wenn sie nach England zurückkehrten. Nicht so Despard. Catherine begleitete ihn, wurde allerdings von der Familie ihres Mannes als »arme schwarze Frau, die sich seine Ehefrau nannte«, ausgestoßen.[6] Sie war besonders in der Bewegung für Gefangenenrechte der 1790er aktiv; später brachte sie Edward und andere revolutionäre Gefangene mit Aktivistinnen und Aktivisten außerhalb des Gefängnisses in Kontakt. Ein letzter Besuch am Vorabend von Despards Hinrichtung wurde ihr verweigert, und sie brachte entrüstet ihre »deutliche Meinung hinsichtlich der Sache, für die ihr Gatte sterben sollte«, zum Ausdruck. Das Wort »Sache« hat eine handfeste und eine moralische Bedeutung. Erstere war die Ursache, aus der die Verschwörung hervorging, Letztere die »gute Sache«, das Ideal, für das gekämpft werden musste, und beiden hatte sich Catherine ebenso verschrieben wie ihr Mann. Sie hatte unermüdlich dafür gearbeitet, die Haftbedingungen der Gefangenen zu enthüllen und zu verbessern; sie hatte Schriften und Petitionen verfasst, in denen sie die »grundlegenden Lebensbedürfnisse« einklagte – Wärme, frische Luft, Essen, ausreichend Platz, Bücher, Schreibwerkzeug, Tinte und Papier sowie Kontakt mit Familie, Freunden und Kameraden. Ihre Kuriertätigkeit beunruhigte den Kronanwalt und den Zweiten Kronanwalt, die glaubten, eine »dermaßen ausgedehnte und umfangreiche Korrespondenz« wie jene, die Catherine aus dem Gefängnis trug, könne keinem anderen Zweck als dem der Veröffentlichung dienen. Sie befürchteten allerdings auch, dass jeglicher Versuch, Catherine beim Verlassen des Gefängnisses zu durchsuchen, einen öffentlichen Aufschrei zur Folge haben würde. Daher legten sie stattdessen dem Innenminister nahe, er möge Despards Post zum Zweck der Inspektion und Zensur anhalten, bevor Catherine sie an sich nehmen dürfe.[7]

Außerdem bemühte Catherine sich unerschrocken um die Mobilisierung der höchsten Kreise von Regierung und Gesellschaft. Sie wandte sich an Lord Nelson, der sich im Prozess für Despard ausgesprochen hatte, mit der Bitte, »weitere Gesuche an die Regierung« zu richten. Der Held der Nation, der Napoleon am Nil besiegt hatte, sagte nun zugunsten des Schurken der Nation aus: Er sagte, sie seien 23 Jahre zuvor »zusammen in die spanische Karibik gezogen; wir haben viele Nächte zusammen in unseren Kleidern auf dem Boden geschlafen; wir haben zusammen die Höhe der feindlichen Mauern gemessen. In all dieser Zeit hätte niemand seinem Herrscher und Vaterland mit größerem Eifer zugetan sein können als Colonel Despard.« Nelson wiederum hatte eine Unterredung mit dem ehemaligen Gouverneur von Korsika, Lord Minto, der später schrieb: »Mrs. Despard war leidenschaftlich in ihren Ehemann verliebt, was die letzte Szene dieser Tragödie in der Tat anrührend macht. Lord Nelson setzte sich für eine Pension oder irgendeine andere Form von Unterhalt für sie ein, und die Regierung war nicht abgeneigt, diesem Wunsch zu entsprechen; aber die letzte Tat auf dem Schafott [Despards

Erwähnung des Menschengeschlechts] mag jegliche Möglichkeit zunichte gemacht haben, einem Mitglied seiner Familie entgegenzukommen.« Die Pension, die ihr als Offizierswitwe zustand, schlug Catherine aus. Sie arbeitete an der Abfassung von Edwards letzten Worten mit und half ihm bei der Definition der »Sache«, der »Prinzipien der Freiheit, der Menschlichkeit und der Gerechtigkeit«. Damit war sie mehr als nur eine Organisatorin und Kurierin. Über seine letzten Tage hieß es: »Einen großen Teil seiner Zeit verbrachte er mit Schreiben, einen Teil mit Lesen und den größten Teil mit Mrs. Despard.«[8]

Die Kämpfe des Jahres 1802 um Freiheit, Menschlichkeit und Gerechtigkeit hatten eine atlantische Dimension, und schon bald erschienen Berichte über die Verschwörung in Paris, Dublin, Edinburgh und New York. Aber neuere historische Interpretationen haben ihren Fokus auf England, Irland und Frankreich beschränkt. Catherine Despard wird darin ignoriert und bleibt ein Schatten (eine Frau) eines Schattens (eine *Schwarze* Frau) von einem Schatten (eine *revolutionäre* Schwarze Frau) – oder, wie Blake in seinem Gedicht »Visions of the Daughters of Albion« aus dem Jahre 1793 schrieb, das sich mit genau jenem Befreiungspotenzial befasst, das englisch-amerikanisch-afrikanischen Verbindungen innewohnte, »ein einsamer Schatten, der am Rande des Nichtbestehens klagt«. Sexismus und Rassismus haben sie im Schatten *festgehalten*.

Wie C.L.R. James anmerkte, war nicht »Rasse« die bestimmende Erfahrung der afroamerikanischen Sklavinnen und Sklaven am Ende des 18. Jahrhunderts, sondern die »kollektive extensive Bodenbearbeitung, die schließlich den Übergang zu einer städtischen Industriegesellschaft möglich machte«. Der Massenanbau durch die vielen, in deren Händen er lag, zeitigte auch die massenhafte Erfahrung des Freiheitskampfs gegen die Sklaverei, und Menschen wie Catherine Despard trugen diese Erfahrung in die städtische Industriegesellschaft Albions. Wir müssen unseren Blick auf die Verschwörung ausweiten und sowohl Jamaika, Nicaragua und Belize, wo Despard lebte und Catherine kennenlernte, als auch Haiti und das amerikanische Festland einbeziehen, wo Freiheitskämpfe stattfanden, die die gesamte Karibik erschütterten.

Auch zum Verständnis von Despards eigener Lebensgeschichte ist eine atlantikumspannende Perspektive notwendig: Er verbrachte seine ersten sechzehn Lebensjahre, seine Kindheit, in Irland, die nächsten vierundzwanzig Jahre, seine Jungerwachsenenzeit, in den Amerikas und seine letzten zwölf Lebensjahre, seine Reifezeit, in London. Die Beziehung von

Catherine und Edward Marcus Despard und ihre gemeinsame Verschwörung mögen für einen neuen Rebellionszyklus stehen, der in den 1790er Jahren seinen Anfang nahm und aus dem im Zeitalter der Revolution nicht nur die Themen »Rasse« und Klasse, sondern auch eine neue Definition des Menschengeschlechts hervorgehen sollte.

IRLAND

Edward Marcus Despard war Ire; seine Verschwörung war – ein Punkt, auf dem James Connolly zu Recht beharrt hat – mit derjenigen Robert Emmets' verknüpft, die ebenfalls 1803 stattfand, und wie Emmet war auch er ein »irischer Apostel einer weltweiten Bewegung für Freiheit, Gleichheit und Brüderlichkeit«.[9] Despard wurde im Jahr 1750 als jüngster von sechs Söhnen auf dem Landsitz seiner Familie in Donore bei Mountrath in den Slieve-Bloom-Bergen im damaligen Queen's County, Irland (heute County Laois) geboren. Mountrath lag auf dem Gebiet der Tudor-Ansiedlung. Im frühen 17. Jahrhundert war die Gegend von Emanuel Downing, John Winthrop und anderen Puritanern besiedelt worden, und diese setzten sich vor ihrer Abreise nach Massachusetts Bay auf der anderen Seite des Atlantiks über die Ansprüche der Fitzpatrick-Sippe hinweg und verkauften das Land an Sir Charles Coote, einen skrupellosen Soldaten und Entrepreneur, der rücksichtslos über die Ansiedlung herrschte. Despards Vorfahren ließen sich in den 1640er Jahren als Mitglieder von Cootes Entourage in Mountrath nieder.[10] Despards Sekretär James Bannantine stellte in einer Biografie aus dem Jahre 1799 die Behauptung auf, einer von Despards Vorfahren habe als Kriegsbaumeister an der Schlacht am Boyne teilgenommen. Um die Mitte des 18. Jahrhunderts trugen bereits Kanzlisten, Weber, Tischler und Zimmerleute den Namen Despard. Edwards unmittelbare Familie brachte Soldaten, Sheriffs und Priester der Staatskirche hervor.[11]

Das sanfte Bild, das die Landschaft um Mountrath heutzutage bietet, zeigt keine Spur der Wälder, von denen es einstmals bedeckt war und an die inzwischen nur noch die Namen von townlands, kleinen Landeinheiten, erinnern: Derrylahan (»der weite Eichenwald«), Ross doragh (»der dunkle Wald«) und Derrynaseera (»der Eichenwald des Freisassen«). Große eingehegte Landstreifen, trockengelegte Moore, mehrere Flüsse und protoindustrielle Schmieden und Mühlen zeugten von der kapitalistischen Mobilisierung kollektiver Arbeitskraft, die der »Verbesserer« der Landwirtschaft Arthur Young mit der Üppigkeit eines englischen Landschaftsbildes verglich.[12] In dieser Landschaft, die auf säuberlichen Landkarten aus dem 18. Jahrhundert durch ordentlich angelegte Straßen und Landstreifen repräsentiert wird, verbargen sich die elenden Hütten und Behausungen der enteigneten Bauern und Häusler, deren Lebensbedingungen zu dieser Zeit noch schlechter waren als die westindischer Sklaven oder russischer Leibeigener. Im Jahre 1759 wurden die Beschränkungen für den Export irischer Rinder nach England aufgehoben, was die Grundherren dazu veranlasste, das Gemeineigentum einzuhegen, die alten clachans (die Weiler, die das Zentrum der kommunalen Landwirtschaft bildeten) zu zerschlagen und Ackerin Weideland umzuwandeln. Das Land wurde mit Weißdornhecken eingefasst; einige der bemerkenswertesten Hecken dieser Art fanden sich auf den Despardschen Ländereien in Donore, wo sie, wie es hieß, »ganz besonders gepflegt sind, mit Sattelkappen«. Im Jahre 1761 rebellierten unter dem Namen Whiteboys bekannte ländliche Rebellen gegen die »Verbesserer«. Ein Aufschrei erhob sich: »Zwischen Grundherrn und Pfarrer wird uns das Mark selbst aus den Knochen gepresst. [...] Sie haben uns durch solch bittere Unterdrückung zu einem so beklagenswerten Zustand herabgezwungen, dass die Armen schwarz im Gesicht werden und die Haut auf ihrem Rücken ausdörrt.«[13] Banden von Hunderten in fließende weiße Gewänder und weiße Kokarden gekleideten Menschen zogen des Nachts umher und rissen die Einfriedungen ein, von denen die Allmenden eingehegt waren. Ihre Anführer – oder Anführerinnen – waren Feen und Sagengestalten wie »Queen Sieve«, die im Jahre 1672 schrieb:

> Wir, die Gleichmacher [»levellers«] und Rächer des Unrechts, das den Armen angetan wird, haben uns einmütig zusammengefunden, um die Mauern und Gräben dem Erdboden gleichzumachen, die zur Einhegung der Allmende gezogen worden sind. Die Herren von Stand haben letzthin die Gewohnheit angenommen, die Gesichter der Armen so hart gegen den Boden zu pressen, dass ihnen das Leben unmöglich gemacht wird. Sie dürfen noch nicht einmal ein Schwein oder eine Henne im Hof halten. Wir warnen sie, weder Mauern noch Gräben an Stelle derer zu ziehen, die wir zerstören, noch auch nur Erkundigungen über die Zerstörer derselben einzuholen. Wenn sie es dennoch tun, so werden sie ihr Vieh mit durchschnittenen Haxen und ihre Schafe aufgeschlitzt auf den Feldern vorfinden.[14]

Thomas Jefferys: The West Indian Atlas; Or, A General Description of the West Indies Taken from Actual Surveys and Observations (1777).
William L. Clements Library, University of Michigan

Despard wuchs somit in einem Land heftiger gesellschaftlicher Auseinandersetzungen auf. Charles Coote beklagte die »unverbesserliche Barbarei und Unzivilisiertheit des Landvolkes«; Arthur Young fand die Menschen dort unverschämter als anderswo und schrieb, dass »Stehlen weit verbreitet« sei.[15] In den 1790ern gründete sich eine sogenannte »Ribbon Society«, eine geheime Bauernvereinigung; sechzehn ihrer Mitglieder wurden schließlich gehängt. Zur selben Zeit und in derselben Gegend wurden von der Obrigkeit loyalistische Regimenter zusammengestellt, darunter Gebirgstruppen und ein Regiment, das Despards Bruder aufgestellt hatte.[16]

Jahre später erinnerte sich seine Nichte Jane: »Eines schreckensreichen Winters wurden wir von Whitefeet- oder Blackfeet-Rebellen vertrieben, verloren all unser Tafelgeschirr, das zur Sicherheit in einer benachbarten Stadt aufbewahrt war; das Haus, in dem wir wohnten, wurde angezündet und niedergebrannt, und mein armer Vater erhielt nur 50 Pfund Schadensersatz vom Land. Dann wurden wir zu unserer Sicherheit nach Mount Mellick und danach nach Mountrath gebracht.«

Die Despards mögen keine Großgrundbesitzer, so doch Grundbesitzer gewesen sein, und insofern Teil eines Militärregimes, dessen Armee zwischen 1792 und 1822 auf das Doppelte anwuchs. Kurz, die Familie Despard befand sich an vorderster Front der Klassenkämpfe zwischen Kolonisten und Unterdrückten.

Wie wirkte sich all dies auf den jungen Edward aus? Die sich in den Familienpapieren der Despards befindenden in den 1820ern verfassten Memoiren seiner Nichte enthalten Informationen über ihn, die von Bedeutung sein könnten. Es hieß, Edward sei ein von Natur aus ausgeglichenes und sanftmütiges Kind gewesen und habe Widersprüche mit Gleichmut in sich aufgenommen. Er lauschte andächtig den fantastischen »Lügen« des gälischen Geschichtenerzählers, der an Feiertagen ins Haus geholt wurde. Er hasste die nachmittägliche Ankündigung »Junger Herr, der Kaffee ist fertig«, weil sie bedeutete, dass er seiner Großmutter aus der Heiligen Schrift vorlesen musste.[17] Der Familienüberlieferung zufolge verabscheute er schon als Kind Kaffee und Bibel in gleichem Maße. Im Alter von acht Jahren wurde »Ned« als Page in den Haushalt der Gräfin Hertford gegeben, deren damaliger Ehemann der Vizekönig von Irland war und der »damals wie heute hochfahrendsten und sittenlosesten Familie im gesamten britischen Herrschaftsbereich« angehörte. Despard erwarb sich einen Ruf als guter Latein- und Französischschüler und »großer Freund der schönen Literatur«.[18]

Mit fünfzehn Jahren trat Ned in das 50. Regiment der britischen Armee ein. So wie Irland seit Cromwells Zeiten das Salz und die Butter lieferte, die die Armee und die Navy bei Kräften hielten, so diente es auch als Kinderstube für zukünftige Soldaten und lieferte der Armee und Navy je nach Bedarf die nötigen Arbeitskräfte bzw. das Kanonenfutter. (Im Jahre 1798 erwies sich die hibernicization [»Hibernia«, lateinisch Irland] der regulären britischen Armee beinahe als Bumerang, weil einige Regimenter für nicht »englisch« genug erachtet wurden, um mit der Niederschlagung der irischen Rebellion betraut zu werden.)[19]

Alle Despard-Brüder bis auf den Ältesten, der den Familienbesitz erbte, traten in die britische Armee ein. Neds prägende Kindheits- und Jugendjahre – die Jahre, die er in seinem Heimatland verbrachte – waren in eine Zeit wiederauflebender gewalttätiger Klassenkämpfe um die Allmende und die mit ihr verbundene Kultur gefallen. Falls diese Erfahrungen einen Funken Mitgefühl in ihm entfacht hatten, dann sollte dieser Funke jedenfalls erst Jahrzehnte später aufflammen.

JAMAIKA

Im Januar 1766 landete Despards Regiment auf Jamaika. Und was der junge Ire vorfand, als er von Bord ging, war eine der ausgeprägtesten Sklavengesellschaften der Welt, in der eine kleine Oberklasse von Pflanzern und Aufsehern von der Arbeit von ungefähr zweihunderttausend afrikanischen Sklavinnen und Sklaven lebte. Es wird Despard sofort klar gewesen sein, dass diese Gesellschaft sich auf Terror gründete: Er kam dort kurz nach der Niederschlagung von Tackys Revolte an, der innerhalb von kurzer Zeit drei weitere Sklavenrevolten folgten, eine im Jahr 1765 und zwei im Jahr 1766. Galgen und hängende Käfige waren über die Landschaft verteilt. Innerhalb von sechs Jahren sollte Despard zum Leutnant befördert und damit betraut werden, an der Planung der Strandbatterien und Befestigungsanlagen von Kingston und Port Royal, den Hauptquartieren der britischen Navy in der Karibik, mitzuarbeiten. Sein fast zwanzigjähriger Aufenthalt auf Jamaika trug ihm drei entscheidende Erfahrungen ein: Er lernte, in einer tödlichen Umgebung zu überleben, er lernte militärstrategisches Denken, und er lernte, bunte Haufen – multiethnische Arbeitstrupps – zu organisieren und anzuführen.

Die Gesundheit des englischen Offiziers in der Karibik lag in den pflegenden Händen jamaikanischer Frauen. »Ein Soldat muss umsorgt werden«, erklärte der rangälteste Arzt des britischen Militärs auf Jamaika, Dr. Benjamin Moseley, und er setzte hinzu, diese Fronarbeit »sollte von Negerinnen verrichtet werden«.[20] J. B. Moreton, ein Pflanzer aus Clarendon Parish, riet den soeben angekommenen englischen Offizieren oder Herren von Stand, sich so schnell wie möglich eine afroamerikanische Frau zu suchen: »Wenn Ihr sie nur recht erfreut und bei Laune haltet, so wird sie all Eure Kleider nähen und flicken, sich um Euch kümmern, wenn Ihr krank seid, und wenn es ihr möglich ist, so wird sie alles in ihrer Macht Stehende tun, um Euch behilflich zu sein.« Der inoffizielle Hauswirtschaftssektor der karibischen Ökonomie (aus dem sich die international hochangesehene Tradition der Pflegeberufe auf Jamaika entwickeln sollte) machte zu dieser Zeit keinen klaren Unterschied zwischen Haushälterinnen, Geliebten und Krankenschwestern. Das westindische Gasthaus vereinte Züge eines Krankenhauses mit denen eines Restaurants und eines Tanzsaales, wie der irische Historiker R. R. Madden bezeugte, der auf Barbados in einer solchen Unterkunft gewohnt hatte.[21] Derartige Etablissements – und die Beziehungen, die dort gepflegt wurden – konnten selbst in britischstämmigen Reformern wie John Thelwall rassistische Vorurteile, Furcht vor Sexualität und Revolutionsängste wecken: Die lasziven und wilden Tänze, die er in seinem hauptsächlich auf Haiti angesiedelten Roman *The Daughter of Adoption; A Tale of Modern Times* aus dem Jahre 1801 beschrieb, hatten ihn mit Schrecken erfüllt. Eine Frau aus Kingston mochte sehr wohl die sorglose Haltung an den Tag legen, wie sie in einer jamaikanischen Ballade zum Ausdruck kam, die auf einer für den Antinomianismus der 1650er Jahre charakteristischen Note endete. Sie wurde nach der Melodie von *What Care I for Mam or Dad* gesungen:

Ich kenne keine Sünde, ich kenne kein Gesetz,
Ich bin, was immer man aus mir macht;
So hat man mich ins Leben gebracht;
Dass weder Gott noch Teufel mich kriegen!

Es ist anzunehmen, dass Despard die Fürsorge einer afrikanischen Frau in Anspruch nahm, obwohl wir nicht mit Sicherheit wissen, ob er in dieser Zeit seine zukünftige Ehefrau traf. Bezeichnenderweise waren die jamaikanischen Sklavinnen nicht weniger am Freiheitskampf beteiligt als die Männer: So waren zum Beispiel »die obersten Negerinnen von Lucea, selbst diejenigen, die im Dienst weißer Männer standen«, an der Sklavenrevolte von Hanover Parish im Jahre 1776 beteiligt.[22]

Despards militärische Karriere beruhte auf der Militärarbeit, die sowohl von freien Männern und Sklaven afrikanischer Herkunft als auch von europäischen Soldaten geleistet wurde, die selbst arme Leute unterschiedlicher ethnischer Herkunft waren: Engländer, Waliser, Schotten und Iren. Diese Arbeit diente zwei strategischen Zielen, die in einer Abhandlung über die Befestigung Jamaikas aus dem Jahre 1783 dargelegt wurden: »1stens Schutz gegen Revolten« und »2tens Schutz gegen ausländische Invasoren«. Mit anderen Worten, »eine allgemeine Sicherung der Siedlungen gegen Feinde, seien es innere oder äußere, ist das grundlegende Prinzip«.[23] Man ging davon aus, dass eine eventuelle Invasionsmacht Sklavenaufstände schüren würde, und die Behörden begegneten dieser Gefahr, indem sie Sklaven,

Despards Zeichnung der Festung Inmaculada, 1780.
Robinson: A Pictorial History of the Sea Services. John Hay Library

die sich den Milizen anschlossen, die Freiheit versprachen und damit die Schwarze Bevölkerung spalteten. Bei Alarm sollten auf der Stelle fünftausend Schwarze Pioniere mobilisiert werden. Hier gewann Despard Einblick in Zusammenarbeit, Spaltung und das Verhältnis zwischen Revolte und Invasion.[24]

»Der unglückselige Edward«, schrieb seine Nichte Jahre nach seinem Tod, »war ein versierter Zeichner, Mathematiker und Ingenieur.«[25] Wie andere Ingenieure auch beaufsichtigte er den Bau von Straßen und Brücken, leitete Belagerungen, wartete Befestigungsanlagen, entwarf Landkarten und Skizzen und führte Bücher.[26] Auf Jamaika mussten einundzwanzig Anlagen mit all ihrem Maßwerk und ihren Hornwerken, Feldschanzen oder Wallanlagen in Schuss gehalten werden. »In diesen materiellen Gefügen«, schrieb E.K. Brathwaite über die Straßen, Brücken, Aquädukte, Kirchen, Begräbnisstätten, Anwesen und Festungen, die im letzten Viertel des 18. Jahrhunderts erbaut wurden, »lag der weiße Beitrag zur kulturellen Entwicklung der Insel«. Dies war eine Form von Architektur, die, wie John Ruskin sagte, »erfunden worden war, um Sklaven aus ihren Erbauern und

Genussmenschen aus ihren Bewohnern« zu machen. Dieser Aufzählung ist die militärische Funktion dieser Architektur hinzuzufügen, die überhaupt erst die Voraussetzung für die beiden anderen Charakteristika lieferte.[27]

Ein großer Teil der Arbeit, die Despard organisierte, war dem Holzhauen und Wassertragen nicht unähnlich und erforderte die Mobilisierung Tausender von Menschen. Sappeure, Mineure und Pioniere gingen mit Hacke und Schaufel an die Arbeit. Die Sappeure leisteten Geländearbeit; sie bauten und reparierten Befestigungsanlagen. Die Pioniere arbeiteten in kleinen Trupps mit anderen zusammen.

Die Arbeitsgänge wurden sorgfältig koordiniert: »Eine Spitzhacke bricht den Boden auf, zwei Schaufeln folgen und werfen die Erde in Richtung Böschung, von wo aus zwei weitere Schaufeln sie auf die Berme werfen; von dort aus wiederum werfen zwei Schaufeln sie auf das Profil.« Sieben Männer waren nötig, um die gleiche Menge Erde zu transportieren wie ein Pferd. Zu den Arbeitsgängen gehörten Sprengen, Roden, Schaufeln, Hacken, Bücken, Stoßen, Begradigen und Schleppen – eine Aufzählung, die einen Eindruck davon vermittelt, warum das Wort fatigue mit seiner Doppelbedeutung als »Strafe für ein militärisches Vergehen« und »körperliche Erschöpfung« in dieser Zeit Eingang in die englische Sprache fand.[28] (Auf der anderen Seite des Atlantiks wünschte unterdessen ein gälischer Dichter den Engländern zusätzlich zu »Erbrechen und Durchfall, Zittern und Beben und Herzweh« auch noch »das Ziehen von Kanälen und Ausheben von Gräben« [»Sud An Nidh Ghuidhimsi Saxonig«] an den Hals.)[29] Despard selbst war aus einer Spatenkultur nach Jamaika gekommen, die zudem in den 1760ern, als die Bodenbewirtschaftung in Irland in ein Stadium beispielloser Intensität eintrat, auf Hochtouren lief. Der Spaten vereinte in sich viele der Funktionen von Breithacke, Axt, Brechstange, Hammer, Schaufel und Gartenhacke. Er war bei groß angelegten Entwässerungsprojekten und der Anlage von Kartoffelbeeten gleichermaßen unverzichtbar. Das Gelände, in dem Despard und seine Trupps arbeiteten, reichte von Sumpfland bis hin zu Gebirge. Den Risiken, die diese Art von Arbeit mit sich brachte, war auch er ausgesetzt: instabiles Erdreich, Bodenunebenheiten, Steinschlag, Erdrutsch, überflutende Gräben, fallende Gegenstände, einknickendes Pfahlwerk und zu schwache Stützbalken.[30]

Auf Jamaika ging es mit Despards Militärkarriere voran. Mit seiner Arbeit als Ingenieur trug er dazu bei, im Amerikanischen Unabhängigkeitskrieg sowohl Kingston als auch die Insel insgesamt – das Hauptquartier der Briten in der Karibik – erfolgreich gegen Angriffe der Spanier zu verteidigen. Seine Erfolge gründeten sich auf die Sklaverei und den Terror, die die jamaikanische Gesellschaft auszeichneten: Er gehörte einer privilegierten Klasse an und war für sein Fortkommen und seine Beförderung auf die reichen Zuckerplantagenbesitzer angewiesen. Diese Beförderung kam im Jahre 1783 mit seiner Ernennung zum Colonel eines Provinzregiments. Mit Hilfe afrikanischer Frauen überlebte er die Tropen. Er wäre nicht dazu imstande gewesen, vielsprachige, buntscheckige Haufen zu organisieren, wenn er nicht bei der Zusammenstellung und Koordination der Arbeitskolonnen, deren Arbeit seinen eigenen Triumph bedeutete, ein gewisses Maß an Mitgefühl, Scharfsinn und Klarsicht entwickelt hätte. So wurde er »kreolisiert«.

NICARAGUA

Da Despards Regiment im Jahre 1776 durch Krankheit geschwächt war und nicht über seine volle Stärke verfügte, wurde er nicht zur Verstärkung von General Howes Truppen in der britischen Militärkampagne gegen die amerikanischen Kolonien abkommandiert, sondern stattdessen drei Jahre später, 1779, zu einem der befehlshabenden Offiziere einer Expedition gegen die spanische Karibik ernannt. Ihr Ziel bestand darin, Nicaragua zu durchqueren, Nord- von Südamerika abzuschneiden und damit das spanische Imperium in zwei Teile zu spalten und gleichzeitig eine Verbindung zwischen dem Atlantischen und dem Pazifischen Ozean herzustellen. Der jamaikanische Gouverneur John Dalling hatte diese Expedition ausgebrütet, während er träumend über Thomas Jefferys' *Atlas of the West Indies* saß, und er glaubte, dass ihre erfolgreiche Durchführung eine »neue Ordnung der Dinge« hervorbringen werde. Aber der Plan barg gewisse Logistik- und Kommunikationsprobleme. Truppen, Schiffe und Proviant mussten auf Jamaika bereitgestellt und dann Tausende von Meilen über den Ozean transportiert werden. Dann musste an einer unbekannten Küste eine Operationsbasis errichtet werden. Nach der Landung sollten die Truppen sich auf Flussboote verteilen und unter Überwindung von Stromschnellen, Untiefen und blinden Flussarmen Ausrüstung und Proviant sechzig Meilen flussaufwärts transportieren. Dann sollten die Männer die im Jahre 1655 zur Abwehr von Bukanieren erbaute Festung »Inmaculada« belagern und nach Einnahme aller strategisch wichtigen Punkte entlang des Flusses Schiffe bauen und eine Flotte ausrüsten, die auf dem Nicaraguasee operieren sollte. Und das alles in einem mörderischen Klima, das sich bis Mai durch tropische Hitze und danach durch wolkenbruchartige Regenfälle auszeichnete.

Die Expeditionstruppen wurden im Februar 1780 unter Kriegsrecht in Kingston zusammengestellt. Despard und andere Offiziere erhielten das Kommando über mehrere Truppenteile (rekrutiert aus den Sixtieth Loyal Americans, den Seventy-Ninth oder Liverpool Blues und den Royal American Foot) sowie über eine größere Gruppe Irregulärer aus Jamaika: die hauptsächlich aus Seeleuten bestehende Legion, das Black Regiment, die Loyal Irish Company, das Royal Batteaux Corps und ein bunt zusammengewürfeltes Kontingent von Royal Jamaica-Freiwilligen. Vizegouverneur Archibald Campbell nahm den Abschiedssalut ab. Die Irregulären präsentierten sich, wie er schrieb, »in einer unordentlichen Reihe, halb bekleidet und halb betrunken. Ihre Gesichtsfarbe schien die echter Bukaniere zu sein, und es wäre kleinlich anzunehmen, dass ihre Prinzipien nicht im Einklang mit ihren Gesichtern gestanden hätten. Einhundert von ihnen wurden zusammengebracht, und sie schienen so unberechenbar und ausgelassen zu sein, dass ich es für angebracht hielt anzuordnen, man möge ihnen zehn Guineen in Form von Grog zukommen lassen, den sie auf der Überfahrt vertrinken könnten, und so entließ ich sie mit drei Hurrarufen zur großen Zufriedenheit von ganz Kingston an Bord ihrer Schiffe.«

Zwanzig Jahre zuvor hatte Molyneux, der britische Seekriegsexperte, das militärische Potenzial des bunten Haufens folgendermaßen beschrieben: »Selbst mit kleinen Booten sind wunderbare Dinge mit einer Handvoll kühner, geschickter Männer vollbracht worden.« »Wir [das britische Empire] bezeichnen uns als Neptun der Meere, vielerorts ohne zu wissen, wie man den Dreizack schwingt« – womit er zugab, dass ihre Kontrolle über die »Handvoll kühner, geschickter Männer« zu wünschen übrig ließ.[31] Er merkte nüchtern an, in Nordamerika und auf den Westindischen Inseln seien zehn Seeangriffe dieser Art erfolgreich gewesen und weitere dreizehn gescheitert. Die Expedition von 1780 zerfiel in zwei Phasen. Die erste fiel in die Trockenzeit, dauerte von Februar bis Ende April und gipfelte in der Eroberung der Garnison am Río San Juan. Die zweite fiel in die Regenzeit und zeichnete sich durch Krankheit, hohe Sterblichkeit und schließlich den Rückzug im Dezember aus. Die erste Phase bestand aus einer Westwärtsbewegung flussaufwärts, die zweite aus einer Ostwärtsbewegung flussabwärts. In der ersten Phase sehen wir Despard als kühnen und verwegenen Soldaten, in der zweiten als Überlebenden. Er war der Erste an Land und der Letzte an Bord. Hier blieb der junge Horatio Nelson, der gewöhnlich Seite an Seite mit Despard zu finden war, mit den Stiefeln im Schlamm stecken und fiel zurück. In der ersten Phase kundschaftete Despard das Gelände aus, plante den Angriff, führte den ersten Trupp an und wurde unter Beschuss genommen. Am 30. April schrieb der befehlshabende Offizier John Polson an Gouverneur Dalling, dass »fast jeder Schuss, der abgegeben wurde, entweder für Nelson oder für Despard bestimmt war«. Despard stellte Sappeurtrupps zusammen, die mit dem Verminen der Festungswälle beginnen sollten. Die Belagerung war erfolgreich: Die Garnison unterwarf sich; es wurden Gefangene gemacht.[32]

Das ganze Unternehmen hatte einen volkswirtschaftlichen Aspekt: Krieg war Arbeit, und Despard gab die Befehle. Er teilte die Männer zur Arbeit ein, legte ihre Arbeitszeiten fest und führte eine auf individuellen Fähigkeiten basierende Lohnhierarchie ein: Wie einer seiner Oberleutnants bemerkte, wurden Männern, »die wirklich ihr Geschäft verstehen«, Soldzulagen versprochen. Er hatte mit kaputtem und fehlendem Werkzeug zu kämpfen, ein Problem, das es der Abteilung erschwerte, vor ihrem Rückzug die spanische Festung in die Luft zu sprengen. Er war auf der Suche nach fähigen Steinmetzen, Zimmerleuten, Sägern und vor allem Bootsleuten. Er war Bestandteil eines militärischen Systems, in dem Autorität und Disziplin mittels der Verpflegung der Soldaten aufrechterhalten wurden. Selbstversorgung wurde unterbunden, ganz besonders in Wäldern, die »von Wild, wie zum Beispiel Warrus oder Wildschweinen, Guanas, Enten, Tauben, Hokkos, Quams – beide so groß wie Truthähne« – nur so wimmelten, um die Männer nicht in ihrer Unabhängigkeit zu bestärken. Die Offiziere verweigerten den Soldaten die Erlaubnis, Tauschhandel zu treiben, Kleidung gegen Proviant einzutauschen oder ohne Erlaubnis in den Wäldern zu jagen. Schon bald wurden die Truppen auf knappe Ration gesetzt. Dann verzögerte sich der Proviantnachschub. Es gab weder Obst noch Gemüse für die Kranken.[33] Anfang Juni begannen sich nicht nur die »unseligen Auswirkungen des Hungers« in der Festung bemerkbar zu machen, sondern auch – als Folge der Knappheit und der sich verschlimmernden Zustände – die Auswirkungen des Widerstandes: Langfingerei, Diebstahl und Desertion.[34] Es mussten laufend neue Seeleute, Soldaten, fähige Handwerker, Bootsleute und Arbeiter als Ersatz für die Männer des ursprünglichen Aufgebots gefunden werden, die umgekommen waren oder sich aus dem Staub gemacht hatten. Die in der Festung zurückbleibenden Soldaten konnten vor Schwäche nicht einmal mehr kriechen. Flussabwärts, in Greytown, waren die Soldaten zu schwach, um ihre Toten zu begraben.

Die »grauäugigen Menschen«, wie die Miskito die Engländer nannten, waren für Transport und Essen zunehmend auf die Natives angewiesen.[35] Diese Kenner der örtlichen Flora und Fauna waren ein Produkt dreier Kontinente: Amerika, Afrika und Europa. Im 17. Jahrhundert hatten die Miskito europäische Bukaniere und entflohene oder schiffbrüchige afrikanische Sklaven in ihre Gemeinschaften aufgenommen. Im 18. Jahrhundert waren sie bereits ein hochentwickeltes Seefahrervolk mit bedeutenden Ansiedlungen in Blewfields, Laguna de Perlas, Boca del Toro, Isla del Maíz, San Andrés und Vieja Providencia. Olaudah Equiano brachte ein Jahr bei ihnen zu; sie halfen ihm beim Bau seines Hauses südlich von Kap Gracias a Dios, »welches sie in gemeinschaftlicher Arbeit der Männer, Frauen und Kinder taten, genau wie die Afrikaner«.[36] Sie feierten mit einem dryckbot oder »drinking bout«, einem Zechgelage (ein Bukanierbrauch), »ohne dass es irgendwo in der Runde die leiseste Zwietracht gab, obwohl sie sich aus unterschiedlichen Nationalitäten und Hautfarben zusammensetzten«. Equiano segelte von London aus in Gesellschaft von vier Miskito-Häuptlingen nach Jamaika, mit denen er Foxes *Book of Martyrs* studierte, einen protestantischen Mammuttext aus dem 16. Jahrhundert über Kämpfe und Verfolgungen. Charles Napier Bell wuchs im frühen 19. Jahrhundert unter den Miskito auf, deren Überlieferungen ihm von einer alten Mandingo-Frau, einer Muslimin aus dem Quellgebiet des Niger, vermittelt wurden. Er beschrieb den Überfluss an Herzmuscheln, den Reichtum des Meeres, den einfachen Anbau von Kochbananen und die Tatsache, dass Blumen, Vögel und Früchte dieselbe Fülle an Informationen lieferten wie ein Almanach. Ein anderer Beobachter schrieb, die Miskito hätten »kein Interesse an der Anhäufung von Besitz und arbeiten deshalb nicht, um Reichtum zu erwerben. Sie leben in der vollkommensten Gleichheit und werden daher nicht von dem Geist des Wetteiferns zur Geschäftigkeit angetrieben, welcher zu so großem, nie erlahmendem Streben in der Gesellschaft führt. Sie sind zufrieden mit ihren bescheidenen Mitteln und bekunden keinerlei Verlangen, den Gewohnheiten oder Beschäftigungen der Kolonisten nachzueifern; im Gegenteil, sie betrachten deren Mühen und Bräuche mit einem Gefühl von Mitleid oder Verachtung.«[37]

Sei es aus Mitleid, aus Verachtung oder weil sie selbst unter Krankheiten litten: Die Miskito verloren die Geduld mit der San-Juan-Expedition. Da der Flusstransport von ihren »beherzten Anstrengungen und ihrer Beharrlichkeit« abhing und sie mit ihrer Jagd auf Wild, Fisch und Schildkröten geholfen hatten, die Soldaten mit Essen zu versorgen, ging es mit der Expedition bald bergab.[38] Der Verpflegungsoffizier Alexander Shaw verhandelte mit ihnen in dem Versuch, sie zur Weiterarbeit zu bewegen, aber sie wollten sich nur zu ihren eigenen Bedingungen darauf einlassen: »Wenn Miskito-Männer zu irgendeiner Art von mühseliger Arbeit angestellt werden, dann nur unter der Bedingung, dass sie sich selbst für diese Anstellung entschieden haben, aber sie dürfen nicht gezwungen werden und sollen für ihre Arbeit genauso bezahlt werden wie andere Personen, die für die gleiche Arbeit angestellt sind, und es soll ihnen freistehen, ungehindert zur Armee oder nach Hause zurückzukehren.« Außerdem wurden die Offiziere angewiesen, »alle nur möglichen Schritte zu unternehmen, damit die Soldaten wenig Umgang mit ihnen [den Indianern] haben, um möglichen Ekel ihrerseits zu vermeiden.«[39] Die Natives beschlossen dennoch, nach Hause zurückzukehren, und nahmen ihre Boote mit. Unterdessen verbreiteten die Rückkehrer nach Jamaika »die Nachricht in der weißen Unterklasse«, es sei gefährlich, an den Río San Juan zu reisen. Die Natives »haben den höchsten Begriff von Freiheit«, schrieb einer der Offiziere im April.

Nach dem Abzug der Natives lag die Versorgung der Expedition mit Nahrungsmitteln fast vollständig in den Händen der »Black-River-Neger«, Bootsleuten von der Miskitoküste. Aber als einer der Anführer ihres Kontingents erkrankte, »desertierten fast alle diese Neger und nahmen die kleinsten, brauchbarsten Boote mit, sodass die Pein der Truppen stark zunahm und kaum eine andere Aussicht übrig blieb als der zwangsweise Rückzug«. Im Mai und Juni setzten sich die Desertionen fort. Im September war die Garnison, wie Despard schrieb, »so außerordentlich geschwächt, dass wir nicht genügend Männer hatten, um die notwendigen Wachen aufrechtzuerhalten. Ich bin letzthin gezwungen, die Neger im Korps ohne Unterbrechung in der Festung festzuhalten, zum einen, um ihre Desertion zu verhindern, und zum anderen, damit sie zur Arbeit bereitstehen, wenn nötig, & sie haben schon seit längerem nicht viel freie Zeit – fünf Männer sind in einer Nacht desertiert vier Freiwillige & einer von der Legion & haben ein Ruderboot mitgenommen.« Wenig später meldete ein Hauptmann einen Streik von Soldaten, die »die Arbeit vollkommen verweigerten«. Im Juli hatte der

Widerstand von unten für eine weitere Zuspitzung der Ereignisse gesorgt: Die Sklaven an der Miskitoküste hatten rebelliert und die wichtigste Stadt am Río Negro eingenommen.

Zweitausend Soldaten zogen zwischen Februar und November den Río San Juan hinauf. Hundert von ihnen kehrten zurück. Tausend weitere Soldaten kamen ebenfalls um. Im Jahre 1780 wurde Gouverneur Dalling vom britischen Kriegsminister Lord George Germain schriftlich mit den Worten gerügt: »Ich beklage außerordentlich, wie entsetzlich der Tod unter den Truppen gewütet hat.« Im Gegensatz zu 69 anderen Offizieren kamen Nelson und Despard mit dem Leben davon – Nelson überlebte nur deshalb, weil er im Delirium flussabwärts außer Landes transportiert und anschließend von der Afro-Karibin Cuba Cornwallis gesund gepflegt wurde. Despard blieb zurück. Im Juli 1780 belog der Gouverneur von Jamaika sich selbst und seine Vorgesetzten mit einer von Wunschdenken, Lobhudelei und Fremdenfeindlichkeit erfüllten Verteidigungsrede auf die regulären britischen Truppen: »Es ist die Überlegenheit ihrer Disziplin, aus der wir den größten Nutzen ziehen. Von diesem Gedanken erfüllt, wird jeder Soldat danach streben, sich auszuzeichnen und zu beweisen, wie überlegen disziplinierte, wohlausgebildete Truppen einem bunt zusammengewürfelten Haufen von Indianern und Mulatten sind.«[40] Genau so einem Haufen verdankte Despard sein Überleben.

Nach der Katastrophe der San-Juan-Expedition schrieb Dr. Moseley, dass »der Fehlschlag dieses Unternehmens zusammen mit vielen anderen seiner Art in aller Stille von der Regierung begraben« worden sei.[41] Dass Despard selbst siegreich daraus hervorging, verdankte er seiner Zusammenarbeit mit dem bunten Haufen, den Miskito, den Schwarzen Bootsleuten und den Mineuren, Sappeuren und Bauhandwerkern, mit denen er fast achtzehn Monate lang zusammenlebte und -arbeitete. Er ließ sich von deplatziertem Pflichtgefühl zu Großmachtsdünkel hinreißen, er war gezwungen, dem Überfluss einer tropischen Allmende den Rücken zu kehren, und er fand sich inmitten eines Gemetzels wieder, das nur deshalb nicht als Genozid bezeichnet wird, weil seine Opfer von solch bunt gemischter Herkunft waren. Dennoch entwickelte Despard eine Bindung an ein Volk, die Miskito, deren Wissen über die Allmende grundlegend war, und die sich mit Stolz auf ihre Ursprünge unter den Bukaniern beriefen und einen ausgeprägten Freiheitsbegriff vertraten. War Catherine eine von ihnen?

BELIZE

Zwischen Despards Abreise aus Nicaragua und seiner Ernennung zum höchsten Beamten der Krone in Britisch-Honduras im Jahr 1784 lag die amerikanische Unabhängigkeit, ein Ergebnis des Rebellionszyklus, den der bunte Haufen in den 1760er Jahren in Gang gesetzt hatte. Meutereien auf See, Revolten auf den Plantagen und Unruhen in den Hafenstädten brachten sowohl eine Krise des Empire als auch eine Antwort auf diese Krise in Form einer Revolutionsbewegung hervor, aber wie wir gesehen haben, schloss das politische Abkommen, das am Ende des Krieges stand, eine große Anzahl von Menschen aus. Unter ihnen befanden sich die Tausende von Afroamerikanern, die sich selbst befreit hatten – in vielen Fällen, indem sie nach Dunmores Proklamation von 1774 geflohen und in die britische Armee eingetreten waren.[42] Militärische Verbände wie Leslie's Black Dragoons und Brown's Rangers sorgten für eine zunehmend multiethnische Zusammensetzung des Militärs und nahmen die westindischen Regimenter der 1790er Jahre vorweg. Zwanzigtausend Afroamerikaner und -amerikanerinnen aus Nordamerika verschlug es nach 1782 nach Kanada, zu den Westindischen Inseln, nach Mittelamerika, England und Afrika. Die Menschen in der Diaspora setzten ihre Wanderungen (oder ihren Exodus) in einen Diskurs der Erlösung um, der entscheidend von der Befreiungstheologie der Englischen Revolution beeinflusst war, die in jüngster Zeit mit großem Elan von afroamerikanischen Predigern – Menschen wie Sambo Scriven, der auf die Bahamas reiste, George Liele, der nach Jamaika ging, und John Marrant, der in London und Neuschottland predigte – wiederbelebt worden war.[43] Auf ihrer Suche nach dem neuen Jerusalem trugen sie die Botschaft vom Jubeljahr an Bord von Kriegsschiffen in nordatlantische Hafenstädte und in Gefängnisse zu Wasser und zu Lande. Die Menschen und Ideen, die diese Bewegung ausmachten, sollten in Belize Despards weiteres Leben beeinflussen.

Belize bestand aus einem vom größten Korallenriff der westlichen Hemisphäre geschützten, dichten tropischen Regenwald. Selbst auf den Landkarten Despards und seines Mitarbeiters David Lamb waren die Grenzen der privaten Ländereien nur als wenig überzeugende geometrische Linien inmitten üppig dargestellter Wälder verzeichnet.[44] Fast zweihundert Jahre lang war diese Gegend die Heimat indigener, afrikanischer und europäischer Seefahrer, Renegaten und Schiffbrüchiger gewesen. Unter ihnen waren Bukaniere, Piraten und Seeleute, millenaristische Dissidenten aus den ehemaligen

Milpas der Maya, nach den Aufständen der Jahre 1715 und 1745 deportierte Jakobiten, Überlebende untergegangener Sklavenschiffe und deportierte jamaikanische Rebellen. Sie schlugen Blauholzbäume in den Mangrovensümpfen (oftmals bei Nacht im Licht von Pechkieferfackeln, um der Tageshitze zu entgehen) und verkauften das Holz an jamaikanische Händler, die es wiederum nach Europa verschifften, wo ein Beizmittel zum Einfärben von Textilien daraus gewonnen wurde.[45] Sie lebten »üblicherweise gemeinschaftlich«; wann immer ein »Vorrat an Lebensmitteln & Alkohol« aufgebraucht war, »ziehen sie zu den Nachbarn weiter und leben dort«. Obwohl sie auf Außenseiter den Eindruck von Gesetzlosen machten, hielten sie sich in Wirklichkeit, wie der Kaufmann und Enzyklopädist Postlethwayt schrieb, an »gewisse von ihnen selbst aufgestellte Regeln«. Belize war eine Kombination aus einem Festlandableger der Hydrarchie und den Milpas der Maya: Es lieferte der Menschheit ein Beispiel kollektiver Eigenständigkeit im Rahmen einer Allmendewirtschaft, hierarchieloser Selbstregierung und multiethnischer Solidarität – ein Modell, das zum Zeitpunkt von Despards Ankunft bereits das örtliche Geschichtsbewusstsein geprägt hatte und sich auch weiterhin als dermaßen einflussreich erweisen sollte, dass Lewis Henry Morgan bei seinem Besuch Jahre später den Begriff »Urkommunismus« zu seiner Beschreibung prägen sollte.[46]

Als Despard im Jahre 1786 in Belize landete, war ein großer Teil des Küstenlandes bereits in privater Hand. Der Vertrag von Paris, der im Jahre 1763 den Siebenjährigen Krieg beendet hatte, hatte für eine bessere Sicherung der Landrechte der britischen Siedler gesorgt und den Weg für die Abholzung von Mahagoni-Bäumen frei gemacht. Reichere Siedler hatten sich in der Region niedergelassen, und mit ihnen kamen Sklaven und die aggressive Gewinnsucht, die mit der neuen Produktionsweise einherging. Die Holzfäller, die die prächtigen Bäume fällten, gehörten Sklavenkolonnen an, die Viehtreiber, Flößer, Fuhrleute, Köche und Versorger einschlossen. Das Mahagoni wurde an europäische Möbelhändler verkauft, von denen Thomas Chippendale nur der umtriebigste Vertreter war. Das Erscheinen seines Buches *The Gentleman and Cabinet Maker's Director* im Jahre 1754 mit seinen vierhundert Entwürfen und hundertsechzig Folio-Kupfertafeln stellte einen Schritt der Industrie in Richtung Standardisierung, weg von der handwerklichen Produktion und hin zum Manufakturwesen, dar. Die europäische Herrscherklasse aß mittlerweile von Mahagonitischen, bewahrte ihre Kleidung in Mahagonikommoden auf, betrachtete sich in mahagonigerahmten Spiegeln, schrieb Briefe an Mahagonisekretären, sang in Chorstühlen aus Mahagoni und so fort.

Unterdessen – im Jahre 1765 – war Admiral William Burnaby mit Kriegsschiffen in Belize eingetroffen, um eine offizielle Gesetzgebung einzuführen und bekannt zu geben, dass es mit der gemeinschaftlichen Nutzung des Landes ein Ende habe. Im selben Jahr fand der erste Sklavenaufstand statt; weitere folgten in den Jahren 1768 und 1773. Im Jahre 1780 kamen auf einen Freien bereits sechs Sklaven. Fünfzehn »Baymen«, wie die ambitionierten Plantagenbesitzer sich selbst nannten, hatten die gesamte Mahagoniproduktion an sich gerissen.[47]

Despards Berufung dorthin im Jahre 1786 fiel mit einem neuen Abkommen namens »Convention of London« zwischen Großbritannien und Spanien zusammen, dessen Umsetzung zu bewaffneten Auseinandersetzungen um Land und Arbeitskraft führen und Colonel Despards Leben entscheidend verändern sollte. Dieses Abkommen verpflichtete Großbritannien dazu, im Austausch gegen neue Mahagoninutzungsrechte in Belize mehr als zweitausend seiner Siedler von der Miskitoküste dorthin umzusiedeln. Im Februar 1787 kamen 514 dieser Einwanderer in Belize an. Die meisten von ihnen waren, wie Despard anmerkte, »mittellose Farbige«, die der amerikanische Exodus angespült hatte. Im Mai trafen weitere 1740 Menschen in der plötzlich überfüllten Siedlung ein. Despard wurde damit beauftragt, die neu angekommenen Siedler mit Nahrungsmitteln zu versorgen und in die Kolonie zu integrieren.[48] Wer waren diese Menschen, die als zukünftige »Holzhauer und Wasserträger« die Bucht erreichten?[49] In der ersten Gruppe befanden sich Angehörige der Loyal American Rangers, die im Jahre 1780 unter Deserteuren und Gefangenen der Kontinentalarmee in New York rekrutiert und im Jahre 1781 nach Jamaika abkommandiert worden waren. Despard hatte bei dem Vertreibungsfeldzug gegen die Spanier am Río Negro »die Ehre gehabt, die meisten von ihnen zu kommandieren«.

Den Vertragsbedingungen mit Spanien zufolge war der Lebensmittelanbau untersagt, aber in der Praxis war dieses Verbot unmöglich durchzusetzen. Die Hauptnahrungsmittel der Maya, Miskito und Bukaniere waren Fisch und Schildkröten, aber die Siedler hatten andere Essgewohnheiten, und als ihre Zahl zunahm, begannen die Habgierigen unter ihnen, das Allmendeland zu privatisieren, womit die Kolonie zunehmend von Nahrungsmittelimporten aus Nordamerika abhängig wurde. Um die Versorgung der »ärmeren Sorte Mensch« mit Lebensmitteln zu gewährleisten, gestattete Despard unter Missachtung der Vertragsbedingungen den Anbau von Kochbananen, Yams, Mais, Ananas und Melonen. Er reservierte bestimmte Gebiete für die »gemeinschaftliche Nutznießung durch alle Siedler« und knüpfte engere Beziehungen mit den Menschen an, die mit der örtlichen Ökologie vertraut waren. Er führte einen erbitterten Kampf gegen amerikanische Kaufleute, die Lebensmittel zu exorbitanten Preisen verkauften und damit »die Leute in Armut und vollkommener Abhängigkeit von ihnen« hielten. Als einige dieser Kaufleute im Jahr 1788 gegen Handelsbestimmungen verstießen, zögerte er nicht, ihre Schiffe zu beschlagnahmen und sogar zu verkaufen.[50]

Auch die Entscheidung darüber, wie die neuen Siedler »durch ihre eigene Arbeit und Betriebsamkeit die Mittel zu ihrem Unterhalt erwerben« sollten, lag in Despards Händen. Er begann, Land auf dem eben erst an die Krone abgetretenen Territorium zu vergeben, und löste damit bei den etablierten Mahagonibaronen einen Aufschrei der Empörung aus. Bei früheren Gelegenheiten hatten die Baymen bereits gegen seine Entscheidung protestiert, einem Sträflingsschiff die Landung zu gestatten, seine Beweggründe für die Freilassung von Sklaven angezweifelt und sich beleidigt gezeigt, als er einem »Neger« gegenüber, der des Mordes an einem Weißen angeklagt war, Milde gezeigt hatte. Nun ignorierte Despard den Druck, der auf ihn ausgeübt wurde, und schlug vor, Land per Verlosung zu vergeben – in seinen Augen der »egalitärste und unvoreingenommenste Verteilungsmodus«. Die Baymen machten wütend geltend, auf diese Weise habe der »niedrigste Mulatte oder Neger« die »gleichen Gewinnaussichten« wie die Reichsten unter ihnen. Einem von ihnen war es unverständlich, dass »eine Person mit so beträchtlichem Besitz wie er es war, Kerlen der niedersten Klasse gleichgestellt sein und nicht mehr Land zugewiesen bekommen solle als [...] ein Bursche wie Able Taylor (ein Farbiger)«. Mit dieser Lotterie, so ihre Beschwerde, werde Land »ohne Unterschied von Alter, Geschlecht, Charakter, Ansehen, Besitz oder Hautfarbe« vergeben. Sie machten Despard den Vorwurf, die Person nicht anzusehen, und er wiederum beharrte darauf, er »könne & wolle keine Unterscheidung zwischen diesen höchst unterschiedlichen Klassen von Menschen machen«. Er gab Lose an Männer aller Klassen und Hautfarben sowie an sechzehn Frauen aus.[51]

Die Spannungen eskalierten, als ein »freier Farbiger« namens Joshua Jones Stadtgrundstück Nr. 69 zog und mit offizieller Genehmigung Despards das Kochhaus eines reichen Siedlers abriss, das sich auf seinem Land befand. Jones wurde im Auftrag der Baymen von Friedensrichtern verhaftet und ins

Gefängnis geworfen. Binnen kurzen begannen »einige Weiße der niedersten Klasse, etliche Quinterons, Mulatten und Freie Neger« zu trommeln, »die Gambia zu spielen«, »auf der Strasse herumzurennen und sich unter Waffen zu versammeln« und mit Jones' Befreiung zu drohen. Despard intervenierte zu ihren Gunsten und verlangte Jones' Freilassung. Es war eine jener plötzlich in der Geschichte aufflammenden Krisen, die ein Schlaglicht auf eine ganze Epoche werfen. Die Baymen gaben ihrer Doktrin klassen- und »rassen-«bedingter Überlegenheit Ausdruck, indem sie argumentierten, dass der »vom Superintendenten gewählte Verteilungsmodus gleichermaßen ungerecht und politisch unüberlegt sei, indem er Neger und Mulatten (eine Gruppe von Personen, die überall auf den Westindischen Inseln in weit geringerem Licht als die gesamte übrige Bevölkerung angesehen wird) auf dieselbe Stufe mit Herren von Stand und Mahagonifällern stelle, welche das Land unterhielten«. Despards Antwort lässt eine egalitäre Haltung erkennen, die nichtsdestotrotz immer noch mit der Mischverfassung im Einklang stand, die Königtum und Parlament vereinte: Es sei »wohl wahr, dass die gesetzgebenden Kräfte auf diesen Inseln gewisse Unterschiede zwischen Weißen, Negern und Mulatten machten; dass aber dieses Land angesichts dessen, dass es hier keine gesetzgebende Körperschaft gebe, dem englischen Recht unterliegen müsse, welches keine derartigen Unterscheidungen mache, dass selbst in den Teilen der britischen Kolonien, in denen derartige Unterscheidungen vorgenommen würden, diese unter keinen Umständen in der Vergabe von Kronland Anwendung fänden, und dass diese Farbigen genauso das Recht auf einen Platz zum Leben hätten wie die größten Mahagonifäller im Lande«.[52] Die Baymen hörten nicht auf, die neuen Landanwärter anzugreifen, was die »Farbigen« dazu veranlasste, im Jahre 1787 eine Petition zu verfassen, in der sie sich dagegen verwehrten, aufgrund ihrer Ethnie vom Landbesitz ausgeschlossen zu werden:

> Wir, Eure Bittsteller, Bewohner der Miskitoküste, weisen ergebenst darauf hin, dass die vielen Ereignisse, die uns derzeit zustoßen, uns höchst sicheren Grund zu der Annahme geben, dass es uns wahrhaftig unmöglich sein wird, in diesem Land unseren Lebensunterhalt zu verdienen, da wir nicht die Privilegien britischer Untertanen genießen und als Farbige Personen mit äußerster Geringschätzung behandelt und sogar damit bedroht werden, der Rechte und Privilegien dieses Landes beraubt zu werden, falls wir einer gewissen Resolution Unterschrift und Zustimmung verweigern,

> welche von einem Komitee verabschiedet worden ist, das zu eben diesem Zweck eingesetzt wurde, und welche unserer Meinung nach den Vorschlägen des Superintendenten dieses Landes, Colonel Despard, und jeder wie immer gearteten britischen Verfassung zuwiderläuft.

Einer der Unterzeichner dieser Petition war Joshua Jones. Im selben Jahr kandidierte Despard für das Amt des Friedensrichters. Er wurde mit mehr als achtzig Prozent der Stimmen gewählt. Seine Gegner behaupteten, einige dieser Stimmen stammten von »ignoranten Schildkrötenfängern« und »Farbigen, die keinerlei Form von Besitz oder festen Wohnsitz ihr Eigen nennen«. Der Vertreter der Baymen, Robert White, schrieb 1788 an Lord Sydney in London, dass Despards Lotterie »alle gesellschaftlichen Bindungen zerschlage und jegliche Ordnung, Rangordnung und Regierung zerstöre«, was Despard mit dem Hinweis darauf konterte, wie sehr die Gesetze der Baymen die Reichen begünstigten.[53] Ihr Naturalisierungsgesetz schloss alle Nichtweißen aus und zielte darauf ab, ihnen eine unabhängige Existenz unmöglich zu machen und sie in Knechtschaft oder Sklaverei zu zwingen. Im September 1788 stimmte schließlich der komplette Chor der atlantischen Bourgeoisie in die Klagen der Baymen ein. Im Oktober desselben Jahres gab der britische Außenminister Lord Grenville bekannt, dass Despard vom Amt suspendiert sei.

Hier ging es nicht nur um die Frage der Ethnie. Was ebenfalls zur Debatte stand, war die Frage der Klassenzusammensetzung im Verhältnis zu Subsistenz und Gemeineigentum, und damit unmittelbar die Frage der Reproduktion. In der Sklaven- und Militärgesellschaft des jamaikanischen Plantagensystems war es das kreolisierte Gruppenleben in den Gasthäusern mit seinen Versorgungsgehalten, das die gesellschaftliche Reproduktion erst ermöglichte.

Im Nicaraguafeldzug des Jahres 1780 beruhte die Reproduktion auf strikter Mangelverwaltung inmitten üppiger Fruchtbarkeit, ein Ansatz, der unweigerlich zur Katastrophe führte. Erst in Belize versuchte es Despard mit einem dritten Lösungsmodell: Anpassung an das Allmendewesen und Eintracht mit dem buntscheckigen Haufen. Aber in Wirklichkeit wurde Despard eher von dem buntscheckigen Haufen organisiert, als dass er ihn organisierte. Es ist nicht auszuschließen, dass Despard Catherine auf Jamaika oder in Nicaragua kennenlernte, aber es ist vielleicht wahrscheinlicher, dass sie sich in Belize zusammentaten. Despard war unverheiratet, als er in der Siedlung ankam; bei seiner Rückkehr nach England im April 1790 hat- te er Frau und Sohn.[54] Somit wäre es die Geschichte einer Frau, die der revolutionären afroamerikanischen Diaspora angehörte und innerhalb der egalitären Variante einer mittelamerikanischen Allmendewirtschaft einen irischen Offizier heiratete, nur um an den Begehrlichkeiten eines Empire zu scheitern, dem sie nun zusammen inmitten revolutionärer Ereignisse direkt die Stirn bieten sollten.

DAS MENSCHENGESCHLECHT

Edward und Catherine Despard erreichten London im Frühjahr 1790, ein Jahr nach dem Sturm auf die Bastille und dem Beginn der Französischen Revolution und ein Jahr vor der Voodoo-Zeremonie, mit der in einer stürmischen Nacht im Bois Caïman die haitische Revolution begann. Bei ihrer Ankunft begegneten sie einer Bewegung zur Abschaffung der Sklaverei. Das Aufklärungsprogramm der Mittelklasse über die Sklaverei auf den Westindischen Inseln zeugte von Mitgefühl, aber es vermittelte einen falschen Eindruck. Josiah Wedgwoods *Siegel des knienden Negers* mit der Inschrift »Am I not a Man and a Brother?« (1787) zeigte einen einzelnen Sklaven in flehender Haltung, und der von der Plymouth-Gesellschaft veröffentlichte *Plan eines Sklavenschiffes* (1788) vermittelte einen Eindruck fortgesetzter Passivität (siehe S. 172). Edward und Catherine wussten, dass die Wahrheit anders aussah – eine Wahrheit, die für andere erst nach der haitischen Revolution offensichtlich wurde. Die Despards sollten sich diese Wahrheit zu- nutze machen, als sie in London Menschen organisierten, »um die Ketten der Knechtschaft und Sklaverei zu sprengen«, als sie die »Prinzipien der Freiheit, Menschlichkeit und Gerechtigkeit« verfochten und ihre Konzeption des »Menschengeschlechts« entwickelten.

Bei ihrer Ankunft in England fanden Edward und Catherine ein Land vor, in dem Arbeiter den Kampf für die Abschaffung der Sklaverei zu ihrer eigenen Sache gemacht hatten. Im Jahre 1789 hatten 769 Sheffielder Messerschmiede eine Petition an das Parlament gerichtet, in der sie sich gegen die Aktivitäten der Pro-Sklaverei-Lobby ausgesprochen hatten: »Da das Besteck, das von freien Männern hergestellt wurde [...], in beträchtlichen Mengen an die Küste Afrikas versandt und zum Teil als Bezahlung für Sklaven verwendet wird – könnte man annehmen, dass die Interessen Eurer Bittsteller Schaden nehmen mögen, falls der besagte Handel mit Sklaven abgeschafft wird. Aber Eure Bittsteller haben von jeher verstanden, dass die Eingeborenen Afrikas« – und an dieser Stelle werden sie sich an ihre Unterhaltungen mit Olaudah Equiano auf seinen Vortragsreisen für die Anti-Sklaverei-Bewegung erinnert haben – »den größten Widerwillen gegen die ausländische Sklaverei hegen«. Dass diese Messerschmiede geltend machten, »den Fall der Nationen Afrikas als ihren eigenen zu betrachten« und ihre Prinzipien über ihre materiellen Interessen stellten, war ungewöhnlich: Es war fast anderthalb Jahrhunderte her, dass englische Arbeiter sich das letzte Mal öffentlich gegen die Sklaverei ausgesprochen hatten. Der Dichter und Chronist des Proletarierlebens in Sheffield Joseph Mather sang:

Wie die Neger in Virginia,
In Guinea oder Maryland,
So werde auch ich ein ums andre Mal –
Gekauft und verkauft auf Erden.
Die Negerschiffe füllen sich,
Aber ich behalte keinen Schilling für mich
Und muss dereinst gar elendiglich
In bittrer Armut sterben.

Sheffield war eine Stahlstadt; hier wurden Sicheln und Sensen für die Ernte, Scheren und Rasiermesser für den Exportmarkt sowie Piken, das Rüstzeug für den Volkskrieg, hergestellt. Der Sekretär der im Jahre 1791 gegründeten Sheffield Constitutional Society erläuterte die Ziele der Organisation: »Um die Leute aufzuklären, um den Leuten die Ursache, den Grund all ihrer Beschwerden und Leiden zu zeigen; wenn ein Mensch die ganze Woche hindurch dreizehn oder vierzehn Stunden arbeitet und nicht imstande ist, seine Familie zu ernähren; also so verstehe ich es; um den Leuten den Grund dafür zu zeigen; warum sie nicht dazu imstande sind.« Auch die Constitutional Society sprach sich gegen die Sklaverei aus, wie auch die London Corresponding Society, die, wie wir später sehen werden, Anfang 1792 aus einer Diskussion über das Konzept hervorging, »alles gemeinsam innezuhaben«, und sich der Gleichheit aller Menschen verschrieben hatte, seien sie »schwarz oder weiß, hoch oder gering, reich oder arm«.

Die Einheit von ethnischen und Klassenbelangen sollte allerdings bald Risse bekommen. Als die Corresponding Society sich am 2. April 1792 höf-

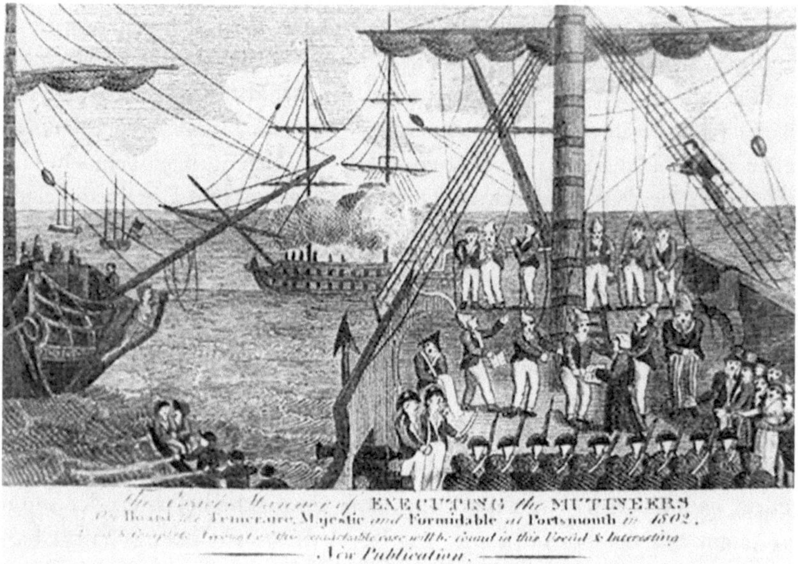

Genau so wurden die Meuterer in Portsmouth hingerichtet, 1802.
Robinson: A Pictorial History of the Sea Services. John Hay Library

lich der bürgerlichen Öffentlichkeit vorstellte, fand sich in ihrer offiziellen Erklärung keine Erwähnung von Sklaverei, Sklavenhandel oder Allmende mehr – und das am Tag des »Aprilkompromisses«, an dem das Parlament sich zur (allerdings nur »schrittweisen«!) Abschaffung der Sklaverei bereit erklärte. Im August 1792 definierte die L.C.S. ihre Zielgruppe sowie ihre Ziele in der Bevölkerung Großbritanniens folgendermaßen: »MITBÜRGER aller Ränge und Stellungen, Reich, Arm, Hoch oder Gering, wir sprechen euch alle als unsere Brüder an.«[55] Von »Schwarz oder Weiß« war keine Rede mehr: Die ethnische Gleichheit war von der Agenda der Gesellschaft verschwunden. Was war passiert? Die Antwort lässt sich in einem Wort zusammenfassen: Haiti. Im April 1792 hatte die französische Nationalversammlung allen Nichtweißen volle politische Rechte zuerkannt. Zur gleichen Zeit führte Hyacinthe auf Haiti furchtlose Sklaven in die Belagerung von Port-au-Prince, und Toussaint L'Ouverture hatte bereits damit begonnen, erniedrigte Sklaven in einer unabhängigen Streitmacht von Freiheitskämpfern zu organisieren, die im Laufe der nächsten zehn Jahre den Armeen dreier europäischer Großmächte Niederlagen zufügen sollte. Und in Philadelphia gründeten Absalom Jones und Richard Allen nach ihrer Ausstoßung aus der weißen Kirche ihre eigene afrikanische Kirche zur moralischen Erbauung ehemaliger Sklavinnen und Sklaven, die bittere Erfahrungen gemacht hatten – um, wie sie es ausdrückten, Dornen in Trauben und Disteln in Feigen zu verwandeln.[56] Damit war »Rasse« zu einem heiklen und für viele Menschen in England bedrohlichen Thema geworden, und die Führungsriege der L. C. S. zog es vor, ihm aus dem Weg zu gehen.

Wie konnten Edward und Catherine Despard sich in dieser verworrenen und sich rapide wandelnden Situation nützlich machen? Wie wir gesehen haben, sollte Edward während seiner letzten Lebenstage im Gefängnis selbst unter den Adleraugen der Macht in ständigem, intensivem Austausch mit Catherine stehen. Hier nimmt ihre Verschwörung die Form »gemeinsamer Atemzüge« an:[57] Ihre Gespräche befassten sich unter anderem mit der Formulierung der Rede, die er auf dem Schafott halten würde (sollte er »das Menschengeschlecht« sagen?) und mit der Weitergabe von Informationen – wenn nicht sogar Instruktionen – an Mitverschwörer und -verschwörerinnen in mehreren Ländern. Erwarteten sie einen Staatsstreich? (1799 hatte Napoleons 18. Brumaire stattgefunden.) Ein Ablenkungsmanöver, das den französischen Truppen die Landung in Irland ermöglichen würde? Eine Revolte, die einen Generalaufstand auslösen würde? Eine Ausweitung der atlantischen Sklavenaufstände? Um diese Fragen beantworten zu können, müssen wir zunächst einen Blick auf die Umstände der Verschwörung oder die gesellschaftlichen Kräfte werfen, die sie hervorbrachten und bei denen sie Anklang fand – das ist die thèse de circonstance. Dann müssen wir die Ideen und Ideale untersuchen, von denen die Verschwörerinnen und Verschwörer angetrieben wurden – das ist die thèse de complot.

Die treibende aufständische Kraft hinter der Verschwörung der Despards waren Sklaven, Industriearbeiter, Seeleute, Hafenarbeiter und Iren. Sklavinnen und Sklaven waren in dem internationalen Zusammenfluss verschiedener Strömungen, der die Jahre 1800–1803 kennzeichnet, besonders aktiv. Im Jahre 1800 meuterte das Schwarze Eighth West India Regiment auf Dominica, auf Tobago fand eine Sklavenverschwörung statt, und in Richmond, Virginia, organisierte Gabriel einen Sklavenaufstand, in den französische Revolutionäre und möglicherweise United Irishmen verwickelt waren. Im selben Jahr schrieb ein New Yorker Immobilienbesitzer: »Wenn wir schon ein Monster in unserem Land beherbergen, so müssen wir es in Ketten legen«, und der Gouverneur von Jamaika dachte über Völkermord nach. Sklaven kämpften gegen die Expeditionsarmee unter Leclerc (Napoleons Schwiegersohn), die im März 1802 in Haiti einfiel, und rebellierten gegen die Wiedereinführung der Sklaverei auf Guadeloupe. Im Sommer 1802 erhob sich eine große Anzahl von Menschen, die sich von ihren Anführern verraten fühlten (Toussaint war gefangen genommen worden; Dessalines kämpfte noch auf französischer Seite), und schloss sich in Rebellengruppen zusammen, die aus Soldaten, Bauern, Maroons, Hafenarbeitern und Seeleuten bestanden und bis Februar 1803 mehrere Städte einnahmen. Im selben Monat wurde York, Pennsylvania, beinahe durch eine Serie von Brandstiftungen in Verbindung mit einem Gefängnisausbruch von Afroamerikanern zerstört. Gegen Ende des Jahres 1802 wurde vor dem Old Bailey in London eine Reihe von Fällen verhandelt, an denen mehrere Schwarze Soldaten beteiligt waren, zu deren transatlantischen Erfahrungen Aufenthalte in Providence, New York, Charleston, Kingston, Bridgetown und Belize City gehörten.[58] Männer wie diese brachten Nachrichten von einer – wie Herbert Aptheker es ausdrückte – zehn Jahre währenden Welle von Sklavenkomplotten und -aufständen in den USA in Umlauf, die ihren Höhepunkt im Jahre 1802 erreichte. Dies war das Jahr, in dem ein Schwarzer Rebell aus Virginia namens Arthur sich an »Schwarze wie Weiße« wandte, »welche das einfache Volk oder die armen weißen Leute, die Mulatten sind, welche sich mit mir zusammentun werden, um mitzuhelfen, das Land zu befreien«.[59]

Eine zweite aufständische Kraft bildeten die landlos gewordenen englischen Commoners, die Menschen, die sich von der Verschwörung der Despards einen Aufstand gegen die »Diebeshöhle« (das Parlament) und die »Menschenfresser« (die Regierung) sowie die Wiedererlangung »einiger der Freiheiten […], die wir verloren haben« erhofften. Im Jahre 1795 hatte das Landwirtschaftsministerium sich für die Abschaffung des Gemeineigentums ausgesprochen. Thomas Malthus betrachtete die Waldökologie als ein Zivilisationshindernis: Die Wälder boten den Barbaren Schutz, dem »hydraköpfigen Ungeheuer«, das Rom überfallen und zerstört hatte. Die Abschaffung der Allmende war folglich gleichbedeutend mit der Erschlagung der Hydra, aber dies war keine einfache Aufgabe. In vielen Fällen schienen die Enteignungsmaßnahmen die Entrechteten zu mobilisieren, ein Punkt, den Thomas Spence in einen atlantischen Zusammenhang stellte: »Wir haben im Ausland und daheim, in Amerika, Frankreich und in unseren eigenen Flotten genug Bekundungen von Gemeinsinn gesehen, [...] um unendlich schwierigere Vorhaben in die Tat umsetzen zu können. [...] Das Volk braucht nur zu sagen ›Das Land soll unser sein‹, und es wird geschehen.« Despard war selbst Zeuge gewaltsamer Einhegungen und Widerstandsaktionen in Irland gewesen und hatte mit seinem Landumverteilungsprojekt in Belize den Zorn gewisser Kreise auf sich gezogen.[60]

Unter den Männern, die im November 1802 zusammen mit Despard im Oakley Arms verhaftet wurden, befand sich eine beträchtliche Anzahl von Handwerkern. Die Entwertung dieses Berufsstandes in den 1790ern manifestierte sich in Form von längeren Arbeitszeiten, weniger Feiertagen und der Intensivierung der im Laufe eines Arbeitstages kollektiv geleisteten Arbeit. Erreicht wurde dies zum einen durch die Einführung von Maschinen und zum anderen durch Überwachung. Die in den 1790ern eingeführte »cotton gin«, eine Entkörnungsmaschine für Baumwolle, und die Dampfmaschine gaben der Plantage und der Fabrik neuen Aufschwung, indem sie den Beweis erbrachten, dass der Einsatz von Maschinen durchaus nicht zu einer Verkürzung der Arbeitszeit, sondern ganz im Gegenteil zur Zunahme unbezahlter Arbeit führte. Im Jahre 1802 legten zweitausend Schiffbauer auf der Themse in Protest gegen Lohnkürzungen die Arbeit nieder. Dann schlugen die Wollscherer von Yorkshire zu, und in Wiltshire verschaffte sich der »gleichmacherische Geist« in Form von nächtlichen Angriffen auf Textilmaschinen Ausdruck.[61] Die Allmenderechte wurden für illegal erklärt und die Arbeiterschaft gespalten. Im Winter 1802/3 fand in den Londoner Docks ein erbitterter Kampf um die Erhaltung des gewohnten Einkommens statt. Colquhoun, ein schottischer Kaufmann, Plantagenbesitzer auf Jamaika und Gründer der Londoner Polizei, sprach sich für die Einfriedung der Docks und den Bau von Binnenschifffahrtswegen aus. Das von ihm eingeführte System der Präventivüberwachung war ein Angriff auf die Gewohnheitsrechte der »Wasserarbeiter« – oder, wie er es ausdrückte, der »Hydra in all den unterschiedlichen Formen, die sie annahm«.[62] Die Hydra zu erschlagen bedeutete, die gewohnten Einkommensformen zu kriminalisieren.

Despard hielt die Seeleute und Hafenarbeiter, die dritte bedeutende Gruppe, für eine besonders wichtige Größe in seinem Plan zur Einnahme Londons. Immerhin handelte es sich um etwa hunderttausend Männer, darunter viele Iren und Afrikaner, und sie waren seit Jahren rebellisch. Die Meuterei auf der HMS *Bounty* im Jahre 1789 fand auf einer Weltumseglung

Portal des Gefängnisses von Kilmainham, ca. 1796.
Foto: Peter Linebaugh

statt, deren Zweck darin bestand, im Pazifik Lebensmittel (Brotfrucht) zu beschaffen, mit denen aus Afrika importierte Menschen ernährt werden sollten, die sich wiederum auf westindischen Plantagen in Sklavenarbeit bei der Herstellung von Zucker abschufteten, der den Proletariern Europas Kalorien ohne Nährwert lieferte. Im Jahre 1797 brach auf der HMS *Hermione* vor der Küste Haitis ebenfalls eine Meuterei aus, die von einem Republikaner aus Belfast und einem Afroamerikaner aus New York angeführt wurde. Als im Mai und Juni 1797 Dutzende von Schiffsbesatzungen in ihren eigenen Heimatgewässern – den Schiffsliegeplätzen Nore und Spithead – meuterten, geriet das Gebäude des Empire ins Wanken, aber es hielt stand, wenn auch die Bank gezwungen war, vorübergehend ihre Goldzahlungen einzustellen. Hunderte von Männern wurden vor ein Kriegsgericht gestellt, aber von diesem Zeitpunkt an kamen sechzehn statt der gewohnheitsmäßig vom Proviantmeister ausgegebenen vierzehn Unzen auf ein Pfund. Im Januar 1802 wurden dreizehn Meuterer aus Admiral Campbells Geschwader vor Gericht gestellt und zum Tode verurteilt und im selben Monat sechzehn weitere Männer in Portsmouth hingerichtet. Am Heiligabend 1802 meuterten die

Besatzungen mehrerer Schiffe vor Gibraltar. Ende Januar 1803 strichen Seeleute in Yarmouth die Segel.

Despards zukünftiger Mitgefangener Thomas Spence war der Verfasser von *The Marine Republic* (1794), eines Entwurfs einer auf Gemeineigentum beruhenden Gesellschaft, der sich ausdrücklich an die einfachen Seeleute unter seiner Leserschaft richtete. Außerdem veröffentlichte er einen Bericht aus dem 17. Jahrhundert über die Masaniello-Revolte in Fortsetzungen, wobei er das Ende abwandelte, um die autonome Macht eines »getretenen und aufgebrachten Volkes« hervorzuheben.[63] Die Organisationsbestrebungen im Hafenviertel setzten sich ungeachtet der repressiven Bedingungen fort: »Seid nicht länger SKLAVEN«, lautete die eindringliche Mahnung auf einer gedruckten Karte, die schweigend von einer schwieligen Hand zur anderen gereicht wurde. Die Mitgliedskarte der L.C.S. für das Jahr 1797 zeigte einen Cartoon, in dem ein Mann vor dem Hintergrund eines in der Ferne ankernden Schiffes zu einem Boot eskortiert wird. »Komm schon, du schwarzer Tölpel«, sagt der rüpelhafte Seemann. Und die erstaunte Antwort lautet: »Herr im Himmel! Können Christen mit Menschenblut handeln?«[64] Despard war bei den Matrosen und Hafenarbeitern als ein Mann bekannt, »der irgendwo Gouverneur gewesen und dessen Männer aufrührerisch gewesen waren, und er hatte sie nicht bestrafen wollen und wurde deshalb aus seinem Amt geworfen«.[65]

Die vierte Gruppe bildeten die Iren. In gewisser Weise stellte die Verschwörung der Despards sowohl eine Fortsetzung der irischen Rebellion als auch ihre Ausweitung nach England dar, denn irische Seeleute, Soldaten und Arbeiter spielten darin eine zentrale Rolle. Sklaverei und Ethnie wurden zu einem gemeinsamen Anliegen: Ein Transparent bei einem Umzug von Reformern in Belfast im Jahre 1790 zeigte »einen gutgekleideten Negerjungen, der die Freiheitsmütze hoch empor hielt«. Das Liederbuch der United Irish aus dem Jahre 1795, *Paddy's Resource*, enthielt Lieder wie »The Captive Negro« und »The Negro's Complaint«.[66] 1795 meuterten irische Regimenter gegen den Dienst auf den Westindischen Inseln.[67] Thomas Russell wetterte in seiner Schrift *Letter to the People of Ireland* gegen die Sklaverei und das Grundherrentum. Russell war ein United Irishman und ein unverblümter Didaktiker; sein Ziel war nicht die Aufwertung der Populärkultur, sondern ihre Politisierung.[68] Dennoch, dieses Bestreben vertrug sich gut mit dem Gälischen, der Sprache, in der die ältesten Zeugnisse der Geschichte von unten entstanden waren, in der Prophezeiungen, Millenarismus und eine verkehrte Welt zur Schaffung von saoirse – Freiheit – beitrugen. Die United Irish waren immerzu unterwegs. Sie trugen die Botschaften, die sie in *Christ in Triumph Coming to Judgment* (1795), *The Cry of the Poor for Bread* (1796) und *The Poor Man's Catechism* (1798) fanden, zu Boxkämpfen, Hurlingspielen, Beerdigungen und zum gemeinsamen Kartoffelgraben. Dies war ein »gemeinschaftlicher Wissensschatz, der allen zugänglich war«, selbst Landstreichern wie Wladimir und Estragon en attendant Godot: »Man hat euch gesagt, dass Politik ein Gegenstand sei, über den ihr nicht nachdenken sollt: dass ihr das Urteil über Regierungsangelegenheiten den Reichen und Großen dieses Landes überlassen sollt. […] Wer gibt euch diesen Rat? […] Die Männer, die von eurer Unwissenheit und Unaufmerksamkeit profitieren. […] Warum solltet ihr nicht über Politik nachdenken? Denkt ernsthaft darüber nach; denkt über eure Herrscher nach, denkt über Republiken nach, über Könige.«[69]

Die Rebellion von 1798 endete in einem gewaltigen Blutbad: Dreißigtausend Menschen starben, weit mehr als in Robespierres Terrorregime. Viele United Irish wurden Castlereaghs Schätzung zufolge nach Jamaika deportiert und zum Dienst in den Regimentern eingezogen: »Sobald sie Waffen in die Hände bekamen, desertierten sie und flohen in die Berge, wo sich ihnen große Verbände von Natives und diejenigen Franzosen angeschlossen haben, die sich auf der Insel befanden. Es haben bereits einige Zusammenstöße zwischen dieser Gruppe und den königlichen Truppen stattgefunden: Auf beiden Seiten sind mehrere Männer getötet und verwundet worden.«[70] Im Jahre 1798 berichtete William Cobbett über die Annahme, dass in Virginia und den Carolinas »bereits einige der freien Neger in die Verschwörung der United Irishmen aufgenommen worden sind«.[71] Letztere waren sich darüber im Klaren, dass einer der Gründe für ihre Niederlage in Irland dem Umstand geschuldet war, dass sie es nicht geschafft hatten, die Hauptstadt Dublin einzunehmen.[72] Despard, der sich auf Jamaika eingehend mit dem Zusammenhang zwischen Aufstand von innen und Angriff von außen befasst hatte, wandte nun – zu einem Zeitpunkt, zu dem die Möglichkeit einer Invasion des revolutionären Frankreich drohend am Horizont stand – das gleiche strategische Kalkül auf die Londoner Verhältnisse an. Aber London war übervoll mit bewaffneten Ladenbesitzern – den »Volunteers« – ein Umstand, der Despard zu der Bemerkung veranlasste, er brauche fünfzehnhundert Männer, um die Stadt einzunehmen, aber fünfzigtausend, um sie zu halten. Zu diesem Zeitpunkt war er ein mit einer Afroamerikanerin verheirateter, mit mittelamerikanischen Natives befreundeter Bukanieranführer und Offizier der »United Irish«-Armee, und nun legte er die Hand ans Ruder eines revolutionären Schiffes mit atlantischer Besatzung.

Wie hatte Despard Bekanntschaft mit dem bunten Haufen gemacht? Einige Kontakte hatte er auf seinen Reisen geknüpft, andere durch politische Organisationen wie die United Irishmen und die L. C. S. Er beteiligte sich an Demonstrationen: Im Jahre 1795 zum Beispiel war er in der Downing Street Nr. 10 »in dem Mob« zu finden, »der Mr. Pitts Fenster einschlug« und dabei den Sprechchor »Kein Krieg, kein Pitt, billiges Brot« intonierte.[73] Andere lernte er in den Tavernen kennen, in denen die Pläne für den Aufstand geschmiedet wurden. Aber der wahrscheinlich wichtigste Treffpunkt für Aufrührer war das Gefängnis, die Höhle der Hydra, in der Despard einen großen Teil der 1790er zubrachte. Von 1792 bis 1794 saß er wegen Schulden im King's-Bench-Gefängnis. 1798, nach der Außerkraftsetzung des Habeas-Corpus-Gesetzes, war er sechzehn Monate lang im Cold-Bath-Fields-Gefängnis eingesperrt. 1799 wurde er ins Gefängnis von Shrewsbury verlegt. 1801 saß er erst im Tower und später im Tothill-Fields-Gefängnis. Während er »so lange in der Bastille eingesperrt war«, begegnete er aufrührerischen Soldaten und Seeleuten, Spenceanern, Handwerkern, Jakobinern und Demokraten.[74] Er saß im King's-Bench-Gefängnis, als Joseph Gerrard Unterschriften für eine Petition sammelte, die sich für das allgemeine Wahlrecht für Männer aussprach.[75]

Im Cold-Bath-Fields-Gefängnis war Despard mit mehreren Männern zusammen inhaftiert, die an der Nore-Meuterei beteiligt gewesen waren; aus der Zelle, in der er saß, waren zu einem früheren Zeitpunkt sieben Meuterer ausgebrochen. Lord George Gordon kam für Abendessen in Newgate auf, an denen »Menschen aller Ränge [...] teilnahmen, Jude und Nichtjude, Gesetzgeber und Handwerker, Offizier und Soldat, sie alle teilten ohne Unterschied«. Einer der Teilnehmer an diesen Zusammenkünften war James Ridgway, der Bücher und Pamphlete über den Abolitionismus, Irland und die Frauenrechte herausgab und auch Bannantanines Biografie über Despard aus dem Jahre 1799 veröffentlichte.[76] In Bezug auf den Boom im Gefängnisbau verkündete Burke mit hämischer Freude: »Wir haben Newgate wieder aufgebaut und das Herrenhaus vermietet.« Demgegenüber schrieb Lord George Gordon, der mit Masaniello verglichen wurde: »Wir haben guten Grund, in diesem fortgeschrittenen Zeitalter in Verteidigung unseres Lebens und unserer Freiheiten aus unseren Verliesen und Gefängnisschiffen laute Schreie hören zu lassen.«[77]

Despard hörte diese Schreie und lernte die Menschen kennen, von denen sie stammten. Auch Catherine Despard hörte die Schreie. Sie arbeitete mit den Ehefrauen und Freunden der Habeas-Corpus-Gefangenen zusammen und kämpfte für die Verbesserung der Haftbedingungen, denen ihr Mann und viele andere Gefängnisinsassen ausgesetzt waren. Sie organisierte eine Verteidigungskampagne im Parlament und in den Zeitungen. Im Dezember 1802 schrieben die Frauen von Gefangenen an Innenminister Pelham: »Auf Geheiß unserer Ehemänner Schreiben wir, um Eure Lordschaft zu Ersuchen, dass ihren Kümmernissen abgeholfen werden möge. Dieweil sie in Getrennten Zellen eingesperrt & Fast tot vor Kälte & Hunger sind, bitten wir Eure Lordschaft inständig, dass ihre Ketten, welche Doppelt schwer wiegen und ausnehmend schmerzlich sind, abgenommen oder ihre Last erleichtert werden möge.«[78] Die Haftbedingungen waren grausam, wie John Herrons Klage gegen Thomas Aris, den Direktor des King's-Bench-Gefängnisses, im Jahre 1801 an den Tag brachte: Herrons Zelle war sechs mal acht Fuß groß (weniger als zwei mal zweieinhalb Meter) und enthielt keinen Nachttopf; »der Unrat« wurde nur einmal die Woche abgeholt; seine Verpflegung bestand aus vierzehn Unzen Brot und zwei Schluck Wasser »durch die Tülle einer Zinnkanne«.[79]

Welche Ideen und Ideale bestimmten die Verschwörung der Despards? Als Richter Ellenborough im Jahre 1803 die Vorwürfe der Anklage zusammenfasste, zog er Despard für sein »wildes Projekt unmöglich herzustellender Gleichheit« zur Rechenschaft – ein Echo der von den Baymen im Jahre 1789 vorgebrachten Anschuldigung, er vertrete das »wilde und Gleichmacherische Prinzip Universeller Gleichheit«. Aber die Unterstellung, Despards Ideen seien utopisch (im wörtlichen Sinne des Wortes: Utopia = »Nicht-Ort«), entsprach nicht der Wahrheit. Es wäre zutreffender zu sagen, dass sie einer Vielzahl von Orten entstammten: Sie waren polytopisch. In das Freiheitskonzept, das Despard in seiner Galgenrede propagierte, waren die Vorstellungen von Menschen eingeflossen, die den »höchsten Begriff von Freiheit« hatten: den Miskito der nicaraguanischen Küste. Seine Vorstellung von Gleichheit war beeinflusst von den Kämpfen des buntscheckigen Haufens in der Amerikanischen Revolution. Sein Engagement für Gerechtigkeit war beeinflusst von den United Irishmen. Einer anderen Version seiner Galgenrede zufolge soll Despard gesagt haben: »Obwohl ich die Segnungen dieses göttlichen Wandels nicht mehr erleben werde, seid versichert, Bürger, dass die Zeit kommen wird – und das bald –, da die glorreiche Sache der Freiheit nachhaltig triumphieren wird.« Damit verglich er den revolutionären Kampf des Menschengeschlechts mit göttlichem Wirken. Obwohl er als Kind eine Abneigung gegen die Bibel gehabt hatte, hatte er sich seitdem mit Theologie befasst und andere Wahrheitssucher auf diesem Gebiet ausfindig gemacht. Nach seiner Rückkehr nach London hatte er in Finsbury den Schuster und Rabbi David Levi kennengelernt und mit dem bekannten Gelehrten und Verfechter des Jubeljahres sofort eine Diskussion über die millenaristischen Aspekte der Bibel angefangen.[80]

William Hamilton Reid, der Verfasser von *The Rise and Dissolution of the Infidel Societies in this Metropolis*, einer Abhandlung über Ketzerei, die mit Thomas Edwards' *Gangraena* aus dem Jahre 1646 vergleichbar war, hätte an Despards Interesse am Vergleich der Religionen Anstoß genommen. Reid blickte mit Sorge auf Plebejervereine, in denen sich Atheisten und Deisten, Millenaristen und Antinomier trafen, und schlug Alarm: »Diese Hydra hat zu viele Häupter, als dass sie mit einem Male zertreten werden könnten.« Die Ideen dieser heterodoxen Denker, die Reids Alpträume bevölkerten, gingen auf die Englische Revolution anderthalb Jahrhunderte zuvor zurück: Sie zweifelten die Autorität der etablierten Kirche an, sie gaben der menschlichen Form göttlichen Status (»Die ganze Gottheit ist der Person Jesu Christi eingeschrieben«, wie Muggleton es ausdrückte) und sie sahen die Person nicht an und ließen in den 1790ern – wie schon seinerzeit in den 1640ern – Lehrlinge predigen. Das theologische Merkmal des Antinomianismus des 17. Jahrhunderts war das »ewige Evangelium«, das folgendermaßen definiert wurde: »Dass kraft Christi Tod alle Sünden aller Menschen auf der Welt – Türken, Heiden, ebenso wie Christen – gegen das sittliche Gesetz und den ersten Bund wahrhaftig vergeben und verziehen sind, und das ist das ewige Evangelium.«[81] Nach 1783 predigten afroamerikanische Flüchtlinge dieses Evangelium in London. Einer von ihnen, John Jea (geb. 1773), ein Schiffskoch und Prediger aus Old Calabar, heiratete eine Irin und verbreitete das Wort Gottes in New York, Cork, Liverpool und Manchester. 1794 prophezeite Richard Brothers: »Alle sollen ein Volk sein [...] der Christ, der Türke und der Heide.« 1789 schrieb Blake in seinen Liedern der Unschuld:

Und jeder muß den Menschen lieben
In Heide, Jude oder Türk';
Wo Gnade, Liebe, Mitleid wohnen,
Da ist auch Gotts Bezirk.[82]

Blake hatte im Jahr 1780 an den Gordon-Aufständen teilgenommen, bei denen unter Führung ehemaliger Sklaven das Newgate-Gefängnis belagert worden war, und er kannte Ottobah Cugoano, einen Londoner Dienstboten, der ursprünglich von der Goldküste stammte und ein Sklave auf Grenada gewesen war. Cugoano war ein Sklavereigegner und versierter Prediger und Schriftsteller, der sich vehement für die Freiheit einsetzte und inbrünstig an das »ewige Evangelium« glaubte. In seinem in dem ausladenden Stil eines verdammenden Propheten gehaltenen Werk *Thoughts and Sentiments on the Evil of Slavery* (1787 und 1791) nahm er, statt auf verschiedene Menschen-»rassen«, auf die vielen Schattierungen des Regenbogens Bezug. Cugoano begrüßte die »verkehrte Welt«; er verteidigte amerikanische Natives, sprach sich gegen die Ausweitung der Todesstrafe aus, beharrte darauf, dass Menschen afrikanischer Herkunft ebenso »frei geboren« seien wie Engländer und verwies wiederholt auf seine »Mitgeschöpfe«. Er war davon überzeugt, dass Habsucht, Börsenspekulation und Privateigentum der Sklaverei Vorschub leisteten. Weiterhin predigte er, dass »eine Kirche eine Versammlung von Menschen bezeichnet; aber auch ein Gebäude aus Holz, Ziegeln oder Stein wird gemeinhin so genannt; und wenn die Leute von den vielen abscheulichen Kreaturen abgeschreckt werden, die sie dort vorfinden, so sollten sie der Menge auf die Felder, in die Täler, auf die Berge, Inseln, Flüsse und Schiffe folgen.«[83] Eben dorthin folgte Despard den Menschen, und diese wiederum folgten ihm – nachdem er den »göttlichen Wandel« geplant hatte, den er in seiner letzten Rede vorhersah – zu den Galgen oben auf dem Horsemonger Lane-Gefängnis. Dies war ihr Begriff von »Kirche« und entsprach ihrem Begriff vom »Menschengeschlecht«.

Despards Konzept des Menschengeschlechts verdankte einen großen Teil seiner Durchschlagskraft seinem Widerspruch zu einem rassifizierenden Konzept, das in den 1790ern aufgekommen war. In Irland säte der Oranier-Orden, der sich als terroristischer Mob zur Verteidigung von Kirche und König gegründet hatte, religiösen Fanatismus. Zwischen 1795 und 1797 hatte Dundas die Entsendung mehrerer gewaltiger Militärexpeditionen auf die Westindischen Inseln organisiert, die dem Schutz und der Sicherung der britischen Interessen im Sklavensektor dienen sollten; dieses Ziel hatte er erreicht – »Handel, Finanzen und Seemacht [...] wurden in triumphaler Weise gesichert« – aber um den Preis von hunderttausend Toten auf britischer Seite.[84] Damit berührten diese Expeditionen direkt oder indirekt das

Leben eines großen Prozentsatzes der englischen, walisischen, schottischen und irischen Bevölkerung, denn jedes Kriegsopfer hatte trauernde Freunde oder Verwandte, die sich fragen mochten, wofür dieser Mensch gestorben war. John Reeves, der Vorsitzende der Ausländerbehörde und des Verbandes zum Schutz von Freiheit und Besitz gegen Republikaner und Levellers, schlug aus dieser Erfahrung Kapital, indem er Lektionen in Rassismus erteilte[85], und Hannah More lehrte in ihren *Cheap Repository Tracts* – einer Reihe von moralisch-religiösen Traktaten – Herablassung, Verdummung und rassistische Stereotype:[86]

> TOM: Puh! Ich will Freiheit und Glück, wie sie's in Frankreich haben.
> JACK: Wie, Tom – wir sie nachäffen? [...] Eher würde ich mir meine Bildung bei den Negern oder meine Religion bei den Türken holen, als dass ich für Freiheit und Glück zu den Franzosen ginge.

Im Saint-Anne-Kirchspiel in Westminster führte der Verband im Jahre 1794 ein Verzeichnis, in dem »Hautfarbe, Alter, Anstellung &c. der Bewohner und Besucher« jedes einzelnen Hauses aufgeführt wurden. Elizabeth Hamilton schrieb in ihrem Roman *Memoirs of a Modern Philosopher* (1800), unter Radikalen herrsche die Annahme, die Hottentotten besäßen neue, unerhörte revolutionäre Energien.

Nach jedem großen Aufstand schritt die perfide Entwicklung der rassistischen Doktrin von der Überlegenheit der »weißen Rasse« weiter voran. Nach Tackys Revolte (1760) erging sich Edward Long über ganze Seiten seiner *History of Jamaica* (1774) hinweg über die – in Joan Dayans Worten – »unwirkliche Präzision bei der Unterwerfung von Menschen«.[87] Nach der Amerikanischen Revolution trug Samuel Smith mit seinem *Essay on the Causes of the Variety of Complexion and Figure of the Human Species* (1787) zu einer Neukonzeption des Rassismus bei. Mit dem Anspruch der Wissenschaftlichkeit wurden Untersuchungen über »Rasse« durchgeführt und menschliche Wesen einer analytischen, haarspalterischen Spezifizierung, Klassifizierung und Rassifizierung unterworfen. Im April 1794 maß ein Arzt aus Manchester namens Charles White, der John Hunters Vorträge über die unterschiedlichen Sterblichkeitsraten unter den Teilnehmern der San-Juan-Expedition gehört hatte, im Irrenhaus von Liverpool verschiedene Körperteile von Afrikanerinnen und Afrikanern. Als nächstes untersuchte er die Brüste von zwanzig Frauen in der Entbindungsanstalt von Manchester, ein

Projekt, in dem sich rassifizierender Dünkel mit Lüsternheit paarte.[88] 1795 hielt White selbst einen Vortrag, in dem er der Doktrin von der Überlegenheit der »weißen Rasse« »wissenschaftliche« Legitimität verlieh und zu dem Schluss kam, Schwarze befänden sich auf einer anderen Entwicklungsstufe des Menschengeschlechts.

Von Prices gefeierter Predigt aus dem Jahre 1790, in der er das Recht geltend machte, Regierende unehrenhaft zu entlassen, über Edmund Burkes wortgewaltigen rhetorischen Gegenschlag *Reflections on the Revolution in France* aus dem Jahre 1791 (in dem er das Volk als »schweinische Menge« bezeichnete) bis hin zu Tom Paines nicht weniger phrasenhaften, wenn auch schlichter gehaltenen *Rights of Man* schien es sich, wie E.P. Thompson hervorhob, bei der öffentlichen Debatte hauptsächlich um »eine englische Bewegung […] für eine englische Demokratie« zu handeln. Und daran schien sich im Zuge des weiteren Voranschreitens dieser Debatte – in Mary Wollstonecrafts *The Vindication of the Rights of Women* (1792), Thelwalls *The Rights of Nature* (1796) und Spences *The Rights of Infants* (1796) – auch nichts zu ändern. Aber es gab auch andere wichtige Stimmen. Im Jahre 1791 veröffentlichte Wolfe Tone *An Argument on Behalf of the Catholics of Ireland*, 1789 erschien die erste Auflage von Olaudah Equianos *Interesting Narrative*, das in den folgenden fünf Jahren neun Auflagen in England erlebte, und 1792 erschien C.F. Volneys *Die Ruinen oder Betrachtungen über die Revolutionen der Reiche* [im Original Französisch] in englischen und walisischen Übersetzungen. Die durchschlagendsten Elemente dieser Debatte entstammten nicht den Erfahrungen einer einzelnen Nation, sei es Englands oder irgendeines anderen Landes. Vieles wurde von außen hineingetragen, und Edward und Catherine Despard waren nicht die Einzigen, die dazu beitrugen, revolutionären Idealen eine kosmopolitische Ausprägung zu geben. Im Jahre 1789 erteilte der Irokesenanführer Joseph Brand dem irischen Patrioten Edward Fitzgerald bei ihrer gemeinsamen Reise durch die Wälder der Großen Seen Anschauungsunterricht in Brüderlichkeit; Fitzgerald hatte nach der Schlacht von Eutaw Springs (1780), in der ihm ein Afroamerikaner namens Tony Small das Leben gerettet hatte, auf den Westindischen Inseln gedient. John Oswald (1760–1793), der für den *Universal Patriot* schrieb, wurde auf Joanna Isle in der Passage von Mozambique von einem abessinischen Seher beschieden, »ob England, ob Joanna, sie seien alle Brüder«.[89] Jemima Wilkinson benannte sich im Jahre 1791 aufgrund einer spirituellen Erfahrung, die sie mit den Worten »Raum, Raum,

Raum in den vielen Wohnungen ewiger Herrlichkeit für dich und für jedermann« beschrieb, in »Universal Friend« um. Das Thema einer Predigt, die sie bei einer Versammlung des Rats der Sechs Nationen des Irokesenbundes am Seneca Lake im Jahre 1791 hielt, lautete: »Hat nicht Gott uns alle erschaffen?« Die Fragen, die auf der einen Seite des Atlantik gestellt wurden, warfen ganz ähnliche Fragen auf der anderen Seite auf. Im Jahre 1790 diskutierten die Sprecher in Coachmakers' Hall die Frage: »Welche Person verdient unsere Zuneigung am meisten, der FREUND – der PATRIOT – oder der WELTBÜRGER?«[90] Die Despards trugen dazu bei, einen Universalismus von unten voranzutreiben.

Andere setzten sich für die gleiche Sache ein, darunter Lord George Gordon, der im Jahre 1772 als Leutnant zur See mit dem Gouverneur von Jamaika über Sklaverei diskutiert hatte. Joseph Gerrard, der schottische Delegierte zum französischen Nationalkonvent von 1792, selbst ein ehemaliger politischer Gefangener, war als Sohn eines irischen Pflanzers auf St. Christopher geboren worden. Der bedeutende Rechtsanwalt Thomas Erskine hatte als Seemann auf den Westindischen Inseln mit »Negersklaven« und englischen Seeleuten getanzt.[91] Im Jahr 1790 wurde ein Seemann aus Bristol in Portland, Maine, gehängt, nachdem er der Teilnahme an einer Meuterei auf einem Sklavenschiff vor der westafrikanischen Küste für schuldig befunden worden war – die erste Hinrichtung, die von der Bundesregierung der Vereinigten Staaten von Amerika vollzogen wurde. Richard Brothers, ein Zeitgenosse Despards und Blakes, brachte zwölf Jahre als Leutnant der Navy vor der Küste Afrikas und den Westindischen Inseln zu, bevor er mit »Abscheu!« den Dienst quittierte, weil er, wie er die Kommission des Arbeitshauses, in dem er eingesperrt werden sollte, wissen ließ, »nicht guten Gewissens den Lohn für Plünderei, Blutvergießen und Mord empfangen konnte!« Er prophezeite, London werde am 4. Juni 1795, dem Geburtstag des Königs, von einem Erdbeben zerstört werden. Der König ließ ihn in ein Irrenhaus in Islington werfen, wo er den Rest seines Lebens zubrachte.

Im Februar wurde Despard hingerichtet. Toussaint L'Ouverture starb einige Monate später in einem Verlies in den Bergen, und Robert Emmet »segnete das Zeitliche« im September. Diese Männer verkörperten die »Prinzipien der Freiheit, der Menschlichkeit und der Gerechtigkeit«. Als die Ideale korrumpiert und die Aufständischen geschlagen waren, flohen die Besiegten ein weiteres Mal: Die aufrüttelnden Streitschriften verschwanden in Seemannstruhen, die Kampfeshymnen verloren ihre Kraft – die Geste des Aufruhrs wirkte außerhalb ihres Zusammenhangs nur noch befremdlich. Die Revolution zog weiter. Was zurückblieb, hatte nationalen und fragmentarischen Charakter: die *englische* Arbeiterklasse, der haitische *Schwarze*, die *irische* Diaspora. Damit war Edward und Catherine Despards Verschwörung für das Menschengeschlecht vorläufig gescheitert.

IX. KAPITEL

ROBERT WEDDERBURN UND DAS ATLANTISCHE JUBELJAHR

☆

Robert Wedderburn wurde kurz nach Tackys Revolte im Jahr 1762 auf Jamaika geboren. Seine Mutter war eine Sklavin namens Rosanna, sein Vater ein Sklavenhalter namens James Wedderburn. Ein Arzt, dessen Ländereien in Westmoreland (Mint, Paradise, Retreat, Endeavor, Inverness, Spring Garden, Moreland und Mount Edgcombe) bei seinem Tod exakt 302.628 Pfund, 14 Schilling und 8 Pence wert waren.[1] Wie Wedderburn in seiner Autobiografie schrieb, »beleidigte, missbrauchte und verließ« der Vater die Mutter.

> »ICH HABE MITANGESEHEN, WIE MEINE ARME MUTTER AN HÄNDEN UND FÜSSEN GEFESSELT AUF DEM BODEN AUSGESTRECKT UND AUF DAS UNZIEMLICHSTE AUSGEPEITSCHT WURDE, OBWOHL SIE ZUR NÄMLICHEN ZEIT SCHWANGER WAR!!! Und ihr Vergehen bestand darin, ihrer Herrin nicht mitgeteilt zu haben, dass ihr Herr ihr Ausgang gegeben hatte, um ihre Mutter in der Stadt zu besuchen!«[2]

Als sein Vater im Jahr 1766 seine Mutter verkaufte, wurde Robert der Obhut seiner Großmutter mütterlicherseits in Kingston anvertraut, die im Hafenviertel Käse, karierten Stoff, Chintz, Milch und Pfefferkuchen verkaufte und Waren für ihren Besitzer schmuggelte. Später sollte sich Wedderburn erinnern: »Es gab vielleicht keine bekanntere Frau in Kingston als meine Großmutter, die unter dem Namen Talkee Amy bekannt war.« Als Wedderburn elf Jahre alt war, musste er entsetzt mit ansehen, wie die siebzigjährige Frau fast zu Tode gepeitscht wurde. Ihr Herr war gestorben, nachdem er im Jahre 1773 auf einem seiner Schiffe beim Mahagonischmuggel

Robert Wedderburn.
Robert Wedderburn: The Horrors of Slavery (1824)

von den Spaniern abgefangen worden war. Vor seiner Abreise hatte er fünf seiner Sklaven freigelassen, nicht allerdings Talkee Amy; sein Neffe (und Erbe) war überzeugt, sie habe das Schiff verflucht, und bestrafte sie zur Vergeltung aufs Grausamste.

Die Disziplinarmaßnahmen, die Wedderburn mit ansah, waren typisch für seine Zeit. Der Fabrikaufseher hatte einen Stock. Der Plantagenaufseher schwang die Peitsche. Schulmeister und Eltern züchtigten ihre Kinder mit der Birkenrute. Kapitän und Bootsmann bedienten sich der neunschwänzigen Katze oder des Rattanrohrstocks; »whipping around the fleet« – eine Form der öffentlichen Auspeitschung, bei der der Verurteilte zu den im Hafen liegenden Schiffen gerudert wurde, um ausgepeitscht zu werden – war ein wahres Spektakel der Grausamkeit. Soldaten wurden von Offizieren, Trommlern und mitunter sogar von anderen Soldaten ausgepeitscht. Das Dreieck, eine aus drei Hellebarden bestehende Dreifußkonstruktion, an der das Opfer der Auspeitschung festgebunden wurde, war in Irland als Werkzeug imperialistischer Unterdrückung berüchtigt. Gewalt als Disziplinarmaßnahme war Gegenstand eingehender Untersuchungen: Ein Stabsarzt der britischen Armee, der die Pflicht hatte, Folteropfer am Leben zu erhalten, veröffentlichte im Jahr 1794 eine siebzigseitige Abhandlung zu diesem Thema.[3]

Auf Haiti erschien unterdessen im Jahr 1804 ein Handbuch über die Theorie und Praxis der Geißelung von Frauen.[4] Das Arsenal der Techniken, die die Mächtigen anwandten, um Arbeitskraft herzustellen und zu formen, umfasste Schnitt-, Stoß- und Rissverletzungen, Durchstechen, Fesseln, Quetschen und Festhalten. Als William Cobbett sich über die Verabreichung von fünfhundert Peitschenhieben an Soldaten, die für mehr Brot protestiert hatten, beklagte (sein zynischer Kommentar lautete: »Je fünfhundert Hiebe! Jawohl, so ist's recht! Peitscht sie, peitscht sie, peitscht sie!«), wurde er ins Newgate-Gefängnis gesteckt.[5]

Der Terror, von dem seine Mutter und Talkee Amy heimgesucht worden waren, sollte Wedderburn zeit seines Lebens begleiten.[6] 1778, während der Amerikanischen Revolution, trat er im Alter von siebzehn Jahren in die Royal Navy ein. Im Jahre 1780 beteiligte er sich an den von den Afroamerikanern Benjamin Bowsey und John Glover angeführten Gordon-Aufständen. Jahre später, 1797, sollte er bei der Nore-Meuterei eine Rolle spielen[7]. Zwischen diesen beiden Ereignissen trat Wedderburn, wie Tausende andere Arbeiter auch, in die methodistische Kirche ein.[8] Im frühen 19. Jahrhundert sollte er Thomas Spence begegnen und zusammen mit anderen altgedienten Mitgliedern der London Corresponding Society Spences revolutionärem Kreis beitreten. Auch die Nöte armer Handwerker waren ihm nicht fremd: Er hatte das Schneiderhandwerk gelernt, aber aufgrund des im Combination Act von 1799 festgeschriebenen Verbots von Gewerkschaftsaktivitäten wurden seine Kenntnisse nicht anerkannt und die Aufhebung der Lehrlingsklauseln des Lehrlingsgesetzes Elisabeths I. im Jahre 1814 sollte ihm das Leben schwer machen. Er saß wegen Diebstahls, Blasphemie und Betrieb eines Bordells Haftstrafen in den Gefängnissen von Cold Bath Fields, Dorchester und Giltspur Street ab. Er sah viele seiner Kameraden hängen, und er selbst lebte lange Zeit so, als »ob mein Hals in einer Schlinge stecke«.[9] Damit hatte Wedderburn mit der Plantage, dem Schiff, der Straße, der nonkonformistischen Kirche, dem politischen Verein, der Werkstatt und dem Gefängnis als Stätten proletarischer Aktivität Bekanntschaft gemacht.

Von der Geschichtsforschung ist Wedderburn vernachlässigt oder bestenfalls als Außenseiter betrachtet worden. Er scheint weder für die Geschichte der Arbeit noch für die Schwarze Geschichte ein geeignetes Subjekt zu sein: In ersterem Fachgebiet taucht er, wenn überhaupt, nur als Krimineller und Pornograf auf, in letzterem als durchtriebene und dümmliche Figur.[10] Unsere Gegenthese lautet, dass Wedderburn ganz im Gegenteil eine Figur von zentraler Bedeutung bei der Schaffung und Verbreitung revolutionärer Traditionen war, ein Intellektueller, dessen Leben untrennbar mit dem atlantischen Proletariat verbunden war. Im Folgenden werden wir die zentrale Idee seines Freiheitskonzeptes, das biblische Jubeljahr [auch Gnadenjahr], im Kontext eines bemerkenswerten Briefwechsels untersuchen, den er mit seiner Halbschwester Elizabeth Campbell, einer jamaikanischen Maroon, unterhielt. Darüber hinaus werden wir einen Blick auf sein Geschichtsverständnis und seine Analyse der Menschen und Kräfte werfen, die seiner Meinung nach eine transatlantische Revolution hervorbringen würden. Wir werden sehen, wie Wedderburn die Dualität von Religion und Säkularismus durch eine Verschmelzung von radikalem Christentum und einem Republikanismus Painescher Prägung überwand und beides mit einem proletarisch geprägten Abolitionismus verband. Wedderburn führte die Befreiungstheologie fort, die in der Englischen Revolution ihren Ursprung genommen, sich dann in westlicher Richtung über die Plantagen und das afrikanische Amerika verbreitet und schließlich in den 1780ern und 1790ern ihren Weg zurück nach London gefunden hatte.

DAS JUBELJAHR

Eine von Wedderburns Hauptideen war die biblische Tradition des Jubeljahres, die einen Versuch darstellte, den Problemen der Armut, der Sklaverei, der Fabrik und der Plantage beizukommen. Das Jubeljahr war ein Befreiungsplan; es tauchte sowohl im Alten Testament (als Rechtsbrauch der Landumverteilung) als auch im Neuen Testament (als Teil der Erfüllung einer im Buch Jesaja gemachten Prophezeiung) auf. Das Konzept des Jubeljahres hatte sechs Bestandteile. Erstens: Es fand alle fünfzig Jahre statt. Zweitens: Land wurde den ursprünglichen Eigentümern zurückerstattet. Drittens: Alle Schulden wurden erlassen. Viertens: Sklaven und Schuldknechte und -mägde wurden freigelassen. Fünftens: Es war ein Brachjahr. Sechstens: Die Arbeit ruhte.

Mit seinen Ausführungen über das Jubeljahr in den Briefen an Elizabeth Campbell schloss Wedderburn sich einer weitreichenden Debatte an. Georg III. hatte vor, anlässlich seines fünfzigjährigen Thronjubiläums ein royalistisches Jubeljahr für sich selbst auszurichten, das nicht das Geringste mit Schuldenerlass, der Freilassung von Sklaven oder Landumverteilung zu tun haben würde. Samuel Taylor Coleridge propagierte eine irreführende Version des Jubeljahres, in der der aktive Akt der Befreiung in eine »bildhafte Sprache« voller Rhetorik, Allegorie und pedantischer, zynischer Kritik übersetzt wurde, die dem biblischen Kampfinstrument die revolutionäre Durchschlagskraft nahm. Im Jahre 1794 hatte Coleridge voll jugendlichem Radikalismus in *Religious Musings* geschrieben:

[...] die gewaltige Familie der Liebe
Durch gemeine Arbeit aus der gemeinen Erde erhoben
Wird zu gleichen Teilen die Früchte der Arbeit genießen.
Und alle Wonnen, die zur Erde sich senken
Werden dem Besucher vergönnt sein, wenn die erhabene Stunde
Des Jubeljahres einst schlägt, und die schweren Tore
Des Paradieses weit aufgestoßen werden [...]

Dies war eine Vision, die zwar von Hoffnung erfüllt war, aber den präzisen Charakter der mosaischen Agrargesetze vermissen ließ. Wedderburn propagierte eine proletarische Version des Jubeljahres, deren neuzeitliche Ursprünge sich einerseits in den theoretischen und praktischen Werken Thomas Spences und andererseits in der anonymen Tradition mündlicher Überlieferung afroamerikanischer Sklavinnen und Sklaven fanden. Wie James Cone schrieb: »Für die Unterdrückten macht es wenig Unterschied, wer eine bestimmte Bibelstelle verfasst hat; wichtig ist, ob sie sich als Waffe gegen Unterdrücker verwenden lässt.«[11] Wedderburn, die Methodisten und die Baptisten führten diese beiden Traditionen zusammen und sagten damit den adligen und literarischen Versionen des Jubeljahres den Kampf an. Angesichts dessen, dass Wedderburns Jubeljahr ein zentraler Bestandteil der Geistesgeschichte des atlantischen Proletariats war und in einer Richtung zu dem Generalstreik und der chartistischen Landpolitik der 1830er und in einer anderen zur Abschaffung der Sklaverei in Amerika führte, erscheint es sinnvoll, dieses Konzept eingehend zu untersuchen.[12]

Das dritte Buch Mose entstand nach der babylonischen Gefangenschaft, am Ende des 6. Jahrhunderts v. Chr., als Rabbiner Gesetze, Lieder, Gedichte, Kultbräuche, Traditionen und mündliche Überlieferungen zusammentrugen, kopierten, bearbeiteten und zu den ersten fünf Büchern des Alten Testaments, der Torah, zusammenfassten. Das 25. Kapitel des dritten Buch Mose bewahrte die Erinnerung an ein vergangenes, egalitäreres Zeitalter auf, in dem die Menschen von Landwirtschaft (Getreide-, Oliven- und Weinanbau) und Hirtenwirtschaft (Kuh-, Schaf- und Ziegenhaltung) gelebt hatten, während sich um sie herum immer deutlichere Klassenunterschiede herausbildeten. Das Jubeljahr war ein wichtiger Bestandteil der visionären Politik der Propheten. Dies galt besonders für Jesaja, Jeremia und Hesekiel, deren Anliegen es war, die Menschen von Götzenanbetung und Habgier abzubringen, und die sich auf der Suche nach einem tugendhafteren Leben der Vergangenheit zuwandten. Vor diesem Hintergrund prangerte Jesaja die Grundherren an:

Weh denen, die ein Haus an das andere ziehen
und einen Acker zum andern bringen, bis dass kein Raum mehr da sei,
dass sie allein das Land besitzen! (Jes 5, 8)

Die Bedeutung des Jubeljahres lag, wie im Buch Jesaja ausgeführt wird, in den Erfahrungen und Kämpfen der Unterdrückten:

Der Geist des HERRN ist über mir,
darum dass mich der HERR gesalbt hat.

Thomas Spence.
Robert Robinson: Thomas Bewick: His Life and Times (1887)

Er hat mich gesandt, den Elenden zu predigen,
die zerbrochenen Herzen zu verbinden,
zu verkündigen den Gefangenen die Freiheit,
den Gebundenen, dass ihnen geöffnet werde;
zu verkündigen ein gnädiges Jahr des Herrn
und einen Tag der Rache unsers Gottes,
zu trösten alle Traurigen. (Jes 61, 1-2)

Damit erweiterte Jesaja die Bedeutung des Jubeljahres: Was im dritten Buch Mose noch eine Maßnahme zur Erlangung sozialer Gerechtigkeit gewesen war, wurde nun zu einem Tag der Vergeltung im Namen der Elenden, der Gebundenen, der Untröstlichen, der Gefangenen und der Trauernden. Jesaja war das Sprachrohr einer Klasse, die nicht länger um Reformen bettelte, sondern Gerechtigkeit forderte. Als Jesus nach Nazareth zurückkehrte und zu predigen begann, ging er in die Synagoge, öffnete die Schriftrolle Jesaja an dieser Stelle und sagte: »Heute ist dieses Wort der Schrift erfüllt vor euren Ohren.« Die Erfüllung des Jubeljahres war folglich keine Frage der Interpretation, sondern der Umsetzung in die Tat. Das Befreiungsversprechen des Jubeljahres hatte sich von seiner Form als Gesetz (im dritten Buch Mose) über seinen poetischen Ausdruck (im Buch Jesaja) bis hin zu seiner Erfüllung (im Lukasevangelium) erhalten, und es beinhaltete die Forderungen nach Landrückgabe, Freilassung der Leibeigenen, Schuldenerlass und dem Ende der Arbeit.

In der Neuzeit wurde die Idee des Jubeljahres von den englischen Revolutionären der 1640er – unter anderem von James Nayler und den Quäkern und Gerrard Winstanley und den Diggers – als Instrument des Widerstandes gegen Enteignung und Sklaverei eingesetzt. Die Idee überlebte die Revolution und wurde von John Milton, John Bunyan und James Harrington (Oceana) weitergetragen. Nach ihrer Wiederbelebung im späten 18. Jahrhundert tauchte sie sporadisch im Zeitalter der Amerikanischen Revolution auf (eine gewisse Janet Schaw, die im Jahre 1775 auf den Westindischen Inseln war, um dort Weihnachten zu feiern, berichtete, dass die Sklaven diesen Feiertag als »allumfassendes Jubeljahr« bezeichneten) und gewann in den 1780er Jahren im gesamten atlantischen Raum immer größere Bedeutung.[13] Im Jahr 1769 wurde in London *Trinculo's Trip to the Jubilee* auf die Bühne gebracht. Im Jahr 1782 schrieb Thomas Spence *The Jubilee Hymn; Or, A Song to be sung at the Commencement of the Millennium, If Not Sooner.* Diese

Hymne wurde nach der Melodie der Nationalhymne, *God Save the King*, (oder – später in Amerika – nach der von America) gesungen:

HORCHT! Wie der Posaunenschall
Verkünd't im Lande überall
Das Jubeljahr!

Das Szepter brach entzwei
Das in steter Tyrannei
Auf die Nation einhieb.
Die Hölle, die sich einst
In ihrer stolzen Pracht
Vor unserm Blick erhob,
Ist nun zu Fall gebracht!

Es hat das Jubeljahr
Die Freiheit uns gebracht.
Lasset uns fröhlich sein.
Nun kann ein jedermann
Zurückkehr'n auf sein Land
Muss nie mehr stöhnend leiden
Unter der Grundherrn Hand!

Spence wurde 1750 in Newcastle geboren. Er wuchs als eines von neunzehn Kindern im Hafenviertel auf und schloss sich in jungen Jahren der Gemeinde eines abtrünnigen Presbyterianers namens John Glas (1695–1773) an, der den Glaubenssätzen der Urchristen folgte, so wie er sie verstand: einfache Gesetze, keine Strafgesetzgebung, keine Anhäufung von Besitz, Liebesmähler, Graupensuppe, die Gabe der Rede und reichlich Gesang. Spences Mentor war Dr. James Murray, ein Anhänger der Amerikanischen Revolution und Gegner der Einhegungen, der in seinen *Sermons to Asses* – Predigten an Esel – aus dem Jahr 1768 die Frage stellte: »Handeln Menschen jemals einem göttlichen Gesetz zuwider, wenn sie sich wieder in den Besitz ihrer Rechte setzen und ihr Eigentum aus den Händen derer zurückerobern, welche es entgegen den natürlichen Gesetzen an sich gerissen haben?« Und darüber hinaus: »War das jüdische Jubeljahr ein gleichmacherisches Projekt?« Diese Fragen waren in Newcastle besonders relevant: Dort hatte die Bourgeoisie zu diesem Zeitpunkt vor, 89 Acres der städtischen Allmende zu verkaufen oder zu verpachten, ein Vorhaben, das die Commoners vereitelten, indem sie Haus und Zäune des Pächters einrissen und sein Vieh vertrieben. Inspiriert von diesem Sieg hielt Spence im Jahr 1775 vor der Philosophischen Gesellschaft von Newcastle einen Vortrag, in dem er die Abschaffung des Privateigentums vorschlug: »Das Land eines jeden Volkes«, führte er aus, »ist genau genommen sein Gemeinbesitz.« Und im Weiteren betrachtete er das Thema unter einem historischen Blickwinkel: »Die ersten Grundbesitzer [waren] Landräuber und Tyrannen« – und für ihre Erben galt das Gleiche. Alle anderen waren zu Fremden in ihrem eigenen Heimatland geworden. Er schlug vor, einen Tag festzusetzen, an dem die Einwohner aller Gemeinden sich versammeln und »sich in den Besitz ihrer lange verlorenen Rechte setzen« sollten. Wenig später begann Spence, dieses Ereignis als »Jubeljahr« zu bezeichnen; die Philosophische Gesellschaft sollte ihn für seine »IRRIGEN und gefährlichen gleichmacherischen Prinzipien« verurteilen.[14]

Das Jubeljahr war das Herzstück dessen, was als »Spences Plan« bekannt werden und mit Kreide an Wände geschrieben, auf Münzen geprägt, in Form von billigen Traktaten auf der Straße verhökert und in Tavernen gesungen werden sollte. Vier Mal wurde Spence in den 1790er Jahren als aufwieglerischer Schriftsteller und »gefährliches Ärgernis« verhaftet. Trotz der Zuchthaus- und Gefängnisstrafen und der Beleidigungen und Morddrohungen seitens verschiedener Mitglieder des Verbandes zum Schutz von Freiheit und Besitz gegen Republikaner und Levellers ließ er sich nicht beirren. Anlässlich des Todes von Lord George Gordon, dem Aufrührer von 1780, ließ er eine Gedenkmünze zu dessen Andenken prägen. In *The End of Oppression; Or, a Quartern Loaf for Two-Pence; being a Dialogue between an Old Mechanic and a Young One* schrieb er, die Revolution könne von ein »paar tausend tüchtigen, entschlossenen und wohlbewaffneten Kerlen« durchgeführt werden. Im Jahre 1802 sollte der englische Premierminister davon in Kenntnis gesetzt werden, dass es kaum eine Mauer in London gebe, auf der nicht in Kreide die Parole »Spences Plan und volle Bäuche« zu lesen sei.

Nachdem Spence im Jahre 1792 nach London umgezogen war, richtete sich sein Blick auf die atlantische Dimension. Insbesondere interessierte ihn die Frage, worin der Beitrag von Seeleuten, amerikanischen Natives und Afroamerikanern zu einer weltweiten revolutionären Bewegung bestehen könne. Mit der Hydrarchie befasste er sich in seiner Schrift *The*

Marine Republic (1794), in der ein Mann auf dem Sterbebett seinen Söhnen ein Schiff vermacht. Es solle, betont der Mann ausdrücklich, »GEMEINBESITZ sein. Ihr sollt es alle ZU GLEICHEN TEILEN BESITZEN und die Erträge jeder Reise zu gleichen Teilen untereinander aufteilen.« Seine Anordnungen sind wie die Artikel eines Piratenkodex in Form einer Verfassung gehalten. Als seine Söhne, die Bürger der Seerepublik, die dem Buch seinen Titel gibt, Englands repressiver Regierung überdrüssig sind, »stechen sie in Richtung Amerika in See, wo sie eine Regierung vorzufinden [erwarten], die ihren Vorstellungen von Gleichheit und Gerechtigkeit eher entspricht«. Als sie auf einer unbewohnten Insel Schiffbruch erleiden, gründen sie die Republik Spensonia, die »ihren Blick zurück auf die mittelalterliche Kommune und nach vorne auf das Dahinschwinden des Staates richtet«.[15]

In *The Reign of Felicity* (1796) entwarf Spence einen Dialog, in dem eine Person die Bemerkung macht, die Natives seien »die einzigen verbleibenden freien Menschen auf dem Antlitz der Erde«, und eine andere erklärt, dass die Natives im Unterschied zu europäischen Arbeitern »nicht von sklavischer Gewohnheit verkrümmt seien«. Spence glaubte – wie Christian Gottlieb Priber vor ihm im selben Jahrhundert –, dass die amerikanischen Natives die Sklaven und entrechteten Arbeiter, die der europäische Imperialismus hervorgebracht hatte, anziehen und auf ihrem Weg zur Befreiung unterstützen würden. Er wusste von der Existenz der dreiethnischen Gemeinschaften unter den Seminolen und im Südosten der USA. 1814 sollte er in *The Giant Killer* mit Verve das Cherokee-Territorium verteidigen. Im selben Jahr sollten die Muskogee bei einem Aufstand (der stark unter dem Einfluss von Tecumsehs indigenen Einigungsbestrebungen auf der einen Seite und dem afroamerikanischen Befreiungskampf auf der anderen stand) in der Schlacht am Horseshoe Bend vernichtend geschlagen werden. Apokalyptische Lehren (»da sich der Mond in Blut verkehren würde«), die Anwesenheit zahlreicher Métis, das Erdbeben von 1811, die Anführer Paddy Walch und Peter McQueen und ein neuer Tanz hatten allesamt das ihre dazu beigetragen, dass sich die Muskogee in dem verzweifelten Versuch vereinten, sich gegen die »ecunnaunuxulgee« (Menschen, die gierig nach Land greifen) zur Wehr zu setzen, die ihnen die Baumwollplantage bringen sollten.[16] Spence verstand auch das Interesse der Afroamerikaner und -amerikanerinnen am Jubeljahr:

Denn das Millennium mag, wer weiß,
Aus meinem armen Schädel entspringen?

Und ebenso mag es auf Gottes Geheiß
Auf den Westindischen Inseln beginnen?

Dieser Gedankengang führt uns zurück zu dem Westinder Wedderburn und der afroamerikanischen Jubeljahrtradition, die ihren Ursprung in einer subversiven Auslegung der Bibel hatte und über Generationen in diesem Geist fortgeführt wurde. Ähnliche Auslegungen hatten schon früher auf das revolutionäre Christentum eingewirkt oder sich darin niedergeschlagen: Sie fanden sich in den Ideen der »Schwarzmohrenmagd« namens Francis und der Unterhaltung zwischen Sarah Wight und der »Mohrin« Dinah über den biblischen Bericht von der Befreiung aus der ägyptischen Sklaverei; sie fanden sich in der Art und Weise, in der sich Sklavinnen und Sklaven die radikale Botschaft der Wanderprediger des Großen Erweckens zunutze machten, um ihren eigenen neuen Freiheitsentwurf auszuarbeiten, und sie fanden sich in dem Einfallsreichtum der Sklaven und ihrer Unterstützer im Zeitalter der Amerikanischen Revolution, die mit Hilfe der Bibel nicht nur ein Ende der Knechtschaft vorhersagten, sondern den Einsatz von Gewalt bei der Herbeiführung dieses Endes rechtfertigten. Der Sklavenwiderstand der 1760er und 1770er Jahre veranlasste viele Menschen dazu, öffentlich Stellung gegen die »Menschenstehlerei« und die Sklaverei selbst zu beziehen. Einer von ihnen war John Wesley, der Gründer des Methodismus, der im Jahre 1774 seine *Thoughts on Slavery* veröffentlichte. Er kam (ähnlich wie der Revolutionär J. Philmore) zu dem Schluss, dass »Freiheit das Recht einer jeden menschlichen Kreatur ist, sobald sie die lebensnotwendige Luft einatmet. Und kein menschliches Gesetz kann sie eines Rechtes berauben, welches sie aus einem Naturgesetz bezieht.« Diese Ansichten sollten für die nächsten fünfzig Jahre in die Evangelisations- und Missionsarbeit der Methodisten einfließen. Die Baptisten nahmen eine ähnliche Haltung ein.[17]

Dass Geistliche wie diese allerdings nicht unbedingt bedingungslose Abolitionisten waren, zeigt ein Blick auf Wesleys rechte Hand, Thomas Coke, der in den 1780er Jahren die Methodistenmissionen gründete und im Laufe seines Lebens achtzehn Mal den Atlantik überquerte. Er war stolz auf die irischen Methodisten, die im Frühjahr 1798 die Pläne der United Irishmen zur Einnahme Dublins verrieten, und er glaubte, dass die Methodisten maßgeblich dafür verantwortlich gewesen seien, dass es in den 1790ern auf englischen Inseln keine Aufstände westindischer Sklaven gegeben habe: »Wenn sie nur Religionsfreiheit haben, so ist ihre irdische Sklaverei im Vergleich eine Kleinigkeit.« In den Jahren 1800 und 1801 erstattete er der Regierung über die umstürzlerischen Aktivitäten obskurer, bescheidener Kirchengemeinden im Norden Englands Bericht.[18] Und dennoch: Die Debatte über das Jubeljahr wurde dermaßen breit geführt, dass er dem 25. Kapitel des 3. Buch Mose in seinem *Commentary on the Holy Bible* (1801) beträchtliche (wenn auch zweifelhafte) Aufmerksamkeit widmete. Coke ging von dem Ansatz aus, dass das Land Ruhe brauche. Ein Jubeljahr würde den »befruchtenden Einfluss göttlicher Macht« demonstrieren, die Habgier zügeln und den ehrgeizigen Plänen Einzelner einen Riegel vorschieben, die zum Zweck der Unterdrückung anderer Landbesitz anzuhäufen versuchten. Coke sprach sich weder für ein Jubeljahr von unten aus, noch billigte er eine Agrargesetzgebung oder brachte diese Praxis mit der englischen Allmende oder dem amerikanischen Gemeineigentum in Verbindung. Er schien die Einschätzung Maimonides' zu teilen, dem zufolge ein Jubeljahr zu Saturnalien führen würde, bei denen »ein jeder sich eine Krone aufs Haupt setzt«.[19]

In den 1780er Jahren begannen methodistische und baptistische Geistliche – darunter sowohl Prediger mit Schulbildung als auch mittellose selbsternannte »Büttenprediger« – vor größtenteils armen Kirchengemeinden in Großbritannien, der Karibik und Nordamerika die Nachricht vom Jubeljahr zu verkünden. Unter ihnen befand sich eine wachsende Anzahl von Afroamerikanern, darunter (abgesehen von Wedderburn) Moses Baker, George Liele, Moses Wilkinson, John Marrant, Thomas Nicholas Swigle, Richard Allen, Absalom Jones, John Jea und George Gibb.

Die Geschichte von Moses, die Befreiung aus der ägyptischen Sklaverei und das Jubeljahr waren allesamt von großer Bedeutung für diese Geistlichen und ihre Anhänger. Auf der Methodistenkonferenz von Baltimore im Jahre 1780 wurde vor der versammelten gemischtethnischen Gemeinde verkündet, dass »die Sklaverei den göttlichen, menschlichen und natürlichen Gesetzen zuwiderläuft« – ein Credo, das fünf Jahre später mit der Zulassung von Sklavenhaltern zur Gemeinde de facto außer Kraft gesetzt werden sollte. Auch die Baptisten predigten ein Ende der Sklaverei im Allgemeinen und den Anbruch des Jubeljahres im Besonderen. Eine ganze Anzahl von Geistlichen verbreitete diese Botschaft in alle Himmelsrichtungen. Liele zum Beispiel verließ Savannah im Jahre 1782 und ließ sich in Kingston, Jamaika, nieder, wo er zwei Jahre später die erste baptistische Kirche der Insel gründete. »Das Predigen zeitigte große Wirkung unter dem ärmeren Volk, besonders unter den Sklaven«, mit denen er als Fuhrmann zusammenarbeitete. Andere Geistliche verließen Nordamerika mit der britischen Armee und trugen ihr revolutionäres Erbe nach Neuschottland, Britisch-Honduras, London und Sierra Leone.[20]

Innerhalb dieser atlantikumspannenden Kreisläufe wurde die Nachricht vom Jubeljahr nicht nur durch Predigten, sondern auch durch Gesang weitergegeben, vor allem bei den Erweckungsversammlungen und Zeltgottesdiensten zur Zeit der sogenannten Zweiten Großen Erweckung im frühen 19. Jahrhundert. Geistliche, »obeah men« und sogenannte »Ermahner« vermittelten einen »call-and-response«-Gesangsstil, der auch als the shout bezeichnet wurde und sich durch komplexe Rhythmen, verkürzte Tonleitern, Körpereinsatz und die ausgedehnte Wiederholung kurzer melodischer Phrasen auszeichnete. Musikwissenschaftler haben auf die Einflüsse afrikanischer Lieder, Arbeitslieder und indigener Tänze auf den shout hingewiesen. Die Praxis, Lieder und Bibelpassagen durch sogenanntes »lining out« weiterzuvermitteln (bei dem jemand, der lesen konnte, eine Zeile vorsang, die dann von denen, die nicht lesen konnten, nachgesungen wurde, und so fort) garantierte eine enge, überschwängliche Beziehung zwischen Vorsänger und Chor. Der Kontrast zu dem steifen, hierarchischen religiösen Zeremoniell und Gesang der Oberschicht hätte kaum größer sein können.[21]

Sklaven und freie Schwarze wie Wedderburn übernahmen Bibelpassagen wie die über das Jubeljahr von Baptisten- und Methodistenpredigern und gaben ihnen eine neue, rebellische Bedeutung. Im Jubeljahr 1800 organisierte Gabriel einen Sklavenaufstand in Richmond, Virginia. Er und seine militanten Mitverschwörer waren vom Erfolg der Revolution auf Haiti beflügelt, von den Lehren abolitionistischer Quäker, Methodisten und Baptisten bestärkt und von französischen Revolutionären – und möglicherweise von United Irishmen – unterstützt worden. Ein Prediger und Ermahner namens Mingo las die Geschichten von Moses und Josua vor. Gabriel war besonders vom 15. Kapitel des Buches der Richter angetan, in dem es von Simson heißt, er »schlug sie hart, an Schultern und an Lenden«, und habe »durch eines Esels Kinnbacken [...] tausend Mann geschlagen«. Gabriels Aufstandsplan wurde durch einen Sturm vereitelt. Anschließend wurden 35 Menschen gehängt, religiöse Gemeinden noch stärker segregiert und Gesetze erlassen, die Gebetstreffen zwischen Sonnenuntergang und -aufgang untersagten.[22]

In Bezug auf Alter und Erfahrungshintergrund stand Wedderburn der 1767 in der Karibik (auf der Jungferninsel St. Thomas) geborene Denmark Vesey näher – ein guter Seemann, der zum Methodismus übergetreten war.

Der schwarze Zwerg, 1819.
The Carl H. Pforzheimer Collection of Shelley and His Circle, New York Public Library, Astor, Lenox, and Tilden Foundations

Vesey war ein Kosmopolit; er hatte als Sklave auf Saint-Domingue gearbeitet, bei den Herrnhuter Brüdern Unterricht erhalten und mehrere Sprachen gelernt. Er ließ sich mit seinem Herrn, einem Kapitän, in Charleston,

South Carolina, nieder, wo der Methodist Francis Asbury in den turbulenten 1790er Jahren über Jesaja 61 und das darin enthaltene Versprechen predigte, »zu verkündigen den Gefangenen die Freiheit«. Vesey wurde eines der führenden Mitglieder der freien Schwarzen Gemeinschaft und der methodistischen Kirche. Auch er bezog Anregungen aus dem Sieg auf Haiti – wenn nicht sogar direktere Unterstützung: Einer seiner Mitverschwörer, Monday Gell, stand möglicherweise mit dem Präsidenten der Schwarzen Republik im Briefkontakt. Im Jahre 1809 schmuggelte der Schwarze Schiffssteward der *Minerva* aufrührerische Pamphlete nach Charleston, die Vesey – wie auch die Bibel – laut vorlas. Im Jahr 1820 verabschiedeten die Plantagenbesitzer ein Gesetz gegen »aufwieglerische Schriften«. Zwei Jahre später stellte Vesey sich selbst an die Spitze eines offenen Aufstandes, an dem dreißig Menschen beteiligt waren, darunter ein Maler namens Jack Glenn, der über die Befreiung aus der Knechtschaft sprach, Monday, ein Igbo vom unteren Niger, »Gullah Jack«, ein Geisterbeschwörer, und Peter Royas, ein Schiffszimmermann, der glaubte, dass die Gruppe Unterstützung aus England erhalten werde. So entstand dank Veseys Organisationsarbeit eine Koalition von Arbeitern, die unterschiedlichen Berufsgruppen (Landwirtschaft, Handwerk und Seefahrt) und den unterschiedlichen Traditionen Afrikas, Englands, der Westindischen Inseln und den Amerikas entstammten. Die Revolte brachte die Macht des transatlantischen Panafrikanismus zum Ausdruck und versetzte die sklavenhaltende Herrscherklasse in Angst; die Herren von Charleston reagierten prompt mit dem Erlass des »Negerseemannsgesetzes« von 1822, das dem Sheriff das Recht gab, an Bord jedes einlaufenden Schiffes zu gehen und jeden beliebigen Schwarzen Seemann in Haft zu halten, solange das Schiff im Hafen von Charleston lag.[23]

Weniger als ein Jahrzehnt später begannen Seeleute, David Walkers *Appeal to the Coloured Citizens of the World, but in particular, and very expressly, to those of The United States of America* (1829) in die Hafenstädte des amerikanischen Südens zu schmuggeln. Walker berief sich auf das Vermächtnis der Revolutionen in Amerika und auf Haiti: Er entlarvte die Gemetzel, Grausamkeiten und Morde, die die Sklaverei mit sich brachte, er wetterte gegen habsüchtige Unterdrücker und scheinheilige Christen, er widerlegte die rassistischen Argumente Thomas Jeffersons, und er rief mit unanfechtbarer Logik zu einem bewaffneten Befreiungskrieg auf. Sein *Appeal*, der stark auf die apokalyptisch-prophetische Tradition Hesekiels und Jesajas zurückgriff, wurde schnell zum Manifest panafrikanischer Freiheit.[24]

Allgemeines Wahlrecht oder der Abschaum zuoberst–!!!, von George Cruikshank. Privatsammlung.

Oh, die Herren rennen, ha!
Und die Farbigen bleiben, ho!
Jetzt kommt wohl das Himmelreich
Und das Jahr Jubilo

– bis er schließlich mit den Fisk Jubilee Singers der Nach-Bürgerkriegsära eine Art Ausklang fand.[27] Der Methodist und Spenceaner Wedderburn war genau der richtige Mann am richtigen Platz für die Aufgabe, die revolutionäre atlantische Jubeljahrtradition zu erfassen und voranzutreiben.

DER WEDDERBURN-CAMPBELL-BRIEFWECHSEL

Wedderburn erörterte das Jubeljahr in seinen Briefen an seine Halbschwester Elizabeth Campbell, eine jamaikanische Maroon. Sein Hauptinteresse bezog sich dabei auf eine Diskussion über die Freilassung von Campbells eigenen Sklavinnen und Sklaven als Auftakt zu einer inselweiten Freilassung aller Sklaven. Diese Korrespondenz, die erstmals in *The Axe Laid to the Root, or a Fatal Blow to Oppressors, Being an Address to The Planters and Negroes of the Island of Jamaica*, einer von Wedderburn im Oktober 1817 geschriebenen und herausgegebenen Zeitung, veröffentlicht wurde, ist eine unvergleichliche Informationsquelle über das atlantische Proletariat.[28] Die Ankunft Tausender von Sklavinnen und Sklaven und freien Schwarzen im Anschluss an die Amerikanische Revolution und den Ausbruch der Revolution auf Haiti im Jahre 1791 hatte den Afro-Jamaikanern neuen Antrieb zur Agitation und Selbstorganisation gegeben. Spätestens im Jahr 1792 hatten sie begonnen, Geheimgesellschaften zu gründen und Briefwechsel wie den zwischen Wedderburn und Campbell zu unterhalten. Anfang des 19. Jahrhunderts lasen – in den Worten Campbells – »die freien Mulatten Cobbetts Register und sprachen über Santo Domingo«. Der buntscheckige Haufen trug seine Neuigkeiten und Erfahrungen nach Europa und Lateinamerika, und so bereiteten die Revolutionen in Amerika und auf St. Domingue den Weg für andere Bewegungen. Die Briefe zwischen Wedderburn und Campbell überbrückten Kontinente, Reiche, Klassen- und ethnische Unterschiede.[29]

The Axe lässt sich mit einer anderen radikalen Publikation aus dem Jahre 1817 vergleichen, Thomas Woolers *The Black Dwarf.* War mit dem Titel der europäische Weise oder der indigene Wilde gemeint? Wooler neckte seine

Leserschaft: »Es steht uns nicht frei, alle Geheimnisse seines Kerkers offenzulegen.« In der Gestalt des Schwarzen Zwergs vereinten sich beide Bedeutungen des Wortes »motley«, das Lumpengewand und das Narrenkleid. Er war ein Unfug stiftender Tunichtgut, der gegen Thron und Altar kämpfte, »sicher in seiner Unsichtbarkeit und gefährlich in seiner Fähigkeit zur Spaltung« – Woolers Beschreibung hätte auch auf die Hydra zutreffen können –, »denn wie der Polypus kann er sich spalten und wieder spalten, und jeder Teil bleibt ein vollständiges Tier«. (Linnaeus hatte im Jahre 1756 einer Gattung von Süßwasserpolypen den Namen »Hydra« gegeben.) Der *Black Dwarf* war eine internationale, multiethnische Zeitschrift, die Rezensionen des Romans *Oroonoko*, Berichte über die wilden abolitionistischen Tänze auf Barbados und die neuesten Nachrichten über Auseinandersetzungen in Lateinamerika enthielt. Der Zwerg auf dem Titelbild hatte die rechte Hand in einer Siegesgeste zur Faust erhoben; die Linke lag in einer weiteren Geste der Entschlossenheit fest auf der Hüfte. Ein Pan mit gewölbter Brust hielt den Zwerg in kameradschaftlicher Verbundenheit beim Arm und deutete auf die Symbole überwundener Macht – ein königliches Zepter, ein Geldbündel, die Perücke eines Lordkanzlers –, neben denen die Hand- und Fußschellen der Sklaverei offen im Staub lagen. Die Zeitschrift stand für eine drei Kontinente umspannende Koalition weltlicher Gestalten gegen die Heilige Allianz. In dieser Allegorie auf Sexualität, Afrika und Ungeheuer nahmen die schlimmsten Ängste der Prüden und Vermögenden, der Royalisten und Reichen Gestalt an. Zwei weitere Zeitschriften, *Medusa* und *Gorgon*, beschworen ebenfalls eine unsichtbare, vielköpfige Gefahr.

Wedderburns Briefwechsel fand vor dem Hintergrund zweier gegen die Sklaverei gerichteter Aufstände statt. Einer dieser Aufstände ereignete sich in der Karibik, der andere in England: Ostern 1816 fegte Bussas Rebellion durch Barbados. Nanny Grigg, eine Haussklavin auf der Simmons-Plantage, las die Zeitungen und gab Nachrichten über Entwicklungen auf Haiti und in England an andere Sklaven weiter. Eine wichtige Neuigkeit betraf die Imperial Registry Bill aus dem Jahre 1815, ein Gesetz, das, obwohl es in Wirklichkeit vom Parlament erlassen worden war, um den Schmuggel von Sklaven in britische Kolonien zu verhindern, in den unter Sklaven kursierenden Gerüchten in ein Freilassungsgesetz umgedeutet wurde: Diesen Gerüchten zufolge hatte »high buckra« (der König) ein »Freipapier« gesandt, aber die örtlichen Plantagenbesitzer weigerten sich, ihm Folge zu leisten. Hunderte erhoben sich, brannten fast ein Viertel der Zuckerrohrernte nieder und verlangten ihre Freiheit. Ein Pflanzer behauptete, William Wilberforce und das abolitionistische African Institute seien »in die innersten Winkel unserer Insel eingedrungen« und hätten »den Gemütern der schwarzen Bevölkerung tiefe, tödliche Wunden geschlagen und die Hydra der Rebellion hervorgebracht, die unsere Felder beinahe in Blut ertränkt hätte«. Horace Campbell hat geschrieben, dass »die Ausdehnung der Revolte und die organisatorischen Fähigkeiten, die in ihre Vorbereitung einflossen, einem neuen Anführertypus zu verdanken waren: Diese Anführer, waren religiöse Prediger, die in der englischen Sprache und afrikanischen religiösen Gebräuchen gleichermaßen bewandert waren und die Idee der Erlösung mit der des Widerstandes verbanden.« Aber auf Barbados sollte die Befreiung aus der Sklaverei im Jahre 1816 nicht zustande kommen: Fast tausend Sklavinnen und Sklaven wurden im Kampf getötet oder nach dem Aufstand hingerichtet.[30]

Einige Monate später fanden in England die Spa-Fields-Unruhen statt, angeführt von Spenceanern und getragen von Kanalgräbern, Gepäckträgern, Kohlenlöschern, Kiesträgern, Soldaten, Seeleuten, Hafen- und Fabrikarbeitern. Einer der Anführer dieser Erhebung war Thomas Preston, ein Spenceaner, der auf den Westindischen Inseln gewesen war und sich selbst als »unregistrierten Sklaven« bezeichnete. Ein anderer Spenceaner, James Watson der Jüngere, hatte unmittelbar vor Ausbruch der Unruhen eine Auseinandersetzung mit einem Diener in der Livree des Kanzlers Leach gehabt: »Er benahm sich«, sagte Watson, »wie ein entlaufener Neger und hatte etwas Despektierliches an sich; und dass es sehr bald so weit sei, dass sein Herr womöglich seine Ländereien verlieren und er selbst ebenso gut sein werde wie sein Herr.« In Spa Fields fragte Watson die zehntausend versammelten Menschen: »Werden die Engländer es noch länger zulassen, dass man auf ihnen herumtritt wie auf den armen afrikanischen Sklaven der Westindischen Inseln oder auf Erdklumpen oder Steinen?« Die Unruhen warfen zwei Themen gleichzeitig auf: die »Abschaffung und Kontrolle von Maschinen« und die Abschaffung der Sklaverei.[31] Dies war die Zeit der Ludditen, der Maschinenstürmer: Während auf der einen Seite dampfbetriebene Maschinen wie Textilmaschinen eingeführt wurden, die die Arbeitsprozesse verkürzen und die Arbeitskraft verbilligen sollten, protestierten auf der anderen Seite die Arbeiter, deren Arbeitskraft infolge dieser Entwicklung abgewertet worden war, mittels direkter Aktion und unter Gewaltanwendung gegen die mechanischen Werkzeuge ihrer Unterdrückung. Wedderburn war – wie Byron vor und Shelley nach 1816 – ein Gegner der Mechanisierung, sofern sie der »Entmenschlichung« der Arbeit diente. Lord Byrons Jungfernrede im Oberhaus (die er am 27. Februar 1812 im Alter von 24 Jahren hielt) befasste sich mit einem Gesetz, das die Todesstrafe für Ludditen vorsah: »Ihr bezeichnet diese Menschen als Mob«, sagte er, »als verzweifelt, gefährlich und unwissend, und Ihr scheint zu glauben, der einzige Weg, diese ›bellua multorum capitum‹ zum Schweigen zu bringen, sei, einige ihrer überzähligen Köpfe abzuhacken.« Er erinnerte die Mitglieder des Oberhauses daran, dass diese Köpfe des Denkens fähig seien. Darüber hinaus »ist es der Mob, der sich auf Euren Feldern plagt und in Euren Häusern dient – der die Mannschaften Eurer Kriegsschiffe und die Soldaten Eurer Armee stellt – der Euch in den Stand gesetzt hat, der Welt die Stirn zu bieten, und ebenso kann er Euch die Stirn bieten, wenn Missachtung und Unglück ihn zur Verzweiflung treiben.«

Bussas Rebellion und die Spa-Fields-Unruhen brachten Wedderburn zu der Erkenntnis, dass die Zirkulation von Informationen zu einer Gefahr für die westindischen Pflanzer geworden war – daher seine Entscheidung, *The Axe Laid to the Root* herauszugeben, eine Zeitschrift, die, wie es scheint, beide Gruppen ihres angestrebten Zielpublikums erreichte, die Pflanzer und die Sklaven. Ein Kaufmann hatte die gesetzgebende Versammlung von Jamaika vor Publikationen dieser Art gewarnt, »in denen Lehren zu finden waren, welche die Beschaulichkeit dieser Insel zunichte machen, indem sie rundheraus zur Nachahmung des Verhaltens der Sklaven von St. Domingo anstacheln und die Sklavenbesitzer mit jedem nur denkbaren abscheulichen Beiwort belegen.« In seinem ersten Brief an Campbell reagierte Wedderburn auf die Nachricht, sie habe seine betagte Mutter und seinen Bruder freigelassen, mit einer leidenschaftlichen Verdammung der Sklaverei, einer Ermahnung an seine Halbschwester, auch ihre übrigen Sklaven freizulassen, einer Rekapitulation historischer Ereignisse – der Flucht der Hebräer aus der Sklaverei in Ägypten, der frühen Christen, der freiheitsliebenden Maroons – und einer ausdrücklichen Befürwortung der neueren Ideen Thomas Spences. In ihrem Antwortbrief beschrieb Campbell, wie sie ihre Sklaven freigelassen und ihnen ihr Land zurückerstattet habe und wie sie versucht habe, diese Transaktion beim Sekretär des Gouverneurs registrieren zu lassen, der seinerseits die Angelegenheit an den Gouverneur persönlich weitergeleitet habe, der sie wiederum mit gemurmelten Andeutungen über Haiti entlassen habe. In ihrem dritten Brief berichtete Campbell, der Gouverneur habe die Nachricht von der Freilassung ihrer Sklaven der gesetzgebenden Versammlung von Jamaika vorgelegt, und es habe sich ein gewisser Macpherson erhoben, der sich gegen die Lehren Thomas Spences ausgesprochen und zu einem Aufstand gegen die Krone geraten habe, wenn den nonkonformistischen Missionaren nicht die Lizenz entzogen werde. Er stellte den Antrag, Campbell als Verrückte zu behandeln und ihre Sklaven und Ländereien von der Regierung beschlagnahmen zu lassen. Weiterhin schlug er vor, die jamaikanischen Sklavenbesitzer mögen »hungerleidende Schotten zur Handhabung der Sklaven« und »an Mangel sterbende« englische Knechte einführen und »gegen die Schwarzen« einsetzen. Die gesetzgebende Versammlung annullierte daraufhin die Freilassung von Campbells Sklaven, da »die Freigebung von Sklaven und Ländereien durch eine schwärmerische Spenceanerin keinen Eingang in amtliche Verzeichnisse finden sollte« – andererseits sollte aber auch das Sitzungsprotokoll selbst unveröffentlicht bleiben, aus Angst, »es könne in die Hände der Sklaven fallen«. Aus Sorge, *The Axe Laid to the Root* könne bereits in die falschen Hände geraten sein, setzten die Herren der Insel eine Belohnung für jedes den Behörden ausgehändigte Exemplar aus: Sklaven wurde die Freiheit, Freien ein Sklave aus dem Besitz Elizabeth Campbells versprochen. Der Wedderburn-Campbell-Briefwechsel endete mit den Worten »Fortsetzung folgt«, und *The Axe Laid to the Root* stellte ihr Erscheinen ein.[32]

Wedderburn prophezeite, dass »die Sklaven aufgrund einer mannigfaltigen Verknüpfung von Ideen frei sein werden«, und *The Axe Laid to the Root* sollte diesen Ideen Ausdruck verleihen. Obwohl Wedderburns Zeitschrift der weltgewandte Tonfall von Woolers *Black Dwarf* oder die selbstbewusste Souveränität von Cobbetts *Political Register* fehlte, setzte sie dennoch einen intellektuellen transatlantischen Austausch in Gang, der afrikanische, amerikanische und europäische Stimmen miteinander verband. Die Wendung »die Axt an die Wurzel gelegt« hatte für Holzhauer und Wasserträger eine besondere Bedeutung. Die Worte stammten aus dem Lukas- und Matthäusevangelium und fanden sich in der Verdammungsrede Johannes des Täufers gegen Klassenarroganz. Sie waren außerdem Bestandteil seiner Ankündigung des Messias und der kommenden Feuertaufe. Die Protagonisten der Englischen Revolution machten sich diese Formulierung bereitwillig zu eigen; Abiezer Coppe zum Beispiel legte, nachdem er den Mächtigen befohlen hatte, ihre Reichtümer den Armen auszuhändigen, in Erwiderung an seine Kritiker »die Axt dem Baum an die Wurzel«.[33] Die revolutionären Aspekte Johannes des Täufers und der »Axt an der Wurzel« wurde in den 1790er Jahren sowohl unter evangelikalen wie unter säkularen Radikalen auf beiden Seiten des Atlantiks wiederbelebt. Auf Jamaika unterwies der amerikanische Prediger Moses

Baker afrikanische Sklaven in einem Christentum baptistischer Prägung, das die Bedeutung Johannes des Täufers und der Eingebung durch den Heiligen Geistes hervorhob – ein Ansatz, der sich, wie sich herausstellte, gut mit den Flussgeistern und ihren Vermittlereigenschaften vereinbaren ließ, die in den Akan- und Yoruba-Traditionen eine Rolle spielten. Die daraus resultierende Religion, der sogenannte Myalismus, wurde zu einer »Brutstätte von Sklavenrebellionen« und einer Überlieferungsmethode für die Erinnerung an den Widerstand.[34] In New York hörte der entlaufene Sklave George White eine Predigt über Johannes den Täufer und »die Axt, die an die Wurzel gelegt worden ist«. Er fiel vornüber zu Boden, hatte nächtliche Visionen über die Qualen, die den Reichen widerfahren würden, und trat zum Methodismus über. Thomas Paine schrieb 1794 im Gefängnis *The Age of Reason*, um »die Axt an die Wurzel der Religion« zu legen. Thomas Spence wiederholte die Formulierung im Jahre 1801 in *The Restorer of Society* und ein weiteres Mal im Jahre 1814 am Anfang seiner letzten Veröffentlichung, *The Giant Killer, Or, Anti-Landlord*. Ebenfalls im Jahre 1801 gab der amerikanische baptistische Geistliche John Leland seiner Ablehnung der Sklaverei in *A Blow to the Root* Ausdruck.[35] Und Shelley schrieb in *Queen Mab*:

Des Krieges Schöpfer sind die Könige,
Staatsmänner, Priester, deren Schutz und Schirm
Der Menschen Elend ist, und deren Größe
Auf ihre Niedrigkeit sich baut. Die Axt
Legt an die Wurzel, und der Giftbaum fällt;
Und wo sein Pesthauch Weh, Verderben, Tod
Verbreitete, wo Millionen Leichen
Der Schlangen Hunger stillten, unbeerdigt
Im faulen Luftzug ihre Knochen bleichen,
Da wird ein Garten prangen, lieblicher
als Edens Fabelparadies.[36]

Der in Amerika geborene ehemalige Sklave George Liele hatte in den 1790er Jahren auf Jamaika das System der »Klassenführer« eingeführt, bei dem die Schwarzen Geistlichen ihren Anhängern die Füße wuschen.[37] »Sklavinnen und Sklaven, die die Bibel lesen konnten [...] sahen sich plötzlich mit dem gesamten Rechtfertigungs- und Anregungskatalog englischer Protestbewegungen von Wycliffe bis zu den Levellers ausgerüstet, und einige von ihnen fanden darin Lehren, von denen ihnen die Missionare nichts erzählt hatten«, schrieb die Historikerin Mary Turner. Der Bibelunterricht der Methodisten und Baptisten bestand in der lauten Wiederholung von Bibelstellen in Form von Hymnengesang und »lining out«. In Wedderburns früher Flugschrift *Truth Self-Supported* (1802) erschienen von ihm selbst geschriebene Hymnen. John Jea schrieb im Jahre 1817 ein Gesangbuch. Vor allem in den Hymnen der Baptisten fanden sich zahlreiche Verweise auf das Jubeljahr. Im Jahre 1796 wurde der Baptist Moses Baker unter der Anklage der Aufwiegelung verhaftet, weil bei seiner Predigt folgende Hymne gesungen worden war:

Wir werden nie mehr Sklaven sein,
Denn Christus hat uns frei gemacht,
Hat die Tyrannen ans Kreuz genagelt
Und uns die Freiheit gebracht.

Auf Jamaika wurde im Jahre 1816 eine Schwarze Baptistin gehängt und eine weitere deportiert; gegen beide wurde der Vorwurf erhoben, Aufruhr zu schüren. Ein jamaikanischer Igbo-König wurde gewählt und mit den Worten besungen:

Oh mein guter Freund Mr. Wilberforce, mach uns frei!
Allmächtiger Gott, wir danken dir! Allmächtiger Gott, wir danken dir!
Allmächtiger Gott, mach uns frei!
Buckra macht uns in diesem Land nicht frei:
Was soll'n die Neger tun? Was soll'n die Neger tun?
Mit Gewalt ergreifen! Mit Gewalt ergreifen!

Der Sänger dieses Liedes erklärte, »er habe nur solche Lieder gesungen, die, wie sein brauner Priester ihm versichert habe, die Zustimmung Johannes des Täufers fänden [...] [der] ein Freund der Neger sei und dessen Kopf in eine Pfanne geraten sei«. Die englischen Spenceaner hatten eine ähnliche Vorliebe für subversives Liedgut; sie verbanden revolutionäre Texte mit den Melodien populärer Lieder wie *Sally in the Alley* oder – wie konnte es anders sein – *God Save the King.*[38]

In seinen Briefen an Campbell zeichnete Wedderburn ein radikales Bild der frühen Christen. In dieser Hinsicht war er stark von seinem Mitspenceaner Thomas Evans beeinflusst, der selbst »die Folgen von Einhegung um Einhegung und Steuer um Steuer« gesehen hatte, »wie dem Häusler das Recht, die offenen Felder abzulesen, das Recht auf die Allmende, auf seine Hütte, seinen Schuppen, die einst sein waren, entrissen wird; wie ihm sein kleiner Laden, sein Schwein, sein Federvieh, sein Brennmaterial geraubt wird, bis er auf diese Weise zu einem Almosenempfänger, einem Sklaven herabgewürdigt wird«. In *Christian Policy, the Salvation of the Empire* (1816) stellte Evans die These auf, die Antwort auf Enteignung und Sklaverei liege in dem Kommunismus der frühen Christen; es sei eine neue Ära angebrochen, die »ALS JUBELJAHR BEGRÜSST« werden müsse. Wedderburn schrieb: »Die alten Christen unternahmen es, ein Leben in glücklicher Kameradschaft oder Brüderlichkeit zu führen, aber nach dem Tode Christi und der Apostel überredeten die Priester des Landes ihren Herrscher, die christliche Religion zu gründen, und sie […] bemächtigten sich des Kirchenbesitzes. […] Sie haben es sich angelegen sein lassen, ihn mittels Gesetzen einzuzäunen, die jeden mit dem Tode bestrafen, der es wagt, ihn ihnen wegzunehmen.« Campbell ihrerseits vermittelte einen Eindruck davon, wie breit die Zustimmung für Evans' Ideen war, als sie schrieb, sie wisse, dass er und sein Sohn im Gefängnis säßen und dass die freigelassenen Sklaven »den ganzen Tag lang bei der Arbeit von Thomas Spence und den beiden Evans« im Horsemonger-Lane-Gefängnis singen, und auch von dir, mein Bruder, und immer, wenn sie ihre Gebete sprechen, erwähnen sie die Evans, sie sagen, dass Gott der Allmächtige zu seiner Zeit seine Engel schicken und unsere Gebete erhören und sie herauslassen wird.«[39]

Die letzten Briefe, die zwischen Wedderburn und Campbell gewechselt wurden, enthielten eine Diskussion über die Methodisten. Campbell hatte eine Auseinandersetzung mit dem Sekretär des Gouverneurs gehabt, der sie beschuldigt hatte, auf die Methodisten gehört zu haben. Der Hintergrund seiner Befürchtungen waren geheime nächtliche Treffen »brauner« Methodisten, die sich im Jahre 1815 auf Landgütern im Osten Jamaikas versammelten und die Nachricht verbreiteten, der Prinzregent und Wilberforce wollten Freiheit für die Sklaven. Einige Jahre zuvor (zwischen 1807 und 1814) hatten die Behörden die wesleyanische Kirche in Kingston geschlossen. Im Jahre 1804 hatte sich die Britische und Ausländische Bibelgesellschaft gegründet, deren jamaikanischer Zweig im Jahre 1812 entstand, aber nur einen Monat vor dem Erscheinen der ersten Ausgabe von *The Axe Laid to the Root* hatte sich ein baptistischer Missionar zugunsten der Sklaven ausgesprochen und war aus seinem Amt entlassen worden. Es gehörte also Mut zu Campbells Erwiderung an den Sekretär: »Ich sage, Gott segne die Methodisten, sie lehren uns, die Bibel zu lesen.« Sie trugen dazu bei, das Jubeljahr möglich zu machen.[40]

Die Bibel war eine der Quellen der »mannigfaltigen Verknüpfung von Ideen«, die die Freiheit hervorbringen würden. Weitere Quellen waren die Maroons auf Jamaika und die Spenceaner in England. Die jamaikanischen Maroons waren für Wedderburn von persönlicher Bedeutung, weil seine Familie ihnen angehörte, aber ihre historische Bedeutung als befreiende Kraft war für ihn noch größer. Sein erster Brief an Campbell begann mit einem Appell an ihr Maroon-Erbe: »Du bist von der Reinheit der Maroons, deiner Vorfahren, abgefallen, die zwanzig Jahre lang gegen die Christen kämpften, die sie ein weiteres Mal in die Sklaverei zwingen wollten, nachdem sie vor den Spaniern in die Wälder geflohen waren.« Hier bezog sich Wedderburn auf den ersten Maroonkrieg, der in seinen Augen ein Gegenstück zu der von den Diggers und Levellers vorangetriebenen Freiheitsbewegung bildete, deren Niederschlagung in der Englischen Revolution die Eroberung Jamaikas durch Cromwell ermöglicht und damit den Kampf der Maroons notwendig gemacht hatte. Cromwell und seine Anhänger hatten sich, wie Wedderburn seiner Halbschwester schrieb, für eingeschränkte »Menschenrechte im eigenen Lande« eingesetzt, aber gleichzeitig ihr Möglichstes getan, »deine Ahnen zu vernichten, die damals für ihre Freiheit kämpften«.[41]

Die Rekapitulation dieser geschichtlichen Ereignisse diente als Vorlauf für die Freilassungen – das Jubeljahr –, die Campbell vornehmen sollte:

> Dann ruf deine Sklaven zusammen und lass sie einen Halbkreis in Form eines Neumondes bilden, sag ihnen, sie sollen sich hinsetzen und der Stimme der Wahrheit lauschen, sag ihnen, ihr, die ihr aus eurem Land gestohlen und Sklaven der grausamen Spanier wart und von dem großen Cromwell hierher gebracht wurdet, der Könige zu seinen Füßen demütigte und einen von ihnen aufs Schafott brachte, dieser entsandte eine Flotte, deren Admiral wagte es nicht zurückzukehren, ohne etwas vollbracht zu haben, das seinen Herrn zufrieden stellen würde, und kam hierher und vertrieb die Spanier; dann suchten die Sklaven, mein Volk, in den Wäldern Zuflucht, die Eindringlinge forderten sie auf, in die Knechtschaft zurückzukehren, sie weigerten sich; sie schlugen sich zwanzig Jahre und mehr; die Knechtschaft war ihnen schrecklicher als der Tod.

Die Geschichte der Maroons war ein notwendiges Vorspiel für die Freiheit, die in drei Kriegen – in den 1650er, 1730er und 1790er Jahren – gewonnen und wiedergewonnen worden war.[42]

»Ich, eine schwache Frau vom Stamm der Maroons, verstand die Lehre der Spenceaner sogleich: Ich habe sie gehört, und ich gehorche, und die Sklaven spürten ihre Kraft sogleich«, schrieb Campbell. Es ist unklar, warum sie sich selbst als »schwache Frau« bezeichnete. Vielleicht war sie krank, vielleicht war die Formulierung ironisch gemeint, vielleicht simulierte sie, täuschte Krankheit vor. Vielleicht handelte es sich um eine bloße Demutsgeste dem Gouverneur gegenüber, der ihr mit den herablassenden Worten antwortete: »Nun denn, mein Kind, ich werde mir deine Ausführungen zu diesem Gegenstand zu einem gelegeneren Zeitpunkt anhören.« Aber sowohl Campbell als auch der Gouverneur wussten, dass jamaikanische Arbeiterinnen sich nicht kampflos geschlagen gaben. Die Erinnerung an einen Streik im Jahre 1816 war noch ganz frisch, in dem sich die Frauen auf einer der Plantagen »allesamt geweigert hatten, die Bagasse wegzutragen« – die zerstoßenen Zuckerrohrfasern, deren Abtransport unverzichtbar für den Betrieb der »Fabrik auf dem Felde« war. Die Mühle kam zum Stillstand, der Antreiber trieb an, und »ein wildes junges Teufelchen namens Miss Whaunica sprang ihm an die Kehle und versuchte ihn zu erdrosseln: Der Agent musste geholt werden, und schließlich wurde diese Rebellion der Unterröcke unterdrückt.«[43]

Wie erklärt es sich, dass eine Frau vom Stamm der Maroons »die Lehre der Spenceaner sogleich [verstand]«? Die Antwort lag in einer Form der Selbstversorgung – der Agrarproduktion zum sofortigen Verbrauch – die sowohl bei den Maroons als auch bei den Spenceanern praktiziert wurde. Die Maroons betrieben eine Subsistenzlandwirtschaft, die bei den Agrarkommunisten in England große Bewunderung hervorrief: »Obst und Gemüse waren in jeder Gemeinschaft zu finden, denn das erste, was jede Maroongruppe als Vorbedingung des Überlebens tat, war, ein Versorgungsfeld anzulegen«, auf dem Kochbananen, Kakao, Bananen, Ananas, Mais und Maniok angebaut wurden. Maroons wie Spenceaner traten für eine strikte, gemeinschaftlich festgesetzte Begrenzung individueller Besitzanhäufung ein. Vieh graste auf Gemeindeweiden, und das den Einzelnen zugeteilte Land war Gemeinbesitz. Wedderburn wies somit auf eine gemeinsame Interessenlage der jamaikanischen und der englischen Arbeiter hin, die auf ein Kapitel gemeinsamer Geschichte anderthalb Jahrhunderte zuvor zurückging.[44]

Wie konnte eine Frau wie Campbell überhaupt von der Lehre der Spenceaner erfahren? Und wie konnten umgekehrt die Spenceaner in England von der Geschichte der Maroons gehört haben? Der Gouverneur von Jamaika wusste, dass die Lehre der Spenceaner in gedruckter Form – in Form von Flugblättern und Zeitungen – im Umlauf war. Robert Southey schrieb in der *Quarterly Review* vom Oktober 1816 über Spences Plan; der Courier und der *Political Register* veröffentlichten ihn ebenfalls, wobei der Informant des *Courier* behauptete, hinter den Spenceanern stünden etwa dreihunderttausend zum Losschlagen bereite Aufrührer. Campbell hatte Zeitungsberichte gelesen, die sich zu ihrer Überraschung gegen die Spenceaner aussprachen; sie fragte Wedderburn nach der Haltung des Parlamentsreformers Sir Francis Burdett.[45] Während dieser gesamten Zeit fanden sich die wichtigsten und subversivsten Informationsnetze auf dem Meer. Als der Sekretär des Gouverneurs versuchte, Campbell von der Freilassung ihrer Sklaven abzubringen, erklärte sie, die Nachricht von ihrem Vorhaben habe bereits die Runde gemacht: »Ich habe ihnen [ihren Sklaven] gesagt, sie sollten nicht darüber sprechen, aber sie haben umso mehr darüber gesprochen. Die Nachricht hat sich nach Old Arbore und St. Anns, in die Blue Mountains und nach North Side verbreitet, und die Bananenboote haben die Nachricht nach Port Morant und Morant Bay getragen.« Thomas Thistlewood beschrieb diese Küstenkommunikation ausführlicher: »Am besten reiste es sich übers Wasser, entlang der Gräben, Kanäle und Flüsse und entlang der Küstenlinie, vom Bootssteg oder Anleger einer Länderei zu dem der nächsten, in kleinen Booten aller Art, welche mit Sklaven bemannt waren, die Neuigkeiten hörten und weitergaben.«[46]

Und tatsächlich war das strategische Bindeglied in Wedderburns und Campbells eigener Korrespondenz ein Seemann. Campbell beschrieb ihre Vorgehensweise folgendermaßen: »Ich schicke diesen Brief durch einen Schwarzen Koch: Ich wage es nicht, ihn der Post anzuvertrauen, denn sie öffnet die Briefe.« Bei Ende der Napoleonischen Kriege bestand etwa ein Viertel der Royal Navy aus Schwarzen, und in der englischen und amerikanischen Handelsschifffahrt war ihr Anteil wahrscheinlich nur wenig niedriger.[47] John Jea, der in Calabar geboren und als Sklave an einen New Yorker verkauft worden war, war selbst Schiffskoch auf dem Liverpooler Schiff Iscet gewesen, als es im Jahre 1810 von den Franzosen gekapert wurde. Der Schwarze Koch war ein so gängiger Typus, dass er zu einem Stereotyp der Seefahrtsbelletristik wurde, ein Phänomen, das im Jahre 1836 mit Frederick

Marryats *Mr. Midshipman Easy* seinen Höhepunkt erreichte. Diese Figur, die für die panafrikanische Nachrichtenübermittlung im Zeitalter der Segelschiffe so wichtig war wie später, im Zeitalter der Eisenbahn, der Schwarze Schlafwagenschaffner, verbreitete die Nachricht vom Jubeljahr.[48]

In seinem ersten Brief an Elizabeth Campbell versichert Wedderburn, dass Jamaika ein Jubeljahr erleben werde, und dabei ging er davon aus, dass sie genau wusste, wovon er sprach: »Die Sklaven beginnen zu sagen, wenn ihre Herren Christen seien, würden sie sie nicht länger als sieben Jahre in Sklaverei halten, denn das ist das Ausmaß, welches das Gesetz Mose angibt.« Einige Bestandteile des mosaischen Jubeljahrgesetzes waren bereits in die transatlantische Arbeitspolitik eingeflossen.[49] So verdingten sich zum Beispiel viele Schuldknechte und -mägde, die nach Amerika auswanderten, für sieben Jahre, und freigelassenen Schwarzen wurden Freilassungsbescheinigungen ausgestellt, die sieben Jahre gültig waren.

Wedderburn verdammte mit den Worten Jesajas alle, die »ein Haus an das andere ziehen und einen Acker zum andern bringen, das heißt, aus kleinen Höfen große machen und dabei die Kinder von Witwen und ihr Erbe verschlingen«. Campbell ließ im Einklang mit dem Jubeljahrgesetz ihre Sklavinnen und Sklaven frei und ging dann auf dem Weg zur Befreiung noch einen Schritt weiter, indem sie ihr Land umverteilte: Es wurde berichtet, dass Miss Campbell »dann aus[rief], das Land ist euer [...], denn ich habe das Wort Gottes gelesen, und darin heißt es, der Herr hat die Erde den Menschenkindern gegeben.« Sie setzte hinzu: »Ich bin nun von einem Naturkind angewiesen worden, euch in Übereinstimmung mit Spences Plan wieder in euer Naturrecht auf den Boden, auf dem ihr steht, einzusetzen.« Sie betonte, dies sei durchaus nichts Einmaliges, sondern lediglich ein nachbarschaftlicher Akt: »Ich selbst werde das Land als euer Verwalter bewirtschaften, mein Bruder wird uns helfen, wir werden so glücklich leben wie die Sharier-Familie in St. Mary's Parish, der alles gemeinsam ist.« Vielleicht bezog sie sich hier auf eine Familie dieses Namens (dem *Almanac for Jamaica* für das Jahr 1818 zufolge besaßen die Shreyers drei Plantagen); vielleicht meinte sie auch namentlich nicht genannte »sharers«. Wie dem auch sei, auf Jamaika wurde im Jahre 1817 in mindestens einem weiteren Fall eine Idee des Jubeljahrs in die Tat umgesetzt. »Monk« Lewis führte auf seinen Zuckerrohrländereien in Westmoreland ein Jubeljahr von oben ein, um der ungerechten Anhäufung von Besitz unter seinen Sklaven entgegenzuwirken: »Ich ließ bekannt machen, dass künftig kein Neger mehr als ein Haus und ausreichend Land für seine Familie besitzen solle, und am darauffolgenden Sonntag inspizierte der Aufseher auf mein Geheiß das Dorf, nahm von denen, die zu viel hatten und gab es denen, die zu wenig hatten, und schuf eine völlig neue Aufteilung im Einklang mit der striktesten landwirtschaftlichen Gesetzgebung.«[50]

Die Jahre zwischen 1790 und 1820 waren eine Periode der sozialen Umgestaltung sowie der Reorganisation der Dörfer und Versorgungsfelder durch die großen jamaikanischen Plantagenbesitzer. Die von Lewis und Elizabeth Campbell getroffenen Maßnahmen standen mit den Themen dieser Epoche der jamaikanischen Agrargeschichte im Einklang, wie Barry Higman in seiner Untersuchung über Karten und Pläne von Ländereien darlegt, die bis 1810 weitgehend gleichmäßig und geradlinig unterteilt waren, und danach – als Ergebnis von Auseinandersetzungen um Flächen zwischen Sklaven und Plantagenbesitzern – uneinheitlich waren. Spence und Wedderburn nahmen die Umgestaltung der Landwirtschaft vorweg, die sich nach der Abschaffung der Sklaverei vollziehen sollte, als Ansiedlungen kleiner Höfe in freien Dörfern entstanden, die entweder von Missionaren in der Plantagenzone an der Nordküste oder von Landbesetzern auf verlassenen Ländereien oder wenig genutztem Hinterland gegründet worden waren. Einige von ihnen entstanden sogar schon vor der Freilassung der Sklaven; sie bildeten die Grundlage des in Gewohnheitsrechten wurzelnden »Familienlandes«, das bis ins 20. Jahrhundert bestehen sollte. Claud McKays Roman *Banana Bottom* handelt vom Jubeljahr in einem solchen Dorf.[51]

GESCHICHTE UND REVOLUTION

Nun, da wir den Wedderburn-Campbell-Briefwechsel und die Geschichte des Jubeljahres, die seinen Kern bildete, untersucht haben, sollten wir uns mit einigen Fragen beschäftigen, die Wedderburn als Theoretiker des atlantischen Proletariats betreffen: Erstens, was hatte er für ein Geschichtsverständnis? Zweitens, was für eine Auffassung hatte er von der revolutionären Tradition? Drittens, welche Komponenten bildeten seiner Meinung nach die gesellschaftlichen und politischen Kräfte, die die Revolution durchführen würden? Und viertens, wie verknüpfte er Christentum, Republikanismus und Abolitionismus miteinander? Vielleicht verstand niemand besser als Wedderburn, dass die Schicksale der Arbeiter auf beiden Seiten des Atlantiks miteinander verknüpft waren. Eine

Erkenntnis, die er sein Leben lang in Taten, Predigten und Schriften (darunter *The Axe Laid to the Root*) verbreiten sollte. Er gehörte dem radikalen Milieu der Nachkriegszeit an und kannte daher sowohl Shelleys *Queen Mab* als auch Volneys *Ruinen*.

Für Wedderburn war Geschichte ein internationaler Prozess von Enteignung und Widerstand. Die Reichen aller Länder nutzten ihre wirtschaftliche und politische Macht, um erst das Land zu stehlen und anschließend die Menschen zu vernichten, die einst darauf gelebt hatten, indem sie sie unter Einsatz von Terror zur Arbeit unter sklavenartige Bedingungen zwangen. Wedderburn schrieb, dass »die große Mehrheit in jedem Land auf der ganzen Welt ihres Rechtes auf Grund und Boden beraubt worden [sei]«. Den daraus resultierenden Widerstand nannte er »universalen Krieg«. Im Jahr 1819 wurde in Wedderburns Kirche in der Hopkins Street die Frage zur Diskussion gestellt: »Welche Seite wird im Falle eines universalen Krieges wahrscheinlich siegreich sein, die Reichen oder die Armen[?]«. Wedderburn eröffnete die Debatte mit der Behauptung, es »gebe in England nur zwei Klassen von Menschen«. Als Nächstes forderte er die Anwesenden zu einer historischen Analyse auf: »Wie geschah dies?« Hier erhebt sich die Frage, wie Wedderburns eigene Antwort auf diese Frage gelautet hätte.[52]

In seiner ersten Botschaft an die jamaikanischen Sklaven erklärte Wedderburn die zentrale Bedeutung des Kampfes um Land:

> Zuvörderst, pflegt und behaltet das Land, das ihr jetzt als Sklaven besitzt; denn ohne dieses ist die Freiheit des Besitzens nichts wert; denn wenn ihr den Besitz an eurem Land erst einmal aufgegeben habt, haben eure Unterdrücker die Macht, euch verhungern zu lassen, indem sie Gesetze zu ihrer eigenen Annehmlichkeit erlassen; welche euch zwingen, Verbrechen zu begehen, um zu einem Auskommen zu gelangen; so behandeln die Landbesitzer Europas diejenigen, die ihres Landes enteignet worden sind; denn es ist eine Tatsache, dass Tausende von Familien derzeit am Verhungern sind; die Gefängnisse sind voll: Die Menschheit drängt die ausführende Gewalt, Todesurteile für Verbrecher aufzuheben, während die Landbesitzer doch von allem zum Leben Notwendigen umgeben sind. Lasst euch das Leiden der Armen Europas zur Warnung dienen und gebt niemals das Land auf, das ihr derzeit besitzt, denn es ist euer göttliches und natürliches Recht, denn »die Erde wurde den Menschenkindern gegeben«.

Wedderburns Ausgangspunkt war die Idee, dass die Erde Gott gehöre und dieser sie »den Menschenkindern« gegeben habe, »ohne Unterschied von Farbe oder Charakter, Recht oder Unrecht«. Dann kamen die Einheger und Landräuber, die das Land in Privatbesitz umwandelten und die Sklaverei einführten, und mit ihnen kamen Gewalt und Terror: »Der Erste, der seinem Bruder das Recht auf sein Land entriss, war ein Tyrann, ein Räuber und ein Mörder; ein Tyrann, weil er die Rechte seines Bruders verletzt, ein Räuber, weil er etwas an sich riss, was nicht sein war, ein Mörder, weil er seinen Bruder der Mittel zum Unterhalt beraubt. Dann muss der Schwache den Schurken darum ersuchen, sein Sklave zu werden.« Das System des Terrors wurde dadurch aufrechterhalten, dass Landeigner ungeachtet dessen, dass sie keinen »Rechtstitel besaßen [...], der mit der natürlichen und universellen Gerechtigkeit im Einklang stand«, nichtsdestotrotz »das, was sie ursprünglich durch Gewalt oder Betrug erlangt hatten«, an ihre Kinder verkauften oder vererbten. Wedderburns Botschaft an seine Brüder und Schwestern auf Jamaika gründete sich auf die Erfahrung seiner Generation mit großangelegtem Diebstahl in England: Allein zwischen 1801 und 1831 verlor die bäuerliche Bevölkerung per Gesetzesbeschluss 3.511.770 Acres Gemeindeland – ein Beispiel für Raub qua Klassenprivileg, für den das aus Grundbesitzern bestehende Parlament verantwortlich war. Arthur Young verglich dieses Vorgehen mit einem Diebstahl, bei dem der Dieb sein Opfer dazu anstellt, das Taschentuch, das ihm gestohlen worden ist, mit den Initialen des neuen Besitzers zu besticken.[53] Im Jahre 1816 waren die Lebensbedingungen auf dem Land so furchtbar, dass die Regierung versuchte, die Veröffentlichung des alljährlich erscheinenden Berichts *The Agricultural State of the Kingdom* zu verhindern. Viele Menschen wurden gehängt, nur weil sie gegen die Einhegungen und die hohen Brotpreise protestiert hatten. (Bei der Verurteilung von 24 Angeklagten bei einer Sondersitzung des Assisengerichts in der Kathedrale von Ely wurde Händels *Air* gespielt, das die Worte enthielt: »Warum entbrennen die Heiden und toben im Zorne?«)

Wedderburn vertrat die Ansicht, es sei falsch, dass »einige wenige die Macht haben, das Land zu bestellen oder nicht, und damit die Existenz der gesamten Bevölkerung in ihren Händen halten. Sie können eine Hungersnot verursachen oder Überfluss herstellen.« In Irland war die Ironie dieser Situation vielleicht am offensichtlichsten: »Wie lässt es sich erklären, dass der Tod mit solch riesigen Schritten in Irland einhergeht, in einem Land, das in der Lage war, eure Navy, eure Armee, all eure Kolonien zu versorgen? Und nun sterben seine Einwohner an Mangel?« Er rief aus: »Oh! Ihr Armen Irlands, euer Hungertod wird ein immerwährendes, ja ein ewiges Schandmal für die Grundbesitzer sein, er wird ein unsterbliches Buch sein, darin das verruchte System des Privateigentums an Land festgehalten sein wird.« Die neue Wissenschaft der Demografie, die diese Art von Mord zu verschleiern suchte, kommentierte Wedderburn mit den Worten: »Malthus hat, um die Reichen zu erfreuen, gesagt, dass die überzählige Bevölkerung kraft der Naturgesetze, welche die Gesetze Gottes seien, zum Untergang verurteilt sei. Die Spenceaner sagen, die Gottheit hat die Erde den Menschenkindern gegeben und sieht die Person nicht an!«[54]

Wedderburn betonte, dass Tyrannen, Räuber und Mörder nicht nur in England und Irland, sondern auch in Afrika und Amerika am Werk seien und sich nicht nur Land, sondern auch Arbeitskraft aneigneten. Er wiederholte beharrlich, dass afrikanische Sklaven »gestohlene Menschen« seien, »gestohlene Personen«, »gestohlene Familien«, Menschen, die »wie Vieh auf dem Markt verkauft« würden. Er zitierte 2. Mose 21, 16: »Wer einen Menschen stiehlt, es sei, dass er ihn verkauft oder dass man ihn bei ihm findet, der soll des Todes sterben.« Er bezichtigte »alle Potentaten, Regierenden und Regierungen aller Art eines schweren Verbrechens, die die geheiligten Menschenrechte verletzen – die mit Waffengewalt oder anderen Mitteln Menschen ergreifen und aus ihrem Geburtsland verschleppen und die gestohlenen Personen und ihre Nachkommen verkaufen«.

Ein Spion berichtete, Wedderburn verdamme die Sklavenhändler, die »Schwarze dazu anstellen würden, Frauen zu stehlen – sie würden sie in Säcke stecken und umbringen, wenn sie Lärm schlagen würden. Es würden Schiffe bereitliegen, und sie würden sich auf ihnen davonmachen.« Dies, so erklärte er, »werde von Männern aus dem Parlament getan – die es um des Gewinnes willen täten«, so wie sie auch die Arbeiter in ihren Baumwollfabriken versklavten, womit sie überhaupt erst das Geld aufgebracht hätten, »ins Parlament zu gelangen«.[55]

Wedderburn wollte die jamaikanischen Sklavinnen und Sklaven wissen lassen, dass die Reichen nicht nur die Menschen vom Land vertrieben, sondern parallel dazu Gesetze erließen, mittels derer sie sich selbst schützten und die Enteigneten kriminalisierten, deren Bemühungen um ein Auskommen ihnen von nun an Peitsche, Gefängnis oder Galgen eintragen würde. Die englischen Gefängnisse waren voll von enteigneten und kriminalisierten Menschen. In *The Axe Laid to the Root* warnte er die Sklaven, sie möchten, wenn sie erst einmal frei seien, bei ihrem Aufbau einer besseren Gesellschaft »keine Gefängnisse haben«, denn »sie sind nichts als Schulen des Lasters und Aufbewahrungsstätten für die Opfer der Tyrannei«. Im Weiteren verglich er das Gefängnis mit der Erfahrung der Sklaverei und warnte die Pflanzer: »Um eurer gegenwärtigen Sicherheit und des zukünftigen Besten eurer Nachkommen willen sage ich euch, lasst die Sklaven auf der Stelle frei, denn in ihrem Gefängnis wird eine Stimme gehört, löst ihn und lasst ihn gehen.« Was die bereits existierenden Gefängnisse in England anging, so war Wedderburn dafür, sie zu öffnen. Er hätte sich der Ansicht eines Mitglieds des Dreifarbigen Komitees angeschlossen, das im Jahre 1816 einem Spion der Regierung zufolge an »unsere im Kerker leidenden Mitbürger« die Worte richtete: »Die Gefängnistore werden sich öffnen [und] eure erhabenen Bastillen zu Asche zerfallen.«[56]

Darüber hinaus wies Wedderburn auf die Rolle hin, die der Galgen bei der Zerschlagung proletarischer Bewegungen und der Herstellung von Klassendisziplin spielte. Er erinnerte an drei Militante, um deren Hälse sich die Schlinge des Henkers zugezogen hatte: Edward Marcus Despard, den irischen Seemann Cashman, der für seine Beteiligung an den Spa-Fields-Unruhen hingerichtet worden war, und John Bellingham, den Mörder des Premierministers Spencer Perceval.[57] Von Elizabeth Campbell erfuhr er die neuesten Nachrichten über Hängungen auf Jamaika: »Es gibt ein Gesetz, das die gesetzgebende Versammlung erlassen hat, um Sklaven zu hängen. Einer ist fürs Predigen, Lehren oder Ermahnen gehängt worden, ein anderer ist gehängt worden, weil er seine Hacke in die Luft geworfen und den Namen König Georgs gesegnet hatte, denn er hatte die Abschaffung des Sklavenhandels irrtümlich für die Abschaffung der Sklaverei gehalten.« Am Ende seiner Autobiografie gab Wedderburn seinen eigenen Ängsten Ausdruck: »Ich wäre nach Jamaika zurückgegangen, wenn ich nicht die Pflanzer gefürchtet hätte; denn solcherart ist ihr Hass auf einen jeden, der schwarzes Blut in den Adern hat und es wagt, wie ein freier Mensch zu denken und zu handeln, dass sie ganz gewiss falsche Anschuldigungen gegen mich erhoben und mich gehängt hätten.«[58] Trotz der Behauptung, dass die Plantagenbesitzer »wenig tun können, denn der Teig geht schon zu lange auf, und da die Sklaven ihr Brot sind, dürfen sie sie nicht alle hängen«, verfolgte Großbritannien weiterhin eine mörderische Politik – wenn es sein musste, in großem Maßstab, wie aus einer privaten, vertraulichen Mitteilung des Premierministeramts an einen ehemaligen Gouverneur von Jamaika (1801–1806), Sir George Nugent, aus dem Jahre 1804 hervorging: »Der Einfluss einer Freien

Schwarzen Regierung in Saint Domingo wird möglicherweise immer eine Gefahr darstellen, daher scheint es die sicherste Methode zu sein, diejenige Klasse von Sklaven auszurotten, denen zu vertrauen kein Grund besteht, und nur diejenigen sich fortpflanzen zu lassen, die aufgrund früher Kindheit, Jugend und Erziehung für Bindungen empfänglich sind.«[59]

In seiner Flugschrift *Cast-Iron Parsons, or Hints to the Public and the Legislature, on Political Economy* (1820) stellte Wedderburn die These auf, die historische Entwicklung sei in ein neues Stadium eingetreten. Bei einem Besuch der St.-Pauls-Kirche am Themseufer in Shadwell hatte er den Pfarrer gefragt, ob die Kirche aus Ziegeln oder aus Stein bestehe. »Weder noch«, lautete die Antwort, »sondern aus GUSSEISEN«. Eine alte Apfelverkäuferin, die die Unterhaltung mit angehört hatte, setzte hinzu: »Wollte Gott, dass auch die Pfarrer aus Gusseisen wären.« Wedderburn hielt dies für eine ausgezeichnete Idee: »Angesichts dessen, dass die der Geistlichkeit der rechtmäßigen Kirche abverlangte Amtsroutine so durch und durch mechanisch war und dass es die höchste Mode war, sich der menschlichen Arbeitskraft mittels Maschinen zu entledigen, kam mir in den Sinn, es möge eines Tages möglich sein, einen GUSSEISERNEN PFARRER an die Stelle des echten zu setzen.« Man könne ihn ölen und im Schrank frisch halten und an Sonntagen an die Luft rollen. Nicht nur das, die Idee lasse sich auch auf andere Bereiche übertragen: Auch die Herstellung eines uhrwerkbetriebenen Schulmeisters, der Naturwissenschaften unterrichte, könne sich als möglich erweisen. Wedderburn nannte diese Erfindung ein »TECHNICATHOLICAUTOMATOPPANTOPPIDON«. In einer Nachschrift schlug er vor, einen gusseisernen König und gusseiserne Parlamentsmitglieder herzustellen, eine Blasphemie, für die er prompt im Gefängnis landete. Er hatte einen klaren Begriff von Maschinen, Politikern und der Grundlage allen Reichtums: »Sklaven und unglückselige Menschen haben die Erde bestellt, mit Gebäuden geschmückt und mit Reichtümern aller Art angefüllt. Und der Reichtum, der Euch in den Stand gesetzt hat, diese Menschen zur Arbeit einzusetzen, wurde auf Biegen und Brechen der Gesellschaft abgenommen. Hat es etwa jemals einen einzelnen reichen Wilden gegeben? Nein; aller Reichtum stammt aus der Gesellschaft, womit ich den arbeitenden Teil derselben meine.«[60]

Die kapitalistische Seite der Geschichte war in Wedderburns Augen eine Geschichte der Ausbeutung; die proletarische Seite war eine Geschichte des Widerstands. Die Geschichte des Widerstands war ihm in früher Jugend ins

Bewusstsein gebrannt worden, und diese Geschichte war es, die er den Arbeitern in England und den Amerikas mehr als alles andere vermitteln wollte. Obwohl Wedderburn ein Autodidakt war, der sich selbst als »armen enterbten Wurm« bezeichnete, griff er auf die Antike zurück und spannte den Bogen der Geschichte bis in seine eigene Zeit: Das Jubeljahr war dabei von zentraler Bedeutung, genauso wie radikales Christentum, Bauernaufstände, Sklavenrebellionen, Mobs, städtische Aufstände, Militärmeutereien und Streiks. Dies waren zu Wedderburns Zeit die Quellen proletarischer Macht, die Elemente der Revolution, die Werkzeuge, mittels derer er und andere die Welt »aus einem Gebeinhaus in ein Paradies umwandeln« würden.[61]

Wedderburn und Campbell gehörten einer Tradition an, in der die Erinnerung an vergangene Kämpfe durch mündliche Überlieferung am Leben erhalten und mittels Erinnerungshilfen weitergegeben wurde, die strikten Geheimhaltungsregeln unterlagen. Eins der Verdienste von *The Axe Laid to the Root* lag in der Bereitwilligkeit, mit der Wedderburn um der Erweiterung des Horizonts sowohl der jamaikanischen als auch der englischen Arbeiter willen diesen Wissensschatz in gedruckte Form gebracht hatte. Er arbeitete daran, gemeinsame Ursprünge, Verbindungen und Parallelen zwischen den Kämpfen in diesen beiden Teilen der Welt, beginnend mit den Urchristen, nachzuweisen. Anfang wie Ende der Geschichte waren somit Wedderburn zufolge kommunistisch, ein Modell, das von den »Christen aus alter Zeit entwickelt worden war, die es unternahmen, ein Leben in glücklicher Kameradschaft oder Brüderlichkeit zu führen«. Einer der Interimserben dieser Tradition war Wat Tyler gewesen, der Anführer des englischen Bauernaufstandes von 1381, der die Gefängnisse geöffnet und mit dem König über die Abschaffung der Leibeigenschaft verhandelt hatte, bevor er von Londoner Amtsträgern hinterrücks ermordet worden war. Für die Maroons und andere jamaikanische Rebellen waren die Erinnerung an den Widerstand und die Erinnerung an den Verrat gleichermaßen wichtig.[62]

Die Englische Revolution nahm ebenfalls einen zentralen Platz in Wedderburns Denken ein. Im Jahr von Despards Verschwörung (1802) setzte er den 27. Vers aus 1. Korinther 1 auf die Titelseite seiner Schrift *Truth Self-Supported*: »Was töricht ist vor der Welt, das hat Gott erwählt, dass er die Weisen zu Schanden mache; und was schwach ist vor der Welt, das hat Gott erwählt, dass er zu Schanden mache, was stark ist.« Auch die primitive quakers hatten einen Platz in Wedderburns Pantheon.[63] Über die Zuckerproduktion auf den Westindischen Inseln schrieb er im Stil des 17. Jahrhunderts:

Ein Blick in die »City of London«-Taverne, von George Cruikshank, 1817: Wedderburn (rechts) tritt Robert Owen gegenüber.
British Library

Das tropfende Blut, der schreckliche Dünger
Füllt die überlaufende Kanne mit köstlichem Saft,
Und müssen unsere Mitmenschen so frevelhaft
Um ekler Gewinne willen im Schmerze gedemütigt werden?

Er verstand, dass der Imperialismus und die Sklaverei, die Cromwell nach 1655 über Jamaika gebracht hatte, durch die Niederlage der Radikalen ermöglicht worden war, deren Kampf anschließend in Übersee von den Maroon-Vorfahren Elizabeth Campbells fortgeführt wurde. Die Kolonisierung Jamaikas war eng mit Englands habgierigem, hastigem Einstieg in den Sklavenhandel verknüpft.

Obwohl Wedderburn Tackys Revolte in seinen Schriften an keiner Stelle direkt erwähnt, war er fraglos von ihr beeinflusst. Er war in Hanover Parish und Westmoreland Parish aufgewachsen, wo sich ein Großteil der Kämpfe zugetragen hatte, und wird die Erzählungen überlebender Veteranen der Revolte gehört haben. Wedderburn trug eine der Ideen weiter, die aus der Revolte entsprungen waren, und zwar das von J. Philmore zum ersten Mal in gedruckter Form vorgebrachte Argument, dass die Sklaven das Recht hätten, sich zu erheben und die Tyrannen zu ermorden und damit ihre eigene Befreiung herbeizuführen. In einem seiner Handzettel aus dem Jahre 1819 stellte er die Frage: »Kann es Mord sein, EINEN TYRANNEN UMZUBRINGEN?«, an die sich eine Diskussion der verwandten Frage anschließen sollte: »Hat ein Sklave das natürliche Recht, seinen Herrn zu ermorden, wenn dieser ihm DIE FREIHEIT verweigert?« Einer der Spione auf der Versammlung berichtete, dass am Ende der Debatte »fast alle Personen im Raum zustimmend die Hand gehoben« hätten. Dann habe Wedderburn »ausgerufen nun denn meine Herren ich kann *nun nach Hause schreiben und den Sklaven sagen sie mögen ihre Herren ermorden sobald es ihnen beliebe*«. Ein anderer Spion war sich sicher, das ganze Treffen habe eine verborgene Bedeutung, und die Versammelten würden »offen bekennen, ihr Ziel sei nichts weniger als die Ermordung ihrer Herrscher & der Sturz der Regierung von England«.

Die Revolution auf Haiti, die erste erfolgreiche Arbeiterrevolte in der Geschichte der Neuzeit, machte einen tiefen Eindruck auf Wedderburn. Obwohl er seine jamaikanischen Brüder und Schwestern vor einem Blutvergießen jenen Ausmaßes von Haiti warnte, wusste er doch, dass rasende Wut eine unvermeidliche Reaktion auf Terror und Ausbeutung war, und zeigte sich nicht abgeneigt, sich diesen Umstand in einem Nervenkrieg gegen die jamaikanischen Herrscher zunutze zu machen. Er gab ihnen den Rat: »Macht euch zur Flucht bereit, ihr Pflanzer, denn das Schicksal St. Domingos erwartet euch.« Auch die Niederlage der United Irish im Jahre 1798 nahm Wedderburn zur Kenntnis, wobei er allerdings für ihre militärische Taktik in der Schlacht von Vinegar Hill nur Verachtung übrighatte: Wie er erklärte, würden sich die Maroons und Rebellen Jamaikas »organisierten Truppen nicht entgegenstellen wie die törichten irischen Rebellen«. Die jamaikanischen Rebellen waren weder auf Technologie (ihre Waffen waren Hippen) noch auf Truppentransporte über Straße noch auf die Logistik des Versorgungsnachschubs angewiesen.

Wir können davon ausgehen, dass Bussas Rebellion auf Barbados, bei der sich Hunderte von Sklavinnen und Sklaven erhoben, um sich aus der Knechtschaft zu befreien, in Wedderburns Bericht über die »Erhebungen der Sklaven auf einigen der Westindischen Inseln« auf einer Versammlung im Jahre 1819 erwähnt wurde. Auf dieser Kundgebung stellten einige Redner einen Zusammenhang zwischen der Sklaverei in der Karibik und der Knechtschaft in England her und sprachen sich für die Abschaffung beider aus. Nach dieser Veranstaltung und dem Massaker von Peterloo im Jahre 1819 rief Wedderburn zur Bewaffnung des englischen Proletariats auf. Bei einigen stieß dieser Aufruf auf offene Ohren, zum Beispiel bei den Webern aus Halifax, die im Jahre 1819 ein Transparent mit der Aufschrift trugen: »Wir seufzen und sind beschwert und warten darauf, erlöst zu werden, aber wir rühmen uns der Hoffnung auf ein Jubeljahr.« Eine der Folgen dieses Aufrufs zum bewaffneten Kampf war die Cato-Street-Verschwörung, deren Ziel es war, das Kabinett beim Abendessen zu überfallen und ausgewählte Tyrannen umzubringen: den Lordkanzler, den Schatzlord, den Kriegsminister, Castlereagh vom Innenministerium, den Schatzkanzler, den Obermünzmeister, den Präsidenten der Indienbehörde und den Herzog von Wellington. Diese Aktion sollte als Auslöser für weitere Anschläge in London (auf den Amtssitz des Bürgermeisters und die Bank von England) sowie im Norden Englands fungieren. Hätte Wedderburn nicht wegen Blasphemie im Gefängnis gesessen, hätte er sich möglicherweise an der Verschwörung beteiligt. Wie dem auch sei: Die Ereignisse von 1816 brachten Wedderburn zu der Erkenntnis, dass das Zusammenwirken von Sklavenrevolten und städtischen Aufständen ein großartiges Jubeljahr, die Apotheose des Widerstands, hervorbringen könne, dessen Auftakt eine allgemeine Arbeitsniederlegung bilden würde, die »eure Unterdrücker mit Schrecken erfüllen« würde. Spätestens um 1820 hatte sich das Konzept des Jubeljahres zu einem internationalen, panethnischen Phänomen entwickelt: Es gehörte zum Instrumentarium des selbstbestimmten Handelns des Proletariats und wurde mit Aufstandsprophezeiungen und -handlungen assoziiert. William Benbow sollte es zur Grundlage seiner Konzeption des Generalstreiks machen.[64]

Wedderburns Konzept des Proletariats entsprang seinen Erfahrungen in den beiden Hafenstädten, in denen er sein Leben zugebracht hatte: Kingston und London. James Kelley sollte im Jahre 1838 schreiben, dass »Seeleute und Neger« in Wedderburns Herkunftsland Jamaika »aufs Freundschaftlichste miteinander verkehren«. Die Sklaven, bemerkte er, hätten »in ihrem Umgang mit dem Seemann ein Gefühl der Unabhängigkeit. [...] In Gegenwart des Seemanns fühlt sich der Neger als Mensch.« Was die Zusammensetzung der jamaikanischen Bevölkerung betraf, so »wurden am meisten Farbige unter den Sklaven geboren, die auf den Kais beschäftigt waren«. R.R. Madden zeigte in seinen Aufzeichnungen Verständnis für diese Beziehungen. In den Seemannsvierteln Ostlondons »war jeder Bursche, der auf der Bildfläche erschien, durchaus willkommen: Farbe oder Herkunftsland wurden dabei nicht als Hindernis angesehen. [...] Alles war eitel Fröhlichkeit – alle frei und unbeschwert, und das Äußerste an Ausdrucksfreiheit gestattet. Eine wahrlich bunt zusammengewürfelte Gruppe: Lascars, Schwarze, Teerjacken, Kohlenlöscher, Kehrichtmänner, farbige Frauen, Alt und Jung und hier und da ein paar verlebte, einst ansehnliche Mädchen, &c., sie alle springen zusammen herum.«[65] Jeder kannte den Schwarzen amerikanischen Seemann und Schwergewichts-Boxchampion Tom Molyneux. Im Jahre 1814 führten afroamerikanische Seeleute im Gefängnis von Dartmoor *Othello* auf.[66] London war um 1820 zweifellos schon buntscheckig – oder frei und unbeschwert – und das Gleiche galt für andere Teile Englands, Schottlands und Irlands. Die Behörden hatten ein wachsames Auge auf dieses Menschengemisch, aber kontrollieren konnten sie es nicht. Zwei Orte unter vielen in den Amerikas, an denen alle zusammen »herumsprangen«, waren der Congo Square in New Orleans (1817) und der Catherine Market in New York (1821).[67]

Für Wedderburn waren die Seeleute eine führende revolutionäre Kraft; er wusste sogar von Masaniellos Revolte im Jahre 1647. Viele seiner Kameraden hatten Erfahrungen als Hafenarbeiter oder Seeleute gesammelt. Der Ire Cashman hatte als Fischer und Matrose gearbeitet und war neunmal verwundet worden; wie es nach Ende der Kriege um seinen Sold stand, beschrieb einer seiner Freunde dem *Black Dwarf* (19. März 1817) wie folgt:

> Der Besitzer eines Transportschiffes, auf dem er gedient hatte, war ihm *den Sold für vier Jahre* bei einem Satz von einem Pfund im Monat schuldig; dass ihm von einem Schiff, auf dem er hernach gedient habe, *der Sold für sieben Monate* bei einem Satz von drei Pfund und zehn Schilling im Monat zustehe; von einem anderen Schiff *der Sold für fünf Monate* bei einem Satz von fünf Pfund und zehn Schilling im Monat; dass er hernach auf den Fregatten *Sea-Horse* und *Maidstone* gedient habe; dass er Anspruch auf Prisengelder von der *Sea-Horse* habe, aber all seine Papiere auf einem Schoner verloren habe, von dem er bei einem Gefecht vor der Küste Südamerikas gefangen genommen und nach Philadelphia gebracht worden sei, bei welcher Gelegenheit er verwundet worden und lange Zeit in der Obhut des Schiffsarztes gewesen sei.

Sein Vater war auf See umgekommen, und seine Mutter musste um Brot betteln, weil niemand seiner Bitte nachgekommen war, ihr monatlich ein Pfund seines Soldes zu schicken. Als er im März 1817 für seine Teilnahme an den Spa-Fields-Unruhen (bei denen die Werkstatt eines Büchsenmachers geplündert worden war) gehängt wurde, erhoben sich Stimmen, die diesen Akt als »Mord« und »Schande« bezeichneten.

Der 1786 in Kingston, Jamaika, geborene William »Black« Davidson hatte ebenfalls als Seemann sowie als Möbeltischler, Sekretär der Schuhmachergewerkschaft und wesleyanischer Sonntagsschullehrer gearbeitet. Er war fast sechs Fuß groß und wurde für seinen Mut und seine Kraft bewundert. Bei einer Demonstration schützte er eins der Symbole der Hydrarchie, eine schwarze Flagge, die einen Totenkopf mit gekreuzten Knochen und der Aufschrift zeigte: »Auf dass wir wie Menschen sterben und nicht wie Sklaven verkauft werden.« Er wurde (wie auch Arthur Thistlewood, der »viel von einem Seemann an sich hatte«) im Anschluss an die Cato-Street-Verschwörung gehängt. Ein Stadtpolizist sagte aus, der Schwarze amerikanische Seemann Richard Simmonds habe bei den Spa-Fields-Unruhen »dem Mob eine halbstündige donnernde Rede gehalten; während dieser ganzen Zeit war er der Regsamste in der Menge«. Als er eine Woche später auf einem auslaufenden Ostindienfahrer festgenommen wurde, erklärte er, es sei eine ganze Anzahl von Schwarzen und Mulatten an den Unruhen beteiligt gewesen, und dies sei der Grund dafür, dass die städtischen Behörden Fremde verhaftet und »ausländische und schwarze Seeleute« festgehalten hätten.[68] Auch andere Männer mit Seefahrtserfahrung gehörten zu Wedderburns ausgedehntem Kreis, darunter der Ire John »Zion« Ward und Richard Brothers. (Wedderburn fragte sich sogar, ob ihn möglicherweise das gleiche Schicksal erwarte wie Brothers: die Unterbringung in einem Irrenhaus.) Spione der Regierung erwähnten, wie zahlreich Seeleute mit ihrer gesalzenen Sprache in Wedderburns Kirche in der Hopkins Street vertreten waren.

Wedderburn war nur ein Glied in einer langen Kette von Antinomianern im atlantischen Raum. Um 1802 war er bereits »von einem rechtsverantwortlichen Zustand in den Zustand der Freiheit des Evangeliums aufgestiegen«. Er hatte die Erfahrung »der Rettung vor der Macht oder Autorität des Gesetzes« gemacht und »unterstand in seinen eigenen Augen nicht der Macht des Gesetzes, sondern der Gnade«. Als er diesen Zustand erst einmal erreicht hatte, war er frei: »Diese Sicherheit setzte ihn in den Stand, die verschiedenen Lehren, die ihm zu unterschiedlichen Zeiten vorgetragen worden waren, unerschrocken zu untersuchen.« Er sprach dem Parlament das Recht ab, Gesetze zu erlassen, die der Oberherrschaft Gottes über Landeigentum oder -verteilung zuwiderlaufen würden, und beharrte darauf, dass der Widerstand gegen repressive Gesetze von Gott legitimiert sei. Er fragte seine Halbschwester: »Oh Elizabeth, wer hat als Erstes diesen unmenschlichen Handel gutgeheißen, kannst du mir meine Schuld nehmen? Nein, rief die Stimme eines unsichtbaren Wesens, die Menschen hätten sich den unmenschlichen Gesetzen bei ihrer Unterbreitung widersetzen sollen.« In seiner 1820 im Verlies geschriebenen Schrift *High-Heel'd Shoes for Dwarfs in Holiness* argumentierte er für die »Rüstung der Gnade, das Schwert des Geistes und den SCHILD DES GLAUBENS, die uns befähigen werden, die Welt zu überwinden.« Möglicherweise beteiligte Wedderburn sich in den 1810er und 1820er Jahren an der Förderung antinomischen Gedankenguts unter afrikanischstämmigen Protestanten auf Jamaika. Für die Angehörigen der »Native-Baptist«-Kirche (die mitunter als »christianisierte Obeahs« betrachtet wurden) bedeutete die Bekehrung »nicht, einen strikten christlichen Moralkodex anzunehmen, sondern über der Moral zu stehen«. Daraus folgte, wie Mary Turner schrieb, dass Johannes der Täufer »als Erlöserfigur an die Stelle Christi trat«. Was Wedderburn von den konservativen Baptisten- und Methodistenmissionaren unterschied, waren Fragen wie die folgende, die er bei einer Diskussion in der Hopkins Street aufwarf: »Was ist das größere Verbrechen, dass die wesleyanischen Missionare den armen schwarzen Sklaven auf den Westindischen Inseln passiven Gehorsam predigen«, oder dass sie ihnen ihr Geld abpressten?[69]

Wie fast alle, die er selbst 1819 noch als »wir Jakobiner« bezeichnete, hatte Wedderburn sich mit den Schriften Thomas Paines beschäftigt, die einen lebenslangen Eindruck bei ihm hinterließen. »Ehre sei Thomas Paine«, donnerte er in der Hopkins-Street-Kirche: »Seine Menschenrechte haben uns Nützlicheres gelehrt als dieser ignorante, glattgesichtige dumme Narr«, der König. Wedderburn bot der Regierung mit der feierlichen Versicherung die Stirn, Paines Bücher »mögen zwar von der Hand des gemeinen Henkers in Brand gesteckt werden«, aber »sie können nicht aus meinen Kopf gebrannt werden«.[70] Aber wie Spence ging Wedderburn in seinem republikanisch-revolutionären Denken über die Positionen seiner radikalen jakobinischen Mitstreiter hinaus, die die kapitalistischen Neudefinitionen des Eigentums und des Lohnverhältnisses akzeptierten und *The Rights of Man* als ihr Manifest betrachteten. Mary Wollstonecraft legte in *The Rights of Women* eine der Grenzen dieser Positionen offen, Spence beleuchtete eine andere in *The Rights of Infants; Or, the Imprescriptable Right of MOTHERS to such a Share of the Elements as is Sufficient to Enable them to Suckle and Bring up their Young* (1796). Spence griff Paine mit einer Rede aus weiblicher Sicht an, in der er den Männern des englischen Proletariats ein Armutszeugnis ausstellte: »Wir haben festgestellt, dass unsere Männer zu ihrer unauslöschlichen Schande beklagenswert nachlässig und unzulänglich sind, was ihre eigenen Rechte sowie die ihrer Frauen und Kinder betrifft, [und] wir Frauen beabsichtigen, uns dieser Angelegenheit selbst anzunehmen.«

Im Jahre 1817 stellte Wedderburn die Frage zur Debatte: »Gebührt der amerikanischen Regierung Beifall oder Verdammung für die Maßnahmen, die sie zur Zivilisierung der Indianer getroffen hat, indem sie ihnen einen Anteil des Landes gegeben hat?« Wedderburns Argument lautete, dass »Barbarei besser sei als Christentum […] Wenn es einen Gott gäbe würde er verhindern dass das Christentum unter die Indianer gerät; gebt uns die Natur und wir wollen Gott gar nicht kennen wir können die Sonne anbeten.« Wer Volney gelesen hat, wird in dieser Passage selbst in der anteilnahms- und interpunktionslosen Schilderung eines Spions dessen Ideen wiedererkennen: Volney war es, der die Religionen der Welt in einem Halbkreis versammelte (genauso, wie Mrs. Campbell ihre Sklavinnen und Sklaven um sich versammelt hatte, bevor sie sie freiließ), um erst eine Massendiskussion über religiöse Widersprüche zu führen und anschließend in brillanter Weise darzulegen, dass das Christentum, wenn seine Symbole und Lehren erst einmal durch Zurückführung auf ihre unterschiedlichen Ursprünge erklärt seien, sich als allegorische Sonnenanbetung erweisen würde. Im Übrigen liege der Ursprung heliozentrischer Glaubenslehren am oberen Nil, »bei einer schwarzen Menschenrasse«.[71] Wedderburn fasste die Lehren Christi in drei Geboten zusammen: »Erkenne keinen König an. Erkenne keinen Priester an. Erkenne keinen Vater an.« So trugen Wedderburns lebenslange bittere Vater- und Erbschaftsauseinandersetzungen mit seinem eigenen reichen schottischen Vater zur Erweiterung seiner politischen Vision bei. Das Gleiche galt natürlich für die Sklaverei und die Enteignung, die er auf der anderen Seite des Atlantiks erfahren hatte und infolge derer er große Vorbehalte dagegen hegte, das weiße, männliche, besitzende Bürgertum als eine Triebkraft der Revolution zu betrachten.[72]

Wedderburn verlangte »im Namen Gottes, im Namen der natürlichen Gerechtigkeit und im Namen der Menschlichkeit die Freilassung aller Sklaven«. Er wusste, dass die wichtigsten Abolitionisten die Sklavinnen und Sklaven selber waren und dass sie sich – wie alle anderen Arbeiter im atlantischen Raum auch – gezwungenermaßen mit allen notwendigen Mitteln aus Sklaverei und Unterdrückung befreien würden.

Das wichtigste dieser Mittel war die direkte Aktion und nicht etwa, wie er nachdrücklich betonte, die Eingabe von Petitionen: »Es ist entwürdigend für die menschliche Natur, Bittschriften an eure Unterdrücker zu richten.« Wedderburn war ein lebendes Zeugnis der »Gräuel der Sklaverei«, ein Ausdruck, der den Titel seiner Autobiografie liefern sollte. Die Kraft, die in dieser direkten Verbindung lag, erkannte sowohl William Wilberforce, der Wedderburn im Jahre 1820 im Gefängnis besuchte und ihm vorschlug, zum Nutzen der Bewegung seine Lebensgeschichte zu schreiben, als auch vor ihm die Abolitionisten aus der Mittelklasse, die die Leiter zu Wedderburns armseliger Dachbodenkirche hochkletterten, um ihn die Sklaverei anprangern zu hören.[73]

Wie der Achsnagel, ein Stück Metall, das das Rad mit der Wagenachse verband und der Bordkanone ihre Beweglichkeit und Feuerkraft gab, war Wedderburn ein unverzichtbarer Bestandteil eines größeren, dynamischen, mächtigen Ganzen. Er verband über die Jahrhunderte hinweg kommunistische Christen des antiken Nahen Ostens mit englischen Levellers und jamaikanischen Native Baptists. Er verband über Kontinente hinweg Sklaven und Maroons mit Seeleuten und Hafenarbeitern, mit Commoners, Handwerkern und Fabrikarbeitern; er verband evangelikale Christen mit

Anhängern Paines, Sklaven mit Sklavereigegnern der Arbeiter- und Mittelklasse in den Metropolen. Er gehörte zu der Sorte Mensch, für die »die Idee der Abschaffung des Sklavenhandels mit dem System der Einebnung und den Menschenrechten im Zusammenhang steht«. Er verband die Jubeljahrposaune in den eingehegten Allmenden Englands mit dem jamaikanischen »shell-blow«-Jubeljahr. Er war Bordkanonier gewesen und kannte die Funktion des Achsnagels genau. Er wusste, dass es ohne menschliche Achsnägel wie ihn selbst Sam Sharpe und den Baptistenkrieg auf Jamaika im Jahre 1831 vielleicht niemals gegeben hätte. Mary Turner schreibt, Sharpe habe »Handlungsrechtfertigungen ausgearbeitet, die von der gleichen Ideologie inspiriert waren, die die Radikalen der Englischen Revolution und ihre Nachfolger in der Anti-Sklaverei-Bewegung geprägt hatte«.[74] Diese Rechtfertigungen – und direkten Aktionen – trugen dazu bei, dass das Jubeljahr erst (am 1. August 1834) als Versprechen am Horizont erschien und schließlich (am 1. August 1838) mit dem Ende der Sklaverei in der britischen Karibik tatsächlich Wirklichkeit wurde. Das erste dieser Ereignisse sollte Wedderburn noch miterleben (und ganz sicher feiern), nicht mehr jedoch das zweite.

X. FAZIT

TIGER! TIGER!

☆

Adam Smith (1723–1790), der erste grundlegende Theoretiker des Kapitalismus, und Karl Marx (1818–1883), dessen profundester Kritiker, stimmten in ihrer Einschätzung der Globalisierung überein. Beide sahen ihre maritimen Ursprünge und erkannten, dass die Entdeckung der Seewege nach Amerika und Ostindien den Beginn einer neuen Epoche der Menschheitsgeschichte markierten. Und beide sahen ihre gesellschaftlichen Konsequenzen: die Tatsache, dass die Ausdehnung der Warenproduktion (in Smiths Terminologie das Ausmaß des Marktes, in Marx' die gesellschaftliche Arbeitsteilung) zu einer Neubesiedlung des Erdballs führte und die Erfahrung der Arbeit grundlegend transformierte. Smith stellte fest, dass die Anhäufung von Reichtum auf zunehmende Arbeitsteilung angewiesen war, die wiederum dazu führte, dass die Arbeiter »so unwissend und dumm [werden], als es nur immer ein menschliches Wesen werden kann«. Marx seinerseits führte an, das Kolonialsystem und die Ausweitung des Weltmarktes »verkrüppel[e] den Arbeiter in eine Missbildung«. In seinen Augen war die Durchsetzung der Fabrikdisziplin ein »Unternehmen, des Herkules würdig«. Mit anderen Worten, der Despotismus des Arbeitsplatzes und die Anarchie des Weltmarktes entwickelten sich zusammen. Eine Entwicklung, die dazu führte, dass die Arbeit intensiviert wurde und – in Marx' Worten – »Zufall und Willkür ihr buntes Spiel« unter den Arbeitern trieben. Wir haben in diesem Buch gezeigt, dass das Ungeheuer seinen eigenen Kopf – ja sogar viele Köpfe – hatte und dass diese Köpfe in der Tat bunt gemischt waren.[1]

Auf den vorhergehenden Seiten haben wir den herkulischen Globalisierungsprozess und die Hindernisse beschrieben, die die vielköpfige Hydra diesem Prozess entgegensetzte. Wir können die fast zweieinhalb Jahrhunderte, die wir hier behandelt haben, anhand der für diese Kämpfe typischen Schauplätze in aufeinanderfolgende Phasen unterteilen: die Allmende, die Plantage, das Schiff und die Fabrik. In den Jahren 1600 bis 1640, als der Kapitalismus in England seinen Anfang nahm und sich durch Handel und Kolonisierung im gesamten atlantischen Raum ausbreitete, wurden die Commoners Afrikas, Irlands, Englands, Barbados' und Virginias enteignet und mit Hilfe von Segelschiffen und institutionalisiertem Terror zur Arbeit als Holzhauer und Wasserträger eingesetzt. In der zweiten Phase, zwischen 1640 und 1680, erhob die Hydra ihre Häupter gegen den englischen Kapitalismus – zunächst in Form von Revolutionen in den Metropolen, dann in Form von Sklavenkriegen in den Kolonien. Antinomier organisierten sich mit dem Ziel, dem verruchten Babylon ein neues Jerusalem entgegenzusetzen und das biblische Diktum, dass Gott die Person nicht ansehe, in die Praxis umzusetzen. Ihre Niederlage zog die verstärkte Unterdrückung von Frauen nach sich und bereitete den Weg für die transatlantische Sklaverei in Irland, Jamaika und Westafrika. Die über die amerikanischen Plantagen verstreuten Radikalen wurden auf Barbados und in Virginia ein weiteres Mal besiegt, und diese Niederlage ermöglichte der Herrscherklasse die Sicherung des Plantagenwesens als eine der Grundlagen der neuen Wirtschaftsordnung.

In einer dritten Phase, zwischen 1680 und 1760, fand die Konsolidierung und Stabilisierung des atlantischen Kapitalismus in Form des Seestaates statt, eines finanziellen und nautischen Systems, das auf die Erschließung und Nutzung atlantischer Märkte ausgelegt war. Das Segelschiff – die für diese Phase der Globalisierung charakteristische Maschine – vereinte in sich Eigenschaften der Fabrik und des Gefängnisses. Im Widerstand gegen diese Maschine entstand eine von Piraten aufgebaute autonome, demokratische, multiethnische Gesellschaftsordnung auf See. Doch diese alternative Lebensweise stellte eine Gefahr für den Sklavenhandel dar und wurde ausgelöscht. Dann fegte in den 1730ern eine Aufstandswelle durch die amerikanischen Sklavengesellschaften und gipfelte in einer multiethnischen Arbeiterverschwörung im New York des Jahres 1741.

In den Jahren 1760 bis 1835 setzte der bunt gemischte Haufen das Zeitalter der Revolution im atlantischen Raum in Gang. Diese Phase begann mit Tackys Revolte auf Jamaika und setzte sich in einer Reihe von Aufständen in der gesamten Hemisphäre fort. Die neuen Revolten verhalfen gesellschaftlichen Praxen zum Durchbruch – der Bezugnahme auf Menschenrechte, dem Streik, der Lehre vom höheren Recht –, die schließlich bei der Abschaffung der Zwangspressung und der Plantagensklaverei hilfreich werden sollten. Noch unmittelbareren Einfluss hatten diese Revolten auf den Ausbruch der Amerikanischen Revolution, die allerdings einen reaktionäre Wendung nahm: Die Gründerväter machten sich die Konzepte von »Rasse«, Nation und Staatsbürgerschaft zunutze, um Seeleute, Sklavinnen und Sklaven – eben jene, die die revolutionäre Bewegung in Gang gebracht und vorangetrieben hatten – zu disziplinieren, zu spalten und auszuschließen. Aber in den 1790er Jahren trieb der Baum der Freiheit andernorts neue Zweige – auf Haiti, in Frankreich, in Irland und England.

Das Proletariat tritt in diesem Buch in zweierlei Hinsicht auf. Solange es sich fügsam und unterwürfig verhielt, wurde es als Holzhauer und Wasserträger beschrieben. So befürchtete der irische Revolutionär Wolfe Tone im Jahre 1790, Irland werde bis in alle Ewigkeit eine »untergeordnete Nation von Holzhauern und Wasserträgern« bleiben.[2] Im gleichen Geist stellte Morgan John Rhys, ein Abolitionist, der sich auf die revolutionären 1640er Jahre bezog, in der ersten walisischsprachigen politischen Zeitschrift *Cylchgrawn Cymraeg* (November 1793) die Frage, ob die Waliser dazu verdammt seien, auf ewig Holzhauer und Wasserträger zu bleiben.[3] Auch John Thelwall, ein Dichter und führender Sprecher der London Corresponding Society (L. C. S., die erste unabhängige politische Arbeiterorganisation Englands) befürchtete angesichts der Unterdrückungsmaßnahmen der englischen Regierung im Jahre 1795, dass »neun von zehn Angehörigen des Menschengeschlechts (alsbald werden es neunzehn von zwanzig sein) dazu geboren sind, Lasttiere für das verbleibende Zehntel zu sein: Holzhauer und Wasserträger«.[4] Der afrikanische Abolitionist Ottobah Cugoano wusste, dass die Kanaaniter versklavt – das heißt zu Holzhauern und Wasserträgern gemacht – worden waren, und wie er zeigte, war die Sklaverei auf den Westindischen Inseln noch schlimmer.[5] Doch Iren, Waliser, Engländer und Afrikaner kämpften gleichermaßen für die Befreiung der Holzhauer und Wasserträger.

Doch sobald sich das Proletariat rebellisch zeigte und selbstständig zu handeln begann, wurde es als Ungeheuer, als vielköpfige Hydra bezeichnet. Zu seinen Köpfen zählten Hungeraufständler (laut Shakespeare), Ketzer (Thomas Edwards), Armeeagitatoren (Thomas Fairfax), Antinomier und unabhängige Frauen (Cotton Mather), Maroons (Gouverneur Mauricius), bunt zusammengewürfelte städtische Mobs (Peter Oliver), Generalstreikende (J. Cunningham), ländliche Allmendebarbaren (Thomas Malthus), einfache Seeleute (Patrick Colquhoun), Freidenker (William Reid) und streikende Textilarbeiterinnen (Andrew Ure). Weitere namenlose Kommentatoren fügten dieser langen Liste bäuerliche Rebellen, Levellers, Piraten und aufständische Sklaven hinzu. In ihrer Angst vor der Energie, der Beweglichkeit und dem Erstarken gesellschaftlicher Kräfte jenseits ihrer Kontrolle verwünschten Schriftsteller, Ketzerjäger, Generäle, Geistliche, Behördenvertreter, Bevölkerungstheoretiker, Polizisten, Kaufleute, Fabrikanten und Plantagenbesitzer die Häupter der Hydra und beschworen Verwüstungen herkulischen Ausmaßes auf sie hernieder: die Unterwerfung der Iren, die Ausrottung der Piraten, die Vernichtung der Ausgestoßenen aller Nationen der Erde.

Herkules war seit Diodors Zeiten als Henker bekannt. Jedes Kapitel in diesem Schwarzbuch des Kapitalismus ist voll von Hängungen, Verbrennungen, Verstümmelungen, Hungertod und Enthauptungen. Was zum Beispiel geschah mit dem Kopf Despards? Einem Bericht zufolge wurde »auf Wunsch des Lordkanzlers das Kabinett zusammengerufen, um darüber zu beraten, welchen Rat man Seiner Majestät hinsichtlich der Beseitigung der Köpfe der Gefangenen geben solle«.[6] Dessalines, der wilde, kompromisslose Anführer des Aufstandes auf Haiti, machte den Versuch, mehr Menschen Landeigentum zu verschaffen, ein Vorhaben, das ihm im Jahre 1806 den Tod durch Verstümmelung eintrug. Er war die Personifikation eines revolutionären lwa oder lao, sprach Kongo und bezeichnete sein Volk als Inkas der Sonne. Defilé sammelte seine Überreste auf und nahm sie mit, um sie für die Beerdigung zusammenzusetzen.[7] Masaniello, der Anführer der zehn Tage währenden proletarischen Revolte der Galeerensklaven, Fischweiber, Prostituierten, Weber, Studenten und Lazzaroni von Neapel, wurde am 16. Juli 1647 umgebracht und in Stücke gehackt. Am folgenden Tag sammelten seine Anhänger die Körperteile ein, fügten Kopf und Körper zusammen und bereiteten ihm ein Begräbnis, das eines militärischen Befehlshabers würdig war.[8] Walt Whitman schrieb eine Geschichte über Richard Parkers Witwe und ihre Suche nach der Leiche ihres Mannes, der als Anführer der Nore-Meuterei im Jahre 1797 gehängt worden war. Deshalb bestand unser erster Schritt darin, uns an den Körper des Proletariats zu erinnern: Wir mussten ihn aus dem Vokabular der Monstrosität wieder neu zusammensetzen.

Im späten 18. und frühen 19. Jahrhundert schließlich wollten Arbeiter den Spieß umdrehen und gegen ihre Klassenfeinde richten, und sie präsentierten sich dabei als Kraft, die sowohl die Stärke besaß, den Sieg zu erringen, als auch die Autorität, eine neue Ordnung durchzusetzen. Sie hüllten sich in den Umhang des Herkules und machten sich daran, gegen ein andersgeartetes vielköpfiges Ungeheuer zu Felde zu ziehen. In den 1790er Jahren bezeichnete Coleridge die Kräfte der Gegenrevolution als Hydra. Die L. C. S. prophezeite einer gleich gesinnten Gesellschaft in Newcastle-upon-Tyne, dass »die Hydra der Tyrannei und Unterjochung bald unter der Guillotine der Wahrheit und Vernunft fallen wird«. Im November 1793 schlug der französische Revolutionsmaler David dem Nationalkonvent die Errichtung einer gigantischen Herkulesstatue vor, die von nun an anstelle der Marianne, der weiblichen Verkörperung der Freiheit, das französische Volk repräsentieren solle. Spätestens im Jahr 1795 kursierten in der französischen Republik zwei Sorten von Münzen: Silberstücke mit dem Bild des Herkules und Bronzestücke mit dem Bild der Freiheit. Beim Fest der Vernunft, das im November desselben Jahres in der Kathedrale von Notre Dame abgehalten wurde, erwähnten die radikalen Deputierten Herkules ein weiteres Mal: »Der Terror war das Volk auf dem Vormarsch, der verheerende Herkules.« Charles Lamb schrieb im frühen 19. Jahrhundert, Gorgonen, Hydren und Chimären seien »Abschriften, Typen – die Urtypen sind in uns, und ewig während. Diese Schreckensgestalten sind älteren Ursprungs, älter als der Körper – und wären ohne Körper doch die selben gewesen.«[9]

Die Tribunen der radikalen Arbeiterklasse in England waren ebenfalls von Herkules und der Hydra fasziniert. »Alles ist käuflich«, begann Shelley in *Queen Mab* seinen Katalog menschlicher Verderbtheit als Konsequenz der Warenform. Licht, Freiheit, Liebe – alles hatte einen Preis,

[...] indes aus freudeloser Sinnenlust
Die Pest erzeugt wird, die das ganze Leben
Des Menschen füllt mit hydraköpfigem Leid.[10]

Richard Carlisle nannte seine Groschen-Wochenzeitung *Gorgon* und argumentierte in ihrer ersten Ausgabe (1818), dass »obwohl die Hydra der Verderbtheit noch immer ihr verwünschtes Haupt in unserer Mitte erhebt, wir davon überzeugt sind, dass sie letzten Endes unter der allgemeinen Empörung und Verachtung fallen muss«. Henry Hunt gab eine Wochenzeitung namens *Medusa; Or, Penny Politician* heraus; ihre erste Ausgabe, die am 20. Februar 1819 unter dem Motto »Lasst uns wie Männer sterben und nicht wie Sklaven verkauft werden« erschien, richtete sich »AN DIE ÖFFENTLICHKEIT *alias* die *unwissend-ungeduldige Menge*«. Im Dezember 1818, kurz vor dem Massaker von Peterloo in England (1819), gründete der Londoner Schiffszimmermann John Gast in dem Versuch, ausgebildete männliche Gewerkschafter als Anführer des aufkommenden weiblichen und irischen Textilproletariats im Norden einzusetzen, eine Organisation namens »Philanthropic Hercules«. Im Vorfeld des Haymarket-Massakers in Amerika (1886) zirkulierte eine Rundschrift namens *Revenge*, in der die Arbeiterklasse aufgerufen wurde, sich wie Herkules zu erheben. So bezogen sich die Arbeiterklassen Englands und Amerikas in entscheidenden Momenten der Geschichte der Arbeit auf diesen mythischen Heroen.

Diese bereitwillige Übernahme des Herkulesmythos war Ausdruck eines sich vertiefenden Risses zwischen ausgebildeten Handwerkern, die sich bei näherer Betrachtung oft als Vorarbeiter oder untergeordnete Verwalter herausstellten, und der Masse der in die Städte strömenden Migrantinnen und Migranten – darunter verwaiste junge Arbeiter, Proletarierinnen, entlassene Soldaten und die Arbeitsinvaliden der Fabriken, Werkstätten und Schiffe. Der technologische Wandel, den die dampfbetriebene Schiffsschraube und der Übergang von Holz zu Eisen und Stahl im Schiffbau mit sich brachten, unterminierte die materielle Lebensgrundlage des bunten Haufens und verstärkte die Fragmentierung der Hafen- und Seearbeit im gesamten atlantischen Raum. Der Handwerker andererseits war oftmals ein Eigentum besitzender, maßvoller, besonnener, pünktlicher, des Lesens und Schreibens kundiger Bürger. Sein Patriotismus schlug leicht in Nationalismus um. Oft war er ein Anhänger von Disziplin, ein Befürworter der Polizei. Dieser Riss hatte sowohl politische als auch kulturelle Bedeutung. Asa Briggs wies darauf hin, dass im frühen 19. Jahrhundert »die Kluft zwischen Fach- und ungelernten Arbeitern so groß war, dass ein scharfsinniger Beobachter von ihnen als von zwei getrennten Rassen sprach«.[11] Tom Paine, Karl Marx und Edward Thompson (der die Ansicht vertrat, dass »das arbeitende Volk in einen Zustand der Apartheid gestürzt worden« sei) fragten sich, ob die Armen dabei waren, sich zu einer eigenen »Rasse« zu entwickeln.

Der Umstand, dass der weiße, männliche, ausgebildete, lohnbeziehende, nationalistische, Eigentum besitzende Handwerkerbürger oder Industriearbeiter im Mittelpunkt der modernen Arbeitsgeschichte steht, hat dazu geführt, dass die Geschichte des atlantischen Proletariats des 17., 18. und frühen 19. Jahrhunderts unsichtbar wurde. Dieses Proletariat war kein Monster, es war keine kulturell homogene Klasse, und es war keine »Rasse«. Diese Klasse war anonym, namenlos. Robert Burton schrieb in *The Anatomy of Melancholy* (1624): »Von 15.000 in der Schlacht getöteten Proletariern werden kaum fünfzehn im Buch der Geschichte notiert, oder nur ein einziger, der General vielleicht, und nach einer Weile sind sein Name und die ihren ebenfalls ausgelöscht, die ganze Schlacht selbst ist vergessen.« Diese Klasse war landlos, enteignet. Sie hatte die schützende Hülle der Allmende verloren, die ihre Bedürfnisse gedeckt und gesichert hatte. Sie war arm; es fehlte ihr an Besitz, Geld oder materiellen Reichtümern jeglicher Art. Oft erhielt sie keinen Lohn und war gezwungen, die unbezahlten Arbeiten des Kapitalismus zu verrichten. Sie war oft hungrig, und ihr Auskommen war ungesichert. Sie war mobil und transatlantisch. Sie lieferte den Antrieb für weltweite Transportindustrien. Sie verließ die ländlichen Gebiete, zog vom Land in die Stadt, von einer Gegend in die andere, über die Meere und von einer Insel zur nächsten. Sie wurde terrorisiert und Zwangsmaßnahmen unterworfen. Ihre Haut war schwielig von Schuldknechtschaft, Galeerensklaverei, Plantagensklaverei, Sträflingsdeportation, Arbeitshaus und Zuchthaus. Ihre Ursprünge lagen oft in traumatischen Ereignissen: Einhegung, Gefangennahme und Gefängnis hinterließen bleibende Spuren. Diese Klasse setzte sich aus Frauen und Männern zusammen. (In der Tat bezeichnete der Begriff proletarisch ursprünglich arme Frauen, die dem Staat durch das Gebären von Kindern zu Diensten waren.) Sie umfasste alle Altersstufen, von Jugendlichen bis zu alten Leuten, von Schiffsjungen bis zu alten Teerjacken, von Lehrlingen bis zu gewitzten alten Lehrherren, von jungen Prostituierten bis zu alten »Hexen«. Sie war mannigfaltig, menschenreich und ständig wachsend. Sei es auf einem öffentlichen Platz, einem Markt oder einer Allmende, in einem Regiment oder – begleitet von Trommeln und flatternden Bannern – auf einem Kriegsschiff: Ihre Versammlungen boten ihren Zeitgenossen einen staunenswerten Anblick. Sie wurde durchnummeriert, gewogen und gemessen. Als Individuen oder Namen waren ihre Mitglieder unbekannt; sie wurden zu Objekten gemacht und zu Steuer-, Produktions- und Reproduktionszwecken gezählt. Dies war eine gemeinschaftlich und manuell arbeitende Klasse. Ihre größte Durchschlagskraft bezog sie nicht aus der Facharbeit einzelner, sondern aus der kollektiven Kraft der Gruppe. Sie trug Lasten, schaufelte Erde und verwandelte die Landschaft. Sie war bunt zusammengewürfelt; ihre Kleidung war zerlumpt, ihre Erscheinung multiethnisch. Wie Caliban stammte sie aus Europa, Afrika und Amerika. Ihr gehörten Clowns im ursprünglichen Sinne des Wortes an, Landvolk. Sie ließ sich nicht auf einen einheitlichen Stammbaum zurückführen. Sie war ordinär. Sie bildete ihre eigene Umgangssprache aus, deren charakteristische Aussprache, Wortschatz und Grammatik ihren

Ursprung in Slang, Gaunersprache, Fachsprache und Pidgin hatten: den Jargons des Arbeitsplatzes, der Straße, des Gefängnisses, der Banden und der Docks. Ihre Ursprünge, ihr Bewegungsradius und ihr Bewusstsein waren weltumfassend. Und schließlich agierte dieses Proletariat selbstständig und kreativ: Es war – und ist – lebendig, immer in Bewegung.[12]

Welche Bedeutung haben die Erfahrungen dieses Proletariats für uns heute? Zur Beantwortung dieser Frage wollen wir eine Geschichte über drei historisch vernachlässigte Freunde des Menschengeschlechts heranziehen: Thomas Hardy, den Gründer der L.C.S., seine Frau Lydia Hardy und den bereits in früheren Kapiteln erwähnten Olaudah Equiano. Und abschließend werden wir einen Blick auf Leben und Werk des herausragenden revolutionären Gelehrten C.F. Volney und des Dichtervisionärs William Blake werfen. Sie alle – die Vergessenen, der Utopist und der Visionär – veranschaulichten die transatlantische Zirkulation von Erfahrungen und die Auswirkungen der Kämpfe in Afrika und Amerika auf gesellschaftliche und politische Entwicklungen in Europa, und sie alle propagierten eine egalitäre, multiethnische Menschheitskonzeption, die – so unsere These – den umfassendsten denkbaren Entwurf nicht nur ihres eigenen, sondern auch unseres Zeitalters darstellt. Die Niederlage dieser gemeinsamen Idee in den entscheidenden frühen 1790er Jahren führte zur Herausbildung zweier unterschiedlicher Narrative über Klasse, »Rasse« und Nation, die ihrerseits die Geschichte, die wir in diesem Buch ans Tageslicht zu bringen versucht haben, unsichtbar machten.

Der erste dieser beiden Narrative erzählt die Geschichte der Arbeiterklasse. Londoner Handwerker, die sich in den 1790er Jahren mit dem sich aus steigenden Preisen, der Auslagerung von Arbeit und zunehmender Mechanisierung ergebenden ökonomischen Druck konfrontiert sahen, ließen sich von der Französischen Revolution und ihren eigenen nonkonformistischen und handwerklichen Traditionen inspirieren und nahmen Briefkontakt mit dem aufstrebenden Fabrikproletariat im Norden Englands auf, wo in Manchester im Jahre 1789 die erste mit Dampfkraft betriebene Baumwollspinnerei ihren Betrieb aufgenommen hatte. Sie schlugen vor, sich zum Zweck der Durchsetzung einer Parlamentsreform zu verbünden. Trotz innenpolitischer Repression und des Verbots von Gewerkschaftsaktivitäten entwickelte die englische Arbeiterklasse nach dem Ende der Napoleonischen Kriege (1815) eine dynamische geistige, politische und moralische Kultur (Radikalismus) und wurde zu einer klar abgegrenzten, stabilen Klassenformation, die stark genug war, ihre Gegner in Industrie und Gesetzgebung zunächst zur Zulassung von Gewerkschaften und dann zur Ausweitung des Wahlrechts zu zwingen. Einen definitiven Ausdruck fand diese Geschichte in der im Jahre 1819 im *Black Dwarf* veröffentlichten Address of a Journeyman Cotton Spinner, in der die Klassenverhältnisse in den Baumwollfabriken anhand der täglichen Arbeitszeit, Kinderarbeit, Ernährung, der Dampfmaschine und der schwarzen Liste beschrieben wurden.[13] Die Address stellte den Fabrikarbeiter dem Plantagensklaven gegenüber: »Wenn der Negersklave auf den Westindischen Inseln auch unter sengender Sonne arbeitet, so wird er doch wohl mitunter von einem Lufthauch gekühlt: Er hat ein Fleckchen Erde, und es wird ihm die Zeit zugestanden, es zu bestellen. Der englische Spinnsklave kommt nicht in den Genuss der freien Atmosphäre und der Lüfte des Himmels.« In dieser Betrachtungsweise – die im Widerspruch zu der dreißig Jahre zuvor von den Sheffielder Messerschmiedegesellen abgegebenen Solidaritätserklärung stand – drückt sich der beschränkte Horizont der Arbeiterklasse und ihre Anfälligkeit für rassistische Ideen aus.

Der zweite Narrativ bezieht sich auf Black Power. Die Menschen der afrikanischen Diaspora kämpften gegen die amerikanische Sklaverei und die vorsätzliche Entwürdigung, Entmenschlichung und Auslöschung ihrer Namen, Stammbäume, Kulturen und Länder. Diese Menschen, die in Massen zur Arbeit in Minen oder auf Plantagen eingesetzt wurden (1793 wurde die Baumwollentkörnungsmaschine erfunden), entwickelten ein Schwarzes oder panafrikanisches Bewusstsein, das in einem körperlichen und spirituellen Widerstand wurzelte, der in den 1790er Jahren historische Erfolge hervorbringen sollte. Zum spirituellen Widerstand gehörten Obeah, Voodoo und die Schwarzen Kirchen (darunter die 1788 gegründete African Baptist Church in Savannah, Georgia, die 1787 gegründete Free African Society in Philadelphia und die 1800 gegründete Abyssinia Baptist Church in New York). Der Schwarze Widerstand umfasste Aufstände auf Dominica, St. Vincent, Jamaika und in Virginia und vor allem die Revolution auf Haiti zwischen 1791 und 1804. Haiti war der erste Ausdruck von Black Power. Die herausragende Errungenschaft der englischen Arbeiterklasse war die Arbeiterpresse; die einzigartige Errungenschaft des Schwarzen Freiheitskampfes war seine Musik. Der ideologische Widerstand brachte David Walker und William Lloyd Garrison hervor, der bewaffnete Widerstand Denmark Vesey und Nat Turner. In Opposition gegen die rassistischen Mythen der herrschenden Klasse und die »rassische« Exklusivität der Arbeiterklasse bildete sich eine Lehre der Vorsehung namens Äthiopianismus heraus, die so genannt wurde, weil Afrika in ihr als Ort der Erlösung galt.[14] Selbst wenn wir wollten, könnten wir diese beiden narrativen Stränge nicht zusammenbringen, denn es sind wahre Geschichten, die ihr eigenes Zeitalter – und die darauf folgenden – beschreiben. Aber wir können eine Zeit in Erinnerung rufen, in der sie noch nicht getrennt waren.

DREI FREUNDE DES GANZEN MENSCHENGESCHLECHTS

Olaudah Equiano, Lydia Hardy (geborene Priest) und Thomas Hardy wohnten von August 1790 bis Februar 1792 zusammen im Taylors Building in der Chandos Street in Covent Garden, London. Jeden Morgen kamen Obst und Gemüse – Pastinaken, Möhren, Erbsen, Äpfel und Erdbeeren – von den Äckern und Gärten themseaufwärts in der Stadt an, und jeden Abend wurden Haufen von Abfall abtransportiert. Da den drei Freunden der Zugang zur Allmende verwehrt war (eine Erfahrung, die alle drei teilten), mussten sie entweder Waren auf dem Markt kaufen oder auf andere Weise Nahrung auftreiben. Keiner von ihnen verdiente viel, und die Preise stiegen. Selbst wenn sie es schafften, sich irgendwie durchzuschlagen (dies war eine Zeit, in der das Volk auf sein Gewohnheitsrecht auf die Abfallprodukte der städtischen Industrien angewiesen war), war ihre Lage unsicher, wenn auch nicht permanent verzweifelt. Die drei Freunde gehörten der »schweinischen Menge« an, wie Edmund Burke das Volk in seiner Schmähschrift gegen die Französische Revolution genannt hatte.[15] In den Augen der Oberschicht waren sie nicht nur Schweine, sondern obendrein buntgescheckte Schweine: Olaudah war Afrikaner, Lydia Engländerin und Thomas Schotte.

Olaudah war sowohl Plantagensklave als auch Seemann gewesen. Lydias gesellschaftliche Aufgabe bestand darin, Kinder zu gebären; mit anderen Worten, sie war eine Proletarierin, deren Rolle Mutterschaft und Kinderaufzucht war. Thomas war Handwerker, Schuhmacher. Diese drei – der Sklave/Seemann, die Proletarierin und der Handwerker (um sie vergröbernd über ihre ökonomische Stellung zu definieren) – waren befreundet und sollten im Jahr 1792 gemeinsam versuchen, ihre Freiheit zu erlangen. Olaudah war im Alter von zehn Jahren aus einer »Nation von Tänzern, Musikern und Dichtern« gerissen, zusammen mit seiner Schwester gekidnappt und in die Sklaverei verkauft worden. Er beschrieb die westafrikanische Allmende folgendermaßen: »Bei uns wird der Ackerbau in einer großen Ebene oder Allmende betrieben [...] und alle Nachbarn gehen gemeinsam dorthin.« Er erwähnte, dass »jeder etwas zum gemeinsamen Vorrat beiträgt«.[16] In Buckinghamshire, wo Lydia herstammte, hatte das Parlament per Gesetz die Einhegung des Gemeinbesitzes durchgesetzt. Ein anonymes Liedchen fasste diesen Verlust und das dahinter stehende Verbrechen zusammen:

Das Gesetz packt Männer und Frauen am Kragen
Die der Allmende eine Gans wegtragen
Und drückt beide Augen zu bei denen
Die der Gans die Allmende wegnehmen.

In Lydias Heimatgegend gab es einen starken Widerstand gegen Enteignung, der bis zu Captain Pouch und der Midlands-Revolte von 1607 und den Digger-Kolonien der Englischen Revolution zurückreichte. Thomas seinerseits hatte sein angestammtes Pachtland verlassen müssen, als kapitalistische Großbauern begannen, die Felder einzuhegen, in Gemeinschaftsbesitz befindliche Landstreifen zusammenzulegen und sich der Allmende zu bemächtigen, und damit die Kleinpächter und Häusler zu Landlosen machten.[17] »Ah, der Mensch ward zum Klagen erschaffen!«, seufzte der schottische Dichter Robert Burns.

Nach dem Verlust des Gemeineigentums sahen sich alle drei mit der Abwertung ihrer Arbeit konfrontiert. Olaudah durchlebte die Schrecken des merkantilen Kapitalismus an Bord des Sklavenschiffes, das ihn (und etwa 1,4 Millionen weitere Igbo) über den Atlantik beförderte. Er arbeitete auf See, auf Zuckerrohrfeldern und in Tabakpflanzungen. Den Terror gegen seine Leidensgenossen, die mit ihrer Plackerei dafür sorgten, dass die Bank von England, das Parlament und ein großer Teil der Nation blühten und gediehen, musste er mit ansehen, ohne ihn stoppen zu können. Lydia lebte derweil in London und wurde – zu einer Zeit, als 74 Prozent aller Kinder das sechste Lebensjahr nicht erreichten – sechs Mal schwanger.[18] Sie versuchte, fünf Kinder über die Säuglingszeit hinaus am Leben zu erhalten, aber Not, Mangel, Ungewissheit und Ungeziefer ließen es nicht zu, und sie alle starben früh. Thomas fand Arbeit als Maurer im Carron-Rüstungswerk in der Nähe seines Geburtsortes. Die »Carronaden«, denen die Kriegsschiffe des Kaufmannskapitalismus ihre zerstörerische Feuerkraft verdankten, wurden in vulkanischer Hitze inmitten von emporschießenden Flammen, glühenden Kohlen und geschmolzenem Eisen hergestellt. Thomas wurde schwer verletzt, als ein Gerüst unter ihm zusammenbrach, erholte sich von seinen Verletzungen und machte sich im Jahr 1774 mit 18 Pence in der Tasche per Schiff auf den Weg nach London.

Diese drei Freunde, die durch die Erfahrung von Enteignung und Ausbeutung miteinander verbunden waren, teilten sowohl den Wohnraum als auch ihre Ideen. Olaudah griff auf den antinomischen Abolitionismus der Englischen Revolution zurück und gab mit Hilfe von Miltons *Paradise Lost* seiner eigenen Erfahrung der Sklaverei Ausdruck:

Friede ward uns nicht gewährt,
Auch nicht gesucht; denn welcher Friede würd
Uns Unterjochten als Gefängnis, Streiche,
Willkürlich uns verhängte Züchtigung?
Und welchen Frieden hätten wir zu bieten?
Feindseligkeit und grenzenlosen Hass,
Unzähmbar Widerstreben, Rachbegier,
Ein ewiges Verschwören, wie der Sieger
Am wenigsten des Sieges sich erfreut
Und dessen, was er uns zur Qual ersinnt.[19]

Wo immer Olaudah mit seinem »unzähmbaren Widerstreben« auftauchte, entstanden erstaunliche gesellschaftliche Bündnisse: Er spielte eine katalytische Rolle bei der Entstehung der United Irishmen, der englischen Arbeiterklasse und der schottischen Versammlungsbewegung. Seine Lebensgeschichte, *The Interesting Narrative of Olaudah Equiano or Gustavus Vassa the African*, war »der wichtigste literarische Beitrag zur Kampagne für die Abschaffung der Sklaverei«.[20] Während er mit Lydia und Thomas zusammenlebte, bereitete er die vierte Auflage seines Buches für den Druck vor, das er im Mai 1791 auf eine Reise nach Irland mitnahm. Unter den sechzig irischen Subskribenten der *Interesting Narrative* befand sich eine große Anzahl von Radikalen, die sich später im selben Jahr den United Irishmen anschließen sollten.[21] Wolfe Tone kam etwa zur gleichen Zeit wie Olaudah in Belfast an und schrieb dort seine Streitschrift *Argument on behalf of the Catholics of Ireland*, in der sich einige Ideen fanden, die Equianos *Interesting Narrative* verwandt waren.[22]

Lydia Hardy war wie auch andere Frauen in der Bewegung zur Abschaffung der Sklaverei aktiv. Dabei war sie nicht unter den Lobbyisten, die bei

Parlamentsmitgliedern Einfluss zu gewinnen versuchten, oder bei den Beratungen des Nationalkomitees der Abolitionisten zu finden, sondern an der Gemeindepumpe [historischer Treffpunkt] und am Küchenherd. Am 2. April 1792 berichtete sie Thomas in einem Brief über die Fortschritte der abolitionistischen Bewegung in ihrer Heimatstadt Chesham: »Lass mich bitte wissen, wie es mit eurer Gesellschaft vorangeht und ebenso [unleserliches Wort] wir was im Parlement betrefs des Sklavenhandels unternomen worden ist denn hier sind die Leute ebenso sehr dagegen wie nur irgend wo und ich glaube es gibt hir mehr Leute die ihren Tee ohne Zucker trinken als mit [...]«. Das »wir« bezog sich auf den Zuckerboykott, eine der erfolgreichsten Kampagnen der Bewegung, die im vorhergehenden Herbst begonnen hatte. Im selben Brief bat Lydia Thomas, Olaudah »eine gute Reise nach Schottland« zu wünschen. (Er hatte in ihrer gemeinsamen Wohnung an der fünften Auflage seines Buches gearbeitet, die er dorthin mitnehmen wollte.) Und sie bat Thomas, ihm auszurichten, ihre Bekannten in Chesham seien »sehr angetan von Vassa Buch«.

Als Thomas Hardy in London ankam, stand die Entwicklung der Amerikanischen Revolution im Mittelpunkt aller politischen Diskussionen. Unter dem Eindruck der organisatorischen und geistigen Neuerungen, die der bunte Haufen hervorgebracht hatte (die Korrespondenzkomitees und abolitionistische Schriften), erklärte Thomas, dass »sein Herz stets vor Freiheitsliebe brenne und vom Leiden seiner Mitgeschöpfe berührt werde«. Er begann, Interesse am »zukünftigen Glück des gesamten Menschengeschlechts« zu entwickeln. Im Jahre 1790 betrieb er eine Schusterwerkstatt in Piccadilly – nur wenige Meter von der gemeinsamen Wohnung der drei in Covent Garden entfernt –, wo die Postkutschen nach Bath oder Bristol im Westen Englands, den Abfahrtshäfen der Schiffe nach den Westindischen Inseln, abfuhren. Hier gründete er die London Corresponding Society, die keine Unterschiede bezüglich Einkommen (die Mitgliedschaft kostete einen Penny) und Status (Titel waren verboten) ihrer Mitglieder machte, wobei Leute, die »aufgrund von Verbrechen rechtsunfähig« waren, allerdings ausgeschlossen blieben.

Im Anschluss an das erste Treffen im Januar 1792 begaben sich Hardy und die übrigen Gründungsmitglieder zum Abendessen in ein Wirtshaus, das Bell in the Strand, wo William Frend eine Parabel über »gewisse Brüder« vortrug, »die zusammen im selben Haus wohnen und alles gemeinsam innehaben«. Damit stand die Beschäftigung mit Gemeineigentum und Sklaverei – Erstere als Ideal, Letztere als abscheuliches Übel – am Anfang der Existenz der L. C. S. Die Gesellschaft begann sich nach Briefkontakten mit ähnlichen Organisationen in anderen Städten umzusehen. Aber wo? Olaudah schlug Sheffield vor – laut Georg III. »ein verdammt übler Ort«.[23]

Thomas nahm diesen Vorschlag auf. Am 8. März 1792 schrieb er an den Sheffielder Reverend Thomas Bryant: »Wie ich von Gustavus Vassa höre, seid Ihr ein brennender Freund der Abschaffung jenes verwünschten Geschäfts das sich Sklavenhandel nennt ich entnehme daraus dass Ihr ein Freund der Freiheit auf der breiten Grundlage der Menschenrechte seid denn ich bin ziemlich überzeugt davon dass es keinen Menschen gibt der sich aus Prinzip für die Freiheit eines Schwarzen Mannes verwendet, der nicht ebenso tatkräftig die Rechte eines Weißen Mannes fördern und unterstützen würde & vice versa.« Equiano öffnete Hardy die Tür zu den Sheffielder Stahl- und Klingenarbeitern. Die Gemeinde, der Reverend Bryant vorstand, sollte schon wenig später als »Tom-Paine-Methodisten« bezeichnet werden, und viele ihrer Mitglieder waren in vollem Aufruhr. Im Juni 1791 waren per Parlamentsbeschluss sechstausend Acres Land in und um Sheffield eingehegt worden. Die Commoners, Bergleute und Messerschmiede reagierten wutentbrannt, befreiten Gefangene und brannten die Scheune eines Friedensrichters nieder.[24] Ein Zeuge, der bei Hardys Hochverratsprozess im Jahre 1794 anwesend war, legte die Axt an die Wurzel: »Der ursprüngliche Grund der Unzufriedenheit war die Einhegung einer Allmende, der die Bevölkerung sich widersetzte.«[25] Der Kampf um den Erhalt der Gewohnheitsrechte erstreckte sich gleichermaßen auf Felder und Fabriken. Ein Lied aus dem Jahre 1787 illustrierte die Beziehung zwischen Enteignung und Kriminalisierung: Jonathan Watkinson und die Meister der Cutlers' Company kalkulierten ihre Vergütung und verfügten, dass fortan dreizehn Messer auf ein Dutzend kämen, denn eines von zwölfen »könnte Ausschuss sein«, mit anderen Worten, im Einklang mit dem Gewohnheitsrecht den Arbeitern zukommen. Das empörte Volk sang:[26]

Der Spross von Tyrannei, Stolz und Niedertracht
Hat unsre Rechte verletzt und uns fast den Garaus gemacht,
Verbannt werde, wer sich auf die Seite von Schurken stellt:
Oder es mit dem Großen W—n und seinen Dreizehn hält.

Hier waren die Allmenderechte gemeint. Die Ballade nahm donnernd ihren Lauf, und Watkinson wurde mit dem biblischen Pharao verglichen:

Aber die Gerechtigkeit, der er widerlich war,
Ließ uns frei wie einst die Knechte im Jubeljahr.
Ab in die Kolonien oder die Marine mit all denen,
Die im Dienst des Großen W—n und seiner Dreizehn stehen.

Damit wurde das Jubeljahr mit der Wiedererlangung der ehemaligen Rechte gleichgesetzt.

Mit der Erwähnung der »breiten Grundlage der Menschenrechte« in seinem Brief an Bryant bezog Hardy sich auf Tom Paines Buch, dessen zweiter Teil gerade erschienen war. In *The Rights of Man* wies Paine die Wirtschaftlichkeit von öffentlicher Erziehung für alle Kinder, sozialer Absicherung für Menschen über fünfzig und Gesundheitsversorgung für alle nach. Die Anzahl der Rechte, die unter dem Begriff »Menschenrechte« zusammengefasst wurden, nahm zu: Bald umfassten sie auch die Rechte von Frauen und Kindern. Ein Sheffielder Arzt, Dr. William Buchan, war der Auffassung, dass Luft, Wasser und Sonnenlicht »zu den wesentlichsten Bestandteilen menschlichen Wissens und menschlicher Rechte« gehörten.[27] Und Hardy wies mit seiner Formulierung »vice versa« darauf hin, dass jeder, der sich für die Rechte des Arbeiters auf Brot, Gemeineigentum, frische Luft, sauberes Wasser und parlamentarische Vertretung einsetzte, sich auch gegen die Sklaverei aussprechen und die gleichen Rechte für Schwarze Menschen einklagen müsse.

Im April schrieb Hardy: »Es ist unbedingt notwendig, dass wir uns zusammenschließen und miteinander in Verbindung stehen, damit unsere Ansichten und Entscheidungen in einem Punkt zusammenkommen, nämlich, den Menschenrechten vor allem in diesem Lande wieder Geltung zu verschaffen, aber unsere Ansichten über die Menschenrechte gelten nicht nur für diese kleine Insel, sondern erstrecken sich auf das gesamte Menschengeschlecht, Schwarz oder weiß, hoch oder gering, reich oder arm.«[28] Wie J. Philmore vor und den Despards nach ihm ging es ihm um nichts weniger als um die Befreiung des gesamten Menschengeschlechts. Diese Idee verdankte sich seinen Mitbewohnern, seiner Lektüre, den Londoner Nonkonformisten und seinen Informationen über die Sklavenaufstände, die sich in der Karibik zusammenbrauten.

Der 2. April 1792 war ein historisches Datum. An diesem Tag wurde angekündigt, dass »die LONDON CORRESPONDING SOCIETY in aller Bescheidenheit sich und ihre Ansichten der Aufmerksamkeit der

William Blake: Orc (1793).

William Blake: America, a Prophecy

William Blake: Hinrichtung durch das Brechen der Knochen auf dem Bock (ca. 1776)

John Gabriel Stedman, Narrative of a Five Years Expedition

Öffentlichkeit empfiehlt«. In ihrer zaghaft formulierten Proklamation fand sich allerdings keine Erwähnung der Sklaverei, des Sklavenhandels oder der Allmende. Dies war derselbe Tag, an dem Lydia von einem Familienbesuch in Chesham ihren Brief an Thomas schrieb, in dem sie sich zwar höflich nach seiner Gesellschaft erkundigte, aber mehr Interesse an der Abschaffung der Sklaverei und ihren Nachrichten an Olaudah zeigte. Früh am nächsten Morgen stimmte das Parlament dem Gesetz zu, das in der Geschichte der englischen Abolitionsbewegung als »Aprilkompromiss« bezeichnet wird. Am 2. April hatte Wilberforce das Parlament dazu aufgerufen, zu beschließen, dass der Sklavenhandel »abgeschafft werden sollte«. Nach Mitternacht beantragte der Innenminister, die Resolution um das Wort »schrittweise« zu erweitern. In den frühen Morgenstunden hielt der Premierminister geschwungene Reden. Und nachdem die ganze Nacht – nicht zuletzt über Prinzipien der Gleichheit – debattiert worden war, gingen die Parlamentarier frühstücken, wobei der eine oder andere möglicherweise fröhlich den Gassenhauer des Jahres vor sich hinsummte: »Oh, Dear! What Can the Matter Be?«[29] Damit war der Weg frei für eine Ausweitung des Sklavenhandels.[30]

Das zeitliche Zusammentreffen dieser Ereignisse lässt auf einen Verrat schließen, eine Vermutung, die sich im Laufe der Zeit immer mehr bestätigen sollte. Im Mai ließ Olaudah, der der L. C. S. beigetreten war, in einem Brief an Hardy »meine respektvollsten Grüße an meine Mitstreiter in deiner Gesellschaft« ausrichten. Die Pronomenverwirrung war Ausdruck eines sich verschärfenden Problems. Im Sommer machte Hardy sich bereits Sorgen, dass die abolitionistische Bewegung die Gesellschaft von ihrem Hauptanliegen, der Parlamentsreform, ablenken könne. Als er im Jahre 1799 auf die Geschichte der Organisation zurückblickte, erwähnte er in seiner Bemerkung über die Satzung der Gesellschaft die »Rassen«-gleichheit mit keinem Wort: »Es gab eine einheitliche Regel, der zufolge ein jeder als Mitglied zugelassen war, hoch und gering, reich und arm.« Bald gingen die drei Freunde getrennte Wege. Olaudah heiratete und verließ die Bewegung. Lydia starb im Kindbett, nachdem sie von einem kirchen- und königstreuen Mob drangsaliert worden war. Thomas wurde von der Regierung angegriffen, wanderte ins Gefängnis, wurde freigesprochen und lebte lange genug, um im Jahr 1832 seine Memoiren zu veröffentlichen, in denen Olaudahs Rolle als Geburtshelfer der L. C. S. auf ein Minimum heruntergespielt wurde.

Wie wir bereits bei der Betrachtung von Despards Lebensumständen festgestellt haben, hatte der Aufstand auf Haiti eine Spaltung der revolutionären Bewegung zur Folge und untergrub damit die revolutionären Möglichkeiten, für die die drei Freunde standen. Im November 1791 fand in Coachmakers' Hall eine Debatte über den Sklavenaufstand auf Haiti statt. »Die Leute hier sind alle von Panik ergriffen angesichts der Vorgänge auf St. Domingo«, schrieb Wilberforce, aber für ihn waren »die Leute« die Mittelklasse.[31] Das Vokabular der Monstrosität rechtfertigte fortgesetzte gewalttätige Unterdrückung. In einer Debatte im Oberhaus behauptete Abingdon, dass »Ordnung und Unterordnung, das Glück der gesamten bewohnbaren Welt« durch die Abschaffung der Sklaverei bedroht seien: »Wenn alle gleich sind, Schwarze und Weiße, Franzosen und Engländer, Wölfe und Lämmer, so werden alle – ›lustige Gefährten alle miteinander‹ – wahllos wie die Schweine aufeinander hocken und als Ergebnis dieser neuen Philosophie [...] eine neue Menschensorte hervorbringen.«[32] Schafft den Sklavenhandel ab, warnte er, und der Büchse der Pandora werden weitere Abschaffungsmaßnahmen entspringen: die Abschaffung der Deportation von Verbrechern nach Botany Bay, der Auspeitschung von Soldaten, der Zwangspressung von Seeleuten, der Ausbeutung von Fabrikarbeitern und -arbeiterinnen. Die Londoner Bankiers und Kaufmannshäuser übernahmen Bacons Argument der Monstrosität, drängten die Regierung, sich weiterhin mit voller Kraft um die Unterdrückung der haitischen Revolution zu bemühen, und gewährten den exilierten französischen Pflanzern in ihrer Stadt eifrige Unterstützung. Schon bald richteten siebzehn Bankhäuser eine Petition an den Herzog von York mit der Bitte, die aufständischen Sklaven zu vernichten und auszurotten.[33] Unterdessen mussten die armen Handwerker von Leeds sich eingestehen, dass die Propaganda Wirkung zeigte: »Wir werden eher als Ungeheuer denn als Freunde des Volkes angesehen«, schrieben sie im Jahre 1792 an die L. C. S.[34]

Der auf den Westindischen Inseln geborene Henry Redhead Yorke hielt im Frühjahr 1794 auf einer Massenversammlung in Sheffield eine Rede gegen die Sklaverei, die ihm Verhaftung, Gefängnis und Prozess eintrug. Bei seiner Verhandlung verteidigte er sich glänzend selbst, indem er das Vokabular der Monstrosität umkehrte und gegen die Staatsgewalt richtete. Er versprach: »Je mehr Opfer, je mehr Märtyrer ihr hervorbringt, desto zahlreicher werden die Söhne der Freiheit werden. Sie werden sich vermehren wie die Hydra und Rache auf eure Häupter schleudern.«[35]

VOLNEYS BUNTSCHECKIGER HAUFEN

Im Jahre 1791 veröffentliche der herausragende revolutionäre Gelehrte Constantin François Volney sein Buch *Die Ruinen oder Betrachtungen über die Revolutionen der Reiche*, ein gelehrtes, vernünftiges, überschwängliches Werk, das religiöse Anthropologie und Weltgeschichte vereinte.[36] Seine berühmteste Passage ist ein Dialog zwischen dem »Volk« und der »Privilegierten Klasse«:

> VOLK: Und welche Arbeit leistet ihr in unserer Gesellschaft?
> PRIVILEGIERTE KLASSE: Keine; wir sind nicht zum Arbeiten geboren.
> VOLK: Wie habt ihr dann diese Reichtümer erworben?
> PRIVILEGIERTE KLASSE: Indem wir uns die Mühe machen, euch zu regieren.
> VOLK: Wie! Nennt ihr das regieren? Wir plagen uns, und ihr lasst es euch wohl ergehen! Wir schaffen, und ihr prasst! Reichtum geht von uns aus, und ihr verleibt ihn euch ein. Ihr privilegierten Menschen! Ihr Klasse, die ihr nicht das Volk seid: Gründet eure eigene Nation und regiert euch selbst.

Die privilegierte Klasse schickt ihren Rechtsanwalt, ihren Soldaten und ihren Priester, die dem Volk die üblichen Argumente vortragen, aber keiner von ihnen setzt sich durch.

Dann kommt das »Rassen«-argument auf den Tisch: »Sind wir nicht Menschen einer anderen Rasse – die edlen und reinen Nachkommen der Eroberer dieses Imperiums?« Aber das Volk hat die Herkunftsgeschichte der Privilegierten untersucht und bricht in schallendes Gelächter aus. Schließlich räumt die privilegierte Klasse ein: »Es ist aus mit uns: Die schweinische Menge ist aufgeklärt.«

Volneys *Ruinen*, geschrieben in einem leicht zugänglichen, befreienden Stil, war für das revolutionäre Zeitalter genauso wichtig wie Paines *Rights of Man*. Es wurde zuerst in Paris veröffentlicht und 1792 ins Deutsche und Englische übersetzt. Wenig später erschienen amerikanische Ausgaben; zahlreiche Flugblätter, Pamphlete und gekürzte Ausgaben wurden an anderen Orten in Umlauf gebracht. Es wurde in Sheffield gedruckt und erschien auf Walisisch. Das fünfzehnte Kapitel, die Vision eines »Neuen Zeitalters«, wurde häufig nachgedruckt. An dem Tag im Mai 1794, an dem das Habeas-Corpus-Gesetz außer Kraft gesetzt und Tommy Spence nach

William Blake: Europa, gestützt von Afrika & Amerika.
John Gabriel Stedman: Narrative of a Five Years Expedition

schen Barbaren waren, die Grundbegriffe der Wissenschaft und Kunst entdeckte, und dass eine Rasse, die heute als Unrat der Gesellschaft betrachtet wird, weil ihr Haar wollig und ihre Haut dunkel ist, bei ihrer Ergründung der Naturerscheinungen jene zivilen und religiösen Systeme untersuchte, welche der Menschheit seit jener Zeit Ehrfurcht eingeflößt haben.«[42]

Volney war ein Weltenwanderer, ein Beobachter der Vielfalt menschlicher Erscheinungsformen: »Ich sinnierte mit Erstaunen über all diese Farbabstufungen, von einer hellen Fleischfarbe bis zu einem kaum weniger hellen Braun, über dunkelbraun, schlammbraun, bronze- und olivfarben, blei- und kupferfarben bis hin zu elfenbein- und jettschwarz.« Er fragte sich: »Wer lässt seine Sonne gleichermaßen auf alle Menschenrassen scheinen, auf Weiße wie auf Schwarze, auf Juden, Muselmanen, Christen und Götzenanbeter?« Er glaubte an eine einzige große Menschheitsfamilie. Er schrieb:

> Dann bot sich meinen Augen ein neuer, staunenswerter Anblick. Alle Völker und Nationen des Erdballs, alle Menschenrassen aus allen unterschiedlichen Himmelsstrichen näherten sich von allen Seiten und schienen in einer einzigen Einfriedung zusammenzukommen und aus diesen unterschiedlichen Gruppen eine einzige grenzenlose Versammlung zu bilden. Das buntscheckige Erscheinungsbild dieser unermesslichen Menschenmenge, das von der Vielzahl ihrer unterschiedlichen Kleidungsarten, äußeren Erscheinungen und Hautfarben herrührte, bot ein höchst außerordentliches und höchst reizvolles Schauspiel.

Volney erhob den buntscheckigen Haufen zu einem universellen Ideal. Obwohl Volney unter Robespierre der Guillotine entkam, landete er wie Tom Paine im Gefängnis. Zusammen mit Paine wurde er am 9. Thermidor 1794 freigelassen. Bald darauf segelte er nach Amerika; seine ersten Englischlektionen erhielt er von einem venezianischen Seemann. Den Winter 1795/96 verbrachte er in Philadelphia, wo er gegenüber der Afrikanischen Kirche wohnte, die voll von Flüchtlingen aus dem revolutionären St. Domingue war.

Volney bewunderte die Inschrift über dem Kirchenportal: »Das Volk, das im Finstern wandelt, sieht ein großes Licht« (Jesaja 9,2). Er knüpfte Kontakte zu »aufklärerischen« Kreisen, scheint aber die allgemein akzeptierten Regeln missachtet zu haben, die mit dem Konzept der Überlegenheit der »weißen Rasse« einhergingen. Im Sommer 1796 besuchte er Jefferson auf

Nach dem Demerara-Sklavenaufstand, 1823.
Joshua Bryant: Account of an Insurrection of the Negro Slaves in the Colony of Demerara (1824)

Monticello, wo er eine persönliche Begegnung mit der Sklaverei hatte, über die er später berichtete:

> Nach dem Nachtmahl gingen der Herr [Jefferson] und ich, den Sklaven beim Erbsenpflanzen zuzusehen. Ihre mehr schmutzigbraunen als schwarzen Leiber, ihre schmutzigen Lumpen, ihre elende, abscheuliche Halbnacktheit, die verhärmten Gestalten, das geheimnistuerische, angstvolle Gebaren, die hasserfüllten, furchtsamen Blicke, dies alles erfüllte mich sofort mit einem Gefühl von Schrecken und Traurigkeit, vor dem ich mein Angesicht verbergen musste. Die Trägheit, mit der sie den Boden mit der Hacke umwarfen, war außerordentlich. Der Herr ergriff eine Peitsche, um ihnen Angst zu machen, und schon bald entspann sich eine komische Szene. Er stellte sich in die Mitte der Arbeitskolonne, er schüttelte die Glieder, er knurrte, er drohte, er drehte sich weit ausholend nach allen Seiten um. Und indem er den Kopf wandte, änderten die Schwarzen einer nach dem anderen ihre Haltung: Diejenigen, welche er unmittelbar ansah, arbeiteten am besten, diejenigen, welche er aus dem Augenwinkel sah, arbeiteten

> am wenigsten, und diejenigen, welche er überhaupt nicht sah, hörten ganz und gar auf zu arbeiten; und wenn er sich umdrehte, so wurde die Hacke in sein Gesichtsfeld gehoben, aber davon abgesehen wurde hinter seinem Rücken geschlafen.[43]

William Cobbett prangerte Volney als Ungläubigen und Kannibalen an, und Joseph Priestley bezichtigte ihn des »Hottentottismus«. Wahrscheinlich hatte John Adams ihn im Sinn, als er klagte, die Vereinigten Staaten entwickelten sich zu einem »Behältnis für Bosheit und Aufruhr, für die Ausgestoßenen des Universums«. Jefferson selbst glaubte, dass Volney das Hauptzielobjekt des »Gesetzes über Ausländer« aus dem Jahre 1798 gewesen sei, das die »Reinheit des Nationalcharakters« fördern sollte und den Franzosen Volney zwang, nach Europa zurückzusegeln.[44]

BLAKES AFRIKANISCHER ORC

Im Jahre 1793 schrieb William Blake sein prophetisches Gedicht *America*. Das Präludium war wie die Initiale eines mittelalterlichen Manuskripts mit dem Bild einer ausgestreckten Figur – Orc, dem Symbol der Revolution – verziert, die mit gespreizten Gliedern an den Boden gefesselt ist und sich freizukämpfen versucht. Das Motiv hatte Blake von Captain John Gabriel Stedman übernommen, einem Söldner, der vier Jahre lang in Surinam gegen die Maroons (die entflohenen Sklaven, die zusammen mit Natives und anderen erstklassig ausgerüsteten Waldbewohnern im tropischen Regenwald lebten) gekämpft hatte und mit dem Leben davongekommen war. Stedman schrieb eine »Erzählung«, versah sie mit hundert Aquarellillustrationen und bot sie im Jahre 1790 dem Herausgeber Joseph Johnson an, der wiederum Blake dazu anstellte, an der Gravur der Platten mitzuarbeiten.[45] Von 1791 bis 1794 rückte Blake mit Knochenschmalz, Stichel und Kupferplatte diesen Bildern einer amerikanischen Sklavenrevolte zu Leibe. Seine Dichtung aus dieser Zeit (*Visions of the Daughters of Albion, The Marriage of Heaven and Hell, Songs of Experience, America a Prophecy, The Four Zoas*) wie auch seine politischen Ansichten (er promenierte in einer roten Freiheitsmütze, dem Symbol des befreiten Sklaven) waren tief von seiner Freundschaft mit Stedman und dessen Text und Bildern geprägt. Eine der Platten, die den Titel *The Execution of Breaking on the Rack* trug, lieferte die Vorlage für seine Darstellung des roten Orc.

Im Sommer 1776 war Stedman einer Menschenmenge in die Savanne gefolgt, um der Hinrichtung von drei Afroamerikanern zuzusehen. Einer von ihnen, Neptune, hatte einen Aufseher umgebracht. Er wurde an Händen und Füßen an ein Holzgestell auf dem Boden gefesselt. Der Henker, ebenfalls ein Afroamerikaner, hackte seine linke Hand ab und machte sich dann mit einer Eisenstange daran, ihm die Knochen zu brechen und zu zertrümmern. Neptune war immer noch am Leben. Er fiel vom Bock »und Verfluchte sie alle als Barbarisches Schurkenpack, und indem er Gleichzeitig mit Hilfe seiner Zähne seine rechte Hand Löste, ließ er den Kopf an einem Teil des Balkens Ruhen und bat die Umstehenden um eine Pfeife voll Tabak Was ihm schändlicherweise mit Treten & Spucken Vergolten wurde« – eine letzte Beleidigung, gegen die Stedman und einige amerikanische Seeleute aus Mitgefühl einschritten. Neptune bettelte um den Gnadenstoß, aber dies wurde ihm verweigert. Er sang ein Lied, um von seinen Freunden Abschied zu nehmen, und ein weiteres, um seine verstorbenen Verwandten wissen zu lassen, dass er bald bei ihnen sein werde. Er fragte den diensthabenden Wachposten, »wie es käme dass er ein Weißer Mann kein Fleisch habe«. Der Soldat gab zur Antwort: »Weil ich nicht reich genug bin.« Neptune antwortete: »Dann will ich dir ein Geschenk machen erst heb meine Hand auf die so Glatt durch den Knochen Abgehackt worden ist Sir – Dann Fang an mich zu [essen] bis du Gesättigt bist & du wirst das bekömmlichste Brot und Fleisch haben.« Er lachte. Als Stedman später am Tag zur Hinrichtungsstätte zurückkehrte, sah er, wie Neptunes auf einen Stock gespießter Schädel ihm zunickte. Der zu Tode erschrockene Stedman erholte sich erst, als er sah, dass ein hackender Geier den Schädel in Bewegung gesetzt hatte.

Als Stedman vierzehn Jahre später über diese Erfahrung nachdachte, zitierte er in den *Passagen über den Sklavenhandel auf den Inseln* den Propheten Daniel und prophezeite die Erlösung durch einen Prinzen. Blake verknüpfte Daniels Kriegerheiland mit dem afroamerikanischen Rebellen Neptune und schuf so ein revolutionäres Symbol, das Energie, Verlangen und Freiheit in sich vereinte: Orc.

Im Gegensatz zu Neptunes Schicksal erscheint in Blakes *America* eine dunkle Jungfrau, die ihm Essen und Trinken bringt und ihn zur Flucht inspiriert. Sie lieben sich. Sie ruft aus:

Ich kenne dich und fand dich nun & lass dich nicht mehr gehn:
Du bist das Bildnis Gotts, der wohnt im dunklen Afrika.

Und mit diesem ekstatischen Ausruf begann Blake seinen Lobgesang auf die Amerikanische Revolution, in dem die Bedeutung des Wortes »Amerika« genauso wenig auf die dreizehn Staaten der USA beschränkt war wie die Bedeutung des Wortes »Revolution« auf die verstümmelte Verfassung, die Afroamerikaner nicht als vollwertige Menschen ansah. Blakes Amerika war ein afrikanisches Amerika, und seine Revolution umfasste die Befreiung des ganzen Menschen:

Lass den Sklaven, der mahlt in der Mühle, laufen ins Feld,
Lass ihn zum Himmel schaun & lachen in die helle Luft;
Lass die gekettete Seele, in Dunkel und Seufzern verschlossen,
Die dreißig Jahre lang nie ein Lächeln auf dem Antlitz trug,
Erstehn und aufschaun; abgeworfen seine Ketten und sein Kerker offen;
Sein Weib und seine Kinder lass zurückkehr'n von
des Unterdrückers Geißel.[46]

Des weiteren verdichtete Blake seine Vision in einem einzigen, machtvollen Symbol: dem Tiger. Stedman hatte über die Tiger und andere Raubkatzen Surinams geschrieben, wo er und seine Mitsoldaten einmal einen Jaguar in einem Hühnerstall gefangen und getötet hatten. Er beschrieb den Puma und die »Tigerkatze Welche Außerordentlich Schön ist [...] ein sehr Lebhaftes Tier dessen Augen Blitze schießen; – aber wild, Bösartig, und nicht Zähmbar wie die übrigen«.

Über den »Roten Tiger« schrieb er: »Der Kopf ist klein der Körper dünn die Gliedmaßen Lang mit gewaltigen weißlichen Klauen Die Zähne sind Ebenfalls Sehr Groß, die Augen hervorstehend, und Glitzernd wie Sterne.« Diese Beobachtungen regten Blake zu seinem Gedicht *The Tyger* an, das 1793 als Teil seiner *Songs of Experience* erschien.[47]

Tiger, Tiger, grelle Pracht
in den Dickichten der Nacht,
wes unsterblich Aug und Hand
wohl dein furchtbar Gleichmaß band?

Dies war eine Kreatur, die im Wald lebte, die wild und unbezähmbar war – ein Geschöpf der allen gehörenden Natur – des Gemeineigentums. Aus dem trochäischen Rhythmus des Gedichts lassen sich Hammerschläge oder marschierende Soldaten oder möglicherweise die Schläge auf Neptunes Körper herauslesen:

Welche Armkraft konnte dehnen,
knüpfen deines Herzens Sehnen,
und als endlich schlug dein Herz,
welche Hand der Füße Erz?

Welcher Amboss, welcher Hammer
schmiedete des Hirnes Kammer?
Welcher Griff und Zwang genügte,
dass er solche Schrecken fügte?[48]

Stedman respektierte diese Kreatur, aber nur aus der Perspektive des Jägers, der sie töten will. Auch Blake dachte über das Verhältnis zwischen Jäger und Gejagtem nach, aber er erweiterte diesen Zusammenhang, indem er die größeren gesellschaftlichen Kräfte von Unterdrücker und Unterdrücktem mit einschloss.

Stedmans *Narrative* schloss mit *Europe supported by Africa & America*, einer Tafel, die drei idealisierte nackte Frauen – eine Weiße, eine Schwarze und eine Braune – zeigt, Arm in Arm auf einer Wiese stehend. In der Ferne sind Berge zu sehen. Stedman bezeichnete diese Illustration als Sinnbild, »begleitet von dem brennenden Wunsch, dass sie einander von nun an & bis in alle Ewigkeit in der freundschaftlichen Manier, in der sie hier abgebildet sind, Stütze sein mögen; und ich hätte *Asien* mit einschließen können, aber ich habe es weggelassen weil es keinen Bezug zu der Vorliegenden Erzählung hat – wir alle unterscheiden uns nur in der Farbe aber wir wurden ganz gewiss von der selben Hand & nach dem Selben Bild erschaffen« – Zeilen, die Blakes eigenen Glauben an das »ewige Evangelium« widerspiegelten und in seine erste Fassung von *The Tyger* einflossen, in der er fragte:

Welche Erde, welches Bild
formten deine Augen wild?

Stedman selbst hatte gegen die Freiheit gekämpft, aber dennoch deckte sich die Schilderung, die er Blake von der Revolution in den Amerikas lieferte, mit derjenigen, die dieser zur gleichen Zeit von Ottobah Cugoano und anderen

Abolitionisten erhalten hätte. In den Aufständen der amerikanischen Sklavinnen und Sklaven fand Blake eine revolutionäre Energie, Politik und Vision.

Nach 1795 wollte Blake weiterhin Gedichte schreiben, die sich auf die amerikanischen Kämpfe bezogen, aber in den nächsten zehn Jahren veröffentlichte er dazu nicht eine einzige Zeile. Im Jahre 1797 schrieb er das Gedicht *Vala, or the Four Zoas*, in dem er Kinderarbeit an mahlenden Rädern und Arbeiter an Ziegelöfen beschrieb:

Und Alle Sklaven aller Erden im weiten Weltall
Singen ein Neues Lied und ertränken die Wirrnis in freudigen Klängen.

Das Neue Lied, schrieb Blake, würde von einem Afroamerikaner gesungen werden. Der Ausdruck bezieht sich entweder auf das 5. Kapitel der Offenbarung, in dem die Harfenspieler und der Löwe von Juda das Buch öffnen, oder auf das 42. Kapitel Jesaja, dem zufolge die Gerechtigkeit auf alle »Rassen« herabscheinen wird, »ein Licht der Völker, dass du sollst öffnen die Augen der Blinden, und die da sitzen in Finsternis, aus dem Kerker führen«. Blake fuhr fort: »Die Güter des ganzen Landes liegen vor euch, denn das Geheimnis ist nicht mehr.« Damit meinte er, dass die ideologischen Fesseln abgeschüttelt werden sollten.[49] Jesaja 42 war bei den atlantischen Proletariern der meist gelesene Teil der Hebräischen Bibel: Die Afrobaptisten von Savannah, die irokesischen Anhänger Joseph Brants, die Gläubigen der Free African Society in Philadelphia, George Lieles Kingstoner Gemeinde oder die »Tom-Paine-Methodisten« von Sheffield hätten diese Passage auf der Stelle wiedererkannt.

Sie wussten Bescheid über das Jubeljahr, Universalismus und Jesajas Appell an die, »die auf dem Meer fahren und alle Seegeschöpfe, und jene die Küsten und Inseln bewohnen«. Blake selbst war von diesen Menschen so berührt, dass er im Jahr 1793 seine Hoffnung auf Freiheit mittels eines afrikanischen Folteropfers in einer südamerikanischen Kolonie ausgedrückt hatte. Doch zehn Jahre später stellte er in dem Lied *Jerusalem*, einer inoffiziellen Hymne der englischsprachigen Welt, die Frage:

Und wandelten sie wohl vor Zeit
Dahin auf Englands Bergen grün?
Sprang Gottes Lamm in Heiligkeit,
Wo Englands heitre Wiesen blühn?[50]

Die Welt hatte noch anders ausgesehen, zehn Jahre zuvor, als die Freiheit noch kein rein *englisches* Phänomen gewesen war.

»DAS FEUER ERGREIFEN«

Die Jahre 1790 bis 1792 waren ein revolutionärer historischer Moment. Es hatten sich egalitäre, multiethnische Menschheitskonzepte herausgebildet, die nicht in der Isolation, sondern durch Solidarität und Kontakte innerhalb von und zwischen sozialen Bewegungen und Einzelpersonen entstanden waren. Equiano hatte mit Sicherheit Blakes Weg gekreuzt; vielleicht war er ihm von ihrem gemeinsamen Freund Cugoano vorgestellt worden. Die L. C. S. brachte eine preiswerte Ausgabe der *Ruinen* heraus, die Hardy mit sich herumtrug. Blake befasste sich eingehend mit Volney.

Die Freundschaft zwischen Olaudah Equiano und Thomas und Lydia Hardy bewies, dass transatlantische Verbindungen – der Afrikaner und der Schotte, die Engländerin und der Afroamerikaner – Sprengkraft und politische Bedeutung besaßen. Volney zeigte die Macht des Lachens und die zentrale Rolle Afrikas für die Zivilisation im Allgemeinen und den Kampf zwischen der privilegierten Klasse und dem Volk im Besonderen. Blake verkörperte das Wiederaufleben der Erinnerung an den Radikalismus des 17. Jahrhunderts und beharrte darauf, dass die Freiheit der Gefangenen und Versklavten ein notwendiger Bestandteil aller Freiheitskämpfe sei. Sie alle zeigten, dass die frühen 1790er Jahre eine innovative Zeit waren, in der die Definition dessen, was es bedeutete, ein menschliches Wesen zu sein, neu gefasst wurde. Aber diese Phase sollte nicht von Dauer sein.

Als die Zahl der Opfer der britischen Feldzüge gegen Haiti in den Jahren 1795/96 immer größer wurde, machten sich Panik und Rassismus in der Gesellschaft breit. Wie wir gesehen haben, war dies genau jene Zeit, in der sich die biologische Kategorie der »Rasse« herausbildete und in Großbritannien und Amerika verbreitete. Und es war ebenfalls die Zeitraum, in dem die politische und wirtschaftliche Kategorie der Klasse entstand. Aus der Arbeiterklasse wurde eine nationale, englische Klasse, und die L. C. S. machte schließlich ihren Frieden mit der Nation. Mit dem Aufstieg des Panafrikanismus wurde aus den Menschen in der Diaspora eine »edle Rasse« im Exil. Das Phänomen der drei Freunde wurde im Rahmen ethnischer und nationalistischer Geschichtsschreibung undenkbar. Volney verschwand aus der radikalen Forschung und wurde nur noch von den Panafrikanisten und »Äthiopianisten« beachtet, die dafür sorgten, dass seine Werke erhältlich blieben.[51] Was als Unterdrückung begann, entwickelte sich zu zwei einander ausschließenden narrativen Entwürfen, die unsere Geschichte verdeckt haben.

Englische Seeleute und Commoners wollten lieber in Bermuda bleiben, als nach Virginia weiterzusegeln, und einige von ihnen desertierten nach ihrer Ankunft dort in die Dörfer der Algonquin. Ein Licht schien in Buckinghamshire, als die Diggers auf dem »irdischen Schatz« auf George's Hill ihre Gemeinschaften aufbauten. Der Widerstand gegen die Sklaverei erstreckte sich von Putney Common bis zum Mündungsgebiet des Gambia-Flusses. Renegaten, die mit Bacon in Virginia gegen die Sklaverei gekämpft hatten, entkamen in die sumpfigen Allmenden von Roanoke. Freibeuter der Meere behinderten die Ausweitung des westafrikanischen Sklavenhandels und boten eine zeitweilige Zuflucht. Ausgestoßene kamen auf der Suche nach Gelächter und Gastfreundschaft in John Hughsons Taverne in New York zusammen. Schwarze Prediger suchten den Atlantik nach einem Ort für die Errichtung eines neuen Jerusalem ab. Sheffielder Messerschmiede steckten »Ausschuss« ein. Colonel Edward Marcus Despard verteilte Land in Belize um. Elizabeth Campbell realisierte auf Jamaika ein Jubeljahr im Kleinen. Die Meuterer, die dem strikten Regiment auf der *Bounty* entkommen waren, entdeckten die Schönheit der Menschen und der Natur Tahitis. Einer von ihnen, Peter Heywood, dessen Beine von Tätowierungen übersät waren, schrieb ein Gedicht namens *Dream*, in dem er die »wunderbare Moral«, Schlichtheit und Großzügigkeit seiner Freundschaften auf Tahiti pries und der Enteignung, der Ausbeutung und dem besitzergreifenden Individualismus gegenüberstellte, die seine eigene Zivilisation kennzeichneten. Wenn er zum Himmel aufsah, konnte er die südliche Sternenkonstellation sehen, die den Namen »Hydra« trägt, das uralte Sternbild der Seefahrer, mit dem die Weltenwanderer schon länger vertraut sind als selbst mit der Bedeutung der Nilphasen für die Landwirtschaft. Dabei wird er nicht direkt auf dem Boden gesessen haben, sondern auf einer Wurzel des Brotfruchtbaumes, des nahrhaften Gemeinguts des Pazifiks. In diesem hoffnungsvollen Augenblick des Jahres 1791 wäre er in Gedanken versunken gewesen wie Thomas und Lydia Hardy, Toussaint L'Ouverture, Wolfe Tone, Constantin François Volney, Edward und Catherine Despard und William Blake auch – aber nur Heywood saß am Pazifik. Kapitän William Bligh, der mit Hilfe der pazifischen Brotfrucht die atlantische Sklaverei unterstützte, ließ Heywood verhaften und unter Androhung der Todesstrafe vor Gericht stellen. Der Arm der Globalisierungsmächte ist lang, und ihre Ausdauer ist endlos. Doch die Weltenwanderer vergessen nicht und sind – von Afrika über die Karibik bis nach Seattle – immer bereit, sich der Sklaverei zu widersetzen und das Gemeineigentum wiederherzustellen.

Tiger, Tiger, grelle Pracht
in den Dickichten der Nacht,
wes unsterblich Aug und Hand
wohl dein furchtbar Gleichmaß band?

Welch ferne Tiefen oder Höhn
hat dein Flammenaug' gesehn!
Wes Schwinge kühnt sich, dich zu streifen?
Wer wagt's, das Feuer zu ergreifen?

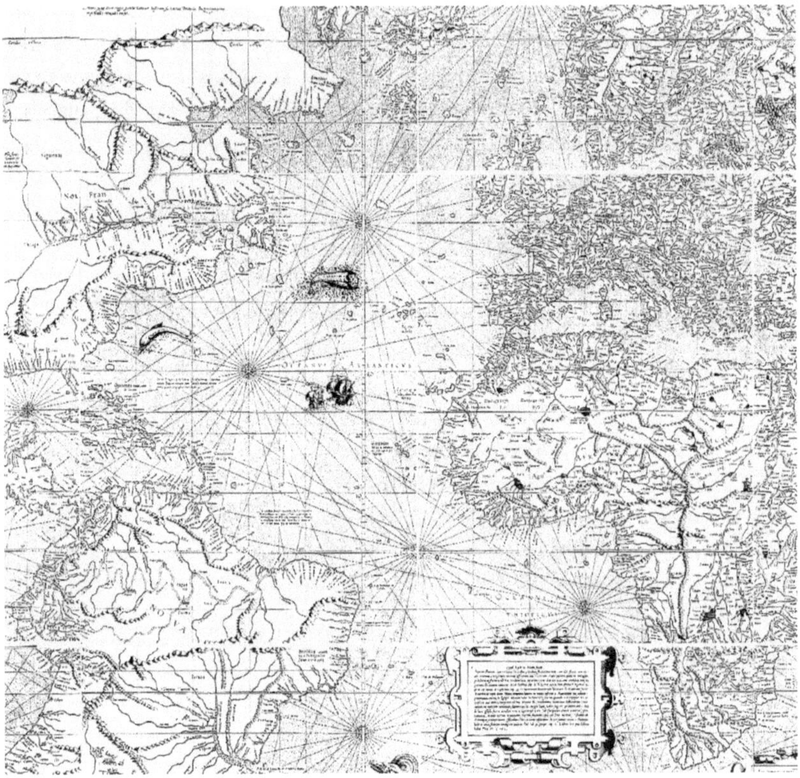

»Eine neue Karte der Welt nach der Mercatorprojektion“.

Diese Projektionsform erhielt ihren Namen von dem flämischen Kartografen Gerardus Mercator, der sie im Jahre 1569 entwickelte. Sie basiert auf einem imaginären Papierzylinder, der über die Erdkugel gestülpt wird und nur am Äquator anliegt. Flächen und Richtungen werden entsprechend auf das Papier projiziert. Diese Projektion führt zu einer vergrößerten Darstellung der europäischen Staaten im Verhältnis zu näher am Äquator (z. B. in Afrika oder der Karibik) gelegenen Ländern. Diese Verzerrung schmeichelte der Vorstellungskraft der europäischen Globalisierer und ermöglichte gleichzeitig Seefahrern, ihre Position innerhalb eines Systems von geraden Linien zu ermitteln. Die vielköpfige Hydra gedieh trotz dieser Art der Kartografierung.

DANKSAGUNG

Unsere Zusammenarbeit begann auf einer Konferenz über »Die verkehrte Welt«, die 1981 mit Unterstützung der University of Pennsylvania und des Philadelphia Center for Early American Studies zu Ehren von Christopher und Bridget Hill stattfand. Wir setzten unsere Zusammenarbeit bei weiteren Konferenzen fort: in Miami, Baltimore, Claremont, Mailand, Atlanta, New Orleans, Halifax (Neuschottland), Boston, Moskau, Chicago, Amsterdam, London, Detroit, Pittsburgh, Toledo, Durham und Los Angeles. Wir danken allen Organisatorinnen und Organisatoren dieser Treffen und allen, die Kommentare zu unserer Arbeit abgegeben haben. Wir danken ebenfalls Bryan Palmer und Gregory Kealey, die uns die Gelegenheit gaben, einige unserer frühen Forschungsergebnisse zu veröffentlichen, sowie dem Midnight Notes Collective, das uns beim Nachdenken half. Wir danken allen, deren geistesverwandte Projekte so wichtig für uns waren: Julius Scott, Robin D.G. Kelley, Robin Blackburn, Michael West, Paul Gilroy, Susan Pennybacker, James Holstun und Dave Roediger. Unseren Dank an Staughton und Alice Lynd und den Youngstown Workers' Solidarity Club. Wir danken den Genossinnen und Genossen, die sich mit uns erinnert und die Fertigstellung dieses Buches nicht mehr erlebt haben: John Merrington, George Rawick, Raphael Samuel, Edward Thompson, Jim Thorpe und Gwyn Williams. Unser besonderer Dank gilt unseren Kolleginnen und Kollegen bei Beacon Press: der stets hilfsbereiten Edna Chiang, Dorothy Straight für ihre liebenswürdige und akribische Manuskriptbearbeitung und unserer Lektorin Deb Chasman, die vor sieben Jahren das erste Mal wegen dieses Projekts mit uns in Verbindung trat und es seitdem mit produktiver Intelligenz, Energie, Humor und Weisheit betreut hat. Wir sind ihr zutiefst dankbar.

Ich, Peter Linebaugh, danke meiner Familie, besonders meiner Großmutter Jean, Nick und Joanne, Andy und Linda, Lisa und Scott, Dave, Tom und Charlotte und Kate, die stets mit der Jolle zur Stelle waren. Dank an Janet Withers und ihren gastfreundlichen Ankerplatz. Dank an Denis und Edna, die uns ein weiteres Mal die Kreidefelsen gezeigt haben. Dank an Dan Coughlin und Dave Riker für ihre Arbeit an der Ankerwinde, »La Ciudad« und ihre Abschieds- und Willkommensshanties. Dank an Silvia Federici, George Caffentzis, Nancy Sheehan, John Willshire, Nancy Kelley, Monty Neill und Massimo de Angelis für ihr Hiev-ho! Dank an Bettina Berch für ihre Gastfreundschaft hinter den Sandbänken von Belize.

Dank an Riley Ann, meine kampferprobte Schiffskameradin von der Karibik bis in die Irische See, und an Michaela Brennan, die Seite an Seite mit mir Leinen einholte: in Spanish Town, Belize, dem Britischen Museum, Dublin, Kew Gardens und der Chancery Lane, wo wir zusammen in die Archive hinabtauchten. »Geschichte von Grund auf« erfordert ein gewisses Maß an Respektlosigkeit, und sie war es, die mit einem Lachen und einem Schwätzchen mit dem Schuster von Mountrath Despards Familienstammsitz fand.

Ich danke der Fulbright Travel Fellowship für meine Reisen nach Rio de Janeiro, São Paulo und Bahia im Jahre 1982, wo ich den südlichen Sternenhimmel und die Hydra sah. Mein Dank geht an das College of Arts and Sciences und die Historische Fakultät der Universität von Toledo für ihre Unterstützung, besonders an Carol Menning, Al Cave, Roger Ray und Ruth Herndon sowie an Abdul Alkalimat von der Fakultät für Afrikanische Studien und an den Black Radical Congress. Ich danke meinen Studenten Ty Reese, Jeff Howison, Jason Hribal und Manuel Yang, die gelenkig in den Wanten herumkletterten und die Handpumpen bedienten. Mein Dank geht an die Historische und Literarische Fakultät des Harvard College, besonders an Janice Thaddeus, Noel Ignatiev, Brenda Coughlin, Jonathan Taylor und Philipe di Wamba. Großartige Seeleute! Näher am Hafen, in Massachusetts, gilt mein besonderer Dank Richard Horsley und Charlie Shively für klare Glocken bei nebligen Bedingungen. In Boston geht mein Dank an Carol Flynn und ihren Quadranten und an Edward Kamau Brathwaite und seine Trompetenschnecke. Dank an Bill Jones, Bill W. und meine Freundinnen und Freunde bei Grace. Dank an meine Helfer und Kritiker Iain und Gillian Boal von der Retort Group in Berkeley und an Philip Corrigan, Jim Holstun, Rip Lhamon jun., Jo Stanley, Lew Daly, Winston James, Alan Dean Gilbert III, Deborah Valenze, Steven Colatrella, Marty Glaberman, Ferruccio Gambino, Olivia Smith und Dorothy Thompson. Dank an John Roosa für seine Arbeit an den Burdett-Manuskripten in Oxford. Dank an Peter King für seine Hilfe mit den Assisenakten. Dank an Yann Moulier Boutang für *De l'esclavage au salariat: Économie historique du salariat bridé* (Paris, Presses Universitaires de France, 1998). Dank an Kevin Whelan, der mich mit dem grünen Atlantik bekannt gemacht hat, und an Luke Gibbons, Tommy Graham und Daire Keogh, die mich bei der Fellowship of '98 und der Zweihundertjahr-Konferenz in Belfast und Dublin willkommen geheißen haben. Dank an Robert Scally vom Irish House an der New

York University, an Alf Lüdtke und Hans Medick vom Max-Planck-Institut in Göttingen und an Richard Price und Sally Price in Martinique.

Mein herzlicher Dank geht an Glyn Duggan für seine Hilfe im Urkundenraum der Broadmead Baptist Church in Bristol, an Ehrwürden H. H. J. Gray von St. Peter's Mountrath, County Laois, Eire, an Reverend D. Vidler, Priests House, Putney, London, und an J. Joseph Wisdom, den Bibliothekar der St.-Pauls-Kathedrale, die mich so großzügig mit Material und Informationen unterstützt haben. Ich danke Mr. und Mrs. M. H. Despard, Chelsea, London, für ihre Erlaubnis, die Manuskripte der Familie Despard zu benutzen. Mein Dank geht an die Mitarbeiter der Boston Public Library, an Arlene Shy von der William L. Clements Library an der Universität von Michigan, an die Houghton Library an der Harvard-Universität, das Institut für Geschichtsforschung in London, das Wellcome-Institut für Medizingeschichte, Malcolm Thomas von der Friends Library (London), die Detroit Public Library, das brasilianische Nationalarchiv (Rio), die irische Nationalbibliothek, das irische Nationalarchiv, die jamaikanische Nationalbibliothek (Kingston), das jamaikanische Nationalarchiv (Spanish Town), das Nordirlandarchiv (Belfast), die John Rylands Library in Manchester, die Bodleian Library in Oxford und die Sondersammlungen der Universitätsbibliotheken von Toledo und Notre Dame.

Ich, Marcus Rediker, schließe mich Peter in meinem Dank an alle oben erwähnten Personen und Institutionen an. Darüber hinaus gilt mein Dank den vielen hilfsbereiten Menschen im Britischen Staatsarchiv in der Chancery Lane und Kew Gardens, der British Library und ihrer Manuskriptsammlung, der Kongressbibliothek, der New York Public Library, der New-York Historical Society, der Staatsbibliothek von Virginia, der Carnegie Library in Pittsburgh sowie der Hillman Library und der Darlington Library an der Universität von Pittsburgh. Ich danke ebenfalls dem National Endowment for the Humanities, der John Simon Guggenheim Memorial Foundation, der Andrew P. Mellon Foundation und der Universität von Pittsburgh (insbesondere dem Richard D. and Mary Jane Edwards Endowed Publication Fund), die dieses Projekt mit Stipendien unterstützt haben.

Ich danke allen Freundinnen und Freunden, die mich im Laufe der Jahre großzügig unterstützt haben: Joseph Adjaye, Reid Andrews, Ira Berlin, Eric Cheyfitz, Jim Collins, Susan G. Davis, Seymour Drescher, David Goldfrank, Graham Hodges, Shan Holt, David Johnson, Paula Kane, Jesse Lemisch, John Markoff, Gary B. Nash, Robert Resch, Rob Ruck, Satan und

Adam (Sterling Magee und Adam Gussow), Sharon Salinger, Dan Schiller, Hisham Sharabi, Richard Sheldon, Dale Tomich, Judith Tucker, Daniel F. Vickers, Shane White, Alfred F. Young und Michael Zuckerman. Meinen Dank an Norman O. Brown, der nach einer langen Diskussion über das atlantische Proletariat fröhlich bemerkte: »Eppur si muove!«.

Meinen Dank an meine Gang, die Teilnehmer des Seminars zur Geschichte der Arbeiterklasse in Pittsburgh: Wendy Goldman, Maurine Greenwald, Michael Jiménez, Richard Oestreicher, Steven Sapolsky, Csaba Toth und Joe White. Meinen Dank an meine ehemaligen und gegenwärtigen Studentinnen und Studenten Thomas Barrett, Thomas Buchanan, Alan Gallay, Gabriele Gottlieb, Douglas R. Egerton, Rick Halpern, Forrest Hylton, Maurice Jackson, Craig Marin, Margaret McAleer, Charles Neimeyer, Scott Smith und Cornell Womack, deren Arbeit mich inspiriert hat. Ich danke dem bunt gemischten »Free Mumia«-Haufen und besonders Mu selbst, der dieses Projekt auf mehrere Arten unterstützt hat – mit Briefen, mit intensiven Diskussionen in der winzigen Besucherkabine im SCI-Greene-Gefängnis in Waynesburg, Pennsylvania, und durch sein eigenes Beispiel als freier, mutiger und enthusiastischer Denker trotz seiner Gefangenschaft im Todestrakt.

Und zuletzt gilt mein ganz besonderer Dank meiner Frau, Wendy Goldman, die geholfen hat, dieses Buch möglich zu machen – nicht zuletzt, indem sie eine Fassung nach der anderen gelesen und mir ehrlich gesagt hat, was sie davon hält, selbst wenn es nicht immer das war, was ich hören wollte. Dank auch an Ezekiel und Eva und Bruder Shayne. Meine Mutter, Faye Ponder, hat die Fertigstellung dieses Buches nicht mehr erlebt. Aber in Erinnerung an sie möchte ich ihr dennoch sagen, dass der Kreis ungebrochen ist.

ANMERKUNGEN

Einführung

1 Stephen B. Baxter: »William III as Hercules: The Political Implications of Court Culture«, in: Lois G. Schwoerer ed., *The Revolution of 1688-1689: Changing Perspectives* (Cambridge: University Press, 1992).
2 Frank H. Sommer: »Emblem and Device: The Origin of the Great Seal of the U.S.«, *Art Quarterly 24* (1961): 57-76, insb. 65-67. Siehe auch Gaillard Hunt: *The History of the Seal of the United States* (Washingtin D.C., 1909), S. 9.
3 Mauricius zitiert in Richard Price (Hg.): *To Slay the Hydra: Dutch Colonial Perspectives on the Saramaka Wars* (Ann Arbor, Mich.: Karoma, 1983), 15.
4 Andrew Ure: *The Philosophy of Manufactures: Or, an Exposition of the Scientific, Moral; and Commercial Economy of the Factory System of Great Britain* (London, 1835), S. 367.
5 Cotton Mather: *Magnalia Christi Americana* (London, 1702), Bd. 7.

I. Kapitel

1 William Strachey: *A True Reportory of the Wreck and Redemption of Sir Thomas Gates, Knight, upon and from the Islands of the Bermudas*, London 1625; und Silvester Jourdain: *A Discovery of the Bermudas, Otherwise Called the Isle of Devils*, London 1610, beide wiederveröffentlicht in: Louis B. Wright (Hg.): *A Voyage to Virginia in 1609*, Charlottesville, Virginia: University of Virginia Press 1964, S. 4-14 und 105-7; *A True Declaration of the Estate of the Colonie in Virginia*, London 1610, wiederveröffentlicht in: Peter Force, Komp., *Tracts and Other Papers Relating Principally to the Origin, Settlement, and Progress of the Colonies in North America, from the Discovery of the Country to the Year 1776*, 1836, Wiederauflage Gloucester, Mass.: Peter Smith 1963, 3:14, 20.
2 Jourdain: *A Discovery of the Bermudas*, S. 106.
3 Samuel Purchas: *Hakluytus Posthumus, or Purchas His Pilgrimes, Contayning a History of the World in Sea Voyages and Lande Travells by Englishmen and Others*, Glasgow: MacLehose and Sons 1906, 16:111-12. Der Cahow (oder Cohow oder Cohoo), der auf den Bermudas im frühen 17. Jahrhundert weit verbreitet war, ist heute fast ausgestorben.
4 Jourdain: *A Discovery of the Bermudas*, S. 109; Strachey: *A True Reportory*, S. 40; John Smith: *The Generall Historie of Virginia, New England, and the Summer Isles*, 1624, in: Edward Arber (Hg.): *Travels and Works of Captain John Smith, President of Virginia, and Admiral of New England, 1580-1631*, New York: Burt Franklin 1910, S. 2:633, 637.
5 Zitiert in Alexander Brown (Hg.): *Genesis of the United States*, Boston: Houghton Mifflin 1890, S. 1:86-87.

6 Robert Riche: *Newes From Virginia, The Lost Flocke Triumphant*, London 1610, wiederveröffentlicht in: Wesley F. Craven (Hg.): *A Good Speed to Virginia (1609) and Newes From Virginia (1610)*, New York: Scholars Facsimiles and Reprints 1937; *True Declarations*, S. 14, 20.

7 [Richard Johnson]: *Nova Britannia: Offering Most Excellent fruites by Planting in Virgina*, London 1609, wiederveröffentlicht in: Peter Force, Komp.: *Tracts and Other Papers*, 1:18; »The Relation of Lord De-La-Ware, 1611«, in: Lyon Gardiner Tyler (Hg.), *Narratives of Early Virginia, 1606–1625*, New York: Charles Scribner's Sons 1907, S. 213.

8 Strachey: *A True Reportory*, S. 41; George Percy: »A Trewe Relacyon of the Proceedings and Occurrentes of Momente which have hap'ned in Virginia (1612)«, *Tyler's Quarterly Historical and Genealogical Magazine* 3, 1921-22, S. 260-82 (Zitat auf S. 269); Emanuel van Meteren in: John Parker: *Van Meteren's Virginia, 1607–1612*, Minneapolis: University of Minnesota Press 1961, S. 67; Edmund S. Morgan: *American Slavery, American Freedom: The Ordeal of Colonial Virginia*, New York: W.W. Norton 1975, S. 73; J. Frederick Fausz, »An »Abundance of Blood Shed on Both Sides«: England's First Indian War, 1609–1614«, *Virginia Magazine of History and Biography* 98 1990, S. 55 f.

9 Auf der *Mayflower* beharrte Hopkins darauf, dass die Macht der Amtsgewalt ihre Grenzen habe und dass die Passagiere, sobald sie Fuß auf festen Boden gesetzt hätten, das Recht hätten, »ihre eigene Freiheit« zu verfolgen. In diesem Fall führte sein Protest nicht zur Verurteilung zum Tode, sondern zum Abschluss des Mayflower-Vertrages, des verfassungsrechtlichen Rahmens, auf den die Pilger ihre Autonomie gründeten. Siehe Kapitän Thomas Jones: »The Journey of the Ship Mayflower«, in: Azel Ames (Hg.): *The »Mayflower« and Her Log*, Boston: Houghton Mifflin 1907, S. 254-58; Charles Edward Banks: *The English Ancestry and Homes of the Pigrim Fathers*, Baltimore: Genealogical Publishing Company 1968, S. 61-64.

10 Diese Intrigen werden von Strachey, *True Reportory*, und von J. Smith, *General Historie*, S. 638 und 640, bezeugt, der auch erwähnt, dass es unter den drei Zurückgebliebenen zu Streitigkeiten kam.

11 Die englischen Investoren beklagten sich fortwährend über »die Feierei und immerwährende Weihnacht [der Siedler] auf ihren Sommerinseln«. Siehe Edmund Howe: *Annals of John Stowe*, London 1614, S. 942 (Zitat); *True Declaration*, S. 21, Strachey: *True Reportory*, S. 87; Henry Wilkinson: *The Adventurers of Bermuda: A History of the Island from its Discovery until the Dissolution of the Somers Island Company in 1684*, London: Oxford University Press 1933, S. 87.

12 Victor Kiernan: *Shakespeare: Poet and Citizen*, London: Verso 1993; Robert Ralston Cawley: »Shakespeare's Use of the Voyagers in *The Tempest*«, *Publications of the Modern Language Association* 41, 1926, S. 688-726. Viele Wissenschaftler stimmen darin überein, dass Shakespeare Stracheys Bericht kurz nach seiner Entstehung im Jahre 1610 in Manuskriptform las. Das Buch wurde erst 1525 veröffentlicht, weil die Anteilseigner der Virginia Company befürchteten, dass Berichte über Widerstandsaktivitäten Investoren abschrecken könnten.

13 Wesley Frank Craven: »An Introduction to the History of Bermuda«, *William and Mary Quarterly*, 2. Serie, 17, 1937, S. 182.

14 Wesley Frank Craven: *Dissolution of the Virginia Company: The Failure of a Colonial Experiment*, Gloucester, Mass.: Peter Smith 1932, wiederaufgelegt 1964, S. 24.

15 [Johnson]: *Nova Britannia*, S. 10; Raphe Hamour: *A True Discourse of the Present Estate of Virginia and the successe of the affaires there till the 18 of June 1614*, London 1615, S.19; Brown: *Genesis*, 1:252; Rich: *Newes from Virginia*; [Johnson]: *New Life of Virginea: Declaring the Former Successe and Present State of that Plantation, Being the Second part of Nova Britannia*, London 1612, wiederveröffentlicht in: Force, Komp.: *Tracts and Other Papers*, 1:10.

16 William Shakespeare: *Der Sturm*, Übersetzung Gerd Stratmann, Stuttgart: Philipp Reclam jun. 2003, S. 35.

17 Karl Marx: *Das Kapital*, 1. Band, Kap. 24, »Die sogenannte ursprüngliche Akkumulation«. Nach einer Schätzung von J.R. Wordie waren im 16. Jahrhundert zwei Prozent des englischen Grund und Bodens eingehegt; im 17. Jahrhundert waren es 24 Prozent, im 18. 13 Prozent und im 19. Jahrhundert 11,6 Prozent. Siehe Wordie: »The Chronology of English Enclosure, 1500–1914«, *Economic History Review*, 2. Serie, 36, 1983, S. 483-505. Siehe auch Roger B. Manning: *Village Revolts: Social Protest and Popular Disturbances in England, 1509–1640*, Oxford: Oxford University Press 1988, S. 92; E.K. Chambers: *William Shakespeare: A Study of Facts and Problems*, London: Sidgwick and Jackson 1925, 2:144-52.

18 William Harrison schreibt auf S. 193 seines Buches *The Description of England* (1587, Wiederauflage George Edelen [Hg.], Ithaca, New York: Cornell University Press 1968), dass unter der Regentschaft Heinrichs VIII. etwa 27.000 Kriminelle gehängt worden seien.

19 A.V. Judges (Hg.): *The Elizabethan Underworld: A Collection of Tudor and Early Stuart Tracts and Ballads*, New York: E.P. Dutton 1930; Gamini Salgado: *The Elizabethan Underworld*, London: J.M. Dent 1977.

20 A.L. Beier: *Masterless Men: The Vagrancy Problem in England, 1560–1640*, London: Methuen 1986, S. 4; Manning: *Village Revolts*, S. 208.

21 Karl Marx: *Das Kapital* Band I, MEW 23, Dietz Verlag, Berlin 1972, S. 268. Linebaugh/Rediker benutzen den Begriff »motley crew« als Synonym für ihre Vorstellung eines multiethnischen, multinationalen, transatlantischen, aus Frauen und Männern bestehenden, zumeist verarmten und zumindest tendenziell subversiven Teil des Proletariats. A.d.Ü.

22 Christopher Hill: »The Many-Headed Monster«, in: *Change and Continuity in Seventeenth-Century England*, Cambridge, Mass.: Harvard University Press 1974, S. 189; Bacon: »Of Seditions and Troubles«, in: *The Essayes or Counsels, Civill and Morall*, Michael Kiernan (Hg.), Cambridge, Mass.: Harvard University Press 1985, S. 45; Beier: *Masterless Men*, S. 161–64; A. Roger Ekirch: *Bound for America: The Transportation of British Convicts to the Colonies, 1718–1775*, Oxford: Clarendon Press 1987, S. 8.

23 Robert Gray: *A Good Speed to Virginia*, London 1609, wiederaufgelegt in Craven (Hg.): *A Good Speed to Virginia and Newes from Virginia*, S. 7.

24 Shakespeare, *Der Sturm*, S. 57-59.

25 Shakespeare schöpfte für Gonsalos Rede reichlich aus Michel de Montaignes Essay *Über die Kannibalen*, der 1597 entstand und 1603 ins Englische übersetzt wurde.

Viele glauben, dass das Wort »Kannibale« eine Verballhornung von »Karibe« ist, des Namens des indigenen Volkes, das dem Vorrücken der Europäer in den beiden Amerikas heftigen Widerstand entgegensetzte und für seine Bemühungen mit dem dauerhaften Image fleischfressender Monster belohnt wurde. Siehe *The Essays of Michel de Montaigne,* Jacob Zeitlin (Hg.), New York: Alfred A. Knopf, 1934, 1:178-90.

26 Ronald Hutton: *The Rise and Fall of Merry England: The Ritual Years, 1400–1700*, Oxford: Oxford University Press 1996; A. Feuillerat and G. Feuillerat (Hg.): *Documents Relating to the Revels at Court in the Time of King Edward VI and Queen Mary*, Louvain: A. Uystpruyst 1914, S. 89. Siehe auch Sandra Billington: *Mock Kings in Medieval Society and Renaissance Drama*, Oxford: Clarendon Press 1991, und Hal Rammel: *Nowhere in America: The Big Rock Candy Mountain and Other Comic Utopias*, Urbana und Chicago: University of Illinois Press 1990. Für eine Satire auf plebejische Traditionen einer verkehrten Welt von einem Zeitgenossen Shakespeares siehe [Joseph Hall]: *Mundus Alter et Idem*, 1606, wiederaufgelegt als *Another World and Yet the Same*, John Millar Wands (Übers.), New Haven: Yale University Press 1981.

27 Gray: *A Good Speed to Virginia*, S. 19; William Strachey: *The Historie of Travell into Virginia Britania*, London 1612, Wiederauflage Louis B. Wright und Virginia Freund (Hg.), London, Hakluyt Society 1953, S. 92; »The Voyage of Sir Henry Colt«, 1631, in: V.T. Harlow (Hg.): *Colonising Expeditions to the West Indies and Guiana, 1623–1667*, 2. Serie, Nr. 56, London: Hakluyt Society 1925, S. 93. Wir sind an dieser Stelle William Brandon zu Dank verpflichtet für: Brandon: *New Worlds for Old: Reports from the New World and Their Effect on the Development of Social Thought in Europe, 1500–1800*, Athens, Ohio: Ohio University Press 1986, Kap. 1.

28 Montaigne: »Of Canibals«, in: *Essays*, 1:181. Montaigne griff auf André Thevet: *Singularitez de la France Anarctique*, 1558, und besonders auf Jean de Lery zurück: *Histoire d'un Voyage Fait en la Terre du Bresil*, 1578.

29 Cawley: »Shakespeare's Use of the Voyagers«, S. 703-5. Das Kipling-Zitat stammt aus Charles Mills Gayley: *Shakespeare and the Founders of Liberty in America*, New York: MacMillan 1917, S. 74.

30 Strachey: *Historie of Travell*, S. 24, 26; Hamour: *A True Discourse*, S. 16, 23 f.; Sumner Chilton Powell: *Puritan Village: The Formation of a New England Town*, New York: Doubleday 1963.

31 J. Smith: *General Historie*, 638 f.; Parker: *Van Meteren's Virginia*, S. 67.

32 Shakespeare, *Der Sturm*, S. 73-75.

33 Alden T. Vaughan und Virginia Mason Vaughan: *Shakespeare's Caliban: A Cultural History*, Cambridge: Cambridge University Press 1991. Siehe auch Ronald Takaki: »The Tempest in the Wilderness: The Racialization of Savagery«, *Journal of American History* 79, 1992, 892-912, und den Meinungsaustausch zwischen Vaughan, J.R. Pole und Takaki, Leserbriefe, *Journal of American History* 80, 1993, S. 764-72.

34 Chambers: *William Shakespeare*, 2:334-35.

35 Peter Fryer: *Staying Power: The History of Black People in Britain*, London: Pluto 1984, S. 6 f.; C.H. Herford, Percy Simpson und Evelyn Simpson (Hg.): *Ben Jonson*, Oxford: Clarendon Press 1941, 7:173; Walter Raleigh: *The Discovery of the*

Large, Rich and Beautiful Empire of Guiana (1596), in: Gerald Hammond (Hg.): *Sir Walter Raleigh: Selected Writings*, London: Fyfield Books 1984, S. 98; K.G. Davies: *The Royal African Company*, New York: Atheneum 1970, S. 1,9; R. Porter: »The Crispe Family and the African Trade in the Seventeenth Century«, *Journal of African History* 9, 1968, S. 57 f.; Ira Berlin: *Many Thousands Gone: The First Two Centuries of Slavery in North America*, Cambridge, Mass.: Harvard University Press 1998, Kap. 1.

36 Kenneth R. Andrews: *The Spanish Caribbean: Trade and Plunder, 1530–1630*, New Haven: Yale University Press 1978, S. 141.

37 *True Declaration* 9: »Instruccons orders and constitucons [...] issued to Sir Thomas Gates Knight Governor of Virginia«, 1609, in: Susan Myra Kingsbury (Hg.): *The Records of the Virginia Company of London*, Washington, D.C.: Government Printing Office 1933, 3:16.

38 Shakespeare, *Der Sturm*, S. 9.

39 W.G. Perrin (Hg.): *Boteler's Dialogues*, London: Navy Records Society 1929, S. 16; Manning, *Village Revolts*, S. 199, 207-10; John Cordy Jeaffreson: *Middlesex County Records*, London 1887, 2:xvii; Michael R. Watts: *The Dissenters: From the Reformation to the French Revolution*, Oxford: Clarendon Press 1978; John Nichols (Hg.): *The Progresses, Progressions, and Magnificent Festivities of King James the First*, London 1828, 1:69.

40 Michael Roberts: »The Military Revolution«, in: *Essays in Swedish History*, London: Weidenfeld and Nicolson 1967, S. 195-225; Geoffrey Parker: *The Military Revolution: Military Innovation and the Rise of the West, 1500–1800*, Cambridge: Cambridge University Press 1988, S. 18-22.

41 Wilkinson: *Adventureres of Bermuda*, S. 65, 114; John Pory, Secretary of Virginia, to Sir Dudley Carlton, in: Lyon Gardiner Tyler (Hg.): *Narratives of Early Virginia, 1606–1625*, New York: Charles Scribner's Sons 1907, S. 283 (zweites Zitat); Darrett B. Rutman: »The Historian and the Marshal: A Note on the Background of Sir Thomas Dale«, *Virginia Magazine of History and Biography* 68, 1960, S. 284-94, und »The Virginia Company and its Military Regime«, in: *The Old Dominion: Essays for Thomas Perkins Abernathy*, Charlottesville, Virginia: University of Virginia Press 1964, S. 1-20. Siehe auch Stephan Saunders Webb: *The Governors-General: The English Army and the Definition of the Empire, 1569–1681*, Chapel Hill, North Carolina: University of North Carolina Press 1979, S. 5 f., 67, 78, 437.

42 *True Declarations*, S. 15; Percy: »A Trewe Relacyon«, S. 67; John Smith: *A Map of Virginia*, 1612, in: Philip L. Barbour (Hg.): *The Jamestown Voyages under the First Charter, 1606–1609*, Cambridge: Cambridge University Press 1969, 3:333; Henry Spelman: »Relation of Virginea«, ca. 1613, in: Arber (Hg.): *Travels and Works*, 1:ciii; Fausz: »Abundance of Blood Shed«, S. 55 f.; Nicholas Canny: »The Permissive Frontier: The Problem of Social Control in English Settlements in Ireland and Virginia, 1550–1650«, in: K.R. Andrews, N.P. Canny und P.E.H. Hair (Hg.): *The Westward Enterprise: English Activities in Ireland, the Atlantic, and America, 1480–1650*, Detroit: Wayne State University Press 1979, S. 32 (Zitat von Smith). Siehe auch Canny: *The Elizabethan Conquest of Ireland: A Pattern Established, 1565–1576*, New York: Harper and Row 1976.

43 William Strachey, Komp.: *For the Colony in Virginea Britania: Lawes Divine, Morall and Martiall, etc.*, David Flaherty (Hg.), Charlottesville, Virginia: University of Virginia Press 1969; Craven: *Dissolution of the Virginia Company*, S. 32; Wilkinson: *Adventurers of Bermuda*, S. 65; J. Smith: *Generall Historie*, S. 654, 666 (Zitat); Morgan: *American Slavery, American Freedom*, 79-81; Rutman: »The Historian and the Marshal«, S. 15; Stephen Greenblatt: »Martial Law in the Land of Cockaigne«, in: *Shakespearean Negotiations: The Circulation of Social Energy in Renaissance England*, Berkeley, Calif.: University of California Press 1988, S. 129-63.

44 Smith: *A Map of Virginia*, 2:370; Percy: »A Trewe Relacyon«, S. 266; Helen C. Rountree: *The Powhatan Indians of Virginia: Their Traditional Culture*, Norman, Oklahoma: University of Oklahoma Press 1989, und: *Pocahontas's People: The Powhatan Indians of Virginia through Four Centuries*, Norman, Oklahoma: University of Oklahoma Press 1990. Siehe auch Kirkpatrick Sale: *The Conquest of Paradise: Christopher Columbus and the Columbian Legacy*, New York: Alfred A. Knopf 1990, S. 271, 301; James Axtell: »The White Indians of Colonial America«, *William and Mary Quarterly*, 3. Serie, 32 (1975), S. 55-88. Rountree bezeichnet die Powhatan-Gesellschaft als eine »in den Anfängen begriffene Klassengesellschaft«, aber die Beweise für diese Behauptung sind nicht überzeugend. Die geringfügigen sozialen Unterschiede unter den Powhatans erwuchsen nicht aus Arbeitsteilung oder Besitzverhältnissen, sondern gründeten sich auf Jagdgeschick oder Führungsqualitäten.

45 Zu Markham (oder Marcum) siehe: [Captain Gabriel Archer?]: *A relatyon [...] written [...] by a gent. of ye Colony*, 1607, in: Barbour (Hg.): *Jamestown Voyages*, 1:82; J. Frederick Fausz: »Middlemen in Peace and War: Virginia's Earliest Indian Interpreters, 1608-1632«, *Virginia Magazine of History and Biography* 95, 1987, S. 42.

46 Percy: »A Trewe Relacyon«, S. 280.

47 J. Smith: *General Historie*, S. 646-48; Craven: »Introduction to the History of Bermuda«, S. 177.

II. Kapitel

1 Joyce Appleby: *Economic Thought and Ideology in Seventeenth-Century England*, Princeton, N.J.: Princeton University Press 1978, S. 132.

2 Stephen B. Baxter: »William III as Hercules: The Political Implications of Court Culture«, in: Lois G. Schwoerer (Hg.): *The Revolution of 1688–1689: Changing Perspectives*, Cambridge: Cambridge University Press 1992, S. 95-106.

3 Francis Bacon: *Of the Wisdom of the Ancients*, 1609.

4 Katharine Park and Lorraine J. Daston: »Unnatural Conception: The Study of Monsters in Sixteenth- and Seventeenth-Century France and England«, *Past & Present 92*, 1981.

5 Im Gegensatz zu Charles Tilly, der in seiner Darstellung der europäischen Proletarisierung die Bedeutung steigender »natürlicher« Fruchtbarkeitsraten betont, die Einhegungen ignoriert und den Blick auf den Terror versperrt, kehren wir

zurück zu der Interpretation von Marx, der schrieb: »Und die Geschichte dieser Expropriation ist in die Annalen der Menschheit eingeschrieben mit Zügen von Blut und Feuer.« Das Brandmarken von Aufsässigen mit Buchstaben, die unter der Beigabe von Blut und Feuer entstanden, gehörte in der Tat zum Arsenal des Terrors. Während Tilly die Sklaverei ignoriert, schreibt Marx: »In der wirklichen Geschichte spielen bekanntlich Eroberung, Unterjochung, Raubmord, kurz Gewalt die große Rolle.« Charles Tilly: *As Sociology Meets History*, New York: Academic Press 1981, Kap. 7, und »Demographic Origins of the European Proletariat«, in: David Levine (Hg.): *Proletarianization and Family History*, New York: Academic Press 1984.

6 *On the Spirit of Patriotism*, 1736.

7 *Northern Star*, 1838, zitiert in Gareth Stedman-Jones: *Language of Class: Studies in English Working-Class History, 1832–1982*, Cambridge: Cambridge University Press 1983, S. 104.

8 C. Osborne Ward: *The Ancient Lowly: A History of the Ancient Working People from the Earliest Known Period to the Adoption of Christianity by Constantine*, Chicago 1888, 1:39.

9 George Jackson: *Soledad Brother: The Prison Letters*, New York: Bantam 1970, S. 123. H.N. Brailsford: *The Levellers and the English Revolution*, Palo Alto, Kalif.: Stanford University Press 1961; siehe auch Norah Carlin: »Liberty and Fraternities in the English Revolution: The Politics of London Artisans' Protests, 1635–1659, in: *International Review of Social History 39* 1994, S. 252; auch George Unwin: *Industrial Organization in the Sixteenth and Seventeenth Centuries*, Oxford: Clarendon Press 1904, S. 207-10; auch Swift, *On the Wretched Condition of Ireland*, 1729; auch James Connolly, *Erin's Hope [...] The End & the Means*, Dublin 1909; auch Cyril Brigg's *Crusader*, April 1921; auch Nelson Mandelas Schlussrede vor dem African National Congress, Juli 1991.

10 Robert Albion: *Forests and Seapower: The Timber Problem of the Royal Navy, 1652–1862*, Cambridge, Mass.: Harvard University Press 1926, S. 127.

11 [Richard Johnson]: *Nova Britannia: Offering Most Excellent fruites by Planting in Virgina*, London 1609, wiederveröffentlicht in: Peter Force, Komp.: *Tracts and Other Papers Relating Principally to the Origin, Settlement, and Progress of the Colonies in North America, From the Discovery of the Country to the Year 1776*, 1836; Wiederauflage Gloucester, Mass.: Peter Smith 1963, 1:14; David Freeman Hawke: *Everyday Life in Early America*, New York: Harper and Row 1988, S. 15; Charles F. Carroll: *The Timber Economy of Puritan New England*, Providence, Rhode Island: Brown University Press 1973, S. 54; Patricia Seed: *Ceremonies of Possession in Europe's Conquest of the New World, 1492–1640*, Cambridge: Cambridge University Press 1995, S. 19-23.

12 *Polyolbion*, 1613. Michael Williams: *The Draining of the Somerset Levels*, Cambridge: Cambridge University Press 1970; Joan Thirsk (Hg.): *The Agrarian History of England and Wales*, Band 5, *1640–1750: Agrarian Change*, Cambridge: Cambridge University Press 1985, S. 323.

13 Jeremy Purseglove: *Taming the Flood: A History and Natural History of Rivers and Wetlands*, Oxford: Oxford University Press 1988; Oliver Rackham: *The History of*

the Countryside, London: J.M. Dent 1986, S. 390; Keith Lindley: *Fenland Riots and the English Revolution*, London: Heineman 1982, S. 34, 38, 72, 77.

14 Rackham: *History of the Countryside*; siehe auch Raymond Williams: *The Country and the City*, New York: Oxford University Press 1975, S. 32, 48.

15 John Merrington: »Town and Country in the Transition to Capitalism«, *New Left Review*, Nr. 93, September/Oktober 1975.

16 Adam Ferguson: *An Essay on the History of Civil Society*, Edinburgh 1767.

17 *New Life of Virginea: Declaring the Former Successe and Present State of that Plantation*, London 1612, wiederveröffentlicht in: Force, Komp.: *Tracts and Other Papers*, 1:14; A.W. Lawrence: *Trade Castles and Forts of West Africa*, Palo Alto, Kalif.: Stanford University Press 1964, S. 293.

18 J.M. Postma: *The Dutch in the Atlantic Slave Trade, 1600–1815*, Cambridge: Cambridge University Press 1990, S. 158.

19 Charles Dickens: *Barnaby Rudge*, Übersetzung Maria von Schweinitz, München: Winkler Verlag 1963, S. 304.

20 »The Woman's Brawl«, in: *Samuel Pepys' Penny Merriments*, Roger Thompson (Hg.), New York: Columbia University Press 1976, S. 247-52.

21 Bridget Hill: *Women, Work, and Sexual Politics in Eighteenth-Century England*, Oxford: Blackwell 1989, S. 103ff.

22 Anna Davin: *Growing Up Poor: Home, School, and Street in London, 1870–1914*, London: Rivers Oram Press 1996, S. 186-89.

23 *Man: A Paper for Ennobling the Species*, Nr. 25, 18. Juni 1755.

24 E.P. Thompson: *Customs in Common*, London: Merlin Press 1991; und R.H. Tawney: *The Agrarian Problem in the Sixteenth Century*, London: Longman 1912.

25 William Fennor: *The Counter's Commonwealth; Or, A Voyage made to an Infernal Island*, London 1617; Historical Manuscript Commission, *Rutland MSS*, 1:334; J.A. Sharpe: *Crime in Early Modern England, 1550-1750*, London: Longman 1984, S. 150; Pieter Spierenburg: *The Prison Experience: Disciplinary Institutions and Their Inmates in Early Modern Europe*, New Brunswick, New Jersey: Rutgers University Press 1991.

26 *Taylor's Travels of Hamburgh in Germanie* (1616) und *The Praise and Vertue of a Jayle and Jaylers with the most excellent mysterie and necessary use of all sorts of Hanging*, in: *All the Works of John Taylor the Water Poet 1630*, Faksimile-Edition, London 1977.

27 J.S. Cockburn: *A History of English Assizes, 1558–1714*, Cambridge: Cambridge University Press 1972, S. 98; König James I.: *Daemonologie in Forme of a Dialogue, Divided into three Bookes*, 1597, G.B. Harrison (Hg.), London: John Lane 1924; Silvia Federici: »The Great Witch Hunt«, *The Maine Scholar I*, 1988, S. 31-52; Frederic A. Youngs jr.: *The Proclamation of the Tudor Queens*, Cambridge: Cambridge University Press 1976, S. 76; Edmund Spenser: *A View of the Present State of Ireland*, 1596, W.L. Renwick (Hg.), Oxford: Clarendon Press 1970, S. 63.

28 *The Black Dog of Newgate* wurde 1596 erstmals veröffentlicht und1638 in einer anderen Ausgabe unter dem Titel *The Discovery of a London Monster* herausgegeben.

29 A.V. Judges (Hg.): *The Elizabethan Underworld: A Collection of Tudor and Early Stuart Tracts and Ballads*, New York: E.P. Dutton 1930, S. 506-7.

30 Spenser: *View of the Present State of Ireland.*
31 Michael Taussig: *Shamanism, Colonialism, and the Wild Man: A Study in Terror and Healing*, Chicago: University of Chicago Press 1987.
32 Sir George Peckham: »A true Report of the late discoveries, and possession taken in the right of the Crowne of England of the Newfound Lands, By that valiant and worthy Gentleman, Sir Humfrey Gilbert Knight«, in: Richard Hakluyt (Hg.): *The Principal Navigations, Voyages, Traffiques & Discoveries of the English Nation*, 1589; Neuauflage New York: AMS Press, Inc. 1965, 3:102-3:112; A.L. Beier: *Masterless Men: The Vagrancy Problem in England, 1560–1640*, London: Methuen 1985, S. 150.
33 Cockburn: *English Assizes*, S. 126; M. Oppenheim (Hg.): *The Naval Tracts of Sir William Monson*, London: Navy Records Society 1923, 4:109.
34 James Horn: »Servant Emigration to the Chesapeake in the Seventeenth Century«, in: Thad W. Tate und David L. Ammerman (Hg.): *The Chesapeake in the Seventeenth Century*, New York: W.W. Norton 1979, S. 72; Richard S. Dunn: »Servants and Slaves: The Recruitment and Employment of Labor in Colonial America«, in: J.R. Pole und Jack P. Greene: *Colonial British America: Essays in Early Modern History*, Baltimore: Johns Hopkins University Press 1984; Abbot Emerson Smith: *Colonists in Bondage: White Servitude and Convict Labor in America, 1607–1776*, New York: W.W. Norton 1947, S. 8-12, 13, 16; Eric Williams: *Capitalism and Slavery*, New York: Capricorn Books 1966, S. 19.
35 Scott Christianson: *With Liberty for Some: 500 Years of Imprisonment in America*, Boston: Northeastern University Press 1998, S. 16, 18.
36 Jill Sheppard: *The »Redlegs« of Barbados: Their Origins and History*, Millwood, New York: KTO Press 1977, S. 12; Carl and Roberta Bridenbaugh: *No Peace beyond the Line: The English in the Caribbean, 1627–1690*, New York: Oxford University Press, S. 27; *A Publication of Guiana Plantation*, London 1632, zitiert in Smith: *Colonists in Bondage*, S. 285-86; Rafael Semmes, *Crime and Punishment in Early Maryland*, Baltimore: Johns Hopkins University Press 1938, S. 81; John Donne: »A Sermon Preached to the Honourable Company of the Virginia Plantation«, in: *The Sermons of John Donne*, George R. Potter und Evelyn M. Simpson (Hg.), Berkeley, Kalif.: University of California Press 1959, 4:272.
37 Eine Reihe von Aufständen gegen »Spirits« und Kidnapper in den 1640ern und 1650ern führte zur Verabschiedung von Gesetzen, die den Handel mit Leibeigenen regulieren sollten, und damit gleichzeitig zu den ersten, seit 1654 in Bristol geführten Unterlagen, auf die sich die statistische Analyse dieses Handels gründet.
38 Robert C. Johnson: »The Transportation of Vagrant Children from London to Virginia, 1618–1622«, in: Howard S. Reinmuth (Hg.): *Early Stuart Studies: Essays in Honor of David Harris Willson*, Minneapolis: University of Minnesota Press 1970, S. 137-51; Walter Hart Blumenthal: *Brides from Bridewell: Female Felons Sent to Colonial America*, Rutland, Vermont; Charles E. Tuttle Co. 1962, S. 65, 105, 107; Smith: *Colonists in Bondage*, S. 69-70.
39 James Revel: *The Poor Unhappy Transported Felon's Sorrowful Account of his Fourteen Years Transportation at Virginia in America*, London, undatiert, John Melville

Jennings (Hg.), wiederveröffentlicht in: *Virginia Magazine of History and Biography* 56, 1948, S. 180-94 (Jennings zeigt, dass Revel zwischen 1656 und 1671 in Virginia ankam); »The Trapanned Maiden«, *Virginia Magazine of History and Biography* 4, 1896-97, S. 218-21.

40 [Johnson]: *Nova Britannia*, wiederveröffentlicht in: Force, Komp., *Tracts and Other Papers*, 1:27-28, 19.

41 E.D. Pendry: *Elizabethan Prisons and Prison Scenes*, Salzburg: Institut für Englische Sprache und Literatur 1974, 1:2, 15.

42 [Samuel Rid]: *Martin Markall, beadle of Bridewell, His Defense and Answers to the Bellman of London*, London 1610.

43 Joseph Conrad: *Herz der Finsternis*, Übersetzung Reinhold Batberger, Frankfurt a. M.: Insel/Suhrkamp Verlag 1992.

44 *The American Anthropologist* 90, 1988, S. 406.

45 Jane Ohlmeyer: »The Wars of Religion, 1603–1660«, in: Thomas Bartlett and Keith Jeffery (Hg.): *A Military History of Ireland*, Cambridge: Cambridge University Press 1996, S. 168.

46 Francis Bacon: *The New Atlantis*, London 1629.

47 P. Dan: *Histoire de la Barbarie et de ses Corsaires*, Paris 1637, zitiert in Stephen Clissold: *The Barbary Slaves*, Totowa, New Jersey: Rowman and Littlefield 1977, und in Peter Lamborn Wilson: *Pirate Utopias: Moorish Corsairs and European Renegades*, New York: Autonomedia 1995.

48 Thomas Harman: *A Caveat for Common Cursitors Vulgarly Called Vagabonds*, 1567.

49 Page Dubois: »Subjected Bodies, Science, and the State: Francis Bacon, Torturer«, in: Mike Ryan und Avery Gordon (Hg.): *Body Politics: Disease, Desire, and the Family*, Boulder, Colorado: Westview Press 1994, S. 184.

50 *Appius and Virginia*, 1625-27.

51 Brian Manning: *The English People and the English Revolution, 1640–1649*, London: Heineman 1976, S. 292.

52 Anne Chambers: »The Pirate Queen of Ireland: Grace O'Malley«, in: Jo Stanley (Hg.): *Bold in Her Britches: Women Pirates across the Ages*, London: HarperCollins 1995, S. 104.

53 Thomas Edwards: *Gangraena, or, A Catalogue and Discovery of Many of the Errours, Heresies, Blasphemies, and pernicious Practices of the Sectaries of this time*, 1646–47.

54 Thomas Nashe: *The Unfortunate Traveller; Or, the Life of Jacke Wilton*, 1594.

55 Edwards: *Gangraena*, S. 121.

56 *The Kingdomes Faithfull and Impartiall Scout*, 6.–13. April 1649, in: Edwards: *Gangraena*, S. 268.

57 *The True Informer*, 21.–28. Februar 1646, in: Edwards: *Gangraena*, S. 262.

58 Cyril Outerbridge Packwood: *Chained on the Rock: Slavery in Bermuda*, New York: Eliseo Torres & Sons 1975, S. 85.

59 Manning: *The English People and the English Revolution*, S. 92. Siehe Hobbes: *Behemoth: The History of the Causes of the Civil Wars in England*, zitiert in Christopher Hibbert: *Charles I*, New York: Harper and Row 1968, S. 149-50.

60 Hibbert: *Charles I*, S. 149-50.

III. Kapitel

1 Christopher Hill: *The World Turned Upside Down: Radical Ideas during the English Revolution*, London: Penguin 1972, und H.N. Brailsford: *The Levellers in the English Revolution*, Palo Alto, Kalif.: Stanford University Press 1961, S. 11.

2 Robert Brenner: *Merchants and Revolution: Commercial Change, Political Conflict, and London's Overseas Traders, 1550-1653*, Princeton, New Jersey: Princeton University Press 1993; Phyllis Mack: *Visionary Women: Ecstatic Prophecy in Seventeenth-Century England*, Berkeley, Kalif.: University of California Press 1992, und David Sacks: *The Widening Gate: Bristol and the Atlantic Economy, 1450–1700*, Berkeley, Kalif.: University of California Press 1991.

3 Nigel Smith: *Perfection Proclaimed: Language and Literature in English Radical Religion, 1640–1690*, New York: Oxford University Press 1989, und Peter Fryer: *Staying Power: The History of Black People in Britain* (London: Pluto 1984), haben ihre bemerkenswerte Anwesenheit erwähnt.

4 Christopher Hill: *The English Bible and the Seventeenth-Century Revolution*, London: Viking 1993, S. 200. Siehe auch C.R. Cragg: *Puritanism in the Period of the Great Persecution of 1660–1688*, Cambridge: Cambridge University Press 1957.

5 Die Unterlagen der Broadmead-Kirche wurden 1847 von E.B. Underhill veröffentlicht. Eine zweite, 1865 von Nathaniel Haycroft gedruckte Auflage behielt die Rechtschreibung, uneinheitliche Typographie, Groß- und Kleinschreibung und Absatzaufteilung des Originals zum großen Teil bei. Diese Ausgabe bildete die Grundlage für eine dritte, gekürzte Auflage mit einem langen wissenschaftlichen Vorwort von Roger Hayden, die 1974 erschien. Unsere Analyse gründet sich auf Einsicht des Manuskripts in der Broadmead-Kirche in Bristol.

6 Roger Hayden: Vorwort zu *The Records of a Church of Christ in Bristol, 1640–1687*, Bristol: Bristol Record Society 1974.

7 Bridget Hill: *Women, Work, and Sexual Politics in Eighteenth-Century England*, Oxford: Blackwell 1989, S. 133.

8 Alice Clark: *Working Life of Women in the Seventeenth Century*, London: Routledge 1919, und Susan Dwyer Amussen: *An Ordered Society: Gender and Class in Early Modern England*, Oxford: Blackwell 1988, S. 158. Siehe auch Elliot V. Brodsky: »Single Women in the London Marriage Market: Age, Status and Mobility, 1598–1619«, in: R.B. Outhwaite (Hg.): *Marriage and Society: Studies in the Social History of Marriage*, New York: St. Martin's 1981, und P.J.P. Goldberg: *Women, Work and Life Cycle in a Medieval Economy: Women in York and Yorkshire, c. 1300–1520*, New York: Oxford University Press 1992.

9 Paul Bayne: *An Entire Commentary upon the Whole Epistle of the Apostle Paul to the Ephesians*, 1643.

10 Nell Painter: *Sojourner Truth: A Life, a Symbol*, New York: W.W. Norton 1996, S. 71.

11 A.S.P. Woodhouse (Hg.): *Puritanism and Liberty*, Chicago: University of Chicago Press 1951, S. 103.

12 Patricia Crawford: *Women and Religion in England, 1500–1720*, London: Routledge 1993, S. 123.
13 David Harris Sacks: »Bristol's ›Wars of Religion‹«, in: R.C. Richardson (Hg.): *Town and Country in the English Revolution*, Manchester: Manchester University Press 1992, S. 103.
14 Hayden, Vorwort zu *The Records of a Church of Christ in Bristol, 1640–1687*, 27:85.
15 Claire Cross: »›He-Goats Before the Flocks‹: A Note on the Part Played by Women in the Founding of Some Civil War Churches«, in: G.J. Cuming and Derek Baker (Hg.): *Popular Belief and Practice*, Cambridge Ecclesiastical History Society/Cambridge University Press 1972.
16 G.F. Nuttall: *Visible Saints; The Congregational Way, 1640–1660*, Oxford: Blackwell 1957, S. 35.
17 Ian Gentles: *The New Model Army in England, Ireland, Scotland, 1645–1653*, Oxford: Blackwell 1992, S. 103.
18 J.F. McGregor: »The Baptists: Fount of All Heresy«, in: J.F. McGregor and B. Reay (Hg.): *Radical Religion in the English Revolution*, New York: Oxford University Press 1984, S. 44.
19 Underhill, der Herausgeber der im 19. Jahrhundert veröffentlichten Ausgabe der Aufzeichnungen, machte aus »Libertismus« »Libertinismus«, was offensichtlich nicht ganz dasselbe ist, obwohl auch der Libertinismus in den 1640ern seine Anhänger hatte: In *A Fiery Flying Roll* belehrte Abiezer Coppe seine Leser, Gott zu dienen bedeute »vollkommene Freiheit und puren Libertinismus«.
20 Laurence Clarkson: *Generall Charge*, 1647.
21 Edwards: *Gangraena*, 3:27, 163.
22 G.F. Nuttall: *The Welsh Saints, 1640–1660*, Cardiff: University of Wales Press 1957, S. 34; 1-37.
23 C. Hill: *The World Turned Upside Down*, S. 40.
24 Karen Kupperman: *Providence Island, 1630–1641: The other Puritan Colony*, New York: Cambridge University Press 1993, S. 179. Ein nützlicher Überblick findet sich in Elaine Forman Crane: *Ebb Tide in New England: Women, Seaports, and Social Change, 1630–1800*, Boston: Northeastern University Press 1998.
25 *The New Law of Righteousness*, 1649, S. 216; *The Law of Freedom*, 1652, S. 524.
26 Lodowick Muggleton: *Joyful News from Heaven*, 1658, wiederaufgelegt 1854, S. 45.
27 N. Smith: *Perfection Proclaimed*, S. 2.
28 *Human Nature*, 1640, *Works*, 4:40-41.
29 Woodhouse (Hg.): *Puritanism and Liberty*, S. 390-6.
30 *Eikon Basilike*, Kap. 9.
31 Underhill, zitiert in Alfred Cave: *The Pequot War*, Amherst, Mass.: University of Massachusetts Press 1996, S. 152.
32 »Und während die Heilige Schrift sagt, dass der Schöpfer aller Dinge die Person nicht ansieht, tut die königliche Macht nichts als eben dies und zieht die Reichen und Hoffärtigen vor«, *The Law of Freedom*, 1652, S. 508, 530.
33 Hugh Barbour und Arthur O. Roberts: *Early Quaker Writings, 1650–1700*, Grand Rapids, Michigan: Eerdmans 1973, S. 165. Siehe auch *The Quaker's Catechism*, 1655.

34 John F. Mackeson: *Bristol Transported*, Bristol: Redcliffe 1987.
35 Mack: *Visionary Women.*
36 *The Exceeding Riches of Grace Advanced*, 1651 und 1658, S. 122-25. Barbara Ritter Dailey: »The Visitation of Sarah Wright: Holy Carnival and the Revolution of the Saints in Civil War London«, *Church History* 55, Nr. 4, Dezember 1986, 449-50.
37 William Haller: *The Rise of Puritanism*, New York: Columbia University Press 1938, S. 79.
38 John Saltmarsh: *Smoke in the Temple*, 17. Jhdt., zitiert in Woodhouse: *Puritanism and Liberty*, S. 179.
39 Woodhouse (Hg.): *Puritanism and Liberty*, S. 184.
40 Emery Battis: *Saints and Sectaries: Anne Hutchinson and the Antinomian Controversy in Massachusetts Bay Colony*, Chapel Hill, N.C. : University of North Carolina Press, 1962, S. 69.
41 Cave: *The Pequot War*, S. 139.
42 Carol Karlsen: *The Devil in the Shape of a Woman: Witchcraft in Colonial New England*, New York: Vintage 1987.
43 John Winthrop: *A Short Story of the Rise, Reign, and Ruin of the Antinomians, Familists, and Libertines*, London 1644, wiederaufgelegt in David D. Hall: *The Antinomian Controversy, 1636–1638: A Documentary History*, 2. Aufl., Durham, North Carolina: Duke University Press 1990, S. 139.
44 Ebd. S. 218; Edward Johnson: *Johnson's Wonder-Working Providence, 1628–1651*, J. Franklin Jameson (Hg.), London 1654, Wiederauflage New York: Charles Scribner's Sons 1910, S. 124-25.
45 Silvia Federici: »The Great Witch Hunt«, *The Maine Scholar* 1, 1988, S. 32.
46 Ebd.
47 Mack, *Visionary Women*, S. 123.
48 Ebd. S. 104; Woodhouse (Hg.): *Puritanism and Liberty*, S. 367.
49 Französische Seekriegsstrategie – das schnelle und zeitlich begrenzte Herausstoßen aus Häfen für individuelle Einsätze.
50 Siehe auch Leo Damrosch: *The Sorrows of the Quaker Jesus: James Nayler and the Puritan Crackdown on the Free Spirit*, Cambridge, Mass.: Harvard University Press 1996, S.2.
51 *A Publicke Discovery of the Open Blindness of Babel's Builders*, 1656.
52 *A Few Words Occasioned*, 1654.
53 James Nayler: *Saul's Errand to Damascus*, London 1653, *A Discovery of the First Wisdom*, London 1653, *An Answer to the Book called the Perfect Pharisee*, London 1653, S. 22.
54 James Nayler: *The Lamb's Warre*, 1657.
55 H.N. Brailsford: *A Quaker from Cromwell's Army*, London 1926.
56 C. Hill: *The English Bible*, S. 165-66; Cragg: *Puritanism in the Period of the Great Persecution.*
57 Nathaniel Ingelo: *The Perfection, Authority, and Credibility of the Holy Scripture*, 1659, und *A Discourse Concerning Repentance*, 1677.
58 Christopher Hill: *The Experience of Defeat: Milton and Some Contemporaries*, New York: Viking 1984, S. 164.

59 Richard Ligon: *A True & Exact History of the Island of Barbadoes*, London 1657.
60 Hilary Beckles: *A History of Barbados: From Amerindian Settlement to Nation-State*, Cambridge: Cambridge University Press 1990, S. 43.
61 Wir finden das auch bei Henry Jessie, der Dinah in der 1658er-Ausgabe von *The Exceeding Riches of Grace* als »eine nicht in England geborene Mohrin« vorstellt, eine ethnische Kennzeichnung, die elf Jahre nach der 1. Auflage von 1647 hinzugefügt wurde.
62 Christopher Hill: *A Tinker and a Poor Man: John Bunyan and His Church, 1628–1688*, New York: Alfred A. Knopf 1988.
63 James H. Cone: *For My People: Black Theology and the Black Church*, Maryknoll, New York: Orbis 1984, S. 71, in einem Kommentar über Fanon.
64 Shelley, Percy Bysshe: Der Maskenzug der Anarchie, in: Höhne, Horst (HG.): Percy Bysshe Shelley, *Ausgewählte Werke*, S. 469, Leipzig 1985
65 Marcus Garvey: *Vanity Fair, Or the Tragedy of White Man's Justice*, 1926, in: Robert A. Hill und Barbara Bair (Hg.): *Marcus Garvey: Life and Lessons*, Berkeley, Kalif.: University of California Press 1987, S. 115-139.
66 Lodowick Muggleton: *The Acts of the Witnesses of The Spirit*, 1699, wiederaufgelegt 1764, S. 73-74.
67 Painter: *Sojourner Truth*, S. 30.
68 Andrew Hopton (Hg.): *Tyranipocrit Discovered with his wiles, wherewith he vanquishes*, 1649; Wiederauflage London: Aporia Press 1991, S. 29.
69 Bzgl. »atlantische Berge« siehe den Aufsatz von Peter Linebaugh: »All the Atlantic Mountains Shook«, *Labour/Le Travailleur* Nr. 10, 1982, S. 87-121, dessen Titel das Lied zitiert, mit dem das zweite Buch von William Blakes *Jerusalem* beginnt.
70 *Three Guineas*, New York: Harcourt Brace 1938, S. 103.

IV. Kapitel

1 Daniel Lysons: *The Environs of London* (1791).
2 *A Vindication of the Army* (1647); *Short Memorials of Thomas Lord Fairfax* (1699), S. 104-6.
3 Dan M. Wolfe: *The Purple Testament: Life Stories of Disabled Veterans*, Garden City, N.Y.: Doubleday 1946.
4 A.S.P. Woodhouse (Hg.): *Puritanism and Liberty: Being the Army Debates (1647–49) from the Clarke manuscripts with supplementary documents*, 1. Aufl., London: Dent 1938; siehe auch Ivan Roots' Vorworte zur Ausgabe von 1974 und zur Everyman-Ausgabe von 1986.
5 Nach dem Tod von Friedrich Engels veröffentlichte Eduard Bernstein *Sozialismus und Demokratie in der großen englischen Revolution* (1895), ins Englische übersetzt von H.J. Stenning als *Cromwell & Communism: Socialism and Democracy in the Great English Revolution*, London 1930.
6 Siehe Edward P. Thompson: »Edgell Rickword« in: *Persons & Politics*, London: Merlin 1994.

7 »Celticus« [Aneurin Bevan]: *Why not Trust the Tories?*, London: Gollancz 1945; Raphael Samuel: »British Marxist Historians, 1880–1980, Part One«, *New Left Review* 120, 1980, S. 27-28.
8 Ras Makonnen: *Pan-Africanism from Within*, Kenneth King (Hg.): Oxford: Oxford University Press 1973, S. 170.
9 Ivan Roots (Hg.): *Puritanism and Liberty: Being the Army Debates (1647–49)*, 3. Aufl., London: Dent 1986.
10 Scott MacRobert: *Putney and Roehampton: A Brief History*, Putney: The Putney Society 1992. Zur Einhegung von Richmond Park siehe Clarendons *History of the Rebellion and Civil Wars*; Lysons: *The Environs of London*, S. 314; Christopher Hill: *Puritanism and Revolution*, London: Secker and Warburg 1958, S. 267 ff.
11 Ian Gentles: *The New Model Army in England, Ireland and Scotland, 1645–1653*, Oxford: Blackwell 1992, S. 35; Dan M. Wolfe: *Leveller Manifestoes of the Puritan Revolution*, New York: Nelson ans Sons 1944.
12 William Bullock: *Virginia Impartially Examined* (1649), S. 47.
13 Vincent Harlow: *A History of Barbados, 1625–1685*, Oxford: Clarendon Press 1926, S. 300.
14 *A Remonstrance of Many Thousand Citizens* (1646).
15 E.C. Pielou: *Fresh Water*, Chicago: University of Chicago Press 1998, S. 109.
16 *Taylor on Thame Isis* (1632); *A Dialogical Brief Discourse between Rainborough and Charon* (1648).
17 Vittorio Dini: *Masaniello: L'eroe e il mito*, Rom 1995, übersetzt von Steven Colatrella; Rosario Villari: *The Revolt of Naples*, übersetzt von James Newell, Cambridge, Mass.: Polity Press 1993.
18 Johann Wolfgang Goethe: *Italienische Reise* (1786–88).
19 Francis Midon: *The History of the Rise and Fall of Masaniello, the Fisherman of Naples* (1729), S. 95.
20 Francis Haskell: *Patrons and Painters: A Study in the Relations between Italian Art and Society in the Age of the Baroque*, New Haven, Con.: Yale University Press 1980, S. 199.
21 Midon: *Masaniello*, S. 199.
22 Gigliola Pagano de Divitiis: *English Merchants in Seventeenth-Century Italy*, übersetzt von Stephen Parkin, Cambridge: Cambridge University Press 1997; H.G. Koenigsberger: *Estates and Revolutions: Essays in Early Modern European History*, Ithaca, N.Y.: Cornell University Press 1971.
23 James Howell: *The Exacte historie of the late Revolutions in Naples, and of their Monstrous Successes* (1650).
24 N.A.M. Rodger: *The Safeguard of the Sea: A Naval History of Britain 660–1649*, London: HarperCollins 1998, S. 401.
25 John Colerus, *The Life of Benedict de Spinosa*, London 1706.
26 James Tyrrell: *Biblioteca Politica* (1694), 3. Dialog; Locke: *First Treatise of Government* (1690), Absatz 79.
27 Christoper Hill: »The English Revolution and the Brotherhood of Man«, in: *Puritanism and Revolution: Studies in Interpretation of the English Revolution of the Seventeenth Century*, New York: Schocken Books 1958, S. 123-52.

28 C.H. Firth (Hg.): *The Clarke Papers*, London: Camden Society 1894, 2:153-63.
29 »Reformadoes« waren aus dem Dienst entlassene Soldaten, die nach London gekommen waren, um ihren ausstehenden Sold einzufordern. (A.d.Ü.)
30 *Pseudodoxia Epidemica* (1646); *Works*, Geoffrey Keynes (Hg.), 2. Band.
31 Samuel Chidley: *A Cry against a Crying Sin: Or, a just Complaint to the Magistrates, against them who have broken the Statute Laws of God, by Killing of men merely for Theft*, London 1652, wiederveröffentlicht in: William Oldys und Thomas Park (Hg.): *Harleian Miscellany*, London 1811, 8:485.
32 *An Appeale to all Englishmen*, März 1649, und *A Letter to the Lord Fairfax*, Juni 1649; Lewis H. Berens: *The Digger Movement in the Days of the Commonwealth*, London: Merlin 1961; Andrew Hopton (Hg.): *Digger Tracts 1649–1650*, London: Aporia Press 1989.
33 George H. Sabine (Hg.): *The Works of Gerrard Winstanley*, New York: Russell and Russell 1965, S. 492. Richard Overton führte mit seinem *An Appeal from the Commons to the Free People* (1647) den Widerstand der Soldaten gegen die Todesstrafe durch Hängen bei Diebstahl an.
34 *A New-Yeers Gift for the Parliament and Armie* (1. Januar 1650), in: Sabine (Hg.): *Works*, S. 388; *A Mite Cast into the Common Treasury* (1649), herausgegeben und mit einer Einleitung versehen von Andrew Hopton, London: Aporia Press 1989.
35 Chidley: *A Cry against a Crying Sin*, S. 481; Anon: *More Light Shining in Buckinghamshire* (1649); Robert Zaller: »The Debate on Capital Punishment during the English Revolution«, *American Journal of Legal History* 31, Nr. 2, 1987, S. 126-44.
36 Hawke: *The Right of Dominion, and Property of Liberty*, 1656, S. 77f.
37 James Connolly: *Labour in Irish History*, Dublin 1910, und Christopher Hill: »Seventeenth-Century English Radicals and Ireland«, in: Hill: *A Nation of Change and Novelty: Radical Politics, Religion and Literature in Seventeenth-Century England*, London: Routledge 1990, S. 133-51.
38 Chris Durston: »›Let Ireland be quiet‹: Opposition in England to the Cromwellian Conquest of Ireland«, *History Workshop Journal* 21, 1986, S. 105-12; Norah Carlin: »The Levellers and the Conquest of Ireland in 1649«, *Historical Journal* 22, 1987.
39 J.G. Simms: »Cromwell at Drogheda, 1649«, in: Simms: *War and Politics in Ireland, 1649–1730*, D.W. Hayton und Gerard O'Brien (Hg.), London: Hambledon Press 1986, S. 1-10; T.W. Moody et al. (Hg.): *A New History of Ireland*, Oxford: Clarendon Press 1976, 3. Band, *Early Modern Ireland, 1534–1691*, S. 339-41.
40 Richard Bagwell: *Ireland under the Stuarts and during the Interregnum*, London: Longman 1909–16, 2:194; C.H. Firth: *Cromwell's Army: A History of the English Soldier during the Civil Wars, the Commonwealth, and the Protectorate*, London: Methuen 1901, S. 337.
41 Bagwell: *Ireland under the Stuarts and during the Interregnum*, 2:329, 330; S.R. Gardiner: »The Transplantation to Connaught«, *English History Review* 14, 1899, S. 703; John Davis: *A Discovery of the True Causes why Ireland was never entirely Subdued*, 1612, S. 169.
42 John P.Prendergast: *Cromwellian Settlement of Ireland*, 3. Aufl., Dublin: Mellifont Press 1922, S. 427.
43 Firth (Hg.): *Clarke Papers*, 2:208.

44 F.H.A. Aalen et al.: *Atlas of the Irish Rural Landscape*, Toronto: University of Toronto Press 1997, S. 60, 74, 80.
45 Joseph J. Williams: *Whence the »Black Irish« of Jamaica?*, New York: Dial Press 1932, S. 36.
46 Theodore Allen: *The Invention of the White Race*, New York: Verso 1994, 1: 258.
47 Eogan Ruadh O'Sullivan, zitiert in James Clarence Mangan: *The Poets and Poetry of Munster*, Dublin 1885, S. 181.
48 Robert Boyle: *The Excellency and Grounds of the Corpuscular or Mechanical Philosophy* (1674), in: Mari Boas Hall (Hg.): *Robert Boyle on Natural Philosophy: An Essay with Selections from his Writings*, Bloomington, Ind.: Indiana University Press 1965, S. 195.
49 Richard Ligon: *A True & Exact History of the Island of Barbados*, London 1657, S. 45-6.
50 George Downing an John Winthrop jr., 26. August 1645, in: Elizabeth Donnan: *Documents Illustrative of the History of the Slave Trade to America*, 1. Band, *1440–1700*, Washington, D.C.: Carnegie Institution 1930, 1969; George Gardiner: *A Description of the New World* (1651); Ligon: *A True & Exact History*, S. 86.
51 Alexander Gunkel und Jerome S. Handler: »A German Indentured Servant in Barbados in 1652: The Account of Heinrich von Uchteritz«, *Journal of the Barbados Museum and Historical Society* 33, 1970, S. 92; George Fox: *To the Ministers, Teachers, and Priests (So called, and so Stileing your Selves) in Barbados*, London 1672, S. 5; Gary A. Puckrein: *Little England: Plantation Society and Anglo-Barbadian Politics, 1627–1700*, New York: New York University Press 1984, S. 98, 106.
52 *Great Newes from Barbados, or, a True and Faithful Account of the Grand Conspiracy of the Negroes against the English*, London 1676, S. 6-7.
53 David Watts: *Man's Influence on the Vegetation of Barbados, 1627–1800*, Hull: University of Hull 1966; Edward Kamau Brathwaite: *Mother Poem*, Oxford: Oxford University Press 1977; Hilary McD. Beckles: *White Servitude and Black Slavery in Barbados, 1627–1715*, Knoxville, Tenn.: University of Tennessee Press 1989, S. 5, 64, 77, 78.
54 Siehe »Extracts of the Minute Book of the Council of Barbados (1654–59), in: The Reverend Aubrey Gwynn (Hg.): »Documents Relating to the Irish in the West Indies«, *Analecta Hibernica* 4, 1932, S. 236-37; Father Andrew White: »A Briefe Relation of the Voyage unto Maryland«, in: Clayton Colman Hall (Hg.): *Narratives of Early Maryland, 1633–1684*, New York: Charles Scribner's Sons 1910, S. 34.
55 »Extracts of the Minute Book«, in: Gwynn (Hg.): »Documents Relating to the Irish«, S. 234; Beckles: *White Servitude*, S. 111.
56 *The Negro's and Indians Advocate* (1680).
57 Puckrein: *Little England*, S. 113; Beckles: *White Servitude*, S. 168-76.
58 K.G. Davies: *The Royal African Company*, New York: Atheneum 1970, S. 1; John C. Appleby: »A Guinea Venture, c. 1657: A Note on the Early English Slave Trade«, *The Mariner's Mirror* 79, Nr. 1, Februar 1993, S. 84-88; George Frederick Zook: *The Company of Royal Adventurers Trading into Africa*, 1919, Wiederauflage New York: Negro University Press 1969, S. 6; J.M. Gray: *A History of the Gambia*, 1940,

Wiederauflage New York: Barnes and Noble 1966, S. 31; Davies: *Royal African Company*, Kap. 1; David Eltis: »The British Transatlantic Slave Trade before 1714: Annual Estimates of Volume and Direction«, in: Robert L. Paquette and Stanley Engerman (Hg.): *The Lesser Antilles in the Age of European Expansion*, Gainesville, Fla.: University Press of Florida 1996, S. 182-205.

59 Léopold Senghor: *On African Socialism*, übersetzt von Mercer Cook, New York: Praeger 1967.

60 Richard Jobson: *The Golden Trade; Or, A Discovery of the River Gambra* (1623), S. 124.

61 Charlotte A. Quinn: *Mandingo Kingdoms of the Senegambia: Traditionalism, Islam, and European Expansion*, Evanston, Illinois: Northwestern University Press 1972, S. 7f.; Abdallah Laroui: *The History of the Maghrib: An Interpretative Essay*, Princeton, N.J.: Princeton University Press 1977; Jamil M. Abun-Nasr: *A History of the Maghrib*, Cambridge: Cambridge University Press 1971.

62 J.W. Blake: »The Farm of the Guinea Trade«, in: H.A. Cronne, T.W. Moody and D.B. Quinn (Hg.): *Essays in British and Irish History in Honour of James Eadie Todd*, London: Frederick Muller 1949, S. 86-106.

63 Donald R. Wright: *The World and a Very Small Place in Africa*, Armonk, N.Y.: M.E. Sharpe 1997, S. 121f.; Ligon: *A True & Exact History*, S. 57; The Guinea Company to James Pope, 17. September 1651, in: Donnan: *Documents Illustrative*, 1:128; Robert Farris Thompson: *Flash of the Spirit: African and Afro-American Art and Philosophy*, New York: Vintage 1984, Kap. 4.

64 Eliot Warburton: *Memoirs of Prince Rupert, and the Cavaliers*, 3. Band, London 1849, S. 358.

65 Donald R. Wright: *Oral Traditions from the Gambia*, 1. Band, *Mandinka »Griots«*, Ohio University Africa, Seriennr. 37, 1997, S. 104, 144.

66 Bernhard Capp: *Cromwell's Navy: The Fleet and the English Revolution 1648–1660*, Oxford: Clarendon Press 1989, S. 236.

67 Patrick Morrah: *Prince Rupert of the Rhine*, London: Constable 1976, S. 269.

68 Richard Ollard: *Man of War: Sir Robert Holmes and the Restoration Navy*, London: Hodder and Stoughton 1969, S. 89.

69 Ebd. S. 67f.; Donnan: *Documents Illustrative*, S. 177-80; Wright: *The World and a Very Small Place in Africa*.

70 *The Pleasant History of the Life of Black Tom*, 1686; Roger Thompson (Hg.): *Samuel Pepys' Penny Merriments*, New York: Columbia University Press 1976, S. 212.

71 John Towill Rutt (Hg.): *Diary of Thomas Burton, Esq., Member in the Parliaments of Oliver and Richard Cromwell, from 1656 to 1659*, New York: Johnson Reprint Corporation 1974, S. 255.

72 Ebd., S. 256.

73 Ebd., S. 257.

74 Ebd., S. 259, 273, 308.

75 Ebd., S. 260, 262, 265, 268.

76 Ebd., S. 264, 270, 271, 304.

77 Christopher Hill: *The Experience of Defeat: Milton and Some Contemporaries*, New York: Viking 1984, S. 285-87.

78 Richard L. Greaves: *Deliver Us from Evil: The Radical Underground in Britain, 1660–1663*, New York: Oxford University Press 1986, S. 31, 38, 40, 53; Philip F. Gura: *A Glimpse of Sion's Glory: Puritan Radicalism in New England, 1620–1660*, Middletown, Conn.: Wesleyan University Press 1984, S. 143.

79 Hilary McD. Beckles: »English Parliamentary Debate on ›White Slavery‹ in Barbados, 1659«, *Journal of the Barbados Museum and Historical Society* 36, 1982, S. 344-52.

80 Greaves: *Deliver Us From Evil*, S. 33, 40, 58, 92 (Zitat), 166, 229; Abbot Emerson Smith: *Colonists in Bondage: White Servitude and Convict Labor in America, 1607–1776*, New York: W.W. Norton 1947, S. 170; Gura: *A Glimpse of Sion's Glory*, S. 4, 39, 78, 86.

81 »The Servants Plot of 1663«, *Virginia Magazine of History and Biography* 15, 1908, S. 38-43.

82 Philip Ludwell an George Chalmers, 17. Juni 1671, Chalmers Collection, 1. Band, Folio 49; *Virginia Magazine of History and Biography* 19, 1911, S. 355f.; William Waller Henning (Hg.): *The Statutes at Large, being a Collection of all the Laws of Virginia*, 1819–23, Wiederauflage Charlottesville, Va.: University of Virginia Press 1969, 2:509-11, 2:195, 3:398-400.

83 Joseph Douglas Deal III: *Race and Class in Colonial Virginia: Indians, Englishmen, and Africans on the Eastern Shore during the Seventeenth Century*, New York: Garland Press 1993, Kap. 3.

84 Warren M. Billings: »A Quaker in Seventeenth-Century Virginia: Four Remonstrances by George Wilson«, *William and Mary Quarterly*, 3. Serie, 33, 1976, S. 127-40.

85 »An Account of Our Late Troubles in Virginia, Written in 1676, by Mrs. An. Cotton, of Q. Creeke«, in: Peter Force (Hg.): *Tracts and Other Papers Relating Principally to the Origin, Settlement, and Progress of the Colonies in North America, from the Discovery of the Country to the Year 1776*, 1836, Wiederauflage Gloucester, Mass.: Peter Smith 1963.

86 *Strange News from Virginia; Being A Full and True Account of the Life and Death of Nathanael Bacon, Esquire*, London 1677.

87 »A True Narrative of the Late Rebellion in Virginia, by the Royal Commissioners«, in: Charles M. Andrews (Hg.): *Narratives of the Insurrections, 1675–1690*, New York: Charles Scribner's Sons 1915, S. 140.

88 Aphra Behn: *The Widow Ranter*, 1690.

89 »Defense of Col. Edward Hill«, *Virginia Magazine of History and Biography* 3, 1895-96, S. 239; *Archives of Maryland*, Baltimore: Maryland Historical Society 1885, 15:137, 5:153-54, 281-82; Notley an Baltimore, Chalmers Collection, Papers Relating to Virginia, 1. Band, Folio 50; William Berkeley an Colonel Mason, 4. November 1676, *William and Mary Quarterly* 3, 1894-95, S. 163, in: Andrews (Hg.): *Narratives of the Insurrections*, S. 31.

90 Riva Berleant-Schiller: »Free Labor and the Economy in Seventeenth-Century Montserrat«, *William and Mary Quarterly*, 3. Serie, 46, 1989, S. 550; Richard S. Dunn: *Sugar and Slaves: The Rise of the Planter Class in the English West Indies 1624–1713*, Chapel Hill, N.C.: University of North Carolina Press 1972, S. 244.

91 Die Plantagenbesitzer von Antigua (1677), St. Kitts (1679), Barbados (1682, 1688, 1696), Montserrat (1693), South Carolina (1698), Nevis (1701) und Jamaika (1672, 1701, 1703) waren darum bemüht, dem Schuldknecht Privilegien zu verschaffen, dessen Rolle sich dementsprechend allmählich von der eines Produzenten zu der eines Beschützers von Eigentum wandelte. David W. Galenson: *White Servitude in Colonial America: An Economic Analysis*, Cambridge: Cambridge University Press 1986, S. 154; K.G. Davies: *The North Atlantic World in the Seventeenth Century*, Minneapolis: University of Minnesota Press 1974, S. 98.

92 Hening: *Laws of Virginia*, 2:481-82, 492-93; 3:447-62. Siehe auch Kathleen M. Brown: *Good Wives, Nasty Wenches, and Anxious Patriarchs: Gender, Race and Power in Colonial Virginia*, Chapel Hill, N.C.: University of North Carolina Press 1996, 2. Teil.

93 Hugo Prospero Leaming: *Hidden Americans: Maroons of Virginia and the Carolina*, New York: Garland 1995, S. XV, 35, 48, 51, 68-71, 109, 116, 125; Hugh F. Rankin: *Upheaval in Albemarle: The Story of Culpeper's Rebellion*, Raleigh, N.C.: The Carolina Charter Tercentenary Commission 1962, S. 10, 35, 40f., 55; »Representation to the Lords Proprietors of Carolina Concerning the Rebellion in that Country«, in: William L. Saunders (Hg.): *The Colonial Records of North Carolina*, Raleigh, N.C.: P.M. Hale 1886, 1:259, 261; Sir Peter Colleton: »The Case [of] Thomas Miller«, in: Andrews (Hg.): *Narratives of the Insurrections*, S. 152-56; Virginia General Assembly to Sir Joseph Williamson, 2. April 1677, *Virginia Magazine of History and Biography* 14, 1906-7, S. 286.

94 *True Levellers Standard Advanced* (1649) und *A Watch Word to the City of London* (1649).

95 Christopher Hill: Einleitung zu *Winstanley: The Law of Freedom and Other Writings*, London: Penguin 1973, S. 35.

96 R.J. Dalton: »Winstanley: The Experience of Fraud, 1641«, *The Historical Journal* 34, Nr. 4, 1991, S. 973.

97 Ebd., S. 983.

98 *A Declaration from the Poor oppressed People of England*, Juni 1649.

99 *Truth Lifting Up Its Head*, Oktober 1648.

100 Ebd.

101 Diesem Stillstand in Englands wirtschaftlicher Entwicklung und demokratischer Praxis widmen verschiedene Autoren seit geraumer Zeit ihre Aufmerksamkeit, unter anderem Gooch, Brailsford, Thompson, Orwell, Hobsbawm und Anderson.

102 *Truth Lifting Up Its Head*, Oktober 1648, S. 101, und *The New Law of Righteousness* (1649), S. 169.

V. Kapitel

1 Richard Brathwaite: *Whimzies*, London 1631, zitiert in: Christopher Lloyd: *The British Seaman, 1200–1860: A Social Survey*, Rutherford, N.J.: Fairleigh Dickinson University Press 1970, S. 74.

2 Bernard Capp: *Cromwell's Navy: The Fleet and the English Revolution, 1648–1660*, Oxford: Clarendon Press 1989, S. 42, 58, 66, 72, 396; L.A. Wilcox: *Mr. Pepys' Navy*, New York: A.S. Barnes and Co. 1966, S. 77.

3 Capp: *Cromwell's Navy*, S. 76; Lawrence A. Harper: *The English Navigation Laws*, New York: Columbia University Press 1939, S. 38, 48f., 53, 57, 60, 341; Ralph Davis: *The Rise of the English Shipping Industry in the Seventeenth and Eighteenth Centuries*, London: Macmillan 1962, S. 17-20.

4 Capp: *Cromwell's Navy*, S. 219; J.D. Davies: *Gentlemen and Tarpaulins: The Officers and Men of the Restoration Navy*, Oxford: Clarendon Press 1991, S. 95f., 227; Maxwell P. Schoenfeld: »The Restoration Seaman and his Wages«, *American Neptune* 25, 1965, S. 285.

5 Sir William Petty: *A Treatise of Taxes*, London 1662, Kap. 10, 12.

6 Sir William Petty: *Political Anatomy of Ireland*, London 1691, 1:102.

7 Sir William Petty: *Political Arithmetick*, London 1690, wiederveröffentlicht in: C.H. Hull (Hg.): *The Economic Writings of Sir William Petty*, London 1899, 1:259-60.

8 J.H. Parry: *Trade and Dominion: The European Overseas Empires in the Eighteenth Century*, New York: Praeger 1971, S. 13, 19; P.K. Kemp und Christopher Lloyd: *Brethren of the Coast: Buccaneers of the South Seas*, New York: St. Martin's 1960, S. 128; C.H. Haring: *The Buccaneers in the West Indies in the Seventeenth Century*, 1910, Wiederauflage Hamden, Conn.: Archon Books 1966, S. 233.

9 *Gloria Britannica: Or, the Boast of the British Seas*, London 1689, zitiert in: J.D. Davies: *Gentlemen and Tarpaulins*, S. 1.

10 Ernest Fayle: *A Short History of the World's Shipping Industry*, London: George Allen & Unwin 1933, S. 207; Harper: *The English Navigation Laws*, S. 61, 161; Ian K. Steele: *The Politics of Colonial Policy: The Board of Trade in Colonial Administration 1696–1720*, Oxford: Clarendon Press 1968, S. 44, 54; James A. Rawley: *The Transatlantic Slave Trade: A History*, New York: W.W. Norton 1981, S. 163; Barry Supple: *Royal Exchange Assurance: A History of British Insurance, 1720–1970*, Cambridge: Cambridge University Press 1970, S. 3.

11 Wir haben diese These bereits dargelegt in Peter Linebaugh: »All the Atlantic Mountains Shook« und seiner Erwiderung an Robert Sweeny in *Labour/Le Travail* 10, 1982, S. 87-121 und 14, 1984, S. 173-81, sowie in Marcus Rediker: *Between the Devil and the Deep Blue Sea: Merchant Seamen, Pirates, and the Anglo-American Maritime World, 1700–1750*, Cambridge: Cambridge University Press 1987.

12 Conrad Gill: *Merchants and Mariners of the Eighteenth Century*, London: Edward Arnold 1961, S. 91; Edward Ward: *The London Spy*, 1697, Wiederauflage London: Cassell 1927; Barnaby Slush: *The Navy Royal: Or a Sea-Cook Turn'd Projector*, London 1709; C.L.R. James: »The Atlantic Slave Trade«, in seinem *The Future in the Present*, London: Allison und Busby 1977.

13 Die Pamphletliteratur beinhaltete George St.-Lo: *England's Safety*, London 1693; *England's Interest, Or, a Discipline for Seamen*, London 1694; Robert Crosfield: *Truth Brought to Light*, London 1694; *Encouragement for Seamen and Manning*, London 1695; William Hodges: *Dialogue concerning the Art of Ticket-Buying*, London 1695; *Great Britain's Groans*, London 1695; *Misery to Misery*, London 1695; *Humble Proposals for the Relief, Encouragement, Security, and Happiness of the Seamen of Eng-*

land, London 1695; John Perry: *Regulation for Seamen*, London 1695; *Discourse upon Raising Men*, London 1696; Thomas Mozin und Nicholas Jennings: *Proposal for the Incouragement of Seamen*, London 1697; und *Ruin to Ruin*, London 1699.

14 J.R. Jones: *The Anglo-Dutch Wars of the Seventeenth Century*, London: Longman 1996; J.D. Davies: *Gentlemen and Tarpaulins*, S. 15; John Ehrman: *The Navy in the War of William III, 1689–1697: Its State and Direction*, Cambridge: Cambridge University Press 1953.

15 Harper: *English Navigation Laws*, S. 55; E.H.W. Meyerstein (Hg.): *Adventures by Sea of Edward Coxere: A Relation of the Several Adventures by Sea with the Dangers, Difficulties and Hardships I Met for Several Years*, New York und London: Oxford University Press 1946, S. 37; Petty: *Political Arithmetick*, S. 281; Ehrman: *Navy in the War of William III*, S. 115.

16 Michael Cohn und Michael K.H. Platzer: *Black Men of the Sea*, New York: Dodd, Mead 1978.

17 »Richard Simsons Voyage to the Straits of Magellan & S. Seas in the Year 1689«, Sloane MSS 86, British Library, Fol. 57; William Matthews: »Sailors' Pronunciation in the Second Half of the Seventeenth Century«, *Anglia: Zeitschrift für englische Philologie* 59, 1935, S. 193-251.

18 Robert McCrum et al.: *The Story of English*, New York: Viking 1986, Kap. 6; B. Traven: *Das Totenschiff*, Frankfurt, Büchergilde Gutenberg 1978, S. 171f.

19 J.L. Dillard: *All-American English*, New York: Random House 1975. Hier wird eine Theorie der Seefahrtssprachen entwickelt. Siehe auch Nicholas Faraclas: »Rivers Pidgin English: Tone, Stress, or Pitch-Accent Language?« *Studies in the Linguistic Sciences* 14, Nr. 2 (Herbst 1984), S. 75. Ian F. Hancock: »A Provisional Comparison of the English-based Atlantic Creoles«, *African Language Review* 8, 1969.

20 Nicholas Faraclas: »Rumors of the Demise of Descartes Are Premature«, *Journal of Pidgin and Creole Languages* 3, 1988, S. 119-35; Robert C. Ritchie: *Captain Kidd and the War against the Pirates*, Cambridge, Mass.: Harvard University Press 1986, S. 86; Mechal Sobel: *Trabelin' On: The Slave Journey to an Afro-Baptist Faith*, Westport, Conn.: Greenwood Press 1979, S. 30.

21 Arthur L. Hayward (Hg.): *Lives of the Most Remarkable Criminals [...]*, London 1735, S. 37.

22 Ritchie: *Captain Kidd*, S. 147-51.

23 Jones: *The Anglo-Dutch Wars*; Capp: *Cromwell's Navy*, S. 259, 264, 287f.; *To His Highness Lord Protector*, London 1654.

24 Richard Overton: *A Remonstrance of Many Thousand Citizens*, London 1646; Don M. Wolfe (Hg.): *Leveller Manifestoes of the Puritan Revolution*, New York: T. Nelson and Sons, 1944, S. 80, 95, 227, 287, 347 und 405.

25 Kemp und Lloyd: *Brethren of the Coast*; Carl Bridenbaugh und Roberta Bridenbaugh: *No Peace beyond the Line: The English in the Caribbean, 1624–1690*, New York: Oxford University Press 1972; Haring: *Buccaneers in the West Indies*, S. 71, 73; J.S. Bromley: »Outlaws at Sea, 1660–1720: Liberty, Equality, and Fraternity among the Caribbean Freebooters«, in: *History from Below: Studies in Popular Protest and Popular Ideology in Honour of George Rudé*, Frederick Krantz (Hg.), Montreal: Concordia University 1985, S. 3.

26 Siehe A.L. Morton: *The English Utopia*, London: Lawrence and Wishart 1952, Kap. 1; F. Graus: »Social Utopias in the Middle Ages«, *Past and Present 38*, 1967, S. 3-19; William McFee: *The Law of the Sea*, Philadelphia: Lippincott 1951, S. 50, 54, 59, 72.

27 Kemp und Lloyd: *Brethren of the Coast*, S. 3; Bridenbaugh und Bridenbaugh: *No Peace Beyond the Line*, S. 62, 176; Richard Price (Hg.): *Maroon Societies: Rebel Slave Communities in the Americas*, 2. Aufl., Baltimore: Johns Hopkins University Press 1979. Das von den Piraten sogenannte »Maroon-Leben« bestand bis in die 1720er Jahre. Siehe Befragung von Thomas Jones, Februar 1724, High Court of Admiralty Papers (HCA) 1/55, Fol. 52, Public Record Office, London.

28 Christopher Hill: »Radical Pirates?«, in: *The Origins of Anglo-American Radicalism*, Margaret Jacob und James Jacob (Hg.), London: George Allen & Unwin 1984, S. 20; William Dampier: *A New Voyage around the World*, London 1697, S. 219-20; Kemp und Lloyd: *Brethren of the Coast*, S. 17; Bromley: »Outlaws at Sea«, S. 6, 8, 9.

29 »Simsons Voyage«, Sloane MSS 86, S. 43; Bromley, »Outlaws at Sea«, S. 17; Marcus Rediker: »The Common Seaman in the Histories of Capitalism and the Working Class«, *International Journal of Maritime History* 1, 1989, S. 352-53.

30 James Boswell: *The Life of Samuel Johnson [...]*, London 1791, S. 86; Jesse Lemisch: »Jack Tar in the Streets: Merchant Seamen in the Politics of Revolutionary America«, *William and Mary Quarterly*, 3. Serie, S. 25, 1968, S. 375f., 379, 406; Richard B. Morris: *Government and Labor in Early America*, New York: Columbia University Press 1946, S. 246f., 257, 262-68; Captain Charles Johnson: *A General History of the Pyrates*, Manuel Schonhorn (Hg.), 1724, 1728, Wiederauflage Columbia, S.C.: University of South Carolina Press 1972, S. 244, 359 (im Folgenden zitiert als C. Johnson, *History*); A.G. Course: *The Merchant Navy: A Social History*, London: F. Muller 1963, S. 61; Davis: *Rise of the English Shipping Industry*, S. 144, 154f.

31 Gouverneur Lowther an den Handelsrat, in: W. Noel Salisbury et al. (Hg.): *Calendar of State Papers, Colonial Series, America and the West Indies*, London 1860, 39:350; *Piracy Destroy'd*, London 1700, S. 3f., 12; R.D. Merriman (Hg.): *Queen Anne's Navy: Documents concerning the Administration of the Navy of Queen Anne, 1702–1714*, London: Navy Records Society 1961, S. 170-72, 174, 221f., 250; C. Lloyd: *The British Seaman*, S. 124-49; Peter Kemp: *The British Sailor: A Social History of the Lower Deck*, London: Dent 1970, Kap. 4, 5.

32 Bei der Kaperei handelte es sich um staatlich sanktionierte Piraterie, bei der Kapitäne per Kaperbrief ermächtigt wurden, mit Unterstützung ihrer Regierung Schiffe anderer Nationen anzugreifen. (A.d.Ü.)

33 Course: *Merchant Navy*, S. 84; C. Lloyd: *The British Seaman*, S. 57; Edward Cooke: *A Voyage to the South Sea*, London 1712, S. v-vi, 14-16; Woodes Rogers: *A Cruising Voyage Round the World*, G.E. Manwaring (Hg.), 1712, Wiederauflage New York: Longmans, Green and Co. 1928, S. xiv, xxv; George Shelvocke: *A Voyage Round the World*, London 1726, S. 34-36, 38, 46, 157, 214, 217; William Betagh: *A Voyage Round the World*, London 1728, S. 4.

34 Rediker: *Between the Devil and the Deep Blue Sea*, Kap. 6.

35 C. Johnson: *History*, S. 213, 423; Befragung von John Brown, 1717, in: John Franklin Jameson (Hg.): *Privateering and Piracy in the Colonial Period: Illustra-*

tive Documents, New York: Macmillan 1923, S. 294; William Snelgrave: *A New Account of Some Parts of Guinea and the Slave Trade*, 1734, Wiederauflage London: Frank Cass 1971, S. 199; Hayward (Hg.): *Lives of the Most Remarkable Criminals*, S. 37; C. Johnson: *History*, S. 42, 296, 337.

36 Siehe *An Account of the Conduct and Proceedings of the Late John Gow, alias Smith, Captain of the Late Pirates [...]*, 1725, Wiederauflage Edinburgh: Gordon Wright Publishing 1978, Einleitung.

37 C. Johnson: *History*, S. 338, 582; »Proceedings of the Court held on the Coast of Africa«, HCA 1/99, Fol. 101; *Boston Gazette*, 24.–31. Oktober 1720, 21.–28. März 1726; Snelgrave: *New Account*, S. 225, 241; *Boston News-Letter*, 14.–21. November 1720; Aussage von Thomas Checkley, 1717, in: Jameson (Hg.): *Privateering and Piracy*, S. 304; *The Trials of Eight Persons Indited for Piracy*, Boston 1718, S. 11.

38 *An Account of [...] the Late John Gow*, S. 3; C. Johnson: *History*, S. 224, 244. 1722 wurde Bartholomew Roberts' Besatzung überwältigt, weil viele seiner Männer betrunken waren, als die Zeit zum Gefecht kam. Siehe C. Johnson: *History*, S. 243, und John Atkins: *A Voyage to Guinea, Brazil, & the West Indies [...]*, 1735, Wiederauflage London: Frank Cass 1970, S. 192.

39 C. Johnson: *History*, S. 129, 135, 167, 205, 209, 211, 222, 280, 308, 312, 343, 353, 620; *American Weekly Mercury*, 17. März 1720; Snelgrave: *New Account*, S. 233-38.

40 Walter Hamilton an den Handels- und Plantagenrat, 6. Januar 1718, Unterlagen des Kolonialamts (CO) 152/12, Fol. 211, Public Record Office London; *Boston Gazette*, 6.–13. Juli 1725; James Vernon an den Handels- und Plantagenrat, 21. Dezember 1697, *Calendar of State Papers, Colonial Series* 16, 1697-98, S. 70; *Tryals of Thirty-Six Persons for Piracy*, Boston 1723, S. 3; Clive Senior: *A Nation of Pirates: English Piracy in Its Heyday*, New York: Crane, Russak & Co. 1976, S. 22; Kenneth Kinkor: »From the Seas! Black Men under the Black Flag«, *American Prospects* 10, 1995, S. 27-29.

41 *American Weekly Mercury*, 17. März 1720; C. Johnson: *History*, S. 82; Angaben von Joseph Smith und John Webley, 1721, HCA 1/18, Fol. 35; Angaben von William Voisy, 1721, HCA 1/55, Fol. 12. Auch amerikanische Natives fuhren auf Piratenschiffen, wenn auch in wesentlich geringerer Zahl. Siehe *The Trials of Five Persons for Piracy, Felony, and Robbery*, Boston 1726.

42 Aussage von Richard Hawkins, *Political State of Great Britain* 28, 1724, S. 153; *Boston News-Letter*, 17.–24. Juni 1717; *The Tryals of Major Stede Bonnet and Other Pirates*, London 1719, S. 46; C. Johnson: *History*, S. 173, 427, 595. Siehe auch *Boston News-Letter*, 29. April – 6. Mai 1717.

43 *Boston News-Letter*, 4.-11. April 1723.

44 John Gay: *Polly, An Opera*, London 1729.

45 R. Reynall Bellamy (Hg.): *Ramblin' Jack: The Journal of Captain John Cramer*, London: Jonathan Cape 1936, S. 144; Hugh F. Rankin: *The Golden Age of Piracy*, New York: Holt, Rinehart and Winston 1969, S. 82. Siehe Rat von Virginia ans Handelsministerium, 11. August 1715, CO 5/1317.

46 C. Johnson: *History*, S. 273.

47 H. Ross: »Some Notes on the Pirates and Slavers around Sierra Leone and the West Coast of Africa, 1680–1723«, *Sierra Leone Studies* 11, 1928, S. 16-53, C. Johnson: *History*, S. 131; L.G. Carr Laughton: »Shantying and Shanties«, *Mariner's Mirror* 9, 1923, S. 48-50; Prozess gegen John McPherson und andere, Proceedings of the Court of Admiralty, Philadelphia 1731, HCA 1/99, Fol. 3, Angaben von Henry Hull, 1729, HCA 1/56, Fol. 29-30.

48 Marcus Rediker: »Liberty beneath the Jolly Roger: The Lives of Anne Bonny and Mary Read, Pirates«, in: Margaret Creighton und Lisa Norling (Hg.): *Iron Men, Wooden Women: Gender and Atlantic Seafaring, 1700–1920*, Baltimore: Johns Hopkins University Press 1995. Dianne Dugaw: *Warrior Women and Popular Balladry, 1650–1850*, Cambridge: Cambridge University Press 1989; Jo Stanley: *Bold in Her Breeches: Women Pirates across the Ages*, London: HarperCollins 1995.

49 Cotton Mather: *Instructions to the Living, From the Conditions of the Dead: a Brief Relation of Remarkables in the Shipwreck of above One Hundred Pirates [...]*, Boston 1717, S. 4; Sitzung vom 1. April 1717, in: H.C. Maxwell Lyte (Hg.): *Journal of the Commissioners for Trade and Plantations [...]*, London: H.M.S.O. 1924, 3:359; C. Johnson: *History*, S. 7; *American Weekly Mercury*, 24. November 1720; *New England Courant*, 19.–26. März 1722.

50 C. Johnson: *History*, S. 115f.; »Proceedings«, HCA 1/99, Fol. 158; Snelgrave: *New Account*, S. 203.

51 C. Johnson: *History*, S. 244; Bromley: »Outlaws at Sea«, S. 11f; Atkins: *Voyage*, S. 191.

52 *Parker v. Boucher*, 1719, HCA 24/132; *Wise v. Beekman*, 1716, HCA 24/131. Weitere Beispiele von Auseinandersetzungen, die vor Gericht endeten, sind: *Coleman v. Seamen*, 1718, und *Desbrough v. Christian*, 1720, HCA 24/132; *Povey v. Bigelow*, 1722, HCA 24/134; *Wistridge v. Chapman*, 1722, HCA 24/135, sämtlich im Public Record Office London.

53 Angaben von Alexander Thompson, 1723, HCA 1/55, Fol. 23; siehe auch die Petition von John Massey und George Lowther, 1721, CO 28/17, Fol. 199.

54 »Proceedings«, HCA 1/99, Fol. 4-6; siehe auch Atkins: *Voyage*, S. 91, 186f.

55 Philip D. Curtin: *The Atlantic Slave Trade: A Census*, Madison, Wisc.: University of Wisconsin Press 1969, S. 150; »The Memoriall of the Merchants of London Trading to Africa«, 1720, Admiralty Papers (ADM) 1/3810, Public Record Office London; *American Weekly Mercury*, 30. März – 6. April 1721.

56 *Boston Gazette*, 13.–20. Juni 1720; »Anonymous Paper relating to the Sugar and Tobacco Trade«, 1724, CO 388/24, Fol. 186-87.

57 Atkins: *Voyage*, S. 98; Rawley: *The Transatlantic Slave Trade*, S. 155; *Boston Gazette*, 27. August – 3. September 1722; *New England Courant*, 3.–10. September 1722.

58 »Proceedings«, HCA 1/99, Fol. 98; Stanley Richards: *Black Bart*, Llandybie, Wales: C. Davies 1966, S. 107.

59 Rawley: *The Transatlantic Slave Trade*, S. 162.

60 Ebd. S. 164, 165; Curtin: *Atlantic Slave Trade*, S. 150.

61 Douglas North und Gary B. Walton heben die Niederschlagung der Piraterie als einen der Hauptgründe für die Produktivitätssteigerung in der Schifffahrt des 18.

Jahrhunderts hervor. Siehe ihr »Sources of Productivity Change in Colonial American Shipping«, *Economic History Review* 67, 1968, S. 67-78.

62 C. Johnson: *History*, S. 43; Leo Francis Stock: *Proceedings and Debates of the British Parliaments respecting North America*, Washington, D.C.: Carnegie Institute 1930, 3:364, 433, 453, 454; Ritchie: *Captain Kidd*, S. 235-37. Belege für Walpoles direkte Beteiligung finden sich in einer Schatzanweisung an Captain Knott, T52/32, 10. August 1722, P.R.O., und in *American Weekly Mercury*, 1.–8. Juli 1725. Anne Pérotin-Dumon: »The Pirate and the Emperor: Power and the Law on the Seas, 1450–1850«, in: James D. Tracy (Hg.): *The Political Economy of Merchant Empires*, Cambridge: Cambridge University Press 1991, S. 196-227; Janice E. Thomson: *Mercenaries, Pirates, and Sovereigns: State-Building and Extraterritorial Violence in Early Modern Europe*, Princeton, N.J.:Princeton University Press 1994.

63 W.E. May: »The Mutiny of the *Chesterfield*«, *Mariner's Mirror* 47, 1961, S. 178-87; Aimé Césaire: »Nursery Rhyme«, in: *The Collected Poetry of Aimé Césaire*, übersetzt von Clayton Eshleman und Annette Smith, Berkeley, Kalif.: University of California Press 1983, S. 265.

VI. Kapitel

1 Daniel Horsmanden: *A Journal of the Proceedings in the Detection of the Conspiracy formed by Some White People, in Conjunction with Negro and other Slaves, for Burning the City of New-York in America, and Murdering the Inhabitants*, New York 1744, herausgegeben und wiederveröffentlicht von Thomas J. Davis in: *The New York Slave Conspiracy*, Boston: Beacon Press 1971, S. 15, 16, 443, 448-49, 452.(Alle folgenden Verweise beziehen sich auf diese Ausgabe, im Folgenden zitiert als Horsmanden: *Journal*.)

2 Horsmanden: *Journal*, S. 15, 16, 155, 409, 446-47, 448; *Boston Gazette*, 15.-22. Juni 1741; Vizegouverneur Clarke an die Lords of Trade, 24. August 1741, in: E.B. O'Callaghan (Hg.): *Documents Relative to the Colonial History of the State of New York*, Albany: Weed, Parsons & Co. 1855, 4:201-3.

3 Horsmanden: *Journal*, S. 29. Siehe auch T.J. Davis: A Rumor of Revolt: The »Great Negro Plot« in Colonial New York, New York: The Free Press 1985, S. 78.

4 Horsmanden: *Journal*, S. 42, 112, 159, 160, 198, 246, 313, 418, 436, 458.

5 Ebd. S. 6, 10, 11, 12, 432, 441.

6 Anonymer Brief an Cadwallader Colden, 23. Juli 1741, in: Letters and Papers of Cadwallader Colden, 1715–1748, *Collections of the New-York Historical Society*, 1937, 8:270-72; Winthrop Jordan: *White over Black: American Attitudes toward the Negro, 1550–1812*, Chapel Hill, N.C.: University of North Carolina Press 1968, S. 116, 118, 119, 121; Edgar J. McManus: *A History of Negro Slavery in New York*, Syracuse, N.Y.: Syracuse University Press 1966, S. 13-139.

7 William Smith jr.: *The History of the Province of New York*, 1757, Wiederauflage Michael Kammen (Hg.), Cambridge, Mass.: Belknap Press of Harvard University Press 1972, 1:24-59; Ferenc M. Szasz: »The New York Slave Revolt of 1741: A Re-Examination«, *New York History 48*, 1967, S. 215-30; Leopold S. Launitz-

Schurer jr.: »Slave Resistance in Colonial New York: An Interpretation of Daniel Horsmanden's New York Conspiracy«, *Phylon 41*, 1980, S. 137-52.

8 T.J. Davis: *Rumor of Revolt*, S. xii, xiii, 44, 226, 250, 258, 260, 277.

9 Gary B. Nash: *The Urban Crucible: Social Change, Political Consciousness, and the Origins of the American Revolution*, Cambridge, Mass.: Harvard University Press 1979, Kap. 5; Jacob Price: »Economic Function of American Port Towns in the Eighteenth Century«, *Perspectives in American History* 8, 1974, S. 173; Horsmanden: Journal, S. 34, 204, 211, 217, 258, 288.

10 Horsmanden: *Journal*, S. 58, 59; George William Edwards: *New York as an Eighteenth-Century Municipality*, New York: Columbia University Press 1917, 2:109. Siehe auch Lawrence Leder: »›Dam'me Don't Stir a Man‹: The Trial of New York Mutineers in 1700«, *New-York Historical Society Quarterly* 42, 1958, S. 261-83.

11 Horsmanden: *Journal*, S. 322; 68, 93, 190, 194; 119, 271, 296, 302, 102; 33, 120, 413.

12 Samuel McKee: *Labor in Colonial New York, 1664–1776*, New York: Columbia University Press 1935, S. 65, 66; *New York Gazette*, 3.–10. Juli 1738; Vizegouverneur Clarke an die Lords of Trade, 2. Juni 1738, in: O'Callaghan (Hg.): *Documents*, S. 115.

13 Horsmanden: *Journal*, S. 77-78; 459; 277, 282.

14 *The Colonial Laws of New York, from the Year 1664 to the Revolution*, Albany: James B. Lyon 1894; S. 2, 679; Horsmanden: *Journal*, S. 229; 41, 44; 418. Zu Waffen siehe Colonial Laws, S. 2:687; 218, 174; 72, 132; 263, 231, 417, 418, 253, 417; 263; 417; 301; 217; 318-19; 257; 152, 169; 453.

15 *New York Gazette*, 31. Januar – 7. Februar 1738; Horsmanden: *Journal*, S. 66, 448, 323, 13.

16 Horsmanden: *Journal*, S. 419; 82; 81; 148, 174; 210; 81; 191, 196; 461; 59; 210; 143; 191; 81; 173, 268; 255.

17 Ebd. S. 239. Indem Hughson und andere diese Hauptorganisatoren als *headmen* bezeichneten, griffen sie die Hauptbedeutung dieses Begriffs um die Mitte des 18. Jahrhunderts auf: Ein *headman* war der Anführer einer ethnischen Gruppe; siehe *Oxford English Dictionary* unter dem Wort *headman*.

18 Horsmanden: *Journal*, S. 245, 193. Popo- oder Pawpawsklaven hatten eine bedeutende Rolle in der Sklavenrevolte von 1712 gespielt. Siehe Kenneth Scott: »The Slave Insurrection in New York in 1712«, *New-York Historical Society Quarterly* 45, 1961, S. 43-74. Für eine Beschreibung der afroamerikanischen Gemeinschaft von New York in ihrer Frühzeit siehe Joyce D. Goodfriend: *Before the Melting Pot: Society and Culture in Colonial New York City, 1664–1730*, Princeton, N.J.: Princeton University Press 1992, S. 111-32.

19 Horsmanden: *Journal*, S. 118, 120, 460, 461; Monica Schuler: »Akan Slave Rebellions in the British Caribbean«, *Savacou* 1, 1970, S. 15, 16, 23; und dies.: »Ethnic Slave Rebellions in the Caribbean and the Guianas«, *Journal of Social History* 3, 1970, S. 374-85; Ray A. Kea: *Settlements, Trade, and Polities in the Seventeenth-Century Gold Coast*, Baltimore: Johns Hopkins University Press 1982, S. 92-93, 131, 149; Kwame Yeboa Daaku: *Trade and Politics on the Gold Coast: A Study of the African Reaction to European Trade*, Oxford: Clarendon Press 1970, und J.K. Fynn:

Asante and its Neighbours, 1700-1807, London: Longman 1971; John Thornton: »African Dimensions of the Stono Rebellion«, *American Historical Review* 96, 1991, S. 101-13.

20 Horsmanden: *Journal*, S. 284, 297, 437; Z. Maurice Jackson: »Some Combination of Villains: The Unexplored Organizational Sources of the New York Conspiracy of 1741«, unveröffentlichte Arbeit, Georgetown University 1993; Orlando Patterson: »The Maroon War«, in: Richard Price (Hg.): *Maroon Societies: Rebel Slave Communities in the Americas*, Baltimore: Johns Hopkins University Press 1979, S. 262; *A Genuine Narrative of the Intended Conspiracy of the Negroes at Antigua*, Dublin 1737, S. 7; David Barry Gaspar: *Bondmen and Rebels: A Study of Master-Slave Relations in Antigua, with Implications for Colonial British America*, Baltimore: Johns Hopkins University Press 1985; Fynn: Asante, S. 58-60. Für Bemerkungen eines Zeitgenossen über Blitz und Donner und einige ihrer kulturellen Bedeutungen an der Goldküste siehe P.E.H. Hair, Adam Jones und Robin Law (Hg.): *Barbot on Guinea: The Writings of Jean Barbot on West Africa*, 1678-1712, London: The Hakluyt Society 1992, S. 2:398, 458, 579, 581, 589, 674.

21 Horsmanden: *Journal*, S. 59; Gouverneur Hunter an die Lords of Trade, 23. Juni 1712, in: O'Callaghan: *Documents*, 5:341-42. Siehe McManus: *History of Negro Slavery*, S. 122-26; Scott: »The Slave Insurrection«, S. 62-67, 57 (Zitat); David Humphreys: *An Historical Account of the Incorporated Society for the Propagation of the Gospel in Foreign Parts*, London 1730, S. 240-42.

22 Horsmanden: *Journal*, S. 106, 200, 204, 547, 549; Scott: »The Slave Insurrection«, S. 52, 54-56; *New York Weekly Journal*, 7. März 1737.

23 Horsmanden: *Journal*, S. 59, 80, 81, 106, 111, 118, 120, 163, 172, 182, 228.

24 Ebd. S. 277, 279, 281, 282, 285, 292, 293, 305, 341, 346-47, 460; Susan E. Klepp und Billy G. Smith (Hg.): *The Infortunate: The Voyages and Adventures of William Moraley, an Indentured Servant*, 1743, Wiederauflage University Park, Pennsylvania: Penn State University Press 1992, S. 94-96.

25 Audrey Lockhart: *Some Aspects of Emigration from Ireland to the North American Colonies between 1660 and 1775*, New York: Arno Press 1976, S. 17, 22, 23; David Noel Doyle: *Ireland, Irishmen, and Revolutionary America, 1760-1820*, Dublin und Cork: Mercier Press 1981, S. 62, 64; Kerby A. Miller: *Emigrants and Exiles: Ireland and the Irish Exodus to North America*, New York: Oxford University Press 1985, S. 142; *New English Courant*, 4.-11. Januar 1725 (Zitat).

26 Lockhart: *Some Aspects of Emigration*, S. 98, 102, 152.

27 Kenneth Coleman und Milton Ready (Hg.): *The Colonial Records of the State of Georgia*, Athens, Ga.: University of Georgia Press 1982, 20:365, 366; Edwards: *New York as an Eighteenth-Century Municipality*, S. 113; Lockhart: *Some Aspects of Emigration*, S. 90.

28 Miller: *Emigrants and Exiles*, S. 147; Reverend Aubrey Gwynn (Hg.): *Documents Relating to the Irish in the West Indies*, Analecta Hibernica 4, 1932, S. 281-82; Lockhart: *Some Aspects of Emigration*, S. 130.

29 Horsmanden: *Journal*, S. 28, 93, 182, 319.

30 Ebd., S. 81, 117, 167, 179.

31 Ebd., S. 81, 147, 179; siehe auch S. 181, 197, 199.

32 Ebd., S. 28, 151, 180; siehe auch S. 173, 181, 182. Zum Einsatz von Feuerbällen in der Karibik in früheren Jahren siehe zum Beispiel Alexander O. Exquemelin: *The Buccaneers of America*, 1678, Wiederauflage Robert C. Ritchie (Hg.), Annapolis, Maryland: Naval Institute Press 1993, S. 178, 180.

33 Horsmanden: *Journal*, S. 350-51, 370. Für Verweise auf die papistische Verschwörung siehe S. 341, 350, 387, 413, 420, 431-32. Ein Auszug aus Oglethorpes Brief findet sich außerdem in O'Callaghan: *Documents*, 6:198-99.

34 Es gibt eine enorme Menge an geschichtlicher Literatur über die »Große Erweckung«. Siehe Nash: *The Urban Crucible*, S. 206, 211, 216, 219; Charles Hartshorn Maxson: *The Great Awakening in the Middle Colonies*, Chicago: University of Chicago Press 1920; Frank Lambert: *»Pedlar in Divinity«: George Whitefield and the Transatlantic Revivals*, Princeton, N.J.: Princeton University Press 1994. Der Sklave James Albert Ukawsaw Gronniosaw schrieb einige Jahre später: »Ich kannte Mr. Whitefield sehr gut. – Ich hatte ihn in New York predigen gehört.« *Siehe seinen Bericht A Narrative of the Most Remarkable Particulars in the Life of James Albert Ukawsaw Gronniosaw, an African Prince, Written by Himself*, Newport, Rhode Island 1774.

35 J. Richard Olivas: »Great Awakenings: Time, Space, and the Varieties of Religious Revivalism in Massachusetts and Northern New England, 1740–1748«, Doktorarbeit, University of California, Los Angeles 1997; Nash: *The Urban Crucible*, S. 208, 210, 482; Charles Chauncey: *Seasonable Thoughts on the State of Religion*, Boston 1742, S. iii-xxx; Carl Bridenbaugh (Hg.): *Gentleman's Progress: The Itinerarium of Dr. Alexander Hamilton*, 1744, Chapel Hill, N.C.: University of North Carolina Press 1948, S. 33.

36 Horsmanden: *Journal*, S. 105, 158, 203, 267, 300, 386. Die religiöse Unterweisung von Sklaven war in New York seit langem umstritten: Sklavenbesitzer fürchteten die Versammlungen und Botschaften der Quäker und Baptisten und selbst die der konservativen »Society for the Propagation of the Gospel in Foreign Parts« der Church of England. Der Katechet der Gesellschaft, ein ehemaliger Seemann und Galeerensklave namens Elias Neau, war für die Sklavenrevolte von 1712 verantwortlich gemacht worden. Siehe McManus: *History of Negro Slavery*, S. 70, 73, 75; Humphreys: An Historical Account, S. 235-43; Nash: The Urban Crucible, S. 211.

37 George Whitefield: »Letter to the Inhabitants of Maryland, Virginia, North and South Carolina«, in: *Three Letters from the Reverend G. Whitefield*, Philadelphia 1740. Siehe auch Kenneth P. Minkema: »Jonathan Edwards on Slavery and the Slave Trade«, *William and Mary Quarterly*, 3. Serie, 54, 1997, S. 823-34.

38 South Carolina Gazette, 10.–17. und 17.–24. April 1742, zitiert nach Alan Gallay: »The Great Sellout: George Whitefield on Slavery«, in: Winfred B. Moore und Joseph F. Tripp (Hg.): *Looking South: Chapters in the Story of an American Region*, New York: Greenwood Press 1989, S. 24; Alexander Garden: Regeneration, and the testimony of the Spirit, Charleston 1740; *George Whitefield's Journals*, Guildford: Banner of Truth Trust 1960, S. 442; William Smith: *A Natural History of Nevis and the rest of the English Charibee Islands* [...], Cambridge 1745, S. 230.

39 Horsmanden: *Journal*, S. 360; Daniel Horsmanden an George Clarke, 20. Mai 1746, in: Minutes of the Council in Assembly, Kirchenbuchabschrift, New-York Historical Society, Fol. 24-25. William D. Piersen hat treffend geschrieben: »Mit-

unter schien es den Konservativen, als ob die schlimmsten Befürchtungen des [Reverend H.A.] Brockwell und des [Reverend Charles] Chauncey sich bewahrheitet hätten und die alte antinomische Ketzerei zurückgekehrt sei, diesmal in ein schwarzes Licht getaucht, in dem Sklavinnen und Sklaven im Stand der Gnade sich über das Gesetz ihrer Herren erhaben wähnten.« Siehe Piersen: Black Yankees: *The Development of an Afro-American Subculture in Eighteenth-Century New England*, Amherst, Mass.: Universtity of Massachusetts Press 1988, S. 71.

40 Ursprünglich veröffentlicht in *Weekly Miscellany*, 27. Juni 1741, und wiederveröffentlicht in *New Weekly Miscellany*, 15. August 1741, und *Scots Magazine*, August 1741, S. 367-68. Whitefield selbst machte sich Sorgen, dass seine Predigten Aufruhr geschürt haben könnten. In seinem anonym veröffentlichten *Letter to the Negroes Lately Converted to Christ in America*, London 1743, ließ er die Sklaven wissen, es sei besser zu sterben als seinem Herrn den Gehorsam zu verweigern. In späteren Jahren besaß er selbst Sklaven, setzte sich für die Legalisierung der Sklaverei in Georgia ein und schloss auf diese Weise Frieden mit dem Teufel. Siehe Gallay: »The Great Sellout«, in: Moore und Tripp (Hg.): *Looking South*, S. 24-27, und Stephen J. Stein: »George Whitefield and Slavery: Some New Evidence«, *Church History* 42, 1973, S. 243-56.

41 Peter H. Wood schrieb mit Bezug auf die Geschichtsschreibung der Sklaverei: »Es gibt bisher keine gelungenen Längsschnittstudien, in denen Perioden intensiven Widerstands der Sklaven in der gesamten atlantischen Welt – wie z. B. die der späten 1730er oder der frühen 1790er – analysiert werden.« Siehe Wood: »›I Did the Best I Could for My Day‹: The Study of Early Black History during the Second Reconstruction, 1960 to 1976«, *William and Mary Quarterly*, 3. Serie, 35, 1978, S. 185-225. Seitdem sind zwei ausgezeichnete Studien zu dem Thema erschienen: David Barry Gaspar: »A Dangerous Spirit of Liberty: Slave Rebellion in the West Indies during the 1730s«, *Cimarrons* 1, 1981, S. 79-91, und Julius Sherrard Scott III: »The Common Wind: Currents of Afro-American Communication in the Era of the Haitian Revolution«, Doktorarbeit, Duke University 1986.

42 Herbert Aptheker: *American Negro Slave Revolts*, New York, International Publishers 1943, 1974, S. 80, 189, 191, 191-92; *American Weekly Mercury*, 26. Februar – 5. März 1734; Peter H. Wood: *Black Majority: Negroes in Colonial South Carolina from 1670 through the Stono Rebellion*, New York: W.W. Norton 1974, S. 308-26; »A Ranger's Report of Travels with General Oglethorpe, 1739-1742«, in: Newton Mereness (Hg.): *Travels in the American Colonies*, New York: MacMillan 1916, S. 223.

43 Charles Leslie: *A New and Exact Account of Jamaica*, Edinburgh 1739, S. 80; Mavis Campbell: *The Maroons of Jamaica, 1655–1976: A History of Resistance, Collaboration, and Betrayal*, South Hadley, Mass.: Bergin and Garvey 1988, S. 6, 59-61, 76.

44 Michael Craton: *Testing the Chains: Slave Resistance in the British West Indies*, Ithaca, N.Y.: Cornell University Press 1983. Craton zitiert aus den Parlamentsprotokollen, Jamaika, 3:98, 100. Siehe auch Campbell: *Maroons of Jamaica*, S. 151.

45 Craton: *Testing the Chains*, S. 90; Campbell: *Maroons of Jamaica*, S. 151.

46 Richard Price (Hg.): *To Slay the Hydra: Dutch Colonial Perspectives on the Saramaka Wars*, Ann Arbor, Mich.: Karoma 1983, S. 15; Cornelius Ch. Goslinga: The Dutch in the Caribbean and the Guianas, 1680–1791, Assen/Maastricht, Niederlande: Van Gorcum 1985, S. 541, 554, 676.

47 Coleman und Ready (Hg.): *Colonial Records of the State of Georgia*, Band 20, Zitate auf den Seiten 365, 271, 366, 241, 246, 272, 284, 285, 270-71, 246; James Oglethorpe an George Clarke, 22. April 1743, Kirchenbuchabschrift, Fol. 20; Miller: *Emigrants and Exiles*, S. 146-47. Für weitere Beispiele irischen Widerstands siehe *A Genuine Narrative of the Intended Conspiracy of the Negroes at Antigua*, S. 15; *Boston News-Letter*, 24. Mai 1739; Aptheker: *American Negro Slave Revolts*, S. 187; Doyle: *Ireland, Irishmen, and Revolutionary America, S. 49; Boston Evening-Post, 7.* Januar 1745; Philip D. Morgan und George D. Terry: »Slavery in Microcosm: A Conspiracy Scare in Colonial South Carolina«, *Southern Studies* 21, 1982, S. 121-45. Zu Priber siehe Verner W. Crane: »A Lost Utopia of the First American Frontier«, *Sewanee Review* 27, 1919, S. 48-60, und zwei Artikel von Knox Mellon jr.: »Christian Priber and the Jesuit Myth«, *South Carolina Historical Magazine* 61, 1960, S. 75-81, und »Christian Priber's ›Kingdom of Paradise‹«, *Georgia Historical Quarterly* 57, 1973, S. 310-31.

48 Gwin, Bastian und Jonneau gehörten dem Bäcker John Vaarck, Tom dem Bäcker Divertie Bradt, Pablo dem Brauer Frederick Becker und Primus dem Schnapsbrenner James Debrosses. Vor Gericht wurde darauf hingewiesen, es liege »in der Natur der Arbeit eines Bäckers Knechte [...] stets über Feuer zu verfügen«. Siehe Horsmanden: *Journal*, S. 390. Zu Brandstiftung im kolonialen Neuengland siehe Lawrence W. Towner: »A Good Master Well Served: A Social History of Servitude in Massachusetts, 1620–1750«, Doktorarbeit, Northwestern University 1955, S. 279.

49 Gaspar: »A Dangerous Spirit of Liberty«, S. 87; American Weekly Mercury, 19.–26. Mai und 23.–30. Juni 1737; New England Weekly Journal, 10. Oktober 1738.

50 South Carolina Gazette, 11.–18. August 1739; Boston News-Letter, 20. November 1740; *American Weekly Mercury*, 22.–29. Januar 1741; *London Evening Post*, 10. Januar 1741; *Boston Gazette*, 29. Juni – 6. Juli 1741; *Boston News-Letter*, 7.–14. Mai 1741; *American Weekly Mercury*, 10.–17. September 1741; *Boston News-Letter*, 1. Oktober 1741; Morgan und Terry: »Slavery in Microcosm«, S. 122.

51 *South Carolina Gazette*, 1.–7. Januar 1741, zitiert nach Gallay: »The Great Sellout«, in: Moore und Tripp (Hg.): *Looking South* 23 (man kam schließlich zu dem Schluss, dass das Feuer in Charleston nicht von Sklaven gelegt worden war); J.H. Easterby, R. Nicholas Oldsberg und Terry W. Lipscomb (Hg.): *The Colonial Laws of South Carolina: The Journal of the Commons House of Assembly*, Columbia, S.C., 1951, 3:461-62, zitiert in Gallay: »The Great Sellout«, S. 24.

52 Horsmanden: *Journal*, S. 387. Zu dem Komplott gegen die Stadt am Jahrestag des Brandanschlags auf Fort George siehe das Sitzungsprotokoll des Parlaments vom 18. März 1742, Kirchenbuchabschrift, Ordner 162, Fol. 171.

53 Bridenbaugh: *Gentleman's Progress*, S. 41, 44, 46 (Zitat), 48, 221.

54 William I. Davisson und Lawrence J. Bradley: »New York Maritime Trade: Ship Voyage Patterns, 1715–1765«, *New-York Historical Society Quarterly* 35, 1971, S. 309-17; Colden wird zitiert in Michael Kammen: *Colonial New York: A History*, New York: Charles Scribner's Sons 1975, S. 169. Siehe auch Goslinga: *The Dutch in the Caribbean*, S. 220.

55 James G. Lydon: »New York and the Slave Trade, 1700–1774«, *William and Mary Quarterly*, 3. Serie, 35, 1978, S. 375-94; Ira Berlin: »Time, Space, and the Evolution of Afro-American Society on British Mainland North America«, *American Historical Review* 85, 1980, S. 49, 50; McManus: History of Negro Slavery, S. 27.

56 Gaspar: *Bondmen and Rebels*, S. 35-37.

57 Lydon: »New York and the Slave Trade«, S. 35; McManus: *History of Negro Slavery*, S. 35; Gouverneur Rip van Dam an die Lords of Trade, 2. November 1731, in: O'Callaghan: *Documents*, 5:927-28; Gouverneur William Cosby an das New Yorker Parlament, April 1734, Kirchenbuchabschrift, Fol. 30-31. Siehe auch zwei Artikel von Darold D. Wax: »Negro Resistance to the Early American Slave Trade«, *Journal of Negro History* 61, 1966, S. 13-14, und »Preferences for Slaves in Colonial America«, *Journal of Negro History* 58, 1973, S. 374-89. Die Beschwerden waren zum Teil scheinheilig: Die New Yorker Kaufleute schickten Sklaven von »ausgeprägter Widerspenstigkeit« zum »Verkauf in die südlichen Kolonien«. Siehe McKee: *Labor in Colonial New York*, S. 123.

58 McManus: *History of Negro Slavery*, S. 35; Lydon: »New York and the Slave Trade«, S. 385; James A. Rawley: *The Transatlantic Slave Trade: A History*, New York: W.W. Norton 1981, S. 334.

59 Horsmanden: *Journal*, S. 9-10, 107; Pennsylvania Gazette, 26. Februar 1745.

60 Horsmanden: *Journal*, S. 212; Ray A. Kea: »›When I die, I shall return to my own land‹: An ›Amina‹ Slave Rebellion in the Danish West Indies, 1733–1734,«, in: John Hunwick und Nancy Lawler (Hg.): *The Cloth of Many Colored Silks: Papers on History and Society Ghanaian and Islamic in Honor of Ivor Wilks*, Evanston, Ill.: Northwestern University Press 1996, S. 159-93.

61 Horsmanden: *Journal*, S. 267.

62 Ebd., S. 54, 59-60, 70, 118, 249, 259, 283, 319, 419; Clarke an die Lords of Trade, 20. Juni 1741, in: O'Callaghan: *Documents*, 6:197.

63 *New York Weekly Journal*, 23. Juni 1741; Horsmanden: *Journal*, S. 271, 269, 266, 224, 210-11, 290; 61, 98, 166, 282, 297, 440.

64 Jane Landers: »Gracia Real de Santa Teresa de Mose: A Free Black Town in Spanish Colonial Florida«, *American Historical Review* 95, 1990, S. 9-30; ders.: »Spanish Sanctuary: Fugitives in Florida, 1687–1790«, *Florida Historical Quarterly* 62, 1984, S. 296-313; John J. TePaske: »The Fugitive Slave: Intercolonial Rivalry and Spanish Slave Policy, 1678–1764«, in: Samuel Proctor (Hg.): *Eighteenth-Century Florida and Its Borderlands*, Gainesville, Fla.: The University Press of Florida 1975, S. 1-12.

65 Güemes an Montiano, 2. Juni 1742 und (für weitere Beweise für den Plan der spanischen Behörden, sich nordamerikanischer Sklaven zu bedienen) Montiano an José de Campillo, 12. März 1742, beide in: *Collections of the Georgia Historical Society* 7, 1913, S. 33-34, 26. (Dies sind Übersetzungen von Originaldokumenten, die sich in den Generalarchiven der Westindischen Inseln in Sevilla befinden.) Siehe auch Larry E. Ivers: *British Drums on the Southern Frontier: The Military Colonization of Georgia, 1733–1749*, Chapel Hill, N.C.: University of North Carolina Press 1974, S. 151, 242.

66 Zur Wahl des Zeitpunktes für den Aufstand – Anfang Mai – siehe Boston News-Letter, 7.–14. Mai 1741, und *American Weekly Mercury*, 7. Mai 1741; Horsmanden:

Journal, S. 111. Zu Quacks Groll siehe T.J. Davis: *A Rumor of Revolt*, S. 90, 148; zu spanischen Freibeutern siehe *Daily Gazette*, 7. Juli 1741, und Carl E. Swanson: *Predators and Prizes: American Privateering and Imperial Warfare*, 1739–1748, Columbia, S.C., University of South Carolina Press 1991, S. 144, 148. Das New Yorker Parlament reagierte auf die Bedrohung durch Freibeuter mit der Gewährung eines Sonderzuschusses von vierhundert Pfund zur Verteidigung der Stadt.

67 Horsmanden: *Journal*, S. 82, 411.

68 Ebd. S. 389, 411-12. Die Behörden kontrollierten außerdem den Zugang zu den Brunnen der Stadt, an denen Wasserträgerinnen Pläne und Neuigkeiten über den Aufstand ausgetauscht hatten.

69 Lydon: »New York and the Slave Trade«, S. 378, 388. Für die Schilderung einer ähnlichen Reaktion seitens der Sklavenhändler und -besitzer von South Carolina siehe Darold D. Wax: »›The Great Risque We Run‹: The Aftermath of Slave Rebellion at Stono, South Carolina, 1739–1745«, *Journal of Negro History* 67, 1982, S. 136-47.

70 »Petition of Sundry Coopers of New York touching Negroes in the Trade«, 1743, Kirchenbuchabschrift, Ordner 156, Fol. 1; Horsmanden: Journal, S. 19, 16; 309; 49; 311. Es ist wichtig, sich in Erinnerung zu rufen, dass »weiß« als kulturelle Definition ein verhältnismäßig neues Phänomen war, das auf dem nordamerikanischen Kontinent erst 1680 (in Virginia) das erste Mal offiziell auf der Bildfläche erschienen war. Die Dichotomie zwischen Weiß und Schwarz trat allmählich an die Stelle der älteren Dichotomien kultureller Verschiedenartigkeit wie englisch/afrikanisch, christlich/heidnisch (oder ungläubig) und zivilisiert/wild. Siehe Jordan: *White over Black*, S. 95.

71 Horsmanden: *Journal*, S. 346; 284; 81; 101; 282; 54; 311; 309.

72 Ebd. S. 12, 82, 137, 383, 419, 431. Der langfristige Erfolg des Unterrichts in »Weißheit« lässt sich an der Publikationsgeschichte der juristischen Dokumente ablesen, die im Zusammenhang mit dem Prozess entstanden. Die erste Auflage von Horsmandens Sammlung trug, wie weiter oben erwähnt, den Titel *A Journal of the Proceedings in the Detection of the Conspiracy formed by Some White People, in Conjunction with Negro and other Slaves, for Burning the City of New-York in America, and Murdering the Inhabitants*. Das Buch, dessen Erstausgabe 1744 in New York erschien und das 1747 in London wiederaufgelegt wurde, machte mittels seines Titels »einige weiße Leute« zu zentralen Akteuren der Verschwörung und verzichtete darüber hinaus darauf, die Begriffe »Neger« und »Sklave« als Synonyme zu gebrauchen, denn es waren auch andere Sklaven (Natives, um genau zu sein) an der Verschwörung beteiligt. Die nächste Ausgabe erschien 1810 und trug den Titel *The New-York Conspiracy, or a History of the Negro Plot, with the Journal of the Proceedings against the Conspirators at New-York in the Years1741–2*. Später im 19. Jahrhundert wurde das Ereignis schlicht als »die große Negerverschwörung« bezeichnet, ein Name, der die an der Verschwörung beteiligten Menschen europäischer (oder indigener) Herkunft unsichtbar machte.

73 Horsmanden: *Journal*, S. 273, 11, 276.

VII. Kapitel

1 Henry Laurens an J.B., Esq., 26. Oktober 1765, Laurens an John Lewis Gervais, 29. Januar 1766, und Laurens an James Grant, 31. Januar 1766, alle in: George C. Rogers jr., David R. Chesnutt und Peggy J. Clark (Hg.): *The Papers of Henry Laurens*, Columbia, S.C.: University of South Carolina Press, 1968. S. 5:38-40, 53f., 60; Bull zitiert in Pauline Maier: »The Charleston Mob and the Evolution of Popular Politics in Revolutionary South Carolina, 1765–1784«, *Perspectives in American History* 4, 1970, S 176.

2 Jesse Lemisch: »Jack Tar in the Streets: Merchant Seamen in the Politics of Revolutionary America«, *William and Mary Quarterly* (im Folgenden zitiert als *WMQ*), 3. Serie, 25, 1968, S. 371-407; Marcus Rediker: *Between the Devil and the Deep Blue Sea: Merchant Seamen, Pirates, and the Anglo-American Maritime World, 1700–1750*, Cambridge: Cambridge University Press 1987, Kap. 5.

3 Dora Mae Clark: »The Impressment of Seamen in the American Colonies«, *Essays in Colonial History Presented to Charles McLean Andrews by His Students*, New Haven, Conn., Yale University Press 1931, S. 217; Richard Pares: »The Manning of the Navy in the West Indies, 1702–1763«, *Royal Historical Society Transactions* 20, 1937, S. 48f.; Daniel Baugh: *British Naval Administration in the Age of Walpole*, Princeton, N.J.: Princeton University Press 1965, S. 162.

4 Peter Warren an den Herzog von Newcastle, 18. Juni 1745, in: Julian Gwyn (Hg.): *The Royal Navy and North America: The Warren Papers, 1736–1752*, London: Navy Records Society 1973, S. 126.

5 Charles Knowles an ?, 15. Oktober 1744, *Admiralty Papers* (im Folgenden ADM) 1/2007, Fol. 135, Public Record Office London; »The Memorial of Captain Charles Knowles«, 1743, ADM 1/2006; Peter Warren an Thomas Corbett, 2. Juni 1746, in: Gwyn (Hg.): *The Warren Papers*, S. 262.

6 Thomas Hutchinson: *The History of the Colony and Province of Massachusetts Bay*, Lawrence Shaw Mayo (Hg.), Cambridge, Mass.: Harvard University Press 1936, 1970, S. 2:330-31; William Shirley an die Lords of Trade, 1. Dezember 1747, Shirley an den Herzog von Newcastle, 31. Dezember 1747, Shirley an Josiah Willard, 19. November 1747, alle in: Charles Henry Lincoln (Hg.): *Correspondence of William Shirley, Governor of Massachusetts and Military Commander of America, 1731–1760*, New York: MacMillan, 1912, S. 1:415, 416, 417, 418, 421, 422; John Lax und William Pencak: »The Knowles Riot and the Crisis of the 1740s in Massachusetts«, *Perspectives in American History* 19, 1976, S. 182, 186 (Hervorhebung des Knowles-Zitates durch die Autoren), 205, 214; Douglass Adair und John A. Schutz (Hg.): *Peter Oliver's Origin and Progress of the American Rebellion: A Tory View*, Palo Alto, Kalif.: Stanford University Press 1961, S. 41, 39; William Roughead (Hg.): *Trial of Captain Porteous*, Toronto: Canada Law Book Co. 1909, S. 103.

7 Lax und Pencak: »The Knowles Riot«, S. 199; John C. Miller: *Sam Adams: Pioneer in Propaganda*, Palo Alto, Kalif.: Stanford University Press 1936, S. 15f.

8 *Independent Advertiser*, 4. Januar 1748; Shirley an die Lords of Trade, 1. Dezember 1747, in: *Correspondence of William Shirley, 1:412*; Beschluss der Stadtversammlung von Boston, 20. November 1747, und Beschluss des Repräsentantenhau-

ses von Massachusetts, 19. November 1747, beide in: *Boston Weekly Post-Boy*, 21. Dezember 1747; Hutchinson: *History of Massachusetts Bay*, 2:332; William Douglass: *A Summary, Historical and Political, of the First Planting, Progressive Improvements, and Present State of the British Settlements in North America*, Boston 1749, S. 254f.; *Independent Advertiser*, 28. August 1749; Amicus Patriae: *An Address to the Inhabitants of the Province of Massachusetts-Bay in New-England; More Especially, To the Inhabitants of New England; Occasioned by the late Illegal and Unwarrantable Attack upon their Liberties*, Boston 1747, S. 4.

9 *Independent Advertiser*, 8. Februar 1748; 6. März 1749; 18. April 1748; 25. Januar 1748; 14. März 1748; 11. Januar 1748.

10 Jonathan Mayhew: *A Discourse Concerning Unlimited Submissions* (Boston 1750), wiederaufgelegt in Bernard Bailyn (Hg.): *Pamphlets of the American Revolution: 1750–1776*, 1. Band, *1750–1765*, Cambridge, Mass.: Belknap Press of Harvard University Press 1965, S. 213-247; Charles W. Akers: *Called unto Liberty: A Life of Jonathan Mayhew, 1720–1766*, Cambridge, Mass.: Harvard University Press 1964, S. 53, 67, 84.

11 Lord Colvill an Philip Stephens, 9. September 1664 und 30. November 1664, ADM 1/482, Fol. 386, 417-419; Neil R. Stout: »Manning the Royal Navy in North America, 1763–1775«, *American Neptune* 23, 1963, S. 175.

12 Konteradmiral Colvill an Mr. Stephens, 26. Juli 1764, in: John Russell Bartlett (Hg.): *Records of the Colony of Rhode Island and Providence Plantations in New England*, Providence: Knowles, Anthony & Co. 1861, 6:428-29; Thomas Hill: »Remarks on board His Maj[esty]'s Schooner St. John in Newport Harbour Rhode Island«, ADM 1:482, Fol. 377. Siehe auch *Newport Mercury*, 23. Juli 1764; Colvill an Stephens, 12. Januar 1765, ADM 1/482, Fol. 432.

13 Gouverneur Samuel Ward an Kapitän Charles Antrobus, 12. Juli 1765, in: Bartlett (Hg.): *Records of the Colony of Rhode Island*, 6:447; Lords of Admiralty an Mr. Secretary Conway, 20. März 1766, in: Joseph Redington (Hg.): *Calendar of Home Office Papers of the Reign of George III, 1766–1768*, London 1879, 2:26; Hutchinson: *History of Massachusetts Bay*, 3:138; Donna J. Spindel: »Law and Disorder: The North Carolina Stamp Act Crisis«, *North Carolina Historical Review* 57, 1980, S. 10f.; *Pennsylvania Journal*, 26. Dezember 1765; Adair und Schutz (Hg.): *Peter Oliver's Origin*, S. 69; Lemisch: »Jack Tar in the Streets«, S. 392; David S. Lovejoy: *Rhode Island Politics and the American Revolution, 1760–1776*, Providence: Brown University Press 1958, S. 157; Paul A. Gilje: *The Road to Mobocracy: Popular Disorder in New York City, 1763–1834*, Chapel Hill, North Carolina: University of North Carolina Press 1987, S. 63.

14 Aus dem englischen Begriff »to strike sail« (die Segel streichen, d. h. einholen) leiten sich die allgemeinere Bedeutung des Wortes »strike« im Sinne von Arbeitsniederlegung und schließlich das deutsche Wort »Streik« ab. A.d.Ü.

15 Siehe *Oxford English Dictionary* unter dem Wort »strike«; C.R. Dobson: *Masters and Journeymen: A Prehistory of Industrial Relations, 1717–1800*, London: Croom Helm 1980, S. 154-70; Oliver M. Dickerson: *The Navigation Acts and the American Revolution*, Philadelphia: University of Pennsylvania Press 1951, S. 218f.

16 J. Cunningham: *An Essay on Trade and Commerce*, London 1770, S. 52, 58. Zu Wilkes siehe Pauline Maier: *From Resistance to Revolution: Colonial Radicals and the Development of American Opposition to Britain, 1765–1776*, New York: Vintage Books 1972, S. 162-69; George Rudé: *Wilkes and Liberty: A Social Study of 1763–1774*, Oxford: Clarendon Press 1962.

17 Nauticus: *The Rights of the Sailors Vindicated, In Answer to a Letter of Junius, on the 5th of October, wherein he asserts the Necessity and Legality of pressing men into the Service of the Navy*, London 1772; William Ander Smith: »Anglo-Colonial Society and the Mob, 1740–1775«, Doktorarbeit, Claremont Graduate School and University Center 1965, S. 108; Nicholas Rogers: »Liberty Road: Opposition to Impressment in Britain during the War of American Independence«, in: Colin Howell und Richard Twomey (Hg.): *Jack Tar in History: Essays in the History of Maritime Life and Labour*, Fredericton, New Brunswick: Acadiensis Press 1991, S. 53-75.

18 Prince Hoare: *Memories of Granville Sharp*, 1820; Edward Lascelles: *Granville Sharp and the Freedom of Slaves in England*, London: Oxford University Press 1928; John Fielding: *Penal Laws*, London 1768.

19 R. Barrie Rose: »A Liverpool Sailors' Strike in the Eighteenth Century«, *Transactions of the Lancashire and Cheshire Antiquarian Society* 68, 1958, S. 85, 89, 85-92; »Extract of a Letter from Liverpool, 1. September 1775«, *The Morning Chronicle and London Advertiser*, 5. September 1775, wiederaufgelegt in Richard Brooke: *Liverpool as it was during the Last Quarter of the Eighteenth century, 1775–1800*, Liverpool 1853, S. 332.

20 *A Letter to the Right Honourable The Earl of T--e: or, the Case of J--- W---s, Esquire*, London 1768, S. 22, 39; Maier: *From Resistance to Revolution*, S. 161; Adair und Schutz (Hg.): *Peter Oliver's Origin*, S. 56; *The Trial at Large of James Hill [...], Commonly known by the Name of John the Painter [...]*, 2. Aufl., London 1777.

21 Edward Long: *The History of Jamaica, or General Survey of the Antient and Modern State of that Island; Reflections on its Situation, Settlements, Inhabitants, Climate, Products, Commerce, Laws, and Government*, London 1774, 2:462; Mervyn Alleyne: *Roots of Jamaican Culture*, London: Pluto 1988, Kap. 4.

22 Douglas Hall (Hg.): *In Miserable Slavery: Thomas Thistlewood in Jamaica, 1750–1786*, London: Macmillan 1989, S. 106; Michael Craton: *Testing the Chains: Resistance to Slavery in the British West Indies*, Ithaca, N.Y.: Cornell University Press 1982, S. 125-39.

23 Long: *History of Jamaica*, 2:460; Hall (Hg.): *In Miserable Slavery*, S. 98. Es sollte angemerkt werden, dass Seeleute der Royal Navy anscheinend in einigen Gegenden an der Niederschlagung des Aufstandes beteiligt waren. Siehe Craton: *Testing the Chains*, S. 136, 132f.

24 Philmore: *Two Dialogues on the Man-Trade*, London 1760, S. 9, 7, 8, 10, 14; David Brion Davis: *The Problem of Slavery in the Age of Revolution, 1770–1823*, Ithaca, N.Y.: Cornell University Press 1975, und ders.: »New Sidelights on Early Antislavery Radicalism«, *WMQ*, 3. Serie, 28, 1971, S. 585-94.

25 Philmore: *Two Dialogues*, S. 45, 51, 54; Anthony Benezet: *A Short Account of that Part of Africa Inhabited by the Negroes [...]*, Philadelphia 1762; ders.: *Some Historical Account of Guinea*, Philadelphia 1771; D. Davis: *Problem of Slavery*, S. 332.

26 James Otis: *The Rights of the British Colonies Asserted and Proved*, Boston 1764, wiederveröffentlicht in: Bailyn (Hg.): *Pamphlets of the American Revolution*, 1:419-82; *Boston News-Letter*, 19. Juni, 10. Juli, 18. September und 30. Oktober 1760, 2. Februar 1761.

27 Charles Francis Adams (Hg.): *The Works of John Adams*, Boston: Little, Brown 1856, 10:247, 272, 314-16; Adair und Schutz (Hg.): *Peter Oliver's Origin*, S. 35.

28 Craton: *Testing the Chains*, S. 138ff.; O. Nigel Bolland: *The Formation of a Colonial Society: Belize, from Conquest to Crown Colony*, Baltimore: John Hopkins University Press 1977, S. 73.

29 Siehe Peter Wood: »›Taking Care of Business‹ in Revolutionary South Carolina: Republicanism and the Slave Society«, in: Jeffrey J. Crow und Larry E. Tise (Hg.): *The Southern Experience in the American Revolution*, Chapel Hill, N.C.: University of North Carolina Press 1978, S. 276, und ders.: »The Dream Deferred: Black Freedom Struggles on the Eve of White Independence«, in: Gary Y. Okihiro (Hg.): *In Resistance: Studies in African, Caribbean, and Afro-American History*, Amherst, Mass.: University of Massachusetts Press 1986, S. 170, 172f., 174f.; Jeffrey J. Crow: »Slave Rebelliousness and Social Conflict in North Carolina, 1775 to 1802«, *WMQ*, 3. Serie, 37, 1980, S. 85f., Herbert Aptheker: *American Negro Slave Revolts*, New York: International Publishers 1943, 1974, S. 87, 200ff.; Benjamin Quarles: *The Negro in the American Revolution*, Chapel Hill, N.C.: University of North Carolina Press 1961, S. 14.

30 Sylvia R. Frey: *Water from the Rock: Black Resistance in a Revolutionary Age*, Princeton, N.J.: Princeton University Press 1991, S. 38, 61f., 202.

31 Gary B. Nash: *Forging Freedom: The Formation of Philadelphia's Black Community, 1720–1840*, Cambridge, Mass.: Harvard University Press 1988, S. 72; Quarles: *Negro in the American Revolution*, S. 84; Lemisch: »Jack Tar in the Streets«, S. 375; Shane White: »›We Dwell in Safety and Pursue Our Honest Callings‹: Free Blacks in New York City, 1783–1810«, *Journal of American History* 75, 1988, S. 453f.; Ira Dye: »Early American Merchant Seafarers«, *Proceedings of the American Philosophical Society* 120, 1976, S. 358; Philip D. Morgan: »Black Life in Eighteenth-Century Charleston«, *Perspectives in American History*, neue Serie, 1, 1984, S. 200; Wood: »›Taking Care of Business‹«, in: Crow und Tise (Hg.): *The Southern Experience*, S. 276; Crow: »Slave Rebelliousness«, S. 85; Henry Laurens an John Laurens, 18. Juni und 23. Juni 1775, in: *Papers of Laurens*, 10:184, 191.

32 F. Nwabueze Okoye: »Chattel Slavery as the Nightmare of the American Revolutionaries«, *WMQ*, 3. Serie, 37, 1980, S. 12; Anthony Benezet an Granville Sharp, 29. März 1773, in: Roger Bruns (Hg.); *Am I Not a Man and a Brother: The Antislavery Crusade of Revolutionary America, 1688–1788*, New York: Chelsea House Publishers 1977, S. 263.

33 John M. Bumsted und Charles E. Clark: »New England's Tom Paine: John Allen and the Spirit of Liberty«, *WMQ*, 3. Serie, 21, 1964, S. 570; Bruns (Hg.): *Am I Not a Man and a Brother*, S. 257-62; Thomas Paine: »African Slavery in America«, 1775, in: Philip S. Foner: *The Collected Writings of Thomas Paine*, New York: The Citadel Press 1945, S. 17, 19; Wood: »The Dream Deferred«, S. 168, 181.

34 Sharon Salinger: *»To Serve Well and Faithfully: Indentured Servitude in Pennsylvania, 1682–1800*, Cambridge: Cambridge University Press 1986, S. 101f.; Morgan: »Black Life«, S. 206f., 219.

35 Arthur Meier Schlesinger: »Political Mobs and the American Revolution, 1765–1776, *Proceedings of the American Philosophical Society* 99, 1955, S. 244-50; Lemisch: »Jack Tar in the Streets«; Pauline Maier: »Popular Uprisings and Civil Authority in Eighteenth-Century America«, *WMQ*, 3. Serie, 27, 1970, S. 3-35; Dirk Hoerder: *Crowd Action in Revolutionary Massachusetts, 1765–1780*, New York: Academic Press 1977.

36 Hutchinson: *History of Massachusetts Bay*, 2:332; Carl Bridenbaugh: *Cities in Revolt: Urban Life in America, 1743–1776*, New York: Capricorn Books 1955, S. 309; Jeremiah Morgan an Francis Fauquier, 11. September 1767, ADM 1/2116; Miller: *Sam Adams*, S. 142; Lemisch: »Jack Tar in the Streets«, S. 386, 391; Colden an General Gage, 8. Juli 1765, in: Colden Letterbooks, Letters and Papers of Cadwallader Colden, 1760–1765, *Collections of the New-York Historical Society*, 1877, S. 23; Elaine Forman Crane: *A Dependent People: Newport, Rhode Island in the Revolutionary Era*, New York: Fordham University Press 1985, S. 113.

37 Oliver Morton Dickerson (Hg.): *Boston Under Military Rule, 1768–1769, as revealed in A Journal of the Times*, Boston: Chapman and Grimes, Mount Vernon Press 1936, Eintrag für den 4. Mai 1769, S. 94f., 110; John Allen: *Oration on the Beauties of Liberty*, 1773, in: Bruns (Hg.): *Am I Not a Man*, S. 258f. (Hervorhebung im Original).

38 Gary B. Nash: *The Urban Crucible: Social Change, Political Consciousness, and the Origins of the American Revolution*, Cambridge, Mass.: Harvard University Press 1979, S. 366; Schlesinger: »Political Mobs«, S. 244; Edmund S. Morgan und Helen M. Morgan: *The Stamp Act Crisis: Prologue to Revolution*, Chapel Hill, N.C.: University of North Carolina Press 1953, S. 162, 208, 231-39; Adair und Schutz (Hg.): *Peter Oliver's Origin*, S. 51.

39 Hutchinson zitiert in Anthony Pagden: *Spanish Imperialism and the Political Imagination: Studies in European and Spanish-American Social and Political Theory, 1513–1830*, New Haven, Conn.: Yale University Press 1990, S. 66; Lovejoy: *Rhode Island Politics*, S. 105; Redington (Hg.): *Calendar of Home Office Papers*, 1:610; Morgan and Morgan: *Stamp Act Crisis*, S. 196; Lloyd I. Rudolph: »The Eighteenth-Century Mob in America and Europe«, *American Quarterly* 11, 1959, S. 452; Spindel: »Law and Disorder«, S. 8; *Pennsylvania Journal*, 21. November und 26. Dezember 1765; Alfred F. Young: »English Plebeian Culture and Eighteenth-Century American Radicalism«, in: Margaret Jacob and James Jacob (Hg.): *The Origins of Anglo-American Radicalism*, London: George Allen and Unwin 1984, S. 193f., Gage zitiert in Schlesinger: »Political Mobs«, S. 246.

40 Lemisch: »Jack Tar in the Streets«, S. 398; Lovejoy: *Rhode Island Politics*, S. 156, 159, 164.

41 Lee R. Boyer: »Lobster Backs, Liberty Boys, and Laborers in the Streets: New York's Golden Hill and Nassau Street Riots«, *New-York Historical Society Quarterly* 57, 1973, S. 289-308; Hiller B. Zobel: *The Boston Massacre*, New York: W.W. Norton 1970; L. Kinvin Wroth und Hiller B. Zobel (Hg.): *Legal Papers of John*

Adams, Cambridge, Mass.: Belknap Press of Harvard University Press 1965, 3:266; Hoerder: *Crowd Action*, Kap. 13.

42 Timothy zitiert in Maier: »Charleston Mob«, S. 181; Edward Countryman: *A People in Revolution: The American Revolution and Political Society in New York, 1760–1790*, Baltimore: John Hopkins University Press 1981, S. 37, 45; Gage an Conway, 4. November 1765, in: Clarence Edwin Carter (Hg.): *The Correspondence of General Thomas Gage, with the Secretaries of State, 1763–1775*, New Haven, Conn.: Yale University Press 1931, 1:171; Barrington zitiert in Tony Hayter: *The Army and the Crowd in Mid-Georgian London*, Totowa, N.J.: Rowman and Littlefield 1978, S. 130; Charles G. Steffen: *The Mechanics of Baltimore: Workers and Politics in the Age of Revolution, 1763–1812*, Urbana, Ill.: University of Illinois Press 1984, S. 73.

43 Albert G. Greene: *Recollections of the »Jersey« Prison-Ship from the Original Manuscripts of Captain Thomas Dring*, Morrisania, New York 1865.

44 Jesse Lemisch: »Listening to the ›Inarticulate‹: William Widger's Dream and the Loyalties of American Revolutionary Seamen in British Prisons«, *Journal of Social History* 3, 1969-70, S. 1-29; Larry G. Bowman: *Captive Americans: Prisoners during the American Revolution*, Athens, Ohio: Ohio University Press 1976, S. 40-67; John K. Alexander: »Forton Prison during the American Revolution: A Case Study of the British Prisoner of War Policy and the American Prisoner Response to that Policy«, *Essex Institute Historical Collections* 102, 1967, S. 369.

45 Clarence S. Brigham: *Paul Revere's Engravings*, Worcester, Mass.: American Antiquarian Society 1954, S. 41-57; Quarles: *Negro in the American Revolution*, S. 125.

46 Steffen: *The Mechanics of Baltimore*, S. 73; Gouverneur Morris an Mr. Penn, 20. Mai 1774, in: Peter Force (Hg.): *American Archives*, 4. Serie, 1, Washington, D.C. 1837, S. 343; Maier: »Charleston Mob«, S. 185; Leonard W. Labaree (Hg.): *The Papers of Benjamin Franklin*, New Haven, Conn.: Yale University Press 1961, 3:106; Adair und Schutz (Hg.): *Peter Oliver's Origin*, xv, 35, 51-55, 88, 107; Joseph Chalmers: *Plain Truth*, Philadelphia 1776, S. 71.

47 Richard B. Morris: *Government and Labor in Early America*, New York: Harper and Row 1946, S. 189; Lovejoy: *Rhode Island Politics*, S. 159; Leonard zitiert in Edmond S. Wright: *Fabric of Freedom, 1763–1800*, überarbeitete Aufl., New York: Hill and Wang 1978, S. 77f.

48 Rush zitiert in Eric Foner: *Tom Paine and Revolutionary America*, New York: Oxford University Press 1976, S. 138; David S. Lovejoy: *Religious Enthusiasm in the New World: Heresy to Revolution*, Cambridge, Mass.: Harvard University Press 1985, S. 223f.; D. Davis: *Problem of Slavery*, S. 333.

49 Don M. Wolfe: *Leveller Manifestoes of the Puritan Revolution*, New York: Thomas Nelson and Sons 1944, S. 227, 300, 125, 287, 320, 405. Siehe auch Robin Blackburn: *The Overthrow of Colonial Slavery, 1776–1848*, London: Verso 1988, Kap. 1. Jüngere Untersuchungen zur Unabhängigkeitserklärung sind enttäuschend eng gefasst und ignorieren sowohl den buntscheckigen Haufen und die Levellers als auch einen großen Teil der relevanten Literatur aus dem England des 17. Jahrhunderts. Siehe Pauline Maier: *American Scripture: Making the Declaration of Independence*, New York: Alfred A. Knopf 1997, S. 51ff.; Garry Wills: *Inventing Amer-*

ica: Jefferson's Declaration of Independence, Garden City, New York: Doubleday 1978.

50 Maier: *From Resistance to Revolution*, S. 76, 97-100; Gilje: *Road to Mobocracy*, S. 48; Wroth und Zobel (Hg.): *Legal Papers of John Adams*, 3:269; C. Adams (Hg.): *Works of John Adams*, 2:322.

51 Carl Becker: *The Declaration of Independence: A Study in the History of Political Ideas*, New York: Harcourt Brace 1922, S. 214.

52 Alyce Barry: »Thomas Paine, Privateersman«, *Pennsylvania Magazine of History and Biography* 101, 1977, S. 459ff.

53 Maier: »Charleston Mob«, S. 181, 186, 188, und dies.: »Popular Uprisings and Civil Authority«, S. 33ff.; Hoerder: *Crowd Action*, S. 378-88; Gordon S. Wood: *The Creation of the American Republic, 1776–1787*, Chapel Hill, N.C.: University of North Carolina Press 1969, S. 319-28.

54 Charles Patrick Neimeyer: *America Goes to War: A Social History of the Continental Army*, New York: New York University Press 1996, Kap. 4; Quarles: *Negro in the American Revolution*, S. 15-18; Frey: *Water from the Rock*, S. 77-80.

55 James Madison: »Republican Distribution of Citizens«, *National Gazette*, 3. März 1792, wiederveröffentlicht in: William T. Hutchinson und William M.E. Rachal (Hg.): *The Papers of James Madison*, Chicago: University of Chicago Press 1962-85, 14:244-46: David Humphreys, Joel Barlow, John Trumbull und Dr. Lemuel Hopkins: *The Anarchiad: A New England Poem (1786–1787)*, Luther G. Riggs (Hg.), Gainesville, Florida: Scholars' Facsimiles & Reprints 1967, S. 29, 56, 38, 69, 14f., 34.

56 Madisons Aufzeichnungen und Abraham Yates' Aufzeichnungen, 26. Juni 1787, in: Max Farrand (Hg.): *The Records of the Federal Convention of 1787*, New Haven, Conn.: Yale University Press 1937, 1:423, 431.

57 Staughton Lynd: »The Abolitionist Critique of the United States Constitution«, in Lynd: *Class Conflict, Slavery, and the United States Constitution*, Indianapolis: Bobbs-Merrill 1967, S. 153f.

58 James D. Essig: *The Bonds of Wickedness: American Evangelicals against Slavery, 1770–1808*, Philadelphia: Temple University Press 1982, S. 132.

59 Barbara Jeanne Fields: »Slavery, Race, and Ideology in the United States of America«, *New Left Review* 181, 1990, S. 101; Frey: *Water from the Rock*, S. 234ff. Adams zitiert in Schlesinger: »Political Mobs«, S. 250.

60 »Hessische Soldaten« bezieht sich auf deutsche Regimenter, die in Diensten des Britischen Empire gegen die amerikanischen Siedler im Amerikanischen Revolutionskrieg kämpften. (Anm.d.Ü.)

61 Sidney Kaplan und Emma Nogrady Kaplan: *The Black Presence in the Era of the American Revolution*, überarbeitete Aufl., Amherst, Mass.: University of Massachusetts Press 1989, S. 68-69; Forrest McDonald: »The Relation of the French Peasant Veterans of the American Revolution to the Fall of Feudalism in France, 1789–1792, *Agricultural History* 25, 1951, S. 151-61; Horst Dippel: *Germany and the American Revolution, 1770–1800: A Sociohistorical Investigation of Late Eighteenth-Century Political Thinking*, übers. von Bernard A. Uhlendorf, Chapel Hill, N.C.: University of North Carolina Press 1977, S. 228, 236.

62 Arthur N. Gilbert: »The Nature of Mutiny in the British Navy in the Eighteenth Century«, in: Daniel Masterson (Hg.): *Naval History: The Sixth Symposium of the U.S. Naval Academy*, Wilmington, Del.: Scholarly Resources, Inc. 1987, 111-21; Richard B. Sheridan: »The Jamaican Slave Insurrection Scare of 1776 and the American Revolution«, *Journal of Negro History* 61, 1976, S. 290-308; Julius Sherrard Scott III: »The Common Wind: Currents of Afro-American Communication in the Era of the Haitian Revolution«, Doktorarbeit, Duke University 1986, S. 19, 204, 52.

63 Lord Balcarres an den Oberbefehlshaber, 31. Juli 1800, CO 137/104, zitiert in Scott: »The Common Wind«, S. 33.

64 Hoare: *Memoirs of Granville Sharp*; Lascelles: *Granville Sharp and the Freedom of Slaves in England.*

65 Thomas Clarkson: *The History of the Rise, Progress, and Accomplishment of the Abolition of the African Slave-Trade by the British Parliament*, London 1808, 2:297.

66 Diogenes Laertius, 6:63, und Oliver Goldsmith: *Citizen of the World*, London 1762; David Hancock: *Citizens of the World: London Merchants and the Integration of the British Atlantic Community, 1735–1785*, Cambridge: Cambridge University Press 1995; Alfred F. Young: »*Common Sense* and *The Rights of Man* in America: The Celebration and Damnation of Thomas Paine«, in: K. Gavroglu (Hg.): *Science, Mind, and Art*, Amsterdam: Kluwer Academic Publishers 1995, S. 411-39.

VIII. Kapitel

1 *Morning Post*, 22. Oktober 1803. Siehe David Worralls Analyse der Rede Despards in seinem Buch *Radical Culture: Discourse, Resistance and Surveillance, 1790–1820*, Detroit: Wayne State University Press 1992, S. 58.

2 P.C. 1/3553: *The Trial of Edward Marcus Despard, Esquire*, S. 94, 126; T.B. Howell: *A Complete Collection of State Trials*, 1820; Examination of John Emblin, TS 11/121/332.

3 Chaplains Brief und Aufzeichnungen, Manuskripte im Besitz der Familie Despard, London.

4 PRO: P.C. 1/3564, 14. Februar 1803.

5 PRO: HO 42/70, 20. Februar 1803; *Political Register*, 26. Februar 1803; A. Aspinall (Hg.): *The Later Correspondence of George III*, Cambridge: Cambridge University Press 1968, 4:80.

6 Manuskripte der Familie Despard [Elizabeth Despard]: *Recollections on the Despard Family*, ca. 1850, S. 22.

7 Bodleian Library: Burdett Papers, Manuskr. engl. Geschichte, Kod. 296, Fol. 9-11; M.W. Patterson: *Sir Francis Burdett and His Times 1770–1844*, 1931, 1:68; PRO: P.C. 1/3553, Vernehmung durch Richard Ford; Valentine Lord Cloncurry: *Personal Recollections*, Dublin 1847, S. 45; *Authentic Memoirs of the Life of Col. E.M. Despard*, London 1803, S. 22; *The Annual Register*, 1803, S. 142f.

8 Joseph Farington: *Farington Diary*, James Geig (Hg.), London: Hutchinson 1923, 2:83; *Authentic Memoirs*, S. 22.

9 *Labour in Irish History*, 1910, Kap. 9.

10 Rolf Loeber: »Preliminaries to the Massachusetts Bay Colony: The Irish Ventures of Emanuel Downing and John Winthrop, Sr.«, in: T. Barnard u. a. (Hg.): *A Miracle of Learning: Studies in Manuscripts and Irish Learning: Essays in Honor of William O'Sullivan*, Brookfield, Vermont: Ashgate 1998.

11 James Bannantine: *Memoires of Edward Marcus Despard*, London 1799; Auskunft des Erzdiakons H.H.J. Gray, St. Peter's Pfarramt, Mountrath; PRO von Nordirland (Belfast), T. 1075/34; genealogische Aufzeichnungen.

12 John Feeham: *Laois: An Environmental History*, Ballykilcavan 1983, S. 289-91.

13 Angus Calder: *Revolutionary Empire: The Rise of the English-Speaking Empires from the Fifteenth Century to the 1780s*, New York: Dutton 1981, S. 672-75.

14 Maureen Wall: »The Whiteboys«, in: Desmond T. Williams (Hg.): *Secret Societies in Ireland*, Dublin: Gill and Macmillan 1973, S. 16; James S. Donnelly jr.: »The Whiteboy Movement, 1761–65«, *Irish Historical Studies* 21, 1978/9, S. 28.

15 Charles Coote: *Statistical Survey of Queen's County*, 1801.

16 John Feehan: *The Landscape of Slieve Bloom: A Study of Its Natural and Human Heritage*, Dublin: Blackwater 1979, S. 116.

17 Manuskripte der Familie Despard, Jane Despard: *Memoranda connected with the Despard Family recollections*, 1838.

18 [Elizabeth Despard]: *Recollections on the Despard Family*.

19 Thomas Bartlett und Keith Jeffery (Hg.): *A Military History of Ireland*, Cambridge: Cambridge University Press 1996, S. 257.

20 Benjamin Moseley: *A Treatise on Tropical Diseases; on Military Operations; and on the Climate of the West Indies*, 2. Aufl., London 1789, S. 184; Kenneth F. Kiple: *The Caribbean Slave: A Biological History*, Cambridge: Cambridge University Press 1984, S. 5.

21 R.R. Madden: *A Twelvemonth's Residence in the West Indies during the Transition fromSlavery to Apprenticeship*, London 1835, 2:117; Barbara Bush: *Slave Women in Caribbean Society, 1650–1838*, Kingston, Jamaika: Heinemann 1990.

22 Douglas Hall (Hg.): *In Miserable Slavery: Thomas Thistlewood in Jamaica, 1750–1786*, London: Macmillan 1989.

23 Anonym: »Observations on the Fortifying of Jamaica, 1783«, weitere Manuskr. 12, 431, Fol. 8, British Library.

24 Major General Archibald Campbell: »A Memoir Relative to the Island of Jamaica«, 1782, King's 214, British Library.

25 [Elizabeth Despard]: *Recollections on the Despard Family*.

26 Douglas W. Marshall: »The British Engineers in America, 1755–1783«, *Journal of the Society of Army Historical Research* 51, 1973, S. 155.

27 Edward K. Brathwaite: *The Development of Creole Society in Jamaica, 1770–1820*, Oxford: Oxford University Press 1971, S. 126-129; J. G. Links (Hg.): *The Stones of Florence*, New York: Hill & Wang 1960, S. 244f.

28 Henry Rule: *Fortification*, London 1851, S. 145; Peter Way: *Common Labour: Workers and the Digging of North American Canals, 1780–1860*, Cambridge: Cambridge University Press 1993, S. 47.

29 Kevin Whelan: *Fellowship of Freedom: The United Irishmen and 1798*, Cork: Cork University Press 1993, S. 47.

30 J.K. Budleigh: *Trench Excavation and Support*, London: Telford 1989, S. 62.

31 Thomas More Molyneux: *Conjunct Operations*, 1759.
32 *Collections of the New-York Historical Society*, 1884, Einträge für den 23. April, 27. Mai und 21. Juni.
33 *Narrative of Sir Alexander Leith, Lieut. Col. 88th Regiment*, 49, Germain-Manuskripte, William L. Clements Library, University of Michigan.
34 Edward Davis an Kemple, 28. September, Kemple-Mauskripte, 1. Band, William L. Clements Library, University of Michigan.
35 Peter Hulme weist darauf hin, dass die Wörter »Barbecue« und »Kanu« etymologisch aus der Karibik stammen. Siehe Hulme: *Colonial Encounters: Europe and the Native Caribbean, 1492–1797*, London: Routledge 1986, S. 210f.
36 Olaudah Equiano: *The Interesting Narrative of the Life of Olaudah Equiano*, 1789, Kap. II.
37 Bell: *Tangweera: Life and Adventures among Gentle Savages*, 1899, Wiederauflage Austin, Texas: University of Texas Press 1989; George Pinkard: *Notes on the West Indians* (1816); siehe auch Eduard Conzemius: *Ethnographical Survey of the Miskito and Sumu Indians of Honduras and Nicaragua*, Washington, D.C.: Government Printing Office 1932.
38 Thomas Dancer: *A Brief History of the Late Expedition Against Fort San Juan So Far as it Relates to the Diseases of the Troops*, Kingston 1781, S. 12.
39 *Collections of the New-York Historical Society*, 1884, Eintrag für den 21. März.
40 Siehe Gouverneur Dallings Rechtfertigung seiner Rolle in seinem Bericht *Narrative of the Late Expedition to St. Juan's Harbour and Lake Nicaragua*, S. 13; Germain-Manuskripte, Band 21.
41 Moseley: *Treatise on Tropical Diseases.*
42 Silvia R. Frey: *Water from the Rock: Black Resistance in a Revolutionary Age*, Princeton, New Jersey: Princeton University Press 1991, Kap. 4.
43 John Marrant: *A Narrative of the Lord's Wonderful Dealing with John Marrant, a Black*, 1785; Graham Hodges (Hg.): *The Black Loyalist Directory: African Americans in Exile after the American Revolution*, New York: Garland 1996.
44 CO 700/13.
45 Grant D. Jones: *Maya Resistance to Spanish Rule: Time and History on a Colonial Frontier*, Albuquerque: University of New Mexico Press 1989, S. 21, 274; George Henderson: *An Account of the British Settlement of Honduras*, London 1811, S. 70; Wallace R. Johnson: *A History of Christianity in Belize, 1776–1838*, Lanham, Maryland: University Press of America 1985, S. 22.
46 William Dampier: »Mr. Dampier's Voyages to the Bay of Campeachy«, in: Dampier: *A Collection of Voyages*, 4. Aufl., London 1729, S. 89; Anonym: »A Voyage to Guinea, Antego, Bay of Campeachy, Cuba, Barbadoes, &c., 1714–1723«, weitere Manuskr. 39, 946, British Library; Malachy Postlethwayt: *Universal Dictionary of Trade and Commerce*, London 1755?.
47 Robert A. Naylor: *Penny Ante Imperialism: The Mosquito Shore and the Bay of Honduras, 1600–1914, A Case Study in British Informal Imperialism*, Rutherford, New Jersey: Associated University Presses 1989, S. 41; F.O. Winzerling: *The Beginning of British Honduras, 1506–1765*, New York: North River Press 1946, S. 81; Edwin

J. Layton: *Thomas Chippendale: A Review of His Life and Origin*, London: J. Murray 1928.

48 »Convention of London«, 14. Juli 1786, in: Sir John Alder Burdon: *Archives of British Honduras*, London: Sifton, Praed and Co. 1931, 1:154-57.

49 Zitiert in Narda Dobson: *A History of Belize*, London: Longman 1973, S. 67; siehe auch José A. Calderón Quijano: »Un Incidente Militar en los establecimientos ingleses in Río Tinto (Honduras) en 1782«, *Annuario de Estudios Americanos* 2, 1945, S. 761-84; Robert White: *The Case of the Agent to the Settlerson the Coast of Yucatan; and the late Settlers on the Mosquito Shore*, London 1793, S. 10.

50 Henderson: *An Account*, S. 134; CO 123/5, 24. August 1787; Burdon: *Archives of British Honduras*, 1:161; Despard an ?, 11. Januar 1788, CO 123/6.

51 Despard an Lord Sydney, 23. Februar 1787, CO 123/4, Fol. 49; Despard an Lord Sydney, 24. August 1787, CO 137/50; Burdon (Hg.): *Archives of British Honduras*, 1:159, 161.

52 Despard an Sydney, 24. August 1787, CO 123/5; Edward Marcus Despard: »A Narrative of the Publick Transactions in the Bay of Honduras from 1784 to 1790«, 8. März 1791, CO 123/10.

53 Zitiert in O. Nigel Bolland: *The Formation of a Colonial Society: Belize from Conquest to Crown Colony*, Baltimore: Johns Hopkins University Press 1977, S. 38; Burdon (Hg.): *Archives of British Honduras*, 1:159; Despard an Lord Sidney, 24. August 1787, CO 137/50.

54 Despard: »Appendix to the Narrative of the Publick Transactions in the Bay of Honduras 1784 to 1790«, CO 123/11. Vielleicht war sie dieselbe Catherine Ernest, deren Name in einer Liste »armer farbiger Menschen« von der Miskitoküste auftaucht. Der Name erscheint nicht auf einer Liste neuer Siedler, die einige Monate später eins der von Despard in Belize Town vergebenen Grundstücke erhielten, was zu der Hypothese passt, dass Catherine inzwischen seine Frau geworden war. Siehe Robert White: *The Case of the Agent to the Settlerson the Coast of Yucatan.*

55 Mary Thale (Hg.): *Selections from the Papers of the LCS 1792–1799*, Cambridge: Cambridge University Press 1983, S. 8, 18.

56 *A Narrative of the Proceedings of the Black People during the late awful calamity in Philadelphia in the year 1793*, 1794.

57 Das englische »conspiracy«, Verschwörung, wörtlich: »gemeinsames Atmen«. (A. d. Ü.)

58 *The Proceedings at the Old Bailey*, Februar 1790, 15. September 1802, April 1803, Dezember 1802, 27. Oktober 1802, 4. Juli 1802, 15. September 1802.

59 Herbert Aptheker (Hg.): *A Documentary History of the Negro People in the United States*, New York: Citadel Press 1951; ebd.: *American Negro Slave Revolts*, New York: International Publishers 1943, 1974.

60 Worrall: *Radio Culture*, Iain McCalman: *Radical Underworld: Prophets, Revolutionaries, and Pornographers in London, 1795–1840*, New York: Cambridge University Press 1993; Roger Wells: *Wretched Faces: Famine in Wartime England, 1793–1803*, New York: St. Martin's 1988; Malcolm Chase: *»The People's Farm«: English Radical Agrarianism, 1775–1840*, Oxford: Clarendon Press 1988.

61 Carolyn Fick: *The Making of Haiti: The Saint Domingue Revolution from Below*, Knoxville: University of Tennessee Press 1990, S. 217-24; Iowerth Prothero: *Arti-*

sans and Politics in Early Nineteenth-Century London: John Gast and His Times, Baton Rouge, La.: Louisiana State University 1979.

62 *A Treatise on the Commerce and Police of the River Thames*, 1800, S. 210.

63 *Pig's Meat*, iii, S. 56, 212f., und W.H. Reid: *The Rise and Dissolution of the Infidel Societies in the Metropolis*, 1800, S. 14, 93. Siehe auch Olivia Smith: *The Politics of Language, 1791–1819*, Oxford: Clarendon Press 1984.

64 P.C. 1/3514, Fol. 100.

65 R.R. Madden: *The Life and Times of Robert Emmet*, New York 1896, S. 13; Thomas Spence: *The Restorer of Society to its Natural State*, 1801; PRO, P.C. 1/3117, 1. Teil, Fol. 87; T.S. 11/121/332, Fol. 37.

66 *Paddy's Resource Being a Select Collection of Original and Modern Patriotic Songs, Toasts and Sentiments Compiled for the use of the People of Ireland*, Belfast 1795.

67 Jim Smyth: *The Men of No Property: Irish Radicals and Popular Politics in the Late Eighteenth Century*, New York: St. Martin's 1992, S. 151.

68 Kevin Whelan: *The Tree of Liberty: Radicalism, Catholicism and the Construction of Irish Identity, 1760–1830*, Cork: University of Cork Press 1996.

69 Thomas Russell: *Address to the People of Ireland*, 1796.

70 Viscount Stewart Castlereagh: *Memoirs and Correspondence*, Charles Vane II (Hg.), London 1850, S. 417.

71 *Detection of a Conspiracy Formed by the United Irishmen*, Philadelphia 1798, S. 28ff.

72 Roger Wells: *Insurrection: The British Experience*, Gloucester: Alan Sutton 1983, S. 134.

73 Despards Bruder betrachtete seine Beteiligung an der Zusammenrottung als »außerordentlich töricht; hätte er Umsicht walten lassen, so könnte er jetzt wohlsituiert sein«. Manuskripte der Familie Despard, Brief an Andrew Despard von J. Despard, 28. Mai 1796.

74 Vernehmung von Arthur Graham, TS II/221/332, Fol. 46; Iain McCalman: »Newgate in Revolution: Radical Enthusiasm and Romantic Counterculture«, *Eighteenth-Century Life* 22, Nr. 1, 1998.

75 Joyce M. Bellamy und John Saville (Hg.): *Dictionary of Labour Biography*, Clifton, New Jersey: A.M. Kelley 1972.

76 Ralph Manoque: »The Plight of James Ridgway, London Bookseller and Publisher, and the Newgate Radicals, 1792–1797«, *Wordsworth Circle* 27, 1996.

77 Doug Hay: »The Laws of God and the Laws of Man: Lord George Gordon and the Death Penalty«, in: John Rule und Robert Malcolmson (Hg.): *Protest and Survival: Essays for E.P. Thompson*, London: Merlin 1993, S. 60-111.

78 PRO, P.C. 1/3553, Vernehmung durch Richard Ford.

79 PRO, KB 1/31, 1. Teil.

80 David Levi: *Dissertations on the Prophecies of the Old Testament*, 3 Bände, 1793–1800.

81 A.L. Morton: *The Everlasting Gospel: A Study in the Sources of William Blake*, London: Lawrence and Wishart 1958, S. 36; E.P. Thompson: *Witness against the Beast: William Blake and the Moral Law*, New York: The New Press 1994.

82 William Blake: *Zwischen Feuer und Feuer. Poetische Werke*, München 1996, S. 57.

83 Quobna Ottobah Cugoano: *Thoughts and Sentiments on the Evil of Slavery*, Vincent Carretta (Hg.), London: Penguin 1999, S. 93, 110f.
84 Michael Duffy: *Soldiers, Sugar, and Seapower: The British Expeditions to the West Indies and the War against Revolutionary France*, London: Oxford University Press 1987, S. 387.
85 O. Smith: *Politics of Language*, S. 71.
86 Will Chip: *Village Politics, addressed to all the mechanics, journeymen and day labourers in Great Britain, by Will Chip, a country carpenter*, 1793.
87 Joan Dayan: *Haiti, History, and the Gods*, Berkeley, Kalif.: University of California Press 1995.
88 John Hunter: *Observations on the Disease of the Army in Jamaica*, 1788, und Charles White: *An Account of the Regular Gradation in Man [...]*, 1799.
89 David V. Erdman: *Commerce des Lumières: John Oswald and the British in Paris, 1790–1793*, Columbia, Mo.: University of Missouri Press 1986.
90 Donna T. Andrew: *London Debating Societies, 1776–1799*, London: London Record Society 1994, S. 281.
91 Alan Wharam: *The Treason Trials 1794*, London: Leicester University Press 1992, S. 110.

IX. Kapitel

1 Inventurbuch 1B/11/3, Band 135, Nationalarchiv, Spanish Town, Jamaika.
2 Robert Wedderburn: *The Horrors of Slavery*, London 1824, wiederveröffentlicht in: Iain McCalman (Hg.): *»The Horrors of Slavery« and Other Writings by Robert Wedderburn*, Edinburgh: Edinburgh University Press 1991. Wedderburn bricht mit den in England üblichen Konventionen der gedruckten Seite und bedient sich Kursiv-, Fett- und Großbuchstaben aus dem Setzkasten, weil er der Ansicht ist, eine Stimme wie seine erfordere die Veränderung sowohl der typisch englischen Druckkonventionen als auch des typisch englischen politischen Denkens. Das Druckbild entspricht Wedderburns unkonventioneller Einmischung, die Cruikshank in seinem Druck *The City of London Tavern* (1817) zeigt. Siehe S. 350.
3 Robert Hamilton: *The Duties of a Regimental Surgeon Considered*, 2 Bde. (1794).
4 Joan Dayan: *Haiti, History, and the Gods*, Berkeley, Kalif.: University of California Press 1995.
5 *Political Register*, Juli 1809; siehe auch *The Examiner*, September 1810. Der Zweck dieser Strafen bestand darin, Menschen zu terrorisieren und zum Schweigen zu bringen. Anna Clark hat die Gerichtsakten des Old-Bailey-Gerichtshofes studiert und ist zu dem Schluss gekommen, dass das Gericht nach 1795 begann, Zeugenaussagen von Frauen gegen Gewalt, Vergewaltigung und Schläge zu unterdrücken. Deborah Valenze zeigt, dass diese Entwicklung in die Zeit der Entwertung der weiblichen Arbeitskraft fiel: Die Gewalt gegen Frauen und die Nichtbeachtung ihrer Anzeigen dienten dazu, ihre Löhne aufs Existenzminimum zu drücken,

ihnen extrem untergeordnete Arbeiten zuzuweisen und sie zu idealen Objekten für das Grauen der Fabrikarbeit zu machen.

6 Wedderburn: *Horrors of Slavery.*

7 Iain McCalman: »Anti-Slavery and Ultra-Radicalism in Early Nineteenth-Century England: The Case of Robert Wedderburn«, *Slavery and Abolition 7*, 1986, S. 101-103.

8 Siehe seine Schrift *Truth Self-Supported; or A Refutation of Certain Doctrinal Errors Generally Adopted in the Christian Church* (ca. 1802), wiederveröffentlicht in: McCalman (Hg.): *»The Horrors of Slavery« and Other Writings.*

9 *The Axe Laid to the Root* Nr. 4, 1817.

10 Iain McCalman: *Radical Underworld: Prophets, Revolutionaries, and Pornographers in London, 1795–1840*, Cambridge: Cambridge University Press 1988; Henry Lewis Gates jun.: *The Signifying Monkey: A Theory of African American Literary Criticism*, New York: Oxford University Press 1988.

11 James Cone: *A Black Theology of Liberation*, Maryknoll, N.Y.: Orbis 1986, S. 31.

12 *Political Register*, Oktober 1809; Malcolm Chase: »From Millennium to Anniversary: The Concept of Jubilee in Late Eighteenth- and Nineteenth-Century England«, *Past and Present* 129, 1990, S. 132-47. Coleridge hatte im Jahre 1795 einen hochgelehrten Vortrag über das Jubeljahr und brüderliches Mitgefühl mit den Armen gehalten.

13 Peter Linebaugh: »Jubilating; Or, How the Atlantic Working Class Used the Biblical Jubilee against Capitalism, with Some Success«, *Radical History Review* 50, 1991, S. 143-80; James Harrington: *Oceana*, London 1656, und ders.: *The Art of Lawgiving*, London 1659; John Bunyan: *The Advocateship of Jesus Christ*, London 1688.

14 P.M. Ashraf: *The Life and Times of Thomas Spence*, Newcastle upon Tyne, Frank Graham 1983; siehe auch: Thomas R. Knox: »Thomas Spence: The Trumpet of Jubilee«, *Past and Present* 76, 1977; Malcolm Chase: *»The People's Farm«: English Radical Agrarianism, 1775–1840*, Oxford: Clarendon Press 1988; Alan Dean Gilbert II: »Landlords and Lacklanders: The Radical Politics and Popular Political Economy of Thomas Spence and Robert Wedderburn«, Doktorarbeit, SUNY Buffalo 1997.

15 Siehe »The Marine Republic«, 1794, in: *Pig's Meat*, 2. Aufl., 2:68-72 (Hervorhebung im Original); A.L. Morton: *The English Utopia*, London: Lawrence and Wishart 1952, S. 164f. (Zitat).

16 Joel W. Martin: *Sacred Revolt: The Muskogees' Struggle for a New World*, Boston: Beacon Press 1991. Spence schrieb in seiner letzten Veröffentlichung, *The Giant Killer* (1814), über die Sklaverei. Siehe Ashraf: *Life and Times.*

17 John Wesley: *Thoughts Upon Slavery*, London 1774, S. 55f.

18 John Rylands Library, Deansgate, Manchester, Methodist Archives Centre, Thomas-Coke-Manuskripte, PLP/28/4/10.

19 *Commentary*, S. 481-83.

20 Nathan O. Hatch: *The Democratization of American Christianity*, New Haven, Conn.: Yale University Press 1989, S. 102-13.

21 Sterling Stuckey: *Slave Culture: Nationalist Theory and the Foundations of Black America*, New York: Oxford University Press 1987, Kap. 1.

22 Douglas R. Egerton: *Gabriel's Rebellion: The Virginia Slave Conspiracies of 1800 and 1802*, Chapel Hill, N.C.: University of North Carolina Press 1993.

23 Edward A. Pearson (Hg.): *Designs Against Charleston: The Trial Record of the Denmark Vesey Slave Conspiracy of 1822*, Chapel Hill, N.C.: University of North Carolina Press 1999; Douglas R. Egerton: *He Shall Go Out Free: The Lives of Denmark Vesey*, Madison, Wisc.: Madison House 1999.

24 David Walker: *Appeal to the Coloured Citizens of the World, but in particular, and very expressly, to those of the United States of America*, 1829, Wiederauflage James Turner (Hg.), Baltimore: Black Classic Press 1993; Peter H. Hinks: *To Awaken My Afflicted Brethren: David Walker and the Problem of Antebellum Slave Resistance*, University Park, Pa.: Pennsylvania State University Press 1997.

25 Henry Mayer: *All on Fire: William Lloyd Garrison and the Abolition of Slavery*, New York: St. Martin's Press 1998, S. 188.

26 Am 1. 8. 1834 wurde die Abschaffung der Sklaverei in den britischen Kolonien rechtswirksam. A.d.Ü.

27 Vicki L. Eaklor: *American Antislavery Songs: A Collection and Analysis*, Documentary Reference Collections Series, New York: Greenwood Press 1988.

28 Elizabeth Campbell war möglicherweise mit den Campbells bei den Trelawny-Maroons verwandt, die nach ihrer Niederlage im zweiten Maroonkrieg unter Vorspiegelung falscher Tatsachen nach Neuschottland deportiert worden waren. Auch andere Maroons lebten außerhalb ihrer Gemeinschaften, ohne ihren Maroon-Status aufzugeben. Siehe Mavis C. Campbell: *Nova Scotia and the Fighting Maroons: A Documentary History*, in: *Studies in Third World Societies* Nr. 41, Januar 1990, S. 196, 207, 211, 238. Im *Jamaica Almanac* von 1818 ist eine Elizabeth Campbell auf Amity Hall in Trelawny als Besitzerin von fünfzehn Sklaven aufgelistet. Siehe das *Inventory Book*, Band 130, 20. August 1818, S. 236, und *Index to Manumissions*, Band 1, Nr. 47, National Library, Kingston. Das Feurtado-Manuskript verzeichnet den Tod einer Elizabeth Campbell, Alter 33 Jahre, im Jahre 1825 und gibt ihren Beruf als Oberschwester im öffentlichen Krankenhaus von Kingston an; siehe Nationalarchiv (Spanish Town).

29 Alfred Hasbrouck: *Foreign Legionaries in the Liberation of Spanish South America*, New York: Columbia University Press 1928; Mavis Campbell: *The Dynamics of Change in a Slave Society: A Sociopolitical History of the Free Coloureds of Jamaica, 1800–1865*, Rutherford, N.J.: Fairleigh Dickinson University Press 1976, S. 71.

30 *Barbados Mercury and Bridgetown Gazette*, 7. September 1816, zitiert in Hilary McD. Beckles: *Black Rebellion in Barbados: The Struggle against Slavery, 1627–1838*, Barbados: Antilles Publications 1987, S. 95-113; Horace Campbell: *Rasta and Resistance from Marcus Garvey to Walter Rodney*, Trenton, N.J.: Africa World Press 1987, S. 28; Seymour Drescher: *Capitalism and Antislavery: British Mobilization in Comparative Perspective*, New York: Oxford University Press 1987, S. 107; Robin Blackburn: *The Overthrow of Colonial Slavery, 1776–1848*, London: Verso 1988, S. 323-25.

31 *A Correct Report of the Trial of James Watson, Senior, for High Treason*, 1817; *The Life and Opinions of Thomas Preston*, 1817; *The Trial of James Watson*, 1817, 1:72;

Malcolm Chase: »Thomas Preston«, in: Joyce M. Bellamy, John Saville und David Martin (Hg.): *Dictionary of Labour Biography*, Band 8, London: McMillan 1987.

32 *Votes of the Honourable House of Assembly, 28 October – 16 December 1817*, S. 127, National Library of Jamaica.

33 Siehe *Copp's Return*, in: Andrew Hopton (Hg.): *Abiezer Coppe: Selected Writings*, London: Aporia 1987, S. 72.

34 Mervyn C. Alleyne: *Roots of Jamaican Culture*, London: Pluto Press 1988, S. 83-96; Erna Brodber: *Myal, A Novel*, London: New Beacon 1988. Siehe auch Edward Long: *History of Jamaica*, London 1774; Monica Schuler: *»Alas, Alas, Kongo«: A Social History of Indentured African Immigration into Jamaica, 1841–1865*, Baltimore: Johns Hopkins University Press 1980, S. 33-36; und John Thornton: *Africa and Africans in the Making of the Atlantic World, 1400–1680*, Cambridge: Cambridge University Press 1992.

35 *A Brief Account of the Life, Experience, Travels and Gospel Labours of George White, An African Written by Himself and Revised by a Friend*, New York 1810; J. Ann Hone: *For the Cause of Truth: Radicalism in London, 1796–1821*, Oxford: Clarendon Press 1982, S. 225; Thomas Paine: *The Age of Reason*, 1. Teil, wiederaufgelegt in: Michael Foot und Isaac Kramnick (Hg.): *The Thomas Paine Reader*, London: Penguin 1987, S. 413; Thomas Spence: *The Restorer of Society to its Natural State*, London 1801, S. 16-18; HO 42/199, 29. November 1819, PRO.

36 *Shelly's ausgewählte Dichtungen*, Leipzig: 1886, Verlag des Bibliographischen Instituts, S. 307.

37 Violet Smythe: »Liberators of the Oppressed: Baptist Mission in Jamaica 1814–1845«, B.A.-Arbeit, University of the West Indies [Mona], 1983. Siehe auch Albert J. Raboteau: *Slave Religion: The »Invisible Institution« in the Antebellum South*, New York: Oxford University Press 1978.

38 Mary Turner: *Slaves and Missionaries: The Disintegration of Jamaican Slave Society, 1787–1834*, Urbana, Ill.: University of Illinois Press 1982, S. 88; *The Life, History, and Unparalleled Sufferings of John Jea, the African Preacher*, Portsea 1817; Matthew Gregory Lewis: *Journal of a West Indian Proprietor*, London 1834, S. 187.

39 Thomas Evans: *Christian Policy, the Salvation of the Empire*, London 1816, S. 19; *The Axe Laid to the Root* Nr. 4, 1817.

40 Lewis: *Journal*, S. 173-74. Donald G. Mathews: *Slavery and Methodism 1780–1845*, Princeton, N.J.: Princeton University Press 1965; Wesley: *Thoughts Upon Slavery*; M. Turner: *Slaves and Missionaries*; Edward K. Brathwaite: *The Development of Creole Society in Jamaica, 1770–1820*, Oxford: Clarendon Press 1971, S. 259.

41 Orlando Patterson: »Slavery and Slave Revolt: A Sociological Analysis of the First Maroon War, 1655–1740«, *Social and Economic Studies*, 1970; Mavis C. Campbell: *The Maroons of Jamaica, 1655–1796: A History of Resistance, Collaboration & Betrayal*, South Hadley, Mass.: Bergin and Garvey 1988; *The Axe Laid to the Root* Nr. 4, 1817.

42 *The Axe Laid to the Root*, Nr. 4, 1817.

43 Lewis: *Journal*, S. 39, 179; *The Axe Laid to the Root* Nr. 6, 1817.

44 Campbell: *The Maroons*. Siehe oben, Kap. 4.

45 M.W. Patterson: *Sir Francis Burdett and His Times*, 2 Bde., London: Macmillan 1931.

46 Douglas Hall (Hg.): *In Miserable Slavery: Thomas Thistlewood in Jamaica, 1750–1786*, London: Macmillan 1989, S. 26; M. Turner: *Slaves and Missionaries*, S. 47; Julius Scott: »Afro-American Sailors and the International Communication Network: The Case of Newport Bowers«, in: Colin Howell und Richard J. Twomey (Hg.): *Jack Tar in History: Essays in the History of Maritime Life and Labour*, New Brunswick Acadiensis Press 1991.

47 Ira Dye: »Physical and Social Profiles of Early American Seafarers, 1812–1815«, in: Howell und Twomey (Hg.): *Jack Tar in History*.

48 *The Axe Laid to the Root* Nr. 6, 1817. Siehe auch Graham Hodges (Hg.): *Black Itinerants of the Gospel: The Narratives of John Jea and George White*, Madison, Wisc.: Madison House 1993; W. Jeffrey Bolster: *Black Jacks: African American Seamen in the Age of Sail*, Cambridge, Mass.: Harvard University Press 1997, S. 33, 211.

49 Brathwaite: *Development of Creole Society*, S. 170 (zitiert nach 1 Geo. III c. 22, 1760); *The Axe Laid to the Root*, Nr. 1, 1817.

50 *The Axe Laid to the Root*, Nr. 4, 1817; Lewis: *Journal*, S. 405. Wir danken Dr. Kenneth Ingram von der National Library of Jamaica und Frau Professor Mavis Campbell für ihre Vorschläge zu den »Shariers«.

51 Barry Higman: *Jamaica Surveyed: Plantation Maps and Plans of the Eighteenth and Nineteenth Centuries*, Kingston: Institute of Jamaica Publications, Ltd. 1988, S. 261f.; Sidney W. Mintz: »The Historical Sociology of Jamaican Villages«, in: Charles V. Carnegie (Hg.): *Afro-Caribbean Villages in Historical Perspective*, Kingston: African-Caribbean Institute of Jamaica 1987.

52 Vernehmung von William Plush, 1819, *Rex V. Wedderburn* (TS II/45/167, PRO, wiederaufgelegt in: McCalman [Hg.]: *»Horrors of Slavery«*, S. 120); *The »Forlorn Hope,« or A Call to the Supine*, undatiert, 19. Jhdt.

53 A.J. Peacock: *Bread or Blood: A Study of the Agrarian Riots in East Anglia in 1816*, London: Gollancz 1965, S. 18.

54 *»Forlorn Hope«*, S. 15; *The Axe Laid to the Root* Nr. 5, 1817.

55 HO 42/195, PRO, veröffentlicht in: McCalman (Hg.): *»Horrors of Slavery«*, S. 111.

56 *The Axe Laid to the Root*, Nr. 4, 1817; E.P. Thompson: *The Making of the English Working Class*, London: Gollancz 1963, S. 632.

57 *Old Bailey Proceedings*, 15. Januar 1817; *Political Register*, Nr. 21, 1817.

58 *The Axe Laid to the Root*, Nr. 6, 1817; *»Horrors of Slavery«*.

59 National Library (Kingston), Nugent-Manuskripte, MS 72, Kiste 3, 1804–1806, Fol. 279.

60 *The Axe Laid to the Root*, Nr. 2, 1817.

61 Ebd., ebd., Nr. 5, 1817.

62 *The Axe Laid to the Root*, Nr. 4, 1817.

63 Wedderburn: *Truth Self-Supported*, in: McCalman (Hg.): *»Horrors of Slavery«*, S. 57, 100.

64 Ebd., S. 82; Hone: *For the Cause of Truth*, S. 307; Iowerth Prothero: »William Benbow and the Concept of the ›General Strike‹«, *Past and Present* 63, 1974, S. 147; McCalman (Hg.): *»Horrors of Slavery«*, S. 81, 116.

65 James Kelly: *Voyage to Jamaica*, 2. Aufl., Belfast 1838, S. 29f.; Barry M. Higman: *Slave Population and Economy in Jamaica, 1807–1834*, Cambridge: Cambridge University Press 1976, S. 147; Pierce Egan: *Life in London*, 1821, S. 320f.

66 Benjamin Waterhouse: *A Journal of a Young Man of Massachusetts*, Boston 1816, wiederaufgelegt in: *Magazine of History* Nr. 18, 1911.

67 Michael Ventura: »Hear that Long Snake Moan«, in: *Shadow Dancing in the U.S.A.*, Los Angeles, Jeremy P. Tarcher 1985, S. 103-162; W.T. Lhamon jun.: *Raising Cain*, Cambridge, Mass.: Harvard University Press 1998.

68 *Old Bailey Proceedings*, 15. Januar 1817, und McCalmans Einleitung zu *»Horrors of Slavery«*, S. 15; Stanley Palmer: *Police and Protest in England and Ireland, 1780–1850*, Cambridge: Cambridge University Press 1988, S. 169; Iowerth Prothero: *Artisans and Politics in Early Nineteenth-Century London: John Gast and His Times*, Baton Rouge, La.: Louisiana State University 1979, S. 90.

69 Wedderburn: *Truth Self-Supported*, in: McCalman (Hg.): *»Horrors of Slavery«*, S. 67, 82, 98; *The Axe Laid to the Root*, Nr. 1 und 4, 1817; Robert Wedderburn: *High-Heel'd Shoes for Dwarfs in Holiness*, 3. Aufl., London 1820, S. 8; M. Turner: *Slaves and Missionaries*, S. 58.

70 Vernehmung von William Plush, in: McCalman (Hg.): *»Horrors of Slavery«*, S. 120; Wedderburn: *The Address of the Rev. R. Wedderburn*, in: ebd., S. 134.

71 Kapitel 20–22. Die Theorie stammt von Charles DuPuis: *Origines de toutes les Cultes* (1795).

72 *King v. Wedderburn*, TS 11/45/167, in: McCalman (Hg.): *»Horrors of Slavery«*, S. 125.

73 *The Axe Laid to the Root* Nr. 1, 1817; McCalman: »Anti-Slavery and Ultra-Radicalism«, S. 112; Julius S. Scott: »A Perfect Air of Slavery: British Sailors and Abolition«, unveröffentliches Manuskript, mit freundlicher Genehmigung des Autors. Für eine konstruktive Diskussion über die Arbeiterschaft und den Abolitionismus siehe James Walvin: »The Impact of Slavery on British Radical Politics, 1787–1838«, in: Vera Rubin und Arthur Tuden (Hg.): *Comparative Perspectives on Slavery in New World Plantation Societies*, New York: New York Academy of Sciences 1977, S. 343-67; Patricia Hollis: »Anti-Slavery and British Working-Class Radicalism in the Years of Reform«, in: Christine Bolt und Seymour Drescher (Hg.): *Anti-Slavery, Religion, and Reform: Essays in Memory of Roger Anstey*, Folkstone: Archon Books 1980, S. 297-311; Drescher: *Capitalism and Anti-Slavery*.

74 Walvin: »Impact of Slavery«, S. 346; M. Turner: *Slaves and Missionaries*, S. 200.

X. Fazit

1 Adam Smith: *The Wealth of Nations*, 1776, Buch 5, Kap. 1, 3. Teil, 2. Artikel, und Karl Marx: *Das Kapital*, MEW 23, Kap. 10 und 13.

2 Thomas Bartlett (Hg.): *Life of Wolfe Tone*, Dublin: Liliput 1998, S. 437.

3 Gwyn A. Williams: *Search for Beulah Land*, New York: Holmes and Meier 1980, S. 71.

4 *Rights of Nature*, 1796, in: Gregory Claeys (Hg.): *Political Writings of the 1790s*, Brookfield, Vermont: Pickering and Chatto 1995, 4:407.

5 *Thoughts and Sentiments on the Evil of Slavery*, 1787, 1791, S. 36f. Im Jahre 1934, als die Négritude ihre kurze anglophone Phase erlebte, übersetzte Samuel Beckett einen Artikel: »Sollte die Rasse der Neger am morgigen Tage verschwinden, so würde ihre Abwesenheit zweifellos vom weißen Mann tief bedauert werden; als transatlantische Heizer, als Holzhauer und Wasserträger wären sie nicht einfach zu ersetzen.« Siehe Nancy Cunard: *The Negro Anthology*, London: Nancy Cunard at Wishart 1934, S. 580.

6 British Library, weitere Manuskr. 33122 (Pelham Papers): »Minutes Relating to the Trial of Col. Despard«.

7 Joan Dayan: »Haiti, History, and the Gods«, in: Gyan Prakash (Hg.): *After Colonialism: Imperial Histories and Postcolonial Developments*, Princeton, N.J.: Princeton University Press 1995, S. 83ff.

8 Francis Midon: *The History of the Rise and Fall of Masaniello, the Fisherman of Naples*, 1729, S. 204f.

9 Lura Pedrini: *Serpent Imagery and Symbolism: A Study of the Major English Romantic Poets*, Utica, New York: State Hospitals Press 1962, S. 31.

10 Percy B. Shelley: *Königin Mab*, Leipzig: Bibliographisches Institut 1886, S. 331.

11 *A Social History of England*, London: Penguin 1983, S. 198; *Agrarian Justice*, 1795.

12 Siehe Mumia Abu-Jamal: *Live from Death Row*, Reading, Mass.: Addison Wesley 1995.

13 Dieses Anschreiben ist wiederabgedruckt in E.P. Thompson: *The Making of the English Working Class*, London: Gollancz 1963, S. 199-202. Iowerth Prothero: *Artisans and Politics in Early Nineteenth-Century London: John Gast and His Times*, Baton Rouge, La.: Louisiana State University 1979, S. 68, 182. Peter Gaskell beschrieb das Fabrikproletariat als »nichts anderes als ein Herkules in der Wiege«, in: *The Manufacturing Population of England*, 1833, S. 6.

14 William Jeremiah Moses: *Afrotopia: The Roots of African American Popular History*, Cambridge: Cambridge University Press 1998.

15 *Reflections on the Revolution in France*, 1790.

16 Olaudah Equiano: *The Interesting Narrative and other Writings*, Vincent Carretta (Hg.), New York: Penguin 1995, S. 38.

17 T.C. Smout: *A History of the Scottish* People, *1560–1830*, London: Collins 1969, S.302.

18 M.D. George: *London Life in the Eighteenth Century*, New York: Alfred A. Knopf 1925.

19 Johann Milton, *Das verlorene Paradies*, Berlin: Rütten und Loening 1986, S. 40.

20 Peter Fryer: *Staying Power: A History of Black People in England*, London: Pluto Press 1984.

21 R.B. McDowell: *Ireland in the Age of Imperialism and Revolution*, New York: Oxford University Press 1979, S. 348; Kevin Whelan: *The Tree of Liberty: Radicalism, Catholicism and the Construction of Irish Identity, 1760–1830*, Cork: University of Cork Press 1996, S. 100.

22 Nini Rodgers: »Equiano in Belfast: A Study of the Anti-Slavery Ethos in a Northern Town«, *Slavery and Abolition* 18, 1997, S. 80.

23 Thomas Hardy: *Memoir of Thomas Hardy*, London 1832, S. 8f.

24 Albert Goodwin: *The Friends of Liberty: British Democratic Movements at the Time of the French Revolution*, Cambridge, Mass.: Harvard University Press 1979.

25 *State Trials for High Treason*, 2. Teil, *The Trial of John Horne Tooke*, 1794, S. 53.

26 John Wilson (Hg.): *The Songs of Joseph Mather*, Sheffield 1862, S. 63-66.

27 Roy Porter: *Doctor of Society: Thomas Beddoes and the Sick Trade in Late-Enlightenment England*, London und New York: Routledge 1992.

28 Nachzulesen im »Original Letter Book of the Corresponding Society«, British Library, weitere Manuskr. 27, 811, The Place Papers, Fol. 4v-5r.

29 Roger Anstey: *The Atlantic Slave Trade and British Abolition, 1760–1810*, Atlantic Highlands, N.J.: Humanities Press 1975, S. 276.

30 Lydias Brief ist zitiert in Clare Midgley: *Women against Slavery: The British Campaigns, 1780–1870*, London und New York: Routledge 1992, S. 39. David Brion Davis: *The Problem of Slavery in the Age of Revolution, 1770–1823*, Ithaca, N.Y.: Cornell University Press 1975, S. 429-39; Philip D. Curtin: *The Atlantic Slave Trade: A Census*, Madison, Wisc.: University of Wisconsin Press 1969, S. 136, 140.

31 R. Coupland: *Wilberforce: A Narrative*, Oxford: Clarendon Press 1923, S. 159.

32 David Erdman: *Blake: Prophet against Empire*, 3. Aufl., Princeton, N.J.: Princeton University Press 1977, S. 238; Seymour Drescher: *Capitalism and Antislavery*, New York: Oxford University Press 1987, S. 84, 220, 229; J. R. Oldfield: *Popular Politics and British Anti-Slavery: The Mobilisation of Public Opinion against the Slave Trade, 1787–1807*, Manchester: Manchester University Press 1995, S. 3.

33 Carl Ludwig Lokke: »London Merchant Interest in the St. Domingue Plantations of the Émigrés, 1793–1798«, *American Historical Review* 43, Nr. 4, 1938, S. 799f.

34 Adrian Randall: *Before the Luddites: Custom, Community, and Machinery in the English Woolen Industry, 1776–1809*, New York: Cambridge University Press 1991, S. 265.

35 T.B. Howell (Hg.): *State Trials*, 25:1099.

36 C.F. Volney: *The Ruins, Or, Meditation of the Revolutions of Empires: and The Law of Nature*, Wiederauflage, Baltimore: Black Classic Press 1991, S. 66.

37 Mary Thale (Hg.): *Selections from the Papers of the LCS 1792–1799*, Cambridge: Cambridge University Press 1983, Eintrag für April 1798, S. 435.

38 A. Ruy: *A primeira revoluçao social brasileira 1798*, 1942, zitiert in R. R. Palmer: *The Age of the Democratic Revolution: A Political History of Europe and America, 1760–1809*, Princeton, N.J.: Princeton University Press 1964, 2:512.

39 *The Patriot*, 21. Mai 1793; Gwyn A. Williams: »Morgan John Rhys and Volney's *Ruins of Empires*«, *Bulletin of Celtic Studies* 20, 1962; Whelan: *Tree of Liberty*, S. 63, 78, 80.

40 Henry Redhead Yorke: *Letters from France in 1802*, London 1802, 2:328; C.F. Volney: *The Ruins, Or, A Survey of the Revolutions of Empires*, London: J. Johnson 1795, S. 146-48. Thomas Jefferson übersetzte die ersten 20 Kapitel, die die Grundlage für Joel Barlows Übersetzung von 1801/2 bildeten. Jefferson bat Volney, das Manuskript seiner Übersetzung zu verbrennen. Siehe Gilbert Chinard: *Volney et l'Amérique*, Baltimore: Johns Hopkins University Press 1923, S. 110f.

41 Volney: *The Ruins*, S. 39.

42 Dieses Zitat stammt aus der Übersetzung von 1795 (S. 29), nicht aus der von 1802.

43 Jean Gaulmier: *Un Grand Témoin de la Révolution et de l'Empire: Volney*, Paris: Hachette 1959, S. 21.

44 James Morton Smith: *Freedom's Fetters: The Alien and Sedition Laws and American Civil Liberties*, Ithaca, N.Y.: Cornell University Press 1956, S. 50f., 160, Adams-Zitat auf S. 162; James Morton Smith (Hg.): *The Republic of Letters: The Correspondence between Thomas Jefferson and James Madison, 1776–1826*, New York: Norton 1995, 2. Band, Eintrag für den 3. Mai 1798.

45 Erdman: *Blake*; John Gabriel Stedman: *Narrative of a Five Years Expedition against the Revolted Negroes of Surinam – Transcribed for the First Time from the Original 1790 Manuscript*, Richard Price und Sally Price (Hg.), Baltimore: Johns Hopkins University Press 1988.

46 William Blake: *Zwischen Feuer und Feuer*, München: dtv, 1996, S. 285, 291.

47 Stedman, S. 359.

48 William Blake: *Der Tiger*, Berlin: Aufbau Verlag, 1959, S. 151.

49 E.P. Thompson: *Witness against the Beast: William Blake and the Moral Law*, New York: The New Press 1993, S. 212.

50 William Blake: *Gedichte*, Frankfurt: Insel Verlag, 1958, S. 45.

51 William Wells Brown: *The Black Man, His Antecedents, His Genius, His Achievements*, 1863, S. 32f. Fast die Hälfte des vierten Kapitels besteht aus Fußnoten, die die These untermauern, dass die Zivilisation in Afrika begann. Davon abgesehen wurden alle Hinweise auf die herausragende Rolle, die Volney der afrikanischen Zivilisation beimaß, aus amerikanischen Ausgaben entfernt. »Wer baute das siebentorige Theben?«, fragte Brecht 1935, nach dem Einmarsch in Äthiopien, in seinem Gedicht *Fragen eines lesenden Arbeiters*. George W. Williams prägte den Ausdruck »Verbrechen gegen die Menschlichkeit« und förderte damit die Sache, die Volney am meisten am Herzen lag.